畠山 禎
Hatakeyama Tadashi

近代ロシア家族史研究

コストロマー県北西部農村の村外就業者家族

昭和堂

近代ロシア家族史研究
——コストロマー県北西部農村の村外就業者家族

目次

第三部　村外就業と人口・家族

凡　例

一、本書では、とくに断りのないかぎり旧暦（ユリウス暦）を使用する。新暦に換算するには一九世紀で一二日、二〇世紀で一三日を加える必要がある。

二、人名、地名などの固有名詞は、原則としてロシア語の綴りにもとづいてカタカナで表記する。ただし、すでに慣用が確立しているものについてはこの限りではない。

三、文書館史料の出典は、以下のとおり略記する。

Архив РГО　Архив Русского Географического общества.　ロシア地理学協会古文書室（ペテルブルク）

РГИА　Российский Государственный Исторический Архив.　ロシア国立歴史文書館（ペテルブルク）

РМЭ　Российский Этнографический музей.　ロシア民族学博物館（ペテルブルク）

序章　近代ロシア家族史の研究動向と本研究の課題

一九五〇年代末〜七〇年代の欧米社会では、現実の家族生活や性別役割、中絶や産児制限をめぐり、さまざま議論が展開された。さらに、それらの諸問題に触発される形で、フェミニズム運動が活発化する。こうした社会状況を背景としながら、歴史研究者は新たな研究領域として家族史を開拓し、家族史研究が開花するところとなる(1)。

このような欧米の動向を受けて、わが国でも八〇年代に家族史研究が本格化し、九〇年代までに社会史研究の主要領域として確固たる地位を築いている。たしかに九〇年代後半以降は、冷戦時代の終焉や歴史研究者の世代交代にともない、研究者の問題関心も社会史から政治文化史、地域研究、記憶・表象などへと移行していった。家族史研究の展開は一段落した印象がある。とはいえ、家族史研究は女性史・ジェンダー史、歴史人口学、歴史人類学などの隣接諸領域との結びつきを強め、その課題も多様化している。

さらに現在、家族は一九七〇年代に匹敵する大きな転機を迎えている。身近な例としてわが国の状況をみても、「少子高齢化社会」が到来し、人口構成の急速な変動に耐えうる社会保障制度の再構築が緊急課題となっている。経済のグローバル化や長期にわたる不況が、「格差社会」の歪みを大きくしている。とくに若い世代では、就職難や不安定な雇用を背景に、結婚と家族形成の機会縮小に歯止めがかからなくなっている。他方で、生活スタイルの個人化、結婚の脱制度化が着実に進行している。農村の過疎化は文字どおり「限界」に達した。われわれは集落の消滅、耕地放棄、住民の高齢化、後継者不足や「嫁不足」などの「危機」への対応に迫られている。にもかかわらず、このような現状と正面から向き合い、未来の社会のあり方を積極的に構想することについて、コンセンサスが必ずしも形成されていない。なかには、単純に家族形成と出産を促進し、人口を「回復」させさえすれば問題は解決するとみなす安直な主張や政策がいまだに見受けられる。

本書の対象であるロシアは、近年の目ざましい経済成長によりＢＲＩＣｓ諸国の一角として大きな関心を集めている。そのロシアでも家族や人口の危機が叫ばれている。すなわち、ソ連邦崩壊後も経済は安定せず、これを背景に成人男性の飲酒、自殺、短い平均寿命が常態化している。離婚、中絶、母子家庭の増加も深刻な問題である。結婚率や出生率の低迷から、長期的には日本以上に急速な人口減が予想されている。くわえて、ロシアの国土は広大で、国民の民族構成も多様であるがゆえに、国内各地の人口バランスおよびその民族別構成が論点となっている。(2)

日本、ロシアを問わず、一方では経済のグローバル化が進行し、不況が深刻化し、家族形成チャンスが縮小している。他方では、婚姻の脱制度化、居住や生活スタイルの個人化傾向が支配的となっている。これにより、家族は消滅へ向かうのだろうか。家族のゆくえを見定めるためには、前提作業として家族の歴史的変容プロセスの検証・確認が不可欠である。本書はそのような問題関心から近代ロシアの家族をテーマとする。前述のように、欧米や日本をフィールドとする家族史研究は、九〇年代までに飛躍的に進展した。これに対し、ロシアの家族史研究はいまだその途上段階にある。その主要な課題の一つは、地域的多様性や人口構成の身分・階層的、宗教・宗派的、民族的多様性を考慮しながら、家族の変容プロセスについて全体的見取り図を描くことである。それは今後、地道な作業を積み重ねていくことで達成される。ロシア家族史研究の深化は、欧米や日本における家族の問題を議論するうえでも意義がある。いうまでもなく、家族史の研究方法として地域間比較が有効だからである。

ところでロシアの近代は、クリミア戦争（一八五三～五六年）敗北を契機に皇帝アレクサンドル二世（在位一八五五～八一年）が一連の近代化政策を断行した、一八六〇年代に始まる。そして、第一次世界大戦とロシア革命による帝国の崩壊で幕を閉じる。この間、ロシア社会は六一年の農奴解放、九〇年代以降の急速な工業化と都市化という大きな変動を経験する。たしかに、農村住民[3]が人口の圧倒的部分を占める構造は近代をつうじて揺るがなかった。彼らの生活はいまだ「伝統社会」の只中にあった。とはいえ、そのような急激な社会変動は、農村住民の労働と家族に影響を及ぼさないはずはなかった。では、近代ロシアの家族はどのような特徴を帯び、またそれはどのように変容したのだろうか。ロシアの家族史において近代の家族をどのように位置づけるべきなのだろうか。本章ではまずヨーロッパ・ロシア地域の農民家族史を中心に、近代ロシア家族史研究全般の流れを概観する。そのうえで論点を整理し、本書の課題を設定してみたい。

一　研究史

(1)　ロシア

ソ連時代の歴史学は、冷戦構造と社会主義体制のもとで研究の枠組みが決定づけられていた。そのような研究環境は、少なくとも一九八〇年代後半のペレストロイカまで持続した。七〇年代に始動した家族史研究も例外ではない。

ソ連時代における家族史研究の特徴および問題点は、以下の三点に集約できる。第一に、ソ連と欧米の学術交流が停滞していた。それゆえソ連の家族史研究は、欧米圏における家族史研究の課題・方法・成果を共有・摂取できず、独自の道を進まざるをえなかった。家族史研究は民族学や人口学の一領域として扱われることになる。その一方で、家族史と社会経済史との接点は明確とはならず、心性史的アプローチや家族社会学的アプローチもほぼ欠落することになる。

くわえて、地域間比較がきわめて重要であるにもかかわらず、冷戦時代のソ連では国際比較の機会がほぼ閉ざされていた。後述のように、国内各地における研究の進捗状況にも不均衡が見られた。ゆえに、国際比較や国内地域差の検証作業は前面には押し出されなかった。もっとも人口学の領域では、エストニアのパッリがフランスの歴史人口学者アンリの手法を援用して、教区簿冊の分析を試みている。人口動態をテーマとするヴィシネフスキー編『ロシアとソ連における結婚率・出生率・死亡率』も、当時としては画期的な作業である。ヴィシネフスキーらはコールらの「プリンストン・プロジェクト」の方法や成果を積極的に参照している。また、ヘイナルやラスレットの業績を紹介している。[4] しかし、「ヘイナル・ライン」の両側で家族と結婚の特徴と起源を比較検討するという主要課題を、東側の研究者が本格的に採用するまでには至らなかった。[5]

第二に、民族学・人口学サイドの家族史研究は、「伝統社会」の担い手、すなわち農村住民にかなり対象を限定していた。歴史研究全般でイデオロギー的制約が大きいなか、帝室、貴族・官僚、商人・企業家などを扱うことには目的や結果の説明・評価において支障があるのは言を俟たない。それでも、数少ない都市家族史研究としてラビノーヴィチの一連の著作、アノーヒナ、ブーディナ、シメリョーヴァによるロシア中央部の地方都市にかんするフィールド・ワークをあげることができる。[6] 労働者史は歴史研究の花形だったが、そこでは労働者が形成され、劣悪な労働・生活条件のもとで運動に参加していくプロセスの「確認」作業に重点が置かれた。労働者家族史は、ウラル鉱山労働者にかんするクルピャンスカヤとポリシュークの共同研究を例外とすれば、総じて低調であったといえよう[7]。

第三に、農民家族史研究の対象地域はシベリア、ロシア北部、沿ヴォルガ中流域など、総じて辺境に集中していた。とくに、シベリアのアレクサンドロフ、ミネンコ、グロムイコらが農村共同体や家族、農民慣習法、農村文化にかんするまとまった成果を発表し、家族史研究の一大拠点を形成していた[8]。研究者自身が家族史をテーマとして選択したことだけでなく、学問領域としての民族学が周縁的な位置にあったことも、そのような研究の地理的分布に影響を与えていたと推測される。

そして第四に、時代的には一八～一九世紀前半、つまり農奴制時代にかんする論考が比較的充実していた。その事情としてまず考えられるのが、史料状況である。この時期については、農民慣習法史料が家族関係を再現するための手がかりを与え、納税人口調査史料（ревизские сказки）が世帯構成の動態分析を可能にしている。くわえて、民族学の立場からすれば、前工業時代の農民家族こそが、最初に研究対象として選択されるべきなのだろう。一方、一九世紀とくにその後半以降については、社会経済史サイドからの農民世帯分析が大規模に進められた。そこでは、マルクス・レーニン主義にもとづき、ロシア「資本主義」の特質解明と「農民層分解」プロセスの「確認」作業に重点が置かれた。おそらく民族学者には、前工業時代の家族をテーマとして選択することで、イデオロギー色の強い社会経済史家との議論を極力回避し、住み分ける意図もあったと思われる。

ソ連民族学の軌跡は一九八七年刊のチストーフ編『東スラヴの民族学――伝統文化概説』にまとめられている。本書では、シベリア家族史を専門とするヴラーソヴァが「家族」の項を担当している[9]。彼女によれば、家族研究の基本視角は①革命前と現代の農民家族、それらの世帯構成と構造、人数、経済的・社会的機能、家族員の相互関係と生活、②「大家族」の諸問題、その持続性、太古的諸形態、世帯分割、そして「小家族」の形成、③子どもの教育、婚姻関係の締結や家族儀礼にかかわる問題、④現代の家族形態、構成、内部と家族関係の変容プロセス、以上の四点に集約される。さらに、ヴラーソヴァは研究動向を地域や社会階層にもとづき整理している。農民家族史研究としてまず取り上げられているのは、アレクサンドロフ、ボヤールシノヴァ、ミネンコらシベリア民族学者の作業、そして彼らの共同研究であるアレクサンドロフ責任編集『シベリアにおけるロシア農民の民族学（一七～一九世紀中葉）』である。[10] この他、沿ヴォルガ中流域をフィールドとするブスィギン、一七、八世紀ロシア北部の農業経営と農民世帯を精査したバクラーノヴァ、ベラルーシやウクライナを専門とするニコリスキー、ピリペーンコ、クラーヴェツ、ポリッキーらの業績が紹介されている。労働者家族については、クルピャンスカヤらによる上記共同研究が代表的なものとされている。

ペレストロイカとソ連邦崩壊ののちも、民族学サイドの家族史研究では、従来の方法に対して大幅な軌道修正は加えられなかった。それでも、アレクサンドロフやグロムイコらの影響を受けて、新しい世代に属する研究者が比較的手薄な地域や時代に関心を向けるようになる。すなわち八〇年代末から九〇年代にかけて、ミロゴロヴァ、クリューコヴァ、シュストローヴァが一九世紀後半のロシア中央部農村にかんする学位論文や著書を相次いで発表していく。[11] たしかに、それらの作業の分析視角は、世帯の規模と構成、農民慣習法にもとづく相続慣行、結婚儀礼に投影された家族関係など、先行研究のそれをほぼ踏襲している。とはいえ彼女たちは、工業化と都市化の影響を大きく受けたロシアの中心地域を本格的に扱い、地域差に配慮しつつ農民家族の変容プロセスを明らかにしている。ミロゴロヴァとクリューコヴァの作業については次節で改めて取り上げたい。

くわえて、ロシア帝国の辺境をフィールドとする研究が民族史や民族関係史との接点を深めている。それらは、民族別構成の多様性をふまえ、民族間の比較や関係を主軸に結婚や家族を論じている。アルグデャエヴァによれば、極東では（エスニック）ロシア人、ウクライナ人、ベラルーシ人の入植と住民の高い男性比率を背景に、出身地の異なる男女が結婚ペアを形成していた。そのような夫婦の出現にともない、出身地に根ざした民族的アイデンティティは薄れていったが、故郷の家族儀礼はなおも保持されていたという[12]。シャヴァーリナは一九世紀後半について、シンビルスク・沿ヴォルガ諸民族の世帯構成を比較検討し、それらの間にはぼ同様の変容プロセスを見いだしている[13]。このことから彼女は、文化的要因ではなく経済その他の要因が世帯構成を規定していたとの結論を導いている。このように、とくにロシアの家族史を論じるにあたり、民族という視点はきわめて有効である。民族間の比較や関係性を分析軸に取り入れた、家族の規範と実態に迫る試みが要請されているように思われる。

民族学以外の領域でも、ペレストロイカとソ連邦崩壊は家族史の研究環境を改善するところとなった。第一に、ロシア革命後に抑圧を受け、等閑に付されてきた社会層、宗教機関、身分団体、民間団体などが歴史研究のテーマとして「復権」する。対照的に、それまで主流とされていた労働者史研究は低迷し、その見直し作業は半ば放棄される。第二に、欧米との交流が活発化し、欧米の先行研究が紹介されるようになる[14]。各地の研究・教育機関は、新たな研究・教育活動の領域として社会史、家族史、女性史・ジェンダー史を採用していく。この動きは中央よりもむしろ地方の機関において顕著であるように感じられる。それらの機関は、独自色を出すべく、研究・教育領域を戦略的に開拓しようとしているのだろう。欧米の財団もこれを後押ししている。たとえば、「ジョージ・ソロス基金」はロシアなど各国の学術を振興し、とくにジェンダーなどの新領域を重点的に支援している。そして第三に、パソコンやインターネットなどの情報技術が急速に普及していく。これは国内外の学術交流を前進させただけでなく、とりわけ歴史人口学など大量の数量データを処理する分野において画期的である。

後述のランセル編著『帝政ロシアの家族――歴史研究の新しい方法』（一九七六年）が欧米におけるロシア家族史研究の本格的始動を宣言したように、ゴンチャローフ編著『社会知の新視点からみた家族』（二〇〇一年）はロシアにおける家族史研究の新たな展開を印象づけている[15]。この論文集は、おもに若手研究者が結集し、「ジョージ・

ソロス基金」の助成を得て、シベリアのバルナウルで出版された。まず導入部分では、近代イギリス女性史・ジェンダー史研究者ムラヴィヨーヴァが英語圏の先行研究を整理しつつ「親族ネットワーク」、「ライフサイクル」、「家族戦略」などのキーワードを解説している。このように、ヨーロッパ史を専門とするロシア人研究者が国外の方法を精力的に紹介している。[16] 本論は「家族の社会史」、「家族の人口学的発展」、「家族のジェンダー的研究」の三部構成である。第一部は、「象徴としてのロシア皇族」(アメリカの文化史研究者ワートマンの寄稿[17])、商人の道徳教育、シベリア都市インテリゲンツィア家族の社会化機能、一九世紀末ロシアの離婚、都市家族や兵士の日常生活など、さまざまな身分出身者・社会層にかんする論文を収録する。第二部は、一九世紀後半から第二次大戦後までの農民家族やユダヤ人家族を扱った歴史人口学である。そして第三部では、家族における女性の地位やジェンダー役割が、規範および実態レヴェルで検証されている。このように、本書はロシア帝国民の身分・階層・民族別構成の多様性を意識しながら、社会史、歴史人口学、女性史・ジェンダー史を総合したものとなっている。

つぎに、ミローノフの大著『帝政期ロシアの社会史——一八～二〇世紀初頭』が社会史研究の一到達点を示している。本書では、人口と家族にそれぞれ一章が充てられている。[18] ミローノフはロシアおよび欧米における先行研究を網羅的に整理し、これに一八五〇年代のロシア地理学協会・民族学アンケート調査史料の分析結果などを加えることで、一八世紀から二〇世紀初頭までの世帯構成と家族関係の変化を概括的に叙述している。それによると、農民世帯は従来の多核家族世帯から単純家族世帯へと転化し、家族関係も絶対主義から民主主義へと移行していったものと理解される。この結論はあまりにも一面的である。なお、ミローノフはラスレットの世帯分類方法をもとにロシア側の調査結果を整理し直し、欧米研究者の調査結果との互換性を高めようとしている。この意欲は評価できるが、その方法や精度についてはなお議論の余地があるように思われる。

とりわけ九〇年代以降のロシアでは歴史人口学がブーム的状況を呈している。まず、新しい史料の発掘や利用と関連して、人口学者ゴールスカヤがキエフ・ルーシ時代から一八世紀までを念頭にこれまでの研究を回顧し、今後の研究を展望している。その中で彼女が一八世紀について有望視しているのは、従来依拠されてきた納税人口調査史料の他に、教区簿冊史料（метрические книги）すなわち洗礼（出生）・婚儀（結婚）・埋葬（死亡）の記録、教徒簿冊史料（исповедальные книги）を新たに加味したミクロ・スタディである。この方法によって、農村・都市の年齢別人口構成、世帯構成と死亡率・結婚年齢の相関、出産間隔と子どもの死亡率の関連を問う研究が前進する、とゴールスカヤは主張する(19)。

一八世紀～二〇世紀初頭にロシア正教会やその他の宗教・宗派機関が作成した教区簿冊は、現在、ロシア各地の古文書館に保管されている。ソ連時代には教会史や教会関係史料の研究が忌避され、そのため教区簿冊の史料的価値も低く評価されていた。歴史人口学者アントーノヴァは教区簿冊の史料論を取りまとめているが、その中で教区簿冊史料受難の背景として以下の四点をあげている。まず第一に、非法治国家では法史料が軽視されていた。第二に、民衆を対象とする、あるいは階級関係の分析に力点を置く政治・経済史研究が優先された。歴史における個人の役割は低く評価された。第三に、家系学という「ブルジョワ的・貴族的」学問および教区簿冊史料を利用する海外の「ブルジョワ的」研究方法に対し、ニヒリスティックな態度が取られていた。その結果、多くの古文書館で教区簿冊は第三級史料の扱いを受け、関連参考資料も未整理の状態に置かれた。そして第四に、人文科学の研究設備が不十分であった。史料データの大量処理に必須のコンピュータ技術が欠如していた(20)。要するに、社会主義体制の下では、研究者が教区簿冊の史料的価値を見いだし、その分析を課題に設定し、欧米で培われた手法を援用して大量のデータを処理する環境はまったく整備されていなかったとアントーノヴァは言うのである。

このようなアントーノヴァの状況把握はやや感情的にすぎるが、正鵠を得ている。ただ、ソ連時代にエストニアのパッリやシベリアのミネンコが教区簿冊史料を研究の俎上に乗せていたことも、補足しておく必要があるだろう。エストニアの場合、一七八二年以前の納税人口調査史料が欠けていた。そこでパッリは教区簿冊史料の発掘に取り組み、一六六〇年から一七一〇年までに作成された教区簿冊を一〇二の農村教区のうち三一で確認している。データ処理においても、パッリは上述のようにアンリの開発した家族復元法（ВИС）を採用している。(21)

ソ連邦崩壊後、「信仰の自由」や宗教活動は蘇生し、宗教史研究も再開する。歴史人口学者もまた、教区簿冊史料の解析に本格的に着手する。一般市民も家系調査の際に教区簿冊史料を積極的に活用するようになる。研究設備の面でも、ロシア各地の学術機関や研究者にパーソナル・コンピュータが急速に普及する。一九九二年には、「歴史とコンピュータ協会」のロシア支部がモスクワに創設されている。

こうしてロシアとその周辺地域では、教区簿冊史料やその他の史料の分析作業が大きく前進するところとなる。モスクワ、ペテルブルク、タムボフ、トゥーラ、モルドヴァ自治共和国、ヤロスラヴリ、エカテリンブルク、サラトフ、アルタイ、ペトロザボーツク、カレリアなど、各地のとくに若手研究者がケース・スタディに取り組んでいる。著書、博士候補論文、研究論文として発表された成果の数は枚挙にいとまがない。教区簿冊史料は一八世紀——地域によってはそれ以前——より作成されているが、これらの事例研究の対象時代は一九世紀、とくにその後半に集中している。おそらくそれは、史料の保存状況が相対的に良好なためである。この時代設定と関連して、多くが人口転換プロセスの解明を研究の主眼としている。すなわち、ヨーロッパ・ロシアの大部分ではソ連時代初期以降、「多産多死」の人口動態から「少産少死」のそれへの移行が本格化する。この認識の上に、研究者は「多産多死」を確認し、さらに人口転換の兆候を見いだそうとしているのである。(22)

このように、歴史人口学者が各地の人口動態や住民の世帯構成を明らかにしつつある。ただ、萌芽的段階にあるがゆえに、総じて数量データの処理に関心が集中する一方、「質的な」叙述に乏しいという難点もある。前述のムラヴィヨーヴァも、若手の作業はそれらのバランスに欠けていると批判している[23]。各地の住民の人口動態や世帯構成は、経済活動、家族関係、文化や心性とどのように結びついていたのだろうか。この問題に答えるためには、数量データと記述史料を駆使した、ローカルおよびミクロ・レヴェルでの人口と家族の多面的検討が重ねられなくてはならない。その意味で、ゴーリコヴァの一八～一九世紀ウラル鉱山労働者家族研究が注目される。彼女は教区簿冊史料を本格的に調査しているわけでも、またミクロ・ヒストリーの手法を採用しているわけでもない。とはいえ、古文書館史料や同時代刊行物を総動員することで、出生・結婚・死亡の数値化と詳述を試みている。ゴーリコヴァは際立った多産多死傾向や、鉱山業への就職と関連した成人男性の高い死亡率や婚外子の出生を突き止めている。それをふまえ、彼女は結婚や家族に対する工場主の態度、結婚のあり方、女性の社会的地位を論じている[24]。

なお国際交流について触れるならば、アメリカの社会史家ホックがローカルおよびミクロ・レヴェルの共同研究を提案している。これは一七〇〇年から一九一七年までのヨーロッパ・ロシア各地を対象に、教区簿冊史料や納税人口調査史料の総合的解析をめざすものである[25]。オランダのコーイエも一九九一年に蘭露共同プロジェクト「一九世紀ロシアの地方」を立ち上げている。このプロジェクトは黒土地帯のタムボフ県や非黒土地帯のヤロスラヴリ県などをフィールドに選択している。プロジェクトは一九世紀～二〇世紀初頭における「東」（ロシア）と「西」（オランダ）を比較し、人口学的行動すなわち乳幼児死亡率、結婚年齢、出生、世帯規模の共通性を析出している[26]。さらに、フィンランド、ロシア、イギリスなどの研究者がトリエステとレニングラード（ペテルブルク）を結ぶ「ヘイナル・ライン」（第七章を参照）上の民族・宗教混成地域にかんする結婚と世帯のミクロ・スタディを進めている。このプロジェクトは、この地域の特徴が「ヘイナル・ライン」の西側ではなく東側のロシア中央部に近い、との結論に達している。その際、エコロジー、経済、教会、徴税、土地所有、相続法、兵役、社会統制などが要因として考慮されている。[27] このように、国際共同研究では人口動態の解明に重点が置かれている。

ウィーンの歴史人類学者ミッテラウアーは、二〇〇〇年にセミナー「比較の視点からみたロシアとウクライナの歴史における家族形態」を主催している。このセミナーには東西の研究者が参加し、「ヘイナル・ライン」の東側について結婚・家族パターンの特徴と起源を議論している。参加者の一人であったベラルーシの歴史人口学者ノセヴィチは、最も興味深いものとしてクリクン報告（ただし、本人は当日、欠席）をあげている。クリクンは一七九一年のキエフ軍管区二九〇三世帯の構成を点検し、一八世紀ウクライナにおける単純家族世帯の優勢（五八・五％）を実証している。全体としてセミナーは、「ヘイナル・ライン」上の移行地域が広大で、少なくともフィンランド、沿バルト、ベラルーシ、ウクライナがこれに入るとの認識を示すものであった。[28] このように、セミナーではこの地域にかんする歴史人口学・家族史研究の重要性が再確認されている。

つぎに注目されるのは、女性史・ジェンダー史研究の興隆である。言うまでもなく、その背景には女性問題への関心の高まりや女性運動の復活、そしてこれらと連動した学問分野としてのジェンダー研究の確立がある。[29] まず、第一人者プシュカリョーヴァがロシア女性をテーマに、『古代ルーシの女性』（一九八九年）、『ロシア女性の私生活――花嫁・妻・愛人（一〇～一九世紀初頭）』（一九九七年）を相次いで発表している。[30] このうち後者は、貴族・商人身分出身女性の結婚、夫との愛情関係、婚外関係、育児、家庭教育に光を当てたものである。その際、史料として年代記、フォークロア、文学作品、書簡、回想録などが活用されている。そうした多様な史料により、女性の日常生活を長期的に叙述することが可能になったのである。

さらにプシュカリョーヴァは研究活動の一環として、女性史・ジェンダー史の文献目録を作成している。現代にかんする社会学的研究を含む約八〇〇〇点を収録する本書は、一九、二〇世紀ロシア女性史・ジェンダー史研究の到達点を示す[31]。その巻頭でプシュカリョーヴァは国内外の女性史・ジェンダー史研究を総括し、新世紀の研究課題について提起している。以下、やや長くなるが、農民家族史研究との関連でその要点を紹介しておこう。一八世紀については、おもにシベリアの民族学者が家族生活、財産権、世帯における農村女性の役割を論じている。また民族学者は年間行事や宗教的祝祭、儀礼、伝統的な娯楽を、女性の参加実態や役割に注目しながら描写している。しかし、これらの作業は「女性史・ジェンダー史」特有の問題を立てていない。つまり、それらは性別にもとづく不平等のメカニズムを解析していない。逸脱行為の事例を特別に取り上げ、精察していない。女性のライフコースの特徴、また娘、既婚女性、寡婦、(夫の外出による)「一時的寡婦」といったライフコースの諸段階とそれらの年齢、農村社会や家族におけるこれら諸段階の相互関係が検討されていない。一九世紀にかんしても同様である。貴重な「テーニシェフ民俗学事務局」アンケート調査史料(後述)の分析から、新たな知見が得られていない。女性の感情世界などの心性史的テーマ、産児制限や性文化にかかわる問題も手つかずのままである、と[32]。

以上、プシュカリョーヴァは、農村女性史研究が依然として民族学の枠内にとどまっていると批判し、女性史・ジェンダー史、心性史への新展開を期待している。ジェンダーの分析視角からの「書き直し作業」を求めるこの主張には、まず同意できよう。そうした呼びかけに部分的に応えたものとして、ここではグリヤーノヴァ、ベズギン、キーシの小論をあげておきたい。まず、グリヤーノヴァは一八世紀トヴェーリ県における領主農民の女性労働と男性労働を比較している。彼女によれば、男性の労働役割は年齢にもとづいて変化していた。男性には村外で就業し[33]、「自由」を得るチャンスがあった。これに対し、女性労働は身体能力にもとづいて役割が決定された。また女性の活動領域は空間的には家族圏に限定されていた、とグリヤーノヴァは理解する[34]。つぎにタムボフのベズギンは、一九世紀末の農村では村外就業が市場経済を発達させ、社会の流動化を促進し、家族生活において家父長制の基盤を崩し、低い地位にあった女性の自意識を高め、彼女たちに自己の尊厳を獲得させ、従来の行動規範を破壊したと主張する。[35] 最後にキーシが、一九世紀末～二〇世紀初頭のウクライナ農村について、若い男女が知り合い、結婚相手を決定していくまでの慣行をジェンダーの視点から検証している。そして、若者のサブ・カルチャーにおける娘の受動性・従属・静止と若い男の積極性・支配・移動を対比している。[36] たしかに、以上の論考は議論がやや一本調子であるばかりでなく、プシュカリョーヴァが要求した細部の解釈まで達していない。とはいえ、それらは農村住民の労働と日常生活、結婚儀礼を男女の関係から再検討し、そのジェンダー的構造を解き明かし、男女の関係が変容した可能性を模索している。

その他、二〇〇七年にはロシア科学アカデミーらの主催で一七～二〇世紀のロシア家族を主題とした大規模なシンポジウムも開催されている。[37] もはやロシアの歴史研究において、家族史は欠くことのできない領域であると言えるだろう。

(2) 欧米・日本

つづいて欧米における研究動向をみてみよう。まず、家族史研究の端緒は一九七六年刊行のランセル編著『帝政ロシアの家族』によって開かれた。本書では、①トヴロフやエンゲルが貴族やインテリゲンツィアの母娘関係を扱い、ダンはフォークロアをとおして農民家族の家族関係を明らかにしている。ランセルは養育院の記録をもとに、養育院に子どもを「遺棄」する女性と養育院から子どもの養育を請け負う農村女性それぞれの職業や動機を論じている。②プラカンスやツァプは、教区簿冊や納税人口調査などを史料に、沿バルト地方や中央黒土地方の農村住民の結婚パターンや世帯構成を数量的に把握し、③ジョンソンも農村住民について、村外就業が人口や家族に及ぼした影響を考察している。このように、本書では家族史研究における三つの基本的なアプローチ、すなわち①心性史、②歴史人口学、③社会経済史がすべて提示されている（ただし、ランセルの論文など、いくつかの領域にまたがるものもある）。巻末の文献解題では、レファレンス類、史料、定期刊行物、二次研究などおよそ一六〇点が紹介されている[38]。

農民家族史研究のうち、一九七〇、八〇年代に進展がみられたのは歴史人口学と社会経済史である。このうち歴史人口学サイドでは、ツァプが一八世紀後半～一九世紀前半の世帯にかんする数量研究に精力的に取り組んでいる。ツァプは中央黒土地方（リャザン県のガガーリン家ミシノ領）の納税人口調査史料を解析し、領主農民世帯の高度に複雑な構成や強固な家父長制を発見している。すなわち、ミシノ領農民はおもに農業に従事し、領主に対して賦役義務を負っていた。一七八二～一八五八年における平均世帯規模は八～一〇人と大きく、多核家族世帯の比率も八〇、九〇％台ときわめて高いという[39]。周知のように、ツァプの分析結果はロシア・東欧圏の世帯にかんする重要な情報として、ラスレットら「ケンブリッジ・グループ」の国際比較研究で参照されている。ウォール、ロビン、ラスレット編『歴史的ヨーロッパにおける家族形態』でも、ツァプはロシアを担当している。

ツァプに続く形で、ホックも中央黒土地方のガガーリン家所領、すなわちタムボフ県ペトロフスコエ領の調査に向かっている。これらのガガーリン家所領はいずれもソ連の農民史家コヴァリチェンコのセノグラフの中で検討されたものである。このペトロフスコエ領の農民も穀作に従事し、領主に賦役を納めていた。ホックは世帯一覧（подворные описи）や領民の増減にかんする記録、農村共同体の収支簿、処罰記録などの多種多様な史料を駆使して、食糧生産とその摂取水準、住環境、人口、世帯にかんする数量データを整理し、家族生活を描写し、農村共同体の活動や村人に対する処罰のあり方を論じている。こうして彼は、（農民世帯）家長の支持のもとで所領経営が成立していた構造をあぶり出している。世帯構成について、ホックはツァプとほぼ同様の結論を得ている[40]。

ミッテラウアーとカガンは納税人口調査史料に依拠して中央非黒土地方（ヤロスラヴリ県）領主農民の世帯構成を復元し、ヨーロッパの世帯と比較している。彼らはこの地方について、ツァプらの研究が得たものよりも小規模かつ単純な構成の世帯を見いだしている。しかし同時に、ヨーロッパの世帯とは異質の複雑性や家父長制的な原理も確認されるところとなる(41)。

つぎに社会経済史では、シャーニン『不可解な階級：発展途上社会における農民層の政治社会学――ロシア、一九一〇～一九二五年』が農民世帯の階層分化と階層移動を体系的に検証している(42)。このシャーニンの著書をはじめとする欧米の農民家族史、農民経営史研究に大きく貢献したのが、ソ連時代初期の農学者チャヤーノフの理論研究である。チャヤーノフの主著『小農経済の原理』（一九二五年）は一九六六年に英訳初版が、一九八六年に同第二版が刊行され、大きな反響を呼んだ(43)。一九世紀後半～二〇世紀初頭のヨーロッパ・ロシアでは、各地のゼムストヴォ（地方自治会）が農民世帯調査や家計調査などの統計調査を行なっている。チャヤーノフはこれを活用して、家族サイクルの発展に対応した労働・生産・消費の変容プロセスを体系化し、「賃労働なき家族経済」＝「農民経済」の特質を解明したのである。

ヨーロッパ・プロト工業化論の研究成果をロシアに応用する試みもなされている。メルトン「プロト工業化・農奴制農業・農業的社会構造――一九世紀ロシアにおける二つの所領」は、プロト工業化論がロシアにも適用可能であるとの立場から、農奴制とプロト工業化の関連性を問うている。メルトンは、ロシアの農奴制経済システムがプロト工業化を促進したのだと主張する(44)。

これらに続く形で、女性史研究が深化する。その「第一世代」の代表はスタイツやエンゲルの女性解放史・運動史である。社会史の先駆的作業としては、グリックマンの女性労働者史研究やランセルの子ども遺棄史研究をあげることができる(45)。

以上を基礎にして、九〇年代には女性研究者が成果を相次いでまとめ、農民家族史・女性史研究が開花する。まず、ウォロベック『農民のロシア――農奴解放後の家族と農村共同体』は農民家族史の本格的なモノグラフである。本書ではロシア中央部における農村共同体の活動、相続慣行、世帯構成、結婚慣行、家族関係が考察されている。つづいてエンゲルの女性史研究は、一九世紀後半の産業発展と都市成長のプロセスに対応した、農村女性の都市流入プロセスを丹念に追跡し、農村と都市における女性の労働と生活を比較する。(46)

その他、一九九〇年代初めにつぎの二つの論文集が上梓されている。クレメンツほか編『ロシアの女性――順応・抵抗・変容』は、一〇世紀から二〇世紀までを扱う論文一五編を収めている。一八～二〇世紀初頭にかんしては、ボハックが農奴制下の農村共同体における寡婦の立場を考察し、ランセルがロシア人とヴォルガ沿岸のイスラム教徒の育児実態を対比し、グリックマンが農村社会における女性民間治療師（ズナーハルカ）の役割を問い、パロットがモスクワ県における女性の家内工業労働を追っている。このようなテーマの多様化自体が女性史への関心の高さを物語っている。(47) ファーンズワース、ヴァイオラ編『ロシアの農民女性』は、一九六〇年代末以降に欧米で発表された論文の選集である。(48) このように九〇年代の家族史研究は、女性の労働や日常生活、社会的地位に光を当ててきたと言える。(49)

二〇〇〇年代には研究のパラダイムは転換し、新しい研究がスタートを切る。一つはジェンダーの研究方法を採用し、権力と女性の関係や男女の関係を論じるものである。その嚆矢ともいえるのが、性規範にかんするエンジェルシュタインの大著である。男性史という新領域も開拓されている。これをテーマとした最初の論文集では、ウォロベックが農村社会、そして労働者史研究者スミスがペテルブルク流入者における「男らしさ」を取りあげ、エンゲルは離婚の承認を求める皇帝直属官房宛て請願の内容を分析している。(50) もう一つは文化史研究である。この中には女性の文化活動を扱ったものや女性にかかわる文化・表象を読み解くものが入る。(51) ただし、いずれの流れにおいても農村女性に対して大きな関心が払われているわけではない。今後、新しいアプローチからの農民家族史・農村女性史の進展が期待される。

最後に、わが国における状況について簡単に触れておきたい。特徴的なのは、農村社会経済史から農民家族史の諸問題に踏み込んだ研究が多いことである。それらは、欧露・日露比較を議論の中心に据えた肥前栄一、佐藤芳行、小島修一の業績[52]、ロシアの農村共同体とくにその土地利用を集中的に検討した鈴木健夫、青柳和身、阪本秀昭、崔在東の著書などに大別できよう[53]。松井憲明、佐竹利文、高木正道、青木恭子らの論文は農民家族の世帯構成に焦点を当てている[54]。社会史的・社会文化史的なアプローチからは、土肥恒之が近世農民の世界を描き、高田和夫が都市・農村関係や出版文化を幅広い視点から分析し、吉田浩は農村における犯罪や郷裁判所の活動、農村住民の財産所有をテーマに一連の論文を発表している[55]。広岡直子は中央黒土地方に属するリャザン県の人口動態を分析し、農村女性の性規範にも迫っている[56]。女性史はロシアや欧米と比べて多くはないが、米川哲夫らの概説、富永桂子の女性運動史研究、橋本伸也の教育史研究、村地稔三の保育史研究や人口学があり、参考になる[57]。研究課題にはいまだ偏りが見られるものの、わが国でもこれらの文献によってロシア農民家族の基本的性格が整理・確認されていると言って良いであろう。

以上、ソ連時代には民族学や人口学の領域において独自の家族史研究が隆盛した。しかし、新生ロシアへの体制転換後、歴史人口学や女性史・ジェンダー史の新しい潮流がみられるようになり、研究上の立ち遅れは克服されつつある。とりわけ歴史人口学では、各地の若手研究者が事例研究に精力的に取り組んでいる。民族学サイドからの家族史研究についても、民族間比較の深化や歴史人類学的手法の採用が期待される。欧米のロシア家族史研究は、ヨーロッパ家族史研究の成熟に刺激を受けて、歴史人口学、社会経済史、女性史を柱に成果が蓄積されていった。九〇年代にはウォロベックやエンゲルが総合的な農民家族史研究を発表している。その後、家族史研究は女性史・ジェンダー史との繋がりを強めながら新たな展開をみせている。今後、とくにジェンダーや文化の視点からの農民家族史研究が要請されている。

ただ、研究方法全般にかんしては若干の課題もある。第一に、結婚と家族の規範である。高橋一彦も指摘するように、従来の家族史研究が総じて実態レヴェルでの考察に重点を置いてきた半面、規範レヴェルでの検討はあまり進んでいない。この規範にかかわる問題を扱ったものとして、グレゴリー・L・ノリーセ、ワーグナー、チャエラン・Y・フリーゼ、ゴンチャローフそして高橋一彦の法制史研究がある[58]。くわえて近年、ジェンダー史研究が著しい進展を遂げている。したがって、家族史研究の方法的な重心は「実態」のみならず「規範」意識を取り込んだ、より構造的な研究へと移動しつつある。

第二に、異文化比較である。ロシアの家族はもっぱらヨーロッパの家族との比較において議論されてきた。そのような方法にもとづいて、わが国でも肥前栄一が独創的な独露比較を展開している。しかし、ロシアと日本・アジアの比較は、小島修一の論文を除いてほぼ未開拓と言って良い。ロシア帝国の領土はヨーロッパとアジアに跨っている。その広大な地域の家族史研究には歴史人類学的な国際比較が不可欠である。くわえてロシアと日本は、いずれもヨーロッパの強い影響のもとで、ほぼ同時代に近代化プロセスを辿っている。日本やアジアにかんする家族史研究の蓄積の上に、日本やアジアの視点からロシアの家族を論じる試みが求められている。

二　本書の課題と構成

家族史研究の「テーゼ」によると、近代のヨーロッパでは食糧供給の安定化を背景に、伝統的な多産多死の人口モデルが少産少死のそれへと移行する。民主化と産業構造の転換、都市的ライフスタイルの普及が職住を分離

図序-1　ヨーロッパ・ロシアの人口動態(‰)

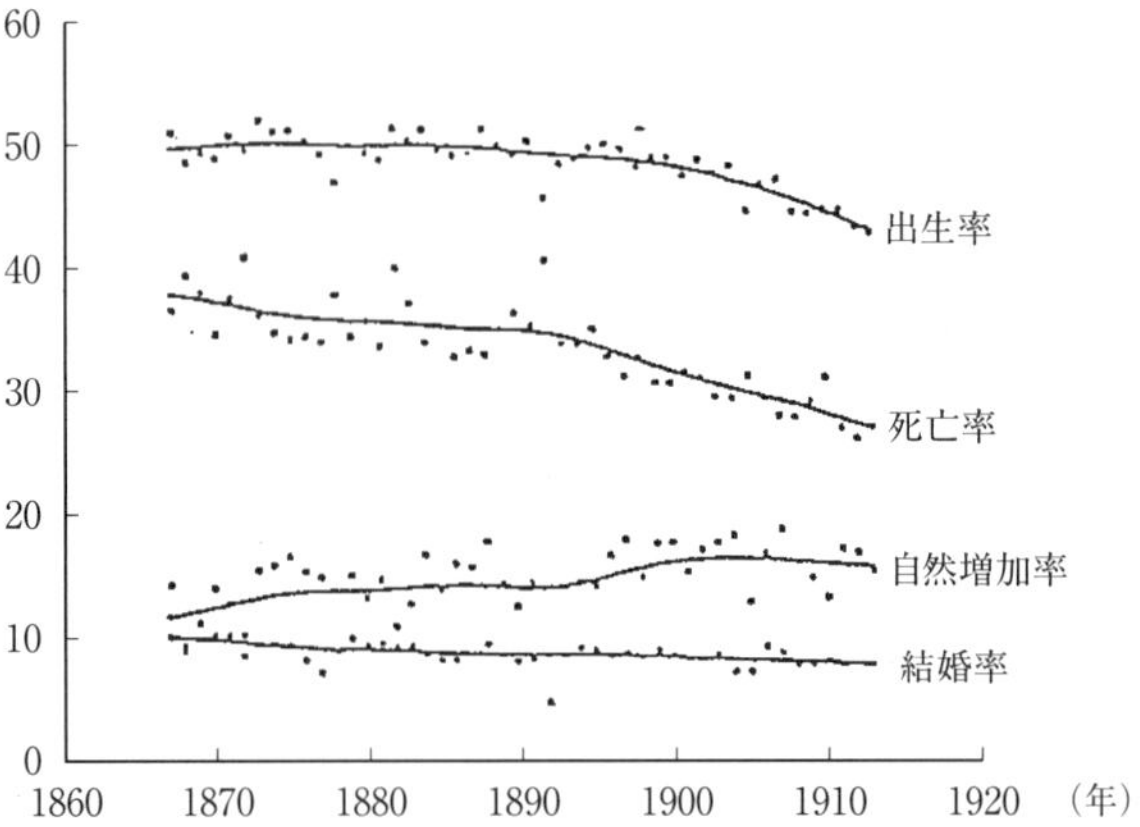

出典: Steven L. Hoch, "On Good Numbers and Bad: Malthus, Population Trends and Peasant Standard of Living in Late Imperial Russia," *Slavic Review* 53, no. 1, 1994, p. 63より作成。

させ、家父長制的な家族関係は夫婦や親子の愛情にもとづく関係へと変容し、「近代家族」が誕生するところとなる。大雑把に言うならば、ロシアもヨーロッパを追う形でほぼ同様のコースを辿ったのであり、一九世紀後半〜二〇世紀初頭をそのような転換が始動した時代と位置づけることも可能である。しかしながら、このような「近代化モデル」を前提とすることは、とりわけ非ヨーロッパの地域を論じる際にはあまり有効ではない。それを念頭に、一九世紀後半〜二〇世紀初頭の人口と家族にかんするこれまでの知見を確認しておこう。

　人口史の先行研究によれば、ヨーロッパ・ロシアでは「人口転換」の前段階として死亡率、つづいて出生率の下降が始まっていた。図序-1は、二〇世紀初頭の人口学者ノヴォセリスキーの研究をもとに、ホックがヨーロッパ・ロシアの結婚率、出生率、死亡率、人口増加率の動向をまとめたものである。[59] みられるように、結婚率は一八六〇年代半ばの約一〇‰という高い水準から緩やかに落ちていく。出生率は五〇‰台を維持していたが、一九〇〇年頃より下降線を辿っていく。これらとは対照的に、死亡率については六〇年代半ばの四〇‰弱からの一貫した減少傾向が読みとれる。九〇年頃以降は、その幅も大きくなる。したがって、人口増加率は九〇年頃まで、死亡率の低下に対応して上昇する。九〇年代に死亡率が一層の低下をみせると、人口増加率の上昇幅も大きくなる。そして、一九〇〇年代に出生率が下がり始めると、人口増加も鈍化する。もっとも、一九一三年においても結婚率が八・五‰、出生率が四七・〇‰、死亡率が三〇・一‰と人口動態は依然として「多産多死」である。出生率と死亡率には大きな開きがあるため、自然増加率は一六・八‰と高い(60)。

このような人口動態の推移には地域差がみられた。図序－2に示されるように、ヨーロッパ・ロシアはモスクワの南東に位置するリャザン県付近を境に、北方の非黒土地帯と南方の黒土地帯の二つに大きく分かれる。ロシア中央部は非黒土地帯に属し、大都市モスクワや産業拠点が集中する中央非黒土地方と、黒土地帯の一部をなす、農業地帯の中央黒土地方からなる。概して言えば、非黒土地帯は黒土地帯よりも出生率と死亡率が低い水準にあり、それらの低下開始時期も早い。非黒土地帯の人口増加率も黒土地帯のそれを下回る（なお人口動態、とくに死亡率の低下要因については議論がある。これについては本論で改めて触れてみたい(61)）。

ただし、事例研究からは各地に特有の「多産多死」状態が報告されている。たとえばゴーリコヴァは、鉱山業が発展した一八～一九世紀ウラルの人口について「多産多死」を見いだしているが、その中身は変質していた。ここでは成人男性の高い死亡率と結婚の後退を背景に婚外子が増加していた。そのような事情から、ゴーリコヴァは人口転換理論の単純な適用に慎重な態度を示している(62)。

つづいて、農民家族史研究の要点を整理してみたい。前述のように一九八〇年代末から九〇年代にかけて、ロシアのミロゴロヴァやクリューコヴァ、アメリカのウォロベックやエンゲルがロシア中央部の農民家族をテーマに学位論文や著書を発表している。それらにおいて論点とされているのは、一九世紀後半の工業化と都市化プロセスに対応した農村住民の労働と家族生活の変容プロセスである。

図序-2　ヨーロッパ・ロシアの地域区分とコストロマー県（右上）

①北部、②北西部、③沿バルト、④西部、⑤中央非黒土、⑥中央黒土、⑦沿ヴォルガ中流、⑧ウクライナ左岸、⑨南西部、⑩ノヴォロシア、⑪沿ヴォルガ下流、⑫北カフカース、⑬ウラル

出典：Esther Kingston-Mann and Timothy Mixter (eds.), *Peasant Economy, Culture, and Politics of European Russia, 1800-1921*, Princeton, New Jersey: Princeton University Press, 1990, p. xviなどより作成。

まず、ミロゴロヴァの博士候補論文「改革後ロシア農村の家族と家族生活――一八六一～一九〇〇年」は、中央黒土・非黒土の両地方における農村住民の世帯構成、家計、家族関係を比較検討したものである。その際、ミロゴロヴァは家族生活の実態を伝える史料として「テーニシェフ民俗学事務局」アンケート調査史料と郷裁判所判例集を集中的に利用している。このうち前者は、事業家テーニシェフ公爵の創設した「民俗学事務局」が一八九八、九九年頃に実施した、ヨーロッパ・ロシア農村住民にかんする大規模な調査である。「事務局」は民俗学者マクシーモフらを中心に詳細なプログラムを作成し、地方行政当局の協力のもとで教師、役所職員、聖職者そして農民などの通信員から回答を得ている。関係資料は現在、ロシア民族学博物館古文書室に所蔵されている[63]。後者には農村共同体の生活規範が反映している。というのは、農奴解放後、農村共同体の代表者により郷裁判所が組織され、慣習法にもとづいて共同体成員の裁判を行っていたからである。

ミロゴロヴァは、中央非黒土地方の世帯が中央黒土地方の世帯よりも小規模で単純であった理由をつぎのように説明している。すなわち、中央非黒土地方の農村住民は商工業的な村外就業に従事していた。そのことが世帯の性別分業を再編させ、家族員の間に共有財産とは別の個人財産を発達させ、家父長制を弱め、女性の地位を高めていく。その結果、世帯分割、すなわち多核家族世帯における核（夫婦）単位での家族員と財産の分割が促進され、「未分割」世帯（本章注5を参照）が解体されていったのだ、とミロゴロヴァは理解する[64]。

一方、クリューコヴァ『一九世紀後半のロシア農民家族』は中央黒土地方のリャザン県とタムボフ県をフィールドに選択している。この研究も「テーニシェフ民俗学事務局」アンケート調査史料や郷裁判所判例集に依拠しているが、これらにくわえ、未刊行の納税人口調査史料と教徒一覧史料をもとに世帯構成の再現を試みている。クリューコヴァは中央黒土地方における「未分割」世帯の優勢と「伝統的」な結婚行動の持続を指摘し、その要因を、農業を主に、村外就業を従に位置づける世帯のあり方に求めている。すなわち、農業技術が低い水準にあるなか、農作業をこなして国家に対し諸義務を遂行できるように、世帯は労働力を確保しようとした。たしかに中央黒土地方でも、農奴解放後、世帯分割の急増にともない「未分割」世帯の比率が低下する。九〇年代には「未分割」世帯と「小家族」世帯の比率が接近し、「未分割」世帯自体もより単純な構成のものとなる。しかしながら、平均世帯規模の縮小は六~八人で足踏み状態となる。中央黒土地方の村外就業は農業的性格を帯びており、「未分割」世帯を解体させるだけのインパクトを持たなかった。ゆえに、農業と農業的な村外就業を兼業するためには、この程度の世帯規模が最適であったのではないか、とクリューコヴァは推測する。(65)

このように、ミロゴロヴァとクリューコヴァは中央非黒土地方と中央黒土地方の比較から、中央非黒土地方における世帯の縮小と単純化、家父長制の後退、中央黒土地方におけるこれらのプロセスの緩慢さを確認している。そしてその要因として、彼女たちはとくに村外就業の規模や内容に注目している。

ウォロベックとエンゲルの研究内容も対照的である。前者が農村社会の伝統性に着目している一方で、後者は「変化」を強調しているのである。ウォロベックは郷裁判所判例集、農民慣習法集成を分析し、ゼムストヴォ家計調査からデータを集め、民謡やことわざなどの口承文化史料を引用しながら農村共同体と家族の世界を詳述している。そこで析出されたのは、農村共同体と高度に複雑な構成の世帯のもとで形成された強固な家父長制である。たしかに村外就業の普及と貨幣の収入の獲得が、個人主義や世代間の対立、家長生存中の世帯分割を助長していた。とはいえ、農村共同体や家族が複雑な構成の世帯と家父長制を永続化させていた。農村女性自身も家父長制の支持者であるか、少なくともこれに適応していた、とウォロベックは主張する。(66)

翻ってエンゲルは、工業化と都市化の影響が農村住民の生活様式の深部にまで達していたとの認識の上に立つ。この研究では資本主義的賃労働に関わりを持った民衆女性、具体的には、村外就業がさかんな農村の女性、繊維工業地帯の女性、そして都市に流入した女性に光が当てられている。エンゲルも、農民家族の実態を伝える史料として郷裁判所の裁判記録や「テーニシェフ民俗学事務局」アンケート調査史料を駆使し、さらに住居調査や家計調査などの多種多様な史料を発掘して都市下層の労働と生活を描き出している。彼女によれば、農村社会や家族において最も地位を高めたのは、男性が村外就業で不在中、家族を守り、世帯の生計維持に貢献した女性である。工場付近の村落でも若者や女性による工場への就職が家父長制を平等な関係へと向かわせた。都市に流入した女性は新たな労働と生活のチャンスを得た反面、農村社会では存在していた保護を失い、大きなリスクを負うことになった、とエンゲルは特徴づける。(67)

ただし、エンゲルは二〇〇四年に著したロシア女性史の概説書において、農奴解放後の農村共同体と家族において家父長制は揺るぎなかったとも述べている。つまり、農村共同体による成員の支配は強固であった。生存闘争は個人の利益よりも集団の利益を優先させていた。男性が集団で共同体全体の利益を決定し、大部分の女性は男性への直接的な従属のもとで生涯を送っていた、と。(68)このように、エンゲルは自身の主張のトーンをやや弱め、あくまでも農村社会における家父長制的支配を前提に議論を展開していることを付言している。

ともあれ、これらの研究からさしあたり三点を確認できるだろう。第一に、農奴解放後の農村共同体と家族が家父長制で秩序づけられていたこと。しかし第二に、工業的な就業チャンスの拡大と自給経済からの脱却が世帯規模の縮小と構成の単純化を促進し、家族関係を平等なものへと近づけていったこと。そして第三に、中央非黒土地方と中央黒土地方では生産活動の違いからこの移行プロセスに差があったこと、以上である。ただ、経済活動と家族の関係性について多面的な説明が必要ではないかとの疑問が残る。

さて、本書は先行研究の成果をふまえ、中央非黒土地方における農村住民の労働と人口　家族に焦点を当てる。その際、以下の三点において独自の研究方法をとることにする。

第一に、周知のように、一九世紀後半のロシア中央部、とくに中央非黒土地方の世帯は、農業と商工業的な生産活動をしばしば兼業していた。先行研究が中央非黒土地方の世帯を論じるにあたり、商工業的な生産活動を考慮していたのもそのような事情による。ここで注目されるのは、身分制のもとで農民身分出身者の空間的・社会的移動の自由が制限されていたなか、成人男性が家族を農村に残し、村外で単身就業する独特の労働が普及していたことである。[69] 村外就業者の世帯では、村外で就業する家族員と農村にとどまる家族員が空間的に切り離されて生産活動を遂行する。本研究はこのような分業を特徴とする家族を「村外就業者家族」と名づけ、農業地帯でみられたような農業への専業度が高い家族とも、労働者家族のような賃金収入への依存度が高い家族とも異なる、家族の一形態とみなす。[70] 近代のロシア、すなわち初期工業化時代のロシアの家族を論じる際に、村外就業者家族こそまず検討対象とすべきものなのである。

第二に、本研究はリージョナル・レヴェル、換言すればロシア帝国の行政区分では郡レヴェルの事例を集中的に検討する。たしかに、先行研究は農民家族について多くの知見をもたらした。とはいえ、それらが地方やいくつかの県といった比較的広い空間を対象としていたために、十分に考察されなかった問題もある。その一つが、生産活動と家族の関係である。前述のように多くの研究者が一致して、農村住民の生産活動、とくに商工業的な村外就業が人口や家族を変容させる主因であると述べている。しかし、具体的にはそれらの因果関係が十分に明らかにされていない。言うまでもなく、農村住民の生産活動は多様である。ゆえに、労働について就業期間、就業者のライフコース、技能養成、労働条件などの特徴を整理し、そのうえで労働と人口・家族との関係を解き明かす作業を重ねて、はじめて一般化が可能となるのである。本研究はそのような事例研究の一つとして位置づけられる。したがって、本研究は村外就業者の労働と生活にも立ち入る。従来の研究は農村を検討の中心に位置づけ、農村住民、とくに成人男性の就労先での労働・生活実態については触れてこなかった。本書では村外就業の背景となる産業の発展や都市の成長にも配慮しながら叙述を進めていきたい。なお、そのような問題関心からすれば、郡レヴェルではなく、村落レヴェルのミクロ・スタディが最も有効であると考えられる。残念ながら、筆者の研究段階ではこれを実現することはできなかった。

ところで、ストルィピン改革期の農村社会を論じた崔在東は、ロシア農民家族の生存戦略と関連して、「家」意識の欠如に言及している。彼によれば、「ロシアにおける農民は労働結合体（рабочая артель）という性格を強く持ったものの、家産の維持や増大を目的とする経営体的特質をほとんど有していなかった。農戸は農民の生存のために必要とされる土地を保有する基礎単位にすぎず、多く見られた養子縁組や非血縁家族成員の受入れも、そのほとんどがドイツや日本などで見られる家の継承と発展という観念によるものではなく、労働力不足を補い、生存と老後の対策を確保しようとするものであった」[71]。そうであるならば、農村住民は労働力の確保や生計維持、生活保障のためにどのような戦略を持っていたのだろうか[72]。世帯構成、結婚、相続についてこの論点を探ること、これが第三の研究方法である。

本書は事例として、中央非黒土地方に属するコストロマー県北西部を提示する。コストロマー県北西部農村の男性は首都ペテルブルクで建設業に従事していた。大都市における男性の村外就業、そして彼らを送り出していた農村の生産活動と家族生活を論じることで、工業化・都市化プロセスのもとでの人の移動と労働のあり方、人口と家族の特徴、そしてそれらの変容を明らかにしてみたい。

史料的な条件においてもコストロマー県北西部は恵まれている。一八八〇年代、医師で社会活動家のジバンコフがこの地のゼムストヴォに勤務し、農村住民にかんする民俗学的、医学的・衛生学的調査を行なっている[73]。ジバンコフの研究は、村外就業がさかんな農村の生活実態を伝えるものとして史料的価値が高い（図序－３）。上記「テーニシェフ民俗学事務局」アンケート調査には、コストロマー県北西部からも農村学校教師のＢ・Ｂ・レショートキンやＨ・コーロソフらが通信員として参加している。本研究でも彼らの言説を読み解くことで、世帯

図序-3　Д. Н. ジバンコフの主著『農婦の郷――統計学的・民俗学的概観』（1891 年）

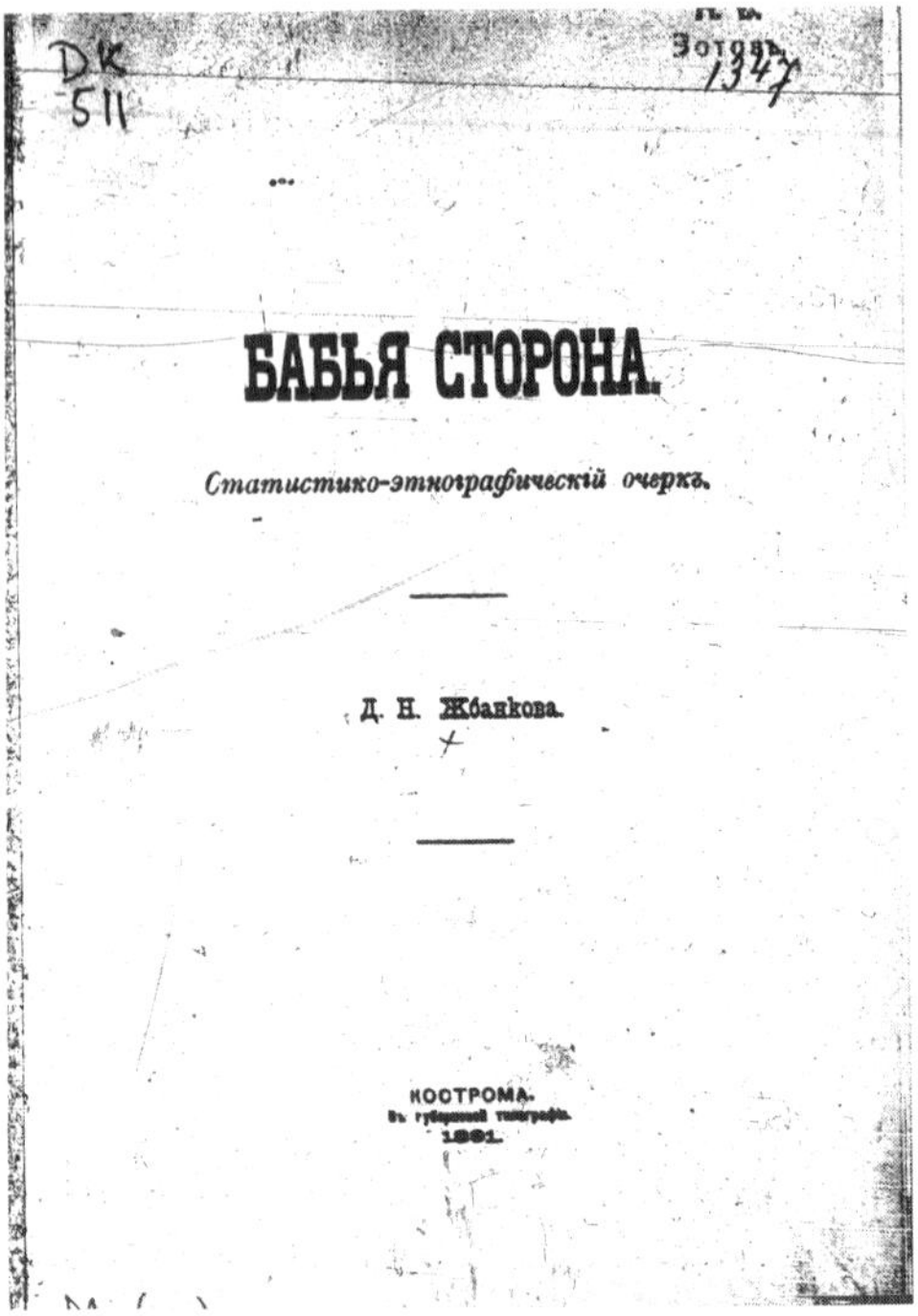

の労働力配置、男女それぞれの労働と生活、結婚慣行、家族関係などの多面的検討を試みたい。なお、エンゲルが著書『畑地と都市の間で』の一章でこの土地の女性に焦点を当てており、その議論も参考になる。

以下、本研究は三部で構成される。まず、第一部「村外就業者家族の生産活動と消費活動」（第一～四章）は農民家族の生産・消費活動と家族労働をテーマとする。第一章では一九世紀後半の中央非黒土地方を念頭に置いて、農村共同体と家族の社会経済的特徴を整理する。第二章においてはコストロマー県とくに北西部を対象に、農奴解放前とその後における村外就業の展開プロセスが概観される。第三章は、村外就業者を送り出す農村の農業のあり方、消費活動の活性化、階層化について論じる。つづく第四章では、村外就業の普及と対応した家族員の労働力配置と性別分業の変容プロセスを追跡する。家族員以外の労働力の調達にも言及する。

つぎに、第二部「首都ペテルブルクの工業化・都市化と建設労働」（第五～六章、補章一）は、農村在住の家族と空間的に離れて展開された男性労働に目を転じる。第五章では、ペテルブルクの人口成長や産業発展と密接な関係にあった建設需要の量的・質的変容を克明にたどる。そのうえで、第六章において建設産業の就業者構成、経営組織、技能養成システムについて説明する。補章一は、建設労働者の生活保障問題を扱うものである。建設労働のあり方とそれに特有の事故多発状況を把握し、建設施工業の経営者を中心に組織された事故被害者援助事業を検証する。

第三部「村外就業と人口・家族」（第七～九章、補章二）は、おもに農村の人口と家族に関連する問題を取り上げる。第七、八章では、村外就業とのかかわりの中で培われた北西部農村の結婚慣行を紹介し、さらに統計データの処理によって結婚、出生、死亡の特徴とそれらの変動を析出する。第九章は、世帯構成の縮小プロセスを確認し、これを規定する世帯分割の原因について精察する。なお補章二では、二〇世紀初頭の大都市における結婚行動の転換プロセスを跡づけ、住居から家族形成のあり方を見極めてみたい。

最後に、終章でこれまでの考察を総括する。近代ロシア「村外就業者家族」の特徴、とくに労働と人口・家族の関係性や生存戦略について本研究の結論を述べ、「村外就業者家族」の歴史的位置を定めてみたい。

注

（1）アメリカ合衆国とヨーロッパでは、家族史研究の興隆した時期とその社会的背景に違いが見られた。詳細についてはミヒャエル・ミッテラウアー「家族史の新しい文脈――世紀を超えて」若尾祐司訳（比較家族史学会編『家族――世紀を超えて』日本経済評論社、二〇〇二年所収）、一九八、二〇〇、二一五頁を参照。

（2）現代ロシアの人口と家族にかんする邦語文献として、以下を参照のこと。中村逸郎『ロシア市民――体制転換を生きる』岩波書店、一九九九年、ガリーナ・ドゥートキナ『転換期の肖像――現代ロシアの女性たち』水野祐子訳、東洋書店、二〇〇一年、田畑朋子「ロシアの地域別人口変動（一九八九～二〇〇二年）――男性死亡率の分析を中心として」『人口学研究』三七、二〇〇五年、六七～八二頁、久保庭眞彰「ロシア人口の一九九〇年代危機と長期展望」（西村可明編著『移行経済国の年金改革――中東欧・旧ソ連諸国の経験と日本への教訓』ミネルヴァ書房、二〇〇六年所収）、日本経済新聞社編『人口が変える世界

——二一世紀の紛争地図を読み解く』日本経済新聞社、二〇〇六年など。近年、出生率や死亡率に改善の兆しが認められる。しかし、それが持続的な動きなのか、二〇〇七年以降の少子化対策がそれらにどの程度作用したのか見極めるには、なお時間を要する。

（3）ロシアでは帝政期をつうじて身分制が維持された。一九世紀後半の場合、おもな身分として貴族、聖職者、商人、町人、農民などがあった。当然、身分的な出身はその者の職業や社会階層を示すわけではない。たとえば農民身分出身者の中には、都市に居住し、商工業に従事している者や本研究の対象である「村外就業者」（後述）も含まれていた。しかし、ロシア語のкрестьянин（クレスチャーニン）には農業従事者としての農民と農民身分出身者の両方の意味がある。本研究では「農民」という用語の使用を極力控えるようにする。そのうえで、混同を避けるべく、出身身分としての農民について議論する場合、農民身分出身者（農奴解放前については領主農民、国有地農民、御料地農民）と表記する。農民身分出身者のうち農村に居住し、農業やその他の生産活動に従事している者を念頭に置いて、農村住民、農村男性・女性という用語を使用する。

（4）*Вишневский А. Г.* (ред.) Брачность, рождаемость, смертность в России и в СССР. Сборник статей. М., 1977.

（5）研究方法の共有という問題と関連して、ここでは世帯構成の分類方法を取り上げてみたい。家族史研究では、現在、国際的にはピーター・ラスレットの方法が広く採用されている。これに対し、アレクサンドロフらソ連の民族学者は「小家族」世帯と「未分割」世帯に大きく二分する方法を採用していた。アレクサンドロフらは、子ども無しの夫婦、親と未婚の子どもからなる家族を「小家族」世帯と定義する。つぎに彼らは、家族サイクルにおいて分割される前段階にある、二組以上の夫婦を中心に構成されるものを「未分割」世帯と呼ぶ。これはさらに、両親と息子夫婦からなる「父系家族」世帯、妻帯した兄弟たちからなる「兄弟家族」世帯などに細分される（*Александров В. А.* Обычное право крепостной деревни России XVIII—начало XX в. М., 1984. С. 58-59, 69）。したがって、ソ連民族学者の分類方法とラスレットの分類方法は互換性に欠けている。くわえて、ソ連民族学者の中には「小家族」世帯に寡婦・寡夫と妻帯した子どもからなる家族も含める者もいる。この場合、「小家族」世帯には、ラスレットの分類方法で言うところの単純家族世帯だけでなく拡大家族世帯や多核家族世帯が含まれることになる。総じてアレクサンドロフらの方法は、大規模で複雑な構成の世帯を分類することに重点を置き、ロシア向けに考案されていると言えるであろう。この問題については、佐竹利文「農奴制期ロシアにおける農民家族形態——常態としての多核家族」『ロシア史研究』

七四、二〇〇四年、一九頁も参照のこと。

（6）*Рабинович М. Г.* Очерки этнографии русского феодального города: Горожане, их общественный и домашний быт. М., 1978; *Анохина Л. А., Шмелева М. Н.* Быт городского населения средней полосы РСФСР в прошлом и настоящем. М., 1977; *Будина О. Р., Шмелева М. Н.* Город и народные традиции русских. М., 1989.

（7）*Крупянская В. Ю., Полищук Н. С.* Культура и быт рабочих горнозаводского Урала（конец XIX—начало XX в.）. М., 1971. 民族学を専門とする労働者家族史家として、クルピャンスカヤは労働者史家イヴァノフらの共同研究に参加し、労働者の農民性に光を当てようとした。しかし、イヴァノフらの動きは七〇年代前半に上層部から批判を受け、研究の深化をみなかった。詳細については高田和夫「ロシア労働者論のいくつかの問題について——ソ連での『相貌』論を中心に」『ロシア史研究』三四、一九八一年を参照。

（8）主要業績をあげておく。*Александров В. А.* Сельская община в России（XVII—начало XIX в.）. М., 1976; *Миненко Н. А.* Русская крестьянская семья в Западной Сибири（XVIII—первая половина XIX в.）. Новосибирск, 1979; *Громыко М. М.* Традиционные нормы поведения и формы общения русских крестьян XIX в. М., 1986; *Громыко М. М.* Мир русской деревни. М., 1991.

（9）*Чистов К. В.*（ред.）Этнография восточных славян. Очерки традиционной культуры. М., 1987. 家族研究の動向をまとめたものとして、『ソ連邦における家族問題にかんする研究文献解題（一九五七〜一九七一年）』がある。この文献解題では、歴史研究を含む約四〇〇点が掲載されている（Аннотированная библиография работ по проблемам семьи в СССР（1957—1971）. Вып.1-2. М., 1972）。

（10）*Александров В. А.*（отв. ред.）Этнография русского крестьянства Сибири（XVII—середина XIX в.）. М., 1981.

（11）*Милоголова И. Н.* Семья и семейный быт русской пореформенной деревни, 1861—1900 годы（на материалах центральных губерний）. Диссертация на соискание ученой степени кандидата исторических наук. М., 1988; *Крюкова С. С.* Русская крестьянская семья во второй половине XIX в. М., 1994; *Шустрова И. Ю.* Очерки по истории русской семьи Верхневолжского региона в XIX—начале XX века. Ярославль, 1998.

（12）*Аргудяева Ю. В.* Крестьянская семья у восточных славян на юге Дальнего Востока России（50-е годы XIX—начало XX в.）. М.,

1997.

(13) *Шабалина Л. П.* Семья Симбирского Поволжья конца XIX—начала XX вв. Ульяновск, 2001.

(14) ロシア・欧米研究者の学術交流の成果として、『マンタリテとロシアの農業発展（一九～二〇世紀）——国際会議資料集』がある。これは一九九六年、心性史・農民史を論題にモスクワで催された国際会議の記録である。この中ではレオナルドやスレプニョーフらが市場経済の浸透と農民世帯の経済活動との関連性について報告している（*Данилов В. П., Милов Л. В., Сахаров А. Н., Слепнев И. Н., Филд Д.*（ред.）Менталитет и аграрное развитие России（XIX—XX вв.）. Материалы международной конференции. М., 1996）。

(15) *Гончаров Ю. М.*（отв. ред.）Семья в ракурсе социального знания. Сборник научных статей. Барнаул, 2001.

(16) *Муравьева М. Г.* История брака и семьи: западный опыт и отечественная историография // *Гончаров Ю. М.*（отв. ред.）Семья в ракурсе социального знания... 欧米における研究成果の翻訳・出版も進んでいる。以下などを参照。*Хок С. Л.* Крепостное право и социальный контроль в России. Петровское, село Тамбовской губернии. М., 1993（Steven L. Hoch, *Serfdom and Social Control in Russia: Petrovskoe, a Village in Tambov,* Chicago: Chicago University Press, 1986）; *Энгельштейн Л.* Ключ счастья. Секс и поиски путей обновления России на рубеже XIX—XX веков. М., 1996（Laura Engelstein, *The Keys to Happiness: Sex and the Search for Modernity in Fin-de-Siècle Russia,* Ithaca and London: Cornell University Press, 1992）; *Зидер Рихард* Социальная история семьи в Западной и Центральной Европе（конец XVIII—XX вв.）. М., 1997（Reinhard Sieder, *Sozialgeschichte der Familie,* Frankfurt / M. 1987）.

(17) 主著 Richard S. Wortman, *Scenarios of Power: Myth and Ceremony in Russian Monarchy, Vol. 1, From Peter the Great to the Death of Nicholas I, Vol. 2, From Alexander II to the Abdication of Nicholas II,* Princeton, New Jersey: Princeton University Press, 1995, 2000 から一部転載したものである。

(18) *Миронов Б. Н.* Социальная история России периода империи（XVIII—начало XX в.）. Т. 1. Генезис личности, демократической семьи, гражданского общества и правового государства. СПб., 1999. Гл. 3-4.

(19) *Горская Н. А.* Историческая демография России эпохи феодализма. М., 1994. С. 189, 203.

(20) *Антонова И. А.* Метрические книги XVIII—начала XX в. в России. Автореферат диссертации кандидата исторических наук. М.,

1998. С. 4. アントーノヴァの博士候補学位論文については拙稿「近年のロシア家族史研究をめぐって」『ロシア史研究』七四、二〇〇四年、七頁を参照。

（21）*Палли Х. Э.* Система идентификации Эстонских семей XVII—XVIII вв. // *Пуллат Р. Н.*（ред.）Проблемы исторической демографии СССР. Сб. Статей. Таллин, 1977; *Палли Х.* Воспроизводство населения Эстонии в XVII—XIX вв. // *Вишневский А. Г.*（ред.）Брачность, рождаемость, смертность в России и в СССР. Сборник статей. М., 1977. パッリの研究については以下を参考にした。*Горская Н. А.* Историческая демография... С. 143-144, 187-189; *Смирнова С. С.* Демографические процессы в Олонецкой губернии в XIX—начале XX вв. Опыт конпьютерного анализа метрических книг. Автореферат диссертации кандидата исторических наук. СПб., 2002. С. 13.

（22）一七、八世紀農民家族史研究でも、歴史人口学が前進している。たとえば、二〇〇二年の史料学にかんするシンポジウムでは、チェルニャコーヴァが一八世紀カレリアの納税人口調査史料と教徒一覧史料の内容を対比し、前者の精度が比較的高いことを示し、シャバーノヴァは課税台帳史料や人口調査史料をもとに一七世紀ロシア北西部の農民世帯を女性労働のあり方を含めて観察している（Массовые источники истории и культуры России XVI—XX вв. Материалы XII Всероссийской конференции «Писцовые книги и другие массовые источники истории и культуры России XVI—XX вв.: проблемы изучения и издания». Архангельск, 2002. С. 366-375, 390-395）。プローホロフの社会経済史研究は一八世紀中葉の農民世帯を静態的に捉えている。チェトゥイリナは数量データの処理から、地方都市住民の埋葬儀礼のあり方を裏付けようとしている（*Прохоров М. Ф.* Крепостное крестьянство России в 1750—начале 1770-х годов. Автореферат диссертации доктора исторических наук. М., 1998; *Четырина Н. А.* Обряд погребения в России в конце XVIII—начале XIX века // Вопросы истории. 2006. №3）。レーシチェンコの家族史概説は一一世紀から一九世紀までを扱う（*Лещенко В. Ю.* Семья и русское православие（XI—XIX вв.）. СПб., 1999; *Лещенко В. Ю.* Русская семья（XI—XIX вв.）. СПб., 2004）。

（23）*Муравьева М. Г.* История брака и семьи... С.12-13.

（24）*Голикова С. В.* Семья горнозаводского населения Урала XVIII—XIX веков: демографические процессы и традиции. Екатеринбург, 2001. С. 189-190.

(25) *Курцев А. Н.* (отв. ред.) Проблемы исторической демографии и исторической географии центрального черноземья. Сборник научных докладов IV межвузовской конференции по исторической демографии и исторической географии Ценрального Черноземья. (Курск, 27 Апреля 1994 г.). М.- Курск, 1994. С. 3-11; Steven L. Hoch, Famine, Disease, and Mortality Patterns in the Parish of Borshevka, Russia, 1830-1912, Population Studies 52, no. 3 (November 1998); Steven L. Hoch, The Serf Economy, the Peasant Famíly, and the Social Order, in Jane Burbunk and David L. Ransel (eds.), *Imperial Russia: New Histories for the Empire,* Bloomington and Indianapolis: Indiana University Press, 1998.

(26) *Коой П., Синицына Е. В., Шустрова И. Ю.* Совместный исследовательский проект «Русская провинция в XIX веке» // Высшее образование в России: история проблемы, перспективы: Тез. докл. междунар. науч. конф. Вып. 2. Ярославль, 1994; Pim Kooij (ed.), *Where the Twain Meet. Dutch and Russian Regional Demographic Development in a Comparative Perspective, 1800-1917,* Groningen; Wageningen, 1998; Pim Kooij and Richard Paping (eds.), *Where the Twain Meet Again. New Results of the Dutch-Russian Project on Reginal Development 1780-1917,* Groningen; Wageningen, 2004.

(27) Tapio Hämynen, Jukka Partanen and Yury Shikalov (eds.), *Family Life on the Northwestern Margins of Imperial Russia,* Joensuu: Joensuu University Press, 2004.

(28) *Носевич В. Л.* Еще раз о Востоке и Западе: структуры семьи и домохозяйства в истории Европы // *Бородкин Л. И. и др.* (ред.) Круг идей: историческая информатика в информационном обществе. М., 2001. С. 34-36.

(29) 後述のように、アメリカのロシア女性史研究はフェミニズム運動の影響下、スタイツらによって始動する。それらに刺激を受ける形で、ソ連ではティーシキンの先駆的作業が発表されることになる (*Тишкин Г. А.* Женский вопрос в России,50—60-е годы XIX в. Л., 1984)。

(30) *Пушкарева Н. Л.* Женщины древней Руси. М., 1989; *Пушкарева Н. Л.* Частная жизнь русской женщины: невеста, жена, любовница (X—начало XIX в.). М., 1997; *Пушкарева Н. Л.* Женщина в русской семье: традиции и современность // *Тишков В. А.* (отв. ред.) Семья, гендер, культура. Материалы международных конференции 1994 и 1995 гг. М., 1997.

(31) *Пушкарева Н. Л.* Русская женщина: история и современность. Два века изучения «женской темы» русской и зарубежной наукой,

1800—2000. Материалы к библиографии. М., 2002. 関連作業として、プシュカリョーヴァには欧米におけるロシア女性史の研究史概観がある（*Пушкарева Н. Л.* Женшины России и Европы на пороге нового времени. М., 1996）。その他、ロシア女性史・ジェンダー史研究として以下などがある。*Юкина И. И.* История женщин России: женское движение и феминизм в 1850—1920-е годы. Материалы к библиографии. СПб., 2003; *Миненко Н. А.*（отв. ред.）Женщина в истории Урала и Сибири XVIII—начала XX в. Сборник научных статей. Екатеринбург, 2007.

（32）*Пушкарева Н. Л.* Русская женщина... С.37-39.

（33）一九世紀後半の統計調査は、農村住民による自家農業以外の生産活動を、それが行われる空間を基準に地元での農村小工業と居住地から離れた場での就業 отхожие промыслы（オトホージエ・プロームィスリィ）の二つに分類した。わが国の農民史研究は後者を「出稼ぎ」と訳してきた。しかし、日本語の「出稼ぎ」が一時的な移動と就業を念頭に置いているのに対し、ロシア語の отхожие промыслы においては一時的な滞在と（長期的な）「離村」との違いが必ずしも明確ではない。そこで本研究では、отхожие промыслы を「村外就業」と訳す。ここでいう「村」は居住地の集落を厳密に指すのではなく、農村住民の日常の労働と生活の圏を意味する。この圏を離れて行なわれる労働が「村外就業」である。なお、一九世紀後半の国内旅券制度（後述）では、住所が登録されている郡から離れて就業する者に対し、国内旅券の取得が義務付けられていた。したがって、国内旅券発行数統計史料では郡外の就業者がカウントされている（*Тихонов Б. В.* Переселения в России во второй половине XIX в. по материалам переписи 1897 г. и паспортной статистики. М., 1978. С. 105-106）。

（34）*Гурьянова В. В.* Роль крепостной крестьянки Тверской губернии в крестьянском и помещичьем хозяйстве второй половины XVIII века // *Успенская В. И.*（отв. ред.）Женщины. История. Общество. Сборник научных трудов. Вып 1. Тверь, 1999.

（35）*Безгин В. Б.* Положение женщины в крестьянской семье конца XIX в.（на материалах этнографических источников）// *Гончаров Ю. М.*（отв. ред.）Семья в ракурсе социального знания. С. 204-212.

（36）*Кись О. Р.* Гендерные особенности брачного выбора в украинском селе конца XIX—начала XX веков // *Чикалова И. Р.*（гл. ред.）Женщины в истории: возможность быть увиденными. Сборник научных статей. Вып. 2. Минск, 2002.

（37）全ロシア学術シンポジウム「ロシアにおける家族と結婚——価値・伝統・儀礼、一八〜二〇世紀」（Всероссийская научная конференция. Семья и брак в России: ценности, традиции, обряды XVIII—XX вв.)。

(38) David L. Ransel (ed.), *The Family in Imperial Russia: New Lines of Historical Reserch,* Urbana, Ill.: University of Illinois Press, 1978.

(39) Peter Czap, Jr., "'A Large Family: The Peasant's Greatest Wealth': Serf Households in Mishino, Russia, 1814-1958," in Richard Wall, Jean Robin, Peter Laslett (eds.), *Family Forms in Historic Europe,* Cambridge and New York : Cambridge University Press, 1983.

(40) Hoch, *Serfdom and Social Control in Russia.*

(41) ミヒャエル・ミッテラウアー、アレクサンダー・カガン「ロシアおよび中欧の家族構造の比較」肥前栄一訳(ミヒャエル・ミッテラウアー『歴史人類学の家族研究——ヨーロッパ比較家族史の課題と方法』若尾祐司ほか訳、新曜社、一九九四年所収)。

(42) Teodor Shanin, *The Aukward Class: Political Sociology of Peasantry in a Developing Society: Russia 1910-1925,* Oxford at the Clarendon Press, 1972.

(43) Aleksandr V. Chayanov, *The Theory of Peasant Economy,* 2nd ed., edited by D. Thorner, R. E. F. Smith, includes a foreword by T. Shanin, Madison, Wis.: University of Wisconsin Press, 1986. 独語版(Die Lehre von der bäuerlichen Wirtschaft. Versuch einer Theorie der Familienwirtschaft im Landbau, Berlin, 1923)およびロシア語版(Организация крестьянского хозяйства. M., 1925)からの邦訳がある。チャヤーノフ『小農経済の原理』[増補版]磯辺秀俊、杉野忠夫訳、大明堂、一九五七年(初版一九二七年)。チャヤーノフらネオ・ナロードニキの思想にかんしては、小島修一『ロシア経済思想史の研究』ミネルヴァ書房、一九八七年が有益である。

(44) Edger Melton, "Proto-Industrialization, Serf Agriculture and Agrarian Social Structure: Two Estates in Nineteenth-Century Russia," *Past and Present* 115 (May 1987).

(45) Richard Stites, *The Women's Liberation Movement in Russia,* Princeton, New Jersey: Princeton University Press, 1978; Barbara Alpern Engel, *Mothers and Daughters: Women of the Intelligentsia in Nineteenth-Century Russia,* Cambridge: Cambridge University Press, 1983; Rose L. Glickman, *Russian Factory Women: Workplace and Society, 1880-1914,* Berkeley and Los Angeles: University of California Press, 1984; David L. Ransel, *Mothers of Misery: Child Abandonment in Russia,* Princeton, New Jersey: Princeton University Press, 1988.

(46) Christine D. Worobec, *Peasant Russia: Family and Community in the Post-Emancipation Period,* Princeton, New Jersey: Princeton University Press, 1991; Barbara Alpern Engel, *Between the Fields and the City: Women, Work, and Family in Russia, 1861-1914,* New York: Cambridge

University Press, 1994.

(47) Barbara Evans Clements, Barbara Alpern Engel, Christine D. Worobec (eds.), *Russia's Women: Accommodation, Resistance, Transformation*, Berkeley: University of California Press, 1991.

(48) Beatrice Farnsworth, Lynne Viola (eds.), *Russian Peasant Women*, New York: Oxford University Press 1992.

(49) とくに女性労働に焦点を当てた作業として、Jane McDermid and Anna Hillyar, *Women and Work in Russia, 1880-1930: A Study in Continuity through Change*, London and New York: Longman, 1998がある。Mary Zirin, Christine D. Worobec (eds.), *Women and Gender in Central and Eastern Europe, Russia, and Eurasia: A Comprehenshive Bibliography*, vol. 2, New York and London: M. E. Sharpe, 2007は女性史・ジェンダー史関係の浩瀚なビブリオグラフィーで二〇〇〇年までを扱う。通史としてはさしあたりBarbara Alpern Engel, *Women in Russia, 1700-2000*, New York: Cambridge University Press, 2004が参考になる。

(50) Engelstein, *The Keys to Happiness*; Barbara Evans Clements, Rebecca Friedman and Dan Healey (eds.), *Russian Masculinities in History and Culture*, Basingstoke and New York: Palgrave, 2002.

(51) とくに進展がみられるのは、一八世紀～一九世紀初頭にかんする女性史研究である。Wendy Rosslyn, *Women and Gender in 18th-Century Russia*, Aldershot and Burlington, VT: Ashgate, 2003; Wendy Rosslyn, Alessandra Tosi, *Women in Russian Culture and Society, 1700-1825*, Basingstoke and New York: Palgrave Macmillan, 2007を参照。Robin Bisha, Jehanne M. Gheith, Christine Holden, and William G. Wagner (comps.), *Russian Women, 1698-1917: Experience and Expression, An Anthology of Sources*, Bloomington and Indianapolis: Indiana University Press, 2002は、女性の家族生活、労働、学校、公的活動、創作活動、セクシュアリティ、心性などに関連する史料を収集・翻訳している。帝政期ロシア社会史の概説Christine D. Worobec (eds.), *The Human Tradition in Imperial Russia*, Lanham: Rowman and Littlefield Publishers, 2009は、最新の研究成果を反映させている。

(52) 肥前栄一『ドイツとロシア——比較社会経済史の一領域』未来社、一九八六年、同『比較史のなかのドイツ農村社会——『ドイツとロシア』再考』未来社、二〇〇八年、佐藤芳行「リトワニアと白ロシアにおける世帯と農業構造（一六～一九世紀）」『商経論叢』（九州産業大学）二九‐三、一九八九年、同『帝政ロシアの農業問題——土地不足・村落共同体・農村工業』未来社、二〇〇〇年、小島修一「帝政ロシアの農家労働力移動——明治日本との一比較」『甲南経済学論集』（甲南大学）三一‐四、一九九一年。

(53) 鈴木健夫『帝政ロシアの共同体と農民』早稲田大学出版部、一九九〇年、同『近代ロシアと農村共同体――改革と伝統』創文社、二〇〇四年、青柳和身『ロシア農業発達史研究』御茶の水書房、一九九四年、同「一九世紀初頭ブッコエ領農民世帯の変動構造――個別世帯の階層移動の検討」(経済史研究会編『欧米資本主義の史的展開』思文閣出版、一九九六年所収)、阪本秀昭『帝政末期シベリアの農村共同体――農村自治、労働、祝祭』ミネルヴァ書房、一九九八年、崔在東『近代ロシア農村の社会経済史――ストルィピン農業改革期の土地利用・土地所有・協同組合』日本経済評論社、二〇〇七年。

(54) 松井憲明「一九二〇年代ソビエト農村社会の一特質について――農家不分割政策の問題を通して」『経済学研究』(北海道大学)二六-四、一九七六年、同「改革後ロシアの農民家族分割――その政策と論争」(椎名重明編著『土地公有の史的研究』御茶の水書房、一九七八年所収)、同「ソ連時代の農民家族――変化と伝統」『ロシア史研究』七四、二〇〇四年、佐竹利文「農奴制期ロシア農民の家族形態――常態としての複雑な構成の大家族」『THE HIMEJI GAKUIN REVIEW』(姫路学院女子短大)一七、一九九四年、同「農奴制期ロシア農民の家族形態と慣行・行動規範――大家族を常態とした要因の考察」『紀要』(姫路学院女子短大)二二、一九九五年、同「農民家族の姿」(藤本和貴夫・松原広志編著『ロシア近現代史』ミネルヴァ書房、一九九九年所収)、同「農奴制期ロシアにおける農民家族形態――常態としての多核家族」『ロシア史研究』七四、二〇〇四年、高木正道「ロシアの農民と中欧の農民――家族形態の比較」『法経研究』(静岡大学)四二-一、一九九三年、青木恭子「出稼ぎと財産と世帯分割――農奴解放から革命までのロシア家族に関する最近の研究」『スラヴ研究』四五、一九九八年、同「帝政末期ロシアの農民世帯分割と『土地不足』」『富山大学人文学部紀要』三八、二〇〇三年。

(55) 土肥恒之『「死せる魂」の社会史――近世ロシア農民の世界』日本エディタースクール出版部、一九八九年、高田和夫「近代ロシアの労働者と農民」『法制研究』(九州大学)五七-一、一九九〇年、同『近代ロシア社会史研究――「科学と文化」の時代における労働者』山川出版社、二〇〇四年、同『近代ロシア農民文化史研究――人の移動と文化の変容』岩波書店、二〇〇七年、吉田浩「ロシア農村における法と裁判」『ロシア史研究』五三、一九九三年、同「ロシア農村における『犯罪』と農民の法観念」『スラブ研究センター研究報告シリーズ48 ロシア近代社会における基層秩序』北海道大学スラブ研究センター、一九九三年、同「近代ロシア農民の所有観念――勤労原理学説再考」『スラヴ研究』四七、二〇〇〇年、同「ロシア農民裁判の現場――モスクワ県の史料より」『岡山大学文学部紀要』三八、二〇〇二年、同「ロシア農民家族財産の性質について――『家族所有』概念を中心に」『岡山大学文学部紀要』四四、二〇〇五年。村外就業に従事する農村住民の生活については、髙田和夫「ロシア農村共同体の実態」『社会科学論集』（九州大学）三〇、一九九〇年、中村喜和「ある出稼ぎの収支決算」（中村喜和編著『イワンのくらしいまむかし』成文社、一九九四年所収）などの事例紹介がある。

(56) 広岡直子「リャザーニ県における出生率の推移とその歴史的諸原因――一九世紀末から一九一〇年代のロシア農村女性の生活と心理」（ソビエト史研究会編『ロシア農村の革命――幻想と現実』木鐸社、一九九三年所収）、同「ロシア農村の伝統世界――農民暦を読む」（原暉之・石川晃弘・塩川伸明・松里公孝編『講座スラブの世界4　スラブの社会』弘文堂、一九九四年所収）、同「共同体農民のロマンスと家族の形成――一八八〇年代～一九二〇年代」（奥田央編著『二〇世紀ロシア農民史』社会評論社、二〇〇六年所収）。

(57) 米川哲夫編『世界の女性史11　大地に生きる女たち・ロシアI』評論社、一九七六年、富永桂子「ロシア」（井上洋子ほか『ジェンダーの西洋史』法律文化社、一九九八年所収）、橋本伸也『エカテリーナの夢、ソフィアの旅――帝制期ロシア女子教育の社会史』ミネルヴァ書房、二〇〇四年、『帝国・身分・学校――帝制期ロシアにおける教育の社会文化史』名古屋大学出版会、二〇一〇年、村地稔三「二〇世紀前半のロシアにおける人口転換の特徴」『西洋史学論集』四〇、二〇〇二年、同「一九世紀後半～二〇世紀前半の欧露部における乳幼児死亡率の変動とその要因」『ロシア史研究』七三、二〇〇三年、同「一九世紀後半～二〇世紀前半のロシアにおける人口再生産行動の特徴について――多産を促した結婚の諸条件を中心に」『西洋史学論集』四一、二〇〇三年、同『ロシア革命と保育の公共性――どの子にも無料の公的保育を』九州大学出版会、二〇〇七年。

(58) Gregory L. Freeze, "Bringing Order to the Russian Family: Marriage and Divorce in Imperial Russia, 1760-1860," *Journal of Modern History* 62 (December 1990); William G. Wagner, *Marriage, Property, and Law in Late Imperial Russia*, Oxford: Clarendon Press, 1994; ChaeRan Y. Freeze, Jewish Marriage and Divorce in Imperial Russia, Hanover and London: Brandeis University Press, Published by University Press of New England, 2002; *Гончаров Ю. М.* Городская семья Сибири второй половины XIX—начала XX в. Барнаул, 2002; 高橋一彦「ロシア家族法の原像――一九世紀前半の法的家族」『研究年報』（神戸市外国語大学外国語学研究所）三九、二〇〇二年、同「ロシア婚姻法の展開――帝政末期のその変容」『研究年報』（神戸市外国語大学外国語学研究所）四〇、二〇〇三年。

（59）Steven L. Hoch, "On Good Numbers and Bad: Malthus, Population Trends and Peasant Standard of Living in Late Imperial Russia," *Slavic Review* 53, no.1（Spring 1994）, pp. 57-58. ホックは、全体的な傾向としてはノヴォセリスキーの作業結果を支持している。ただし、一八九七年全国センサス調査以前のデータについては、人口数が実際よりも過小に算定され、指標もやや過大となっている可能性があると付言している（Hoch, "On Good Numbers and Bad," pp. 62-63）。

（60）*Анфимов А. М., Корелин А. П.*（редакторы-составители）Россия 1913 год. Статистико-документальный справочник. СПб., 1995. С. 26.

（61）Robert Pepe Donnorummo, *The Peasants of Central Russia: Reactions to Emancipation and the Market, 1850-1900*, New York and London: Garland Publishing, 1987, pp. 253-254, 263-266; David Moon, *The Russian Peasantry, 1600-1930: The World the Peasant Made*, London and New York: Longman, 1999, p. 24.

（62）*Голикова С. В.* Семья горнозаводского населения Урала... С. 189.

（63）民族学者坂内徳明によれば、民族学関連の機関の整備や刊行物の充実は、一八九〇年代のロシア社会における「ナロードノスチ（民衆的なるもの）」への関心の高揚と深く関わっていた（「テーニシェフ公爵と彼の『民族学事務局』の活動について」『一橋論叢』九四－二、一九八五年、二一八頁）。「テーニシェフ民俗学事務局」の創設もそのような流れの一つとして位置づけることができる。なお、アンケート調査史料の解説およびウラディーミル県にかんする史料集として以下を参照。*Фирсов Б. М., Киселева И. Г.*（автор-составители）Быт великорусских крестьян-землепашцев. Описание материалов этнографического бюро князя В. Н. Тенишева（на примере Владимирской губернии）. СПб., 1993. 筆者によるペテルブルクでの史料調査後、コストロマー、トヴェーリ、ヤロスラヴリ、カルーガの諸県にかんする史料集が刊行されている（Русские крестьяне. Жизнь. Быт. Нравы. Материалы "Этнографического бюро" князя В. Н. Тенишева. Т. 1. Костромская и Тверская губернии. СПб., 2004; Т. 2. Ярославская губерния. В 2-х частях. СПб., 2006; Т. 3. Калужская губерния. СПб., 2006）。

（64）*Милоголова И. Н.* Семья и семейный быт... С. 206-208. 世帯分割という用語については、青木恭子「帝政末期ロシアの農民世帯分割と『土地不足』」『富山大学人文学部紀要』三八、二〇〇三年、一四九～一五〇頁の議論を参考にした。

（65）*Крюкова С. С.* Русская крестьянская семья... С. 40-45, 51-52, 59-60, 71.

（66）Worobec, *Peasant Russia*, pp. 12-13, 218; Christine D. Worobec, "Victems or Actors? Russian Peasant Women and Patriarchy," in Esther Kingston-Mann and Timothy Mixter（eds.）, *Peasant Economy, Culture, and Politics of European Russia, 1800-1921*, Princeton, New Jersey: Princeton University Press, 1990, p. 183.

（67）Engel, *Between the Field and the City*, pp. 3-4, 242-243.

（68）Engel, *Women in Russia*, pp. 88, 90.

（69）高田和夫は「副業経営を遂行するための出稼ぎが慣行化し、恒常化した農民たちの生活空間」を「出稼ぎ社会」と命名し、これが一八七〇、八〇年代ごろに成立したとの認識を示している（『近代ロシア農民文化史研究』八頁）。

（70）ただし実態としては、ここであげた村外就業者家族、農業専業度の高い家族、労働者家族の境界や違いは曖昧であり、重なり合う部分もある。

（71）崔在東『近代ロシア農村の社会経済史』二〇一頁。

（72）近年、相続や結婚のあり方などから生存戦略を読み解く作業が進展している。これにかんする最新研究として、國方敬司、永野由紀子、長谷部弘編『家の存続戦略と結婚――日本・アジア・ヨーロッパ』刀水書房、二〇〇九年をあげておく。

（73）Д・Н・ジバンコフは領主と農民女性の間に婚外子として生まれた。ジバンコフはゼムストヴォ医師としてリャザン県、コストロマー県、スモレンスク県で勤務し、農村生活や衛生にかんする研究を行なっている。コストロマー県ではソリガーリチ郡にて一八八三～八九年の六年間を過ごし、農村生活を詳細に観察し、その結果を著書や論文として発表した。のちに、ジバンコフはモスクワのピーゴロフ医師協会を舞台に積極的に活動することになる。ジバンコフはナロードニキとしても有名である。彼は農村住民の村外就業が農村社会に与える悪影響を懸念し、家族についても村外就業による夫ないし父親の不在が夫婦や親子の関係を希薄化させると警戒していた。彼の所見では、現状において村外就業は経済的な事情から不可避かつ不可欠なものであった。将来的に村外就業を解消するには、民衆生活の根本的な再編成が必要なのであり、したがって村外就業の多面的な研究と村外就業がもたらす諸問題の解決が当面の課題となるべきであった（*Жбанков Д. Н.* Санитарные условия отхода（Краткий очерк）. СПб., 1902. С. 47; *Жбанков Д. Н.* Бабья сторона. Статистико-этнографический очерк. Кострома, 1891. С. 23, 88-90）。ジバンコフの研究はレーニンの著書『ロシアにおける資本主義の発達』で大いに引用されている。ただしレーニンは、村外就業を進歩的現象として評価する立場から、ジバンコフの主張に批判を加えている。ジバンコフについては以下を参照のこと。*Мицкевич С. И.* Революционная Москва. 1888—1905. М., 1940. С. 109-112; Barbara Alpern Engel, "The Woman's Side: Male Out-Migration and the Family Economy in Kostroma Province," *Slavic Review* 45, no. 2（Summer 1986）, p. 259; 青木恭子「帝政末期のロシア農民家族とD・N・ジバンコフの出稼研究」『なろうど』三六、三七、一九九八年、「ゼムストヴォ医師という存在——帝政末期ロシア社会史の史料としての可能性」『富山大学人文学部紀要』三四、二〇〇一年、「ドミートリー・ニコラエヴィチ・ジバンコフ（一八五三〜一九三二）——あるゼムストヴォ医師の生涯とロシア社会」『富山大学人文学部紀要』三五、二〇〇一年。

第一部　村外就業者家族の生産活動と消費活動

第一章　農奴解放後の農民家族
――中央非黒土地方を中心に――

はじめに

一八世紀初頭、ロシアはヨーロッパの東の一辺境国にすぎなかった。それから一世紀をかけて、ロシアはヨーロッパの強国へと伸し上がる。まず、ピョートル大帝（在位一六八二～一七二五年）が国制と社会の西欧化を強力に推進し、スウェーデンとの戦いに勝利し、バルト海に進出する。ピョートルの後継者を自任するエカテリーナ二世（同一七六二～九六年）は、帝国の版図を南方へと拡大し、西方でもポーランドを併合する。そしてアレクサンドル一世（同一八〇一～二五年）が対ナポレオン戦争に勝利し、神聖同盟の提唱者として戦後のヨーロッパ国際政治を主導するのである。

とはいえ、そのような対外的な勝利と版図の拡大はかえって国内政治を保守化させ、社会を停滞させた。帝政期の農民にかんする概説の中でムーンが述べるように、ロシア帝国の搾取的な社会秩序において底辺をなしていたのは農民であった。広大な帝国の建設は内地にて農民とその農業経営から富、すなわち税や兵士を創出し、国力を結集することで実現した(1)。そのような体制の打倒をめざし、アレクサンドル一世没後の一八二五年、青年貴族が蜂起する。いわゆる「デカブリストの乱」である。アレクサンドル一世の弟ニコライはこれを鎮圧し、皇帝に即位する。ニコライ一世（同一八二五～五五年）はヨーロッパ諸国の革命運動を鎮圧し、国内では専制を強化していく。しかしニコライ晩年のクリミア戦争の敗北は、すでに工業化が始動したヨーロッパ先進諸国からロシアが大きく立ち遅れていることを露呈させるところとなる。

ニコライ一世の後を継いで即位したアレクサンドル二世はそのような情勢を直視し、統治体制の抜本的な立て直しを図ろうとする。のちに「大改革」と呼ばれる一連の近代化政策がそれである。改革は一八六一年の農奴解放を柱に、農村・都市の地方自治、軍制、司法、教育、検閲など多岐にわたり、ロシアの社会経済に大きなインパクトを与えた。経済史家フォーカスは、農奴解放が産業発展の障害を除去したと主張する。というのは、彼によれば、農奴制が国内農業市場の拡大に制約を与え、農業技術を低水準にとどまらせ、人の移動を制限し、民衆の教育水準を低く抑え、中間層の創出を阻んでいたからである(2)。このような見解は農奴解放前の産業成長を過小評価し、解放後のそれを強調しすぎるきらいがある。とはいえ、農奴解放がロシア史の一大転換点となったことは確かである。

ところで、一九世紀後半における農村社会の変貌について、同時代の観察者はさまざまな記述を残している。観察者の多くはその変化に衝撃を受け、変化自体のみならずそれをもたらすものに否定的な印象を抱いていた。それゆえ彼らの評価もしばしば客観性を欠き、誇張を含み、一本調子なものとなった(3)。それらの中で、帝政末期の本格的地誌シリーズ、B・Π・セミョーノフ編『ロシア――われらが祖国の完全な地理学的記述』は、中央非黒土地方農村の現状について冷静な分析と的確な表現を試みているものと言える。以下、要約しておこう。

農奴解放、一般徴兵制度の導入、鉄道網の整備、工場生産の急成長などが農奴制時代の現物経済に終焉をもたらし、農村における住民生活の経済的条件を大幅に変更し、かつての、「古い」家父長制的な生活様式を打破した。都市や工場の文化が住民の生活を一転させた。村人はペテルブルクやモスクワで「さまざまな奇跡」を目の当たりにし、居酒屋暮らしを体験し、新しい歌、衣服、料理、思考、言葉を村に持ち帰るようになった。新しい思想や思考は彼らの古い価値観と衝突し、ただちに生活の中には入ってこない。それは、かつての生活の名残と共存している。他方で新しい思想や思考自体も古い生活の中で変容している。現在、農民の生活においては、古い生活形態と新しい生活形態が混在する過渡期的状態が見いだされる、と。(4)

農奴解放後の農村では、社会経済の変動と文化の再構築が相互作用していた。その当事者である村人たちの独特の心性を、近代ロシア文化史を専門とするフランクやスタインバーグはつぎのように説明している。村人たちは共同体の外からもたらされたものを、自分たちの経験や価値観、欲求にもとづき有用であるか否か判断する。ときにはそれをそのまま受容する。ときにはそれに修正を加えたうえで採用する。そしてときにはそれに抵抗し、自分たちの「伝統」を維持しようとするのだ、と。(5) エンゲルもロシア女性史の概説書の中でこの心性に触れている。すなわち、たとえ国家や地方の行政機関が農村の末端まで直接的な影響力を及ぼそうとしても、また医師、教師、技師らが農村住民を「文明化」すべく精力的に努力したとしても、村人たちは外的な権力や知を少なくともただちには受け容れず、自分たちの生活様式や文化を守り続ける。村人たちはそれが有利だと判明したとき、ないしは自分たちの生活様式に対するリスクが小さいか、リスクが存在しないと明らかになったときに、はじめてこれを取り入れる、とエンゲルは述べている。(6) 農村住民を取り巻く社会的経済的条件を把握する前提として、このような農村住民の心性を理解しておくことが不可欠であろう。

本章は改革後の農民家族の社会的経済的特徴を確認する。この章は本書全体の構成のなかで予備的考察として位置づけられるものである。以下では、第一に国家・農村共同体・家族の関係を論じる。第二に、その関係性の枠内で世帯がどのような生存戦略を立て、生産活動を行なっていたのか考えてみたい。

一　国家・農村共同体・家族

一九世紀後半のロシア帝国は、西はポーランド、フィンランド、東は極東、ロシア領アメリカ（一八六七年にアメリカ合衆国に売却）、南はカフカースや中央アジアにまで及ぶ広大な空間を支配していた。この地理的多様性に応じて住民の信教・民族別構成も、ロシア正教を信仰するロシア人をはじめとして多種多様であった。ロシア帝国史研究の成果によれば、ロシア帝国は画一的な近代化政策や統治政策を導入してそのような臣民の統合を図ったのではなく、「周縁」に対して「不徹底な支配」を行なっていた。帝国は臣民の出身身分・性別・居住地・宗教・民族にもとづき、個別の問題に現実的に対処しようとした。「自治組織」を介さずに、家族や個人のレヴェルでより直接的な統治を実行する能力も帝国には欠けていた。逆に言えば、共同体が諸義務を遂行するかぎり、その必要も生じなかったのである。(7)

このような原則がヨーロッパ・ロシア農村住民の統治にも適用されていた。農奴解放の結果、従来の農村共同体を基礎に郷と村団が定められた。このうち郷は郡の下位に、村団は郷の下位にある行政単位である。国家は農村共同体（公式には郷と村団）に依拠して農村住民を間接的に統治しようとした。それゆえ、農村共同体は文字どおり村人の「小世界」となり、外部の世界からの干渉に耐え、成員への衝撃を和らげ、ときにはそれに挑んだ。(8)一例をあげておこう。ゼムスキー・ナチャリニク（農村司政官）と農村住民の関係について、「テーニシェフ民俗学事務局」通信員がコストロマー県北西部から以下を報告している。ゼムスキー・ナチャリニク制度は、一八八九年、農村住民に対する監督を強化する目的で導入されたものであり、おもに地元出身の貴族がこれに任命された。通信員曰く、村人が郷役場や村団の役職者を決定する際、ゼムスキー・ナチャリニクの意見が一定の影響力を持つ。候補者がゼムスキー・ナチャリニクに承認されない場合、村人は彼の指示に従うか、新たな候補者を彼に提案する。とはいえ、村人はこれ以上の干渉をゼムスキー・ナチャリニクに許さない。彼らは「部外者」から自分たちの権利を守ろうとしているのだ、と。(9)

一八六〇年代以降、農村住民はゼムストヴォ、郷裁判所、軍制改革後の軍隊、都市、学校などにおいて、外部の人・制度・思想と接触した。それは、いったいどのような意義を持ったのだろうか。この問題について、先行研究の解釈は分かれている。ムーンの整理にしたがえば、第一の見解は農村社会・文化の生命力、適応力、耐久力を強調するものである。この見解では、農村住民はゼムストヴォを除くこれらの制度を継承し、それらを「農民化」し、彼らのイメージの中でそれらを変形させたとされる。第二は、農村社会・文化が大きく転成し、農村住民はより広い、国民レヴェルの社会との関係性を深めていったと理解するものである。ムーンは、第一の説が短期的視点からみれば妥当であるとしつつも、近年の研究成果にもとづき、むしろ後者を支持している。そして、帝政末までに農村住民はダイナミックな動きを示す世界に適応し、世界と関係を持とうとし、その上で新しい、よりスケールの大きいアイデンティティを構築するようになり始めたのだと判断している。(10) このように、研究の深化にともない、農村住民と国家や外部の社会との関係性について単純にその希薄さを強調する見解は修正されつつある。引き続き全体像の構築に向けて、個別の事象におけるこの関係性のあり方と事情を慎重に検証していくべきである。なお本研究では十分に立ち入らないが、村外就業もまたそうした論点の一つといえる。

周知のように、ロシアの農村共同体に対しては、わが国の社会経済史・社会思想史研究者も大きな関心を寄せてきた。以下、農村共同体の機能について確認しておこう。まず、一八～一九世紀前半における貴族領主地の場合、領主は領民（領主農民）に貢租・賦役を課し、領民を売却し、譲渡するなどしていた。くわえて、国家の行政機関の代理人として国税の徴収や新兵徴募を執り行ない、裁判・警察などの機能を果たしていた。領主のもとで農村共同体は農民自治組織として活動していた。共同体は成員に税や義務を配分し、その多寡にもとづいて共同体利用地を割当・割替した。成員は税の納入や義務の遂行に連帯責任を負っていた。[11]上述のように農奴解放後、農民共同体は郷や村団として再編され、農村統治システムの末端組織に位置づけられることになる。[12]郷や村団は国税、ゼムストヴォや郷・村団の維持に関連する租税、そして農奴解放令が定めた土地償却金を村民から徴収し、これを上部機関に納め、土地用益権を村民に分与し、おもに慣習法にもとづき秩序を維持し、道路などを補修し、生活困窮者を救済した。村民は自分たちの中から村会（村スホード）、郷会（郷スホード）、郷裁判所の役職者を選出し職務にあたらせた。農民共同体はその成員の社会化・教育、娯楽・文化の中心でもあった。[13]

ロシアの農村共同体にかんし注目を集めてきたのが、独特の土地所有・利用制度である。ヨーロッパ・ロシアのうち沿バルト・西部諸県は世帯別土地所有を基礎としていたが、残る大部分の地域では共同体を単位とする土地所有が普及していた。共同体は慣行にもとづいて各世帯に土地の用益権を割り当てていた。具体的には各世帯の分与地面積は、労働年齢にある男性の人数や第一〇回納税人口調査（一八五八年）時点の男性数などを基準に決定された。出生・結婚・死亡などに随伴してこれらの基準数が変動すると、共同体はその世帯の分与地を調整した。共同体が分与地の面積に応じて各世帯の租税・償却金支払い義務も分担させていたことについては既に触れた。[14]鈴木健夫はこのような農村共同体の徴税機能を重視し、一八六一年の農奴解放後、旧領主農民は「共同体を介した政府の徴税機構により直接的に組み込まれ、かれらの共同体的土地利用・土地割替、そしてそこにみられる均等化原則も、納税の均等な割当に奉仕するという役割を果たしていた」と評価している。[15]

このように、ロシア帝国は総じてヨーロッパ・ロシアの農村を共同体レヴェルで統治し、家族や個人レヴェルでの管理には及んでいなかった。この国家・農村共同体・家族の関係性は明治日本のそれとは対照的である。日本教育史研究者の小山静子は江戸時代と明治時代における国家と家族の関係をつぎのように比較している。すなわち江戸時代、村人は村単位で年貢や諸役の納入を請け負っていた。そのような制度のもとでは、幕府や藩が家族まで直接把握する必要は生じない。家族も、村落共同体などの中に組み込まれてはじめて存在可能であり、村外の政治権力と直接的な関係を持つほど独立していない。たしかに宗門改帳が作成され、家族を単位に住民が把握されていた。しかし、宗門改帳が全国で同一の方法で調査・作成されていたわけではない。宗門改帳による住民の捕捉も施政と結びついてはいない。個々の家族を把握することで、幕府や藩は支配を貫徹させようとしたわけではなかった。

明治維新後、間もなくして戸籍が作成される。全国民を対象とした戸籍は、封建的な身分階層制を破壊し、「国民」観念を生み出していく。さらに、戸籍事務の取扱いのために新たに行政機構が整備されていく。国家による家族の把握が、各種の行政施策を展開する基盤となる。それにともない家族は、それまで家族をとりまいていた村落共同体や親族共同体の外的規制から自由になる。かくして、村落共同体などの社会諸集団の排除された家族と国家の直接的なつながりが構築され、家族は近代国家の基礎という位置づけを獲得する、と小山は結論づける[16]。要するに、ロシアと日本はほぼ同時期に近代化政策に着手し、結果的に国家主導の工業化を実現した。しかし、国民国家の形成という点では両者には大きな違いがあった。国民統合や国家と家族の関係性において、帝政ロシアは明治日本ではなく、江戸時代の日本と比較すべき状態にあったのである[17]。

第一次世界大戦の敗北と革命が帝政の崩壊に直結した背景には、そのようなロシア帝国の統治構造があったように思われる。先行研究が指摘するように、民衆（ナロード）は制度としての国家によって取りまとめられるよりも、皇帝《ツァーリ》と直接的な関係を結び、その距離を縮め、「父なるツァーリ」のもとにひとつとなることを好んでいた[18]。ゆえに、敗戦と革命運動によって皇帝の権威が完全に失墜すれば、民衆を服属させる拠り所はもはや存在しないからである。

かかる帝国の統治において、皇帝・農村共同体・家族の三者を貫き、相関関係を持たせていたものがある。それは家父長制である。[19] ワーグナーによれば、ロシア社会の教養層や上層は、家族が社会的・政治的秩序の基礎をなしていると考えていた。国家や正教会もこのような価値観を明言していた。それゆえ、家族は政治的権威や社会組織のメタファーとして用いられていたという。[20] さらに正教の普及や専制国家の成立にともない、家父長制的な社会秩序は強化されていった。たとえば、プシュカリョーヴァは『シリーズ・民族と文化　ロシア人』第一二章「家族と家族生活」において、女性の結婚と財産権の変遷をつぎのように概観している。すなわち、一〇～一五世紀のロシアでは結婚パートナーの選択権が女性に認められ、一定の財産権も法によって規定されていた。しかし、男性優位の夫婦関係と母親としての女性役割を強調する正教が普及すると、ロシア社会の結婚観と女性観は転換する。つづいて、一六世紀における専制国家の成立が女性の地位を低下させる。一八世紀のピョートル改革も、それを部分的に回復させるにとどまる。なお、特権身分出身の女性がこのような社会変動の影響をただちに受けたのに対し、農民女性に及ぼした影響は弱く、家父長制的な社会や家族の中で彼女たちは労働貢献により一定の権利と地位を保持していた、とプシュカリョーヴァは身分階層的な差異についても言及している。[21]

男性性をテーマとする先駆的な論文集は、帝政末の専制と家族が依然として家父長制に立脚し、それによって結びついていたことを改めて浮き彫りにしている。農村社会の男性性を論じたウォロベックは、農村男性と皇帝が有する権力の根源について多くの共通点を見いだしている。すなわち農村社会において、男性は個人的な名誉からだけでなく、大規模な世帯の家長、家族経営の管理者、家族員の保護者という地位からも権威やアイデンティティを確立する。それによって、年長者に対する年少者の、また夫や父親に対する女性や子どもの服従義務が発生する。皇帝《ツァーリ》も多数の臣民がおり、国を統治し、臣民を保護する能力を有することから権力と名声を得る。そして、それによって皇帝に対する農民の服従義務が発生するのだとウォロベックは整理する[22]。

エンゲルは、ヨーロッパではミドルクラスの出現とともに家事重視イデオロギーが登場し、女性の道徳上の地位を高めたのに、ロシアでは家事重視イデオロギーの発展が脆弱だったのはなぜかと問い、その答えを家父長制に求めている。彼女によれば、ロシアでは妻や子が夫や父親に対し無条件に服従する義務があり、法がこの家父長制的な家族関係を支えていた。家父長的権威への服従は家族の中で培われていたのである。それは専制権力への服従の基盤にもなった。したがって、家族において夫の権威に挑戦する妻は、社会秩序全体をも脅かす存在になる、とエンゲルは主張する[23]。

このようにウォロベックやエンゲルは、臣民に対する皇帝の絶対的権力と家族員に対する男性家長の支配との構造的共通性や相互的な補完関係を強調する。これらの主張は理論的には支持できるものである。ただ、農村社会において家父長制が具体的にどのように成立していたのかについては述べていない。この点と関連して、以下を補足できるだろう。第一に、一九世紀後半における農村の市場化を論じたバーズが指摘するように、国家は秩序の維持や諸義務の遂行促進を目的に、農村住民の家父長制を支持していた。第二に、ムーンによれば、農村共同体と家長は互いの権威を認めあう関係にあった。家父長制的秩序の安定や持続という点で両者の利害は一致していた。郷裁判所判例史料の分析からも、たとえ家長の専横や不適格によって家族の内部で問題が生じたとしても、農村共同体は家族に干渉せず、女性や若者など弱者の味方にはならなかった実態が明らかとなっている。共同体は世帯の利益だけでなく、連帯責任制にもとづき共同体自体の利益が危険にさらされている場合に限って、家族に干渉した。そして第三に、やはりムーンによれば、若い男たちも将来、自分たちが父親の地位を引き継ぎ、自分たちの子どもに対して同様の権威を持つことを了解していた。ゆえに、彼らは年長者に従っていたのである[24]。

以上、ロシア帝国の農村住民統治は、農村共同体を介した間接的なものにとどまっていた。農奴解放後も農村住民の生活は農村共同体を中心に営まれていた。とはいえ、国家（皇帝）・農村共同体・家族（家長）はいずれも家父長制を臣民・共同体成員・家族員に対する支配の原理とし、互いに支え合う関係にあったのである。

もっとも、言うまでもなく農村住民の空間的な行動範囲は、農村共同体や家族の中に限定されていたわけではない。とりわけ一九世紀後半の産業発展は農村住民に村外就業を一層促すことになる。では、国家・農村共同体・家族は村外就業者とどのような関係を築いたのか。この問題を念頭に、農村住民の生産活動について検討してみたい。

二　農民世帯の生産活動と生存戦略

農奴解放から二〇年が経った一八八〇年代、ロシア政府は積極的な産業育成策に転じる。それは鉄道建設の推進、保護関税の導入、外国からの投資と技術移転、財政・金融制度の整備などを盛り込んだものであった。一八九二年、大蔵大臣に就任したヴィッテもこのような政策を加速させ、とりわけ鉄道網の急速な整備と重工業の拡大に注力する。その結果、南部鉱山業が本格的に開発され、金属加工・機械製作業が急成長するところとなる。こうして、ロシアでも九〇年代に工業化が始動する。ただロシアの場合、その急速なプロセスに付随する産業発展の「未成熟さ」も目立つ。産業部門や地域による経済成長の不均衡が大きい。輸出の大半は食料や農業半製品によって占められる。人口の圧倒的部分を農村住民が構成し、しかも農業生産性が低い。人口一人あたりの国民所得、識字率、教育水準も低い、といった諸点である。(25)

ところで一九世紀後半のロシア経済で特徴的なのは、発展しつつあった工場制大工業と農村小工業などの小規模な生産施設が並存し、従事者数や生産量においても後者が一定部分を占め続けていたことである。中央非黒土地方の農村住民にとって、農村小工業は主要な就業先の一つであり、また消費財の供給元でもあった。フォーカスはその事情をもっぱら地理的条件から説明している。つまり、ロシアは国土が広大であるにもかかわらず、輸送網が未発達である。北方では冬が長く、厳しいので、農村住民が農閑期を利用して手工業に従事する機会も大きくなる。したがって、地方の地域市場では農村小工業がいつまでも存在する、とフォーカスは締めくくる。[26]もっとも、実際には農村小工業と工場制大工業との空間的な住み分けだけでなく、生産物ごとの住み分け、そして製造工程の分業による相互的な補完関係も考えられるから、自由な時間や僻地市場の存在だけで農村小工業の持続を説明できるというわけではない。周知のように中央非黒土地方における繊維関連の工場と小規模施設は、材料の提供などにおいて密接な関係にあった。たしかに八〇年代以降、両者の生産競争が激化し、小規模施設の淘汰が進む。とはいえ、農村小工業は生産を継続し、強い耐久力を示す。[27]なお佐藤芳行の研究によると、中央省庁やゼムストヴォが農村小工業助成策に着手し、将来的な農工分離（社会的分業）を展望し始めるのは第一次世界大戦前のことである。[28]

在地の農村小工業と並ぶ、農村住民のもう一つの商工業的生産活動が村外就業である。その前提となるのが、農民身分出身者に対する空間的・社会的移動の制限である。農奴解放後の産業の発展と都市の成長は従来の身分制を形骸化させただけでなく、職業や学歴、財産にもとづいた社会のダイナミックな再編の原動力となった。それにもかかわらず、専制は解放前に引き続き、身分制や共同体にもとづき社会を編成しようとした。農民身分出身者の他身分への移動が非常に困難であったという意味において、社会の分断は大きかった。一九〇六年のストルイピン改革がようやく共同体からの自由離脱権を与え、土地償却を廃止し、共同体からの分与地を個人財産として確定し、土地を整理してフートルやオートルプ（区画地経営）へと移動できるようにし、国内旅券制度を変更する。これ以前について言うならば、土地償却を完遂し、さらに償却した土地の私的所有・利用を放棄するなどの条件を満たして、はじめて農村共同体の脱退と出身身分の移動が可能になったのである。[29]

農民身分出身者の空間的移動は、国内旅券（パスポートやビレット）の取得により一定期間許可された（図1-1参照）。旅券の取得は、本人が直接村団や郷に出向いて手続きを行なう必要があった。しかし一八七〇年からは、申請者が身分上の登録地にいったん戻らずとも、納税などの義務を遂行し、取得費用を郵送すれば旅券の更新が可能となった。ともあれ就業地で継続的な職を確保した者は、そのような手続きを繰り返すことで滞在を続けたのである。[30]

旧来の制度を維持しながら工業化を推進しようとする国家にとって、農村住民の村外就業は大きなメリットがある。村外就業は工業化に不可欠な安価な労働力を提供する。就業者の収入は租税や償却金として回収され、工業化の原資となる。一方、就業者は農村共同体に属し、農村に家族を持つので、ヨーロッパのようにプロレタリアが形成されることはなく、したがって社会不安も高まらないものと考えられる。国内旅券制度は移動のコントロールにより社会秩序を維持し、徴税を円滑にし、取得手数料収入をもたらすことでこのシステムの機能を担保する。[31]

さらにバーズが述べるように、上部機関に対し諸義務の遂行責任を負う農村共同体にとって、義務分担者が完全に不在となる一家離村は、他の成員が連帯責任を負うリスクを高める。それゆえ、国内旅券を取得したうえでの家族メンバーの一時的な空間移動、すなわち単身での村外就業を農村共同体は支持していた。[32]この場合、国内旅券制度が農村共同体や家長に遠方の村外就業者に対するコントロール手段を与える。国内旅券の発行にあたり、農村共同体や家長は共同体の諸義務の遂行や家族への送金を条件づけたからである。村外に滞在する者は、出身農村の共同体や家族との結びつきを保たなくてはならないのである。くわえて農村共同体、とくに地味のあま

図 1-1　ソリガーリチ郡農民身分ピョートル・ヴァシリエヴィチ・ジジコフの国内旅券（1915 年発行）

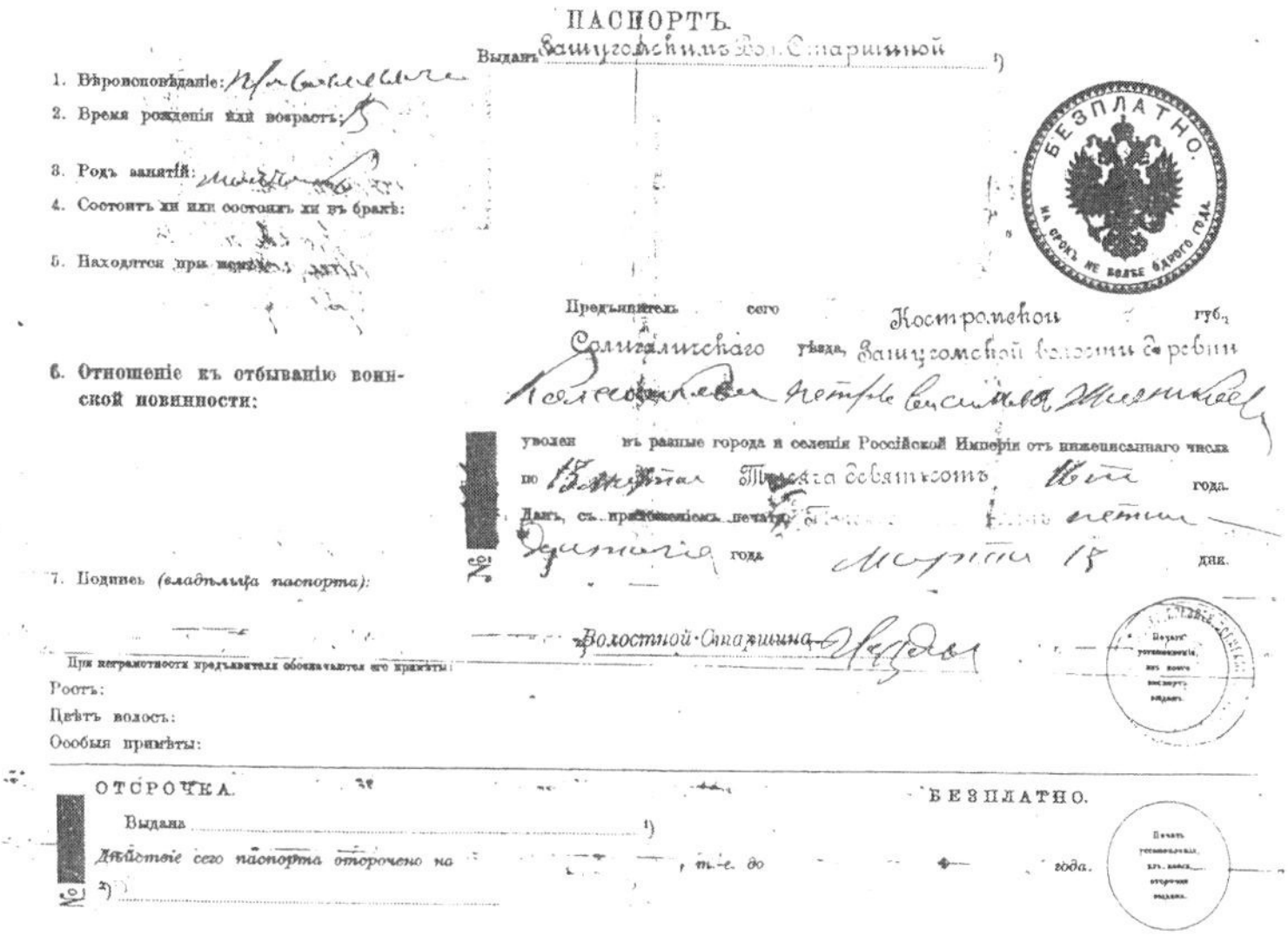
ПАСПОРТЪ.

Выданъ Зашугомскимъ Вол. Старшиной

1. Вѣроисповѣданіе:
2. Время рожденія или возрастъ:
3. Родъ занятій:
4. Состоитъ ли или состоялъ ли въ бракѣ:
5. Находятся при немъ:
6. Отношеніе къ отбыванію воинской повинности:
7. Подпись (владѣльца паспорта):

БЕЗПЛАТНО.

Предъявитель сего Костромской губ. Солигаличского уѣзда, Зашугомской волости деревни

уволенъ въ разные города и селенія Россійской Имперіи отъ нижеписаннаго числа по года.

Данъ, съ приложеніемъ печати, года дня.

Волостной Старшина

При неграмотности предъявителя обозначаются его примѣты:

Ростъ:

Цвѣтъ волосъ:

Особыя примѣты:

ОТСРОЧКА. БЕЗПЛАТНО.

Выдана

Дѣйствіе сего паспорта отсрочено на , т.е. до года.

出典：*Смурова О. В.* Неземледельческий отход крестьян в столицы и его влияние на трансформацию культурной традиции в 1861—1914 гг. (на материалах Санкт-Петербурга и Москвы, Костромской, Тверской и Ярославской губерний). Кострома, 2003. С. 60.

り豊かでない非黒土地帯のそれは、成員の脱退希望に喜んで同意したわけではない。土地用益権の割当ては、土地がもたらす利益の分配よりも、分与地の面積に応じた諸義務の分担に力点を置いていたからである(33)。

なお、このような労働力移動のあり方がロシアの産業従事者を特徴づけていた。たしかにロシアでもヨーロッパのように、初期工業化段階において労働力の大部分が農村住民から供給されていた。とはいえ大雑把に言うならば、ヨーロッパでは農村から都市・工場への道が「一方通行」であったのに対し、ロシアのそれは「還流的」なものになった。前述のように、ストルィピン改革は農村共同体からの脱退と土地の私有化をいくぶん容易にした。改革が家族内で私有地の相続問題を発生させ、村外就業者の帰郷がみられたことも従来の研究で指摘されているが、改革の結果、長期にわたる村外就業や就業地での家族単位の滞在に付随する障害がある程度除去され、農村からの人口流出が拡大したことは確かである。ただし、中央非黒土地方において実際に土地を私有化し、そのうえで土地を売却し、就業先に転居する動きは限定的であった(34)。つまり、この「還流的」な移動傾向が大きく変質したわけではない。このことは、ロシアにおいて労働政策が遅れた一因としても重要である。

中央非黒土地方の農村住民は自家消費用の穀作を中心とする農業にくわえて、これらの農村小工業や村外就業に従事し、あるいは商業的農業に着手することで生計を維持していた。現金収入の獲得は税金や償却金を納入し、市場をつうじて商取引を行なうために不可欠であった。では、世帯はどのような生存戦略を立て、生産・消費活動を行なっていたのだろうか。

チャヤーノフは非黒土地帯の世帯をモデルに、農業と工業の両方に立脚した生存戦略をつぎのように理論化している。すなわち、農村住民は（自家）農業以外の生産活動からの所得を求める場合が少なくない。だからと言って、農村住民にとって土地などの生産手段が不足しているわけではない。それは、農業以外の労働が好景気のために一層よい収入をもたらすからである。労働単位としての世帯が最大限の収入を得ることを追求した結果、農業以外の労働が一層有利な条件をもたらすことが期待される場合には、往々にして利用可能な土地や生産手段を利用しないことになる、と(35)。

現在、多くの農民史研究者はチャヤーノフ理論を支持し、世帯が生存戦略の一環として、農業にくわえて多種多様な生産活動に積極的かつ継続的に従事していたことを重視している。彼らは、「農業問題」を論じた同時代人やソ連時代の研究者の方法、すなわち分与地の面積や商工業的な生産活動の有無を貧富の指標として採用する方法を批判する(36)。エコノマキスも、耕作放棄や馬を所有しないことは必ずしも貧困の証左とはならない、農業以外の生産活動の内容や有利不利を理解せずには農村住民の経済水準を判断できない、と述べている[37]。中央非黒土地方の世帯を論じるにあたり、そのような見方が不可欠なのは言を俟たないであろう。

このような農工の兼業を前提に、バーズは中央非黒土地方における世帯の生存戦略を以下のように要約する。すなわち、世帯は夫婦を単位として構成される労働ユニットである。世帯はこのユニットを基礎にして二つの生産活動領域に従事し、生存リスクを小さくしようとする。このうち村外就業は世帯に現金収入をもたらし、市場経済への対応を可能にする。農業など、農村での生産活動は家族員全員を守るセーフティ・ネットとしての役割を果たし、村外就業者を農村に繋ぎ止める。村外就業者は農村に送金することで、市場経済における生活保障の欠如や就労先での疎外から守られる。それゆえ、生計全体のリスクを下げる目的で商工業的な生産活動で得た現金収入を農業に投資して農業を支える場合もある、とバーズは論じる[38]。

もちろん、世帯における農業とそれ以外の生産活動のバランスは時代や地域そして世帯のレヴェルでさまざまである。商工業的な生産活動がどんなに有利であっても、自家生産や市場からの調達によって農産物が確保され、生存がある程度確実なものとならなければ——つまり農業がセーフティ・ネットの機能を果たさなければ——それに従事することはできない。他方で、耕作の放棄と商工業的な生産活動への専念、あるいは商業的農業や高い自給自足を志向した農業の専業という選択肢も完全に排除されてはいない。ともあれ、世帯は家族員を農業とそれ以外の生産活動に配置し、農産物と現金の獲得をめざしていたという理解を軸に議論を進めるべきである。そうした見方から農村住民の経済活動がかなり説明可能となるからである。たとえば、村外就業者は就労先で高性能の農機具を探し出し、それを現金で購入し、かなりの重量物であるにもかかわらず、高額の料金を支払って郷里に郵送していた[39]。また世帯は女性や年少者、老人が扱える農機具を導入して、成人男性を外に働きに出そうとした。つまり、農業への投資で前者はセーフティ・ネットを強化したのであり、後者は労働力配置の選択肢を増やした上で、世帯構成や村外就業を勘案した、有利な労働力配置を追求したのである[40]。

このような生存戦略を持続的に取るためには、世帯の規模・構成、生産者と消費者の比率がつねに一定の水準を超えている必要がある。結婚、出生、子どもの教育、老人や労働不能者などの生活保障、相続といった問題が重要な論点となるゆえんである。

以上の理論は、非黒土地帯とくに中央非黒土地方における世帯の実態に即したものといえる。とはいえ、農業を主たる生産活動とする黒土地帯の農民世帯にも少なからず有効である。ロシア農民史の先行研究では、黒土地帯、とくに中央黒土地方や沿ヴォルガ中流域における穀物生産の停滞と農村住民の貧困化がクローズアップされてきた。これらの地方では農奴解放の結果、共同体分与地が不足し、農村住民は低報酬の「雇役」労働への従事を余儀なくされた。くわえて、人口の自然増加がこの「土地不足」を深刻化させた。その結果、彼らは農業労働者として南方の大規模農場へと向かい、あるいは南方や東方へ移住したという。しかしながら穀物生産の停滞は、商業作物への転作や南部鉱工業への就労、手工業の成長、流通の発展にも帰因するであろう。また、これらの新展開を単純に穀物生産の低迷ゆえに余儀なくされたものとみなすことには慎重でなくてはならない。

このように、中央非黒土地方の世帯は農業と農村小工業、村外就業などを兼業していた。とくに村外就業は、旧来の社会制度の維持と経済成長の両立を模索したロシア工業化の一環をなすものであった。この社会経済的条件のもとで、世帯は農工の双方に労働力を配置し、生計の維持と安定に努めたのである。

おわりに

本章では、ヨーロッパ・ロシア、とくに中央非黒土地方について、国家・農村共同体・家族の関係性、世帯の生産活動と生存戦略について論じてきた。ここではその要点をまとめておきたい。

第一に、ロシア帝国の統治は、国家と農民家族が直接的な関係を構築し、国家が家族を把握・管理するものではなかった。国家は農村共同体を介して家族と間接的に結びついていたのである。ゆえに、農村共同体が村人の労働と生活において大きな役割を果たすこととなる。しかしながら、国家（皇帝）・農村共同体・家族（家長）はいずれも家父長制を採用することで結合し、相互に支持しあう関係にあった。

第二に、一方では身分制、農村共同体をつうじた管理、国内旅券制度によって、他方では国家の主導性が大きい産業成長によって村外就業の枠組みが決定されていた。農村共同体や家族の圏から空間的に離れている間も、村外就業者は農村共同体や家族のコントロール下に置かれていた。

そして第三に、一九世紀後半の産業発展は農村住民による農村小工業や村外就業、商業的農業への従事を拡張させた。世帯は農業とこれらの商工業的生産活動——商業的農業を含む——を兼業し、両者のバランスを追求し、農産物と現金の収入を確保していた。それによって、農村住民は市場経済の浸透に対応するとともに、セーフティ・ネットを構築しようとした。もっとも、もっぱら世帯側にバランス選択の主導権があったわけではないだろう。たとえば現金収入の必要性が高くなれば、世帯は商工業的な生産活動への依存度を大きくせざるを得なくなる。その結果、世帯の生計は就業先の好不況に左右されるようになる。また、それにより新たに生じた自家消費用の穀物の不足分は市場で調達しなくてはならず、その価格変動の影響も受ける。

以上をふまえ、次章では中央非黒土地方のコストロマー県北西部を事例に村外就業の動向を検証してみたい。

注

（1）David Moon, "Peasant and Agriculture," in Dominic Lieven (ed.), *The Cambridge History of Russia, Vol. II, Imperial Russia, 1689-1917,*

Cambridge: Cambridge University Press, 2006, p. 369.

（2）M・E・フォーカス『ロシアの工業化一七〇〇～一九一四――ピョートル大帝から第一次世界大戦まで』大河内暁男監訳、岸智子訳、日本経済評論社、一九八五年、六七～八〇頁。

（3）たとえば Rose L. Glickman, *Russian Factory Women: Workplace and Society, 1880-1914*, Berkeley and Los Angeles: University of California Press, 1984, pp. 36-37.

（4）*Семенов В. П.* (ред.) Россия: полное географическое описание нашего отечества, настольная и дорожная книга для русских людей. СПб., 1899. С. 101.

（5）Stephen P. Frank and Mark D. Steinberg, *Cultures in Flux: Lower-Class Values, Practices, and Resistance in Late Imperial Russia*, Princeton, New Jersey: Princeton University Press, 1994, pp. 4, 8.

（6）Barbara Alpern Engel, *Women in Russia, 1700-2000*, New York: Cambridge University Press, 2004, p. 88. 中川雄二も農業政策史研究の立場から、「近代ロシア国家において形成された農業政策体制は、農業および農民を完全に把握するにはいたらなかった」と結論づけている（『近代ロシア農業政策史研究』御茶ノ水書房、二〇〇一年、二〇三、二〇六頁）。

（7）たとえば、高田和夫「ロシア・ナショナリズム論ノート」『比較社会文化：九州大学大学院比較社会文化研究科紀要』五、一九九九年、一二一～一三頁、塩川伸明『民族と言語――多民族国家ソ連の興亡Ⅰ』岩波書店、二〇〇四年、二二一～二三、二五、三〇頁を参照。

（8）Christine D. Worobec, *Peasant Russia: Family and Community in the Post-Emancipation Period*, Princeton, New Jersey: Princeton University Press, 1991, p. 221; Jeffrey Burds, *Peasant Dreams and Market Politics: Labor Migrations and the Russian Village, 1861-1905*, Pittsburgh, Pa.: University of Pitsburgh Press, 1998, p. 2.

（9）РМЭ. Ф. 7. Оп. 1. Д. 615. Л.1 и об.

（10）Moon, "Peasant and Agriculture," p. 389.

（11）鈴木健夫『帝政ロシアの共同体と農民』早稲田大学出版部、一九九〇年、三、一四頁。

（12）ロシア中央部では、集落と村団が一致するいわゆる単村共同体が優勢であった。集落の規模はロシア中央部の北方では一〇〇人以下であったが、南方では六〇〇～一〇〇〇人と大きくなった。南方では一集落の中にいくつかの共同体が構成されていた（Boris N. Mironov, "The Russian Peasant Commune after the Reforms of the 1860s," *Slavic Review* 44, no. 3（Autumn 1985）, pp. 440-441; 鈴木健夫『帝政ロシアの共同体と農民』二四二頁、Robert Pepe Donnorummo, *The Peasants of Central Russia: Reactions to Emancipation and the Market, 1850-1900*, New York and London: Garland Publishing, 1987, p. 20）。

（13）Burds, *Peasant Dreams*, p. 2; Worobec, *Peasant Russia*, pp. 17-18; Mironov, "The Russian Peasant Commune," pp. 441-443; 阪本秀昭『帝政末期シベリアの農村共同体——農村自治、労働、祝祭』ミネルヴァ書房、一九九八年、二〇頁。租税制度については、佐藤芳行「ロシアにおける農村租税制度と農民分与地的土地所有（一八六一～一九〇五）」『歴史学研究』四九九、一九八一年、一九～二九頁が参考になる。償却は一九〇五年一一月三日の宣言により一九〇六年、五〇％に削減され、一九〇七年一月一日に完全に廃止された。

（14）佐藤芳行『帝政ロシアの農業問題——土地不足・村落共同体・農村工業』未来社、二〇〇〇年、六八～六九頁、鈴木健夫『帝政ロシアの共同体と農民』二四三～二四七、二六九頁などを参照。一例として、「テーニシェフ民俗学事務局」通信員レショートキンの報告をもとに、コストロマー県ガーリチ郡農村の課税実態について紹介しておこう。ここでは、農村共同体が各世帯に土地を分配する際、一ドゥシャー（おそらく労働年齢男性を単位とする）の分与地あたり八ルーブリの税を課していた。その他、各世帯は郷役場や学校の維持費用を徴収され、道路や粗朶の補修も義務づけられていた。共同体から分与地を受け取らない世帯、たとえば零落を理由に分与地の利用を辞退した世帯は、諸義務から解放されていたという（ГЭМ. Ф. 7. Оп. 1. Д. 598. Л. 13, 30-35）。

（15）鈴木健夫『帝政ロシアの共同体と農民』二六八～二六九頁。

（16）小山静子「家族の近代——明治初期における家族の変容」（西川長夫・松宮秀治編『幕末・明治期の国民国家形成と文化変容』新曜社、一九九五年所収）。西川祐子も小山の見解を支持している（『近代国家と家族モデル』吉川弘文館、二〇〇〇年、一一～一七頁）。江戸時代の農民家族史については、大藤修の以下の著作を参考にした。『近世農民と家・村・国家——生活史・社会史の視座から』吉川弘文館、一九九六年、とくに五〇～五二、九九～一〇五頁、『近世村人のライフサイクル』山川出版社、二〇〇三年。明治・大正時代の農村生活の変容と家族生活について、さしあたりここでは大門正克『明治・大正の農村』岩波書店、一九九二年をあげておく。

（17）一八九七年全国センサス調査の刊行物が、十月革命前のロシア中央・地方でさまざまな問題の解決のために大いに利用されたとの主張もある（*Борщик Н. Д.* История Первой всеобщей переписи населения 1897 г.（на примере Курской губернии）. Автореферат диссертации на соискание ученой степени кандидата исторических наук. Курск, 2003. С. 23）。しかしながら、少なくとも家族レヴェルでの統治を実現するために全国センサスが活用されていたとは考えにくい。

（18）高田和夫「ロシア・ナショナリズム論ノート」一九頁、Nicholas V. Riasanovsky, "Afterword: The Problem of the Peasant," in Wayne S. Vucinich（ed.）, *The Peasant in Nineteenth-Century Russia,* Stanford, California: Stanford University Press, 1968, p. 266.

（19）Barbara Alpern Engel, "Women, the Family and Public Life," in Dominic Lieven（ed.）, *The Cambridge History of Russia, Volume II, Imperial Russia, 1689-1917,* Cambridge: Cambridge University Press, 2006, p. 325.

（20）William G. Wagner, *Marriage, Property, and Law in Late Imperial Russia,* Oxford: Clarendon Press, 1994, pp. 3-4.

（21）*Александров В. А.,Власова И. В., Полищук Н. С.*（отв. ред.）Русские. М., 1997. Гл. 12. その他、*Гончаров Ю. М.* Социальное развитие семьи в России в XVIII—начале XX в. // *Гончаров Ю. М.*（отв. ред.）Семья в ракурсе социального знания. Сборник научных статей. Барнаул, 2001. С. 25-39 などを参照のこと。エンゲルもロシア正教が女性の従属的地位を強化していたとの見解を示している（Barbara Alpern Engel, *Mothers and Daughters: Women of the Intelligentsia in Nineteenth-Century Russia,* Evanston, Illinois: Nothwestern University Press（First published 1983 by Cambridge University Press. Northwestern University Press paperback edition published 2000 by arrangement with Barbara Alpern Engel）, p.10）。

（22）Christine D. Worobec, "Masculinity in Late-Imperial Russian Peasant Society," in Barbara Evans Clements, Rebecca Friedman and Dan Healey（eds.）, *Russian Masculinities in History and Culture,* Basingstoke and New York: Palgrave, 2002, p. 77.

（23）Barbara Alpern Engel, "Marriage and Masculinity in Late-Imperial Russia: the 'Hard Cases'," in Clements, Friedman and Healey（eds.）, *Russian Masculinities,* pp. 113-114, 116.

（24）Burds, *Peasant Dreams,* p. 43; David Moon, *The Russian Peasantry, 1600-1930: The World the Peasant Made,* London and New York: Longman, 1999, pp. 196-197; Worobec, Peasant Russia, p. 175. ここではフランスにかんする阪上孝の議論を参考にした（『近代的統

治の誕生』岩波書店、一九九九年、一九五～一九六、二〇六頁)。

(25)M・E・フォーカス『ロシアの工業化一七〇〇～一九一四』九～一一、九〇～一〇三頁などを参照。

(26)M・E・フォーカス『ロシアの工業化一七〇〇～一九一四』二二～二三頁。

(27)Joseph Bradley, *Muzhik and Muscovite: Urbanization in Late Imperial Russia*, Berkeley: University of California Press, 1985, pp. 19-20; 鈴木健夫『帝政ロシアの共同体と農民』三一三頁、佐藤芳行「工業化とクスターリ——ロシア農村工業の歴史人口統計学」『中部大学国際関係学部紀要』一六、一九九六、二〇三頁。農村小工業(クスターリ工業)や村外就業の発展プロセスについては、*Федоров В. А.* Помещичьи крестьяне Центрально-промышленного района России конца XVIII—первой половины XIX в. М., 1974. Гл. 3; 有馬達郎『ロシア工業史研究——農奴解放の歴史的前提の解明』東京大学出版会、一九七三年、「帝政ロシア綿工業の発展過程」(一)(二)『経済論集』(新潟大学)四三、四四、一九八七、八八年、佐藤芳行「一九世紀前半のヨーロッパ=ロシア中央部諸県における小工業の展開」(一)～(四)『商経論叢』(九州産業大学)二六-四～二七-三、一九八六、八七年、『帝政ロシアの農業問題——土地不足・村落共同体・農村工業』未来社、二〇〇〇年、とくに二〇七～二一五頁。平岩宣久「革命前ロシア中央工業地域における家内木綿織物営業」『土地制度史学』一二八、一九九〇年は、ヴラディーミル県の繊維工業地帯にかんする事例研究である。

(28)佐藤芳行「二〇世紀初頭ロシアにおける小工業問題」『ロシア史研究』五〇、一九九一年、七、一八頁。

(29)詳細については、高田和夫『近代ロシア農民文化史研究——人の移動と文化の変容』岩波書店、二〇〇七年、八一、八三頁を参照されたい。ストルィピン農業改革以前、期限前償却による共同体からの脱退は、実際には有名事実だった(崔在東『近代ロシア農村の社会経済史——ストルィピン農業改革期の土地利用・土地所有・協同組合』日本経済評論社、二〇〇七年、一一五～一一六頁)。

(30)農民身分出身者が住所登録地の所在郡から離れる場合、国内旅券の取得が義務づけられていた。農奴解放前(正確には一八六三年まで)の領主農民の場合、領主に対して農民への国内旅券発行が認められていた。解放後は郷役場が村長への確認をへて国内旅券を発行するようになる。時期により異なるが、国内旅券には大きく分けて個人用の長期(半年、一年、二年以上など)のパスポート、短期(一か月、二か月、三か月など)のビレット、家族用パスポートの三種類がある。一八六〇年代末の取得手数料は、一年間有効の個人用パスポートが一ルーブリ四五コペイカ、半年間有効のものが八五コペイカである。ビレットはより安価である。なお、人頭税の廃止や一般徴兵制度の導入にともない国内旅券制度は一八九四年に改正され、従来の移動許可、身元証明、警察、徴税から身元証明へと機能を縮小していく。さらに一九〇六年にはストルィピン改革の一環として、農民身分出身者に対し居住地の自由な決定や無期限の旅券手帳の取得が認められるようになる。国内旅券制度の先行研究として以下を参照。*Тихонов Б. В.* Переселения в России во второй половине XIX в. по материалам переписи 1897 г. и паспортной статистики. M., 1978. C. 106; 佐藤芳行「帝政ロシアにおける国内旅券制度に関する一考察（一七四九～一九一七）」『経済学研究』（東京大学）二二、一九七九年、新美治一「ツァー・ロシアのパスポート制度——『ソビエト・パスポート制度論』の準備作業・その二」『商学論集』（福島大学）五一、一九八二年、一三〇～一三三頁、高田和夫「近代ロシアの労働者と農民」『法政研究』（九州大学）五七－一、一九九〇年、一九～二〇頁、同『近代ロシア農民文化史研究』九三～九四頁、Burds, *Peasant Dreams*, pp. 64, 68; 高橋一彦「ロシア婚姻法の展開——帝政末期のその変容」『研究年報』（神戸市外国語大学外国語学研究所）四〇、二〇〇三年、五六～五九頁。

（31）バーズによれば、二〇世紀初頭においても、農民身分出身者の諸義務遂行を促進し、家父長制的な農民家族を強化する観点から、政府内には国内旅券制度の維持を支持する意見があった（Burds, *Peasant Dreams*, pp. 57, 24）。

（32）農業への依存度が高く、人口増による「土地不足」が深刻だった中央黒土地方では、農村共同体は家族での移住を口減らしになるものとして支援した（Burds, *Peasant Dreams*, p.15）。

（33）*Тихонов Б. В.* Переселения в России... C. 114.

（34）Barbara Alpern Engel, *Between the Fields and the City: Women, Work, and Family in Russia, 1861-1914*, New York: Cambridge University Press, 1994, p. 3; Worobec, *Peasant Russia*, pp. 10-11. 一九〇七～一四年のヨーロッパ・ロシア四六県において、所有権を確定した共同体成員は全体の二二・二%、その面積は分与地全体の一四・四%にとどまった。また一九〇七～一六年に形成されたフートルとオートルプは全農家の一〇・三%、その面積は分与地全体の八・八%にすぎなかった（鈴木健夫『近代ロシアと農村共同体——改革と伝統』創文社、二〇〇四年、二八、三〇九～三一〇頁）。ただ、農民の集団主義や保守性、将来に対する不安などを考慮すれば、ストルィピン改革は短期的には効果があり、さらに改革自体も共同体の完全な破壊ではなく、機能していない共同体的土地所有を世帯別土地所有に移行させることを意図していたとの見方もある。*Китанина Т. М.* Россия в первой мировой войне 1914—1917 гг. СПб., 2003. С.34-35 などを参照。

（35）チャヤーノフ『小農経済の原理』〔増補版〕磯辺秀俊・杉野忠夫訳、大明堂、一九五七年、七八〜八〇頁。

（36）たとえば、Elvira M. Wilbur, "Peasant Poverty in Theory and Practice: A View from Russia's "Impoverished Center" at the End of the Nineteenth Century," in Esther Kingston-Mann and Timothy Mixter（eds.）, *Peasant Economy, Culture, and Politics of European Russia, 1800-1921*, Princeton, New Jersey: Princeton University Press, 1990, pp. 101, 103; Teodor Shanin, "The Nature and Logic of the Peasant Economy: Part I and II," *Journal of Peasant Studies* 1, no.1（October 1973）, pp. 63-80 and no. 2（January 1974）, pp. 186-206. 周知のように、レーニンが家族労働的生産に対する資本主義的生産の優越を強調する一方で、チャヤーノフは小農経営の合理性を探究している。両者はともに近代ロシアの農民世帯に着目しながらも、問題関心を異にしていた。レーニンは農民世帯の階層分解を実証し、ロシアにおける資本主義の発展プロセスを確認しようとした。チャヤーノフは、農民世帯にかんする経営理論の構築を課題としていた。対象フィールドについても、レーニンは農業が主要産業である黒土地帯を中心に扱い、これに非黒土地帯のうちトヴェーリ県など、「離村型」の人口流出が見られた地域を加えている。チャヤーノフはモスクワ県など非黒土地帯の諸県を念頭に置いている。

（37）Evel G. Economakis, *From Peasant to Petersburger*, Basingstoke and New York: Macmillan, St. Martin's, 1998, pp. 51-52.

（38）Burds, *Peasant Dreams*, pp. 135-136. 小島修一「帝政ロシアの農家労働力移動——明治日本との比較」『甲南経済学論集』（甲南大学）三二-四、一九九一年、一八四頁でも生活保障としての役割が指摘されている。

（39）*Жбанков Д. Н.* Бабья сторона. Статистико-этнографический очерк. Кострома, 1891. С. 54.

（40）中川雄二『近代ロシア農業政策史研究』九九頁。

第二章　コストロマー県における村外就業の成長プロセス

はじめに

一九世紀後半における産業の目覚しい進展、都市の成熟、交通網の整備は農村住民の村外就業チャンスを著しく拡大させた。バーズは一八九〇年代の村外就業者数を、「中央工業地方」九県で二〇〇万人近く、ヨーロッパ・ロシア全体で六〇〇万人超と推計している。「中央工業地方」の就業者数は農村人口の一四％以上に相当する。ここから、成人男性人口の三分の一以上、ないしは各世帯で少なくとも一人が村外就業に従事していたとの大まかな見取り図をバーズは示している(1)。

就業者の行先や職業傾向は非黒土地帯、黒土地帯のそれぞれで異なっていた。冷涼かつ土地の肥沃ではない非黒土地帯では農村住民はおもに都市や産業拠点へと向かい、工業、建設業、輸送業、商業などに従事していた。総じてこれらの職業は熟練を必要とし、就業期間が長く、また賃金も高い。世帯は村外就業からの収入を主たる生計手段として位置づけていた。黒土地帯の農村住民は南方の大規模農場へと出発し、収穫などの単純な農作業に従事していた。したがって、その雇用期間は短く、賃金も低い[2]。村外就業からの収入は世帯において補助的なものとみなされることになる。

このような村外就業の地域性がヨーロッパ・ロシアにおける人の移動傾向を特徴づけていた。ソ連時代の人口統計学者ティーホノフは、一八九七年全国センサス調査史料や国内旅券発行統計史料にもとづき、一八七〇〜九〇年代における人口移動をつぎの一〇パターンに整理している。なおティーホノフは、依拠する史料の性格から、一時的な移動と移民などの恒常的な移動を区別せずにデータを処理している。すなわち、①「工業」・非黒土→首都、②中央黒土→ノヴォロシア、③中央黒土→首都、④中央黒土→西シベリア、⑤中央黒土→北カフカース、⑥小ロシア→北カフカース、⑦小ロシア→ノヴォロシア、⑧沿ヴォルガ中流→沿ヴォルガ下流・ロシア東部、⑨ロシア南西部→ノヴォロシア、そして⑩ノヴォロシア→北カフカースである[3]。ここから読みとれるように、非黒土地帯の場合、移動先はペテルブルクとモスクワの両首都にほぼ集中し、人の移動は非黒土地帯内で完結している。対照的に黒土地帯の各地では多様な移動パターンがみられる。中央黒土地方からの移動は東南方ないしは東方のノヴォロシアやシベリア、北方の両首都、南方の北カフカースと、西方を除く全方面にわたっている。つまり、中央黒土地方の農村住民は農業労働者として短期間に雇用される目的で、あるいは入植を目的にノヴォロシアやシベリアなどを目指すか、比較的近いモスクワに向かい、商工業に従事していたのである。くわえて、とくに九〇年代以降、南部では重工業が飛躍的な発展を遂げたから、それに連動して南方への移動が増加したものと考えられる[4]。

非黒土地帯の農村住民、そして少なからず黒土地帯の農村住民においても、両首都の諸産業は主要な就業先であった。もっとも、この両首都への就業に限定しても、送り出す農村の事情を考慮しながら多種多様な職業・職種について概観する作業は困難である。また、従事者の職業・職種別あるいは出身県・郡別の単純な一覧表を作成したとしても、あまり意味をなさないだろう。そこで本章では、ペテルブルクなどに建設業従事者を送り出していたことで知られるコストロマー県北西部の事例を精察することで、村外就業の背景や歴史的変遷を浮き彫りにする。以下、第一節では県内の地理と産業を三地域に分けて比較する。つづく第二、三節では北西部に対象を限定し、一八〜一九世紀後前半の領主農民そして一九世紀後半〜二〇世紀初頭の農村住民それぞれについて村外就業のあり方を論じ、時代的な連続性や変化を明らかにしてみたい。

一　コストロマー県の地理と産業の概況

コストロマー県の県都コストロマーは、モスクワの北東およそ三〇〇キロメートル、ペテルブルクの南東六〇〇キロメートルに位置する。同県を含め、中央非黒土地方の人口はロシア正教を信仰するロシア人の比率が圧倒的である。出身身分別構成にかんしては農民身分出身者、とくに旧領主農民の比率が高い。とくにコストロマー県の場合、一八五〇年代において農民身分出身者（領主農民、国有地農民、御料地農民）のうち領主農民が約六割を占め、ヨーロッパ・ロシアでも最高水準だった。(5) したがって以下では、農奴制下の領主農民および農奴解放後の旧領主農民を念頭に置いて議論を進める。県内の地理は多様である。まず、ヴォルガ河が西隣のヤロスラヴリ県からコストロマー県の南西部分を通過し、南東のニジニ・ノヴゴロド県へと流れている。コストロマー市はこのヴォルガ河の主要港として古くから栄えてきた。ヴォルガ河流域を除く県の大部分は森林で覆われ、河川交通の大動脈からも離れている。ただ、県の「内陸部」にはコストロマー川、ウンジャ川、ヴェトルガ川などヴォルガ河の支流がある。その他、人や物資の輸送には陸路も大いに活用されていた。

中央非黒土地方の気候と土壌は総じて農業には適していない。なかでもコストロマー県は同地方の東端にあり、

図 2-1　ソリガーリチ市

出典：*Безобразов В. П.* Край отхожих промыслов (из путевых воспоминаний) // Новь. Т. 3. 1885. № 11. С. 375.

ウラル地方と接し、気候は冷涼である。一八八四年におけるコストロマー市の年間平均気温は摂氏三・〇度と低く、コストロマー川の上流にあるソリガーリチ市の年間平均気温は一・八度とさらにこれを下回っていた（図2－1参照）。そのため県内の耕作期間は五、六か月間に限定され、モスクワ県の七か月間と比べても短い。中央非黒土地方の土壌はロームと砂壌土、ポドゾルなどで構成され、耕作の適地は少ない。コストロマー県内の土壌構成もロームの他、砂壌土、砂、粘土、ポドゾルなど、ほぼ同様である[6]。「テーニシェフ民俗学事務局」通信員レショートキンもガーリチ郡から、「農民の土地は土壌が重く、耕作には適していないので、大量の施肥が必要である。土壌は砂礫の混ざったロームである」、と回答している[7]。このような中央非黒土地方の自然条件が、農村住民が農業の他、村内外での手工業、工場労働、林業などに従事する一因となっていたのである[8]。

　つづいて、コストロマー県の産業を確認しておこう。一九世紀後半の統計調査は地理や産業を基準に県内を南西部、北西部、東部の三つに区分している（前掲図序－

2を参照)[9]。ここでも、これにもとづいて整理を試みたい。まず、南西部はキネシュマ、コストロマー、ネレフト、ユリエヴェツの四郡からなる。先述のように、この地はヴォルガ河の流域である。南西部は隣接するヴラディーミル県やヤロスラヴリ県の一部地域とともに、ロシアでも有数の繊維産業地帯を形成していた。そのため、農村小工業の従事者や繊維工場の就労者が多い[10]。農村小工業は紡績工場から縦糸の供給を受け、生産した更紗を捺染工場に売却していたが、一八八〇年代に工場が生産を強化すると、大きな打撃を受けている[11]。この他、南西部では亜麻、ホップ、ジャガイモなどの市場向け栽培もみられる。このように南西部は概して地場産業に恵まれ、それを反映して県内で最も人口密度が高い。表2-1に示されるとおり、一八八〇年における郡別の人口数と人口密度では南西部の諸郡が上位を占めていた。

つぎに、北西部はブーイ、ガーリチ、ソリガーリチ、チュフロマの四郡である。北西部はヴォルガ河の河川交通や南西部の繊維産業施設から空間的な隔たりがある。ここでは在地産業の展開はほとんどみられない。むしろこの地はペテルブルクやモスクワ、ニジニ・ノヴゴロド、カザン、オレンブルク、ヤロスラヴリ県、ヴォログダ県、ヴラディーミル県などに建設業従事者を送り出していた。それゆえ、コストロマー県は建設業従事者の供給地として、隣接するヤロスラヴリ県などとともに全国的に有名であった[12]。この四郡のうち、とくに建設業関連の村外就業がさかんなのはガーリチ、ソリガーリチ、チュフロマの三郡である(図2-2)。ブーイ郡の産業構造は南西部に近い特徴を有していた。北西部の人口数は南西部よりも少なく、人口密度も低い。

そして、東部はヴァルナヴィン、ヴェトルガ、コログリフ、マカリエフの四郡である。東部の大部分は森林に覆われている。僻地ゆえに、森林の中には分離派教徒の集落もあった。分離派とは、一七世紀中葉のロシア正教会の分裂により異端とみなされ、迫害された者たちである。農村住民はおもに穀作に従事している。くわえて、豊富な森林資源を利用した林業もさかんである。北西部に隣接するコログリフ郡では建設業従事者も多い。この

表2-1　コストロマー県の人口（1880年、人）

	面積（平方ミーリャ）	住民数（都市を除く）			
		男性	女性	合計	男性100人あたりの女性数
南西部					
キネシュマ	91.62	54,997	64,525	119,522	117.3
コストロマー	88.25	56,837	68,497	125,334	120.5
ネレフタ	71.68	67,566	80,346	147,912	118.9
ユリエヴェツ	62.14	54,596	63,496	118,092	116.3
北西部					
ブーイ	57.27	30,079	35,170	65,249	116.9
ガーリチ	87.39	44,223	53,638	97,861	121.3
ソリガーリチ	79.05	24,705	29,361	54,066	118.8
チュフロマ	67.71	22,503	28,147	50,650	125.1
東　部					
ヴァルナヴィン	194.90	47,270	53,060	100,330	112.2
ヴェトルガ	282.39	41,521	46,505	88,026	112.0
コログリフ	235.58	41,871	48,369	90,240	115.5
マカリエフ	220.17	57,462	65,338	122,800	113.7
合　計	1,538.15	543,630	636,452	1,180,082	117.1

	1平方ミーリャあたりの住民数	1平方ミーリャあたりの集落数	1集落あたりの住民数	1集落あたりの住宅数	1住宅あたりの人数
南西部					
キネシュマ	1,305	15.5	84.0	22.0	4.3
コストロマー	1,420	16.2	88.1	20.2	4.6
ネレフタ	2,064	16.7	123.6	26.6	5.1
ユリエヴェツ	1,900	22.0	86.4	20.0	4.3
北西部					
ブーイ	1,139	14.7	77.6	15.9	5.2
ガーリチ	1,120	16.5	67.8	15.4	4.8
ソリガーリチ	684	12.0	57.0	11.3	5.4
チュフロマ	748	14.3	52.4	11.3	4.8
東　部					
ヴァルナヴィン	515	4.7	111.4	35.2	4.3
ヴェトルガ	312	3.9	80.0	16.6	5.7
コログリフ	383	4.9	78.0	17.2	5.3
マカリエフ	558	5.6	99.5	23.8	4.8
合　計	767	9.1	84.2	19.5	4.79

注：1ミーリャは7.468キロメートル。

出典：*Жбанков Д. Н.* Влияние отхожих заработков на движение народонаселения Костромской губернии, по данным 1866—83 годов // Материалы для статистики Костромской губернии. Вып. 7. Кострома, 1887. С. 2-5より作成。

図 2-2　ソリガーリチ郡の農村風景

出典：*Тиц А. А.* На земле древнего Галича. М., 1971. С. 128.

ように森林の割合が高く、さらに分離派の人数が十分に把握されていないこともあり、東部の人口数は北西部を上回るものの、人口密度は最も低い。

　以上をふまえ、各地の村外就業についてその職業・職種、行先、期間を把握してみたい。ここではおもに二点の史料から、一八七〇、八〇年代の状況を概観する。一つは、県統計委員会のピーゴロフの手になる産業調査報告である。これは、一八七一年に各教区の聖職者に対してアンケート調査を実施し、その結果をまとめたものである。報告では村外就業のおもな職業・職種として、大工、指物工、石工、左官、煉瓦製造工、塗装工、仕立工、羊皮加工職人（овчинники）、フェルト長靴職人、縮絨工、桶樽製造工、研ぎ師および鎌刃研ぎ、馬医、行商人、荷馬車・橇輸送業者、船舶・汽船労働者、工場労働者があげられている。職業・職種別の従事者数は調査されていない[13]。もう一つは、「ロシア農村小工業調査委員会」報告である。同委員会はゼムストヴォ、警察、郷・村団の協力を得て、一八七〇年代末から八〇年代初頭にかけて、コストロマー県各地の農村小工業および村外就業の現状を調査している。この調査の特色は、郷を調査の最小単位としている点にある。さらに、従事者の職業・職種、人数、賃金、村外就業については行先、期間、就業地での粗収入、生活費、旅費、純収入、携行する道具とその価格、送り出す世帯における農作業の担当者など、詳細な調査項目が立てられている(14)。

表2-2は、「ロシア農村小工業調査委員会」報告史料のうち村外就業にかんする部分を要約したものである。以下、ピーゴロフの調査も参照しながら分析してみよう。みられるとおり、南西部では繊維産業の従事者が際立っている。その行先はヴラディーミル県シューヤ郡イヴァノヴォ村など近隣の繊維工場である。就業期間は一様ではないが、収穫後の秋と冬、秋から翌年の採草作業までを中心とし、また通年の者もいた。その他、表では水夫、水先案内人、荷役といった河川輸送業従事者も少なくない。ユリエヴェツ郡では、冬の農閑期を中心に仕立業がさかんである。その事情についてピーゴロフは、ヴォルガ河の輸送に汽船が導入された結果、輸送業従事者が職を失い、仕立業に転職したためと説明している(15)。このように輸送技術の革新が、輸送業に従事する農村住民の労働に影響を及ぼしていたのである。高田和夫はこの転職について、農村住民が事態に柔軟に対処しうる力量を保持していたと評している(16)。もっとも、この仕立業も一八九〇年代に再度、転機を迎えたと思われる。県内の別の郡からの情報ではあるが、村人が自分で布地を買って職人にその仕立を依頼するのではなく、大市や商店で既製服を購入するようになったからである。これには、ミシンの普及にともない、仕上がりのよい既製服が好まれるようになったことも影響していた(17)。ネレフタ郡やコストロマー郡では石工、大工、左官がみられる。後述の北西部出身者と異なり、彼らは隣県・隣郡を行先とし、春と秋の農閑期を利用して就業していた。

北西部のうちチュフロマ、ソリガーリチ、ガーリチの三郡では建設業従事者、すなわち塗装工、大工、指物工などが圧倒的である。彼らのおもな行先はペテルブルクなど遠方である。寒暖や景気にもよるが、彼らはおおむ

における村外就業（人）

河川輸送	荷馬車輸送	雑役	工場労働	その他（主要職業のみ）	合計
1,496		854	4,241	石工（132）	8,109
225	132	260	589	石工（1,797）、左官（625）	6,270
		1,405	5,719		12,755
1,995		1,020	6,685	羊皮工（2,825）、行商（125）	15,894
65		1,090		レンガ製造（1,025）、帽子製造（800）	6,506
174		380		ガラス設置（413）、レンガ製造（234）	12,479
53		409		行商（700）、暖炉据付（422）	7,889
		342		精肉（340）	8,721
	575	160		穀物収穫（350）	8,114
	722				7,002
	111		104		15,093
1,860	300	477	537		15,646
5,868	1,840	6,397	17,875		124,478

Вып. 13, 14. 1885; Вып. 15. 1886 より作成。

ね三月初め（大斎期の第二週目）に出発し、一一月一四日（フィリップの日）ないしは一二月六日（ニコライの日）までに帰郷する。ただし、期間は職種により異なる。指物工は屋内作業を中心とするので、通年で就業し、数年間滞在する者も少なくない。水道工も同様の傾向がある。大工や塗装工のうち、冬場に何らかの仕事——これには「本業」以外の工場労働、商業、パン製造、屋敷番が含まれる——を確保した者も一年を超えて就労する。なお、例外的にソリガーリチ郡ザシュゴムスカヤ郷の大工は、コストロマー郡の大工のように農閑期を利用して近隣で働いていた。[18] おそらくそれは、この郷が歴史的にそのような近隣の需要と結びついていたためであろう。建設業従事者の他には、桶樽工やブーイ郡の帽子職人、レンガ製造工などが目立つ。

東部では林業従事者が優勢である。彼らは作業中に郡境を越える必要があり、村外就業者としてカウントされている。林業についてはヴラディミルスキーによる、まとまった研究がある。それによれば、林業は一一〜三月に木材を伐採し、三、四月にそれを山から川岸に搬出し

表 2-2　1880 年代初頭

	塗装	大工	指物	桶樽製造	縮絨	林業	仕立・裁縫
南西部							
キネシュマ	104	375	22		82	37	42
コストロマー	119	996	1	600	78	156	359
ネレフタ		4,846	3			413	18
ユリエヴェツ		135		20			2,929
北西部							
ブーイ	275	1,856	10	370	245	233	
ガーリチ	4,245	4,533	75	1,216		80	1,027
ソリガーリチ	2,145	1,591	627	215		1,551	
チュフロマ	2,485	2,439	1,602	90		260	
東　部							
ヴァルナヴィン	1	537			636	5,355	500
ヴェトルガ						6,134	75
コログリフ	43	4,662	17		1,843	6,074	2,174
マカリエフ	62	580	3		5,314	6,384	53
合　計	9,479	22,550	2,360	2,511	8,198	26,677	7,177

出典：Труды комиссии по исследованию кустарной промышленности в России. Вып. 9. СПб., 1883;

て浮送を準備し、五、六月に木材を浮送するという作業日程で行なわれていた[19]。これは一九二〇年代にかんするものであるが、帝政期における林業もほぼ同様の条件で行なわれていたと考えてよいだろう。なお、この就業については農業上のデメリットが指摘されている。農村住民は農閑期を利用して、自分たちの馬を使って木材伐採に従事していたので、馬が農閑期に体力を消耗してしまい、耕地に厩肥を施すこともできない。木材浮送に従事する場合、春の耕作シーズンと重なってしまう、といった諸点である。林業の他には縮絨工など、やはり農閑期を中心とする手工業がさかんである。彼らは郡外の農村を歩き回って注文主を探していた。郡別ではコログリフ郡の大工や縮絨工、マカリエフ郡の縮絨工、河川輸送業者、ヴァルナヴィン郡やヴェトルガ郡の荷馬車・橇輸送業者が特徴的である。

このように、各地の村外就業は産業の状況とほぼ一致している。その特色としてつぎの三点が指摘できるだろう。第一に、南西部と北西部の農村住民が工業的な職業――前者は繊維産業、後者は建設業――に就いているのに対し、東部の農村住民は農業的な職業――林業――に就いている。第二に、南西部と東部は地元志向が強く、北西部は移動性が高い。第三に、東部と南西部の村外就業はおもに農閑期に行なわれる。したがって、農業と村外就業を一人で兼業することができる。近隣の工場施設にて通年で雇用される場合も、休日を利用した農作業がある程度可能である。さらに、農繁期には農作業が優先される。ただし、工場での就労や林業への従事は他の家族員による農作業の分担でより確実なものとなる。対照的に、北西部農村住民の村外就業は農業シーズンと完全に重なる。就業先は遠方にあるので、就業者を農作業の人手として期待することはできない。この場合、家族員の間で明確に役割を分担する必要が生じる。このように、コストロマー県の農村住民は工場労働や農村小工業、林業、建設業などさまざまな生産活動に従事していた。それら職業・職種の就業地や期間も異なっていた。それゆえ、各地において労働と家族の関係も異なっていたと考えられる。

以上、コストロマー県各地の産業を農村住民の村外就業を中心に検討してきた。しかしながら、当然のこととして、その成立と普及のプロセスは職業・職種により多様である。次節以降では、この問題について北西部農村住民の建設労働に限定して議論を進めてみたい。

二　一八～一九世紀前半の村外就業

建設業従事者としての村外就業の起源は、おそらくかなり古い時代にある。ここではその前史として、一五世紀以降の国家や領主権力による農民の強制派遣をあげることができる[20]。コストロマー県北西部でも、ガーリチ郡のボヤーリン（世襲封建領主）が国家の軍用により領民を遠方に派遣し、要塞建設に従事させていた。一六五〇年代初め、M・M・ヴォルジェンスキーは西部国境警備に勤務中、リトアニアと接するスモレンスク州に砦を設ける目的で領民を送っている。[21] ピョートル大帝はペテルブルク建設の際、コストロマー県やヤロスラヴリ県から建築職人を移住させている。[22] ペテルブルクが建設された一八世紀初頭、新都は人口がきわめて少なく、かつその周辺のポーランド、フィンランド、沿バルトは帝国領に入っていなかった。建設に要する労働力は、ロシアの内地から送り出されたのである。ソ連時代初期の郷土史家カザーリノフも一七四四年の納税人口調査史料をもとに、北西部チュフロマの農村住民が大工、船大工、運河の土工としてペテルブルクの建設事業に送り出されていたという史実を明らかにしている。彼らは少なからず過酷な労働が原因で死亡したが、その一方で蓄財した者もいたという。[23]

ヴラディミルスキーはこのような強制派遣を建設業従事の端緒とみなしている。彼によれば、北西部出身者は強制派遣をつうじて技能を磨き、村外での労働と生活を体験した。とくに西部国境地帯に送られた者は外国人技術者のもとで作業に従事する機会を与えられ、腕を上げることができた。かくて、手工業者集団の技能水準は高まっていったとヴラディミルスキーは主張する。[24] 西部に赴いた者たちが具体的にどのような技能を体得したのか、彼は明らかにはしていない。ともあれ、強制派遣をつうじた村外での技能獲得、労働・生活体験の蓄積、そして人脈の形成がのちの村外就業の一基盤になったと考えて良いだろう。

つぎに、一八世紀末までに貢租義務にもとづく村外就業がロシア中央部で普及する。これは領主が領民に対し貢租を課し、それを遂行させるべく村外就業を命令ないし許可するものである。とは言うものの、領主が事実上、貢租の徴収により村外就業を余儀なくさせている――領民側から領主に村外就業を希望する事態も考えられるが――のだから、前述の強制派遣との厳密な区分は困難である。たとえば一八世紀末、クラーキン公爵家の領民はペテルブルクやモスクワなどで青銅・銅その他の金属製品、指物、馬車製造、壁紙貼り　あるいは家具の上張りか）の職人、鍛冶工、桶たが工、大工、衣服・鉄・魚・油商人の手代として働き、公爵に貢租を納めていた。[25]

表2-3　コストロマー県各郡のパスポート発行数（枚数）

ネレフタ		ガーリチ		コログリフ		ソリガーリチ	
1790年	2,273	1786年	3,777	1786年	2,275	—	—
1800	3,392	1796	2,972	1796	2,056	1790年	2,428
1804	3,077	1805	4,314	1804	2,547	1800	4,006

出典：Mikhail I. Tugan-Baranovsky, *The Russian Factory in the 19th Century,* Translated from the 3d Russian Edition by Arthur Levin and Claora S. Levin under the Supervision of Gregory Grossman, Homewood, Illinois: Richard D. Irwin, 1970, p. 37 より作成。

ところで前述のように、領主農民などの農民身分出身者が就業目的で出身農村を離れる際、国内旅券の取得が義務づけられていた。領主には領民の国内旅券を発行する権利が認められていた。この国内旅券の発行数から村外就業の規模をごく大まかに推計することができる。まず、二〇世紀初頭の著名な経済学者トゥガン＝バラノフスキーがこれを試みている。すなわち、一八世紀末のヤロスラヴリ県では第五回納税人口調査（一七九六年）にもとづく男性人口数の約二割、成人男性数の三分の一に相当する枚数のパスポートが発行されていた。表2－3はコストロマー県四郡の発行数をまとめたものである。表からみてとれるように、減少局面も認められるものの、発行数は二〇〇〇枚台から四〇〇〇枚台へ増加する傾向にあった。パスポート発行数はソリガーリチ郡では成人男性数の約二割、コログリフ郡とガーリチ郡では約一割、ネレフタ郡では五％に相当していた。(26) つぎに、一八六〇年代初頭の浩瀚なコストロマー県地誌が国内旅券発行数データを掲載している。これによると、一八五三～五七年において農民身分出身者と町人身分出身者に対し、半年間有効のパスポートが年九〇〇〇枚前後、一年間有効のパスポートが年一万一〇〇〇～一万三〇〇〇枚、県全体で発行されていた。(27) なお、取得者の大部分は農民身分出身者であったと推定される。

このように、一八世紀末と一九世紀中葉のデータからは村外就業の拡張が読みとれる。では、その要因とは一体何だったのか。先行研究はこれについて、まず商品経済の伸張と貴族領主における貨幣需要の高まり、そしてこれに連動した賦役から貢租への義務の移行をあげている。(28) 農奴解放前夜のコストロマー県では、領主農民の義務は納税男性人口のうち六七・二％が貢租、一二・一％が賦役、両者の混合が二〇・七％という構成だった。この貢租比率は、ヴラディーミル県やニジニ・ノヴゴロド県とならび、中央非黒土地方において最高水準にあった[29]。これと関連して、カザーリノフは小規模所領の経営状態悪化が貢租の比率を上昇させたと主張している。すなわち、北西部では小規模な所領が多く、その経営は「浪費が原因で」多くの負債を抱え、破綻状態にあった。領主たちは農場経営を建て直すのではなく、農民の義務を賦役から貢租へと転換し、収入増加を図ることでこの事態を打開しようとした。実際、貢租収入は、領民の賦役義務にもとづく農場経営から得られる収入を上回り、しかも安定していた、とカザーリノフは自説を述べている[30]。もっとも、この主張は領主経営の危機が農奴制の崩壊に帰結したとの認識を出発点としており、貨幣需要の増加が一因であることには同意できるにせよ、経営状態の悪化を強調しすぎるきらいがある。たしかに、北西部では所有農民数一〇〇人以下の小規模領主が多数派であった。また所領規模が小さくなるほど、貢租が課される農民の比率が高くなり、かつ一人あたりの額も高くなる傾向があった[31]。とはいえ、一八四五年のコストロマー県では、所有農民数が一〇〇人を超える領主は全体の一七％にすぎないものの、農民の七五％がこれに所属していた[32]。そうであるならば、特段に小規模領主が現金収入の増加に迫られていたとしても、全体的な趨勢にはあまり影響を与えなかったのではないだろうか。

もう一点指摘されているのは、一八〜一九世紀前半に工業製品を供給する非黒土地帯と農産物を供給する黒土地帯との間で、分業関係が成立しつつあったことである。これにともない、領主農民の義務も非黒土地帯では現金収入を獲得するための貢租が、黒土地帯では農業労働力を確保するための賦役が優勢となる[33]。この分業の問題を、ソ連時代の農民史家ゲンキンがコストロマー県の事例に即して論じている。彼は、ヤロスラヴリ県とコストロマー県の領主農民に貢租が課された理由を、まず「農業の不振」に求めているが、ヴォルガ河の下流域から穀物が安価に供給されたことにも言及している[34]。つまり、商工業的な生産活動拡大の背景に国内市場の統合・拡張をみているのである。この事情は流域に位置する南西部にとくに該当する。北西部は南西部ほど流通上の条件に恵まれていない。次章で論じるように、北西部はどちらかと言えば域内での自給を志向していた。したがって、これはあくまでも貢租が普及した要因の一つとして位置づけるべきであろう。

いずれにせよ、後述のように建設業は相対的に高い収入をもたらしたから、北西部の領主は領民にできるだけ貢租を課し、村外で就業させるのが有利であると判断したのだろう。つまり、南西部ほどではないにせよ、北西部でもヒト・モノ・カネの移動性が大きくなる。領主は現金収入の必要性から労働力＝領民の有利な配分を模索していく。その結果、領民を農作業から遠方での建設労働へと移したのである。

そうであるならば、農奴制のもとで村外就業が解放後ほどの伸張をみせなかった事情とは何か。もちろん、農奴制下の産業発展は相対的に力強さに欠け、労働力の需要も乏しかった。同様に重要なのは、まさしく領主経営の観点から領民の村外就業が抑制されていたことである。たしかに領主は現金収入を求めていたが、農場経営や屋敷の維持に必要な働き手をとどめていた。カザーリノフによれば、一八世紀のチュフロマ郡では領主は農場経営で用いる領民に賦役を課す一方、農場から遠く離れた村落の者を「余剰」とみなし、貢租を課して村外に送り出していた。なお、村外就業が普及するにつれ、貢租義務は農場近くの村落にも及んでいったと彼は付け加えている。[35] 領主は領民の生計や生活態度にも配慮していた。各世帯が農作業その他に不可欠な人馬を確保するように領主は留意した。さらに、領民が就業地で「悪影響」を受け、華美な服装をし、浪費癖がつき、道徳的に荒廃し、伝染病を持ち込み、貢租を滞納し、最後には逃亡したり、不服従になったりするのを懸念していた。[36]

ところで、領主は負担者の支払能力を考慮して貢租の額を決定していた。貢租はたいてい夫婦（チャグロ）単位で設定された。貢租の税額は一八世紀末から一九世紀前半をつうじて右肩上がりとなった。一七九〇年代における全県のその平均額は一チャグロあたり一〇ルーブリだったが、解放までにそれは二三・五ルーブリに達している。さらに、ソリガーリチ郡やガーリチ郡の税額はそれぞれ三〇ルーブリ、二五ルーブリと県内でも最高レヴェルにあった。これは、やはり村外就業がさかんなヤロスラヴリ県の二五・八三ルーブリとほぼ同じである。ただ、これはあくまでも平均額であり、実際の額はチャグロによりさまざまである。一例をあげるならば、一八世紀末、ある領主は商工業従事者のうち二〇～四〇歳の働き盛り世代に対しては一チャグロあたり四〇ルーブリを、四〇歳以上の者に対しては二〇ルーブリを課していた。経営者として高収入を得ている者は、ときには一〇〇ルーブルないしはそれ以上を申し渡されていた。領主は金銭の納入だけでなく、しばしば自分自身と家族への「贈り物」として茶、酒、砂糖、絹織物などを持ち帰るよう要求していたという。[37] 実態として、貢租負担は領民にとって過大なものだったのだろうか。これを判断するには家計や物価水準を分析する必要があり、現段階では情報が不足している。少なくとも税額の決定権は領主側にあったのだから、領主に有利であることは確かであろう。

逆に言うならば、安定収入を得るために領主は領民の雇用確保に努めなくてはならない。中央非黒土地方の領主農民を専門とするフョードロフや佐藤芳行にしたがえば、領主は領民の農村小工業や村外就業に対してさまざまな「保護」策を講じていた。すなわち、領主は領民の村外就業を奨励し、彼らを見習修業に出して手工業技術を習得させていた。農村小工業や村外就業において経営者の地位にある者には、領民などの同郷人を優先的に高賃金で雇用させ、租税滞納者を働き手として貸し与えた。さらに、「農民企業家」に経営資金を貸し付けていた。[38]

北西部の領主も以下のような手段を用いて、領民の村外就業を「保護」していた。第一に、領主自身がしばしば領民の就業地や雇用先の決定に影響を与えていた。領民は高収入の見込める遠方の両首都、とくにペテルブルクに向かい、少年時代の見習修業で技能を獲得し、その後たいてい地元出身の経営者に雇用された。そのような北西部出身者の就業パターンは、部分的には領主の意向によって定着したのである。

第二に、領主は就業地でも領民の労働や生活を管理していた。領主自身が国家勤務や社交を目的にペテルブルクやモスクワに滞在することもあったが、たいていは現地に信頼のおける者をスターロスタ（長、代理人）として駐在させ、就業者の監督にあたらせていた。スターロスタは領主に対し貢租徴収の責任を負うだけでなく、就業者の働きぶりを領主に報告し、貢租の税額を決定する上で必要な情報を送り、領主の代理人として就業者に国内旅券を発行していた。このような業務上の大きな権限を利用して、スターロスタの中には就業者を搾取したり、管理を委ねられた金銭を着服ないしは私的に流用したりする者もみられたという(39)。

そして第三に、領民が村外で就業できるかどうかは領主の裁量次第であった。たとえ貢租負担が過大であるとしても、村外就業は領民にとって領主農場での賦役労働よりもましなものと感じられた。賦役を課された者は領主のもとで日常的に直接的な従属状態に置かれるが、貢租を課された者は領外で相対的な「自由」を享受できるからである。さらに、村外就業は世帯に現金収入をもたらすとともに、農奴制の枠内ではあるが、後述のように就業者に社会的上昇の機会を与えていた。領主もこれらの利点を承知していたので、貢租滞納者を見せしめに領地に呼び戻し、賦役労働に従事させていた(40)。

さて、人数は確定できないが、一九世紀前半の北西部には農民出身の経営者が多数存在した。一八五八年の状況がつぎのように伝えられている。ガーリチ郡の領主K・H・ビービコフの農民一六九人はペテルブルクで塗装工事、指物工事、大工工事に従事していた。このうち一二人が請負人の地位にあり、残りの同郷人たちを雇用していた。同郡のA・H・メシチェルスキー公爵の所領からも、一五人の請負人を含む九〇人が出発していた。ウルソフ家領からの村外就業者は四七〇人を数えた。このうち四人が請負人としてそれぞれ一〇〇人程度を雇用し、二〇人は膠製造所を所有して、それぞれ三、四人を雇い、七〇人は商業に従事し、その中には船の所有者もいた。チュフロマ郡のチチェーリン家領では四四〇人が村外で就業していた。うち一二人が経営主の地位にあったという(41)。断片的な情報ではあるが、建設業の場合、経営者一人あたり数十人程度の被用者がいたことになる。

就業者たちは「アルテリ」（組、組合）を組織し、共同労働・生活を行なっていた。請負人とアルテリ成員との関係についてはいくつかの形態が考えられる。佐藤芳行は、遍歴手工業者（出職人）のアルテリを①「自立的」なもの、すなわち自分たちで仕事を見つけたり、アルテリ単位で請負人に雇用されたりするものと、②請負人のアルテリ、すなわち請負人が被用者を組織したものやアルテリの中から選出された者が請負人となったものに大別している。そのうえで、両者の区分は曖昧であったと述べている。(42) 残念ながら史料上の制約から、ここでは雇用やアルテリ組織の実態について立ち入った検討をすることはできない。ペテルブルク建設業の場合、職種により異なるが、総じて時代を下るにつれて請負人が被用者を組織するタイプのアルテリが増加し、一九世紀後半までに支配的になったと推測される。

上述のように、たいてい地元出身の経営者が同郷人に雇用先を提供していた。貢租収入の増加を図るために、領主はこのような経営者の育成を試みていた。領民にとっても、経営者としての成功は経済的な豊かさだけでなく、身分的な解放にもつながった。建設業の場合、経営者はつぎのように台頭する。当初、就業者は並の職人として働き始める。その中の限られた者が頭角を現わし、請負人となる。あるいはスタ一ロスタの地位から請負人に転身する。そして彼らは同郷出身者を雇用し、工事をこなし、経営を拡大していく。そのような社会的上昇を題材に、コストロマー県出身の民俗学者マクシーモフは『小富農（Кулачок）』（一八五六年）を書いている。これは、一人の大工職人がペテルブルクの請負人の目にとまり、請負人へとのし上がる物語である。ゲンキンも実在の人物として、ガーリチ郡出身のティモフェイ・フェラポーントフの名をあげている。フェラポーントフは大工職人出身の請負人である。彼は一八三六年、政府庁舎建設の功労が認められ、ニコライ一世から銀メダルを下賜されている。(43) 資力のある一部の経営者は領主との合意により、数千ルーブリを領主に支払い、農民身分から解放され、商人身分に移動した。(44) チュフロマ郡出身のレスニコーフもペテルブルク商人身分を取得している。(45) 農奴解放前の最後の四年間（一八五七〜六一年）に、県内では六七六人が領主農民の身分から移動している。このうち全体の約半数を北西部が占めていた。北西部の領主農民には領主に提示された金銭を用意するだけの経済力があった(46)。とくに北西部において、請負人は建設労働がもたらす「豊かさ」や「自由」を体現したような存在だったのである。

このように、一五世紀以降の国家や領主による強制派遣が一つの機縁となり、農奴制のもとで領主農民の建設労働が貢租義務を遂行するための村外就業として定着する。領主は村外就業の管理に努めていた。北西部出身者が遠方のペテルブルクに向かい、少年期の見習修業を経て熟練を獲得したのも、そこでの建設労働が高賃金なために高額な貢租を納入できるからである。農奴解放がこのような領主による貢租の課税や村外就業の管理に終止符を打つことになる。そこで、一九世紀後半の状況をみていこう。

三　一九世紀後半以降の村外就業

農奴解放後、北西部農村住民の村外就業はさらに伸展する。第一章でも述べたように、就業者は出発に際し、村団や郷役場をつうじて国内旅券を取得していた。そこで、国内旅券発行統計史料をもとに、就業者数のおおよその推移を把握しておこう。この時代にかんするデータは相対的に充実しており、精度も高くなっている。ただ、この史料については数多くの限界も指摘されている。まずティーホノフが、誤差を生じさせる要素としてつぎの七点をあげている。①国内旅券を取得せずに村外で就業する者がいる。②巡礼、親類や友人との面会など、村外就業以外の目的で国内旅券を取得して出発する者がいる。③一八七〇年以降、滞在地での旅券更新が可能となったため、更新により滞在を続ける者がいる。④家族用パスポートで移動する家族がいる。⑤一年間に複数回、パスポートやビレットを取得する者がいる。⑥就業先が郡内にあり、国内旅券の取得が不要であるにもかかわらず、雇用手続きの際に工場主が国内旅券の提出を求めるために、これを取得する者がいる。⑦、（③と関連して）住所登録地以外に長期間にわたり居住する者も国内旅券を取得している、と。[47]

つぎにコストロマー県北西部の実態に即して、ジバンコフが以下の議論をしている。第一に、国内旅券を取得しない者は当然、統計調査では把握されていない。少年は少なからず、さしあたり短期間有効のビレットを取得して見習修業に出発し、修業期間中、有効な国内旅券を所持せずに滞在している。兵役経験者は警察機関から国内旅券を取得するので、郷役場の発行分には含まれておらず、統計で捕捉されていない。兵士の妻やその寡婦も国内旅券の取得に際して印紙税が免除されるので、国内旅券発行台帳に記載されない。したがって、やはりカウントされていない。

第二に、国内旅券の発行数と取得者・利用者数は一致しない。パスポートは個人用と家族用の二種類がある。このうち家族用パスポートは、取得者本人およびこの者と同行する家族員の移動を許可する。家族用パスポートの取得者は、たいてい妻と一緒に出発する。一人で年間二枚以上のパスポートやビレットを取得する者もいる。たとえば出発後に予定を変更し、滞在期間を延長する者。滞在予定期間に相当する国内旅券発行手数料を申請時に用意できず、さしあたりそれよりも期間の短い国内旅券を取得し、あとでそれを延長する者。租税その他を滞納しているため、郷役場や村団からビレットの発行のみを許可された者、などである。ジバンコフはこのような問題関心から、一八八三年にソリガーリチ郡ヴェルシュコフスカヤ郷とカルツォフスカヤ郷の国内旅券発行台帳を点検し、全取得者の六・八％が半年間有効のパスポートを年に二度取得していたことを突き止めている。[48]

これらを考慮して統計データを加工し、実際の村外就業者数を導くことはきわめて困難である。国内旅券を取得せずに村外で就業する者もいれば、逆に年に複数回これを取得する者もいるので、データの数値が過大とも過小とも言えない。なお、一八九四年以降については、制度改革により国内旅券の更新手続きが簡略化され、発行手数料も無料になっている。その結果、国内旅券の発行数は大幅に伸びている。発行手続きの簡素化が就業者を増加させ、就業期間を長期化させた可能性はある。ともかく、発行数データと就業者数の乖離は一層大きくなる。九四年までのデータとその後のデータを単純に比較することはできない。

そこで、以下では九二年までに限定して、男性の個人パスポート発行数およびその対男性人口比の推移を追ってみたい。男性のパスポートをとりあげたのは、第一に全県とくに北西部住民の村外就業者がほぼ男性により占められていたからであり、第二に彼らはおもに半年ないし一年期間の個人パスポートを取得して遠方へ向かっていたからである。

コストロマー県統計委員会は一八六九、七五、八〇、八七、九二年のパスポート発行数を集計している。表2－4にみられるように、北西部は発行数の対男性人口比がかなり高い。とくにチュフロマ郡では男性人口の二九～三二%、ソリガーリチ郡では二一～二四%に相当するパスポートが発行されていた。第一節でみたように、南西部や東部の男性住民も村外で就業していた。ただ、彼らは北西部の男性ほど長期間有効のパスポートを必要としていなかった。南西部の男性は年に数回、短期間有効のビレットを取得し、農閑期を利用して隣郡・県の繊維工場などで働いていた。東部の男性も農閑期に林業そして縮絨などの手工業に従事していた。林業従事者や縮絨工は、ビレットや半年期間のパスポートを取得して出発していた。

北西部の場合、パスポート発行数の対男性人口比は一八八〇年に最大に達し、その後微減している。この変動はペテルブルクにおける建設需要の動向とほぼ対応している。第五章でみるように、建設需要は八〇年代初頭まで人口増加や好況を背景に拡大したが、その後、人口増加の鈍化と不況の影響で停滞局面に入り、九〇年後半まででこれを脱却できなかったからである。八五年、県統計委員会の通信員は、就業者が働き先を見つけられず、通

表 2-4　男性のパスポート（1 年・半年間）発行数

	1869 年		1875 年		1880 年		1887 年		1892 年	
	発行数	対人口比	発行数	対人口比	発行数	対人口比	発行数	対人口比	発行数	対人口比
ガーリチ郡	7,343	17.8	7,893	18.1	9,335	21.1	—	—	—	21.6
ソリガーリチ郡	4,841	21.4	5,889	24.1	5,961	24.1	6,020	22.5	—	22.5
チュフロマ郡	6,387	30.9	6,906	31.6	6,776	30.1	6,981	29.1	—	29.6
コストロマー県	37,709	7.2	42,729	7.9	45,486	8.4	—	—	—	9.9

出典：Материалы для статистики Костромской губернии. Вып. 3. Кострома, 1875. С. 162; Вып. 4. 1881. С. 283-284; Вып. 6. 1884. С. 53; *Жбанков Д. Н.* Влияние отхожих заработков... 1866—83 годов... С. 4; *Жбанков Д. Н.* Бабья сторона. Статистико-этнографический очерк. Кострома, 1891. С. 31; *Жбанков Д. Н.* Влияние отхожих заработков на движение населения. СПб., 1895. С. 4 より作成。

常よりも早く帰郷していると報告している。(49) 不況時には、滞在先で国内旅券が期限切れとなり、強制送還された者が急増している。ソリガーリチ郡への強制送還者は七六～八〇年の年平均六六人から八一～八三年の八五人へと悪化している。(50) 村人は強制送還を恥ずべき行為と考えていた。送還された者は到着後、郷役場で鞭打ち刑などの処罰を受け、村人は彼を非常識で世帯の取り仕切りに怠惰な者として扱った。(51) くわえて村外就業に特化していた北西部の場合、その不振が地域経済全体に打撃を与えたことは想像に難くない。(52)

　ともあれ、パスポート発行数の対男性人口比は高い水準でほぼ安定している。その事情をヴラディミルスキーは「すべての自由な男性はすでに『一人残らず』出発しており、当然、村外就業者の絶対数も大きく伸びなかった」と説明している。高田和夫も、「この時期ごろに出稼ぎをしっかりと再生産構造に組み込んだ農民経営が成立したのではないかという推測を許す」と述べている。(53) いずれの見解も、北西部における村外就業の普及が人口や世帯の構成上、限界に達し安定したと判断するものである。このような村外就業の極限ともいえる発展状況と世帯の関係については、世帯の労働力配置を扱った第四章で触れてみたい。

　右に述べたように、残念ながら国内旅券発行統計史料から九〇年代後半以降の村外就業の傾向を推測することはできない。ペテルブルクの建設需要は九〇年代に急激な伸びをみせたのち、一九〇〇年代初頭に不況の影響で大幅に縮小している。そしてこの停滞は、一九〇〇年代後半に好況に転じるまで続く。この間、ストルィピン改革や国内旅券制度改革が行なわれている。一九〇〇年代初頭の不況を除けば、これらは総じて村外就業の促進要因であると言える。とはいえ、北西部のようにすでに村外就業がかなり浸透している地域では、それらの影響も限定的であろう。したがって、村外就業者数は高水準を維持しながら、建設需要の拡大や縮小に対応して小幅な増減をみせたものと推測される。

つづいて、一九世紀後半における村外就業の特徴を、農奴解放前の村外就業と比較しながら整理してみたい。第一に、農村共同体と成員の関係について。上述のように、領主は所領経営の一環として領民に貢租を義務づけ、村外就業の行先や雇用先を指定し、経営者を支援していた。その際、領主は農場経営や屋敷の維持、農民世帯の農作業などに入用な労働力にも留意していた。

農奴解放後、農村住民は生産活動の自己決定度を高めることになる。その一方で、彼らは租税や土地償却金などの義務を負う。次章で詳述するように、彼らが市場をつうじて消費活動を行なう機会も一層多くなる。したがって、村外就業に労働力を振り分け、現金収入を獲得しなくてはならないという点において、世帯の性格は本質的に変化していない。農村共同体（郷や村団）も上部機関に対し責務を果たすためには、成員による村外就業からの収入に頼らざるを得ない。各人が諸義務を確実に遂行すれば、連帯責任制のもとで滞納者の負債を他の成員がカヴァーせざるを得ない事態も発生しない。少なくとも経済的な観点からは、農村共同体は成員の村外就業を支持していた。

ただし、農村共同体が成員の村外就業を制限する事態もある。かつて領主が「怠慢」な領民を就業地から呼び出し、賦役労働に従事させたように、農村共同体は国内旅券の発行権限を利用して、滞納者に負債の返済を強制していた。滞納金が小額であれば、農村共同体は滞納者にビレットを発行する。滞納者はさしあたりこのビレットを所持して出発し、就業地で収入を得てから滞納金と国内旅券の延長にかかわる費用を故郷に送金しなくてはならない。一、二年間分の税額に相当する滞納金があり、しかも「よそ」で放蕩生活を送り、働く意欲を持たない者に対しては、他の滞納者への見せしめとして国内旅券の発行が拒否される。この措置は村団によってではなく、郷役場やその上部機関によって慎重に講じられる。村外就業を完全に禁止すれば、滞納者が現金収入を得る道も絶たれ、かえって滞納金が増えるからである。[54]

ジバンコフは主著『農婦たちの郷』に、ペテルブルクにいる夫が村にいる妻に宛てた手紙と妻からの返事を収録している。この妻は字が読めないので、読み書きのできる村人を介して文通が行なわれていた。手紙の中で夫は、お金がなく、この冬は帰郷できないので、一年間有効のパスポートを取得して送るように書いてよこす。仕送りをしないにもかかわらず、冬場も首都に残ると連絡してきた夫に不信感を抱いたのか、妻は夫に対して、自分は費用を用意できず、村長も発行に同意しないばかりか、期日どおりに税を納めることができるのか逆に尋ねてきた、と返信する。[55] 実際に郷役場や村団がパスポートの発行を拒否するケースはまれだとしても、村外就業を生計の柱としていた農村住民にとって、それをほのめかされるだけでも重圧となったであろう（図2－3参照）。

なお、「大改革」の一環として、一八六四年、ヨーロッパ・ロシア三四県にゼムストヴォが創設されている。各県・郡のゼムストヴォは地元貴族の主導で道路整備、学校教育、医療・衛生、飢饉時の食糧保障・貧困者救済、農業技術・商工業の振興などの事業を管轄していた。コストロマー県の県・郡ゼムストヴォはこれらの事業と住民による村外就業の調整という、村外就業地域ならではの困難な問題に直面していた。ゼムストヴォは住民からの土地税・森林税をもとに運営されていたから、住民が現金収入を得て担税能力を持つことはゼムストヴォにとってもメリットがある。しかし、ゼムストヴォの担い手たちは村外就業を事業遂行上の障害ともみなしていた。彼らは、村外就業の「過度の」発展が農業や農村小工業を停滞させているだけでなく、就業者が滞在地で「不道

図 2-3　為替用紙の切取式切符とその裏面の通信

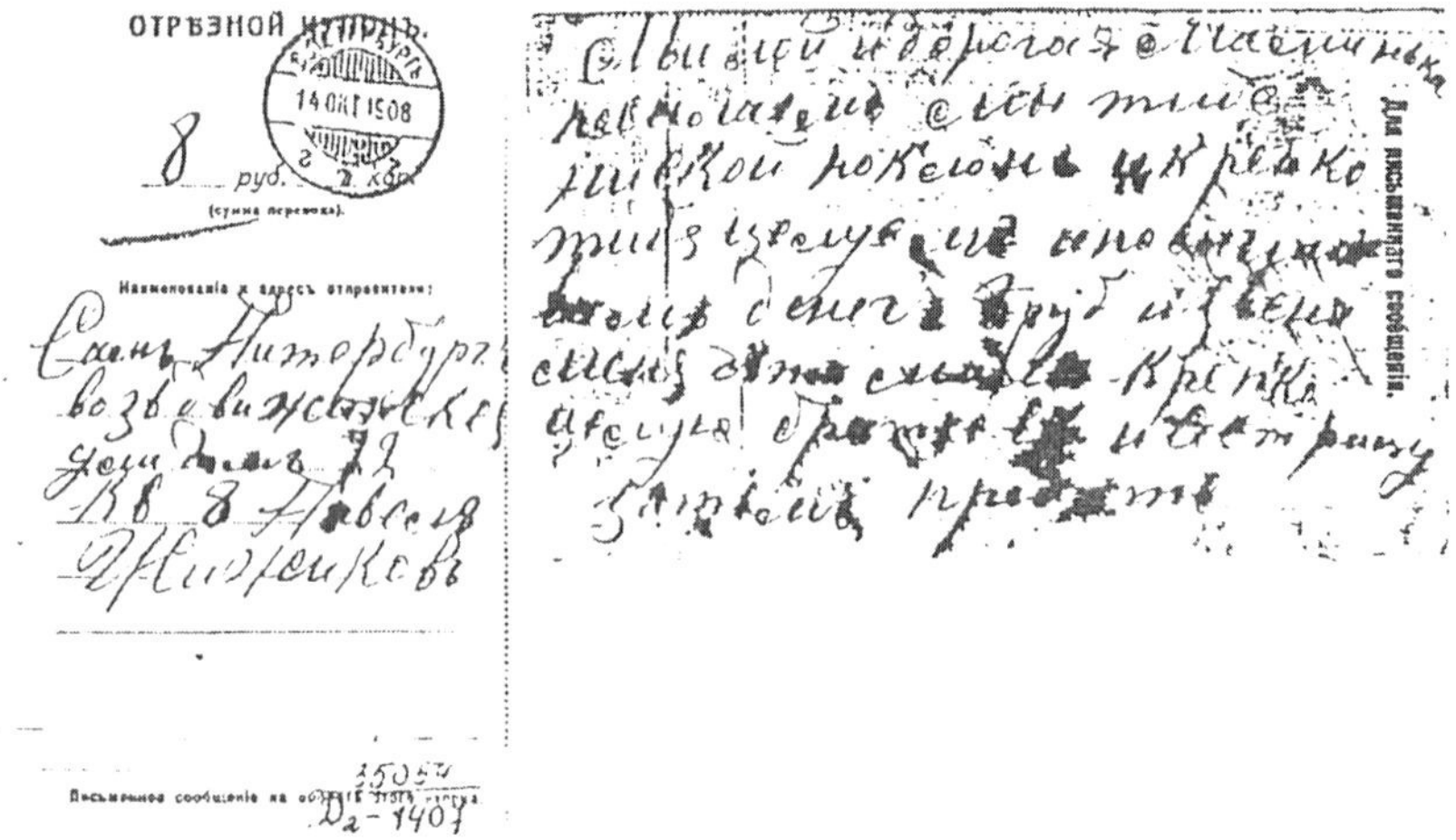

1908 年 10 月 14 日、村外就業者パーヴェル・ジジコフにより、ペテルブルクからコストロマー県ソリガーリチ郡へ 8 ルーブリが送金された。

出典：*Смурова О. В.* Неземледельческий отход крестьян в столицы и его влияние на трансформацию культурной традиции в 1861—1914 гг. (на материалах Санкт-Петербурга и Москвы, Костромской, Тверской и Ярославской губерний). Кострома, 2003. С. 27.

徳」を身につけ、「自堕落」に陥り、伝染病に感染し、しかもそれらを農村に持ち込み、拡散しているとの認識を抱いた。さらに、彼らは子どもの教育と労働という観点から村外就業を問題視していた。というのは彼らの考えでは、子どもたちは見習修業に出発するために農村学校教育を中断し、家族から離れ、修業先で悪習を身につけてしまう。また、工場施設で子どもの労働が規制されているにもかかわらず、建設業や手工業では過酷な見習修業が続けられているからである[56]。ゼムストヴォ県会・郡会はこの見習修業問題の対策として村外就業の制限と地場産業の振興、技術教育機関の整備を審議した。しかし、村外就業は農民の生活にとって不可欠であり、その規制や特定の職業の強制は現実的ではないとの慎重論も根強く、会議は最終的な結論を得るには至らなかった[57]。

第二に、技能獲得、雇用、経営者の育成について。領主がそれらにおいて一定の役割を果たしていたことについては既に述べた。農奴解放後、そのような役割はおもに同郷人的紐帯によって維持されることになる。ペテルブルクでは北西部出身の建設施工業者が工事を請負っていた。彼らは同郷人の技能を高く評価し、誇りにする一方、他県出身者、さらにはコストロマー県他郡の出身者でさえもその技能を侮っていた[58]。第六章で詳述するように、経営者は同郷出身の少年を見習工として採用し、修業終了後は彼らを職人として雇用していた。被用者の側からすれば、同郷人のつながりが雇用先を確保し、共同労働・生活が就業上のリスクを小さくしていた。さらにウォロベックが言及するように、同郷人的結合が就業地において農村の伝統的な価値観や生活スタイルを保持させ、都市生活の影響を部分的に弱めていた[59]。このような技能養成・雇用システムによって、北西部からペテルブルク建設業に職人が多数かつ安定的に供給され、就業地では共同労働・生活体験をつうじて同郷人の紐帯が深められていたのである。

農奴制の下でも、北西部の農村住民は能力、努力そして運次第で経営者になることができた。解放後の経済活動の自由化と建設産業の成長は、その門を広くしたであろう[60]。たとえば八〇年代後半のソリガーリチ郡では、つぎのような成功者の例がまことしやかに語られていた。一人目は小規模な工事の請負から経営を開始し、ペテルブルクが建設ブームに沸いている間に一財を成した。現在、彼は五〇万ルーブリの資産を所有し、引退してペテルブルクに居住している。そして、利子収入で生活し、読書に耽っている。二人目は塗装業経営者（故人）である。この者はかつて領主のスターロスタを務めていた。その間、地位を利用して領民を搾取していた。こうして、彼は二〇年で財を築いた。三人目の塗装業経営者は大変機敏な青年で、この二人目の塗装業経営者に取り入り、経営者となった。しかし、彼はこの（二人目の）塗装業経営者が死去し、その遺言執行人を務めた際、自分自身が利益を得て、村に住む遺産相続人に損失を被らせた。四人目は三度金儲けに成功したが、村での飲酒が原因で破産も三度経験した。この者は最後に破産してからの数年間、地元で暮らしていた。その間、彼は村中を裸足で歩き回り、酒のせいで家屋の付属施設や小屋、家畜を手放した。郷役場は彼の浪費を咎め、体刑を与えた。しかし、ペテルブルクで職人の雇用と工事の請負にふたたび成功し、今はまた立派な家屋を建て、羽振りがよい。隣人たちは、彼が不正な方法を用いたのではないかと考えている、など[61]。

各人のタイプは、自分自身の力で成功した者、領主の手先となり、領民から搾り取った金銭を元手に財を成した者、そしてその者に取り入った者、経営者としての才能もあるが奔放で浮き沈みの激しい者、とさまざまである。これらの「成功物語」は北西部の村人たちの心性を反映している。村人たちは経済的な豊かさや社会的上昇に複雑な感情を抱いていた。村人たちは正当な成功を高く評価し、成功者に憧れていた。その一方で、成功者を妬み、その成功が不正な手段を用いたものだと非難した。さらに、放蕩が原因で零落した者は処罰が適当であるとみなした。ウォロベックも、ロシア農民の心性について部分的にはこれに近いものを指摘している。すなわち、彼らは幸運による成功というものは滅多にないと考え、成功は高利貸しや不正行為によるものだと結論づけていたというのである[62]。

ジバンコフは経営組織の成長プロセスをつぎのように要約している。まず、職人のうち二〇〇～三〇〇ルーブリの資金があり、ペテルブルクで建設主や施工業者などとの人脈があり、仕事を確保できる者が、雇主のもとから独立して経営者となる。当初、この者には職人を「シーズン」単位で雇用し、彼らの住居を確保し、自前の「組」を持つだけの経営力はない。彼は小規模な塗装工事や大工工事などを引き受け、日雇い職人を集めてこれをこなす。材料の調達にも、運転資金や受注に成功した工事の前渡し金を使う。彼自身も建設「シーズン」のみ就業地に滞在し、冬は出身農村への帰郷を余儀なくされる。経営者に飲酒癖がなく有能であれば、五～一〇年後には管理担当者を雇用し、住居用に広い部屋を賃借りして熟練した職人を確保し、見習工を受け入れ、彼自身も一年を通してペテルブルクに居住できるようになる。さらに数代をへて経営は大規模なものとなる、と[63]。

そのような成功を収めた者に、ソ連科学アカデミー会員Б・П・コンスタンティノフ（一九一〇～六九年）の父親がいる。コンスタンティノフの父はガーリチ郡に生まれ、一四歳のときにペテルブルクへ塗装工の見習修業に出向いている。修業が終わると、彼はガーリチ郡で地元女性と結婚し、ペテルブルクでの就労を続けた。その後、十人頭（現場監督者）、経営組織の共同出資者を経て請負人として独立し、ペテルブルクに自分の家族を呼び寄せたのである。[64]

ジバンコフによると、一八八〇年代末のソリガーリチ郡には一五〇人から二〇〇人の有力な経営者や商業従事者がいた。カザーリノフも二〇世紀初頭のチュフロマ郡に、経営規模の大小はともかく、二村落につき一人の割合で請負人がいたと述べている。[65]もっとも、現実には大多数は普通の職人として生涯を送った。職人から請負人に成り上がったとしても、経営を軌道に乗せられず、やがて元の職人に戻った。経営者の地位を保った者は一握りの者にすぎなかったのである。[66]そうだとしても、身近な成功者の存在は北西部の若者に社会的上昇の夢を思い描かせたであろう。若者たちは、「いつか請負人となり、他人の働きで楽に暮らす」願望を抱いていた。[67]

そして第三に、建設労働の収入について。解放前、領主は領民を建設業に従事させ、高額な貢租を納めさせていた。それは、ペテルブルク建設業の労賃が高いからである。一九世紀後半においても、建設業は農村住民にとって賃金的に有利な就業先であった。ピーゴロフによる七〇年代初頭の調査によれば、たとえば塗装工は三月から一二月までの一〇か月間で七〇～一〇〇ルーブリ、ときには一五〇ルーブリの収入を得ていた。大工は九か月ないしは七か月で六〇～一〇〇ルーブリ、指物工は年五〇～一〇〇ルーブリである。一八八〇年代初頭の「ロシア農村小工業調査委員会」報告では、塗装工は年一一〇～一六〇ルーブリの粗収入があり、ここから旅費や滞在費として五〇～七〇ルーブリが差し引かれ、純収入は六〇～九〇ルーブリであった。ピーゴロフのデータを粗収入とみなすならば、「ロシア農村小工業調査委員会」報告の賃金水準はやや高い。収入は職種や職業ランクによって差がある。大工は粗収入一一〇～二〇〇ルーブリ、旅費・滞在費五〇～一二〇ルーブリ、純収入六〇～八〇

図2-4　ペテルブルク建設労働者の日賃

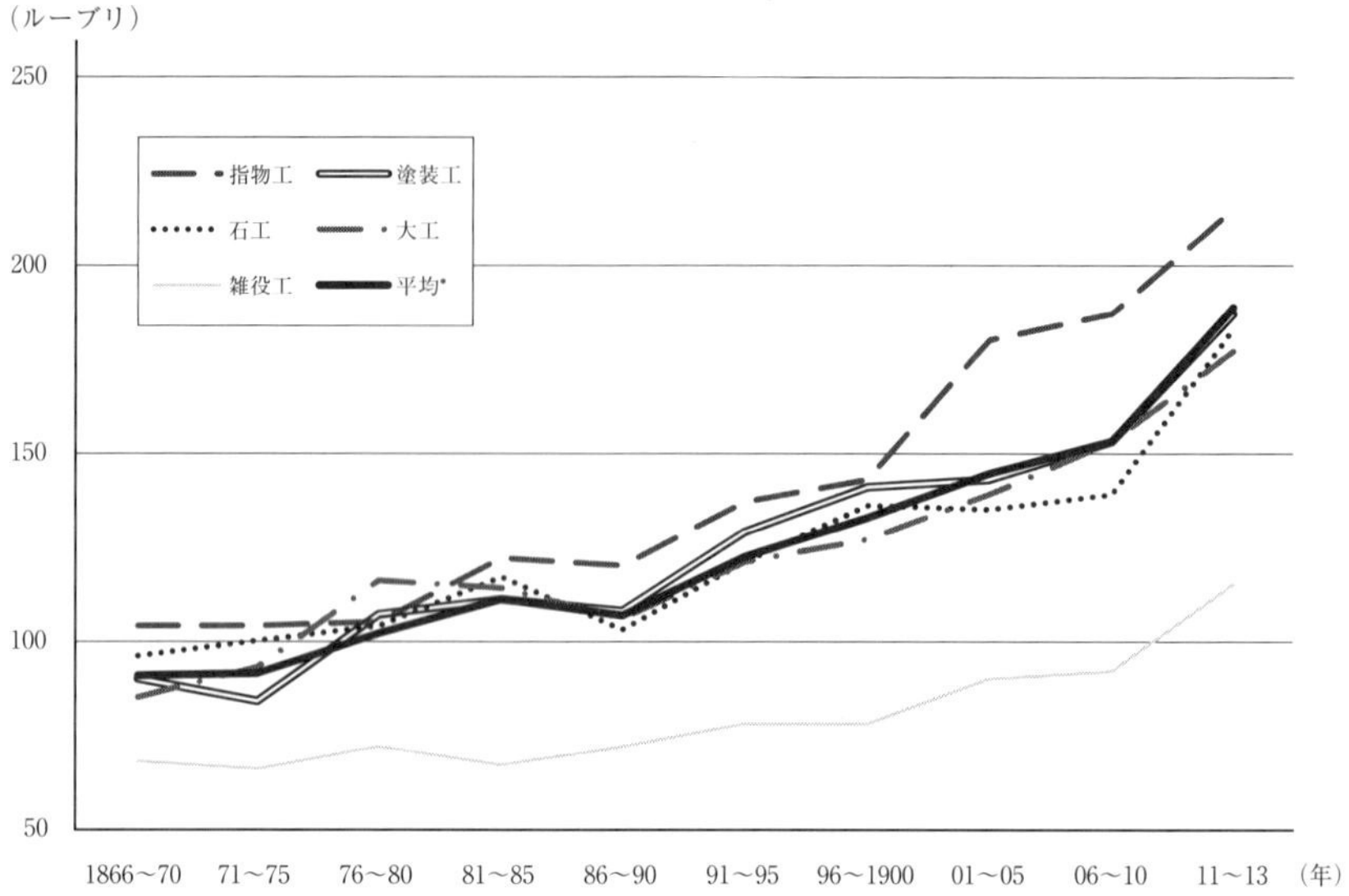

注：*主要7職種（指物、金具取付、左官、塗装、石工、大工、雑役）の平均。
出典：*Кирьянов Ю. И.* Жизненный уровень рабочих России (конец XIX — начало XX в.). М., 1979. С. 117より作成。

ルーブリと塗装工とほぼ同水準であり、指物工は順に一四〇～一九〇、六〇～七〇、八〇～一二〇ルーブリとこれらよりも好条件である。(68)職階について言えば、ジバンコフによると、並の塗装職人は八〇年代末で年七〇～一五〇ルーブリの収入を得ていたが、熟練した職人は二〇〇～二五〇ルーブリとこれをかなり上回っていた。(69)

ペテルブルクの市場物価調査は、建設作業員を雇用するための目安としてその職種別日賃を報告していた。労働者史家キリヤーノフがこの史料をもとに建設労働者の長期的な賃金動向を解析している。図2-4はその結果にもとづき作成したものである。みられるとおり、建設業主要七職種（指物、金具取付、左官、塗装、石工、大工、雑役）の平均日賃は一八八〇年代まではほぼ横ばいで推移しているが、一八八一～八五年の一ルーブリ一一コペイカから、一九〇六～一〇年の一ルーブリ五三コペイカへと三七・八

%上昇している。この期間、農業生産物と工業製品から算出される総合物価指数は一五・八%の上昇にとどまっている[70]。つまり、賃金は実質的に上昇したことになる。就業先としての建設業の魅力は相対的に増大したと言える。

もっとも、建設労働者の賃金は好不況にともない小刻みに変動している。八〇年代の建設不況は不作の影響による農業生産物指数の大幅な上昇と重なっている。一九〇〇年代に賃金は急激な伸びを見せているが、需要の急減や日露戦争、第一次ロシア革命、ストライキなどが就業を妨げていた可能性が高い[71]。最終的には、第一次世界大戦と十月革命が就業を中断させる。くわえて、村外就業者は失業、負傷や病気による死亡や労働不能をつねに想定しておかなくてはならない。出身農村に家族を残し、最低限でも農業を維持し、農村共同体との結びつきを保つことには十分な根拠があったのである。

北西部の農村住民にとって建設業以上に有利な村外就業は、商業などを除いてほとんど見当たらない。読み書きができ、能力のある男子は商業従事者や水道工、金具取付工、旋盤工など高度な熟練を要する職を修めた。ただし、雇用先が親族や同郷人に限られていることもあり、それらの従事者数は少ない。ガーリチ郡には桶樽製造に特化した郷がある。彼らはペテルブルク、モスクワ、ヴォルガ沿岸の諸都市、オレンブルク県、ウファー県などの酒蒸留、砂糖・糖蜜製造工場その他で作業に従事していた。「ロシア農村小工業調査委員会」報告によれば、一八八〇年代初頭における桶樽製造工の粗収入は二月から一一月までの一〇か月間で一二三ルーブリ、このうち五七ルーブリを旅費や滞在費として支出し、六六ルーブリの純収入を得ていた。この純収入は塗装工や大工と同じか、やや低めである。ただ、両首都では上水道の整備にともない水桶の需要が縮小し、収入も減っていたので、職をやめる者も出始めていた[72]。

地元で現金収入を得る機会も限られていた。いくつかの郷の住民は林業に従事していた。冬季の五か月間、木材伐採に従事した場合、その純収入は八〇年代初頭で三五~五〇ルーブリである。この林業は農閑期を中心とし、冬場数か月にわたって森の中で生活するため、労働条件は苛酷である。収入は良い時もあるが、木材市場価格の変動に左右される。また乱伐による資源枯渇のため事業自体も停滞気味であった(73)。むしろ、何らかの事情で村に残った成人男性に働き先を提供したのは、耕作や脱穀などの農作業請負である。次章以降で論じるように、この者は農作業請負で生計を立てることも可能であった。ただ、村外就業者と村に残る農業従事者との関係は、農奴解放前の貢租負担者と賦役負担者に類似した序列関係にある。村人は村に残る者を「田舎者」と嘲笑していた。村外就業者がもたらす「都市的」な豊かさに村人は魅力を感じていた。子どもを首都での見習修業に送り出したある者は、その理由を、「うちは貧乏ではないが、とても野暮だ。息子は周りの者を見て、自分も習いたくなった。あれはうちでは習うことがないのだ」、と説明している(74)。また村人は、危険を冒して「よそ」で働き、家族を養う村外就業者の生き様に「男らしさ」や誇りを感じていた。『コストロマー県通報』のある記事は、「妻や母は男性家族員の村外就業をまったく当然のものとみなしている。彼女たちが慣習により、村外就業を豊かな生活のためには不可欠だと考えているからである。もっとも、かかる算段はしばしばあてが外れるのだが」、と女たちの心情を伝えている。別の記事も、女たちは総じて家族員の出発に冷静である。男たちが何らかの特別な事情で村にとどまるならば、口惜しささえ感じている、と女性たちの意識に注目している(75)。

さらに、農村住民は首都での労働を相対的に楽なものと解していた。親は息子を村外就業へ行かせる理由を問われ、「われわれは村外就業に慣れてしまい、村で精を出して働くのはきつくてやり通せなくなってしまっている。村でどんなに精を出して働いても、みんなが腹一杯というわけでも、ひもじいというわけでもない」、と答えている(76)。そのような心性を、一九世紀末における中央非黒土地方の繊維産業地帯でも見いだすことができる。ここでも若い世代が「工場で働くのは農作業や織布よりも楽だ」、「工場に行かないのは恥ずかしい」と語っていたからである(77)。

このように、村外就業者の対人口比は八〇年代までに高い水準に達している。北西部の農村住民は共同体をつうじて租税などを遂行する義務を負った。消費活動においても市場との結びつきが緊密なものとなる。他方、地元出身の経営者が引き続き技能養成の機会や雇用を確保し、就業者に相対的に高い賃金を提供した。同郷人的結合も就業を円滑にした。さらに、建設産業の成長により社会的上昇機会などの魅力も増すことになる。それは、とくに若い世代の職業選択に大きな影響を与えていたのである。

おわりに

以上、本章では中央非黒土地方のコストロマー県について、地理と産業、そして農村住民による村外就業の展開プロセスを追跡してきた。もとより、県内三地域住民の生産活動について網羅的な記述を試みたわけではない。歴史的プロセスについては、北西部農村住民の建設労働に議論の対象を絞った。そのため、三地域の比較作業という点ではなお課題が残されている。そのような限界を了解したうえで、ここでの考察を振り返ってみたい。

まず、中央非黒土地方は気候が冷涼で、土壌は農業に適さず、他方で大都市や産業拠点の労働力需要が大きかった。これらの要因から、農村住民が多種多様な農村小工業や村外就業、市場向けの農業生産に従事していた。コストロマー県南西部には繊維産業拠点が形成されていた。就業先を提供したのは、工場施設や農村小工業、ヴォルガ河の水運業などである。北西部は、南西部の産業拠点から離れた位置にあり、農村住民が遠方のペテルブルクまで移動し、建設業に従事していた。東部では豊富な森林資源を利用した林業が特徴的であった。このように、中央非黒土地方の一県を例にみても、農村住民は各地の地理的条件のもとで性格の異なる生産活動に従事していた。次章以降で世帯の生産活動、役割分業、消費活動を議論する場合においても、各地について職業・職種の特徴をふまえる必要があるだろう。

つぎに、分析は北西部農村住民の建設労働に限定されたが、農奴制下、領主が所領経営の観点から領民の村外就業を定着させ、村外就業を「保護」・促進し、農奴解放後は、多くの点でそれ以前と連続性を保ちながら、農村住民自身が村外就業を存続させていったプロセスを確認した。すなわち、国家や領主らは領民を遠方の建設労働に派遣し、領民はその体験をつうじて技能を獲得し人脈を形成していく。つづいて領主は領民に貢租を課し、村外就業に従事させることで現金収入を確保しようとする。領主は領民を子ども時代から見習修業に送り込み、技能を習得させる。職人になってからは地元出身の経営者のもとで働かせる。領民にとっても貢租義務にもとづく村外就業への従事は、賦役義務よりも魅力的であった。

農奴解放後の農民世帯は生産活動を自己決定できるようになる。しかし、租税や土地償却金の支払い義務や消費活動の市場化は現金収入の入用を大きくし、村外就業は一層欠くことのできないものとなる。農村共同体も上部機関に対する義務の遂行上、成員の村外就業を支持する。北西部出身の経営者が同郷人の技能を養成し雇用を確保し、同郷人的紐帯が就業先の労働と生活環境を整える。さらには、建設産業の成長が就業者に現金収入獲得と社会的上昇のチャンスを与えていくのである。

もちろん、このような北西部における村外就業の成長プロセスが、中央非黒土地方の農村住民による商工業的な生産活動に普遍的に当てはまるわけではない。しかしながら、これをその一典型として位置づけることも許されるであろう。帝政期の社会経済との密接な関わりの中でこれが展開されたからである。ここで得られた知見をもとに比較作業を深化させていくことが課題として残されている。

注

(1) Jeffrey Burds, *Peasant Dreams and Market Politics: Labor Migrations and the Russian Village, 1861-1905*, Pittsburgh, Pa.: University of Pittsburgh Press, 1998, pp. 24, 231. バーズは「中央工業地方」に、モスクワ、ヴラディーミル、トヴェーリ、ヤロスラヴリ、コストロマー、ニジニ・ノヴゴロド、カルーガ、トゥーラ、リャザンの九県を含めている。

(2) *Тихонов Б. В.* Переселения в России во второй половине XIX в. по материалам переписи 1897 г. и паспортной статистики. М., 1978. С. 140-145.

(3) *Тихонов Б. В.* Переселения в России... С. 39; 高田和夫『近代ロシア農民文化史研究——人の移動と文化の変容』岩波書店、二〇〇七年、一六～一八頁。県のグループ分けは以下の通り。首都——サンクトペテルブルク、モスクワ。「工業」・非黒土——ヴラディーミル、カルーガ、コストロマー、ニジニ・ノヴゴロド、ノヴゴロド、プスコフ、スモレンスク、トヴェーリ、ヤロスラヴリ。西部——ヴィリノ、ヴィテプスク、グロドノ、コヴノ、ミンスク、モギリョフ。南西部——ヴォルイニ、キエフ、ポドリスク。中央黒土——ヴォロネジ、クールスク、オリョール、リャザン、タムボフ、トゥーラ。小ロシア——ポルタヴァ、ハリコフ、チェルニゴフ。沿ヴォルガ中流——カザン、ペンザ、サラトフ、シムビルスク。ノヴォロシア——ベッサラビア、ドン軍管区州、エカテリノスラフ、タヴリダ、ヘルソン。沿ヴォルガ下流・東部——アストラハン、オレンブルク、サマーラ、ウファー。北カフカース——クバン州、スタヴロポリ、テレク州、チェルノモルスク。西シベリア——エニセイスク、トボリスク、トムスク（*Тихонов Б. В.* Переселения в России... Приложение 3）。

(4) 黒土地帯でも鉱業の成長を背景に、非黒土地帯のような工業的な村外就業が普及しつつあったと、クリューコヴァは注意を促している（*Крюкова С. С.* Русская крестьянская семья во второй половине XIX в. М., 1994. С. 64）。

(5) *Крживоблоцкий Я.* (сост.) Материалы для географии и статистики России, собранные офицерами генерального штаба. Костромская губерния. СПб., 1861. С. 196; *Жбанков Д. Н.* Влияние отхожих заработков на движение народонаселения Костромской губернии, по данным 1866—83 годов // Материалы для статистики Костромской губернии. Вып. 7. Кострома, 1887. С. 7.

(6) *Семенов В. П.* (ред.) Россия: полное географическое описание нашего отечества, настольная и дорожная книга для русских людей.

СПб., 1899. С. 32; *Жбанков Д. Н.* Влияние отхожих заработков... по данным 1866—83 годов... С. 10-11; *Владимирский Н.Н.* Отход крестьянства Костромской губернии на заработки. Кострома, 1927. С. 9-11; *Горланов Л. Р.* Отмена крепостного права в Костромской губернии. Диссертация на соискание ученой степени кандидата исторических наук. М., 1972. Кн. 1. С. 82-83.

（7）РМЭ. Ф. 7. Оп. 1. Д. 695. Л. 2.

（8）*Семенов В. П.* (ред.) Россия... С. 101.

（9）以下では、おもに *Жбанков Д. Н.* Влияние отхожих заработков... по данным 1866—83 годов... С. 4, 9; *Владимирский Н. Н.* Отход крестьянства Костромской губернии... С. 11 を参考にした。

（10）*Пигоров В.* (сост.) Очерки промышленности Костромской губернии // Материалы для статистики Костромской губернии. Вып. 3. Кострома, 1875. С. 65-77. 高田和夫も、中央部農村住民の商工業的な生産活動を概観するにあたり、この史料に依拠している（「近代ロシアの労働者と農民」『法政研究』九州大学）五七－一、一九九〇年、三二～三六頁）。

（11）Mikhail I. Tugan-Baranovsky, *The Russian Factory in the 19th Century,* Translated from the 3d Russian Edition by Arthur Levin and Claora S. Levin under the Supervision of Gregory Grossman, Homewood, Illinois: Richard D. Irwin, 1970, pp. 187-190, 368-369, 371, 374-375, 382. ゼムストヴォの通信員は南西部から、繊維工場の進出とこれに対応する家内工業の衰退を報告している。とくに注目を集めていたのは、女性が織布を止め、工場に働きに出るようになったことである。ただし、手織りの布は工場製よりも強度があるので、一定の需要があるとの見解も付け加えられている（Урожай 1895 года в Костромской губернии. Результаты урожая и общий обзор года. Приложение 1. Кострома. С. 35; Урожай 1896 года... Приложение 1. С. 77; Урожай 1897 года... Приложение 1. С. 36-37; Урожай 1898 года... Приложение 1. С.35-37; Урожай 1902 года... Приложнние 1. С. 41）。

（12）*Пигоров В.* Очерки промышленности... С. 105-106; Труды Комиссии по исследованию кустарной промышленности в России. Вып. 14. СПб., 1885. С. 4368.

（13）*Пигоров В.* Очерки промышленности... С. 100-116.

（14）Труды Комиссии... Вып. 9. СПб., 1883. С. 1919-2022, 2093-2171; Вып. 13. СПб., 1885. С.1-433; Вып. 14. СПб., 1885. С.1-232; Вып. 15. СПб., 1886. С. 164-277. ソ連時代の経済史家ルィズュンスキーがこの史料を利用して、一八八〇年代初頭における農村小

工業の状況を詳述している（*Рынзюнский П. Г.* Крестьянская промышленность в пореформенной России (60—80-е годы XIX в.). М., 1966)。

（15）*Пигоров В*. Очерки промышленности... С. 101-102, 106-107.

（16）高田和夫『近代ロシア農民文化史研究』三六〜三七頁。

（17）Урожай 1897 года... Приложение 1. С. 40-41; Урожай 1899 года... Приложение 1. С. 57.

（18）*Пигоров В.* Очерки промышленности... С. 101-106; Труды Комиссии... Вып. 14. С. 4368; *Жбанков Д. Н.* Бабья сторона. Статистико-этнографический очерк. Кострома, 1891. С. 47.

（19）*Владимирский Н. Н.* Лесной промысел в Костромской губ. Кострома, 1927. С. 13.

（20）一五、六世紀の中央非黒土地方にかんし、農村住民が村から離れ、建設労働に従事していたという記録が残されている。たとえばヴラディーミル県について、*Федоров В. А.* Крестьян-отходник в Москве (конец XVIII—первая половина XIX в.) // Русский город. Вып. 1. М., 1976. С. 170 を参照。

（21）*Владимирский Н. Н.* Отход крестьянства Костромской губернии... С. 52.

（22）*Смурова О. В.* Неземледельческий отход крестьян в столицы и его влияние на трансформацию культурной традиции в 1861—1914 гг. (на материалах Санкт-Петербурга и Москвы, Костромской, Тверской и Ярославской губерний). Кострома, 2003. С. 14.

（23）*Казаринов Л.* Отхожие промыслы Чухломского уезда // Труды Чухломского отделения Костромского научного общества по изучению местного края. Вып. 2. Кострома, 1926. С. 1. 修道院建立への修道院世襲領農民の派遣については、*Владимирский Н. Н.* Отход крестьянства Костромской губернии... С. 53; *Генкин Л. Б.* Помещичьи крестьяне Ярославской и Костромской губернии перед реформой и во время реформы 1861 года (К вопросу о разложении феодально-крепостнической системы и генезисе капитализма в России). Т. 1. Ярославль, 1947. С. 104 を参照。

（24）*Владимирский Н. Н.* Отход крестьянства Костромской губернии... С. 54.

（25）*Владимирский Н. Н.* Отход крестьянства Костромской губернии... С. 55, 60.

（26）Tugan-Baranovsky, *The Russian Factory*, pp. 36-37; *Владимирский Н. Н.* Отход крестьянства Костромской губернии... С. 62-64.

（27）*Крживоблоцкий Я.* Материалы для географии... С. 188-189.
（28）Evel G. Economakis, *From Peasant to Petersburger*, Basingstoke and New York: Macmillan, St. Martin's, 1998, p. 3; Tugan-Baranovsky, *The Russian Factory*, pp. 36-37; *Федоров В. А.* Помещичьи крестьяне Центрально-промышленного района России конца XVIII—первой половины XIX в. М., 1974. С. 205.
（29）*Федоров В. А.* Помещичьи крестьяне... С. 247.
（30）*Казаринов Л.* Отхожие промыслы Чухломского уезда... С. 2-3.
（31）*Горланов Л. Р.* Отмена крепостного права... С. 108, 148.
（32）*Крживоблоцкий Я.* Материалы для географии... С. 283; *Владимирский Н. Н.* Костромская область (Историко-экономический очерк). Кострома, 1959. С. 56; *Генкин Л. Б.* Помещичьи крестьяне... С. 29; *Горланов Л. Р.* Отмена крепосного права... С. 88.
（33）ただし非黒土地帯でも、市場向けの穀物生産に特化した所領では賦役が導入されていた。領主は賦役労働を利用して近隣の産業拠点向けに農作物を生産し、現金収入を得ることを選択していたのである。Robert Pepe Donnorummo, *The Peasants of Central Russia: Reactions to Emancipation and the Market, 1850-1900*, New York and London: Garland Publishing, 1987, pp. 320-321.
（34）*Генкин Л. Б.* Помещичьи крестьяне... С. 35-37. ハクストハウゼンも［非黒土地帯の］農村住民について、穀物を生産し、市場で販売するよりも、商業や運搬などに従事する方が収益が高いので、耕作を女性や老人に任せ、自家消費に必要な分だけを作付けしているとの観察結果を記している（肥前栄一『ドイツとロシア――比較社会経済史の一領域』未来社、一九八六年、一九六頁）。
（35）*Казаринов Л.* Отхожие промыслы Чухломского уезда... С. 2.
（36）Материалы для статистики Костромской губернии. Вып. 4. Кострома, 1881. С. 54-55; *Казаринов Л.* Отхожие промыслы Чухломского уезда... С. 3-4; *Генкин Л. Б.* Помещичьи крестьяне... С. 125; *Федоров В. А.* Помещичьи крестьяне... С. 187-188, 223. クルジヴォブロツキーは、村外就業者の生活水準や知的水準が相対的に高いと述べる一方、彼らの退廃的な生活や信仰心の薄れを非難している（*Крживоблоцкий Я.* Материалы для географии... С. 197-198）。村外就業にかんする同時代人の評価は大きく二つに分かれる。第一は、上記のような否定的評価である。たとえば、一八世紀後半の保守派、歴史家M・M・シチェルバートフ公爵は、貢租の支払

い義務を果たすための村外就業が農業を停滞させていると主張する（Tugan-Baranovsky, *The Russian Factory*, p. 38. その他、同様の見方について鈴木健夫『近代ロシアと農村共同体——改革と伝統』創文社、二〇〇四年、五六頁、土肥恒之『「死せる魂」の社会史——近世ロシア農民の世界』日本エディタースクール出版部、一九八九年、七〇頁を参照）。第二は、肯定的な評価である。カザン大学教授キッタールィは一八五七年の講演でつぎのように発言している。村外の工場への就職は農村住民に現金収入をもたらす。租税の支払い手段を与え、家族の生活を向上させ、家族員とくに若い世代に道徳的・身体的成長をもたらす。現金収入は農業の改善手段を与える。就業者は多くの家畜を所有し、十分に整備された農具を持っている。［その経営では］時宜に村人の相互扶助が行なわれ、働き手が雇用される。隣人の土地を賃借りする者も多い、と（Очерки современного положения и нужд русской мануфактурной промышленности: Речь, произнесенная в торжественном собрании Имп. Казанского университета ординарным профессором М. Киттары 9 июня 1857 года. Казань, 1857. С. 12-13. *Китанина Т. М.* Рабочие Петербурга в 1800—1861 гг.: промышленность, формирование, состав, положение рабочих, рабочее движение. Л., 1991. С. 120 より引用）。

（37）*Казаринов Л.* Отхожие промыслы Чухломского уезда... С. 2, 9; *Жбанков Д. Н.* Бабья сторона... С. 22-23; *Генкин Л. Б.* Помещичьи крестьяне... С. 44-45. 貢租の割当には二つの方法があった。一つは、領主が各チャグロの負担額を決定するものである。その場合も、共同体や村落を単位に連帯責任が発生した。より少なくは、まず共同体・村落単位で領主が負担額を決め、あとは農民の間でこれを分担し、連帯責任を負うものである（*Генкин Л. Б.* Помещичьи крестьяне... С. 40-41）

（38）*Федоров В. А.* Помещичьи крестьяне... С.184-187; 佐藤芳行『帝政ロシアの農業問題——土地不足・村落共同体・農村工業』未来社、二〇〇〇年、一七二～一七三頁。

（39）*Казаринов Л.* Отхожие промыслы Чухломского уезда... С. 2-4; *Жбанков Д. И.* Бабья сторона... С. 23-24; *Генкин Л. Б.* Помещичьи крестьяне... С. 127-128.

（40）*Жбанков Д. И.* Бабья сторона... С. 23; *Генкин Л. Б.* Помещичьи крестьяне... С. 48, 72, 89-90; *Владимирский Н. Н.* Костромская область... С. 61; *Федоров В. А.* Помещичьи крестьяне... С.188-190; 土肥恒之『「死せる魂」の社会史』七〇頁。その他、滞納者に対する制裁として家畜番や兵役への任命、パスポートの発行禁止があった。

（41）*Федоров В. А.* Помещичьи крестьяне... С. 222.

（42）佐藤芳行『帝政ロシアの農業問題』一八一～一九一頁。

（43）*Генкин Л. Б.* Помещичьи крестьяне... С. 180-183. 同様の事例としてタラーソフ家がある。*Засосов Д. А., Пызин В. И.* Из жизни Петербурга. 1890—1910-х годов. Записки очевидцев. Издание 2-е, дополненное. СПб., 1999. С. 56-57 を参照。一八五〇年代末において県内で繊維工場を経営していた者も、領主農民出身者で、農村小工業の経営から身を起こしていた（*Крживоблоцкий Я.* Материалы для географии... С. 338; Tugan-Baranovsky, *The Russian Factory*, p. 79）。

（44）支払い例として、ジバンコフは二五〇〇ルーブリという額をあげている（*Жбанков Д. Н.* Бабья сторона... С.22）。*Федоров В. А.* Помещичьи крестьяне... С. 191 を参照。

（45）*Генкин Л. Б.* Помещичьи крестьяне... С. 183.

（46）*Горланов Л. Р.* Отмена крепосного права... С. 289-290.

（47）*Тихонов Б. В.* Переселения в России... С. 106, 109-110.

（48）*Жбанков Д. Н.* Бабья сторона... С. 28-30; *Жбанков Д. Н.* К статистике Солигаличского уезда // Материалы для статистики Костромской губернии. Вып. 6. Кострома, 1884. Приложение. С. 6-8; *Жбанков Д. Н.* К вопросу об отхожих заработках // Материалы для статистики Костромской губернии. Вып. 7. Приложение. С. 9-10.

（49）Материалы для статистики... Вып. 7. Приложение. С. 25.

（50）*Жбанков Д. Н.* К статистике Солигаличского уезда... С. 6. 不況時における雇用の縮小と収入の減少について、*Жбанков Д. Н.* О городских отхожих заработках в Солигаличском уезде, Костромской губернии // Юридический вестник. Сентябрь. 1890. С. 136 を参照。

（51）*Жбанков Д. Н.* Бабья сторона... С. 55.

（52）『コストロマー県通報』の通信員が以下を伝えている。村外就業の不振から、地元での農業労働者の雇用は縮小している。村の祝祭は取りやめとなり、村の活気がなくなった（一八八五年、ブーイ郡）（Костромские губернские ведомости. 1885. № 34. С. 227）。首都から帰ってくる者が増えている。帰郷時の旅費の送金を求める者も少なくない。郷の滞納金はかさんでいる。世帯は零落を続け、土地は痩せ、家畜の頭数が減っている（一八八七年、ガーリチ郡コテリスカヤ郷）と（Костромские губернские ведомости. 1887. № 47. С. 340）。逆に、村外就業の活況は農業労働者の雇用を拡大させ、人手不足を生じさせた（一八九八年、チュフロマ郡）（Костромские губернские ведомости. 1898. № 43. С. 2）。

（53）*Владимирский Н. Н.* Отход крестьянства Костромской губернии... С. 80. 高田和夫『近代ロシア農民文化史研究』三四頁。

（54）Burds, *Peasant Dreams,* pp. 56-61; *Жбанков Д. Н.* К статистике Солигаличского уезда... С. 6; *Жбанков Д. Н.* Бабья сторона... С. 55; *Тихонов Б. В.* Переселения в России... С. 118; 高田和夫「近代ロシアの労働者と農民」、一二六頁。コーロソフはソリガーリチ郡から、滞納者であってもパスポートの取得が困難ではないと報告している（РЭМ. Ф. 7. Оп. 1. Д. 617. Л.1 и об.）。チュフロマ郡の事例としては РГИА. Ф. 1291. Оп. 71. 1894 г. Д. 549 がある。

（55）*Жбанков Д. Н.* Бабья сторона... С. 113-114; Burds, *Peasant Dreams,* pp. 63-64.

（56）県統計委員会の通信員も、村外就業が農村生活を変容させ、村人を道徳的に退廃させているとの危機感を抱いていた。すなわち、村外就業者は家族と離れ、放蕩に耽り、無秩序な生活に慣れ、衣服や嗜好品などの都市の風習や値段のかかる習慣を農村に持ち込んでいる。村外就業者は遠方への移動に多くの時間を費やしているが、その間、女性がほぼ唯一の働き手となり、その負担は過大である、といった見解である。ただし、通信員は村外就業による農村住民の生活水準向上に一定の評価を与え、飲酒や放蕩をせず、家族にきちんと送金をする者に対しては好意的である（Материалы для статистики. . Вып. 3. С. 115-116; Вып. 6. С. 126-128; Костромские губернские ведомости. 1881. № 40. С. 193; 1885. № 23. С. 156; 1887. № 47. С. 340; 1888. № 7. С. 48; 1892. № 11. С. 88; 1892. № 26. С. 196; Burds, *Peasant Dreams,* pp. 31-32; 高田和夫『近代ロシア農民文化史研究』、一〇三～一〇四、一七四～一七五頁も参照のこと）。県統計委員会は、おもに聖職者をつうじて県内各教区の事情を調査していた。一八九九年の通信員における聖職者の比率は六五%であった。これに対してゼムストヴォの場合、農民身分出身者（三六%）が聖職者（二四%）を上回っていた（Сборник статистических сведений по Костромской губернии. Вып. 2. Сельско-хозяйственный обзор Костромской губернии по сведениям текущей статистики за 1896—1905 и 1902—1905 гг. Кострома, 1908. С. v）。県統計委員会の刊行物がゼムストヴォのそれよりも保守的傾向が強いのには、このような通信員の社会的構成がある程度影響しているものと思われる。

（57）Галичское уезд. зем. собрание. Сборник постановлений Галичского уездного собрания. 1883 г. Кострома, 1884. С. 79-80 ; Постановления Костромского губернского земского собрания очередной сессии 1901 года. Кострома, 1902. Приложение. С. 481-494 ; Сборник постановлений Чухломского уездного очередного земского собрания 26—29 сент. 1901 г. Кострома, 1962. С. 185-191 ; Сборник постановлений Солигаличского уездного земского собрания X очередной сессии с 26 сентября по 6 октября 1901 года. Кострома, 1902. С. 192-196. 対策としての地場産業の振興については、*Смурова О. В.* Неземледельческий отход крестьян... С. 61-62 を参照。ただ、村外就業者の世帯では家畜の充足度が高いことから、村外就業が農業を支え、家計を強化しているとの見解もある（Труды местных комитетов по 49 губерниям Европейской России. XVIII. Костромская губерния. СПб., 1903. С. 147-149）。なおゴルラーノフによれば、県行政機関は八〇年代初め、村外就業の普及にともなう農業の衰退を食い止めるべく、国内旅券の発行制限を検討するが、滞納金の急増を理由にその実行を断念したという（*Горланов Л. Р.* Отмена крепостного права... С. 387）。これについて、筆者は詳細を伝える史料を持ち合わせていない。

（58）*Соловьев А. Н.* Питерщики-галичане. Этнографический очерк // Труды Галичского отделения Костромского научного общества по изучению местного края. Вып. 3. Галич, 1923. С. 14.

（59）Christine D. Worobec, *Peasant Russia: Family and Community in the Post-Emancipation Period*, Princeton, New Jersey: Princeton University Press, 1991, p. 33.

（60）ちなみに、書籍出版業で有名なИ・Д・スィーティンも、コストロマー県ソリガーリチ郡出身（父親は郷書記）である。

（61）*Жбанков Д. Н.* Бабья сторона... С. 45-47.

（62）Worobec, *Peasant Russia*, p. 41.

（63）*Жбанков Д. Н.* О городских отхожих заработках... С. 140; *Жбанков Д. Н.* Бабья сторона... С. 45. *Соловьев А. Н.* Питерщики-галичане... С.10-15 も参照。

（64）*Белов Л., Зубова В., Касторский В.* Галич. Ярославль, 1983. С. 89. コンスタンティノフはペテルブルクで生まれた。革命直後の一九一八年、一家はペテルブルクでの生活が困難となり、ふたたびガーリチ郡に戻っている。翌年、父親はチフスで死亡した。

（65）*Казаринов Л.* Отхожие промыслы Чухломского уезда... С. 11.

（66）塗装業の小請負人Н・Н・ソコローフはかつて職人だったが、経営者の死後、同僚の職人たちの求めで請負人となった（職人たちは親戚同士だった）。繁盛期、ソコローフは自ら刷毛を手に取った。読み書きはほとんどできなかったが正直に働いた。

しかし、ある請負工事で人に騙され、事業に失敗し、元の塗装工に戻った（*Засосов Д. А., Пызин В. И.* Из жизни Петербурга... С. 70-71）。

(67) *Жбанков Д. Н.* Бабья сторона... С. 26-27; Economakis, *From Peasant to Petersburger,* pp. 36-37. *Burds, Peasant Dreams,* pp. 152-154. 大衆向け読み物の中でも、成功物語が登場している。その内容は農村共同体を離れて経済的成功を収め、社会的上昇を成し遂げるというものである（高田和夫『近代ロシア農民文化史研究』二八五～二八七頁）。

(68) *Пигоров В.* Очерки промышленности... С. 103-106; Труды Комиссии... Вып. 13. С. 4356; Вып. 14. С. 4409, 4554-4555, 4594-4595.

(69) *Жбанков Д. Н.* О городских отхожих заработках... С. 136-137.

(70) *Кирьянов Ю. И.* Жизненный уровень рабочих России (конец XIX—начало XX в.). М., 1979. С. 117-118.

(71) Burds, *Peasant Dreams,* pp. 124-125. ストライキは一九〇五～〇七年、一二～一四年に年間七三〇～一八六〇件程度発生していた（Статистический сборник по Петрограду и Петроградской губернии. Пг., 1922. С.76）。

(72) *Пигоров В.* Очерки промышленности... С. 109-110; Труды Комиссии... Вып. 9. С. 2101; Вып. 14. С. 4383; *Жбанков Д. Н.* Бабья сторона... С. 41, 50.

(73) Труды Комиссии... Вып. 13. С. 4182-4183; *Жбанков Д. Н.* Влияние отхожих заработков... по данным 1866—83 годов... С. 19-21 など。

(74) *Жбанков Д. Н.* Бабья сторона... С. 24-25.

(75) Костромские губернские ведомости. 1892. № 21. С. 160; № 26. С. 196.

(76) *Жбанков Д. Н.* Бабья сторона... С. 24.

(77) Burds, *Peasant Dreams,* p. 37. コストロマー県南西部の通信員が皮肉交じりに以下を報告している。「かつて、当地の娘や既婚女性は工場に働きに行かなかった。工場労働を恥だと考えていたからである。今、村では農業に携わる若い女性や乙女はほとんど見かけない。彼女たちは祝日以外には帰ってこない。しかもそのとき、村に住む者とはまったく違う格好をしている。めかしこんで、手に傘を持ち、スパッツを付けている。このめかし屋は親に言う。『もう畑仕事はやれません。あなたたちも畑作りを止めた方がいいですよ。それは他の人にやらせて、うちはもっと楽にお金を稼げますよ』」、と（Урожай 1900 года...

Приложение 1. С. 48)。

第三章　農業と穀物の自給・消費活動・農村社会構成

はじめに

周知のように、経済史研究者ルドルフはヨーロッパ・プロト工業化の見地から「ロシア・プロト工業化」を論じている。彼は、一八～二〇世紀初頭における非黒土地帯の農村小工業に注目し、「ロシア・プロト工業化」の特徴をつぎのように整理する。まず第一に、農奴制下、農民の空間的・社会的移動が制限されていたなかで貢租義務が、そして農奴解放後は租税・償却金などの貨幣納入義務が農民世帯に農村小工業への従事を促していた。農村小工業は、工場制大工業が成長してからも生産組織としての意義を保ち続ける。第二に、農業がさかんな黒土地帯と工業が優勢な非黒土地帯の間で、大まかな分業関係が成立していた。しかしながら第三に、農村小工業地域では基本的に一つの世帯の中で農工の兼業が行なわれていた。第四に、人口・家族と関連して、ヨーロッパにおけるプロト工業化が農村下層民に結婚と家族形成のチャンスを与え、結果的に平均初婚年齢と生涯未婚率を低下させ、人口成長率を上昇させたのに対し、ロシアではプロト工業化以前から「非ヨーロッパ型結婚パターン」、すなわち低い平均初婚年齢と低い生涯未婚率が特徴的である。そして第五に、ロシアではプロト工業化以前から世帯が大規模である。以上である。[1] つまりロシアの場合、国家や領主の農民支配が農村小工業を促進し、農村小工業地域は穀物の自家生産にくわえ、農業地帯からの穀物供給によって支えられていた。農村小工業は大規模な世帯における家族員の農工分業を基礎としていた。そして、ヨーロッパのプロト工業地域でみられたような人口と家族の変容は、すでにロシアの結婚パターンと世帯構成の中にとり込まれていたとルドルフは主張するのである。

つづいて、メルトンが「ロシア・プロト工業化」の構造を解明する目的から、中央非黒土地方と中央黒土地方の間に分業関係が確立していくプロセスを再現している。彼によれば、中央非黒土地方は農業にあまり適しておらず、くわえてその農村住民が安定した現金収入を得ることも、市場をつうじて穀物を確保することもできなかった。それゆえ、住民はやせた土地に多大な労力を投入し、穀物を自給自足しなくてはならなかった。農村小工業の生産も地元市場を想定しており、一部の例外を除き世帯の生産活動において副次的な地位にとどまっていた。一八世紀後半、このような状況は一転する。一七世紀まで未開地であった中央黒土地方や沿ヴォルガ中流域が、一八世紀には一大穀物生産地となる。水路を利用した両地域からの穀物輸送も増加する。それにともない、中央非黒土地方の農村住民は世帯外から食糧を調達可能となり、労働力を農村小工業や賃労働、小規模な商業へ振り向けるようになる。領主も、農民の義務を従来の賦役から貢租へ切り換える。かくて一八世紀末から一九世紀初頭までに、中央非黒土地方に域外市場を想定した農村小工業地域が少なくとも三つ出現する。すなわち繊維産業がさかんなモスクワ、同じくヴラディーミルおよびコストロマー、そして皮革、金属加工業を特色とするニジニ・ノヴゴロドである。[2] 以上、メルトンも中央非黒土地方における農村住民の工業的労働を「ロシア・プロト工業」と位置づける。そして、この農村小工業の成立要因として、南方での市場向け穀物生産と、貢租導入に代表される、領主側から農民側への「支援」を重視する。

もっとも、ルドルフやメルトンの主張に対しては異論もある。その中ではヨーロッパのプロト工業化モデルをロシアに適用することの妥当性が問題視されている。佐藤芳行は、「ロシア・プロト工業化」はロシアの農業構造に規定されており、ヨーロッパのそれとは本質的に異なるものであると反論する。鈴木健夫は、ルドルフやメルトンの作業について、プロト工業化をたんなる本格的工業化以前の工業化と捉えている面か否めないと批判する。(3) たしかに佐藤や鈴木が指摘するように、ヨーロッパのプロト工業化モデルをロシアに当てはめても、議論の厳密さに欠けてしまう。とはいえ、ルドルフやメルトンの作業から新たな知見が得られたことから明らかなように、ヨーロッパのプロト工業化論は、前近代および近代におけるロシアの経済史と人口・家族史を接合する、有用な理論的枠組みを提供しているように思われる。(4)

さて、前章では一八世紀から二〇世紀初頭までのコストロマー県北西部農村について、村外就業の始動・成熟プロセスを紹介した。その中で筆者は、国内穀物市場の形成や市場経済の浸透が村外就業の重要な背景となっていたことに言及した。そこで本章では、まず農業生産と穀物自給水準の動向を分析する。つぎに、市場化に対応した消費活動の変容を読みとる。最後に、それらとの関連で農村の階層別構成を検証し、農村経済が市場との結びつきを強めたことが、社会構成にどのように作用したのか考えてみたい。

一　農業

一九世紀～二〇世紀初頭の中央非黒土地方において、農業は農民世帯の主要な生産活動領域であり続けた。よく知られているように、ヨーロッパ・ロシアの大部分では農業が伝統的な三圃制のもとで行なわれていた。(5) その例外の一つは、多圃制が普及していた沿バルト地方である。モスクワ県でも一八七〇、八〇年代、ゼムストヴォや農村共同体が主体となり、クローバの播種と多圃制の導入が本格的に試み始められていた(6)。もっとも、近年の研究が指摘するように、地域によって粗放的な農法が採用され、その生産性が低かったとしても、それは当時における各地の農業事情に則して最適な組み合わせを選択した結果なのであり、単に技術的な「遅れ」からではない。たとえば、三圃制における地条の分散は生産の相対的な安定、不作時のリスク緩和、利益配分の平等性などにおいて利点があった(7)。ムーンも世帯経営の戦略について以下を述べている。すなわち、大多数の農村住民にとって、収量が大きいけれどもリスクも高い新しい作物や農業技術を試みるよりも、経験済みで信頼に足る方法に依りつつ、生存に十分な食糧を生産することが肝要である。彼らがさまざまなタイプの耕作や農業・非農業の生産活動を兼ねていた事情の一つも、このリスク軽減にある。けだし、そのうちの一つが失敗しても、別の活動で補填ができたからである、と(8)。

いずれにせよ中央非黒土地方全体でみるならば、この農業改良の動きは局地的なものにとどまっていた。モスクワ県には農村住民が導入にあたり、拠るべき先例や指導者が存在していた。翻って、モスクワから離れたコストロマー県をみるならば、そのような基盤は十分ではなく、その改良の波が及ぶまでなお時間を要していた。一八七〇年代初頭にピーゴロフが行なった調査によれば、六圃制や十圃制などの多圃制はごく一部の「裕福な農業技術愛好家や熱意のある者たち」が試みているにすぎなかった。しかもピーゴロフは、この「先進農法」が県内の自然条件に合わず、軌道に乗っていないとの所見を示している。すなわち、多圃制への移行に必要な資本や知識は用意されている。しかし、県内の耕作期間は五月初めから九月半ばまでと短く、三圃制の場合でさえ春播き耕地の作物がしばしば収穫されずに雪をかぶっている。多圃制は多くの作業を伴い、くわえて時間的な制約もある。クローバは年一度しか刈り取りできず、休耕地も減少する。そのため、そこでの一時的な放牧は無理である、とピーゴロフは説明する。

三圃制の他にも、県内においては粗放的な農法が採用されていた。人口希薄で森林が豊富な地区では、住民が森林の一部を伐採し、焼き払い、そこを一定期間耕地として利用していた(9)。施肥が不十分なために、通常の耕地の生産性は低かった。そうしたなか、この焼畑農法が肥沃で収量の高い土地を得る手段として活用されていたのである(10)。

ところで、一般に伝統社会では宗教行事や農業経験にもとづいて農事暦が形づくられていた。農事暦には三圃制のもとで行なわれる農作業のみならず、それ以外の生産活動の日程も組み込まれていた。農業以外の生産活動も生産活動の一環として、就業の季節性や労働力需要などを考慮して慣習的に行なわれていたからである。まず、ピーゴロフの調査が以下のような県内の農事暦を紹介している。

五月初めから終わりまで――春播き用耕地の起こし、まぐわでの均し。エンドウ、小麦、燕麦、大麦、亜麻の種播。土かけとまぐわでの均し。

六月一日から二〇日まで――休耕地での堆肥の搬出と耕作。

六月末から七月二〇～二五日まで――採草作業。

七月二〇日から八月六日ないしは一〇日まで、また場合によっては少し後まで――秋播きライ麦の収穫、休耕地の均し作業、ライ麦束の搬出作業。

八月六日から一二日ないしは一五日まで――ライ麦の播種、土かけとまぐわでの均し。

八月中旬から九月八日まで、ないしはそれ以降――春播き耕地での大麦、燕麦、小麦の収穫、亜麻の引抜き。

表 3-1　ガーリチ郡モスティシェ村の農事暦（1899 年頃）

日付	農作業
4 月後半	春の訪れ。
4 月 23 日（イーゴリエフの日）	放牧・耕作の開始。
6 月 20 日	採草を始める。
7 月 20 日（イリヤの日）以降	秋播きライ麦、オオムギの刈取り。
8 月半ば	エンバク、小麦、エンドウの収穫。通常、採草から収穫の終了まで 80 ～ 90 日を要す。
10 月　1 日（ポクローフ）	冬の到来。ジャガイモの収穫完了。
10 月 26 日（ドミートリエフの日）	初雪。すべての農作業（採草、収穫、脱穀、貯蔵など）を終えるようにする。
	農婦は「面倒で、忙しい」亜麻の収穫と加工をする。
	農夫は薪の準備、運搬をする。厳寒に備えてたくさんの薪を準備しなくてはならない。
冬季	吹雪。冬の間ほぼ毎日、村中の家を訪ね回りながら無為に過ごす。

出典：РЭМ. Ф. 7. Оп. 1. Д. 695. Л. 9-12 より作成。

九月末まで――収穫物の搬出。

八月初めから一〇月半ばまで――春播き穀物とライ麦の脱穀作業。

亜麻の加工作業

八月一五日から二五日頃まで――乾燥と種のたたき落とし。その後、野ざらし。

九、一〇月から一一月一日の「夜の集い」（第七章を参照）まで――取入れ、もみほぐし、繊維の取出し。梳毛。(11)

つぎに、「テーニシェフ民俗学事務局」通信員レショートキンがガーリチ郡の農事暦を報告している。表３－１はこれにもとづき作成したものである。みられるように、屋外の農作業は四月後半に始まり、六月下旬から八月にかけて採草や収穫作業が集中的に行なわれる。一〇月末までに屋外の作業一切が終了する。ドミートリエフの日（一〇月二六日）には初雪が降るので、村人はその頃までに耕地での全作業を終らせるように努めていた。さらに女は亜麻を加工し、男は冬に備えて薪を運び、蓄える。(12)このようにいずれの史料においても、農作業は四、五月から一〇月までの約六か月間に限定されていた。農作業は春の春播き耕地での作業から始まった。夏場、村人は採草と秋播き穀物の収穫と播種をこなし、つづいて春播き穀物を収穫するという多忙な日々を送っていた。その後も穀物を脱穀し、女性は亜麻を加工し、男性は薪を準備していた。二つの史料の内容に大きな違いは認められないことから、農作業の進め方は一九世紀後半から二〇世紀初頭までの間、あまり変わらなかったものと考えられる。

農奴解放は旧領主農民の土地利用に影響を与えた。解放以前に領主農民が一定面積以上の土地を利用していた場合、この超過分は「切り取ら」れることになった。とくに、放牧地や採草地の削減は農村住民の農業経営にとって打撃となった。これへの対応として農村共同体や世帯のレヴェルで放牧地や採草地の賃借りや購入が行なわれた。くわえて、人口が増加しても新たな土地が確保されなければ、一人あたりの土地面積は減少することになる。(13)もっとも中央非黒土地方の農村では、商工業的な生産活動が優先されていたなどの事情から、しばしば耕作放棄がみられた。したがって世帯において、はたして土地不足が生じていたのかについて、各地・各世帯の実情に即して判断しなくてはならず、容易ではない。

一八五〇年代、人口密度の低い北西部では旧領主農民一ドゥシャーあたりの土地利用面積は八・五デシャチーナ（一デシャチーナは一・〇六三ヘクタール）と、全県平均よりも広かった。しかし、農奴解放の過程で行なわれた「切り取り」の結果、それは五・二デシャチーナへと三一％減少する。旧領主側に「切り取ら」れたのはおもに森林であり、焼畑農業を目的とする森林利用が制限されることになる。さらに北西部では適当な草地が少なく、採草地の「切り取り」が農民世帯の採草地不足を招き、家畜の飼育に影響を与える。(14)その一方で、働き手不足と関連して耕作放棄地の存在について言及する史料も多い。(15)したがって、北西部の農村で農奴解放の結果や人口増により「土地不足」が発生していたとしても、それは放牧地や採草地、そして部分的には焼畑用地に限定されていたものと推測される。

図3-1　ソリガーリチ郡農民のライ麦生産

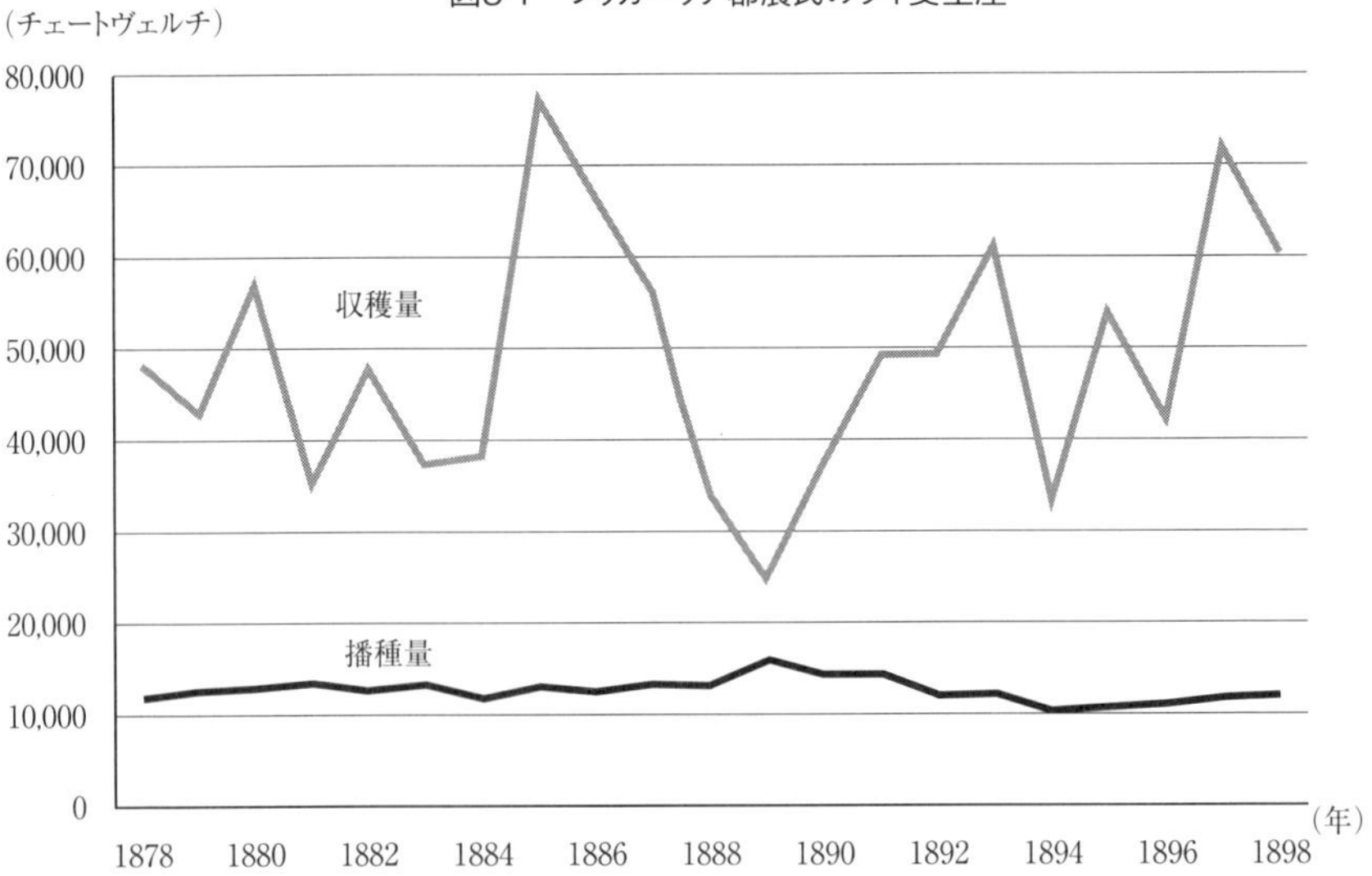

注：穀量の単位1チェートヴェルチは209.91リットル。
出典：Сборник постановлений Солигаличского уездного земского собрания. Кострома, 1879. С. 66-67; 1880. С. 79, 82-83; 1881; 1882. С. 128-133; 1883. С. 190-191; 1884. С. 100-101; 1885. С. 19, 92-93; 1886. С. 88-89; 1887. С. 91; 1888. С. 68, 84-85; 1889. С. 165, 170-171; 1890. С. 140-141, 146-147; 1891―1892. С. 131, 136-137; 1892. С. 214, 218-219; 1893. С. 120-121, 126-127; 1894―1895. С. 50-51, 54-55; 1895. С. 174-175, 180-181; 1896―1897. С. 89, 92-93; 1897. С. 77, 82-83; 1898. С. 115-119; 1899. С. 42-47より作成。

そこで、農業生産の状態を端的に示すものとして、ソリガーリチ郡を例に、最も主要な穀物である秋播きライ麦の播種量と収穫量の推移をみてみよう。図3−1からまず読みとれるのは、収穫量の大きな変動である。[16] この不安定な作柄は、農業に大きく依存する経営の高いリスクを物語っている。ともあれ、むしろここで注目したいのは、播種量がほとんど変わっていないことである。つまり、播種量からみるかぎり、農村住民は一定規模の農業を維持しようとしていた。コストロマー県の農奴解放プロセスを研究したゴルラーノフは、農奴解放後二〇年間の農業生産について、秋播きの縮小による穀物生産の三一％減とこれに対応したジャガイモや亜麻の増産を指摘している。ただし、減少幅が大きかったのは南西部と東部で、北西部は五〜七％

にとどまったという(17)。つまり、南西部や東部では消費量の増加や市場向けの生産需要、そして後述するような域外からの穀物供給を背景に、秋播き穀物の生産よりもジャガイモや亜麻の栽培が選択されたが、北西部ではそのような動きは小さく、従来の構成が採用されたのである。

なお農奴解放後、旧領主の農業経営は大幅に縮小する。とりわけ非黒土地帯では貴族が農業経営を放棄し、土地を売却する動きがみられるようになる。その結果、貴族の土地所有面積は急減し、非貴族身分出身者の土地所有面積が拡大する(18)。コストロマー県の状況も同様である。ピーゴロフがこれについて以下を報告している。ゼムストヴォ郡会に参加する地主五二〇人のうち、現在順調に経営を取りしきっている者は六分の一にも満たない。「穀物生産がさかんな」ガーリチ郡でも、五〇チェートヴェルチ以上ライ麦を播種する地主は三人にすぎず、その他の者の播種量はずっと少ない。多くの地主は農業経営を断念して土地を賃貸し、自分自身も転居している。経営に携わる場合も、耕地の規模を大幅に圧縮している。地主が家畜を飼育する目的はもっぱら肥料の生成にあり、食肉や牛乳の生産ではない。それゆえ、彼らは品種改良や肥育方法の改善に取り組んでいない。牧草播種や耕作具の改良に着手しているごく一部の農学的経営、土地が地味を損なっていない経営、採草地や放牧地などを近隣の農民に提供し、それと引き替えに彼らの労働力を利用できる経営、都市近郊にあり畜糞堆肥を安価で入手でき、多数の家畜を飼育する必要のない経営、それらだけが順調である、と。さらに、ピーゴロフは農業低迷の原因として、合理的な経営に必要な資金・知識・実地経験の不足、働き手の「怠慢」、土地の低い生産性、農業労働者の高賃金を列挙している(19)。しかしながら、その本質的な原因は、農民の労働義務に依拠していた農奴制時代の農業経営が、農業労働者の雇用に立脚しては成立しないこと、くわえて改革後、黒土地帯から出荷される穀物との価格競争が一層厳しさを増していったことに求められるだろう。とりわけ南西部や北西部では、農業労働者の賃金上昇にともない穀物生産からの収益は低くなったからである。

このように、北西部の農村住民は農奴解放後も一定規模の農業生産を保っていた。その理由を明らかにするためにも、農村住民が食糧を確保するもう一つの方法、すなわち市場をつうじた調達を加味する必要がある。ルドルフやメルトンの研究も、中央非黒土地方の農村が中央黒土地方からの穀物供給を受けていたことに注意を促している。そこで、穀物流通についてみていこう。

二　穀物の自給

ソ連の農業史家ヤツーンスキーは、一八世紀末から第一次世界大戦までのヨーロッパ・ロシアについて農業の地理的配置を数量的に実証している。この作業については青柳和身による詳細な紹介があり、以下もこれを参照している。ヤツーンスキーによれば、ヨーロッパ・ロシアの穀物総収穫量は一九世紀初頭から第一次世界大戦までにほぼ三倍増となる。とくに農奴解放後、収穫量は急増する。その地域別比率は、①一六世紀半ばまでに定住が進んだ地域、すなわちウラルのヴャトカ、ペルミ両県を除く非黒土地帯、左岸ウクライナ、右岸ウクライナでは低下し、②一六世紀から一八世紀にかけて植民が行なわれた地域、すなわち非黒土地帯のヴャトカ県とペルミ県、黒土地帯の中央黒土地方、沿ヴォルガ中流域、小ロシアのハリコフ県でも一八八〇年代以降、低下する。③一八世紀後半から一九世紀後半に植民が進んだ地域、すなわち黒土地帯のうちステップである南部と沿ヴォルガ下流域（南東部）は上昇する。このヤツーンスキーのデータをもとに、青柳は農奴解放後の各地域の穀物バランスを算定している。そして、穀物不足地域は①とくに非黒土地帯に集中し、穀物余剰地域は①の一部および②③であり、このうち③が圧倒的比重を占めていたと結論づけている[20]。

このように、ヨーロッパ・ロシア各地の穀物バランスは変化していった。かつて中央黒土地方は穀物の一大生産地であったが、一八八〇年代以降、生産の中心はこれよりも南方の地域へ移動する[21]。もっとも冨岡庄一によれば、成長著しいノヴォロシア、沿ヴォルガ下流域、北カフカースなどは主として輸出向け穀物、とくに小麦と大麦を生産していた。他方、中央黒土地方や沿ヴォルガ中流域はライ麦をはじめとする安価な穀物を国内市場に供給し続けた[22]。この供給地間の分業を考慮するならば、中央黒土地方や沿ヴォルガ中流域も生産地として一定の地位を保っていたと言える。

この中央黒土地方などからの穀物供給が、中央非黒土地方の農村において生産活動の変容を引き起こしていた。ドノルモの事例研究によれば、ヴラディーミル県の農村住民は穀物生産を縮小し、搬入される穀物への依存度を高めていく。その一方で、穀物の代わりにジャガイモの栽培を拡大していく。くわえて、工業拠点の形成や鉄道網の整備、農奴解放による分与地の縮小を背景に工業製品や乳製品、果物、木の実、野菜、麻などの農産品を非黒土地帯ならびに黒土地帯の市場に供給するようになる[23]。分与地の縮小については、それを要因としてどう評価すべきなのか議論の余地がある。ともあれ、メルトンの主張と若干重なるが、ヴラディーミル県の農村住民は黒土地帯からの穀物供給を前提に穀物自給から後退し、黒土・非黒土両地帯の市場を想定した、収益的により有利な工業製品や農作物の生産へとシフトしていくのである[24]。

では、コストロマー県における穀物供給はどのような状態にあったのか。第二章でみたように、県内各地の地理条件は多様であったから、穀物の流通にも有利不利があった。このうち、南西部はヴォルガ河の下流からの穀物搬入において最も好都合な位置にある。世帯は穀物を自給自足するのではなく、不足分を市場で調達することを前提に、あるいはあらかじめ自家生産量と購入量について見通しを立てたうえで、労働力を穀作に配置し、残る労働力を収益力のある別の生産活動に回すことができる。具体的には、農村住民は労働力を繊維工場、農村小工業、あるいは亜麻やホップ、ジャガイモなどの工業的作物やキャベツの生産に振り向けていた。穀物生産に特

化し、近隣の工業地帯へそれを供給する集落もみられた。(25)

東部は穀物流通において、南西部についで有利な条件にある。たしかに、この地域の大部分は森林で覆われ、森林の中で孤立する集落もあった。それでも、マカリエフ郡はヴォルガ河の流域上にある。さらに残りの郡についても、農閑期を中心に荷馬車・橇がウラル地方から穀物を輸送していた。ピーゴロフの調査によると、ヴャトカ県コテリニチ郡やヤランスク郡から冬の定期市のために穀物が運び込まれていた。ヴェトルガ郡の住民は冬場、地元商人からの請負でライ麦やエン麦をヴャトカ県ヤランスク郡からヴェトルガ市に運び、また北方のヴォログダ県ニコリスク船着場に穀物、亜麻種、ござ、繊維を送り届けていた。ヴァルナヴィン郡の住民もヤランスク市から工業村バキやヴァルナヴィン市へ穀物を輸送していた。さらにヴェトルガ市からはウンジャ川へ穀物やござを移送していた。(26)このように、陸路での輸送が内陸の穀物生産地と都市や工業地域、鉄道駅、河川埠頭を結んでいた。

北西部はヴォルガ河から最も離れた位置にある。かつてソリガーリチ市はヴォログダ、アルハンゲリスク経由の国際商業ルート上にあったが、一八世紀にそれがペテルブルク経由へと変更された結果、同市の商業も衰えた。(27)鉄道の最寄り駅はヤロスラヴリ～ヴォログダ線のプレチストエ駅だが、北西部から一〇〇キロ程離れている。北西部とヴォルガ河はコストロマー川で結ばれている。この川はコストロマー市付近でヴォルガ河と合流する。ただ、水深は上流〇・五～一メートル、下流一～三メートルと浅く、大型船の航行は困難である。そのため、水路としての利用は木材の浮送や人の輸送を中心としていたものの、コストロマー市で荷揚げされた穀物の一部は上流の北西部へと送られていた。コストロマー市からは陸送も行なわれていた。その他、上述のように東部の荷馬車・橇業者が穀物をヴャトカ県からヴォログダ県へと輸送していたから、そのような流通網に近い北西部はそこからも一定量の穀物の供給を受けていた可能性がある。(28)

しかしながら、北西部はヴォルガ河流域の市場から独立性の高い市場を形成していた。農奴解放直前、クルジヴォブロツキーは浩瀚なコストロマー県地誌をまとめている。これによれば、総じて県内の穀物は「不足」しており、ヴォルガ河の下流やウラルのヴャトカ県から船舶ないしは荷馬車・橇で穀物の供給を受けていた。ところが、北西部のチュフロマ、ガーリチ両郡の住民は豊作の年には穀物を購入しないばかりか、隣県のヴォログダ県にそれを送り出しているという[29]。カザーリノフも、農奴解放前の北西部は必要な穀物を域内で確保し、さらに域外へ余剰を出していたと述べている[30]。さらに、ロシア中央部の領主農民にかんするすぐれた研究を発表したフォードロフは、一大商業拠点ソリガーリチ郡ヴォロニエ村の経済活動についてつぎのように触れている。この村の住民数は一八六一年の解放直前で二〇〇〇人を超え、住民は一七人の領主に分かれて属していた。農民身分出身の穀物業者は周辺の村人や領主から穀物を買い集め、ヴォルガ河のプレス、キネシュマの両船着場、そして、繊維産業の大拠点であるヴラディーミル県シューヤ郡やヴャズニキ郡へと搬送していた[31]。このように、北西部の住民は域内で穀物を自給し、さらに近隣の消費地に穀物を提供さえしていたのである。

もっともそれは、北西部が穀物生産に有利な条件に恵まれていたからではなく、人口的地理的条件により地産地消を指向せざるを得なかったからであろう。第一に、人口構成において北西部は穀物の相対的に高い自給が成立しやすい状態にある。人口稠密な南西部では成人男性一人あたりの分与地面積が小さい。農村小工業などの生産活動は地元で行なわれているので、住民の穀物消費量は減少しない。むしろ、ここでは大きな就労機会が他地域の出身者を引きつけ、消費量が増加する。北西部は南西部と比較して人口密度が低く、成人男性一人あたりの分与地面積も大きい。成人男性の村外就業は農作業の人手を奪うが、彼らの長期不在は穀物の消費を少なくする。彼らと入れ替わりに農業労働者が流入していたとしても、その消費量は減少分を上回らないであろう。

第二に、上述のように北西部は大河から離れており、穀物の輸送に困難が伴う。ゆえに、北西部は穀物市場においてどちらかと言えば供給者の立場にあった。ここでは、村外就業により農業の働き手が不足していたとしても、農業を縮小して穀物を移入するのではなく、外部から労働力を雇用し、自給を図ることが選択されていた。スミスとクリスチャンは農民の食生活について、不安定な農業生産に狭隘な市場と未発達な鉄道網が加わると、飢え、さらには餓死の恐れさえもあり得たと述べている。[32] 北西部の場合も、自家あるいは域内における穀物生産の強化は、域外からの穀物供給に大きく依存するよりも確実に生存を保障したのである。人の移動は活発であり、隣県のヴォログダ県から農業労働者が北西部に流入していた。

そして第三に、世帯が共同体分与地の用益権を放棄したとしても、諸義務の負担が免除されるわけではない。それゆえ、住民はできる限り分与地を利用したいと考えていた。くわえて、北西部は南西部とは異なり、地元での工業的な就業先を欠いていたので、女性労働力の利用が農業にほぼ限定されていた。その結果、女性を主たる労働力として農業経営が維持されたのである。ただ、北西部の住民は市場向けの穀物生産と村外就業を具体的にどのように両立していたのか。この問題を明らかにする史料を、残念ながら筆者は持ち合わせていない。

ところで、ピーゴロフは七〇年代初頭、教区聖職者に対し農村住民の穀物自給状況にかんするアンケート調査を実施している。調査は、教区民が平年の収穫でどの程度穀物を自家で確保しているのか、購入する場合、いつごろそれを開始するのか尋ねている。この史料は県内各地の全般的な自給水準を把握する手がかりを与えている。しかし、回答は印象的なものであり、客観性を欠いている。階層差も考慮されていない。くわえて実際には、農村住民は市場において単純に需要サイドと供給サイドに分かれていたのではなく、両方の性格を合わせ持っていた。つまり、八月に秋播き穀物が収穫され、脱穀される。その年の穀物が消費され始まるとともに、「余剰」の大部分は近隣の定期市で売却される。[33] しかし、農村住民はしばしば収穫後、納税など当座の入用のために穀物をいったん売却したのち、春、自家消費用に穀物を「買い戻し」ていた。おそらく、聖職者はそのような事情をと

表 3-2　コストロマー県各郡の穀物自給状況

郡	教区											合計	余剰、自給の割合（%）
	余剰	自給	住民の大部分が穀物を購入し始める月										
			11	12	1	2	3	4	5	6	不明		
南西部													
キネシュマ	2	4	2	4	12	9	18	12	3	0	6	76	7.9
コストロマー	6	24	1	2	8	7	23	9	8	1	10	123	24.4
ネレフタ	15	29	1	3	16	10	25	17	9	1	8	163	27.0
ユリエヴェツ	0	3	6	3	19	6	14	6	0	0	2	62	4.8
北西部													
ブーイ	7	17	0	0	6	1	4	0	3	0	0	55	43.6
ガーリチ	20	42	0	1	3	2	6	5	3	6	2	132	47.0
ソリガーリチ	7	15	0	1	1	3	3	2	4	0	0	51	43.1
チュフロマ	4	25	0	0	3	0	1	3	5	0	3	69	42.0
東　部													
ヴァルナヴィン	4	6	1	1	4	2	8	0	0	0	0	32	31.3
ヴェトルガ	5	14	1	0	0	3	2	3	1	0	3	46	41.3
コログリフ	1	16	1	0	4	2	10	3	4	0	0	57	29.8
マカリエフ	5	10	5	6	17	4	12	3	1	0	2	75	20.0
合　計	76	205	18	21	93	49	126	63	41	8	36	736	38.2

出典：*Пигоров В.* (сост.) Очерки промышленности Костромской губернии // *Пигоров В.* (ред.) Материалы для статистики Костромской губернии. Вып. 3. Кострома, 1875. С. 14-15 より作成。

りあえず脇に置き、教区全体の確保状況をふまえて回答したのだろう。住民が穀物を購入する場合、それが地元から供給されるのか、それとも域外から運び込まれるのか、この点についても調査では触れていない。なお、調査者や回答者は、農村住民が穀物を自給「できず」、購入していた状態を憂慮していた。史料の分析にあたっては、これを考慮する必要があるだろう。

表3－2は調査結果をまとめたものである。県内の農村教区七三六（一三教区は回答なし）のうち、穀物の余剰が生じている、ないしは自給自足の状況にあるものは二八一教区（三八・二％）であり、残りの教区は穀物を購入している。「余剰」「自給自足」の比率は北西部で四割台と高く、東部では二～四割、南西部では一割未満～三割弱にとどまる。

ピーゴロフは、この結果を各地の地理や産業と関連づけて以下のように解釈する。すなわち、「自給自足」という回答は北西部の四郡、そして東部のマカリエフ郡西地区とコログリフ郡西地区で最も多い。それらでは村外就業がさかんなので、農業は労働力の良質部分を失っている。しかし、現金収入があり、穀物の種を売却［して当座の現金を手に入れ、あとで穀物を「買い戻す」］ような事態は少ない。村外就業者のうち余裕のある者は、ヴォログダ県のトーチマ郡やニコリスク郡出身の農業労働者を雇用し、あるいは村人のポーモチ（相互扶助。次章を参照）を頼むことで、適時の耕作が可能である。くわえて、男性が不在だから穀物の消費量も少ない。

つぎに多いのは東部のヴァルナヴィン郡、ヴェトルガ郡、そしてコログリフ郡の残りの地区である。これらの郡は、木材が浮送される河川の流域にある。住民は秋と冬に木材伐採に従事し、冬の蓄えを準備する時間はない。春の耕作期になると人馬は疲れ果てている。さらに、春も木材浮送に従事する場合、春播き穀物の播種や採草作業が遅れてしまう。

「自給自足」という回答が最も少ないのは、ヴォルガ沿岸の南西部および東部の一部地区である。ここでは住民は工場労働、農村小工業、亜麻栽培に従事し、耕作は気に留めない。耕作目的で家畜を飼育し、耕地に堆肥を施そうとはしない。亜麻栽培も穀物の生産量を減らしている。住民は、ヴォルガ河下流の船着場から輸送される安価な穀物を当てにしている。多くの場所では、自家生産の穀物は一年のうち三、四か月しかもたない、と。[34]

このように、ピーゴロフはおもに各地の産業が自給水準を規定しているとみなしている。しかし、より決定的な要因となったのは、南西部について言及しているような穀物輸送における有利・不利であろう。[35] 南西部の農村住民は穀物の購入を前提に、労働力を穀作以外の生産活動に振り向けていた。北西部にかんし、村外就業が穀物自給にとって必ずしもマイナスではないという指摘は重要である。とは言うものの、やはり主因は不利な輸送条件にある。東部についてピーゴロフは、もっぱら林業の影響に注目している。ただし、ピーゴロフ自身が別のところで荷馬車・橇での陸上輸送について紹介しており、それを勘案する必要があるだろう。

では、北西部農村住民の高い自給水準は、その後どのように推移したのだろうか。状況証拠にもとづくならば、それは徐々に後退していったものと考えられる。一つは、二〇世紀初頭におけるヴォルガ河経由の穀物輸送にかんするデータである。それによると、県内に到着した穀物は年間一二〇万プードで、その大部分は南西部の工場地域で消費されていた。そしてその一部がコストロマー川（一二万二〇〇〇プード）、ウンジャ川（一二万八〇〇〇プード）経由でそれらの上流域へと移送されていた。したがってこの時点で、北西部に到着分の一割程度が供給されていたことになる。[36]

もう一つは、北西部に鉄道建設の波が到達したことである。一九〇六年、北方鉄道（Северная железная дорога）がヴォログダ～ヴャトカ間で開通する。この鉄道はブーイ市、ガーリチ市を経由していた。鉄道の整備は北西部の地場産業を活性化させ、間もなくしてブーイ市では林業、酒造業、化学の工場施設が新設されている。[37] 鉄道が北西部と域外市場を緊密に結びつけたのである。

表3-3　穀物輸送（1914年）（プード）

	南西部（コストロマー郡、ネレフタ郡）	北西部4郡、東部（コログリフ郡）
搬入量	4,113,200	3,313,800
鉄道	997,000	2,716,000
水路	3,116,200	198,200
荷馬車・橇		399,600
搬出量	2,140,700	131,000
鉄道	1,141,000	131,000
水路	578,500	
荷馬車・橇	421,200	
純搬入量	1,972,500	3,182,800
都市住民による消費	863,182	253,880
搬入された穀物のうち、農村住民に残されたもの	1,109,318	2,928,920
農村住民1人あたり	4.38	5.96

注：重量の単位1プードは16.380キログラム。
出典：*Владимирский Н. Н.* Отход крестьянства Костромской губернии на заработки. Кострома, 1927. С. 18より作成。

鉄道の整備は穀物流通を活性化させた。これを裏付ける史料がある。ヴラディミルスキーは交通省統計調査史料などをもとに、一九一四年における南西部（コストロマー郡、ネレフタ郡）、北西部の四郡と東部（コログリフ郡）への穀物搬入量を推計している。彼自身が認めるように、この史料では小さな鉄道駅での貨物取扱いやヴャトカ県、ニジニ・ノヴゴロド県からの荷馬車・橇での陸送が把握されておらず、試算は不完全である[38]。ゆえに、データの精査がなお求められるが、さしあたりこの作業から穀物の大まかな流れを把握することは許されよう。その結果を整理した表3－3から読み取れるように、第一に、北西部の四郡と東部のコログリフ郡へはおもに鉄道で穀物が搬入されている。南西部においてヴォルガ河が持つような輸送機能を、北西部では鉄道が持つようになったのである。第二に、南西部は流通の中継地としての役割を果たしていたので、搬入量の約半分に相当する穀物が鉄道や船舶、荷馬車・橇で搬出されている。これに対して、北西部からの搬出量はかなり少ない。純移入量や農村住

表 3-4　農村世帯の穀物確保状況

郡	穀物を自給する世帯の比率					
	全世帯	3/4 以上	3/4 〜 1/2	1/2 〜 1/4	1/4 以下	全回答数
南西部						
コストロマー	0	1	7	2	9	19
ネレフタ	0	0	9	8	21	38
キネシュマ	0	0	4	7	11	22
ユリエヴェツ	0	0	2	3	22	27
北西部						
ガーリチ	3	3	6	2	7	21
ブーイ	1	1	2	3	2	9
チュフロマ	2	2	2	6	2	14
ソリガーリチ	0	2	4	3	5	14
東　部						
ヴェトルガ	8	4	12	8	6	38
コログリフ	5	4	6	8	7	30
ヴァルナヴィン	1	2	7	6	6	22
マカリエフ	2	1	6	5	18	32
合　計	22	20	67	61	116	286

郡	穀物を自給する世帯の比率（%）					
	全世帯	3/4 以上	3/4 〜 1/2	1/2 〜 1/4	1/4 以下	合計
南西部						
コストロマー	0.0	5.3	36.8	10.5	47.4	100
ネレフタ	0.0	0.0	23.7	21.1	55.3	100
キネシュマ	0.0	0.0	18.2	31.8	50.0	100
ユリエヴェツ	0.0	0.0	7.4	11.1	81.5	100
北西部						
ガーリチ	14.3	14.3	28.6	9.5	33.3	100
ブーイ	11.1	11.1	22.2	33.3	22.2	100
チュフロマ	14.3	14.3	14.3	42.9	14.3	100
ソリガーリチ	0.0	14.3	28.6	21.4	35.7	100
東　部						
ヴェトルガ	21.1	10.5	31.6	21.1	15.8	100
コログリフ	16.7	13.3	20.0	26.7	23.3	100
ヴァルナヴィン	4.5	9.1	31.8	27.3	27.3	100
マカリエフ	6.3	3.1	18.8	15.6	56.3	100
合　計	7.7	7.0	23.4	21.3	40.6	100

出典：Статистический ежегодник Костромской губернии. 1910 год. Сельское хозяйство и крестьянские промыслы. Часть I. Текст. Кострома, 1912. С. 39 より作成。

民一人あたりの消費量も、南西部と北西部の間で大きな差がある。したがって、北西部からの搬出量が過小評価されている可能性が高い。いずれにせよ、鉄道開通が北西部の穀物流通において画期的であったことは明らかである。

コストロマー県ゼムストヴォ統計局は、一九一〇年、農村住民の穀物自給状況を算出している。これは対象地区において穀物を購入した世帯の比率を調査したものである。前述のピーゴロフの調査とは方法が異なるので単純には比較できない。その郡別構成を示した表３－４によれば、すべての世帯が穀物を自給自足しているとの回答は、全体の一割にも満たない。これに四分の三以上の世帯が穀物を自給自足していると回答したものを加えても二割以下である。南西部からは約半数が自給自足世帯四分の一以下と回答している。なかでもユリエヴェッツ郡ではそれが八割に達している。東部は奥地のヴェトルガ、コログリフの二郡、そしてヴォルガ河に比較的近いヴァルナヴィン、マカリエフの二郡とでは状況が大きく異なる。北西部は二割から三割が四分の三以上である。ただし、ソリガーリチ郡は若干低い。いずれにせよ統計局が総括するように、穀物の購入は全県で通常の現象となり、たいていマースレニッツァ（乾酪の週、二月頃）や春前に穀物を購入し始めていた。北西部でも市場をつうじた調達が南西部や東部よりも相対的に小規模であるにすぎない。

なお、この調査は賃労働などで獲得した現金収入の使途についても触れている。全県で共通して、それはまず食糧や飼料の購入に充てられていた。つづいて多いのは、結婚や祝祭の費用、建築費用である。[39] これは市場をつうじた穀物調達の常態化を示している。

とはいえ、鉄道開通後、北西部の農民世帯がただちに従来の村外就業と農業の両立バランスを放棄したわけではない。ヴラディミルスキーも、一九〇八年の家計調査をもとにこの点を確認している。すなわち、農民世帯においては村外就業からの収入が収入全体の五二％を占め、村外就業と農業の収入がほぼ均衡状態にあった。[40]

以上、北西部の農村住民は村外就業に従事しつつ、農業経営の維持による地産地消を実現していた。この点で北西部は、黒土地帯から輸送された穀物に依存していた南西部のような「ロシア・プロト工業」地域と異なっていた。北西部はヴォルガ河を利用した穀物流通からかなり孤立しており、地産地消を指向しなくてはならなかった。他方で、現金収入が働き手の雇用を可能にし、村外就業者の長期不在が穀物の必要量を減らしていた。さてヨーロッパ・プロト工業化論は、農村小工業によりもたらされた現金収入が従事者の消費活動を変容させたことに注目している。つづいて、農民世帯の消費活動について検討しよう。

三　消費活動

ロシア社会経済史研究では、一九世紀後半における農村住民の生活水準をめぐって長年にわたり議論がなされてきた。経済史家ガーシェンクロンやソ連の農民史家は、専制ロシアの資本主義的発展は農民に対する搾取をもとに実現したのであり、この搾取の結果、農村住民の生活水準は低下したと解釈した。その後、欧米の農民史家がこのようなガーシェンクロンらの主張に批判を加えることになる。それについては小島修一のすぐれた紹介があるので、ここでは詳述しない。代表的な論者であるグレゴリーは、この時期に一人あたりの穀物消費量が増加し、農村住民の生活水準は逆に上昇したと結論づけている。[41] ウィートクロフトもこれに同意している。ただし、彼は地域差を重視している。つまり、帝政期の最後の三〇年間に一人あたりの穀物生産量は増加するものの、特定の地域・集団・期間では危機も認められる。とくに一八九一～九三、一九〇五～〇八年の中央黒土地方では穀物生産が停滞し、農村住民の生活水準も悪化した、とウィートクロフトは付け加えている。[42]

以下では後者、すなわち農村住民の生活水準は全般的に上昇したという理解を前提に、コストロマー県北西部の農村にかんし、市場化に付随した消費文化の成熟を確認してみたい。そこに、生活水準の改善が反映されているからである。

農奴制下の領主農民は、生活のための十分な収入があったとしても、それを消費に回さず、人目を引かないようにしなくてはならなかった。領主は領民の生産能力に応じて貢租を決定していた。ゆえに、領主の印象次第で負担を増やされるおそれがあったからである。農奴解放後、農村住民の消費行動は大きく転換する。バーズにしたがえば、農村住民の消費行動は従来の「富の隠匿」から明らかな行動へと様変わりする。それまで、彼らはおもに自家製品を消費していたが、市場をつうじて物品を調達するようになる。具体的には茶、コーヒー、タバコ、砂糖などの嗜好品や都市風の衣服が目立つという(43)。

衣食住の大幅な改善は、先行研究ですでに指摘されているところである。たとえば家屋の構造についてみるならば、一つの大部屋からなっていたものが数部屋に区切られたものへと変わる。屋根や壁の材質は強度や耐久性が増す。窓の数が増え、その寸法も大きくなり、窓枠には装飾が施される。粘土で造られたペチカ（暖炉）は小型になる。鋳鉄のストーブも登場する。薪ではなく泥炭や石炭が燃料として利用される。ろうそくや松明の代わりに、照明用の石油が普及する。室内は石版画、絵画、イラスト付きカレンダー、イコン、さらに世紀転換期には自分たちの写真で飾られていく(44)。

衣服についても、男性は農村風のシャツ、羊皮の外套、ジンピの靴ないしはフェルト製ブーツではなく、丈の短い上着、ファッショナブルなオーバーコート、ガロッシュ（オーバーシューズ）を身につけるようになる。それまでサラファン（農村女性のワンピース）や手織りのブラウスを着ていた女性は羊毛や絹のドレスで着飾る。衣服は流行のデザインで良質かつ高価なものになる。とくに、工場の織機で製造された布地や都会風のファッションが、農村でのプレスティージを象徴するようになるのである(45)。

ヨーロッパ・プロト工業地域の農村住民は現金収入を獲得して消費選択の自由を得る。そして、彼らはコーヒー、カカオ、砂糖、生肉などを「享楽的」に消費する。ロシアにおいてそのような嗜好の対象となったのは茶である。スミスとクリスチャンによれば、一八八〇年代以降、安価な茶が海上輸送され始め、茶の飲用が広まる。農村住民の間ではサモワール（ロシア式湯沸かし器）を所有し、それで湯を沸かして習慣的に茶を飲むことが豊かさの象徴となる(46)。

このような衣食住の変化には地域差や階層差もあった。例をあげるならば、ロシア南部の小麦生産地を除いて、小麦は依然として贅沢な穀物であった(47)。一九世紀末の中央黒土地方（リャザン県）では裕福な者は個人用の衣服や靴を持っていたが、貧しい者はそれらを家族で共有していた(48)。ここではさしあたり、各地の流通条件や貨幣所得の有無がそのような消費格差を生じさせていたことを付言しておきたい。

以上をふまえ、コストロマー県北西部農村住民の衣食住にかんする史料を読み解いてみよう。まず一九世紀前半について、農民が上等な衣服を着込んでいるとの記述がある。消費活動に制約があったとはいえ、実際には彼らは収益を消費へと充てていたのであろう。彼らの服装は都市風で洗練されていた。それは、彼らが村外就業をつうじて早くから都市文化と接触していたことを物語っている。もっとも観察者たちは、村人が経済的な事情からすぐにそれを売却せざるを得ない、とその消費行動の「分不相応さ」や「不可解さ」を指摘するのを忘れていない(49)。

農奴解放後については多くの情報がある。一八七〇年代末、県統計委員会の通信員はガーリチ郡ルイレーエフスカヤ郷から、農村住民が収入を衣食住に向けるようになったと報告している。「農民の家屋は頑丈で、機能や美観に優れている。家屋は［冬の間、人と家畜が一つの家屋を共有するのではなく］、しばしば住居用と家畜用の二つに分かれている。屋根は薄板で葺かれている。住居の暖炉には煙突がついている。住居には飾り枠のついた大

図3-2　寄木細工業者フィリップ・ノヴォジロフ、ヴァシリー・ノヴォジロフ兄弟の家屋（ガーリチ郡）

村外就業者は郷里にこのようなユニークで美しい家屋を建てた。
出典：*Смурова О. В.* Неземледельческий отход крестьян в столицы и его влияние на трансформацию культурной традиции в 1861—1914 гг. (на материалах Санкт-Петербурга и Москвы, Костромской, Тверской и Ярославской губерний). Кострома, 2003. С. 114.

きな窓がある。床はこまめに洗われ、かつてのだらしなさはない。（略）［従来の木製食器ではなく］たいてい陶器が使われている。木製の場合は造りの美しいものを用いている。ほぼすべての家屋にろうそくと銅製の燭台がある」、と（図3－2参照）[50]。

衣服については、上述のように解放前から際立った特徴が認められていた。一九世紀後半にはそれが一層明瞭となる。つまり、自家製の布地や農村小工業で織られた布地が工場生産の布地に取って代わられていく。衣服のデザインも農村の伝統的なものではなく、都市で流行しているものが採用される。とくに祝日や結婚式などの儀礼用に華美な晴れ着が特別に仕立てられるようになる[51]。それらが世帯の経済力や社会的ステイタスを視覚的に示していたからである。

食事の量や内容も充実する。通信員の報告によれば、依然として少量ではあるが、生肉

図 3-3　ガーリチの定期市（1929 年）

出典：*Тиц А. А.* На земле древнего Галича. М., 1971. С. 32.

の消費量が画期的に増加する。村人がライ麦パンの他に小麦粉の白パンを食べる機会も増える。さらに通信員は茶、砂糖、酒、タバコなど、嗜好品の消費にも目をとめている。「住民はみな、茶を飲むようになった。住民の半分以上がサモワールを持っている。裕福な農民の中には毎日、茶を飲む者もいる」。「この教区でサモワールのない世帯は、［一九五世帯のうち］わずか二〇世帯である。サモワールがない世帯も、鉄鍋でお湯を沸かしている。茶や砂糖に一世帯あたり［年］平均一〇ルーブリを費やしている」(52)。以上の情報でも、とくに域外からの工業製品や「奢侈品」が言及されていることに注目しておこう。

そのような農村住民の精力的な消費活動は農村の旺盛な商業を背景にしていた。「テーニシェフ民俗学事務局」通信員コーロソフは、九〇年代末のソリガーリチ郡における活発な商取引をつぎのように描写している。すなわち、地元や他郷の買付人が農家から家畜、亜麻、鶏卵を集めている。

決済は現金で、あるいはそれらの買取りによる前借りの帳消し、物物交換で行なわれる。買付人は集めた亜麻をコストロマー市やヤロスラヴリ市に運ぶ。さらに、秋や冬を中心に行商人が村々を訪れ、小間物や菓子を農婦や子どもたちに売る。農婦は行商人に亜麻の糸束や種、鶏卵、余分な布や衣服を持ち込み、品物と交換する。冬には小間物や呉服を扱うタタール人の行商人もやってくる。くわえて年五回、近隣の商業村やブーイ市から商業従事者が集まり、定期市が開催される。この定期市には四〇～四五露里（一露里は一・〇六七キロメートル）離れた集落からも住民がやってくる。取扱う商品は季節に応じて異なるが、家畜、穀物、バター、荷馬車、農具などである。自家消費用の穀物以外にも、茶、砂糖、白エンドウ、橇、馬車、縄、洗濯桶、樹皮で編んだカゴ、茶碗、斧、ナイフ、草刈り鎌、柄杓、壺、タールなど、ありとあらゆるものを村人は購入する、とコーロソフは豊富な品揃えを紹介している（図3-3）[53]。

コーロソフの居住地はソリガーリチ郡の中でも林業がさかんな地区である。おそらくこの地区の住民は、村人が建設業に従事していた地区の住民よりも現金収入に乏しく、そのため家畜の他、亜麻や鶏卵などの農婦の個人的な生産物が市場において大きな役割を果たしていたのだろう。いずれにせよコーロソフの記述からは、農村住民が生産者および消費者として積極的に売買に携っていた実態が読み取れよう。住民は家畜、亜麻、鶏卵などの農産物の他、布や衣服などを売却する一方で、穀物、茶や砂糖などの嗜好品、農村小工業の製品を購入していた。それらのうち少なからぬ部分が外から持ち込まれていたと推測される。

さらに北西部の場合、村外就業者を介した大都市市場とのダイレクトな結びつきもある。彼らは家族のために、高価なおみやげを持ち帰っていた。それは女兄弟のための絹や毛の布地、時計、流行の短靴、毛皮外套、スカーフ、女物のジャケットなどである。いずれも実用品というよりも奢侈品といえる。また、いったんは家族に贈られたとしても、夫や兄弟がペテルブルクへの旅費が準備できなければ安い値で売り渡される定めにある。それでも、家族はこの贈り物を心待ちにしていた。若妻はこれを夫の愛の証とみなし、娘はこれを嫁資の一部にしていた[54]。

エンゲルは、農村経済の市場化と新たな消費文化の成熟に対してつぎのような評価を与えている。それらは、専制権力が護持しようとする社会的境界を曖昧にする。人びとは、個人的な欲求を農村共同体や世帯の必要に従属させることに長い間慣れてきたが、それらは人びとを快楽の追求へと誘ったのだ、と[55]。たしかに、商品経済は階層にもとづいた社会の再編成や個人主義化を促進する。ただ、市場化や新たな消費文化が農村の家父長制秩序を破壊する要因になっただけでなく、逆に強化する要因にもなり得たことに留意する必要がある。一方では若者や女性自身が現金収入を獲得して個人的な消費活動を活発化させるが、他方では村外就業に従事する家長の送金に彼らが頼らざるを得ない事態も考えられるからである[56]。イコンやサモワールの所有と使用、豪華な衣装を用意した結婚式にみられるように、購入物が家長の権威強化の手段となることもある。エンゲル自身ものちに著した概説書において、女性が生産・消費活動で市場と結びついたとしても、それらの活動は伝統的な家父長制家族と結合していたから、女性の貢献が世帯における女性の地位を上昇させるわけではない。市場においても、女性は安価な労働力の提供者とみなされ、仲買人への従属を余儀なくされていた、と補足している[57]。

このように、新たな消費文化の醸成が北西部農村における生活水準の向上を裏づけている。ただ、農村経済の市場化は世帯をロシア経済全体の変動により直接的に結びつけ、階層格差を拡大させる要因にもなる。これをふまえ、次節では農村社会構成について述べてみたい。

四　農村社会構成

農村住民は、階層別構成を判断するにあたり、どのような基準を採用していたのだろうか。農民史研究者ウィルバーにしたがえば、彼らは貧富の基準として穀物の自給水準、諸義務の遂行状況、借金の有無を重視していた。「平均的」ないしは望ましい世帯とみなされたのは、自給自足し、諸義務を遂行し、負債がなく、さらに生産と消費、土地と労働力のバランスがとれているものであった(58)。とくに穀物生産地では土地面積、人手や役畜の有無が各世帯の生産力を規定したから、それらが主たる基準とされていた(59)。市場化が進み、世帯外からの穀物調達が一般的となっている地域では、農業経営の設備や穀物の自給状態が世帯の経済力と必ずしも対応関係にあるわけではない。とはいえミロゴロヴァが指摘するように、ここでもそれらが豊かさを裏づけるものとして位置づけられていた(60)。ただ後述のように、議論の余地も残されている。なお、農村社会における「貧富」とは、純粋に経済力で決定されるものではない。バーズによれば、農村共同体では日常生活の中で名声を得て、それを保つことが肝要であった。富裕者は村人から敬意を集めていた。村人は彼に服従すると同時に、必要が生じた場合は金銭や穀物の借り先として富裕者を頼ったのである(61)。

「テーニシェフ民俗学事務局」アンケート調査には、コストロマー県北西部から農村教師などが通信員として参加している。調査は通信員に対し、貧しい世帯と裕福な世帯の状況を記述するよう求めている。その際、具体的に金銭、建物、穀物の蓄え、衣服、家畜、家財道具、さまざまな設備について農民にとって困窮状態とはどのようなものか、裕福な状態とはどのようなものか尋ねている。またこれと関連して農民の穀物備蓄がどのくらいもつのか質問している(62)。社会的にも、空間的にも農村住民の生活に最も近い距離にいた彼らインテリゲンツィアの所見は、農村住民の価値観をかなり反映させている。しかし、通信員の回答内容はこのような質問事項をふまえ、彼ら自身の農民観にもとづいて書かれたものであり、農村住民自身の認識とのズレがあることは否めない。ともかく、北西部の事例をみてみよう。

まず、ガーリチ郡のレショートキンがつぎのような回答を寄せている。すなわち、金銭や丈夫な家屋を所有し、穀物を備蓄し、衣服や道具を揃え、家畜を飼う者が裕福な農民とみなされる。この者のもとには貧しい隣人が入用の際に援助を求めてくる。とくに重要なのは、穀物の余剰があることである。原始的な農耕方法、世帯分割により狭隘となった分与地、悪い地味、無気力、働き手不足が原因で、大多数の農民は自家生産の穀物がクリスマスまでしかもたない。余剰がある者もその量はごくわずかである、と。(63) レショートキンはほぼ質問に沿って記述しているが、財産の多さ、そしてとくに穀物の自給を基準として重視している。穀物を備蓄し、貸与者として村人に頼られているのが富裕層であり、自分自身で生計を維持できないのが貧困層だというのである。

ソリガーリチ郡の通信員コーロソフも、林業地区から以下を報告している。彼によれば、農民世帯は富農、中農、貧農の三つに分類可能である。富農の中には三〇〇デシャチーナの土地を購入して保有し、複数の家屋、小さな商店と居酒屋、五〇〇〇〜七〇〇〇ルーブリの金銭、そして牛二〇頭と馬一〇頭を所持するようなきわだった者がいる。もっとも、総じて数百ルーブリの金銭と三、四頭以上の馬を持っていれば裕福とみなされる。コーロソフが暮らす郷では、富農はせいぜい二〇〜三〇人である。つぎに、中農は馬と牛をそれぞれ一頭以上所有している。中農はほぼ一年分に相当する自家消費用の穀物を生産し、期日どおりに租税を納め、借金はない。家屋そして農業に必要な設備も整っている。家屋、家畜その他の資産価値は合計で四〇〇〜八〇〇ルーブリである。そして、クリスマスから穀物を購入し、税の滞納がかさんでいる者が貧農に入る。貧農は家畜を保有しているとしても馬か牛のどちらかで、それもひどく痩せている。飼っている羊が殖えても、売却して滞納金の支払いや馬や牛の購入費用に充てなくてはならず、自家で消費する余裕はない。収穫した干し草も売る。貧農は税を滞納しているばかりでなく、親戚、居酒屋、商店などにも金銭や現物で負債を抱えている。小さな家屋は朽ち果てている、とコーロソフは自身の所見を敷延する。(64) なお内容から判断するならば、コーロソフは村人の多くを貧困層とみなしている。というのは、彼も別のところで、地元農村における穀物自給の崩壊を指摘しているからである。すなわち、自家消費用の穀物を一年分生産できる世帯は少ない。クリスマス直後に穀物の購入が開始され、春や播種のときまでには大多数の世帯が穀物を購入していたという。(65)

以上、コーロソフは穀物を自給自足し、滞納金がなく、独立自営に十分な財産や農業設備を所持する世帯を中農と位置づけている。これは内容的にはレショートキンの回答と矛盾しない。ちなみに、コーロソフは上記にくわえて、中農の日常・祝日用の衣服、祝日における家族での喫茶や食事の習慣についても紹介している。そういった生活文化全般が各世帯の階層的位置を浮き彫りにしていた。興味深いのは、コーロソフが世帯構成に言及していることである。中農は世帯規模が四～五人、ないしは家族員の年齢が全員一一、二歳以上で、働き手として生産活動に貢献しているという。周知のように、共同体的土地所有が行なわれていた地域では、世帯規模と分与地の面積が照応関係にある。働き手として生計に貢献する者が多く、扶養する子どもや老人が少なければ、収支において有利となる。つまり、チャヤーノフが家族サイクル論で主張したような、世帯構成の成長にともなう生産／消費バランスの変容がここでは考慮されている。

このように、北西部の農村で大きな階層差がみられたことは明白である。また農村社会構成の中で下層が高い比率を占めていたこともうかがえる。しかし、「豊かさ」はおもに農業経営との関連で理解されている。商工業的な生産活動の状態は、可視化しにくいためか、基準としてあまり前面に出てこない。実態としてはそれも資産形成に貢献していたはずである。その点において、商業施設や金銭の所持、消費文化に言及するコーロソフの記述は示唆に富む。ともかく、農業以外の生産活動が過小評価されるのであれば、生産活動の中心を農業から商工業へとシフトし、穀物の購入や耕作用の人馬の雇用と引きかえに農業関連の設備投資を抑えるという生存戦略をとった世帯が貧農とみなされてしまうことになる。

実際、そういった世帯の存在が史料から読みとれる。レショートキンは、ガーリチ郡リゴボ村の住民をもとに二つのステレオタイプを構築している。第一のタイプはロプテフである。彼は右足に障害がある。家族は母、妻、娘二人である。ロプテフは共同体から二ドゥシャー分の土地を割り当てられ、これを耕作している。さらに、村外就業のために男手を欠く三世帯から耕作を請け負い、年約六〇ルーブリを稼ぎ加えている。ロプテフは馬を二頭、牛を三頭、羊を三匹飼っている。冬場、ロプテフは御者として働く。畑には畜糞が施されているので、十分な収穫がある。穀物の余剰分は売却される。生活は総じて満たされており、家族はみな十分に身ぎれいである。貯蓄もある。

第二のタイプはロプテフの隣人、アルセニーである。彼は塗装業経営者により現場監督として雇用され、やはり塗装工として働く二〇歳の長男と一緒にペテルブルクで暮らしている。アルセニーの年収は約三五〇ルーブリ、息子は約二〇〇ルーブリで、合計は五五〇ルーブリに達する。アルセニーの家族は妻、息子二人、娘三人、そして長男の嫁からなる。一八歳の二男はろうあ者でガーリチ市に住み、靴職人として自活している。アルセニーは馬を持っておらず、牛を一頭飼っているだけである。羊は飼っていない。アルセニーも共同体から二ドゥシャー分の土地を割り当てられているが、その耕作を四〇ルーブリで村人に依頼している。家畜が少ないので、十分な施肥はできない。耕作を請け負った者の仕事も雑である。穀物のできは悪く、一家は穀物をクリスマスから買い始める。アルセニーの雇主は同郷出身のセドーフである。アルセニーはセドーフにより借金漬けにされており、借金が完済される見込みはない。家族の身なりはきれいで、おしゃれ好きである。アルセニーらはペテルブルクから帰省しても何もせず、村の「夜の集い」でぶらぶらしている。冬の間は借金で暮らし、なんとかやっていく。このようにレショートキンは両者を対照的に描く[66]。

そのうえでレショートキンは、村外で就業した結果、村人の多くが経営者の従属下にある実態を嘆いている。その経緯は以下のようなものである。家屋の大規模な修繕や新築、家畜の購入、子どもの結婚などで多額の費用が必要になると、村人は借金やピーテルシキ［ペテルブルクで働く者］の送金、穀物その他の生産物の売却でこれを工面する。村人の多くはセドーフから借金して家屋を建築していた。この負債を返済すべく、村人はセドーフのところで相場よりも安い賃金で働かされる。なかには、負債が一〇〇〇ルーブリに達する者もいる。返済のめどが立たず、十年以上にわたり債務状態から抜け出せない者、借金をした本人だけでなく息子までもセドーフのもとで働いている者さえいる、とレショートキンは説明する[67]。

このようにレショートキンは、ロプテフが農業経営をうまく取りしきり、堅実な生活を送っている点を高く評価する。しかし、ロプテフ家の生計は村外就業者からの耕作請負に依存していた。しかも村人は、ロプテフのように何らかの事情により村外で働くことができない者を、男気のない「田舎者」だとみなしていた。反面、レショートキンは農業経営を重視し、農村的な価値観を擁護する立場から、村外就業がもたらす「豊かさ」を否定的に捉え、農業経営の「崩壊」、「退廃的」な消費行動、そして債務の発生を一方的に指弾している。この点について村人たち自身がどのような見解を持っていたのか、この史料から読みとることはできない。

ただ、レショートキンの批判に根拠がないというわけではない。村外就業に従事し貨幣の収入にもとづく消費を拡大した結果、世帯が農業経営を傾け、穀物の確保に苦慮し、負債を抱え、諸義務の遂行を滞るようになったとする理解も部分的には妥当だからである。世帯が商工業的な生産活動に大きく依存すれば、安定性に欠け、景気の動向次第で容易に零落するおそれもある。経営者のもとで働く就業者が前渡し金や前借りをつうじて債務状態に陥るケースも少なくない(68)。経営者自身も判断を見誤れば、経営はすぐに傾く。

なお筆者はヨーロッパ・ロシア全体にかんし、滞納金の増加が生活水準の悪化を意味するわけではないとする見解を支持する。ただ地域レヴェルでは、滞納金の大幅増が農村住民の困窮化と関係していた可能性はある。たとえば、滞納金は一八八〇年代末から九〇年代初めにかけて急増しているが、それはとくに中央黒土地方や沿ヴォルガ中流域で顕著である(69)。これらの地方における滞納金増加は、一八九一、九二年の飢饉などに起因する農村住民の生活水準低下を反映している。

中央非黒土地方の場合、現金収入の獲得チャンスに恵まれていることもあり、滞納額は相対的に低い水準にあった。コストロマー県についても同様である。とはいえ、県内各地の納付状況には開きが認められ、その事情について史料ではさまざまな解釈が与えられている。そこで北西部を中心に時系列のデータを紹介しておこう。まず、一八七三年における国税および償却金の滞納額は、全県で年間課税額の七%に相当していた。この比率は、北西部のガーリチ郡が二・三%、ブーイ郡が一・三%、ソリガーリチ郡が〇・九%、チュフロマ郡が〇・八%とかなり低い。この事実をピーゴロフは村外就業の「功」としてあげている(70)。

しかしこれ以降の調査では、北西部の滞納額は他と同程度か、むしろそれよりも高い。九〇年代初頭において県内で最も滞納額が多いのは東部のヴァルナヴィン郡で、その額は年間課税額の六二%に達していた。東部のヴェトルガ郡そして北西部のソリガーリチ郡がこれに続き、年間課税額の四分の一程度の滞納金があった。一方、ブーイ、コログリフ、マカリエフの三郡は滞納がほとんどない。その他は八・九%以下である。調査を行なった大蔵省はヴァルナヴィン郡について、一八九一、九二年における穀物や飼料の高騰、現金収入の減少を原因とみなしている。興味深いのは、その他の郡にかんする分析である。その中では、住民が農業に従事している郡は滞納金が少なく、逆に住民が村外就業や工場労働、農村小工業に従事している郡は農業がなおざりにされ、税の納入はそれらからの収入次第で、結果的に滞納がかさんでいると述べられている。これはピーゴロフの見解と正反対である。ともあれ、村外就業からの現金収入があるとしても、それが必ずしも納税に結びつくわけではない。ソリガーリチ郡の事情について調査者は詳細を述べていない。ただ、北西部では村外就業との関連で死亡者や行方不明者が多く、分与地が放棄されており、税の徴収が進んでいないと説明している(71)。労働年齢男性の死亡が滞納の一因として考慮されるべきなのだろう。

さらに一九一〇年、県ゼムストヴォ統計局がアンケート調査の中で私的債務の返済と租税納付の状況を質問している。これについて、県全体の四分の一が私的債務はきちんと返済されていると回答し、三分の二以上が税は納入されているとしている。しかし、北西部はそのいずれもこれよりも比率が低く、支払いが滞りがちであったと推測される。村外就業を継続するにつれて、失業、死亡、労働不能、失踪などの生活危機に遭遇する事態も多くなる。好況時に諸義務を容易に遂行できたとしても、不況時には困窮化し、滞納が発生していたのではないだろうか(72)。

最後に、農村行政機関による債務取り立ての実態について触れておこう。一八九〇年代にかんするウィートクロフトやバーズの研究によれば、行政機関は債務不履行者に以下のように厳格に対応した。すなわち、郷役場や村団は滞納者に督促し、この者の財産目録を作成し、財産を強制的に競売に付す。あるいは滞納者を何らかの労働に雇用したり、滞納者の世帯に後見人を任命したりする。滞納者の分与地利用が取り消される場合もある。ちなみに、中央非黒土地方ではこの土地の利用を引き受けても割に合わないので、その希望者はいない。逆に地味のある中央黒土地方では、取り上げられた分与地を引き受ける者がいる。連帯責任制にもとづき滞納金の支払いを他の成員が分担しなくてはならない事態も生じる。ただしこの措置の適用は、火事や家長の死亡など、特別な事情により支払い能力を喪失した者に限定される。滞納者のみならず、税の徴収責任を負う郷長、村長、徴税員も、任務を遂行できなければ逮捕され、罰金を科される。ゆえに、彼らは逮捕や刑罰から逃れようと、村人に対して暴力的な態度を取るのだとウィートクロフトやバーズは理解する。[73] このように滞納者からの取り立ては財産の差し押さえや分与地利用の取消などの措置を伴う。やむを得ない事情で滞納が発生したときにのみ共同体成員は連帯責任に合意する。徴収者も取り立てに失敗すれば、責任を問われることになる。

滞納者の扱いについてほぼ同様の状況を、ガーリチ郡からレショートキンが報告している。そもそも農民は十分支払いが可能であるにもかかわらず、租税の納入を最優先にしていないと彼はみなす。農民は自分たちの入用やわがままさえも満たしてからようやく納めようとするので、工面に大変苦労しているのだ、と。そのうえで、レショートキンは取り立ての様子をつぎのように描写する。これを担当するのは村長で、村長でうまくいかないときは郷長や郷裁判所の出番となる。村長は村内や教区、町、定期市などを歩き回り、滞納者を探し出して請求する。手持ちの金銭が集められるので、一回の額はしばしば一ルーブリにも満たない。両首都に滞在する不在者に対しては、ときには現地の警察機関をつうじて手続きが行なわれる。郷裁判所は滞納者の財産を最低限必要なものを除いて差し押さえる。そして、ゼムスキー・ナチャリニクの承認を得たうえで、その物品の目録を作成し、物品を売却する。場合により滞納者は役所や学校の守衛、百人頭（下級警吏）、配達人などに任命され、あるいは逮捕、体刑、共同体からの除名、シベリア流刑に処される。村長や郷長も住民の義務遂行に責任を負わされている。職務を果たせない者は郡警察署長に逮捕される、と。[74]

レショートキンの地元では村長や郷長が村内を回り、滞納者から手持ちの金銭を徴収するような事態が日常化していた。このような実情からも、この地区の農村住民が諸義務を円滑に遂行していたとは考えにくい。レショートキンはその原因を農民の自己中心的な行動に求め、苛立ちを隠さない（ここでは、上述のアルセニーのような者が念頭に置かれている）。義務の遂行ではなく自分たちの生活の充実を優先する農民の心性、そしてこれに対するインテリゲンツィアの無理解については、先行研究でも指摘されているところである。いずれにせよ、農民の消費行動を単純に不合理だとみなしたり、滞納をもっぱら個人責任に帰するのは正当ではない。不況や各人の労働不能による収入減、さらにレショートキン自身が言及している雇主による搾取が、彼らを支払い不能に陥らせていたことを考慮すべきである。

以上、農村住民の階層別構成について明確な分類基準のもとに、各カテゴリーの比率とその動態を把握することは困難である。とはいえ史料からは、少なくとも大きな階層差の存在や「下層」の大量出現が読みとれる。そして、この「下層」の中に、市場の危機や労働不能により生活基盤を失った者たちが見いだせるのである。

おわりに

一九世紀後半、北西部の農村住民は三圃制を採用して穀作を維持していた。本章では穀物播種量がほぼ一定で推移していたことを確認した。北西部はヴォルガ河流域の穀物流通から孤立していた。この不利な条件から、農村住民は農業と村外就業を両立し、穀物の高い自給水準と現金収入の獲得を目指したのである。次章でみるように、男性家族員が村外就業に従事し農作業の人手不足が生じても、世帯は農業経営を縮小するのではなく、雇用労働力の補充で対応していた。

たしかに、長期的にはこのような兼業はゆるやかに崩れ、世帯は村外就業で得た現金で自家消費用の穀物の不足分を購入する指向を強めていく。さらに、一九〇六年の鉄道開通が他地域からの穀物の搬入を容易にする。ただ、穀物自給が後退していったとはいえ、従来の兼業モデル自体がただちに放棄されたわけではない。域外からの信頼性の不確かな穀物供給に頼ることにはそれなりのリスクがある。自家での穀物生産を支えていた世帯の役割分業も変更されないからである。地理的条件を背景とするそのような世帯の生存戦略を、コストロマー県南西部などでみられる、穀物購入へ大幅に依存することで商工業的な生産活動にシフトした世帯の生存戦略とともに、中央非黒土地方における生存戦略の一類型とみなすことも許されるであろう。

農奴解放後、農村住民は消費活動の自由を獲得し、自分自身の生産物を衣食住の改善に振り向けることが可能となる。農村の商業活動も活発化し、住民による定期市などでの消費物の購入が目立つようになる。生活実態をみても、住民の全般的な生活水準が上昇したことは間違いない。しかしその一方では、階層格差が生まれていた。市場と家族経済の一層の結合が貧困層出現の伏線となっていた。

なお、農村インテリゲンツィアの言説では、家財や農業経営の設備、穀物自給といった基準から階層差が指摘されていた。彼らは商業施設や金銭の所持、消費文化にも言及している。とはいえ、生産・消費活動の変容が十分に加味されているとは言い難い。北西部では生産活動の重点を村外就業に置き、農作業を外部に委託する世帯と、村外就業者から耕作を請け負い、農業経営に専念する世帯が形成され、両者が相互依存関係にあった。農業経営への労働力や設備の投資を縮小する世帯の戦略について、インテリゲンツィアはその消費行動への無理解も加わり、一方的に否定的な評価を与えている。

ところで、兼業を基本とする生産活動と関連して重要なのが、世帯の労働力配置である。本章においても、女性家族員の農業労働や村在住男性の耕作請負について部分的に触れた。第四章では、この問題に焦点を当ててみよう。

注

（1）Richard L. Rudolph, "Family Structure and Proto-Industrialization in Russia," *Journal of Economic History* 40, no.1（March 1980）; Richard L. Rudolph, "Agricultural Structure and Proto-Industrialization in Russia: Economic Development with Unfree Labor," *Journal of Economic History* 45, no.1（March 1985）.

（2）Edgar Melton, "Proto-Industrialization, Serf Agriculture and Agrarian Social Structure: Two Estates in Nineteenth-Century Russia," *Past and Present* 115（May 1987）. И・Д・コヴァリチェンコとЛ・В・ミーロフも穀物価格データの大量処理により、一八世紀から二〇世紀初頭のヨーロッパ・ロシアにおける統一市場の形成プロセスを解明している（*Ковальченко И. Д., Милов Л. В.* Всероссийский аграрный рынок XVIII—начало XX века. M., 1974）。国内穀物市場の統合・拡大と地域間分業の形成・深化、河川・鉄道輸送の革新に言及したものとして、以下を参照のこと。M・E・フォーカス『ロシアの工業化一七〇〇～一九一四――ピョートル大帝から第一次世界大戦まで』大河内暁男監訳、岸智子訳、日本経済評論社、一九八五年、三八～三九、四六～四七、五三～五四、七六頁、R・E・F・スミス、D・クリスチャン『パンと塩――ロシア食生活の社会経済史』鈴木健夫、豊川浩一、斎藤君子、田辺三千広訳、平凡社、一九九九年、二七一頁、Robert Pepe Donnorummo, *The Peasants of Central Russia: Reactions to Emancipation and the Market, 1850-1900*, New York and London: Garland Publishing, 1987, pp. 157, 160-161; 塩谷昌史「一九世紀前半におけるロシアの農村工業――サーヴェイ」『経済学雑誌』（大阪市立大学）九八－二、一九九七年、一〇〇頁。農村小工業の製品は、南部の黒土諸県さらにはブハラ、ヒヴァなど東方諸国へ流通していた（佐藤芳行『帝政ロシアの農業問題――土地不足・村落共同体・農村工業』未来社、二〇〇〇年、一六四～一六五頁）。

（3）佐藤芳行「工業化とクスターリ」『中部大学国際関係学部紀要』一六、一九九六年、L・A・クラークソン『プロト工業化――工業化の一局面？』鈴木健夫訳、早稲田大学出版部、一九九三年、一〇四～一〇六頁。

（4）この点について、若尾祐司『近代ドイツの結婚と家族』名古屋大学出版会、一九九六年、一六六～一六七頁の注（9）が示唆を与えている。

（5）ヨーロッパ・ロシアにおける農法（輪作形態）分布について、冨岡庄一『ロシア経済史研究――一九世紀後半～二〇世紀初頭』

有斐閣、一九九八年、一四四～一五七頁を参照。中央非黒土地方の全般的状況は、*Семенов В. П.* (ред.) Россия: полное географическое описание нашего отечества, настольная и дорожная книга для русских людей. СПб., 1899. С. 128で紹介されている。

（6）Esther Kingston-Mann, "Peasant Communes and Economic Innovations: A Preliminary Inquiry," in E. Kingston-Mann and T. Mixter (eds.), *Peasant Economy, Culture, and Politics of European Russia, 1800-1921*, Princeton, New Jersey: Princeton University Press, 1990, pp. 36-38; モスクワ県の地主経営では、ドイツからの影響を受けてすでに一九世紀初頭から牧草播種が導入されていた（崔在東『近代ロシア農村の社会経済史――ストルィピン農業改革期の土地利用・土地所有・協同組合』日本経済評論社、二〇〇七年、六頁）。

（7）冨岡庄一『ロシア経済史研究』一五一頁、Donnorummo, *The Peasants of Central Russia*, pp. 14-15; Christine D. Worobec, *Peasant Russia: Family and Community in the Post-Emancipation Period*, Princeton, New Jersey: Princeton University Press, 1991, p. 19. 中川雄二は、三圃制のもとでの生産力低下プロセスを論じる（『近代ロシア農業政策史研究』御茶ノ水書房、二〇〇一年、一七～一八頁）。

（8）David Moon, "Peasant and Agriculture," in Dominic Lieven (ed.), *The Cambridge History of Russia, Vol. II, Imperial Russia, 1689-1917*, Cambridge: Cambridge University Press, 2006, p. 381.

（9）*Пигоров В.* (сост.) Очерки промышленности Костромской губернии // Материалы для статистики Костромской губернии. Вып. 3. Кострома, 1875. С. 1-8. 農奴解放前における三圃制の実態が、*Крживоблоцкий Я.* (сост.) Материалы для географии и статистики России, собранные офицерами генерального штаба. Костромская губерния. СПб., 1861. С. 301-302で紹介されている。

（10）*Федоров В. А.* Помещичьи крестьяне Центрально-промышленного района России конца XVIII—первой половины XIX в. М., 1974. С. 53-54.

（11）*Пигоров В.* Очерки промышленности... С. 4-5.

（12）РМЭ. Ф. 7. Оп. 1. Д. 695. Л. 11-12.

（13）Donnorummo, *The Peasants of Central Russia*, pp. 144-151.

（14）*Горланов Л. Р.* Отмена крепостного права в Костромской губернии. Диссертация на соискание ученой степени кандидата исторических наук. М., 1972. Кн. 1. С. 348, 391; *Жбанков Д. Н.* Бабья сторона. Статистико-этнографический очерк. Кострома, 1891. С. 18. 一八七〇年代初頭における旧領主農民一ドゥシャーあたりの分与地は、南西部四デシャチーナ、北西部四・五～六デシャチーナ、東部五

〜六デシャチーナである（*Жбанков Д. Н.* Влияние отхожих заработков на движение народонаселения Костромской губернии, по данным 1866—83 годов // Материалы для статистики Костромской губернии. Вып. 7. Кострома, 1887. С.11）。

（15）たとえば、*Жбанков Д. Н.* Бабья сторона... С. 20.

（16）一七世紀末〜一九世紀末のロシア中央部、一九世紀前半のコストロマー県についても、収穫量は不安定だったことが確認されている（Moon, "Peasant and Agriculture," p. 381; Alison K. Smith, "Peasant Agriculture in Pre-Reform Kostroma and Kazan' Provinces," *Russian History/ Histoire Russe* 26, no. 4（Winter 1999）, p. 391）。

（17）*Горланов Л. Р.* Отмена крепостного права... С. 386-387. 亜麻の栽培・加工手順が、N・ワース『ロシア農民生活誌——一九一七〜一九三九年』荒田洋訳、平凡社、一九八五年、一〇四頁で紹介されている。

（18）Donnorummo, *The Peasants of Central Russia*, p. 170.

（19）*Пигоров В.* Очерки промышленности... С. 12. *Горланов Л. Р.* Отмена крепостного права... С. 392-401 も地主農場経営の縮小に言及する。また、これを示す統計データとして *Жбанков Д. Н.* К статистике Солигаличского уезда // Материалы для статистики Костромской губернии. Вып. 7. Кострома, 1887. Приложение 1. С. 1-2 を参照。ロシア（中央部など）の貴族が農奴解放後、土地を売却したのに対し、沿バルト地方やロシア西部の貴族がそれを行なわなかった理由を、佐藤芳行は農業制度や相続制度の違いに見いだしている。佐藤によれば、沿バルト地方やロシア西部では、世帯別所有と単独相続のもと、奉公人などの労働力が創出され、貴族の土地で働いていた。しかし、共同体的土地所有と分割相続が普及していたロシアでは、そのような労働力が創出されなかったという（『帝政ロシアの農業問題』一二四〜一二六頁）。

（20）*Яцунский В. К.* Изменения в размещении земледелия в Европейской России с конца XVIII в. до первой мировой войны // *Яцунский В. К.*（отв. ред.）Вопросы истории сельского хозяйства, крестьянства и революционного движения в России. М., 1961. С. 113-148; 青柳和身『ロシア農業発達史研究』御茶ノ水書房、一九九四年、三一〇〜三一一、三一六〜三一九、三七〇〜三七三頁。

（21）農奴解放前、穀物余剰地域の中心は「旧植民地帯」の中央黒土地方と沿ヴォルガ中流域だった。ここから荷馬車輸送や水運をつうじて中央非黒土地方やロシア北西部の穀物不足地域に穀物が供給されていた（青柳和身『ロシア農業発達史研究』三二八頁）。

（22）冨岡庄一『ロシア経済史研究』一四一頁。

（23）Donnorummo, *The Peasants of Central Russia*, pp. 211-213, 216, 229-230, 240, 250. 中央黒土地方と沿ヴォルガ下流域について、佐藤芳行「一九世紀後半のヨーロッパ・ロシア中央部諸県における小工業の展開（一）」『九州産業大学商経論叢』二六―四、一九八六年、二六一頁、崔在東『近代ロシア農村の社会経済史』v頁を参照。

（24）「テーニシェフ民俗学事務局」の通信員はヴラディーミル県から、穀物の作柄は悪く、労力は大きいけれども売却益は低い。賃稼ぎの方は利益が高く、おまけに楽だと報告している（*Фирсов Б. М., Киселева И. Г.*（автор-составители）Быт великорусских крестьян-землепашцев. Описание материалов этнографического бюро князя В. Н. Тенишева（на примере Владимирской губернии）. СПб., 1993. С. 38）。

（25）*Пигоров В.* Очерки промышленности... С. 19-29; *Горланов Л. Р.* Отмена крепостного права... С. 386-387, 389; *Генкин Л. Б.* Помещичьи крестьяне Ярославской и Костромской губернии перед реформой и во время реформы 1861 года（К вопросу о разложении феодально-крепостнической системы и генезисе капитализма в России）. Т. 1. Ярославль, 1947. С. 35-37.

（26）*Пигоров В.* Очерки промышленности... С. 111-112. 「ロシア農村小工業調査委員会」報告によれば、一八八〇年ごろ、ヴェトルガ郡の御者は平均二二ルーブリの粗収入を得て、このうち六ルーブリを食費などに支出し、一六ルーブリを持ち帰っていた。ヴァルナヴィン郡の御者の場合、それぞれ三七、一九、一八ルーブリであった（Труды Комиссии по исследованию кустарной промышленности в России. Вып. 13. СПб., 1885. С. 3999, 4082）。農閑期を中心としていたこともあり、収入は多くない。

（27）たとえば *Миронов Б. Н.* Русский город в 1740—1860-е годы: демографическое, социальное и экономическое развитие. Л., 1990. С. 19.

（28）*Владимирский Н. Н.* Костромская область（Историко-экономический очерк）. Кострома, 1959. С. 18. 一八五〇年代においても、ヴャトカ県ヤランスクからコストロマー県東部に運ばれた穀物のうち、余剰分が北西部に送られていた（*Крживоблоцкий Я.* Материалы для географии... С. 414）。

（29）*Крживоблоцкий Я.* Материалы для географии... С. 223-224; *Генкин Л. Б.* Помещичьи крестьяне... С. 101.

（30）*Казаринов Л.* Отхожие промыслы Чухломского уезда // Труды Чухломского отделения Костромского научного общества по изучению местного края. Вып. 2. Кострома, 1926. С.12.

(31) *Федоров В. А.* Помещичьи крестьяне... С. 131.

(32) R・E・F・スミス、D・クリスチャン『パンと塩』四五三頁。

(33) *Пигоров В.* Очерки промышленности... С. 14-16.

(34) *Пигоров В.* Очерки промышленности... С. 14-19.

(35) 同様の指摘は Список населенных мест по сведениям 1870—72 годов. Т. XVIII. Костромская губерния. СПб., 1877. С. xxix でも見いだせる。

(36) Сборник статистических сведений по Костромской губернии. Вып. I. Кострома, 1908. С. 43, 51.

(37) *Владимирский Н. Н.* Костромская область... С. 130. 東部では冬季の陸上輸送業が大打撃を受けた（Статистический ежегодник Костромской губернии. 1910 год. Сельское хозяйство и крестьянские промыслы. Часть I. Текст. Кострома, 1912. С. 50）。

(38) *Владимирский Н. Н.* Отход крестьянства Костромской губернии на заработки. Кострома, 1927. С. 19.

(39) Статистический ежегодник Костромской губернии... С. 39-40. ガーリチ郡出身の塗装工ソロヴィヨーフ（後述）の回想によれば二〇世紀初頭のガーリチ郡農村では自家生産の穀物は春までもたず、たいてい穀物を購入せざるをえなかった（*Соловьев А. Н.* Питерщики-галичане. Этнографический очерк // Труды Галичского отделения Костромского научного общества по изучению местного края. Вып. 3. Галич, 1923. С. 2）。

(40) *Владимирский Н. Н.* Костромская область... С. 112.

(41) 小島修一「アメリカにおける近代ロシア経済史研究の一動向――帝政末期の『農業危機』をめぐる論争について」『社会経済史学』六二－五、一九九七年。青柳和身や冨岡庄一も、一八七〇年以降の穀物輸出の増加が「飢餓輸出」ではなく、国内における穀物消費量の増加をともなう穀物生産それ自体の発展によって達成されたと判断している（青柳和身『ロシア農業発達史研究』三三八～三三九頁、冨岡庄一『ロシア経済史研究』二八、一二八、一三一、一三九、一四一頁）。

(42) Stephen G. Wheatcroft, "Crises and the Condition of the Peasantry in Late Imperial Russia," in Kingston-Mann and Mixter (eds.), *Peasant Economy*, pp. 133-134, 171-172.

（43）Jeffrey Burds, *Peasant Dreams and Market Politics: Labor Migrations and the Russian Village, 1861-1905,* Pittsburgh, Pa.: University of Pittsburgh Press, 1998, pp. 144-145.

（44）たとえば *Семенов В. П.*（ред.）Россия... С. 102-104; Barbara Alpern Engel, *Between the Fields and the City: Women, Work, and Family in Russia, 1861-1914,* New York: Cambridge University Press, 1994, pp. 49-50; Burds, *Peasant Dreams,* pp. 160-163; Christine Ruane, *The Empire's New Clothes: A History of the Russian Fashion Industry, 1700-1917,* New Haven and London: Yale University Press, 2009, pp. 74-80; N・ワース『ロシア農民生活誌』三九頁、高田和夫『近代ロシア農民文化史研究』一二〇～一三一頁。灯油は一八八〇年代のバクー石油産業の成長にともない、農村住民に普及した（M・E・フォーカス『ロシアの工業化一七〇〇～一九一四』九五～九六頁）。

（45）Engel, *Between the Fields and the City,* p. 42; Barbara Alpern Engel, *Women in Russia, 1700-2000,* New York: Cambridge University Press, 2004, pp. 92-93.

（46）R・E・F・スミス、D・クリスチャン『パンと塩』三二五、三三二頁。

（47）R・E・F・スミス、D・クリスチャン『パンと塩』三四九頁。

（48）*Крюкова С. С.* Русская крестьянская семья во второй половине XIX в. М., 1994. С. 154.

（49）Архив РГО. Раз.: XVIII. Оп. 1. № 21. Л. 5 об.-6; *Крживоблоцкий Я.* Материалы для географии... С. 499-500.

（50）Костромские губернские ведомости. 1872. № 43. С. 240; 1880. № 37. С. 213; Материалы для статистики... Вып. 4. Кострома, 1881. С. 56-57; *Смурова О. В.* Неземледельческий отход крестьян в столицы и его влияние на трансформацию культурной традиции в 1861—1914 гг.（на материалах Санкт-Петербурга и Москвы, Костромской, Тверской и Ярославской губерний）. Кострома, 2003. С. 114-115.

（51）Костромские губернские ведомости. 1872. № 43. С. 240; 1888. № 7. С. 48; 1892. № 36. С. 288; Материалы для статистики... Вып. 4. С. 56-57. 村外就業者が持ち帰った布地は、地元で縫製された。聖職者や女教師などの「農村インテリゲンツィア出身の特別な仕立屋」がこれを引き受け、年三〇～五〇ルーブリを手にしていた（*Жбанков Д. Н.* Бабья сторона... С. 80）。

（52）Костромские губернские ведомости. 1880. № 37. С. 213; Материалы для статистики... Вып. 4. С. 56-57; Вып. 6. С. 127-128; *Жбанков*

Д. Н. Бабья сторона... С. 67.

(53) РЭМ. Ф. 7. Оп. 1. Д. 614. Л. 5-9 об.

(54) *Жбанков Д. Н.* Бабья сторона... С. 54.

(55) Engel, *Women in Russia,* p. 108.

(56) たとえば Engel, *Between the Fields and the City,* p. 42; Burds, *Peasant Dreams,* p. 169 を参照。

(57) Engel, *Women in Russia,* pp. 93-94.

(58) Elvira M. Wilbur, "Peasant Poverty in Theory and Practice: a View from Russia's "Impoverished Center" at the End of the Nineteenth Century," in Kingston-Mann and Mixter（eds.）, *Peasant Economy,* p.118; *Милоголова И. Н.* Семья и семейный быт русской пореформенной деревни, 1861—1900 годы（на материалах центральных губерний）. Диссертация на соискание ученой степени кандидата исторических наук. М., 1988. С. 63; R・E・F・スミス，D・クリスチャン『パンと塩』四八四頁。

(59) たとえば *Крюкова С. С.* Русская крестьянская семья... С. 67; *Милоголова И. Н.* Семья и семейный быт... С. 49 を参照。

(60) *Милоголова И. Н.* Семья и семейный быт... С. 49.

(61) Burds, *Peasant Dreams,* pp. 10, 156.

(62) *Фирсов Б. М., Киселева И. Г.* Быт великорусских крестьян-землепашцев... С. 442.

(63) РЭМ. Ф. 7. Оп. 1. Д. 598. Л. 8-9.

(64) РЭМ. Ф. 7. Оп. 1. Д. 617. Л. 2; Д. 618. Л.6 об.-10 об.; Д. 613. Л.1 об.

(65) РЭМ. Ф. 7. Оп. 1. Д. 613. Л.1 об.-3.

(66) РЭМ. Ф. 7. Оп. 1. Д. 598. Л. 10-12.

(67) РЭМ. Ф. 7. Оп. 1. Д. 598. Л. 14-16.

(68) *Соловьев А. Н.* Питерщики-галичане... С. 2; *Казаринов Л.* Отхожие промыслы Чухломского уезда... С. 10; Сборник материалов по истории Союза строителей 1906 6/V 1926. Л., 1926. С. 30-31.

(69) Wheatcroft, "Crises and the Condition," p. 167.

（70）*Пигоров В.* Очерки промышленности... С. 115. Список населенных мест... С. xlvii も参照のこと。

（71）Существующий порядок взимания окладных сборов с крестьян по сведениям, доставленным податными инспекторами за 1887—1893 годы. Вып. 2. СПб., 1895. С. 78-81.

（72）Статистический ежегодник Костромской губернии... С. 40. 一九〇一年、チュフロマ郡ゼムスーヴォはゼムストヴォ税滞納者リストを作成している。その中では滞納の事情として、村外就業の不振、ペテルブルクにいる息子からの仕送りの途絶、ペテルブルクからの強制送還、地元桶産業の不振、病気、精神病、障害、飲酒、犯罪、夫や息子の行方不明、小さな子どものいる寡婦、扶養者のいない高齢者などが記載されていた。ここからも就業の不振や死亡、労働不能が生活困窮に直結していた実情が読みとれる（Сборник постановлений Чухломского уездного очередного земского собрания 26—29 сент. 1901 Кострома, 1902. С. 110-184）。

（73）Wheatcroft, "Crises and the Condition," pp. 167-169; Burds, Peasant Dreams, pp. 49-50, 52, 90.

（74）РЭМ. Ф. 7. Оп. 1. Д. 598. Л. 13, 33-35. 体刑の実例としてРГИА. Ф. 1291. Оп. 38. г. 1890. Д. 146を参照。滞納者の分与地没収については、Существующий порядок взимания... С. 77; РЭМ. Ф. 7. Оп. 1. Д. 594. Л. 7-7об でも言及がある。

第四章　村外就業者家族の性別分業と労働力配置

はじめに

一般に、伝統的な農村社会では性別分業の明確な秩序が存在していた。ミッテラウアーによれば、家屋からの距離にもとづいて労働の圏が区別されていた。まず、森林や耕地など家屋から離れた場所での作業は、男性が行なう。女性は再生産を担うがゆえに、家屋の周辺で家事・育児などを担当する。そのような性別分業のあり方には、生産活動の性格によって変更が加えられる。たとえば、衣服の調製にかかわる労働は女性の領域とされてきたが、農村小工業は男女の協業によって生産を行なう。男性が衣料産業に従事することで、性別分業は流動化する、とミッテラウアーは性別分業が必ずしも固定的ではないことにも言及する(1)。

中央非黒土地方の農村世帯も、生計上の必要を満たすためにジェンダーや年齢に応じて家族員の分業を決定していた。これと関連してエンゲルは、成人女性の役割をつぎのように要約している。すなわち、女性は水を汲み、家屋を掃除し、手入れをする。粉を挽いてパンを焼く。食料を調達し、保存する。バターやチーズを作る。菜園を管理し、家畜の世話をする。畑仕事ではたいてい男性が犂で耕し、種を播く。女性は肥料を施し、雑草を抜く。夏場の作業には男女が一緒に参加する。女性は円形鎌を、男性は大鎌を用いて草を刈り取り、穀物を収穫する。冬の間、女性は家族のために麻や羊毛で衣服を作る。金銭が入用であれば鶏卵、羽毛、牛乳、チーズを市場に持ち寄り、孤児の養育を請け負い、近くの工場で出来高払いの仕事をする。たいてい女性の労働時間は男性よりも長い、とエンゲルは女性の大きな役割を強調する。(2) このように女性の役割は、家事、家畜の世話、野菜や穀物の栽培、衣服の製作、生産物の売却や賃労働など多岐にわたっていた。

性別や年齢を基準に区分された役割は、家父長制的な序列と密接な関係にある。家長は家族員に対して絶対的な権力を持っていた。ウォロベックにしたがえば、家長は経営を取り仕切り、家族の共有財産を管理し、各家族員の労働担当を決定していた。役割分担について触れるならば、農奴解放前、分与地の耕作や賦役・貢租の遂行を家族員に割り当てるのは家長の権限だった。家族員は家長の命令にもとづき、分与地を耕作し、領主の農地で働き、あるいは貨幣の収入を得るために村外に送り出された。解放の結果、領主権力が消滅してからも、そのような家長の権力は保たれ、家長により家族員は村外に送り出されることになる。(3)

では、一九世紀後半に村外就業が浸透するにつれて、世帯の性別分業や労働力配置にはどのような変化がみられたのか。以下、第一節では世帯や農村共同体における性別分業のあり方を確認する。ここではとくに成人男性の長期不在との関係で性別分業が論じられる。つづく第二節では、村外就業の普及や世帯規模の縮小と連動した、労働力配置や性別分業の変容プロセスを追跡する。さらに第三節において、女性や子どもの労働の実相を明らかにする。第四節では、世帯外からの働き手の雇用や村人の共同作業に焦点を当ててみたい。

表 4-1　世帯における役割分業（ガーリチ郡モスティシェ村、1899 年頃）

農　夫	農作業（地条でのコスーリャを用いた土起こし、ソハーを用いた耕作、穀物の播種、焼畑での木の伐採、野焼き）。木の伐採、薪作り、薪割り、運搬。柵の整備と補修。馬の手入れ、食料の購入。川で下着類をすすぐときに、洗濯棒で洗濯物をたたく。茶を飲むためにサモワールで湯を沸かす。
農婦・娘	［その他の農作業、家事］農婦や娘たちの間で、厳密な役割の分担はない。農婦も娘も自分の仕事のために家事から解放される。自分の仕事から得た賃金は、働いた者が所有する。
子ども	子どもにも自分の責務がある。家屋の床掃除、薪小屋からの薪運び、放牧した家畜の見張り、子守り、家禽の餌やりや世話など。

出典：РМЭ. Ф. 7. Оп. 1. Д. 599. Л. 8-9 より作成。

一　性別分業

あらかじめ「テーニシェフ民俗学事務局」アンケート調査史料から、一九世紀末におけるコストロマー県北西部農村住民の性別分業を把握しておこう。性別分業にかかわる質問に対し、ガーリチ郡からレショートキン、ソリガーリチ郡からコーロソフが回答を寄せている。まず、レショートキンは男性役割を中心に説明を試みている。それを整理した表４－１にみられるとおり、男性の分担とされるのは、第一に耕作などの一連の農作業である。第二に、森林での作業や薪割り、柵の手入れである。さらに、馬の扱いと関連する買い出しや洗濯作業などの家事労働も男性領域に属している。これらはいずれも家屋から離れた場所で行なわれ、筋力を必要とする。第三に、喫茶の際のサモワールの使用がある。これは、家長としての権威を象徴するものである。

女性については内容が乏しい。推測の域を出ないが、女性の役割は男性の役割としてあげられているもの以外で、家事や育児を中心としていたのであろう。レショートキンの説明によると、女性たちの間では年齢にもとづく分担は明確ではなく、分担は各世帯で取り決められていた。なお、亜麻栽培や牛や鶏の世話など、世帯全体の労働とは区分される女性独自の労働領域が存在していた。これらの農産物からの利益は女性たちの財産となる。子どももさまざまな仕事を受け持っていた。表からは、世帯が家族全員の労働貢献によって成立していた実態が読み取れる。

つづいて、ソリガーリチ郡のコーロソフの所見を紹介しよう。彼は、性別分業は厳密には決まっていないとの感想を示している。たしかに耕作など筋力を使う仕事を担うのはおもに男性である。しかし、不在、死亡、病気により男手が欠けた場合、それは女性の仕事となる。脱穀は殻竿だけで行ない、非常にきついが、女性もこれをやっている。農婦のみならず娘も加わって、木を伐採し、薪を集めている。家畜の世話についてはある程度はっきりした性別分業が存在する。馬の世話は男性の責務とされ、その他の家畜は女性が面倒を見る。糸紡ぎや織布は女性の仕事とされる。草鞋を編むのは男性の専門である、とコーロソフは述べている(4)。

このように、コーロソフの回答はレショートキンのものよりも曖昧さが伴う。そこからは、男性の不在が常態化し、多くの労働を女性が受け持っていた実情が浮き彫りとなる。筋力を必要とする農作業や家屋から離れた森林での仕事は本来、男性領域とされる。しかし、女性がこれを引き受けている。男性の領域として明確に残っているのは馬の世話や一部の手作業だけである。この村の男性は冬場の木材伐採に従事していたから、この仕事に欠かせない馬の世話や草鞋の準備を自ら行なっていたのだろう。

ただ、馬の世話も、場所によっては女性の領分に入っていた。ガーリチ郡コテリスカヤ郷では馬の扱いのできる女性が荷馬車輸送業に従事していたからである(5)。

ところで行論で明らかにしたように、北西部農村の成人男性は三月初めから一一、一二月までペテルブルクで建設業に従事していた。一方、野外の農作業は五月初旬に始まり、一〇月中に終わる。したがって、男性の不在期間は農作業シーズンと重なる。しかも、北西部の成人男性は遠方で就業していたので、彼らが一時的に帰宅し、農作業の働き手になることもほぼ期待できない。ジバンコフも、北西部の男性は少年時代から村外で就業していたので、耕作の技能がまったく身についていないと評している。[6]村外就業者自身も「よそ」で働いていることを誇りとし、農村での労働を軽視していた。夏場の建設労働は農村の労働から村外就業者を文化的にもかなり切り離していたのである。[7]

農村生活にかんする同時代人の記述においては、村外就業者は帰省中の冬から春にかけて、薪の準備や運搬、家屋の修繕以外の家事を一切せず、まるで客にでも来たように振る舞い、知り合いの家を遊び訪ねて休暇を過ごしたといった内容が散見される。[8]たしかに北西部の農村は冬の間、雪に閉ざされ、住民の生活や労働の範囲も家屋の中やその周辺、近所に縮小した。とはいえ、指物工のように通年で就労し、数年に一度だけ帰郷する者、あるいは経営者などの富裕層を除く大多数にとって、冬場を無為に暮らす経済的な余裕はなかったはずである。ソロヴィヨーフによると、二〇世紀初頭のガーリチ郡では帰省中の者も副次的な生産活動に従事した。森林の付近に住む者は木を伐採し、樹皮でカゴを編み、木箱、シャベル、小桶などの木工品を製作し、それらをガーリチ市の定期市で販売した。河川の周辺に住む者は漁業に従事した。幸運な者は、ひと夏分の村外就業に相当する収入を二か月間で手に入れたという。[9]

では、男性はライフコースのどの段階において村外就業に従事していたのだろうか。就業は一〇代前半の見習修業により開始される。引退について、バーズはヴラディーミル県にかんする史料にもとづき、四〇代に入ると引退者が出始め、五〇代で現役の者は非常に少ないと判断している。[10]年齢の上昇にともなう労働能力の衰えやそれまでに息子が成人し「後継ぎ」になることを考慮するならば、そのような理解はほぼ妥当であろう。

ここではこの問題を解くための手がかりとして、一八八〇年代にジバンコフが北西部で採取した四村六二世帯のサンプルを検討してみたい。この史料には、世帯構成員の性別と年齢、村外就業者の職業・職種、行先、村にとどまる男性についてその事情、働き手の雇用などが記載されている。したがって、世帯構成、村外就業、雇用の関係を読みとることができる。[11] 残念ながら、財産状況、世帯分割の履歴、農業経営の状態、諸義務の遂行状況にかんする言及はない。四村のうちЦ、Г、Кの三村（五〇世帯）は、男性の多くが塗装工や大工として働いているという理由から選択されている。この三村では男性（一〇二人）の四八・〇％、女性（一三三人）の四・五％が村外で就業し、ないしは村外に滞在していた。そしてこの三村と対比すべく、ジバンコフは「村外就業がさかんではない」А村を取りあげている。彼曰く、北西部にはこのような村落が「オアシスのように」点在していた。[12] もっとも、このА村も村外就業者ないしは滞在者の比率が男性（三三人）の三三・三％、女性（四三人）の二・三％とけっして低くない。このようにサンプルはジバンコフにより恣意的に選択されたものである。したがって、それが北西部全体の状況を必ずしも反映していない点に留意すべきであろう。既に述べたように、ジバンコフは生計手段としての村外就業の重要性を認識していた。それとともに、彼は農村社会に及ぶ「悪影響」を強く憂慮していた。そのような自説を展開するにあたり、北西部農村にみられる村外就業の広範な浸透を裏付けるものとして、ジバンコフは四村のサンプルを作成したのである。

さて、この四村調査では、現役村外就業者の最高齢は五二歳（К村）である。なお、六〇歳以上の男性はЦ村一人（六三歳）、Г村一人（六五歳）、К村一人（六〇歳）の三人である。このうちГ村の一人は独居者である。残りの二人は、同居する息子が村外就業を引き継ぐ形となっているが、それがいつ行なわれたのか明らかではない。いずれにせよ、村外就業者は遅くとも六〇歳になるまでに引退していたと考えられる。もっともジバンコフの観察では、村外就業者の中には五、六〇歳以上の者がおり、死ぬ間際まで働いている者もいた。とくに裕福な者や商業従事者は移動にともなう肉体的負担が比較的軽いので、そのような年齢でも就業し続けていた。[13] 逆に、経済的な事情から引退できない者もいた。しかるに、引退という形ではなく、死によって村外就業が終了するケースも多かったのだろう。

年齢的には就業可能であるにもかかわらず、村外就業を断念せざるをえない者もいた。傷病や飲酒を原因とする労働不能者、租税や償却金を滞納し、郷役場や村団から国内旅券の交付を拒否された者、農作業の人手が不足している世帯の家族員、郷役場や村団の役職者などである。ジバンコフによれば、ソリガーリチ郡やチュフロマ郡の住民は、村外就業が非常に有利であるとみなしていたので、農作業や家事の人手不足、困窮による旅費や国内旅券取得費用の不足、滞納金の増加、「意志の弱さからの」飲酒などの要因が重なってようやく出発を断念していた。たとえば、妻が農作業や家事に加えて幼児の世話に追われているとき、ペテルブルクでの仕事が順調な者や腕のよい者は稼ぎを送金して働き手を雇うことができる。しかし収入が乏しい者は、妻が子育てからある程度解放されるまで地元にとどまらなくてはならない、とジバンコフは説明する(14)。

ちなみに女性の商工業的な生産活動は、男性以上に世帯事情が大きな決定要因となる。コストロマー県南西部の女性にかんするエンゲルの論考によると、女性が工場に就職するためには、年齢が若く、独身であること、工場が居所の近くにあること、結婚・出産後、世帯に家事や育児を担う年長女性がいることなどの条件が合わなくてはならない。就職できた場合も、女性はしばしば工場労働だけでなく耕作、家事・育児もこなさなくてはならない(15)。つまり、家庭外で働いても、女性は家族の圏から切り離されないのである。

ところで、郷会や村会は家長の参加のもと、郷長や村長、下級警吏の百人長や十人長などを選出していた。これらの役職者は任期中、地元への居住が原則義務づけられていた。したがって、選出された者は村外就業を断念せねばならない。在任中、彼らの収入は途絶え、熟練も衰え、仕事に不可欠な人脈も細くなる。俸給は、それまで村外就業で得ていた収入を補うには程遠い。さらに、郷長や村長の職務には租税や償却金の徴収、滞納金の督促、財産の差し押さえと競売など、村人の不興を買うものが含まれている。村人は百人頭や十人頭を、困窮者が少額の収入を目当てに務める役職とみなしていた。なかでも百人頭の任務には郡警察分区署長宿舎の当直が入っており、村人はそれを忌避していた。ゆえに、百人頭や十人頭への選出に屈辱を感じる者もいた。富裕者、とくにペテルブルクで事業を展開し、家族とともに長期滞在している者は、この「生活の危機」を回避すべく、なんとか任命を辞退しようとした[16]。

辞退希望者は村会や郷会の参加者に酒を振舞い、辞退を承認してもらおうとした。周知のように、農村共同体の選挙ではウォッカが大きな役割を果たしていた[17]。逆に言えば、参加者も酒を飲みたいがために、まず辞退しそうな者に目を付けていた。この慣行は経済的成功者に対する一種の社会的制裁なのである。あるいは、辞退希望者は個人的に代役を見つけようとした。この場合、村外就業の断念にともない生じる損失を彼は承諾者に補填しなくてはならない。他方で、共同体側も最終的に誰かを選出する必要がある。共同体は本命の者に対しては共同体の予算を使って料理や酒をふるまい、金品を贈り、決定を受諾させようとした。なかには、工作費用に三年間で一〇〇～三〇〇ルーブリを支出する共同体もあった。しかし、適任者は働きに出ており、村には「さまざまな失敗者」しか残っていない。結局、共同体は適任者以外の者を選出せざるをえない[18]。

このような役職者の選出過程をみても、北西部の農村自治が慢性的な人材不足に苦慮していたことがわかる。その不足は、部分的には女性によって補われていた。村会は家長不在の世帯について、女性が代表者として参加することを認めていた。ただし、村団の代表者が出席する郷会に女性の出席は許されない[10]。さらに、十人頭の責務はあまり重要ではないとされ、その代役が見つからない場合、任命された者は妻に職務の遂行を委ね、村外へ出ることが許されていた[20]。

序論でも触れたように、村外就業がさかんな農村では男性の不在から女性は重大な役割を演じるようになり、彼女たちの地位も上昇したとエンゲルは結論づけている。ファーンズワースも村外就業がさかんな地域の事例研究から、共同体における女性役割の拡大を背景に、農婦が夫からの殴打などを郷裁判所に訴え、自分の権利を主張していたことを発見している。[21] これらに対し、ウォロベックはつぎのような批判を加えている。村会には世帯の代表として家長、つまりたいてい男性だけが参加できた。女性が例外的に家長とみなされるケースはあるとはいえ、その場合でも役職者にはなれない。ジバンコフは、男性権力者は村に残ると述べている。したがって、女性の役割拡大や地位上昇は限定的なものであり、家父長制を揺るがせるまでには至らなかったのではないだろうか、と。[22] ここでより支持されるのはウォロベックの見解である。たしかにエンゲルが主張するように、農村社会において女性は重要な役割を担っていた。しかし、女性はあくまでも男性の代理として発言権を持っていたにすぎない。ジバンコフは、女性が生産・消費活動で活躍し、ときには男性に指示を与えてさえいる姿を描写している。しかしそれとともに、女性が道路修繕などの共同作業に従事し、それを男性役職者がパイプやタバコを吸いながら見守っているというエピソードにも触れている。[23] このような男女の作業分担こそ、農村社会における男性と女性の序列を象徴するものではなかろうか。なお、家族関係については第九章で改めて論じてみたい。

　以上のように、成人男性の長期不在が世帯の性別分業に見直しを迫っていた。村外就業者は、少なくとも屋外での農作業の労働力としては期待できない。何らかの事情で断念せざるを得ないかぎり、男性は老齢で引退するまで村外就業を継続した。それゆえ女性は、男性の労働領域のかなりの部分をカヴァーすることになる。農村共同体の活動でも、女性は男性不在者に代わって役割を果たしていた。男性と女性の間に支配従属関係がなお維持されていたとしても、男性が女性の労働貢献を評価し、女性に敬意を払わなくてはならないことは間違いない。そのような女性労働の実態に立ち入る前に、労働力配置のあり方について確認しておこう。

二　労働力の配置

チャヤーノフはその小農理論において、大規模な世帯ほど労働力が大きく、生産活動への労働力投入において選択の幅があるという点で有利だと主張している。[24] もちろん、共同体的土地所有の場合、分与地の面積と労働力の間に照応関係がある。大規模な世帯では消費も増大する。これらを考慮に入れると、チャヤーノフの主張の妥当性については慎重な判断が求められる。ただ、村外就業の観点から労働力の配置についてみると、世帯規模が大きな意味を持つことは確かであろう。世帯は村外就業と農作業・家事の両方に労働力を配分しなくてはならない。大規模で複数の成人男性を含む世帯であれば、成人男性労働力の配置を調節する余地が生まれる。この場合、家長が年長者原理にもとづいて家族員の担当を決定する。しかし、単純家族世帯など小規模な世帯では選択肢が限定される。このような世帯では夫の村外での就業がほぼ固定化され、農作業の男手を完全に欠くことになる。農作業と家事・育児を担うのは妻で、労働力の不足分はしばしば世帯の外から補充される。

一九世紀前半、コストロマー県北西部の領主農民世帯は、家族員が分担して、また人手不足の場合は働き手を雇用して貢租や賦役などの諸義務を遂行し、分与地での農作業に従事していた。領主は多核家族世帯に対し、夫婦（チャグロ）を単位に貢租、あるいは賦役や両者の混合という形態で義務を課していた。ゲンキンによれば、たいてい息子や弟などの年少者が貢租納入のための村外就業を、父親や兄などの年長者が世帯の管理、分与地や領主の農場での農作業を受け持つところとなった。また夫婦の間では、たとえば夫が村外で働き、妻が賦役労働に従事していた。[25] 領主は領民に、しばしば分与地の耕作を条件に村外へ出ることを許可し、人手不足の世帯には働き手の雇用を強制した。領主は領地にとどまる「在宅者（домолег）」が農業労働者として雇用され、補足的な現金収入を得るように指示した。[26]つまり、世帯の生産活動バランスには領主の意向が強く働いていた。領主は貢租収入と賦役収入の獲得、領民の農業経営維持、村在住者に対する雇用機会の提供と生活保障（そしてこの者による義務の遂行）を重視していたのである。なお、人手が不足し、農業労働者の賃金も比較的高い北西部には、ヴォログダ県出身の領主農民などが就労目的で毎年、到来していた。[27]

ところで、農奴制下でみられたような年長者原理にもとづく成人男性間の分業は、解放後の一八七〇、八〇年代においても採用されていた。県統計委員会の通信員はガーリチ郡ブィコフスカヤ郷イグナトフ教区から、「ピーテルシキはたいてい他の者よりもまっとうに、かつ清潔に暮らしている。それはとくに、男性の働き手のうち一人ないし二人が首都に行き、もう一人すなわち父親ないしは年長の息子が家に残る世帯にあてはまる」、と伝えている。[28]観察者は、農業と村外就業の両方に配慮したものとして、かかる分業に一定の評価を与えている。

その一方で、分担を固定していない事例もある。ピーゴロフによれば、大工の村外就業がさかんなソリガーリチ郡やコログリフ郡では、一六、七歳の若者がみなペテルブルクに送り出されていた。彼らは地元で結婚するまでペテルブルクに滞在し、結婚後は他の者と同じように、一、二年ごとに帰郷していた。彼らが他の家族員と入れ替りに出発する場合もあったという。[29]おそらく、家族員のうち誰かが必ず村外に働きに出るようにして収入源を確保するとともに、兄弟の間で負担を平等にしようとしていたのだろう。それにより、各兄弟の夫婦生活と出産・育児機会が確保され、現金収入が均等化され、村外就業に必要な熟練も維持される。こうして兄弟間の経済格差が発生しにくくなり、将来ありうる世帯分割の支障も取り除かれよう。男性家族員全員が少年時代に見習修業で技能を獲得していたからこそ、そのような就業者の交代が可能となったのである。

成人男性の一部ではなく、全員が村外に滞在しているという指摘もある。成人男性の働き手が多く、なおかつ成員の一部が村外で就業し、残りの者が家に留まる世帯が良好な経営状態にある、とピーゴロフは分析している。

その反面、彼は「一人の余分ないしは自由な働き手だけでなく、必要不可欠な働き手たちが『よそに』出かけてしまう事態がかなりある」ことを、村外就業の弊害とみなしている。(30)「テーニシェフ民俗学事務局」通信員のマカーロフも九〇年代末のガーリチ郡から、「各世帯には必ず一人、二人そして三人のピーテルシキがいる。ときには、父親と既婚・未婚の息子全員がペテルブルクに向かう。家は農婦一人で取りしきる」、と同種の傾向に言及している。(31)つまり、ここでは成人男性が村外で就業し、女性が農業や家事を担うという、性別にもとづく配置が軸となっているのである。

では、改革後の世帯では成人男性間の分業と性別にもとづく分業のうち、どちらが主要な位置を占めていたのだろうか。以下の事実をふまえるならば、時代が下るにつれて性別にもとづく分業の重要性が増していったと考えられる。一つは、諸義務の遂行や消費などで世帯における貨幣の収入の需要が大きくなったことである。これに対応すべく、世帯は村外就業に多くの労働力を配置する必要が生じる。もう一つは、大規模で複雑な構成の世帯が減少したことである。周知のように、農奴解放後のヨーロッパ・ロシア農村は世帯分割の大きな波を経験する。その結果、一九世紀末までにロシア中央部では黒土、非黒土の地方差はあるものの、男性の働き手が一、二人、規模四～六人の世帯が主流となる。世帯の労働力はおもに一組の夫婦と年少の子どもから構成されるところとなる。(32)一八七四年の世帯数が七九七五世帯であったソリガーリチ郡でも、八三年までに一〇七〇件の世帯分割が発生している。(33)一九〇二年から〇四年にかけて、県ゼムストヴォ統計局は農民世帯調査を行なっている。この調査によれば、ガーリチ、ソリガーリチ、チュフロマの三郡の平均世帯規模は五・四人である。一八～六〇歳男性の人数別構成は、一人が全体の過半数（五五・二％）を占める。以下、二人が二一・四％、ゼロが一四・二％、三人以上が九・二％の順である。(34)したがって、複数の成人男性を含む世帯は三割程度にすぎない。

以上から、成人男性労働力の農作業から村外就業への配置換え、そして世帯規模の縮小にともなう成人男性一人世帯の増加という二つのプロセスにより、男性が村外就業に従事し、女性が農作業や家事・育児を取り仕切るという分業が主軸になっていったと結論づけることができる。佐藤芳行も中央非黒土地方の世帯調査史料を分析し、女性の働き手が土地耕作を受け持ち、男性の働き手がおもに商工業的な生産活動を担うという形で、農業とそれ以外の生産活動が結合していたと述べている。さらに佐藤は、世帯規模が小さいほど男性の農外生産活動従事度が高くなる傾向を見いだしている[35]。というのは、成人男性が一人であれば、この者が商工業的な生産活動に従事する可能性は高くなる。二人以上であれば、男性の間で農業とそれ以外の生産活動を分担するという選択肢が生じるからである。

ところで、ジバンコフの四村調査からは村外就業と地元での雇用との関係が読み取れる。あらかじめ就業状況を確認しておくならば、男性村民に占める村外就業者の比率は、Ц村――三六・三%、Г村――七一・四%、K村――四四・一%そしてA村――三三・三%である。その他、村在住の成人男性のうち村外就業の経験者がЦ村で五人中四人、Г村で二人中二人、K村で八人中八人いる。ジバンコフにより「成人男性が『定住』する、きわめてまれな村」と位置づけられたA村でさえ、一〇人中五人である。このように、四村は村外就業の極限的発展状態にあった。就業者の職業・職種は、Ц村以外の三村では塗装工が多い。Ц村出身者はかつて桶樽製造に従事していたが、桶樽産業の衰退からか調査時には特定の傾向はない。なお、村外に出た女性の大部分は男性家族員と一緒に行動していた。単独で行動した女性は一人だけである。村を出た女性の中には、世帯を離れた者としてこのリストに記載されていない者もいるのだろう。

そのうえで、四村の村外就業と雇用の状況を示す表4-2をみてみよう。四村六二世帯のうち成人男性一人世帯が三二世帯と過半数を占めている。二人以上の世帯は三割強にすぎない。これは、上述の一九〇二年~〇四年世帯調査とほぼ同じ構成である。成人男性一人世帯では、二〇世帯が村外に成人男性を送り出している。この

表 4-2　4村62世帯における成人男性労働力の配置と雇用

世帯における成人男性*（人）	村外就業者（人）	農作業、家事・育児のための雇用**	世帯
0			8
	0	無	7
	0	有	1
1			32
	0	無	12
	1	無	3
	1	有	17
2			17
	0	無	3
	1	無	6
	2	無	2
	2	有	6
3			5
	2	無	1
	2	有	1
	3	有	3
合　計			62

注：*15歳以上の者を対象とした。**一部の世帯を除き、雇用した働き手の人数は1人である。
出典：*Жбанков Д. Н.* Бабья сторона. Статистико-этнографический очерк. Кострома, 1891. С. 54, 102-112 より作成。

二〇世帯のうち一七世帯は、人手不足を雇用で補っている。つまり、村外就業は農作業などのための働き手を雇用したうえで行なわれていた。残る一二世帯の多くは、飲酒や傷病などが原因で村外就業を取りやめていた。農作業や家事・育児に配慮して男性がとどまっている世帯は少数派である(36)。

成人男性二人世帯は一七世帯である。このうち八世帯では成人男性が二人とも村外で就業していた。さらに、この八世帯のうち六世帯が働き手を雇用していた。つまりこれらの世帯は、二人のうちいずれかを農作業に従事させるよりも、農作業の人手を雇用して二人とも村外で働かせた方が経済的に有利であると判断したのである。残る九世帯のうち六世帯は一人を村外に送り出し、三世帯はゼロである。この九世帯は男手が地元にいるので、雇用を行なっていない。したがって、成人男性二人世帯はたいてい成人男性を農業と村外就業に一人ずつ配置するか、働き手を雇用したうえで二人とも村外に向かわせるかのいずれかを選択していたことになる。最後に、成人男性三人世帯は五世帯である。このうち三世帯は三人全員が村外就業者で、働き手を雇用している。残る二世帯は二人が村外就業者である。ここでも成人男性二人の世帯と同様、二つの配置タイプがみられる。

雇用された働き手として寡婦、婚期を過ぎた未婚女性、子ども、地元在住の成人男性などが記載されている。総じて、世帯は成人男性を賃労働に専念させ、その代わりに相対的に小さな労働力を外部から雇用し、補っていたと言える。

このように、六二世帯のうち成人男性を含むものは五四世帯である。三一世帯が成人男性を全員村外に送り出し、八世帯は複数の成人男性の間で村外就業と農作業を分担していた。残る一五世帯は村外就業者を欠いていたが、成人男性の多くがその経験者だった。そのような成人男性の配置実態が農婦や子どもの労働役割や雇用労働力の需要を一層大きくしていたことは間違いない。

なお、クリューコヴァは中央非黒土地方と比較しながら、中央黒土地方における村外就業の普及と世帯の労働力配置について論じている。これによれば、第一に、中央黒土地方の大規模で複雑な構成の世帯は村外就業と農業の兼業において有利であった。しかし第二に、中央黒土地方の村外就業は農業的で、期間も短く、移動距離が短かった。農村住民は差し迫った事情がある場合にのみ、これに従事しようとした。第三に、労働力の配置についていて、中央非黒土地方では家長（父親）が村外に出ないとしても、息子たちの間で村外就業の負担が平等に分けられていた。一方、中央黒土地方では家長が働きに出るのはまれであり、さらに息子たちのうち、おもに弟が「よそ」に送られていたという[37]。したがって、中央黒土地方は中央非黒土地方よりも年長者原理にもとづく分業が根強い。中央非黒土地方では熟練を要する高賃金の村外就業に息子全員が従事する。これにより息子たちが世帯を分割し、独立してからは、各人が村外就業からの収入を柱に世帯を維持可能となる。しかし、中央黒土地方の場合、村外就業はそのような生計基盤とはならず、農業経営設備の相続がそれを与えていた。この相違が両地方の世帯における村外就業の位置づけを対照的にする。すなわち、中央黒土地方では農業が村外就業よりも上位にあり、村外就業は家族労働において従属的な立場にある年少者の役割とされる。これに対して、中央非黒土地方では農業と村外就業の序列が逆転する。村外就業は生計のおもな支え手である男性が担う、中心的なものとなる。農業は女性や子ども、老人、「労働不能者」が担うものとして下位に置かれる。ここでは村外就業の進展にともないその価値づけが変化し、労働力の配置が見直されていたのである。

ところで、とりわけ性別にもとづく分業を基本とする世帯では、農作業や家事が農婦や子ども、老人の手に委ねられる。次節では北西部における彼らの労働に注目してみよう。

三 農婦と子どもの労働

北西部の農村では一〇代から五〇代までの男性が村外へ働きに出ていた。そのため、夏の間、村の住人は女性と子ども、老人だけになる[38]。これは北西部のみならず、中央非黒土地方の各地でみられた現象である。そこでは、一般に男性の役割とされる多様な労働が妻、子ども、老人の担当となる。とくに妻は働き手の中心として農作業に従事するとともに、家事や育児をこなさなくてはならない（図4－1）。北西部女性の高い農業専従傾向は、一九〇二～〇四年の世帯調査からも読みとることができる。それによると、北西部では穀作を行なわない世帯は約一割と低い。女性人口の村外就業者比率は一割未満である。南西部では女性が工場労働や農村小工業、商業的農業に従事していたことを反映して、穀作を行なわない世帯が二割に上昇する[39]。

農村住民の労働規範の中でもそのような夫と妻の責務が定められていた。マカーロフは、「当地において、家族生活は主として責務上の関係にもとづいて形成されている。夫は家族を養うために金銭を稼がなくてはならない。妻は家事をこなさなくてはならない」、と述べている[40]。

農作業のうち、とくに筋力を要するのは牛馬を用いた耕作である。成人男性が不在の世帯はこれを地元在住の

図 4-1　ガーリチ郡の農村女性

出典：*Щевяков А.* Галич. Костюмы и типы жителей Галича. Историческое и этнографическое описание // Нива. 1871. № 2. С. 20.

男性に請け負わせていたが、農婦もこれに参加していた[41]。そのような事情から、ヤロスラヴリ県やコストロマー県などの村外就業地域では、女性でも扱えるように改良したコスリャー（木犂）が普及していた[42]。ジバンコフは農業経営における女性の多大な貢献を絶賛している。「当地の女性は単なる夫の助手ではなく——助手の働きだとはめったにみなされない——自立した女性の働き手であり、一人前の女主人でもある。彼女が最も助言や助力を必要としている夏場に、それらを与える者は誰もおらず、精一杯やれ、働け、全部自分で決めろとだけ言われる。彼女はすべてをこなし、一人で隣人の男性や自分の夫、つまり役立たずのピーテルシキよりもうまく取り仕切っている」。さらに、農婦は家事や育児も担い、世帯を代表して農村共同体の活動にも参加する、とジバンコフはその活動領域の広さを指摘する。たしかにジバンコフは農村女性に感情移入するあまり、働く彼女たちの姿を美化している。とはいえ、ジバンコフがそのような女性の男勝りの活躍から北西部を「農婦の郷」と形容したことにも十分な根拠があるだろう。この性別分業の流動化はジェンダーにもとづいた余暇活動規範をも揺るがせていた。ジバンコフは北西部に独特の光景として、居酒屋に出入りし、定期市や路上で酔いつぶれている農婦の姿を描写している[43]。

なお、妻が夫の留守宅を預かる際、識字力が有用となる。女性は郷役場や村団に対して義務を遂行し、農業経営上の必要から土地を貸借し、農業労働者を雇用し、売買契約を結ばなくてはならない。くわえてエンゲルが指摘しているように、農婦は家計、農作業、家事について夫と連絡を取り合わなくてはならない。読み書きができなければ、それができる誰かに頼らなくてはならないが、それでは家庭の事情が知られてしまう[44]。すでに一九世紀前半において、北西部では都市などに滞在する男性自身だけでなく、女性も県内他地域の住民より識字率が高かった。女性の高い識字力は、妻が夫の指示にもとづいて家計を切り盛りしていたにせよ、その高い処理・管理能力を証明している。

農婦は農作業や家事・育児に専念する一方、有利ではない生産活動を縮小していった。北西部においてその対象となったのが亜麻の栽培である。当時、ロシアは世界最大の亜麻生産国として、西欧先進工業国の亜麻工業に原料を供給していた。亜麻の輸出量は一九世紀をつうじて増加傾向にあった。とくに、一八六〇年代後半～八〇年代前半の増加は顕著であった[45]。コストロマー県南西部はそのような市場向け亜麻の主要生産地となっていた。

北西部でも農婦が亜麻を栽培していたが、繊維関係の産業施設が欠如していたこともあり、南西部よりも栽培規模はかなり小さく、その目的も自家用を中心としていた[46]。北西部の農婦は収穫した亜麻で糸を紡ぎ、布を織っていた。亜麻糸の一部は買付人に引き取られ、国内外の市場で販売された。春播き耕地に占める亜麻作付面積の割合は、一九〇二～〇五年の全県平均で一〇・七％である。この割合は、南西部のコストロマー郡では二六％と高いのに対し、北西部のチュフロマ郡ではわずか二％にすぎない[47]。

ちなみに、亜麻の生産は女性の労働領域とされたが、それから得た利益の取り扱いは階層により異なっていた。北西部にかんする史料によると、裕福な世帯では収益は女性の個人的な財産とみなされる。貧しい世帯の場合、収入はいったん家長の手に渡る。そのうえで、家長は少額の支出用としてその一部を年長の農婦に委ねていた[48]。貧困層は女性の労働領域からの収入を女性の個人財産として位置づけることができなかったのである。

マカーロフは亜麻栽培が衰退した事情を、男性の村外就業と関連づけながらつぎのように説明している。

（略）われわれのところでは今、亜麻はあまり栽培されていない。安っぽい、強度のない更紗が自家製の丈夫な布に明らかにとって代わっているからである。［亜麻を］捺染したサラファンは、当地では誰も着ていないし、工場生産でそういったものはない。農婦が薪を集めるために更紗の服で森へ行くと、すぐに服を破いてしまう。翻って、ここからせいぜい二〇～三〇露里にあるヨルジェンスキー、スタイノフスキー教区といった奥地の森林をみるならば、農婦はずっと分別がある。彼女たちは亜麻の種を播き、たくさん亜麻布を織り、捺染（染色）したサラファンなしで済ませていない。どうしてそうなっているのか？　ピーテルシキが農婦を甘やかしてだめにしたか、あるいは逆に農婦たちが彼らの不在を良いことに自由勝手に行動し、家計のやりくりをぞんざいにし、一日に三度茶を飲み、子どもの世話をして、亜麻のことは忘れてしまったからだ。スタイノフスキー、ヨルジェンスキー教区では家長がほぼ全員、自宅で生活し、ペテルブルクには息子たちだけを送っている。そのため彼らの経営は傾いておらず、順調なのだ。(49)

亜麻の栽培と加工は大きな労力を要する。にもかかわらず、亜麻の売却益は市場の動向に左右されて不安定だった。(50)自家消費用の亜麻需要も、工場生産の布地が流通するにつれて縮小していく。一八九〇年代の北西部では、奥地の集落でのみ亜麻が栽培されていた。より開けた地区では、自家で亜麻を栽培せずとも、布地や衣服を購入でき、住民もこれを好んでいたからである。

男性が村外就業、女性が農業を担当している地区の場合、農婦は工場生産の更紗を購入し、亜麻栽培を取りやめ、それに費やしていた労力や時間を家事や育児、あるいは「余暇」に回そうとする。一方、奥地の村落では市場経済がいまだ十分に浸透していない。大規模で複雑な世帯の家長は村にとどまり、農業経営の采配を執り、若い男性家族員を村外に送る。耕作は男手で行なわれる。これによって、農婦が亜麻栽培に従事する時間が生まれる。工場製品は流通しておらず、またそれを購入するだけの現金収入も十分に確保されていないので、衣服の製作は女性の主要な労働として残る。それゆえマカーロフの頭の中では、家長の村外就業と農婦による亜麻栽培の放棄、そして家長自身による経営管理と農婦の亜麻栽培への従事が結びついたのだろう。こうしてマカーロフは、不在のため家長が農婦を監督せず、亜麻栽培が衰退しただけでなく、農婦が家計管理を疎かにしたと断罪する。

ところで、世帯の規模や村外就業の有無を問わず、農民世帯にとって子どもや老人の労働貢献は不可欠である。コーロソフの報告からは、子どもの成長にともなう労働役割の拡大プロセスが確認できる。すなわち、子どもは九、一〇歳ないしはそれ以前から働き始める。九、一〇歳の少女は乳飲み子の子守りをする。子守りを雇う相場は、ひと夏で三、四ルーブリである。「八歳にもならない少女が息づかいも荒く、フーフー言いながら、布にくるまれた赤ん坊を抱いているのを見かけることさえある」。一〇歳の少年は、自分のためにわらじを編むことができる。冬、少年は森から薪を運び、父親の手伝いで林業関係の仕事をする。一〇～一二歳の子どもは多種多様な家事や農作業をこなせるようになる。子どもたちは収穫し、まぐわで土を均し、干し草を集め、脱穀の手伝いをする。一〇代後半になると、その労働はほぼ一人前とみなされる、と[51]。

先述のように、コーロソフの報告は林業がさかんな地区にかんするものである。推測の域を出ないが、父親が村外就業者であるならば、少年は不在の父親に代わりもっと早くから「男手」としての貢献を期待されたであろう。少年が父親から農作業や家事を学ぶ機会も少なくなる。もっとも、父親自身にそれらを教えられるだけの経験があるわけではないが。少年は農作業や家事の熟練が身につかないまま、一〇代前半に農村を去り、ペテルブルクで見習修業を開始することになる。むしろ少年は、就業先で父親と一緒に働いたり、生活したりする機会を得てから、父親の経験知を伝達されたのではないだろうか。少女の場合、幼い時から母親や祖母のもとで、あるいは雇われ先で家事や育児を手伝い、さまざまな農作業を体験し、それらの技能を獲得していく。また父親の不在中、世帯を守る母親の姿から、少女は将来、自分が結婚したときに妻や母親として何をすべきか自覚していったのではないだろうか。

老人の労働については史料が乏しい。ジバンコフは、母親は夏の間、農作業で多忙なので、乳幼児の世話が二の次になる。そのため、これをかろうじて動ける老女や八～一一歳の子どもに任せるか、家族の中に適任者がいなければ近所の老人や子どもを子守として雇ったと記している[52]。老人に対してもその労働能力に応じて仕事が委ねられていたのである。

このように、成人男性が不在の世帯では農婦や子ども、老人が農作業や家事・育児を協力して遂行していた。

しかし、家族員だけで必要な労働力が充足できるというわけではない。ジバンコフがそのような農業の現実を伝えている。耕地の一部を放棄したとしても、農婦たちが最低限必要な作業を時宜に済ませたわけではない。収穫時には作物の実の半分がすでにこぼれ落ちている。採草地から草をすべて刈り取ることはできない、と[53]。それゆえ、とくに農繁期には世帯外からの労働力の確保が課題となる。雇用や村人の共同農作業に目を向けてみよう。

四　働き手の雇用と共同農作業

一八七一年のピーゴロフ調査は、世帯外からの労働力調達方法を紹介している。すなわち、①耕作から脱穀までの請負、②人手の雇用、③採草地や放牧地の利用を引き換えとする農作業の請負、④収穫物の折半を条件とする耕作請負の四タイプである。このうち最も一般的だったのが②の雇用である。その期間は通年、春から秋、週三日間で半年、日雇いなどさまざまである。また、被用者による馬の提供を条件とする場合もあるという[54]。

一九〇二〜〇四年の世帯調査は、雇用の有無とその支出額にかんする項目を設けている。その結果によれば、ガーリチ郡の農民世帯は四六・〇％が働き手を雇用していた。一年間あたりの平均支出額は一九・九ルーブリである。ソリガーリチ郡でも四九・二％の世帯が人手を雇い、年平均で一四・六ルーブリを支出していた[55]。この調査では土地の利用や収穫物の折半を条件とする労働力の提供については、金銭の支払いを伴っていないために十分に捕捉されていないか、あるいは雇用とみなされていない可能性がある。ともかく、世帯の約半数が何らかの働き手を雇用しており、その支出額も小さくない。雇用労働力の普及は高い水準にあったと言える。世帯は、働き手の雇用を不可欠のものとみなしていたのである。

そこで雇用について、被用者を基準に①村内ないしは近隣村落の成人男性、②結婚前の娘、成人女性、③ヴォログダ県など郡外の出身者の順にみていこう。

① 成人男性

北西部の農村住民は村にとどまる成人男性を「在宅者」と呼んでいた。男手が不足した世帯は、村内あるいは五〜七露里以内にある集落の「在宅者」に耕作や脱穀を委託していた。作業は、「在宅者」が所有する馬を使用して行なわれる。「在宅者」は隣人の農作業を請け負うことで、八〇年代末頃で一シーズンあたり二五〜三五ルーブリを得ていた。[56]ガーリチ郡のマカーロフも九〇年代末に、「在宅者」――マカーロフは「耕作者（пахарь）」と呼んでいる――が、自分の馬を使用し、雇用側の家族も作業に参加するという条件で、脱穀を含む耕地での作業一切を二〇〜二五ルーブリにて引き受けている、と報告している。[57]

行論で触れたように、たしかに何らかの事情で「在宅者」となった男性は、村外就業からの収入が断たれることになる。しかし、「在宅者」は自分自身の分与地を入念に耕作して収量を増やし、くわえて他の世帯から農作業を請け負う。その結果、「在宅者」の世帯は生計を維持できただけではなく、観察者によってはその経営状態を高く評価するまでの水準に到達したのである。換言すると、成人男性の多くが村外就業者となり、村に金銭をもたらしたことで、「在宅者」の生計が成り立っていた。メルトンは、農村小工業が農村住民の生産活動に与えたインパクトの大きさに注意を促している。たしかに、ロシア経済において農村小工業は小さな部分を占めていたにすぎない。しかし、農村小工業はその生産地の住民のみならず、原料の供給、輸送、消費などの形で生産地と結びついていた多くの地域の住民を賃労働に引き込んでいたのだ、と。[58]北西部の農村でも村外就業がもたらした豊かさは、村在住者さらには他郷からの流入者にも享受されていた。成人男性は村外で働けなくなっても、地元で農作業に従事し、生計を維持することができた。不在者世帯の耕作請負が一種の生活保障の機能を持っていたのである。

興味深いのは、「在宅者」の耕作請負が馬付きで行なわれていたことである。馬は農業経営に不可欠である。ゆえに、農村社会において馬の所有の有無は貧富の基準とみなされていた。しかし、耕作などで馬力が必要なときに世帯外から馬が調達できるのであれば、馬を所有しないという選択も一理ある。農村にとどまる女性が男性に代わって馬の世話をする手間が省け、飼料も少なくて済むからである。上記の世帯調査によれば、北西部においては全世帯のおよそ七割が馬一頭以上を所有していた(59)。このように、実際には大多数の世帯が馬を所有し、馬なし世帯は少数派である。その中には、上述の理由からあえて馬を所有しない世帯も含まれていたのではないだろうか。

②　結婚前の娘、成人女性

つぎに、結婚前の娘や結婚適齢期を過ぎた未婚女性、寡婦、兵士の妻が農業「シーズン」、すなわち春から秋まで、あるいは収穫作業などで雇用されていた。雇用側からすれば、女性の働き手には好都合な点がいくつかある。まず、女性は男性よりも賃金が安く済む。それに男性が不在の間、女性家族員はこの働き手と一緒に生活を送ることになる。したがって同性が望ましい。

働き手の側には、世帯の外で働かなくてはならない事情があった。結婚前の娘は将来の結婚に備えて嫁資を蓄えなくてはならない。もっとも、実態は階層によって異なる。貧しい娘は自分の稼ぎを家長に渡し、家計を支えなくてはならない。裕福な家の娘は自分で嫁資を準備する必要がないので、いつも親元で暮らす(60)。

ロシアの農村社会では、婚期を過ぎても結婚しない女性はマージナルな存在である。エンゲルによれば、農民は結婚を神聖なものであるとともに、リスペクタブルな女性や男性にとって不可欠なものとみなしていた。婚期を過ぎても結婚しない女性は侮蔑的な名称で呼ばれ、産婆、治療者、神職を自称する者を除き賤民扱いされた。彼女たちは、結婚により与えられる土地利用権を持たない。ゆえに、その大半は他者のために働くことでなんとか生計を立てようとしていた。(61)北西部においても女性の生涯未婚者は低い地位にあった。

寡婦や兵士の妻は夫の実家で微妙な立場にあった。これについて、ウォロベックやエンゲルが大略つぎのようにまとめている。男の子を産んだ寡婦は農村共同体からの土地割当の対象となり、夫の分与地を引き継ぐことができる。義理の両親も寡婦の同居を許す。女の子や子ども無しの場合、農村共同体は原則として寡婦に土地を割り当てない。義理の両親も寡婦を厄介者扱いする。世帯の共有財産についても、彼女は夫の持分を主張できない。寡婦に子どもがいて義理の両親のもとに留まったとしても、仲を取り持つ夫がいなければ寡婦は虐待を受けやすい。共同体からの分与地を当てにして親元から独立すれば、彼女はより自由となるが、その場合、自分自身で、あるいは働き手を雇用して農作業を行ない、諸義務を果たさなくてはならない。生活基盤のない、したがって担税能力のない者は農村共同体から最低限の援助を受けて生活するか、村の薬草医や産婆になる。その他には村の内外で働くしか手立がない。夫が兵役に就いた場合も、子どもがいなければ、妻は義理の両親から追い出される。新しい徴兵制度が導入され、兵役期間が大幅に短縮されてからは、農村共同体や世帯における兵士とその妻子の立場も変わり、兵役期間中、彼らは自分たちの権利を保持できた、と。(62)

このように、彼女たちは結婚し、いずれは世帯の主婦になるという、農村女性のしかるべきライフコースにいまだに入っていないか、それからはずれてしまっていた。ゆえに彼女たちは、自力で活路を見いださなくてはならなかった。とりわけ北西部では成人男性が滞在先で死亡する事態が少なくない。もっとも、夫のいる妻も、夫が音信不通となったり、就業地からきちんとした送金がなければ、寡婦同然の境遇に陥ったのだが。しかしながら、北西部では男性の不在が彼女たちに農作業・家事労働の働き口をもたらしていた。「定住者」同様、彼女たちにもこの雇用が生活保障の役割を果たしていたのである。

彼女たちの中には村を離れ、都市で家事奉公人などになる者がいた。たとえば適齢期を過ぎたり、婚外子を妊娠・出産したりして結婚の望みをすべて失った娘、よそに好条件の働き口を見つけた者、逆に後述の、ヴォログダ県出身の安価な農業労働者のために雇用先が見つからない者などである。[63] 農村共同体は、彼女たちに共同体からの脱退や村外への移動を認めていた。彼女たちは村の中では活路を見いだせなかったのだから、一度村を離れた者が出身農村に戻るケースは少ない。[64]

女性の雇用条件について、「テーニシェフ民俗学事務局」の通信員ロシチンがチュフロマ郡から報告している。これによると、雇用期間は四月中旬から一〇、一一月中旬ごろまでである。結婚適齢の娘たちはやや早く切り上げ、一〇月一日まで働く。このときまでに若者たちがペテルブルクから帰郷し、「夜の集い」が始まるからである。賃金は二〇～四八ルーブリで、これにくわえて場合により衣服用の更紗も付けられる。契約を結ぶ際、雇い主は彼女たちが確実に自分のもとで働くように、前渡し金として五〇コペイカ～二ルーブリを渡す。この他、採草、収穫、脱穀など、人手が必要なときに日雇いや週雇いが行なわれる。雇い主は彼女たちに対して差別的な扱いをせず、両者の間には「温厚かつ気さくな」関係が形成されている、とロシチンは証言している。[65] 彼女たちは雇い先の家族と長期間にわたり共同労働・生活を送っていた。それが両者の間に信頼関係を形成していたのであろう。

③　ヴォログダ県など郡外の出身者

北西部に隣接するヴォログダ県トーチマ、ニコリスキー、グリャゾベツの三郡、またこれらよりも少人数ではあるが北方のオロネッツ県、アルハンゲリスク県からも、農村住民が農作業や家事の働き手として北西部に流入していた。おもに雇用されていたのは女性である。カザーリノフによれば、チュフロマ郡では「ヴォログジャン」

（ヴォログダ県出身者）が、春の聖フォマーの週（復活祭後の最初の週）から一〇月七日（セルギエフの日）までの一シーズンにわたり雇用されていた。賃金は、十月革命前で女性が二五〜三〇ルーブリ、男性は四〇〜五〇ルーブリと地元の者よりもやや低い。食事と作業着は雇い主の負担である。地元住民とヴォログダ県出身者の共同生活が結婚へと発展するケースも少なくなかった、とカザーリノフはヴォログダ県出身者が北西部の社会に溶け込んでいた様子を伝えている(66)。

ヴォログダ県出身者の経済活動は手工業や商業など農業以外の領域にも及んでいた。たとえば、成人女性は奉公人として町や地主屋敷で働き、少女は農家で子守として雇われていた。さらに、製靴、フェルト製造、縮絨、砥仕立などの手工業者や行商人が歩き回っていた。くわえてジバンコフが、北西部の土地は安価で、耕作放棄地が多く、賃借りや購入が容易であったことをあげている(67)。村外就業が貨幣の収入をもたらしていたため、北西部の農村住民は購買力があった。反面、ここでは商工業や生活サーヴィスを担う人材は不足していた。未利用の土地もあった。それゆえ、ヴォログダ県出身者は北西部で機会を見いだし、生活の諸領域に深く根づいたのである。

この他、農村住民の間にはポーモチ（相互扶助）の慣行もあった。これは、村人の労働提供により農繁期の作業を短期間で処理するものである。ただし、ポーモチを求めた者は参加者を食事や酒でもてなさなくてはならない。とくに人手不足感があり労賃も高い中央非黒土地方では、ポーモチの費用も高額になる傾向があった。そのため、ポーモチは経済力のある一部の富裕層を除いて有利ではなく、農業経営上、合理的であったからというよりは、祝祭・娯楽を目的に行なわれていたとの評価がある(68)。

北西部にかんする史料も、ポーモチはたいてい「郷長、村長、土地所有者など、概して農民たちが従属している裕福な農民」が行なっている、と記している。村人はこの「裕福な農民」のもとに、この者の所有地に家畜を放牧する許しを得るために、あるいは穀物や金銭の借り入れやご馳走を目当てに集まってくる。「貧しい農民」

も働き手が雇えないときには隣人にポーモチを呼びかける。ただ、村人は同情から彼のもとに集まる。作業後、夕食や酒が振舞われ、食後に茶、糖蜜菓子、くるみ、輪型のパンが出される。とくに酒を多く提供する者のポーモチには喜んで人が集まったという(69)。

なお付け加えておくと、未利用の共同体分与地や私有地は賃貸しされていた。一八八〇年代初めにおけるそれらの平均賃貸料金は、ソリガーリチ郡で一デシャチーナあたり二五コペイカ、ガーリチ郡で八五コペイカ、チュフロマ郡で一ルーブリであった。各郡でバラツキがみられるものの、いずれもコストロマー県の一・一八ルーブリを下回っていた(70)。北西部では明らかに、低い人口密度や男手の不足が土地の余剰感を強めていた。この額は土地の種類を区別したものではない。先述のように農奴解放の過程で農民の利用地が「切り取ら」れてから、とりわけ採草地や放牧地は慢性的な不足状態にあった。したがって賃貸料金は、採草地や放牧地でこの金額よりも高く、逆に耕し手の見つからない畑地はこれよりも低いものとみられる。たとえば、ペテルブルクに家族全員で滞在し、村にはせいぜい一、二人の家族員が残っている世帯は、分与地に対して課された租税は貸主の負担とし、家畜の侵入を防止するための垣根を整備するという条件だけで耕地を貸していた(71)。

では、以上でみたような女性家族員や外部からの雇用の役割をどのように評価すべきなのだろうか。第一の問題は、雇用労働力のコストである。北西部では鉄道が開通するまで、域外からの穀物搬入手段が荷馬車・橇、小型船に限定され、他方で男手が不在であるがゆえに労働力の需要は大きい。世帯は働き手を雇用し、穀物の自給度を高めようとした。さらに、働き手の雇用を可能にするだけの収入もあった。以上の事情から、北西部の賃金水準は県内他地域よりも高額となる(72)。

もう一つの問題は、女性家族員や雇用労働力によって行なわれた作業の「質」である。これと関連して観察者たちは北西部における農業の停滞を再三にわたって報告し、その原因をしばしば彼らに帰している。たとえば一八八〇年頃、県統計委員会の通信員となったある聖職者は、ソリガーリチ郡ドミトリエフスコエ村民の農業経営について以下のような問題を指摘している。すなわち、この村の男性は村外で働いている。村に残る女性は分与地を利用しないままで租税を支払いたくはないので、畑を耕そうとする。しかし、彼女たちの耕し方は雑で、肥料をほとんど施さずに種を播いている。おまけに、世帯が頻繁かつ無分別に分割されている。その結果、各世帯の働き手の人数が少なくなっている。世帯は放牧地や採草地の不足から、家畜の削減を余儀なくされている。家畜が放し飼いにされているので、しばしば耕地が荒らされている、と。[73] このように、聖職者は女性の働きぶりを酷評している。

その他の通信員たちも女性、「定住者」、他県出身者の熟練不足を槍玉に挙げ、農業停滞の主因を入念さの欠く耕作に求めている。「村を出た家長の代わりに耕すのはたいてい、体の弱い農業は素人の妻、一三、四歳の少年、そしてトーチマ郡から来た働き手、いわゆるトルシミャークである。この者はカネだけを搾り取る。彼らが畑を耕しても役に立たない。（略）農民世帯は村外就業から得た収入の一部を自家消費用・播種用の穀物や飼料の購入に充て、他ならぬずさんな耕作やそれに対する投げやりな態度に起因する穀物不足を補わなくてはならない」。「家長の不在中、雇用労働者は畑地をいい加減に耕す。地元在住の男性はこの仕事をたくさん引き受けるが、作業は雑だ。その結果、たとえば聖職者の耕地ではライ麦の収穫が播種量の七～一〇倍、燕麦は五倍、大麦と小麦は六～八倍なのに、農民の耕地の収穫はその半分以下である。農婦は夏の間中、農作業に骨を折り、自ら耕す。けれども収穫物は税の納入と自家消費で無くなる」、などなど。[74]

このように、とくに聖職者出身の通信員たちは、自分たちの農業経営と対置させながら農民農業経営の脆弱性を強調している。ここでは農婦、「定住者」、他県出身者が、農作業に必要な筋力や熟練が不足している者、あるいは割高な賃金だけを得て、仕事は手抜きをする者というレッテルを貼られている。とはいえそれは、はたして彼らの作業能力や態度を正当に評価したものと言えるのだろうか。聖職者たちは、家長を主たる担い手とする、農業経営中心の農民世帯を支持していた。そしてこの立場から、農婦などの弱者に農業不振の責任を負わせていたのであろう。いずれにせよ農婦や子ども、老人、そして世帯外から調達された労働力は、農業にとって不可欠であった。そしてそのような形で営まれた農業は、成人男性の村外就業と表裏一体の関係をなしていたのである。

おわりに

コストロマー県北西部では、一九世紀後半に農村住民の間で村外就業が一段と普及する。それにつれて、性別分業は大きく変容していく。男性は村外で働くことで農村の労働領域からほぼ完全に切り離される。一般に農村社会において男性が担うべきとされる役割、たとえば森林での作業や畑地での耕作、さらには農村共同体の活動なども女性領域に移行し、役割分業における男女の境界は曖昧になる。

一九世紀前半の世帯は、成人男性を村外就業と農業の両方に配置していた。農奴解放後、村外就業の伸長と世帯規模の縮小が並行して進んだ結果、夫の村外就業と妻の農作業・家事という分担を特色とする世帯が典型となっていく。複数の成人男性を含む世帯でも、大部分の男性が村外に出ることで、この性別にもとづいた分業が採用される。農作業や家事は農婦を中心に子ども、老人によって担われるようになる。農婦への負担集中は、亜麻栽培のとり止めにみられるような生産活動の合理化を促していく。さらに、多種多様な雇用や村人の共同農作業が世帯の労働力不足を補う。働き手となったのは、村外就業の責務を果たせない男性、農村女性の「正式な」ライフコースからはずれた女性、他県出身者である。彼らはいずれも村外就業の帰結として出現した。そして、村外就業からの収入によって生活を保障されていた。他方では、村外就業は農村社会における周縁的な人びとの労働によって存続していたのである。

　このような性別分業や労働力配置の変容は、村外就業の担い手を従来の若い男性から成人男性全般へ、また農業の担当者を年長の男性を主役とするものから女性、子ども、雇用労働者へと移行させた。しかし、役割分担の変化に対応して家族員の序列が根本的に見直されたとは考えにくい。むしろ、家父長制にもとづく従来の序列が維持され、それに合わせて村外就業、農業それぞれの経営上の価値が再解釈されていったのだろう。女性が農作業の中心となり、世帯に大きく貢献したにもかかわらず、その労働は必ずしも正当な評価を受けなかった。その背景には、成人男性の村外就業が生計の主要な手段を与えるものとして高く評価され、その一方で農業の価値が下げられたことがある。

　ところで以上の知見からは、性別分業や労働力の配置が村外就業との密接な関わりの中で決定されていたことが窺える。この点を掘り下げるためにも、第二部では男性による建設労働のあり方を論じていく。

注

(1) ミヒャエル・ミッテラウアー『歴史人類学の家族研究――ヨーロッパ比較家族史の課題と方法』若尾祐司ほか訳、新曜社、一九九四年、第九章、若尾祐司『近代ドイツの結婚と家族』名古屋大学出版会、一九九六年、一七五～一七六頁。

(2) Barbara Alpern Engel, *Between the Fields and the City: Women, Work, and Family in Russia, 1861-1914*, New York: Cambridge University Press, 1994, p. 14.

(3) Christine D. Worobec, "Masculinity in Late-Imperial Russian Peasant Society," in Barbara Evans Clements, Rebecca Friedman and Dan Healey (eds.), *Russian Masculinities in History and Culture*, Basingstoke and New York: Palgrave, 2002, pp. 77-78; *Милоголова И. Н.*

Семья и семейный быт русской пореформенной деревни, 1861—1900 годы（на материалах центральных губерний）. Диссертация на соискание ученой степени кандидата исторических наук. М., 1988. С. 68.

（4）РМЭ. Ф. 7. Оп. 1. Д. 612. Л. 2-3.

（5）Костромские губернские ведомости. 1887. № 47. С. 340.

（6）*Жбанков Д. Н.* Бабья сторона. Статистико-этнографический очерк. Кострома, 1891. С. 19-20. 一九〇二～〇四年の世帯調査によれば、北西部では商工業的生産活動に従事する男性のうち、農業にも従事している者は三八%と他地域よりも低い（*Барыков В.* Промысловые и кустарные районы Костромской губернии. Кострома, 1913. С. 7）。

（7）しかし村外就業者は、働き先で故郷のことをかなり気にかけていたのであり、事情はそれほど単純ではない。村外就業者の手紙を分析したスムーロヴァによれば、彼らは街の様子についてはほんのわずかしか書かず、かなりの部分を親族や同郷人への挨拶、村の様子や畑作り、収穫についての質問に割いていた。ペテルブルクで働くパーヴェル・ソジコフは、ソリガーリチで暮らす親に「野菜は順調に育っているか。ジャガイモはよく採れたのか。森でキノコは採れたか。牛っこの乳の出はどうだ。家やその周りのことは万事うまく行っているのか」、と手紙で尋ねている（*Смурова О. В.* Неземледельческий отход крестьян в столицы и его влияние на трансформацию культурной традиции в 1861—1914 гг.（на материалах Санкт-Петербурга и Москвы, Костромской, Тверской и Ярославской губерний）. Кострома, 2003. С. 109）。

（8）*Пигоров В.*（сост.）Очерки промышленности Костромской губернии // Материалы для статистики Костромской губернии. Вып. 3. Кострома, 1875. С. 104; Материалы для статистики Костромской губернии. Вып. 6. Кострома, 1884. С. 144; Урожай 1898 года в Костромской губернии. Результаты урожая и общий обзор года. Приложение 1. Кострома. С. 39, 41.

（9）Урожай 1895 года... Приложение 1. С. 39-41; Урожай 1898 года... Приложение 1. С. 41; Урожай 1899 года... Приложение 1. С. 50-52; Урожай 1900 года... Приложение 1. С. 51-53; Урожай 1901 года... Приложение 1. С. 43-46; Урожай 1902 года... Приложение 1. С. 45-47; Урожай 1903 года... Приложение 1. С. 46-48; *Соловьев А. Н.* Питерщики-галичане. Этнографический очерк // Труды Галичского отделения Костромского научного общества по изучению местного края. Вып. 3. Галич, 1923. С. 2.

（10）Jeffrey Burds, *Peasant Dreams and Market Politics: Labor Migrations and the Russian Village, 1861-1905*, Pittsburgh, Pa.: University of

Pittsburgh Press, 1998, p. 27.

（11）*Жбанков Д. Н.* Бабья сторона... С. 103-110.

（12）*Жбанков Д. Н.* Бабья сторона... С. 25.

（13）*Жбанков Д. Н.* Бабья сторона... С. 36. その他、Костромские губернские ведомости. 1887. № 47. С. 340; 1888. № 7. С. 48; 1892. № 26. С. 196 を参照。

（14）*Жбанков Д. Н.* Бабья строна... С. 33-37; Костромские губернские ведомости. 1887. № 47. С. 340. 八〇年代前半において、ガーリチ郡ブィコフスカヤ郷イグナトフ教区は一一集落の一一五世帯、男性三〇二人、女性三七〇人からなっていた。男性のうち「よそ」で生活する者は一〇一人にのぼった。村に留まる家長は五二人で、その多くが老人や労働不能者だった（Материалы для статистики... Вып. 6. С. 143）。

（15）Engel, *Between the Fields and the City,* pp. 110-113; Barbara Alpern Engel, *Women in Russia, 1700-2000,* New York: Cambridge University Press, 2004, pp. 93-94.

（16）*Жбанков Д. Н.* Бабья сторона... С. 57-58; РМЭ. Ф. 7. Оп. 1. Д. 615. Л. 7 об.-8; Д. 617. Л. 3 об.-4.

（17）たとえばR・E・F・スミス、D・クリスチャン『パンと塩――ロシア食生活の社会経済史』鈴木健夫、豊川浩一、斎藤君子、田辺三千広訳、平凡社、一九九九年、四四〇～四四一頁を参照。

（18）*Жбанков Д. Н.* Бабья сторона... С. 33, 44, 56-58.

（19）РМЭ. Ф. 7. Оп. 1. Д. 616. Л. 9 об.-10 об.; Д. 615. Л. 1; Свод заключений（44）губернских совещаний по вопросам, относящимся к пересмотру законодательства о крестьянах. Т. I. СПб., 1897. С. 193, 252-253; Jane McDermid and Anna Hillyar, *Women and Work in Russia, 1880-1930: A Study in Continuity through Change,* London and New York: Longman, 1998, p. 58.

（20）*Жбанков Д. Н.* Бабья сторона... С. 88.

（21）Beatrice Farnsworth, "The Litigious Daughter-in-Law: Family Relations in Rural Russia in the Second Half of the Nineteenth Century," *Slavic Review* 45, no.1（Spring 1986）, pp. 60-61. 農業地帯では郷裁判所が嫁の訴えそのものを受け付けなかった。なおガーリチ郡にかんし、女性への殴打をめぐる訴訟が多く、しかも加害者の男性が罰せられているとの分析結果がある（*Покровский Ф. И.* О семейном положении крестьянской женщины в одной из местностей Костромской губернии по данным волостного суда // Живая старина. 1896. Вып. 3/4. С. 462-463）。

（22）Christine D. Worobec, *Peasant Russia: Family and Community in the Post-Emancipation Period*, Princeton, New Jersey: Princeton University Press, 1991, p. 175.

（23）*Жбанков Д. Н.* Бабья сторона... С. 2, 69-70, 87-88.

（24）チャヤーノフ『小農経済の原理』〔増補版〕磯辺秀俊、杉野忠雄共訳、大明堂、一九五七年、六二頁。

（25）*Генкин Л. Б.* Помещичьи крестьяне Ярославской и Костромской губернии перед реформой и во время реформы 1861 года（К вопросу о разложении феодально-крепостнической системы и генезисе капитализма в России）. Т. 1. Ярославль, 1947. С. 70, 79.「最近では村外就業があまりにもさかんになって、老人、ケガ人、完全な労働不能者だけがずっと村に住んでいる。またおそらく、大規模な世帯の男手の一部もとどまっている（一八五三年一二月一二日）」（Архив РГО. Раз.: XVIII Оп. 1. № 21. Л. 3）。家族員の配置については、ペ・ア・ザイオンチコーフスキー『ロシヤにおける農奴制の廃止』増田冨壽、鈴木健夫訳、早稲田大学出版部、一九八三年、八頁、土肥恒之『「死せる魂」の社会史――近世ロシア農民の世界』日本エディタースクール出版部、一九八九年、五九～六〇頁も参照。

（26）*Федоров В. А.* Помещичьи крестьяне Центрально-промышленного района России конца XVIII—первой половины XIX в. М., 1974. С. 78, 273.

（27）*Крживоблоцкий Я.*（сост.）Материалы для географии и статистики России, собранные офицерами генерального штаба. Костромская губерния. СПб., 1861. С. 304-306. 一八一〇年に、ヴォログダ県からチュフロマ郡に働きに来た者の記録が残されている（*Горланов Л. Р.* Отмена крепостного права в Костромской губернии. Диссертация на соискание ученой степени кандидата исторических наук. М., 1972. Кн. 1. С. 138-140; *Казаринов Л.* Отхожие промыслы Чухломского уезда // Труды Чухломского отделения Костромского научного общества по изучению местного края. Вып. 2. Кострома, 1926. С. 6）。

（28）Костромские губернские ведомости. 1881. № 40. С. 193; 1888. С. 89; Материалы для статистики... Вып. 6. С. 144. 中央黒土地方のリャザン県やタムボフ県では多核家族世帯が支配的であった。ここでは、領主が領民に対してたいてい賦役を課していた。世帯は成員の半分を賦役に専念させ、年少者など残りの成員を村外就業や家事に充てていた。この分業は「兄弟のために兄弟が働く」と呼ばれていた（*Крюкова С. С.* Русская крестьянская семья во второй половине XIX в. М., 1994. С. 45-46）。

（29）*Пигоров В.* Очерки промышленности... С. 102. ジバンコフも同様の指摘をしている。村外就業地域では、男性の働き手が二人以上の世帯は少ない。そのような世帯では、二人とも働きに出るか、ないしはより多くは年上の家族員のうち一人、つまり家長自身か長兄が家にとどまる。兄弟が一年ずつ交代で家で暮らすこともある、と（*Жбанков Д. Н.* Бабья сторона... С. 37）。

（30）*Пигоров В.* Очерки промышленности... С. 115-116.

（31）РМЭ. Ф. 7. Оп. 1. Д. 587. Л. 3-4.

（32）*Милоголова И. Н.* Семья и семейный быт... С. 31-34, 40, 82.

（33）*Жбанков Д. Н.* Бабья сторона... С. 90.

（34）Материалы для оценки земель Костромской губернии. Т. 4. Кострома, 1908. С. 164-165; Т. 5. 1909. С. 302-304; Т. 6. 1909. С. 502-504.

（35）佐藤芳行『帝政ロシアの農業問題――土地不足・村落共同体・農村工業』未来社、二〇〇〇年、二一八～二二八頁。

（36）*Жбанков Д. Н.* Бабья сторона... С. 102-112.

（37）*Крюкова С. С.* Русская крестьянская семья... С. 64-66. 中央非黒土地方でも、村外就業は年少者の役割とされていた。「テーニシェフ民俗学事務局」通信員はウラディーミル県から、村外で働くのはおもに年少の家族員であるが、家長などが行く場合もあるとの見解を伝えている（*Фирсов Б. М., Киселева И. Г.*（автор-составители）Быт великорусских крестьян-землепашцев. Описание материалов этнографического бюро князя В. Н. Тенишева（на примере Владимирской губернии）. СПб., 1993. С. 207-208）。

（38）*Пигоров В.* Очерки промышленности... С. 105-106.

（39）*Барыков В.* Промысловые и кустарные районы Костромской губернии. Кострома, 1913. С. 7.

（40）РМЭ. Ф. 7. Оп. 1. Д. 589. Л. 21.

（41）*Жбанков Д. Н.* Бабья сторона... С. 2, 19.

（42）*Федоров В. А.* Помещичьи крестьяне... С. 51; *Громыко М. М.* Мир русский деревни. М., 1991. С. 14.

（43）*Жбанков Д. Н.* Бабья сторона... С. 2, 69-70. 農奴解放前のアンケート調査においても、北西部の女性を「活躍」、「機敏」、「分別」、「自信」、「筋力の強さ」といった言葉で特徴づけている（Архив РГО. Раз.: XVIII. Оп. 1. № 21. Л. 3 об.-4）。中央非黒土地方の他県については、*Милоголова И. Н.* Семья и семейный быт... С. 76-77 を参照。

（44）Engel, *Between the Fields and the City*, p. 50; *Милоголова И. Н.* Семья и семейный быт... С. 99-101.

（45）冨岡庄一『ロシア経済史研究――一九世紀後半～二〇世紀初頭』有斐閣、一九九八年、四六～四九頁。

（46）Engel, *Between the Fields and the City*, p. 36.

（47）*Пигоров В.* Очерки промышленности... С. 19-24, 77-78. この七〇年代初めの調査では、農村小工業関連の亜麻栽培の産地として東部のマカリエフ、北西部のブーイ、ガーリチ、ソリガーリチそして南西部の諸郡が記載されている。そのうち南西部については、良質の亜麻が織布ではなく販売に回されているので、織布は大きく減っていると付記している。これは南西部で市場向け亜麻栽培が発展していたことを示すものである。*Барыков В.* Льняная крестьянская промышленность Костромской губернии. Кострома, 1909. С. 3-8.

（48）РМЭ. Ф. 7. Оп. 1. Д. 612. Л. 2-3.

（49）РМЭ. Ф. 7. Оп. 1. Д. 587. Л. 9.

（50）チュフロマ郡からの報告では、亜麻の紡織が縮小している原因として、不作や割に合わない作業が指摘されている（Урожай 1902 года... Приложение 1. С. 46-47）。

（51）РМЭ. Ф. 7. Оп. 1. Д. 612. Л. 3-4; *Милоголова И. Н.* Семья и семейный быт... С. 79-81; *Федоров В. А.* Мать и дитя в русской деревне（конец XIX—начало XX в.）// Вестник Московского университета. Серия 8. История. № 4. 1994. С. 20; *Шустрова И. Ю.* Очерки по истории русской семьи Верхневолжского региона в XIX—начале XX века. Ярославль, 1998. С. 55-56 を参照。ヴラディーミル県の通信員は六、七歳ごろから子どもが本格的に働き始めると書いており、コーロソフの見解よりも早い（*Фирсов Б. М., Киселева И. Г.*（автор-составители）Быт великорусских крестьян-землепашцев... С. 266-267）。

（52）*Жбанков Д. Н.* Бабья сторона... С. 68.

（53）*Жбанков Д. Н.* Бабья сторона... С. 20.

（54）*Пигоров В.* Очерки промышленности... С. 9-11.

（55）Материалы для оценки земель... Т. 5. С. 502-504; Т. 6. С. 302-305.

（56）*Жбанков Д. Н.* Бабья сторона.... С. 19, 35, 38; *Соловьев А. Н.* Питерщики-галичане... С. 1-2.

（57）РМЭ. Ф. 7. Оп. 1. Д. 588. Л. 5 を参照。

（58）Edgar Melton, "Proto-Industrialization, Serf Agriculture and Agrarian Social Structure: Two Estates in Nineteenth-Century Russia," *Past and Present* 115 (May 1987), pp. 80-81, 91.

（59）Материалы для оценки земель... Т. 3. Кострома, 1907. С. 343; Т. 4. С. 166; Т. 5. С. 305; Т. 6. С. 505. 世帯分割に際し、新たに形成される各世帯に馬がいきわたるように当事者は配慮した。しかし、元の世帯に馬が一頭しかいないためにしばしば馬なしの世帯が形成された（*Покровский Ф. И.* Семейные разделы в Чухломском уезде // Живая старина. 1903. Вып. 1/2. С. 12, 36, 46-47）。「馬なし」世帯の形成は分割の抑止力となっていなかった。「馬なし」の状態も馬が購入されるまでの一時的なものであろう。

（60）РМЭ. Ф. 7. Оп. 1. Д. 588. Л. 8; Костромские губернские ведомости. 1892. № 26. С. 196. 嫁資の準備のために少女が子守や農業労働者になったことについて Worobec, *Peasant Russia,* pp. 122-123 を参照。

（61）Engel, *Between the Fields and the City,* pp. 10-11.

（62）Worobec, *Peasant Russia,* pp. 22, 64-67; Engel, *Between the Fields and the City,* p. 85; *Крюкова С. С.* Русская крестьянская семья... С.176-178; David L. Ransel, Mothers of *Misery: Child Abandonment in Russia,* Princeton, New Jersey: Princeton University Press, 1988, p. 160; Farnsworth, "The Litigious Daughter-in-Law," pp. 55-56. ジバンコフによると、コストロマー県北西部では「地価が低いこともあり」、寡婦の独居者や寡婦と子どもからなる世帯から分与地を取り上げなかった（*Жбанков Д. Н.* Бабья сторона... С. 37）。兄弟の間で世帯を分割する場合、亡くなった兄弟の妻子もこれに参加し、財産を得ていた。ポクロフスキーは妻子が他の兄弟と同等の土地を得ていた例を紹介している（*Покровский Ф. И.* Семейные разделы... С. 23, 45）。子どものいない寡婦の扱いは結婚持続期間によっても異なった。短ければ、寡婦は若く再婚できるので財産の相続はない。長ければ再婚のチャンスは小さいので、分与される財産は相対的に多くなった（*Милоголова И. Н.* Семья и семейный быт... С. 195-196）。寡婦や婚期を過ぎた未婚女性の村外就業については、*Жбанков Д. Н.* Бабья сторона... С. 71, 73 を参照。

(63) *Жбанков Д. Н.* Бабья сторона... С. 72.

(64) РМЭ. Ф. 7. Оп. 1. Д. 612. Л. 7.

(65) РМЭ. Ф. 7. Оп. 1. Д. 622. Л. 16-23, 31-33.

(66) *Казаринов Л.* Отхожие промыслы Чухломского уезда... С. 5-7.

(67) *Жбанков Д. Н.* Бабья сторона... С. 39-40.

(68) N・ワース『ロシア農民生活誌——一九一七〜一九三九年』荒田洋訳、平凡社、一九八五年、一二六頁、R・E・F・スミス、D・クリスチャン『パンと塩』四三四〜四四〇頁、阪本秀昭『帝政末期シベリアの農村共同体——農村自治、労働、祝祭』ミネルヴァ書房、一九九八年、二二六〜二四七頁。

(69) РЭМ. Ф. 7. Оп. 1. Д. 622. Л. 33-35; *Пигоров В.* Очерки промышленности... С. 10-11; *Короленко С. А.* (сост.) Сельскохозяйственные и статистические сведения по материалам, полученным от хозяев. Вып. 4. СПб., 1892. С. 421.

(70) Статистический временник Российской империи. Серия III. Вып. 5. Понижение выкупного платежа по указу 28 дек. 1881 г. СПб., 1885. С. 69, 117. 非黒土地帯の平均賃貸料金は一ルーブリ四コペイカ〜五ルーブリ七九コペイカ、黒土地帯のそれは三ルーブリ一〇コペイカ〜一四ルーブリである（*Жбанков Д. Н.* Влияние отхожих заработков на движение народонаселения Костромской губернии, по данным 1866—83 годов // Материалы для статистики Костромской губернии. Вып. 7. Кострома, 1887. С. 12-14）。

(71) *Жбанков Д. Н.* Влияние отхожих заработков... 1866—83 годов... С. 14; *Жбанков Д. Н.* Бабья сторона... С. 21. このような世帯が土地を貸与していたことについて、以下でも言及がある。Свод заключений (44) губернских совещаний по вопросам, относящимся к пересмотру законодательства о крестьянах. Т. III. СПб., 1897. С. 477.

(72) Статистический ежегодник Костромской губернии. 1910 год. Сельское хозяйство и крестьянские промыслы. Часть I. Текст. Кострома, 1912. С. 29-33; Урожай 1900 года... Приложение 1. С. 48; Сборник статистических сведений по Костромской губернии. Вып. 1. Кострома, 1908. С. 59. 南西部でも賃金が高かった。ここでは、女性が農業よりも有利な工場労働に流れて、農業労働者が不足していた。

(73) Материалы для статистики... Вып. 4. С. 20.

(74) Материалы для статистики... Вып. 6. С. 128; Костромские губернские ведомости. 1881. № 40. С. 193.

第二部　首都ペテルブルクの工業化・都市化と建設労働

第五章　都市の成長と建設需要の動向

はじめに

一九世紀後半～二〇世紀初頭のロシアは都市人口の膨張を経験する。すなわち、一八六三年の都市人口は全人口の九・九％にすぎない。最大の都市は首都ペテルブルクで、一八五六年の時点で人口四九万人を数えていた。この他、人口一〇万人を上回っていたのはモスクワ、ワルシャワ、オデッサの三都市のみである。およそ五〇年後の一九一四年、全人口に占める都市人口の割合は一四・四％へと上昇する。ペテルブルク（人口二一二万人）、モスクワ（一七六万人）、リガ（五六万人）、キエフ（五二万人）の四都市が人口五〇万人を超え、人口一〇万人以上も二九都市を数えた(1)。

前述のように、農民身分出身者の社会的・空間的移動には大きな制限があった。ゆえに近代ロシアの場合、農村住民の都市や産業拠点への流入は、総じて国内旅券制度にもとづく一時的移動の性格を帯びていた。そのような条件のもとではあったが、とりわけ一八九〇年代と第一次世界大戦前夜における経済の急成長期に都市人口が急伸することになる。それでも、農村人口が圧倒的な部分を占めていた状況は変わらない。上述のように都市人口の比率は二割にも満たない。

都市の人口的な成長はその「質的」変容を伴っていた。ロシアの場合、エカテリーナ二世による「全ロシア帝国の県行政のための基本法」（一七七五年）にもとづき、都市は地方統治の拠点に位置づけられた。それゆえその中には、農村的な産業や生活スタイルを持つものが含まれていた。ミローノフによれば、ロシアの都市は農業的な経済構造を特色としていたが、一九世紀半ばまでにそれは商工業的なものへと移行する。さらに、「大改革」後の都市は商工業以外の多様な機能を有するようになり、ほぼすべての都市が文化やサーヴィスの機能を備えるようになったという(2)。制度面においては、一八七〇年に都市法が制定されている。この法令は国家の強力な監督権を認めつつも、都市計画、医療・衛生、教育、救貧などの事業を市自治体に委ねていた。それ以降、市自治体を中心に都市の生活基盤が整備され、近代的な生活スタイルが徐々に普及していくところとなる。

ところで、一九世紀後半の工業化と都市化は、商工業や都市の生活・文化と関連する施設の建設需要を喚起する。これを受けて、建設業が都市の主要産業として飛躍的な成長を遂げ、また就業先としても大きな役割を果たしていく(3)。本章では首都ペテルブルクを中心に都市成長プロセスを俯瞰し、それに規定された建設需要の動向を明らかにする。以下、第一節において主要都市の人口構成を解剖し、さらにペテルブルクについて人口流入と後背地の関係を論じる。つづいて第二節では産業と建設需要の推移を検証する。第三節では当時の建設施工プロセスを具体例に即して紹介し、建設需要の急成長期において施工がどのように進められたのか考えてみたい。

一　都市人口の構成

第一次世界大戦前夜のロシア四大都市、すなわちペテルブルク、モスクワ、リガ、キエフは、帝国人口の地理的分布と対応して国土の西半分に集中していた。それらは人口規模を基準に、一八七〇年前後の六〇万人台から一九一〇年の一五〇万人以上へと膨張したペテルブルクとモスクワ、一八六七年の約七万人から一九一〇年の五〇万人台へと七倍増したキエフとリガに大別することができる。このうち首都ペテルブルクはロシア帝国の統治や国際商業、学術・文化の拠点であり、その代表的な資本主義的産業は金属・機械である。第二の都市モスクワは繊維産業を特色としている。またモスクワはヨーロッパ・ロシアの中心に位置し、鉄道で各地と結ばれている。南方のキエフでは製糖業、バルト海の国際貿易都市リガでは金属・機械工業がさかんである[4]。

表5－1は、一八九七年の全国センサス調査史料にもとづき全国、都市そして四大都市について、人口数および性別、出身地別、身分別、民族別、宗教・宗派別の構成を示したものである。以下、人口構成にかんするラーシンの基本的作業やミローノフ、アラロヴェツらの都市史研究も参考にしながら、この表を分析してみよう。

第一に、都市人口の性別比は男性が五三・〇％と高い。これは、一九世紀後半の都市が産業・行政・文化の中心地として未婚の若い男性の就業者や就学者、軍人を引きつけていたからである。都市への人口流入は、とくに一八九〇年代以降、都市における女性労働の需要増や農村住民の困窮化などを背景に女性へ拡大する。トゥガン＝バラノフスキーはこの変化に注目し、「かつて父親、夫、息子、兄弟は、自分たちの妻、娘あるいは姉妹を就労目的で見知らぬ遠方に送り出すことを不名誉とみなしていた。だが現在、農村からの大量流出が始まっており、この『不名誉』の考えも変わってしまった」、と現象の背後にある価値観の転換を指摘している[5]。これに加えて、

表 5-1　帝国、都市の人口構成（1897 年）（%）

	帝国	都市	モスクワ	ペテルブルク	キエフ	リガ
人口(人)	125,640,021	16,828,395	1,038,591	1,264,920	247,723	282,230
男性	49.7	53.0	57.0	54.8	54.5	50.8
女性	50.3	47.0	43.0	45.2	45.5	49.2
出身地						
都市が位置する郡内	85.4	53.5	26.2	31.3	32.3	39.8
県内の他の郡	5.2	15.5	22.5	7.0	18.1	19.4
県外	9.5	29.8	50.5	60.4	48.4	38.4
外国	0.5	1.3	0.8	1.2	1.3	2.3
身　分						
貴族・官僚	1.5	6.2	6.6	10.5	12.6	4.3
聖職者	0.5	1.0	1.1	0.6	1.5	0.3
商人	0.5	2.4	1.9	1.4	2.0	1.5
町人	10.7	44.3	22.0	21.3	39.5	38.8
農民	77.1	38.8	63.7	59.0	39.2	50.0
外国人	0.5	1.5	1.3	1.7	1.7	3.2
その他	9.3	5.8	3.4	5.6	3.4	2.0
民　族						
大・小・白ロシア人	66.8	60.9	95.6	87.1	77.6	16.1
ポーランド人	6.3	8.6	0.9	2.9	6.7	4.8
ドイツ人	1.4	2.5	1.7	4.0	1.8	23.8
ユダヤ人	4.0	14.9	0.5	1.0	12.1	6.0
その他	21.4	13.1	1.3	5.0	1.9	49.3*
宗教・宗派						
正教	69.3	60.6	93.1	85.2	75.9	14.1
古儀式派	1.8	1.3	1.8	0.7	0.7	3.4
ローマ・カトリック	9.1	9.4	1.5	4.2	7.8	9.5
プロテスタント	3.0	4.6	2.1	7.8	1.9	64.8
イスラム教	11.1	6.5	0.4	0.4	0.7	0.2
ユダヤ教	4.2	15.7	0.8	1.4	13.0	7.8
その他キリスト教	1.0	1.7	0.2	0.2	0.1	0.1
その他非キリスト教	0.6	0.2	0.0	0.0	0.0	0.0

注：* ラトヴィア人 45.0%。
出典：*Тройницкий Н. А.* (ред.) Общий свод по империи результатов разработки данных первой всеобщей переписи населения, произведенной 28 января 1897 года. СПб., 1905. Т. I. С. 84-89, 248-251; Т. II. С. 2-19; *Тройницкий Н. А.* Первая всеобщая перепись населения Российской империи, 1897 года. Т. 16. Киевская губерния. СПб., 1904. С. 1-3; Т. 21. Лифляндская губерния. СПб., 1905. С. 1-3; Т. 24. Город Москва. Тетрадь 2 и последняя. СПб., 1901. С. 2-3, 5; Т. 37. Город С.-Петербург. Тетрадь 2 и последняя. СПб., 1903. С. 2-3, 5 より作成。

女性人口の自然増加もプラスとなる。その結果、男性比は一八六七年の五三・七％から一九一四年の五一・一％へ低下し、男女のバランスがとれた状態に近づいていく。

四大都市についてもこのプロセスが確認できる。男性の比率は、ペテルブルクでは一八六九年の五六・六％から一九一〇年の五二・二％へ、モスクワでも一八七二年の五八・八％から一九一五年の五二・九％へ漸減する。キエフとリガについて大戦前の状況を紹介するならば、一九一〇年のキエフにおける男性の比率は、軍人三万〇一〇〇人がデータから除かれていることもあり、四九・九％と女性が逆転している。リガ人口の男性比は、一九一〇年において五〇・三％と男女の均衡がほぼとれている。[6]したがってキエフやリガの場合、流入者の女性比がペテルブルクやモスクワよりも高いものと考えられる。

なお、表では年齢別構成が示されていない。簡単に言うならば、若い男性の流入が都市人口の年齢別構成を決定づけていた。都市人口の約六割は三〇歳未満の者により占められ、男性の場合とくに二〇、三〇代の比率が高い。これには若者の流入だけではなく、四〇代以上の流出も作用している。女性は二〇歳未満の比率が高い。女性の年齢別構成は人口流入の影響を男性ほど受けておらず、「定住者」の再生産行動がある程度これを規定していたからである。アラロヴェッツは、若者の高い比率はヨーロッパの首都において共通の特徴であったが、モスクワやペテルブルクではこの傾向が一層顕著であったと述べている。その原因として彼は、ロシアの都市ではヨーロッパの都市よりも遅れて商工業の成長が始動し、そのため若者を中心に流入が急増したことをあげている。[7]たしかにこの年齢別構成は、一九世紀末の急激な経済成長と農村からの若い労働力の供給を反映している。

もう一つ重要な点は、一〇歳以下の比率上昇である。〇～一〇歳の比率はペテルブルクで一八六四年の一一・二％から一九一〇年の一七・一％へ、モスクワでは〇～九歳の比率が一八七一年の一〇・六％から一九一二年の一五・三％へと大幅に伸びている。[8]都市で子どもを産んだ女性は、しばしば農村在住の親族などに子どもの養育を頼んでいた。しかしこの数値は、都市において家族単位で居住し、子どもを育てるというライフスタイルが定着しつつあったことを示唆している。結婚と家族形成の問題については補章二で扱ってみたい。

第二に、全国センサス調査史料は住民の出身地を①調査が行なわれた都市およびその所在郡、②（①を除く）県内、③県外、④外国の四つに区分している。都市人口に占める①の比率は全体の約半分にとどまっている。残る半分は、より遠方の出身者である。四大都市の場合、①の比率はペテルブルク――三一・三％、モスクワ――二六・二％、キエフ――三一・三％、リガ――三九・八％とさらに低くなる。ただ、残る②〜④の内容は各市で異なる。ペテルブルクの流入者はトヴェーリ県やヤロスラヴリ県など、比較的遠方の出身者を中心としている。モスクワは、繊維産業が県内の農村住民を引きつけていたので、県外出身者の比率はペテルブルクよりも小さい。県外出身者も、おもに隣県の者からなる。キエフの県外出身者比もモスクワとほぼ同じ水準である。これに対して、リガは県内出身者が多い。

第三に、都市人口の出身身分別構成は、町人の四四・三％に農民の三八・八％が迫っている。商人、町人などの都市身分出身者も、絶対数では自然増や農民身分からの移動で着実に増加していた。しかし、人口流入によって農民身分出身者の人数はこれをはるかに上回るスピードで増えていたのである。とくに四大都市においては社会増加、すなわち流入が顕著であったから、農民身分出身者の比率が一段と高い。モスクワやペテルブルクでは農民身分出身者の比率が約六割、リガでは約五割と、他身分出身者を大きく引き離している。対照的に、キエフにかんしては町人身分出身者と農民身分出身者の比率がほぼ同じである。その理由として、ユダヤ人など町人身分出身者の流入が考えられる。このような状況をふまえて、ミローノフは農村のみならず都市においても住民の人口学的行動は農民身分出身者によって規定され、その傾向は時代が下るにつれてますます強まっていった、と結論づけている。(9)これは総論としては正しいが、当然のこととして農民身分出身者の中にも都市に定着した者と流入して間もない者がいる。したがって、出身身分別構成によって都市住民の人口学的行動がどこまで説明できるのか、さらなる検証が必要となる。

そして第四に、多民族国家ロシアの都市は住民の多様な民族別、宗教・宗派別構成が特徴的である。ただ、帝政期のセンサスは母語にもとづいて出身民族を区分していたため、調査の精度は高くない。ロシア語を母語とみなされ、大・小・白ロシア人のカテゴリーに入れられた者は少なくない。この点を念頭に表をみるならば、民族別構成は全国、都市のいずれにおいてもやはり大・小・白ロシア人が優勢である。もっとも、全国では大・小・白ロシア人の比率が六六・七％と目立つのに対し、都市ではポーランドや西部諸県の人口構成が影響して、それが六〇・九％に落ち込み、ユダヤ人やポーランド人の比率が上昇している。なおリガの民族別構成は、リーフラント県内出身のドイツ人とラトヴィア人が大勢を占めている。このうち前者は市の政治・経済・社会において主導的な地位にあり、後者はリーフラント県の主要民族である。のちにリガへの人口流入は、国際商業や金属・機械産業の成長、鉄道網の整備にともない、県内出身のラトヴィア人農民から県外出身のロシア人、ユダヤ人、ポーランド人、リトアニア人へ拡大していくことになる(10)。

宗教・宗派別構成でも、都市は全国よりも正教とイスラム教の比率が低く、ユダヤ教、カトリック、プロテスタントの比率が高い。四大都市について民族別構成と宗教・宗派別構成を関連づけてみると、モスクワとペテルブルクはロシア人＝正教が圧倒的である。キエフは大・小・白ロシア人（とくにウクライナ人とロシア人）＝正教に、ユダヤ人＝ユダヤ教が加わる。リガはラトヴィア人とドイツ人＝プロテスタントが優勢である。総じてこれらは、各都市の所在地における住民の民族別、宗教・宗派別構成を反映している。

このように、一九世紀末の都市、とりわけ大都市の人口構成は人口流入の影響を大きく受けていた。では都市にはどこから、どのような事情で人口が流入していたのだろうか。言うまでもなく、農村人口の流入プロセス、そして後背地および流入先の経済的事情は都市によってさまざまである。筆者の現在の研究段階においては、これについて各都市を多面的に比較検討することはできない。以下、ペテルブルクに限定して考察してみたい。

ペテルブルクの多民族性を論じた民族学者ユフニョーヴァは、人口成長と構成の変容が後背地の拡大と密接な関係にあったことを解き明かしている。ペテルブルクにおいては一八六九年以降、ほぼ十年ごとに都市センサス調査が行なわれている。このうち、初回の六九年センサス職業調査のみ、農民身分出身者の出身地（身分上の所属地。必ずしも本人の出生地を示すわけではない）別構成と職業別構成をクロスさせた表が収録されている。ユフニョーヴァはこの表を軸にセンサス調査史料の分析を進め、以下の結論を得ている。第一に、一八六九年における農民身分出身者の出身地では中央非黒土地方のトヴェーリ県、ヤロスラヴリ県、コストロマー県などが上位に入っていた。これらの県はいずれも比較的遠方に位置する。それは、ペテルブルクがロシアの北方に建設されたときに、それらがペテルブルクに労働力を供給したからである。第二に、出身地と職業・職種の結びつきがみられる。就業先として大きな部分を占めていたのは手工業やサーヴィス業関連の職業・職種である。上述の三県の場合も、トヴェーリ県出身者は雑役や工場施設での生産、ヤロスラヴリ県出身者は旅館・飲食業、商業、建設業、コストロマー県出身者は建設業に従事していた。

一九世紀後半の人口増加にともない、農民身分出身者の住所登録地別構成も変化する。それは総じて南西方面の遠方諸県へ拡大していく。トヴェーリ県は依然として最大供給地の座にあるが、ヤロスラヴリ県やコストロマー県の順位は下がる。他方で、南西のプスコフ県が順位を上げ、さらにスモレンスク県やヴィテプスク県などの西部諸県が目立つようになる。民族別構成も、ロシア人が圧倒的な状況は変わらないとはいえ、西部出身のウクライナ人、ベラルーシ人、ポーランド人、ユダヤ人の比率が上昇する。

出身地と職業の結びつきにも新たな傾向が出現する。ヤロスラヴリ県出身者は引き続きサーヴィス業や建設業に従事する。しかし、商業や飲食業に重点を移す動きがみられる。それらの職業への従事には読み書きや特別な修業が要求され、収入面などで有利だったからである。建設業従事者についても熟練を要する職人的な職種に重心が置かれるようになる。これに対してトヴェーリ県、そして供給県としては後発のプスコフ県などの出身者は、成長著しい金属・機械、繊維などの工場施設にまず雑役工として就職する。流入者の性別構成も、職業の専門度が高いヤロスラヴリ県出身者においては男性の比率が依然として高い。一方、単純労働中心のトヴェーリ県出身者の間では女性の比率が上昇していく、とユフニョーヴァは整理する。(11) このように、ペテルブルクの後背地は従来のロシア中央部からロシア西部へと拡大していく。そして、新たに取り込まれた地域がおもに新興の工場制大工業に労働力を供給していったのである。

このユフニョーヴァの研究成果を深める形で、ペテルブルク労働者の形成史をテーマとするエコノマキスが、ヤロスラヴリ、トヴェーリ両県について人口流出の社会経済的背景を比較検討している。以下、紹介しておこう。一八世紀初めのペテルブルク建都以来、ヤロスラヴリ県農村住民の間には貢租義務にもとづくペテルブルクへの就業が定着していた。ヤロスラヴリ県は人口が希薄で、人口増加率も低い。またここでは地場産業が発達し、農村住民に働き先を提供していた。そのため、農村住民は手工業や商業など、熟練を要し、高賃金をもたらす職業・職種を選択して村外で働いていた。就業者は男性を中心としていた。彼らは少年期の見習修業をつうじて技能を獲得し、その後は出身農村に家族を残し、単身就労を続けた。

翻って、トヴェーリ県やプスコフ県をみるならば、総じて人口稠密で、土地はやせていた。領主は農民に賦役義務を課し、おもに農業に従事させていた。在地の商工業や村外就業は発達していない。両県の農村住民は、亜麻栽培の衰退、鉄道網の整備や蒸気船の導入にともなう河川輸送業の需要減で大きな打撃を受けることになる。窮乏した彼らは、しばしば家族全員で離村し——ただし農村共同体から脱退したわけではない——ペテルブルクに流入する。一九世紀後半から二〇世紀初頭にかけて金属・機械、繊維産業が急成長すると、両県はそれらの部門に大量の労働力を供給する。彼らはヤロスラヴリ県出身者のように技能を備えていなかったので、まず雑役などの単純労働者として雇用され、就業の継続により技能を獲得し、熟練工になっていった、とエコノマキスは論じている[12]。

要するに、ヤロスラヴリ県出身者とペテルブルクの結びつきは古い。彼らは商業や建設業など以前からある高賃金の職業に、見習修業で技能を獲得したうえで就く。従事者はもっぱら男性で、たいてい家族を残し、単身で働きに出る。この就業パターンは一九世紀後半においても基本的に維持される。トヴェーリ県の農村住民は地元での失業と窮乏化の結果、ペテルブルクに家族単位で流入し、工場施設で単純労働者として働き始める。そして、労働経験を積んでいく。以上は、ペテルブルクの人口流入パターンが、産業構造の変化に対応して従来の単身男性の一時的就業から家族単位の一方向の流入へ多様化したことも説明している。

さらに、塩川伸明が帝政末期〜一九二〇年代の労働者形成について部門別・地域別類型化を試みている。これは、ユフニョーヴァらの研究テーマに産業の側からアプローチしたものと言えるだろう。塩川は産業の季節性や出身農村と就業地の距離を基準に、国内各地の産業を①近隣を行先とする「在村型」、②遠方を行先とするが比較的短期の「出稼ぎ型」、③遠方を行先とし、長期間に及ぶ「離村型」の三タイプに分けている。そして①「在村型」にモスクワ市周辺およびモスクワ県近隣諸県の繊維産業を、②「出稼ぎ型」に建設業を、③「離村型」にペテルブルクの金属・機械産業、ペテルブルクとモスクワの繊維産業を位置づけている。一九世紀末に急成長した南ロシアのドンバス鉱山業はこの三者の混合とされる[13]。この分類方法にもとづくならば、ペテルブルクの商業や建設業は②、金属・機械産業、繊維産業は③に該当するだろう。

以上、ペテルブルクの人口は後背地の拡大や産業構造の変化と連動して形成されていった。二〇世紀初頭までに、産業は従来の国営軍需工業、手工業、商業、輸送業、建設業から金属・機械、繊維の工場制大工業を中核とするものへと相貌を変えていく。流入者の特徴も、一時的に就業する単身男性から家族へと多様化する。就業先としての手工業や商業、輸送業、建設業の地位は相対的に低下する。とはいえ、都市の成長がそれらの雇用を拡大させたことに留意する必要がある。

なお、ヤロスラヴリ県とトヴェーリ県の比較で浮き彫りとなった、人口流入・就業パターンの違いは両県出身者の女性労働や家族のあり方と結びついていた。エンゲルによれば、女性の村外就業はヤロスラヴリ県やコストロマー県北西部よりもノヴゴロド県やトヴェーリ県で多くみられた。ヤロスラヴリ県やコストロマー県北西部は男性による単身の村外就業が特徴的である。これがもたらした経済的な豊かさが女性の移動性を小さくする。男性家族員の不在から女性の人手が必要となり、世帯で余剰となった者も近隣で働き先を見つけることができる。したがって、結婚適齢期の娘は村から働きに出ない。結婚適齢期を過ぎた未婚女性や子どものいない寡婦が、村を離れて都市で家事奉公人として働いていた。逆に、ノヴゴロド県やトヴェーリ県からは一六～二五歳の未婚・既婚女性が村を出て、工場で職を見つけていた。両県の農村においては人手の余剰感が強く、彼女たちの出発は「口減らし」にもなったからである。さらに、若い娘は自分たちの手で衣服の購入費用や結婚費用を貯めようとした。中央非黒土地方の農村では、工場生産の布地で作った衣服や都会風のファッションがプレスティージとなっていた。しかし、トヴェーリ県の農村男性は娘のために衣服代や嫁資を準備することができず、適齢の女性を賃労働に行かせた。それゆえ未婚女性の村外就業は一時的・季節的なもので、彼女たちは帰郷後、結婚した、とエンゲルは整理する(14)。

つまり、男性の村外就業がさかんな地域では、貨幣の収入が世帯にもたらされ、かつ女性労働力の需要も大きいので、結婚前の女性は地元にとどまっていた。彼女たちは村を出なくても衣服を購入し、嫁資を準備できた。

ノヴゴロド県やトヴェーリ県の若い娘は村外の工場などに向かった。ただしエンゲルは、経済的な事情からそれを余儀なくされた者もいれば、より高い収入や自由な生活を求めて村外就業を選択した者もいた、と彼女たちの積極性に注目している。(15)そのような側面の理解も重要であろう。ともかく、かかる新たな動向は若い娘の行動に対する規範を緩めていったものと思われる。

くわえて、ヤロスラヴリ県、コストロマー県北西部出身者が従事したサーヴィス業や建設業は、男性による単身者の季節的就業を特徴とする。したがって世帯は、男性の村外就業と村在住女性の農業と家事という分業を採用する。トヴェーリ県出身者が従事した工場生産は、男女の通年就業を特徴とする。たしかに、工場労働の賃金水準は就業地での家族形成を可能にする程高いわけではない。工場労働者の間でも単身就業者は少なくない。しかし、女性が賃労働と家事を「二重負担」することで、家族形成の道が開かれる。それが長期的には労働者コミュニティの形成に結びつくところとなる。

このように、都市人口の成長と構成の変容は後背地の拡大、新規流入者の新興産業への就職と軌を一にしていた。それをふまえて、つぎに都市人口の成長を実現した生活基盤の整備プロセス、すなわち建設活動の動向を追跡してみよう。

二　建設活動の概況

一七〇三年、スウェーデンとの戦争に勝利したピョートル大帝は、ロシア帝国の辺境、ネヴァ川のデルタ地帯にペテルブルクを建設する。ネヴァ川はしばしば氾濫し、周辺は水浸しになった。西欧化を推進するピョートルはそのような地理条件を克服し、ヨーロッパへ開かれた窓として不凍港を築き、内陸のモスクワからペテルブルクに遷都する。新都の外観は長い時間をかけて形作られていった。まず女帝アンナ（在位一七三〇～四〇年）、エリザヴェータ（一七四一～六二年）の時代に、海軍省を起点とする三本の大通りが敷設され、帝室の庭園、宮殿、市街が配置される。こうして、現在の市中心部の区画が整備され始める。つづくエカテリーナ二世、アレクサンドル一世、ニコライ一世の治世に、ペテルブルクはヨーロッパの大都市に変貌する。市中心部にはヨーロッパ列強の首都にふさわしく、新古典主義のアンサンブルが登場する。市域も一七一七年の一二平方キロメートルから五四平方キロメートルへと拡大する。[16]

さて、ペテルブルク工業化にかんするベイターの研究やロシアにおけるペテルブルク史研究によれば、商工業の成長と人口増加、都市生活基盤の整備をおもな基準に、一九世紀後半以降の発展プロセスを以下の四期に区画づけることができる。

①　一八六〇年代～八〇年代初頭の成長期

ペテルブルクは軍事機関および軍需産業の拠点として発展した。一九世紀前半の工業においても、それらに関わる国営工場が大きな部分を占めていた。そうしたなか、一八四〇～六〇年代には金属・機械産業への投資が拡大する。技師、退役軍人、外国人などの出身者で、ヨーロッパの工場を範とする民間企業家も登場する。六〇～七〇年代に入ると、繊維産業に代わり金属・機械がペテルブルクの主要産業となる。このような動向において、民間企業に対するロシア政府の鉄道建設・造船・軍事発注が決定的な役割を果たしていた。たとえば一八六〇年代の鉄道建設ブーム時に、ロシア資本の「プチーロフ」（レール圧延）、「ネフスキー」（機関車）らが受注に成功し、事業を拡大している。六六年、市内では三五五の工場施設が操業し、労働者は二万六一三一人（市人口の三・九％）を数えた。生産額は五三七六万ルーブリであった。なお、五〇～七〇年代には軍需の縮小にともない不況も幾度

表 5-2　ペテルブルクの人口数（千人）

年	市	市郊外	合計	増加率
1863	—	—	539.1	(100)
1869	—	—	668.0	124
1881	861.3	66.7	928.0	172
1890	954.4	79.2	1,033.6	192
1900	1,248.1	191.5	1,439.6	267
1910	1,597.0	308.6	1,905.6	353

出典：*Рашин А. Г.* Население России за 100 лет (1811—1913). Статистические очерки. М., 1956. С. 112, 114 より作成。

か経験している。ペテルブルク港とイギリス、ドイツなどのヨーロッパ諸国との貿易も活発化する。その輸出品目は材木や農産物、輸入品目は工業生産用原料、燃料、機械などである。

表５－２にみられるように、市の人口増加が加速する。首都の都市計画は皇帝の統制下、国家機関の交通・公共建造物総庁を中心に作成され、部分的に実施されることになる（図５－１）。すなわち、区画は一二行政区、九八警察分区へ再編され、さらに郊外区が設けられる。ネヴァ川の北に位置するペテルブルク、ヴィボルクの両地区、市郊外の大・小オフタでは道路が整備され、新規区画が造成される。ネヴァ川にリテイ橋などの常設橋が建設されたことで、市中心部とこれらの地区との分断はやや解消される。

その他のインフラ整備も本格化する。まず、一八七〇年にペテルブルク～ヴィボルク間の鉄道が開通する。これをもってペテルブルクと国内各地を結ぶ鉄道網がほぼ完成する。市内交通にかんしても、六〇年代初頭に民間の「第一馬車鉄道会社」が事業許可を得て営業を開始する。七〇年代には他社にも許可が与えられる。馬車鉄道の路線の敷設は市中心部から着手され、次第に周辺へと延伸する。上水道の供給も始まる。五九年、民間の「ペテルブルク水道会社」が水道事業の許可を得たのを皮切りに、七〇年代後半には他の民間会社も事業に参入する。街路灯事業においては五八年、ガス工場「首都照明会社」が設立されている。街路灯の燃料として従来、麻実油などが用いられていたが、ガス

図5-1　ペテルブルク(1869年)

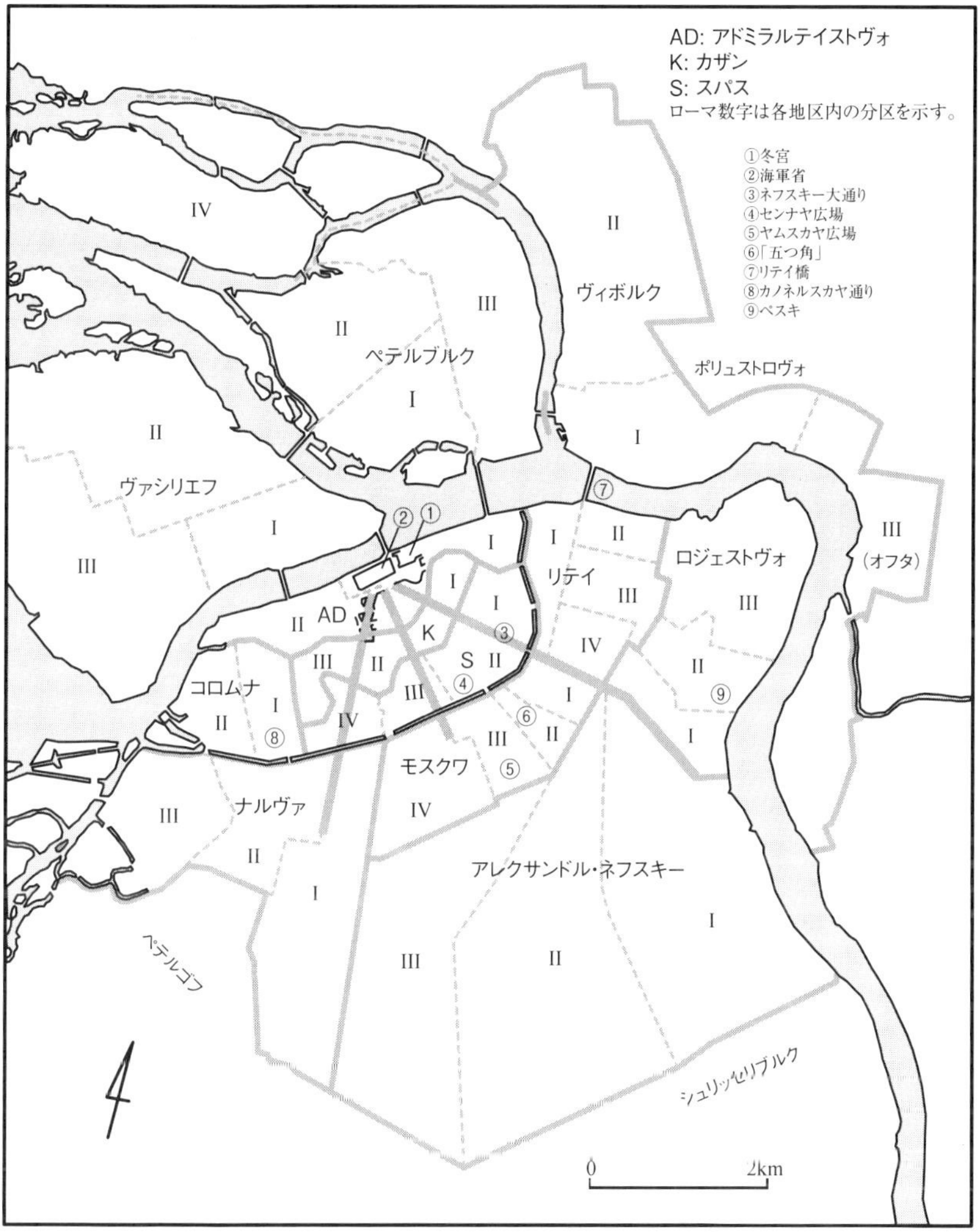

出典:James H. Bater, *St. Petersburg: Industrialization and Change*, London: E. Arnold, 1976, map 68より作成。

や石油への転換が進められる。ガス灯の設置は一八六九年までに七〇〇五基に達し、さらに七〇年代に電灯が登場し、実用化されることになる。

②　八〇年代半ば〜八〇年代末の停滞期

七〇年代末、世界不況の影響からペテルブルク経済は停滞局面に入る。鉄道事業の縮小と関税政策の転換が金属・機械産業を一時、危機的状況に追い込む。人口増加率も鈍化する。

八五年のペテルブルク港改修により、大型船がネヴァ河口付近の浅瀬を越えて入港できるようになり、港の利便性は向上する。七八年以降、市自治体が都市計画に参画し、八〇年には既存の計画を総合した都市改造計画がまとめられる。この計画は幹線および地区道路の新規敷設、既存道路の直線化と拡張、中心地区における未利用地の整備と緑化、周辺地区での新規区画造成を含むものであった。しかし、地価の上昇や市の財政難により、計画は二〇世紀初頭までに部分的に実施されるにとどまる。計画も実情に合わなくなっていく。

前述のように、ガスは街路灯に利用されていた。しかし、八〇年代半ばからは石油価格の下落にともない石油灯の競争力が高まる。くわえて電灯が導入されたため、ガス灯の普及は頭打ちとなる。八六年には電灯事業を業務とする「電灯会社」、「電気設備会社」、「ベルギー会社」の三社が設立されている。新たな通信手段として電話が登場する。

③　九〇年代初頭〜九〇年代末の急成長期

政府は鉄道建設政策をふたたび推進し、シベリア鉄道に代表される新規路線の整備に着手する。この鉄道事業の拡張や外国資本の導入、保護関税政策を背景に、金属・機械産業が躍進する。表５－３に示されるように、同

表 5-3　ペテルブルク主要産業の経営および労働者数（人）

	金属・機械	繊維	食品	製紙*
1867 年				
経営	36	47	—	19
労働者	19,962	10,615	—	1,995
1 経営あたりの労働者数	554	226	—	105
1879 年				
経営	93	81	59	29
労働者	27,902	18,727	11,608	3,102
1 経営あたりの労働者数	300	231	197	107
1890 年				
経営	104	70	56	33
労働者	24,595	21,982	12,872	3,662
1 経営あたりの労働者数	236	314	230	111
1900 年				
経営	163	66	59	117
労働者	64,513	30,436	13,587	13,036
1 経営あたりの労働者数	396	461	230	111
1908 年				
経営	183	70	95	195
労働者	53,945	33,972	18,284	19,038
1 経営あたりの労働者数	295	485	192	98
1913 年				
経営	230	70	92	199
労働者	87,518	42,965	20,406	24,507
1 経営あたりの労働者数	381	614	221	123

注：1867, 79, 90 年については 16 人以上の労働者を雇用する経営を、1900, 1908 年については 16 人以上の労働者を雇用するか動力機関を有し、かつ生産額が年 2,000 ルーブリ以上の経営を対象とした。
*1900 年以降は印刷業を含む。
出典：*Кочаков Б. М.* (отв. ред.) Очерки истории Ленинграда. Т. 2. М.-Л., 1957. С. 84-85; Т. 3. 1956. С.16, 36, 43, 47, 49 より作成。

部門を中心に企業数や工場労働者数が増加し、大企業への労働者の集中も進行する。機関車や火砲を生産する「プチーロフ」は、労働者数一万二三四六人の巨大企業に成長する。このような産業の飛躍的な発展にともない人口増加率も急上昇する。

九一年、市自治体は上水道事業に参入する。のちに、濾過装置の設置をめぐり民間会社と対立した市は、事業の高い収益性も考慮して上水道事業を完全に市営化する。市は九六年、濾過装置を新設している。馬車鉄道も、民間会社の営業許可期間の終了後、市の直営となる。

④　一九〇〇年代初頭〜半ばの不況期と一九〇〇年代後半〜大戦前の成長期

一九〇〇年代初頭、世界不況の影響から生産は急激に縮小する。第一次ロシア革命やストライキの多発で社会情勢も不安定化する。生産が回復するのは日露戦争による軍需の拡大をへて一九〇〇年代後半になってからである。大戦前夜のペテルブルク工業は、従事者二八万九〇〇〇人（一九一〇年の市人口は約一九一万人）を数え、その生産額は四億九六九〇万ルーブリに達していた。その主要産業は金属・機械、繊維、食品・酒・タバコであった。

人口流入は加速し、人口数は第一次世界大戦前までに二〇〇万人を超える。郊外区が新設された結果、市域は一〇五・四平方キロメートルに拡張される。この頃、市会、さらに建築家ベヌアら民間の芸術家、技術者によりペテルブルクの再整備計画が提議される。しかし、大戦と革命によりその作業は中断される。

インフラ整備も急ピッチで進められる。一九〇七年に五三四・五露里（一露里は一・〇六七キロメートル）であった水道網は一四年までに六三一・三露里へ増設される。市内交通においては馬車鉄道から路面電車への移行が本格化する。電車の路線距離は一九〇八年の一一〇露里から一六年の二三六露里へと急伸し、馬車路線の一部は廃止される。乗客の延べ人数も大幅に増え、〇七年の一億九〇〇〇万人が一四年の三億三〇〇〇万人となる。電話も飛躍的に普及する。加入回線数は一九〇二年の四三三〇回線から一四年の四九八六〇回線へと一〇倍増となる。(17)

このように主要産業の金属・機械は、ツァーリ政府による経済政策の強い影響、外国資本の参加、外国産の原料や燃料の使用を特徴とし、九〇年代に本格的な成長をみている。ペテルブルクの産業は繊維、食品、製紙・印刷、化学のちには電気でも特色があった。人口は増加を続けたが、その幅は好不況に応じて変動している。都市計画の実施は限定的であったとはいえ、国家や市自治体を主体に市域の拡大、道路や橋の整備、区画整理が進められる。さらに、民間主導で馬車鉄道事業や水道・ガス、電気事業が始動し、市営化後、持続的に展開されるところとなる。以上から、近代的な都市生活基盤が徐々に整いつつあったといえよう。

ところで人口成長と産業発展は、一方では建造物の需要を高め、他方では建設活動を可能にするための資本の形成を促進する。ロシア経済史家カーハーンにしたがえば、とりわけ③の急成長期にペテルブルク、モスクワ、オデッサ、ワルシャワなどの都市において、不動産や預金として蓄積された資本が住宅や産業施設の建設へと投資されていた(18)。建設活動の担い手も従来の国家から産業資本家、不動産所有者、企業、市自治体、慈善団体、教育団体へと多様化していく。一九〇〇年のペテルブルクでは六九五の敷地（дворовые места）で建造物の再築や改築が行なわれていた。この敷地のうち八四％が個人、六・三％が国家、四・二％が会社企業、一・五％が市自治体・ゼムストヴォ・身分団体に属していた。個人をはじめとするさまざまな担い手が建設活動を推進していたのである(19)。

注文主の多様化は建造物の性格にも表れている。ロシア建築史の研究成果によれば、ペテルブルクやモスクワなどの主要都市では施工の中心が従来の国有施設や宮殿から、都市の生活・文化と関連する建造物へと移動した。その代表が住宅、商工業施設、公共施設である。なかでも賃貸集合住宅が目立ち、一九世紀後半における都市住宅の典型となる。その背景には住宅不足、地価や賃貸料金の高騰がある。ペテルブルクの場合、アパート一区画あたりの年間平均賃貸料金は、一八六九年の三〇二ルーブリから八一年――四〇九ルーブリ、九〇年――三六二ルーブリ、一九〇〇年――五二〇ルーブリと大幅に上昇している(20)。この推移は上述の人口増加や景気動向とほぼ対応している。賃貸集合住宅からは高い収益性が見込まれていた。それが住宅建設ブームを起こし、不動産所有者、産業資本家、住宅建設会社、保険会社などの注文主が賃貸集合住宅事業に投資したのである[21]。

一例をあげるならば、ネヴァ川への常設橋の設置は、それまで南へ延びていた都市の発展方向を北へと拡大・展開させるところとなった。すなわち、一八七九年のリテイ橋竣工が市中心部とネヴァ川対岸の産業地区の連絡を向上させる。その結果、市中心部から橋までの途中にあるリテイ地区の交通量が増加し、地価も上昇する。リテイ地区に石造の賃貸集合住宅が相次いで建設され、同地区は高級住宅街へと変貌する。さらに、九〇年代には住宅建設の波がネヴァ川の対岸に及ぶ。とくに市自治体が一九〇三年、リテイ橋の下流にトロイツキー橋を建造し、交通が至便になってから、市北部のペテルブルク地区でも石造賃貸集合住宅の建設が急ピッチで進む[22]。

産業施設については、政府が一八三三年、生活環境上の配慮から市内での民間施設の設置を規制し、それと同時に特典を定め、産業施設の市郊外への配置を促している。郊外は中心部よりも地価が安く、施設の新設にも有利だった。このような経緯から、中心部を取り囲む形でネヴァ川とその支流、運河に沿っていくつかの工業地区が形成されることになる[23]。工場労働者もこれら工業地区の賃貸住宅や工場従業員のための単身者・家族用宿舎に入居した。七〇年代半ば以降、「サン＝ガリー工場」、「ノーベル」、「株式会社ロシア・アメリカゴム工場」などペテルブルクを代表する企業が熟練労働者の誘引策として従業員用住宅を建設する。さらに「ネフスキー製糸工場」や「住宅不足闘争協会」（T-во борьбы с жилищной нуждой）が労働者コロニーの建設を計画し、後者のそれが「ガーバニ労働者街」として実現するのである[24]。

商工業の好況は工場、商店、市場、銀行などの建設を活発化させた（図5－2）。代表例をあげると、「プチーロフ」は熱処理施設（八〇年完成）、大砲製造施設（九四年完成）、平炉施設（九七年完成）と増築を重ね、ペテルブルク最大規模の工場となる。サドーヴァヤ通りにセンナヤ市場の屋内施設が完成し（八五年）、またネフスキー大通りには「エリセーエフ兄弟商店」（施工一九〇〇～〇三年）が登場する。これらの大規模建造物は新技術を

図 5-2　株式会社「ヴェスティンガウス」工場施設の礎石式

出典：*Барышников М. Н.* Деловой мир Петербурга: Исторический справочник. СПб., 2000. С. 103.

採用して機能性を追求している。たとえば、センナヤ市場は鉄筋やガラスを多用し、広い空間と採光の確保に努めている。

公共施設では学校、病院が重要である。建築家養成機関「土木技師高等専門学校」（施工一八八一～八三年）、本館、化学実験棟、学生寮など大規模な施設を持つ「ペテルブルク工業大学」（同九一～一九〇二年）、治療過程に配慮して一二の別棟が設計された「市立アレクサンドル病院」（同八〇～八二年）などがその代表である。

建造物の統計的傾向は、まさしく都市化のプロセスを映し出している。これを把握するための史料として、建造物施工数調査史料および都市センサス建造物調査史料がある。同時代人ヤルメルシュテットも、それらの史料にもとづき主要都市の趨勢を明らかにしている。以上の史料および研究に依拠しつつ、ペテルブルクの建設動向を建造物施工数、建造物の材質、規模そして設備を基準にみておこう。[25]

図5－3のとおり、まず新築数は一八八〇年代半ばに減少し、九〇年代半ばまで低迷している。その後、

図5-3　施工件数

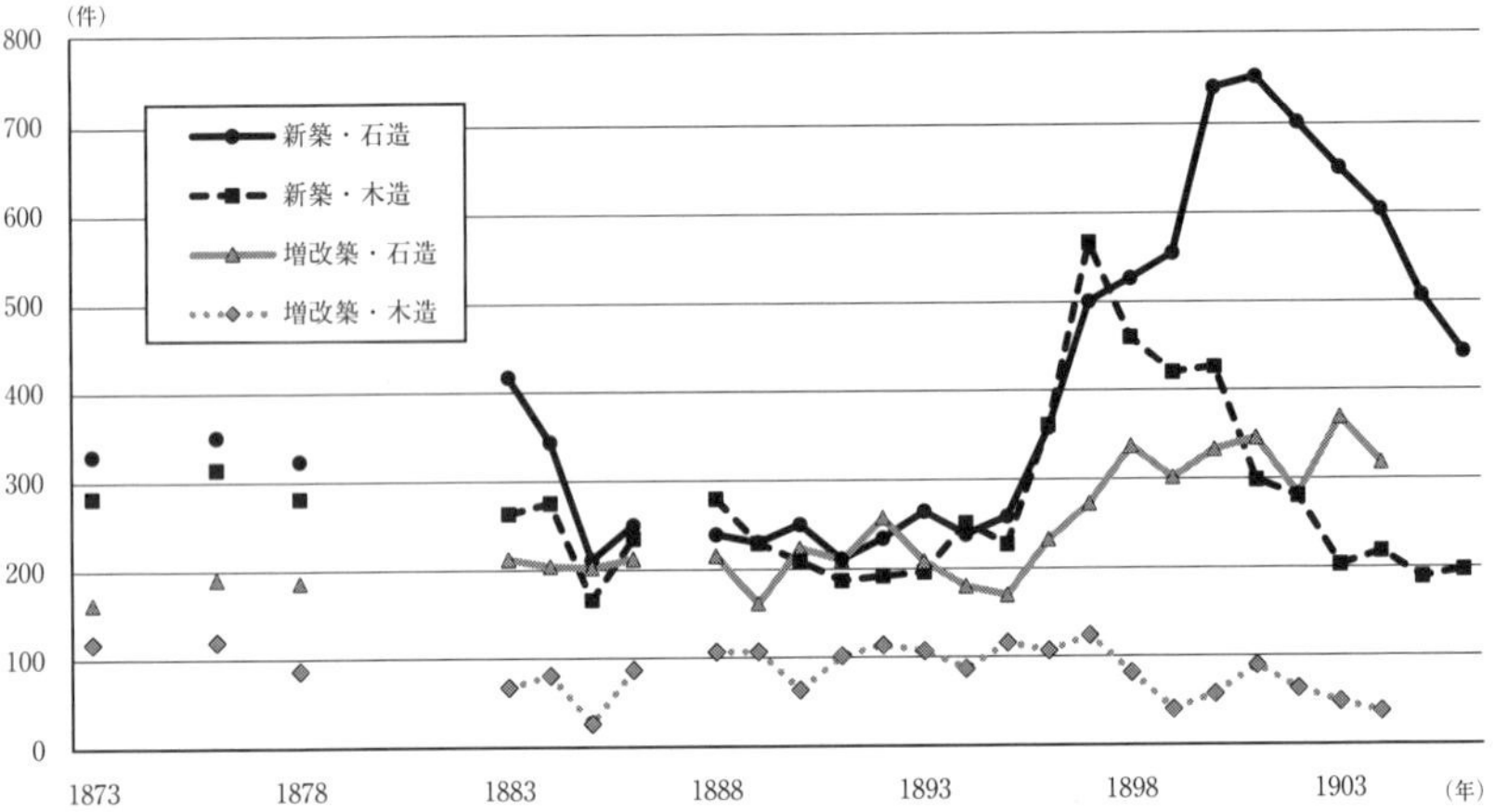

出典：*Ярмерштедт В.* Развитие строительного дела в Петербурге, 1883—1897 // Строитель. 1899. № 7-8. С. 265-268; Деятельность техников по наблюдению за частными постройками // С.-Петербургское городское общественное управление. Отчет за (1873—1904) годы. СПб.; *Пажитнов К.* Квартирный вопрос в Петербурге // Городское дело. 1910. № 20. С. 1383より作成。

九〇年代後半に急伸し、一九〇〇年代前半に大幅減となる。このような推移は人口や商工業の変動と大まかに一致している。増改築数については、九〇年代半ばまでの安定状態とそれ以降の増加が読みとれる。したがってその動静は人口や景気と相対的に関係が薄い。その事情として、新築と比べて投資規模が小さいことや、とくに市中心部で恒常的に一定の需要のあったことが考えられる。市中心部では開発可能な土地が稀少となり、既存建造物の高層化や増床で賃貸収入の増加を図ろうとする動きがみられたからである[26]。

残念ながら、一九〇〇年代後半以降についてはデータを持ち合わせていない。ただ、施行の拡大を示す状況証拠がある。一つには大蔵省の調査において、ロシア都市部の施工数増加が確認されている。もう一つには大戦前に住宅建設への投資が活発化している。レンガ、瓦、ガラス、セメントなどの建設資材の生産も著しく伸びている[27]。

建造物の材質は石造（レンガ積み）と木造の二つに分類できる。前者は耐用年数、耐火、美観、収益性に優れ、高層化や大規模化も可能である。しかし、施工費用、施工期間の点では後者に劣る。なお、市当局は木造から石造への転換を進める目的から、市中心部における木造建造物の新築や増改築を禁止していた。図に示されるように、新築の場合、一八九〇年代末まで石造が全体の五〇〜六〇％、木造が四〇〜五〇％を占めていたが、その後は木造の割合が大きく落ち込んでいる。増改築でも九〇年代半ば以降、木造の割合が減少している。市自治体はその原因をつぎのように分析している。第一に、市周辺部ではそれまで木造建築が多かったが、地価の上昇にともない石造建築が有利になった。第二に、木材価格が上昇した。第三に、木造建築の新築および増改築に対する規制が強化された。そして第四に、木造建築の増改築への投資が合理的でなくなった。以上である。(28)つまり、市の中心部だけでなく周辺部においても新築は石造が経済的であり、増改築についても木造は投資に見合わなくなっていた。石造建築に特徴づけられる都市の景観と生活スタイルは、周辺部へ徐々に波及しつつあった。

建物の規模や設備については、施工された建造物だけを対象としたデータは存在しない。ここでは都市センサス建造物調査史料をもとに、住宅を中心に建造物全体の推移を把握するにとどまる。ただ、各調査の間隔は約一〇年間と大きく、調査ごとに内容、対象も異なっている。アパート区画を単位とする場合も、その部屋数や面積はさまざまである。ここではそれらを考慮せず、大まかな傾向をみることにする。

表5－4によれば、住宅一棟あたりのアパート区画数は一八六九年の一二・八戸から一九〇〇年の四一・六戸へ大幅に増加している。これはとくに、市周辺部の地区において大規模な石造賃貸集合住宅の建築が進んだからである。ペテルブルクでは建造物が高さ一一サージェン（約二三メートル）までに制限されており、急激な高層化はみられなかった。(29)二階建ての建造物が約七割を占める傾向は大きく変化しなかった。したがって、通りに面して石造四、五階建ての建造物が立ち並んだ中心部を除けば、木造ないし石造一、二階建ての建造物が多かった。しかし、一八六九年と一九〇〇年を比較するならば、ゆるやかな高層化もうかがえる。

表 5-4　ペテルブルクにおける建造物の構成

	1869 年	1881 年	1890 年	1900 年
人口（人）	667,963	861,303	954,400	1,248,122
敷地数	8,242	9,261	10,340	9,643
建造物（棟）				
住宅	19,913	22,234	—	23,988
住宅以外	13,258	17,336	—	—
住宅 1 棟あたりの人口（人）	33	39	—	52
住宅の材質（%）				
石造	49.4	51.2	約 54	54.6
木造	47.6	45.9	約 42	40.2
その他	2.5	2.9	約 4	5.2
住宅の高さ *（%）				
1 階	38.1	31.7	18.9	31.2
2 階	31.9	33.4	41.6	37.1
3 階	17.5	15.7	21.5	15.0
4 階	10.3	11.3	14.2	11.9
5, 6 階	2.2	7.9	3.8	4.7
アパート区画数別構成（%）				
1	8.1	12.8	5.8	0.4
2 ～ 3	19.3	15.6	13.3	1.7
4 ～ 5	15.4	11.1	11.4	3.0
6 ～ 10	22.0	20.4	20.4	9.2
11 ～ 20	19.7	21.1	23.5	22.0
21 ～ 50	13.1	16.2	21.5	41.7
51 ～ 100	1.9	2.3	3.5	14.2
101 ～ 200	0.39	0.67	0.65	7.8
201 ～	0.05	0.04	0.05	
平均区画数	12.8	14.5	17.5	41.6
設備普及率（%）				
水道		40.5	59.3	73.1
水洗トイレ		30.2	50.2	66.0
浴室		6.3	11.0	15.3
ガスレンジ		—	1.4	7.2

注：*1890 年は通りに面した住宅のみを、1900 年は住宅以外の建物を含む全建造物を対象としている。

出典：С.-Петербург по переписи 1869 года. Вып. 2. СПб., 1872. С. 6; 1881 г. Т. 3. СПб., 1884. С. 4-23; 1890 г. Ч. 4. СПб., 1892. С. 42, 44, 80; 1900 г. Вып. 3. СПб., 1905. С. 248-249, 650-657, 666-671; *Ярмерштедт В.* Строительное дело в прошлом и настоящем // Строитель. 1897. № 7. С. 257-258. № 9-10. С. 355; *Пажитнов К.* Квартирный вопрос в Петербурге // Городское дело. 1910. № 20. С. 1373-1375 より作成。

表 5-5　主要都市における建造物の構成

	モスクワ	オデッサ	キエフ	プスコフ	ワルシャワ	ベルリン
	1882 年	1892 年	1874 年	1874 年	1882 年	1890 年
人口（人）	753,469	320,228	320,228	16,123	382,964	—
敷地数	15,968	7,451	7,451	810	4,172	—
建造物（棟）						
住宅	32,214	17,076	17,076	1,385	12,115	—
住宅以外	29,381	9,398	9,398	1,611	7,004	—
住宅 1 棟あたりの人口（人）	23	19	13	12	32	—
住宅の材質（%）						
石造	31.2	97.0	14.7	28.5	51.8	—
木造	52.4	1.6	64.7	48.3	48.0	—
その他	16.4	1.4	20.6	23.2	0.2	—
住宅の高さ（%）						
1 階	54.3	68.4	83.1	45.7	54.6	2.3
2 階	41.2	26.8	14.9	51.4	19.4	5.2
3 階	4.1	4.5	1.7	2.6	14.8	8.1
4 階	0.4	0.4	0.2	0.2	9.9	21.8
5, 6 階	0.0	0.0	0.0	0.1	1.7	60.9
7 階以上	—	—	—	—	—	1.7
アパート区画数別構成（%）						
1	—	12.6	28.3	35.8	} 14.3（1〜5）	3.3
2 〜 3	—	17.9	38.3	34.8		} 13.6（2〜5）
4 〜 5	—	13.6	18.3	14.6		
6 〜 10	—	21.0	11.1	12.7	17.4	17.6
11 〜 20	—	22.2	} 3.4（11〜100）	1.5	31.8	33.9
21 〜 50	—	11.8		0.1	31.8	29.7
51 〜 100	—	0.8		—	} 4.0（51〜）	} 1.9（51〜）
101 〜 200	—	} 0.06（101〜）	—	—		
201 〜	—		—	—		

出典： *Ярмерштедт В.* Строительное дело в прошлом и настоящем // Строитель. 1897. № 7. C. 251-258. № 9-10. C. 355-356 より作成。

以上から、建造物の石造化・床面積拡大・高層化が確認できる。ロシアの中で、ペテルブルクはそれらが最も進行していた都市であった。ヤルメルシュテットの研究を参考に作成した表5-4と表5-5によると、一八九〇年頃においてペテルブルク、つづいてワルシャワがそれらの点で際立っていた。もっとも、ベルリンでは建造物のほぼすべてが石造で構成され、四階建て以上が八割を占めていた。住宅一棟あたりのアパート区画数は一三・二戸である。住宅の仕様をめぐってはなお議論の余地が残されてはいるものの、総じてベルリンとペテルブルクの水準には大きな開きがあったといえよう。(30) ロシアの都市のうちモスクワは、低層の木造建築が特徴的である。モスクワでも、人口増を背景に住宅不足が深刻化していた。しかしながら、モスクワは平野部の中央に位置し、開発可能な土地が多く残されていた。そのため、石造の大規模集合住宅は一九世紀末まで建設されなかったのである。

なお先述のように、ペテルブルクにおいてはまず民間企業が都市生活基盤の整備に着手し、つづいて市自治体がその事業を積極的に推進している。その結果、一九世紀末までに上水道の普及率が大きく上昇する。アパート区画を基準にした場合、その普及率は一八八〇年の四割から一九〇〇年の七割へと三割アップする。水洗トイレの設置も、一九〇〇年までに約七割に至っている。ただし、上水道や水洗トイレの普及水準には市内で大きな格差があった。ヴィボルク地区などネヴァ川の対岸地区では普及がかなり遅れていた。さらに、市の中心部でも普及率は富裕層の居住地区で高く、スパス地区第三分区に代表される下層の居住区では低い。これと関連して、普及率はアパート一区画あたりの部屋数によっても差がある。水洗トイレは三部屋以上からなるアパート区画の九割以上に設置されているが、一部屋からなるアパート区画への設置は三割程度にとどまる。(31) なお浴室の普及率は、公衆浴場が利用可能なこともあり、一九〇〇年でも一五％程度である。

住宅へのガス、電気、電話などの供給も開始されている。ガスや電気は前述のようにまず街灯に採用され、つづいて一部の建物で調理・照明用に導入される。電灯は、一九〇〇年に二五〇〇以上の敷地で取り付けられている。その他にも、エレベーター、スチーム暖房、下水道などの先進的な設備が登場している。それらは一八七〇年代以降、おもに高級住宅で採用されている。[32] 新たな設備は特別の設置スペースを必要としたから、それに合わせて建物や住居の間取りが設計されるようになっていく。[33]

このように、一九世紀後半〜二〇世紀初頭のペテルブルクは建造物の量的増加と質的変容を経験していた。それにもかかわらず、建造物の供給は急激な人口増を背景とする需要増に追いつくことができなかった。住宅の供給不足が深刻化し、住民一人あたりの居住空間は逆に縮小していったのである。一八九〇年代における住宅一棟あたりの住民数は一〇六人に達していた。これは同時代のベルリン（六一人）、ウィーン（五八人）、パリ（三三人）、ロンドン（八人）、モスクワ（一八八二年――四八・五人）と比較してもはるかに多い。[34]

ペテルブルクの都市問題を研究したスホルーコヴァは、中心部における人口過密と衛生状態悪化の要因をつぎのように解説している。すなわち、建物の高さが制限され、合理的な交通網が整備されていない状況では、都市は横方向にしか成長できない。そのため、建築家や建設主は敷地内の建物の容積率を最大にしようとしたのだ、と。[35] 他方で、建造物や都市インフラの整備状況から明らかなように、市周辺地区の住環境も劣悪であった。ここでは依然として木造家屋が圧倒的であり、水道、ガス、電気、馬車鉄道などの普及も大きく立ち遅れていた。これに医療施設の未整備が加わり、きわだって高い死亡率がみられた。かくて同時代人ヴャトロフスキーは著書『住宅問題』において、「ペテルブルクの住居数は需要にまったく対応していない。家賃は極限に達した。住居自体もその大部分が最低限の衛生基準すら満たしていない」、と住環境の危機的状況に警鐘を鳴らすのである。[36]

図 5-4　ペテルブルク商業学校賃貸集合住宅・外観

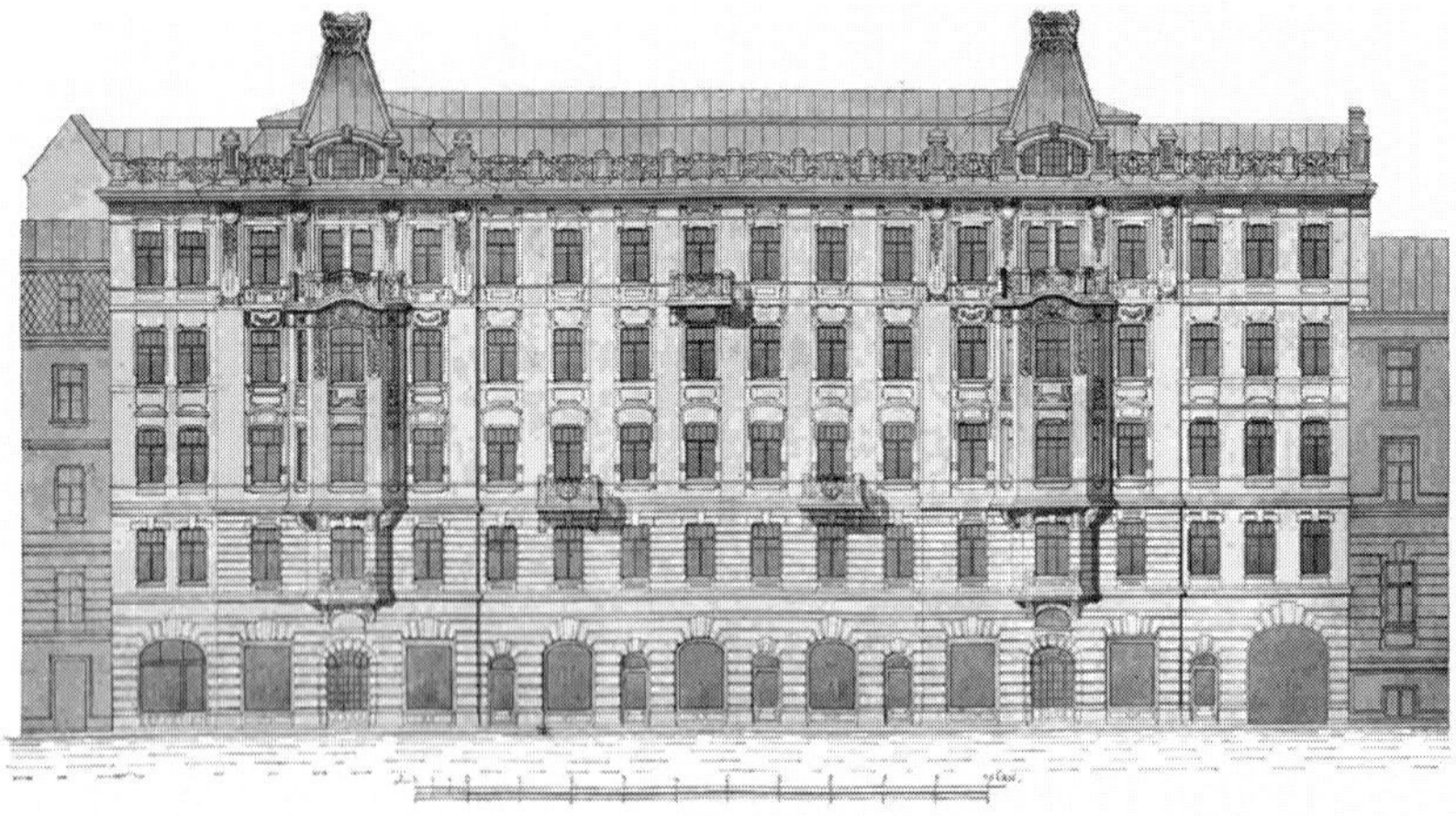

出典：Новый доходный дом СПб. Коммерческого Училища // Зодчий. 1904. № 31. Лист № 37.

三　集合住宅の建設施工プロセス

では、急成長中のペテルブルクにおいて、住宅建設はどのような意図から計画され、施工はどのように進められていたのだろうか。この問題を考える際の手がかりとして、賃貸集合住宅の施工プロセスを検証してみたい。本節で取り上げるのは、大蔵省付属ペテルブルク商業学校による建設の事例（施工一九〇二～〇三年）である（図５－４）(37)。すでに述べたように、賃貸集合住宅は一九世紀後半～二〇世紀初頭の都市において代表的な建造物であった。ペテルブルクでは深刻な住宅不足を背景に、賃貸集合住宅が投資先として高く評価されていた。学校当局も営利事業として賃貸集合住宅を建設したのである。設計と施工監督を担当した建築家ニコライ・イリイチ・ボグダーノフがこの施工を雑誌に紹介している。以下ではおもにこの記事に依りつつ、着工にいたる経緯と施工プロセスを追跡しよう。

商業学校は、市中心部の通称「五つ角（Пять углов）」と呼ばれる、チェルヌィシェフ小路（現在のロモノーソフ通り）

とザーゴロドヌィ大通りの交差点の一角に位置していた（図5－1を参照）。賃貸集合住宅の建設は学校の敷地内に計画された。学校周辺は商業施設が多く、交通の便も良好であった。賃貸集合住宅も多い。学校はこれまでにも賃貸集合住宅を所有し、家賃収入を得ていた。旧住宅は石造二階建てで、最も古い部分は一八世紀に建築されていた。学校当局は、旧住宅の改修は困難で、また改修したとしても安全性や収益性が低いので、建物を取り壊し、新築した方が有利だと判断した。周辺でも住宅の需要増を背景に、老朽化した建物の建て替えや増改築が進められていた。

当時、建築家は設計・施工において中心的な役割を担っていた。施工段階では、建築家が注文主の要望に沿い、現場で材料業者や工事請負業者を指揮・監督し、工事を進めていた。こうした職務を適切に遂行するために、建築家には芸術、建設技術、法律などの専門知識や経験が要求される[38]。ペテルブルクの建築家の多くは中等教育機関を卒業後、地元の芸術アカデミーや土木技師高等専門学校（一八八二年に建設学校から改称）に入るコースを進んでいた。これら高等専門教育機関のうち、芸術アカデミーは一七五七年に設立されている。同校の創設目的は農民・町人身分出身者、「雑階級人[39]」などの民衆を対象に建築芸術や技術を教育し、国家が必要とする職人を養成することにあった。一方、土木技師高等専門学校の前身は、一八三〇年に創立された、貴族や官僚の子弟を対象とする特権的な建設技術学校である。一九世紀末においても、同校学生の出身身分別構成は貴族・官僚が約六割を占めていた。また、土木技師高等専門学校の教育内容は建築美術よりも技術に重点を置いていた。ともあれ、両校の卒業者に対しては、それぞれ「建築芸術家」、「土木技師」の称号や官等取得の権利が与えられ、建築家として建設設計・施工を行なう資格が認められていたのである[40]。

ボグダーノフは土木技師高等専門学校を卒業し、八等官に任ぜられ、ペテルブルク商業学校専属建築家のほか、プスコフ郡ゼムストヴォ専属建築家、交通技師高等専門学校教官、ペテルブルク市ヴァシリエフ地区第二・第三

図 5-5　ペテルブルク商業学校賃貸集合住宅・平面図

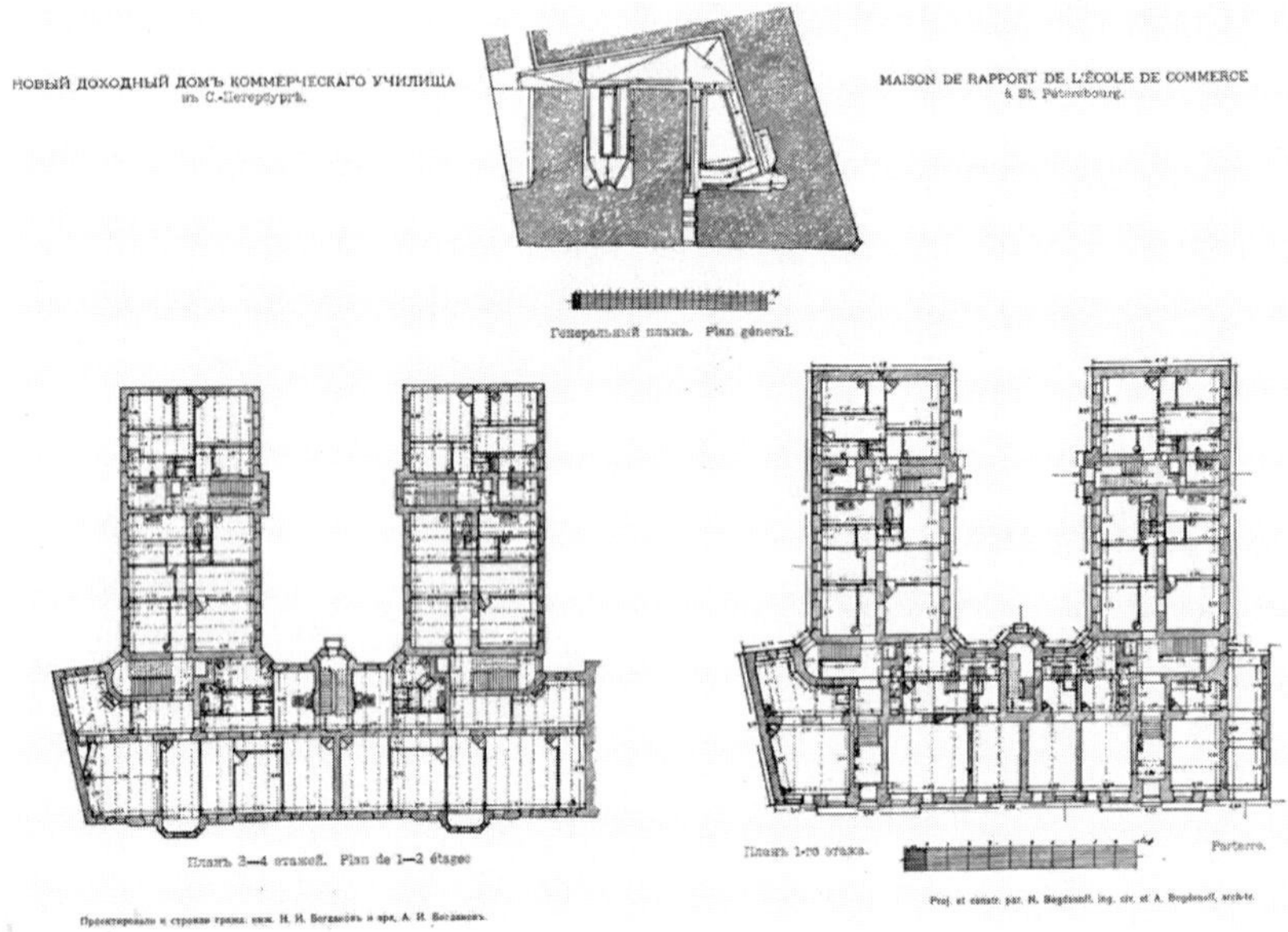

出典：Новый доходный дом СПб. Коммерческого Училища // Зодчий. 1904. № 31. Лист № 38.

分区商工業施設調査技師などを兼任していた(41)。このような経歴から、ボグダーノフは建築家として高い実務能力を持っていたと考えられる。なお、商業学校付属賃貸集合住宅の詳細図作成にはニコライの兄弟、建築家アレクサンドル・イリイチ・ボグダーノフが協力している。

　さて、新住宅は石造五階、一部六階建ての三棟からなる（図5-5）。このうち正面棟の長さは約五一メートルである。建物には大（六部屋、約三〇〇平方メートル）、中（五部屋、約一三七平方メートル）、小（四部屋、約九一平方メートル）の三種類、全二八戸が設計されている。さらに、一階部分には六つの商店スペースがある。各アパート区画には浴室、水洗便所、自家発電を利用した照明設備、そして一部で配管暖房設備が導入されている。建物には水力エレベーターも設置されている。いずれも、当時のペテルブルクでは普及率が低いか、登場して間もない設備である。立地や仕様から、この賃貸集合住宅は高級住宅であったと推測される。雑誌に紹介記事が掲載されたのも、高級住宅の最新の施工例であったためであろう。

賃貸集合住宅の建築では収益性が重視されていた。ボグダーノフは総工費をおよそ二五万ルーブリと算定していた。これに対して、四・五五二平方メートルあたり年三五ルーブリの家賃収入が見込まれていた。つまり、小（約九一平方メートル）でも家賃は年およそ七〇〇ルーブリと高額である。家賃収入の合計は年二万五六七〇ルーブリである。このことから、ボグダーノフは収益性の面でも十分有利な施工であると主張している。

学校評議会はボグダーノフ作成の設計図と見積もりを承認し、旧住宅の取り壊しと新築工事の許可を政府に申請し、許可を得ている。つづいて、学校は新住宅の施工を指揮・管理する建設委員会を組織する。その委員長は学校長、技術監督者はボグダーノフである。

ところで、当時の建設施工は直営と請負に大別される。このうち直営は、文字どおり建設主が材料を直接買付け、作業員を直接雇用して工事を行なうものである。直営の場合、業者に業務を委託しない分、材料費や労賃のコストダウンを図ることが可能となる。材料の品質や工事水準の管理においてもメリットがある。しかし、建設主や建築家の時間的・労力的負担が大きいという欠点もある。つぎに請負は、業者との間で材料調達や工事の契約を結び、それらを業者に委託するものである。この請負はさらに、総合業者が施工全体を請け負う一式請負と複数の専門業者が材料調達や工事の各工程を請け負う分割請負の二つに分類される。請負の場合、建設主や建築家の時間的・労力的負担は小さくなる。ただし、適正な費用、材料や工事の品質維持、期日の厳守は業者の信頼性に左右される。とくに一式請負の場合、一人の業者にすべてを委ねるので大きなリスクがある。これらの事情を考慮して、一九世紀後半のロシアでは建設施工において一般に請負、とくに分割請負が選択されていた(42)。

しかし、この賃貸集合住宅の事例ではそれらのいずれかということではなく、材料は一部を除き建設委員会が直接調達し、工事は職種ごとに専門業者に請け負わせている。その理由をボグダーノフはつぎのように説明している。材料調達にかんしては、製造工場や業者からの直接買付けが有利である。けれども作業員の雇用については、職人組織や日雇いを自分たちで選考し、編成するのでは時間がかかりすぎ、工期が長引く恐れがある。とりわけこの施工では旧住宅の取り壊しが六月以降に予定されており、冬までの工期が短い。冬になると工事の縮小を余儀なくされる。したがって、材料調達は直営が、また工事は職種ごとの請負が有利と判断した、というのである。

続いて問題となるのは、材料納入業者や工事担当業者の選定である。材料や工事のコストダウン、品質管理へのボグダーノフの配慮がここでも貫かれている。まず、旧住宅の取り壊しについては、高い技術が要求されるわけではないとの理由でいくつかの新聞に入札を公表し、解体業者に請け負わせようとした。しかし、金額および条件面で業者と折り合わず、直営工事を決定する。新住宅の建築には古い建物の資材をできるだけ再利用する。新築住宅の材料納入業者と工事業者にかんしては指名入札を行なう。入札には「競争をより成功させる目的で」、「堅実で、経験と信頼性のある」業者に参加を依頼している。その際、材料納入業者に対しては良質の材料を期日厳守で納入すること、工事業者に対しては質の高い工事を期日までに完了すること、そして両者に対し、違反した場合、定められた違約金を支払うことを条件づけている。また契約に際して、請負額の一〇％にあたる保証金を業者から徴収している。建設主とボグダーノフがこのような進め方を採用したのは、当時、業者に大きく依存した施工が問題視され、コストダウン、品質の確保、期日までの工事完了への対策が求められていたからであろう。この事例では建設主やボグダーノフが直営の一部採用や厳正な業者選定、契約内容の精査を試みている。ただその分、建設主やボグダーノフの時間的・労力的負担はかなり大きくなっている。

最後に、建設工事がどのように進められたのか、この点に触れておこう。工事の問題を論じる際、ロシアの自然環境を考慮する必要がある。一九世紀後半〜二〇世紀初頭のロシアでは、日照時間が長く、気候も温暖な夏場に工事が集中していた。とくに北緯六〇度に位置するペテルブルクの場合、この傾向が顕著であった。一九一一年、大蔵省は全ロシアを対象に建設業にかんするアンケート調査を行なっている。これによれば、ペテルブルクの建設「シーズン」は（旧暦の）五月初めに始まり、一〇、一一月中旬ごろに寒波が到来するまで続いた(43)。いうまでもなく、この季節性の主たる要因は夏と冬の日照時間の極端な差や冬場の低温、積雪、凍結にある。ペテルブルクでは強風も加わる。冬の気象条件の悪化はコンクリート工事や石工工事、左官工事など、水を利用する工事を困難にする。またそれは、屋外作業の労働生産性をいちじるしく低下させていたのである(44)。

さて、同時代の建設業専門誌のある記事によれば、一八九〇年代末のペテルブルクでは賃貸集合住宅の工事は通常、一六〜一八か月間を要していた。すなわち、着工は四月か五月で、一〇月ごろまでに屋根葺き工事を済ませる。冬季の三、四か月間は屋内で大工工事を進め、翌春、左官工事、指物工事を開始する。夏か秋の初めを仕上げに費やし、竣工はその年の秋になる(45)。表5−6が示すように、この賃貸集合住宅の事例でも、最初の建設「シーズン」に基礎工事からレンガの積み上げ、屋根葺き工事までを行ない、厳寒の到来までに大まかな外観を完成させている。冬季は屋内工事のみを継続している。二年目の建設「シーズン」に入ると、完成に向けて内装工事や設備の据え付けが進められている。このように工期は一五か月間半に及び、このうち旧住宅の取り壊しにおよそ二〇日を費やし、冬場の四か月は工事の縮小を余儀なくされていた。参考までに、他の施工例についても工事日程を確認しておこう。「宮廷擲弾中隊宿舎」（施工一八九四〜九六年）の場合、石造五階、正面長さ二六メートルから五六メートルの建物三棟に一〇一戸が設計された。この施工も材料調達を直営で行ない、各工事を業者に請け負わせていた(46)。基礎工事の開始が八月初めと出遅れた影響で、工期は三建設「シーズン」、延べ二三か月間にわたっている。しかし、工事の進め方は上述の事例とほぼ同様である。

表 5-6　新築工事の施工日程

ペテルブルク商業学校賃貸集合住宅		宮廷擲弾中隊宿舎	
1902年6月10日	旧建造物の取り壊し。住民の退去との関係でこれ以前には行なえず。		
7月初め	土木工事		
7月中旬	基礎工事		
7月20日	基礎が一部完成する。礎石式	1894年7月19日	旧建造物の取り壊し
7月末～10月末	レンガ積み上げ	8月4日	土木工事。水が湧き出るなどで困難な作業となる。
11月初め～末	小屋組み・屋根葺き	8月18日	基礎工事
		10月10日	マイナス8℃で積雪
1902/03年冬季	建物内部の大工工事（間仕切り）	1894/95年冬季	（工事を中断）
春	大工工事の完了	4月19～5月27日	基礎工事
3月半ば	内部左官工事、階段の設置、暖房設備の設置、床板の張り付け、指物工事、レリーフ工事、金具取付、水道設備工事、エレベーター設置、中庭の整備	5月27日	礎石式
		4月24日	レンガ積み上げの一部開始 レンガやモルタルは手作業で運搬される。水は木の囲いに沿って設置された鉄製の配水管で供給される。この管には数か所に蛇口があり、その下に大きな桶が置かれている。梁は滑車や巻揚機を用いて上げられ、取り付けられる。
		8月24日	レンガ積み上げの完了
9月初め	施工完了。入居開始		小屋組み・屋根葺き
		1895/96年冬季	建物内部の大工工事（間仕切り）
			仕上げ
		10月24日	施工完了。入居開始

出典：Новый доходный дом СПб. Коммерческого Училища // Зодчий. 1904. № 31. С. 354; № 32. С. 361-363; Дом Роты Дворцовых Гренадер // Зодчий. 1897. № 7. С. 55-56 より作成。

図 5-6　建築現場（ペテルブルク・ネフスキー大通り、1909～1910 年頃）

出典：Санкт-Петербург: Столица Российской империи. М.-СПб., 1993. С. 225.

ボグダーノフは、作業員が何人参加したのか言及していない。おそらくそれは、彼が各工事を業者に請け負わせ、作業員の管理も業者に任せていたからであろう。この賃貸住宅の施工では、住民の退去や旧住宅の取り壊しのために着工が遅れ、とくに最初の建設「シーズン」で確保できた期間は短い。くわえて当時、機械や動力機関の導入があまり進んでいなかったことを考慮するならば、大量の労働力が投入されていたことは疑いない。基礎工事からレンガの積み上げ、屋根葺き工事までは突貫工事で行なわれ、数百人規模の作業員が投入されていたものと推測される（図5－6）。石造五階建ての「ユスーポヴァの賃貸集合住宅」の事例を参考にするならば、一九〇三年の工事最盛期には七〇〇～八〇〇人が作業に従事していた。工事は六つの層で平行して進められていた。すなわち、一階では鉄筋コンクリートを用いた床工事、二階では左官工事終了後の暖炉設置工事、三階では間仕切り取付と天井の左官工事、四階では木ずり（壁などの漆喰の下地）の打ちつけ、五階では間仕切り取付工事が行なわれていた。さらに、最上部では大工が小屋組みを作り、石工が屋根の上の煙突を仕上げ、屋根葺き工が作業にとりかかっていた(47)。次章でみるように、この頃、建設業従事者は急激に増加している。この増加が一八九〇年代末～一九〇〇年代の需要拡大局面において、そのような集中的な工事を可能にしていたのである。

本節の検討から以下の諸点が明らかとなった。第一に、賃貸集合住宅の建設は投資として行なわれ、収益性が重視されていた。まさしくそれは、当時の急激な人口増加や深刻な住宅不足を反映している。なお、本節で紹介したような高級住宅が建設された一方、労働者など下層民向けの住宅建設があまり進まなかったことは、住宅問題における矛盾や社会格差、身分・階層的な分断を浮き彫りにしている。

第二に、上記に関連して、建設施工の現場ではコストダウン、品質の管理、工期の厳守が追求されていた。事例では工事請負業者の請負方法、業者の選定・契約方法が見直されている。工事日程についてもそのような配慮が読みとれる。すなわち、春から秋の建設「シーズン」に作業を集中させ、冬場の中断時期に屋内工事を進めることで、工期の短縮を図っていたのである。

おわりに

以上、一九世紀後半のロシアでは首都ペテルブルクを筆頭に大都市が出現する。ペテルブルクの人口はおよそ六〇年間で四倍増となる。この人口の急激な伸びは人口の性別・身分別・出身地別・民族別構成の変容を伴っていた。その後背地も従来のロシア中央部から西部へと拡大する。重工業化に対応して、農村からの流入者は手工業やサーヴィス業に一時的に就く単身男性から、工場制大工業への通年就業者を含む家族へ、多様化していく。

人口成長や産業発展を背景に、ペテルブルクの建設活動も活発化する。第一に、製造施設、住宅、商店、学校など、都市の産業と生活文化に関連する建造物の需要が高まっていく。第二に、建造物の新築・増改築数も総じて増加し、石造化、床面積の拡大、高層化も進行する。そして第三に、都市生活基盤の整備が本格的に着工され、住民の生活に市内交通、上下水道、ガス、電気、電話などが登場する。たしかに、建造物の建設ピッチは急激な需要増に対応できていなかった。住宅不足が社会問題となり、住民の住環境は悪化の一途を辿った。くわえて、インフラ整備のアンバランスは居住地区や出身身分・階層にもとづく住環境の格差を生じさせた。とはいえ、住宅が供給され、石造建築が市の中心部から周辺部へと波及していったことも事実である。この点から、近代ロシアの建設業が都市的なライフスタイルの普及において一定の役割を果たしたという評価も許されるだろう。

急激な人口増と住宅不足のもとで、賃貸集合住宅は有望な投資先として注目されていた。本章での事例研究からは、賃貸集合住宅の建設で収益性が追求され、それが工事請負の方法や工事日程に見直しを要請していたことが読みとれる。

ところで、季節的条件や収益性を前提とした施工のあり方は、当然のこととして建設業従事者の季節的な需要にも大きな影響を与える。大雑把に言うならば、労働者の大部分は「建設シーズン」に就労し、冬季の雇用は一部の職種に限定されることになる。この点をふまえて、次章では建設業従事者やその経営組織について論じてみたい。

注

(1) ポーランド、フィンランドを除く。*Рашин А. Г.* Население России за 100 лет (1811—1913 гг.). Статистические очерки. М., 1956. С. 95, 110; Michael F. Hamm (ed.), *The City in Late Imperial Russia*, Bloomington: Indiana University Press, 1986, pp. 2-5, 46-55; 小島修一「帝政ロシアの農家労働力移動――明治日本との一比較」『甲南経済学論集』(甲南大学) 三一-四、一九九一年、一六五～一六八頁。

(2) *Миронов Б. Н.* Социальная история России периода империи (XVIII—начало XX в.). Т. 1. Генезис личности, демократической семьи, гражданского общества и правового государства. СПб., 1999. С. 301-302; Hamm, *The City in Late Imperial Russia*, p. 5. ロシア都市史にかんしては以下を参照(ペテルブルクについては注17にまとめた)。*Нардова В. А.* Городское самоуправление в России в 60-х—начале 90-х годов XIX в. Л., 1984; *Нардова В. А.* Самодержавие и городские думы в России в конце XIX—начале XX века. СПб., 1994; Michael F. Hamm (ed.), *The City in Russian History*, Lexington: University Press of Kentucky, 1976; Joseph Bradley, *Muzhik and Muscovite: Urbanization in Late Imperial Russia*, Berkeley: University of California Press, 1985; Robert W. Thurston, *Liberal City, Conservative State: Moscow and Russia's Urban Crisis, 1906-1914*, New York: Oxford University Press, 1987; Daniel R. Brower, *The Russian City between Tradition and Modernity, 1850-1900*, Berkeley: University of California Press, 1990; ボリス・ミローノフ「工業化前のロシアの都市」鈴木健夫訳『比較都市史研究』一一-二、一九九二年、高田和夫「一九〇六年憲法体制下の国家と社会」(田中陽児、倉持俊一、和田春樹編『世界歴史大系　ロシア史2』山川出版社、一九九四年所収)、四二五～四二六頁、下斗米伸夫『スターリンと都市モスクワ――一九三一～三四年』岩波書店、一九九四年、原暉之『ウラジオストク物語――ロシアとアジアが交わる街』三省堂、一九九八年。

(3) たとえば、斉藤修「産業革命――工業化の開始とその波及」(『岩波講座世界歴史22　産業と革新――資本主義の発達と変容』岩波書店、一九九八年所収) 一一～一五頁、松井道昭『フランス第二帝政下のパリ都市改造』日本経済評論社、一九九七年、三一〇～三一一頁。

(4) Hamm, *The City in Late Imperial Russia*, ch. 2-4, 6.

(5) Mikhail I. Tugan-Baranovsky, *The Russian Factory in the 19th Century*, Translated from the 3d Russian edition by Arthur Levin and

Claora S. Levin under the supervision of Gregory Grossman, Homewood, Illinois: Published for the American Economic Association by R.D. Irwin, 1970, pp. 407-408.

（6）*Рашин А. Г.* Население России за 100 лет... С. 272-274, 279; *Араловец Н. А.* Городская семья в конце XIX—начале XX века // *Поляков Ю. А., Жиромская В. Б.*（отв. ред.）Население России в XX веке: исторические очерки. Т. 1 1900—1939. М., 2000. С. 31-32; Города России в 1910 году. СПб., 1914. С. 72, 528.

（7）*Араловец Н. А.* Городская семья в конце XIX—начале XX века... С. 32-33.

（8）*Рашин А. Г.* Население России за 100 лет... С. 275, 282.

（9）*Миронов Б. Н.* Социальная история России... С. 160.

（10）Stephen D. Corrsin, "The Changing Composition of the City of Riga, 1867-1913," *Journal of Baltic Studies* 13, no.1（1982）.

（11）*Юхнева Н. В.* Этнический состав и этносоциальная структура населения Петербурга, вторая половина XIX—нач. XX в. Л., 1984. С. 95-96, 153-162; *Бессонов Н. В. и др.* Многонациональный Петербург: история, религии, народы. СПб., 2002. С. 44-54.

（12）Evel G. Economakis, *From Peasant to Petersburger,* Basingstoke and New York: Macmillan, St. Martin's, 1998, pp. 28-31, 37-49. ただしトゥガン＝バラノフスキーは、ヤロスラヴリ県についてもトヴェーリ県のような人口流出パターンを見いだしている。すなわちロストフ郡などでは農奴解放前、村外就業はみられなかったが、農村小工業の衰退により住民が村外で働くようになった。彼らの就業先についても、工場を中心にしていたとする（Tugan-Baranovsky, *The Russian Factory in the 19th Century,* p. 409）。とはいえ、ヤロスラヴリ県全般にかんしてはエコノマキスの理解が支持されるであろう。

（13）塩川伸明『スターリン体制下の労働者階級――ソヴェト労働者の構成と状態：一九二九～一九三三年』東京大学出版会、一九八五年、二二一～二二七頁。

（14）Barbara Alpern Engel, *Between the Fields and the City: Women, Work, and Family in Russia, 1861-1914,* New York: Cambridge University Press, 1994. С. 43, 78, 84-85. コストロマー県の女性に対する国内旅券の発行は男性と比較してかなり少ない。Материалы для статистики Костромской губернии. Вып. 3. Кострома, 1875. С. 159; Вып. 4. Кострома, 1881. Приложение. С. 284; Вып. 6. Кострома, 1884. Отдел второй. С.79 を参照のこと。

（15）Barbara Alpern Engel, “Russian Peasant View of City Life, 1861-1914,” *Slavic Review* 52, no.3（Fall 1993）, p. 459.

（16）Blair A. Ruble, Leningrad: Shaping a Soviet City, Berkeley: University of California Press, 1990, pp. 23-25; Три века Санкт-Петербурга. Энциклопедия. Т. II. Кн.1. Издание второе, исправленное. СПб., 2005. С.12-15.

（17）Статистический справочник по Петрограду. Пг., [б. г.]. С. 40-48; James H. Bater, *St. Petersburg: Industrialization and Change,* London: E. Arnold, 1976, pp. 139-142, 213-228, 298-299; James H. Bater, “Between Old and New: St. Petersburg in the Late Imperial Era,” in Hamm（ed.）, *The City in Late Imperial Russia,* pp. 46-51; *Кочаков Б. М.*（отв. ред.）Очерки истории Ленинграда. Т. 2. М.-Л., 1957. С. 84-85, 170-173, 213-214, 272, 829-834; Т. 3. 1956. С.16, 36, 43, 47, 49; *Рашин А. Г.* Население России за 100 лет... С. 279; *Пиотровский Б. Б.*（гл. ред.）Санкт-Петербург, Петроград, Ленинград: энциклопедический справочник. М., 1992. С. 116-117, 143, 278-280, 613, 621, 675; *Грицевич О. С.* Проекты планировки Петербурга второй половины XIX—начала XX вв. // Архитектурное наследство. № 9. 1969. С. 51-58; *Ушаков Ю. С., Славина Т. А.*（общ. ред.）История русской архитектуры. Издание 2-е, переработанное и дополненное. СПб., 1994. С. 526; *Сухорукова Анна* “Кризис большого города” и городское самоуправление Петербурга в начале XX века // *Марголис А. Д.*（сост.）Город и горожане в России XX века: материалы российско-французского семинара, Санкт-Петербург, 28-29 сентября 2000 года. СПб., 2001. С. 20-23; Три века Санкт-Петербурга... Т. II. Кн.1. С.12-15; Кн. 5. СПб., 2006. С. 383-392, 733-743; 和田春樹「近代ロシア社会の発展構造」（一）（二）『社会科学研究』（東京大学社会科学研究所）一七－二・三、一九六五年、一六四～一七〇頁。ロシア工業化については、日本語文献に限っても以下の研究がある。和田春樹「近代ロシア社会の発展構造」、T・H・フォン・ラウエ『セルゲイ・ウィッテとロシアの工業化』菅原崇光訳、勁草書房、一九七七年、有馬達郎「ロシアにおける産業革命」（角山栄編『講座西洋経済史　II』同文舘、一九七八年所収）、A・ノーヴ『ソ連経済史』石井規衛ほか訳、岩波書店、一九八二年、M・E・フォーカス『ロシアの工業化一七〇〇～一九一四――ピョートル大帝から第一次世界大戦まで』大河内暁男監訳、岸智子訳、日本経済評論社、一九八五年、中山弘正『帝政ロシアと外国資本』岩波書店、一九八八年、大崎平八郎編著『ロシア帝国主義研究――帝政ロシアの経済と政治』ミネルヴァ書房、一九八八年、冨岡庄一『ロシア経済史研究――一九世紀後半～二〇世紀初頭』有斐閣、一九九八年。

（18）Arcadius Kahan, “Capital Formation during the Period of Early Industrialization in Russia, 1890-1913,” in Peter Mathias and M. M. Postan (eds.), *The Industrial Economies: Capital, Labour, and Enterprise* (*The Cambridge Economic History of Europe, Vol. 7, Part 2*), Cambridge: Cambridge University Press, 1978, pp. 265-266, 283-286.

（19）*Ушаков Ю. С., Славина Т. А.* История русской архитектуры... С. 427-428; Санкт-Петербург по переписи 15 декабря 1900 года. Вып. 3. СПб., 1905. С. 650-653. したがって、ここでは同一敷地内にある建造物の数は勘案されていない（*Ярмерштедт В.* Строительное дело в прошлом и настоящем // Строитель. 1897. № 7. С. 252-253）。

（20）Bater, *St. Petersburg*, pp. 327-328; *Святловский В. В.* Жилищный вопрос с экономической точки зрения. Вып. 4. СПб., 1902. С. 26.

（21）*Кириченко Е. И.* Пространственная организация жилых комплексов Москвы и Петербурга в начале XX в. // Архитектурное наследство. № 19. 1972. С. 119-120.

（22）*Грицевич О. С.* Проекты планировки Петербурга... С. 53-55; *Засосов Д. А., Пызин В. И.* Из жизни Петербурга. 1890—1910-х годов. Записки очевидцев. Издание 2-е, дополненное. СПб., 1999. С. 258.

（23）*Китанина Т. М.* Рабочие Петербурга в 1800—1861 гг.: промышленность, формирование, состав, положение рабочих, рабочее движение. Л., 1991. С. 50.

（24）*Власюк А. И.* Рабочие городки Петербурга второй половины XIX—начала XX вв. // Архитектурное наследство. № 16. 1967. С. 121-122; *Кириченко Е. И.* О некоторых особенностях эволюции городских многоквартирных домов второй половины XIX—начала XX вв. // Архитектурное наследство. № 15. 1963. С. 161-164.; Три века Санкт-Петербурга... Т. II. Кн. 5. С. 849-856.

（25）*Ярмерштедт В.* Строительное дело в прошлом и настоящем // Строитель. 1897. № 7. С. 249-260; № 9-10. С. 358-364; *Ярмерштедт В.* Развитие строительного дела в Петербурге, 1883—1897 // Строитель. 1899. № 7-8. С. 263-270; № 9-10. С. 333-336; № 11-12. С. 431-448. ペテルブルク都市センサスは一八六四年の予備調査を経て、一八六九、八一、九〇、一九〇〇、一〇年の計五回実施されている。このうち、ここでは内容が充実している一八六九〜一九〇〇年の調査史料を利用する。ペテルブルクでは、私人が建造物の取り壊し、新築、増改築、修理、臨時塀の設置を行なう際、市建設部の許可を得なくてはならなかった。その許可件数および着工件数が、一八七三年より記録されている。ただし市当局自身が認めているように、「許可基準の不明確さ、担当組織の怠慢、組織編成・許可手順上の欠陥」により、市は実際の施工件数を完全に把握していなかった（Записки по обозрению С.-

Петербургского городского общественного управления и его деятельности. Ч. 3. Строительное дело. СПб., 1902. С. 56-68)。とくに修理など小規模な工事については、史料の信頼性は低いと考えられる。

（26）一九〇三、四年の建設ブーム当時の雰囲気がつぎのように伝えられている。「いたる所が足場また足場である。二、三年前、ペスキは静かな場末だった。建物はすべて依然として木造の小屋や木の塀だった。今、ここは『首都』になっている。小屋はほぼ無くなり、それらがあった場所にはキノコのようにひと夏、多くはふた夏で石造建築が伸びている」。「いにしえのペテルブルクはすべて消滅した。（略）二階、さらには三階建ての古い建物が取り壊されなかった通りはごく少数だろう。今、その場所には新しいレンガ造りの巨大建造物が建てられている。（略）困難な戦時中であるにもかかわらず、このシーズンには驚くほど多くの建物が造られている」（*Минцлов С. Р.* Петербург в 1903—1910 годах. Рига, 1931. С. 24-25, 92. *Засосов Д. А., Пызин В. И.* Из жизни Петербурга... С. 258 より引用）。

（27）*Громан В. В.*（сост.）Обзор строительной деятельности в России. СПб., 1912. С. 9-12; Paul R. Gregory, *Russian National Income 1885-1913*, Cambridge, New York: Cambridge University Press, 1982, pp. 56-57, 293; 冨岡庄一『ロシア経済史研究』二八五頁。モスクワの新築住宅数（石造・木造）も、一八九〇年代末の六〇〇件台から一九〇六、七年の二〇〇件台に大きく落ち込んだのち、一九一〇年の四〇〇件台へやや回復している（*Гибшман А.* Строительная деятельность последнего времени в г. Москве // Городское дело. 1911. № 20. С.1441）。

（28）Статистический ежегодник С.-Петербурга. Г. 24 1904. СПб., 1904. С. 81-84.

（29）Свод законов Российской империи. Т. 12. Ч. 1. Устав строительный. СПб., 1900. Ст. 198; *Кириченко Е. И.* Пространственная организация... С. 118-119.

（30）*Ярмеритедт В.* Строительное дело... № 7. С. 254-257; Bradley, *Muzhik and Muscovite*, pp. 55-60; William Craft Brumfield, "Building for Comfort and Profit: The New Apartment House," in William Craft Brumfield and Blair A. Ruble（eds.）, *Russian Housing in the Modern Age: Design and Social History*, Washington, D. C.: Woodrow Wilson Center Press, 1993, p. 56.

（31）Bater, *St. Petersburg*, pp. 328, 344.

（32）Санкт-Петербург по переписи 15 декабря 1900 года. Вып. 3. С. 682; *Кириченко Е. И.* О некоторых особенностях... С. 158.

（33）*Ярмиштедт В.* Развитие строительного дела... № 7-8. С. 265; Записки по обозрению... С. 50, 59.

（34）Энциклопедический словарь Брокгауза и Ефрона. Т. XXVIIa. СПб., 1899. С. 86.

（35）*Сухоружкова Анна* "Кризис большого города"... С.17, 20.

（36）*Святловский В. В.* Жилищный вопрос... Вып. 4. С. 27; *Кочаков Б. М.*（отв. ред.）Очерки истории Ленинграда... Т. 2. С. 794; Bater, *St. Petersburg*, pp. 181-182, 323-325, 335-353; Brower, *The Russian City*, p. 135.

（37）Новый доходный дом СПб. Коммерческого Училища // Зодчий. 1904. № 31. С. 353-354; № 32. С. 361-363.

（38）Энциклопедический словарь Брокгауза и Ефрона. Т. II. СПб., 1890. С. 269-271.

（39）非貴族出身者で、おもに専門職や自由業につく知識人をさす。

（40）*Борисова Е. А., Каждан Т. П.* Русская архитектура конца XIX—начала XX века. М., 1971. С. 28-43; *Лейкина-Свирская В. Р.* Интеллигенция в России во второй половине XIX века. М., 1971. С. 109, 122; *Лейкина-Свирская В. Р.* Русская интеллигенция в 1900—1917 годах. М., 1981. С. 147-176; Harley David Balzer, "Educating Engineers: Economic Politics and Tecnical Training in Tsarist Russia," Ph. D. Dissertation, Ann Arbor, MI, 1980, pp. 50-51; 中島毅『テクノクラートと革命権力――ソヴェト技術政策史』岩波書店、一九九九年、一九～五〇頁。

（41）*Гейслер М. Ф.* Строительный адрес-календарь и справочные цены на 1900 год. СПб., 1900. С. 111; *Гинзбург А. М., Кириков Б. М.*（авторы-составители）Архитекторы-строители Санкт-Петербурга середины XIX—начала XX века. Справочник. СПб., 1996. С. 51.

（42）Принципы строительной этики // Наше жилище. 1895. № 4. С. 1.

（43）ヨーロッパ・ロシアの建設「シーズン」は、北東から南西へ移動するにつれて長期化した。すなわち、北東域では「シーズン」が三月中旬、四月初旬から一〇月までに限定されていたのに対して、南西域ではほぼ通年で作業が行なわれていた（*Громан В. В.*（сост.）Обзор строительной деятельности... С. 97-98）。建設施工の季節性はヨーロッパ各地でもみられた。たとえば一九世紀のパリにおいては、石工の就労期間は三月から一一月までの約八か月間であった。喜安朗『パリの聖月曜日――一九世紀都市騒乱の舞台裏』平凡社、一九八二年、一五四、一六〇頁、赤司道和「一九世紀パリの労働者家族」（若尾祐司編著『近代ヨーロッパの探究2　家族』ミネルヴァ書房、一九九八年所収）、一七六頁、C. G. Powell, *An Economic History of the British Building Industry, 1815-1979,* London : Architectural Press, 1980, pp. 33-35 などを参照。

（44）*Сальмонович П. О.* Руководство к составлению смет и технической отчетности или собрание данных, определяющих стоимость построек. Вып. 1. СПб., 1860. С. 137.

（45）Беседы строителя // Строитель. № 5-6. 1899. С. 212-213. スヴャトロフスキーも、通常一年余から長くて一八か月であると述べている（*Святловский В. В.* Жилищный вопрос... Вып. 5. СПб., 1902. С. 30）。

（46）Дом Роты Дворцовых Гренадер // Зодчий. 1897. № 6. С. 46-47; № 7. С. 56.

（47）Доходный дом Княгини З. Н. Юсуповой, в СПб., по набер. р. Фонтанки, № 85 // Строитель. 1904. № 13-16. С. 503.

第六章　建設業従事者の構成・経営組織・技能養成システム

はじめに

一九世紀前半のペテルブルクは「行政・宮殿都市」から「商工業都市」へと変貌を遂げつつあった。この時期に、聖カザン寺院（施工一八〇一〜一一年）や聖イサーク寺院（施工一八一八〜五八年）といった大聖堂が建立され、官庁施設、宮殿が整備されている。それらは現在においてもペテルブルクの美しい街並みを形作っている。同時に、建造物は住宅、駅舎、工場施設、鉄橋へと多様化しつつあった。一八三一年には一三二一件の住宅着工があった。

このような建造物の施工需要が建設業を流入者の主要な就業先の一つにしていた。社会史家コパネフによれば、毎年春になると数万人規模の建設業従事者が農村から到着し、建設「シーズン」の終わる秋まで滞在していた。従事者の出身地と職種には一定の結びつきが認められた。たとえば、石工はヴォログダ県およびヤロスラヴリ県、大工はコストロマー県、土工は白ロシア諸県の出身者である。コパネフは聖カザン寺院と聖イサーク寺院の建立委員会史料を発掘し、作業員の労働と生活を再現している。すなわち、聖イサーク寺院の建立はおもに手作業で行なわれ、最盛期の従業員数は五〇〇〇人に及んだ。作業員は「組（アルテリ）」を単位に共同で労働し、生活していた。日照時間が長くなる夏季の労働時間は、一日一四～一七時間に達した。作業員の食事は粗悪で、事故防止策は講じられておらず、多数の死亡者や傷病者が出ていた。傷病者に施される治療も不十分であった、とコパネフは結論づけている[1]。このように、首都の建設労働はおもに流入者によって担われていた。しかし、彼らの労働・生活条件はおおむね劣悪で、事故や病気で労働能力を喪失するリスクも高かった。もっとも、そのような労働・生活条件の特徴づけは、総じてソ連時代における労働者史研究の定説の域を超えるものではなく、再考が必要であろう。

さて前章で確認したように、一九世紀後半の人口成長と産業発展は都市の建設需要を拡大した。この工業化や都市化のプロセスと建設業の関係にかんして、本格的な考察を試みた作業はきわめて限られている。

まず、同時代の調査として、大蔵省が国内各地の行政機関や業者を対象に行なったアンケートがある。そのおもな目的は建設産業の現状を把握することにあるが、建設労働者に関連する項目も含まれている。労働者数については推計をまとめるまでには至っていない[2]。極東移住委員会もヨーロッパ・ロシア各地の行政機関から、建設業を行先とする農村住民の村外就業にかんする情報を収集している。同委員会は移住者の負担軽減を講じる一環として労働力供給の組織化を図るべく、労働力移動の実態を明らかにしようとしたのである[3]。

つぎに、ソ連時代の労働者史研究がレーニン『ロシアにおける資本主義の発達』を出発点に、労働者階級の形成プロセス解明を試みている。ただ研究者は、レーニンが建設労働者をプロレタリアート形成の途上段階にあると評価したことをふまえ、建設労働者を主要な考察対象とはみなさなかった。その内容も、一八九七年全国センサス調査をもとにロシア全体の建設労働者数を大まかに一〇〇万人以上と推計するにとどまっている[4]。

例外的にシベリアにかんしては、植民事業において建設業が重要な役割を果たしていたことから、建設労働者の歴史がテーマ化されている。コノヴァーロフの博士候補論文は鉄道建設土木作業員を含む建設業従事者について、労働者階級の形成プロセス、労働・生活条件、労働運動を検証している。その内容は大略、つぎのとおりである。一九世紀後半から一九一七年までのシベリアでは、シベリア鉄道建設関連の産業が成長した。建設業は工事の季節性、需要の大きな変動、機械・動力機関の普及の遅れを特徴としていた。それゆえ、建設労働者の増加も雑役工などの季節労働者を中心としていた。彼らの労働・生活条件は総じて工場労働者よりも過酷だった。労働運動も経済闘争を中心に置く未成熟な段階にとどまっていた、と。(5) この研究もソ連時代における労働者史研究の流れに棹をさす形で、階級としての建設労働者の相対的後進性を強調している。とはいえ、建設労働の特徴を指摘したものとして部分的には参考になる。

くわえて、建設史（建築史）・建設技術史サイドの研究がある。本研究の問題関心に比較的近いものとして、『ロシア建設技術史概略――一九～二〇世紀初頭』（一九六四年）やズヴォルィキンの研究（一九八七年）をあげることができる。それらは建設需要の動向、建設労働者や経営組織の特徴についてつぎのように関説している。すなわち、建設需要はとくに民間部門で拡大し、これに対応して建設労働者数も増加する。建設施工は季節性が大きく、工事はおもに手作業で行なわれていた。そのような事情から、労働者は季節的に就業する単純労働者を中心としていた。建設施工の経営組織は請負人組織を主流としたが、これに加わる形で新たに会社企業が登場する、などである。(6)

このように、建設労働者の歴史研究は全体的に低調である。とはいえ、以下のような建設労働の基本的特徴が確認されている。工事の季節性が著しく、その遂行は流入労働力に大きく依存していたこと。機械や動力機関の導入が進まず、工事が手作業中心で行なわれていたこと。そして、従来の請負人組織にくわえて会社企業など新たな経営組織が出現しつつあったことである。

以上をふまえ、本章では建設業従事者の構成、経営組織、技能養成システムを検討する。これによって、建設需要の拡大プロセスに対応した建設産業の成長プロセスを確認してみたい。第一に、建設業従事者の総数、職種別構成、季節的変動を統計的に分析する。第二に、経営組織の形態と規模を観察する。そして第三に、建設業への労働力供給と従業者の技能養成のあり方に光を当てる。具体的には、農村出身者が見習修業で技能を獲得し、職人労働者として就業するまでのプロセスを追跡する。

一　建設業従事者の構成

行論で明らかにしたように、ペテルブルクの建設需要は一八八〇年代に低迷したのち、九〇年代に増大している。では、建設需要の動向に対応して、建設業従事者数やその構成はどのように変化したのだろうか。この問題を考える際、需要の季節的変動にともない従事者数が増減を繰り返していたことに留意する必要がある。シーズン時における労働力需要の不足部分は、季節労働者によって充足していた。以下で検討するように、九〇年前後におけるシーズン時の建設労働者は冬場のおよそ一・七倍にまで膨らんだ。この増加部分を成していたのは、たいてい農村からの「出稼ぎ」者であった。彼らは春から秋にかけて市内の建設現場で働き、秋が終わる頃に帰村していた。経営者側からすれば、オフ・シーズンの人件費は夏季よりも安価ではあるが、需要の縮小、作業時間の短縮、労働生産性の低下などから雇用者数の大幅な削減を余儀なくされていた。

建設業従事者数やその職種別構成の概要を得るための最も重要な史料として、一八六九、八一、九〇、一九〇〇年度のペテルブルク都市センサス職業調査がある。ソ連のペテルブルク労働者史研究者セマーノフも、労働者数

表 6-1　建設業就業者（冬季）の職業別・性別構成（人）

	1869 年		1881 年		1890 年		1900 年	
	男性	女性	男性	女性	男性	女性	男性	女性
1 建設業総合請負 *	174	3	161	3	115	0	970	3
2 石工、レンガ積み	534	0	971	0	543	0	1,192	0
左官・レリーフ製作	860	0	1,731	3	1,093	2	2,083	0
屋根葺き	706	7	1,111	9	993	7	1,786	7
暖炉設置	1,573	1	1,900	5	1,617	3	2,571	4
3 大工	3,408	0	4,554	4	3,667	1	6,420	7
塗装・窓ガラス取付	2,215	3	3,525	8	4,049	7	6,527	11
4 水道・ガス配管	400	3	1,059	5	1,376	5	1,919	7
電気工・電気配線			17	0	21	0	952	2
5 指物 **	7,745	13	10,979	41	10,259	65	12,713	32
室内装飾 ***	1,457	36	1,986	50	2,086	52	3,041	49
6 土工							316	1
その他			391	1	68	2		
合　計	19,072	66	28,385	129	25,887	144	40,490	123

注：*1869 年は建設業以外の請負も含む。**1890 年まで家具製作、ビリヤード台製作を含む。***壁紙貼付、家具の革張りなど。
出典：С.-Петербург по переписи 1869 года. Вып. 3. СПб., 1875. С. 19, 50, 68-69, 80-81; 1881 г. СПб., 1884. Т. 1. Ч. 2. С. 304-308; 1890 г. Ч. 1. Вып. 2. СПб., 1892. С. 34-35, 38-41; 1900 г. Население. Вып. 2. СПб., 1903. С. 54-69 より作成。

の全般的動向を把握するための基本的な史料としてこのセンサスを利用している。ただし、センサスは冬場の一二月に行なわれたから、そのデータは通年で就業する基幹従事者の人数と考えるべきである[7]。一方で、建設「シーズン」にあたる夏場の就業者数にかんするデータはきわめて限られている。

　したがって、ここではまず冬季就業者数から分析を始めよう。表6-1に示されるように、冬季就業者数は一八六九年から一九〇〇年までに倍増している。この間、冬季就業者数は八〇年代に微減、九〇年代に急増しており、その推移は前述のような施工数とほぼ同様である。就業者の雇用機会が建設需要にかなり規定されていたことがうかがえる。

　職種別構成の検討に移る。ここではセンサスで項目が設けられているおもな職種を、作業条件や季節性を基準につぎの五つに大きく分類する。

① 総合請負業者

② 屋外作業が中心であるため、あるいは工事の際

に水を使用するため、冬季工事が困難な職種——石工、レンガ積み、左官、レリーフ製作工[8]、屋根葺き工、暖炉設置工

③　屋内作業を含み、冬季工事がある程度可能な職種——大工、塗装工、窓ガラス取付工

④　都市生活基盤の整備と関連する新しい職種——水道工、ガス配管工、電気配線工

⑤　内部仕上げ工事関連の職種——指物工、壁紙貼付工

このように、センサスではおもに熟練を要する「手工業的」な職種が調査されている。残念ながら、建設業の一部の職種は他の職業カテゴリーに一括されているためデータを抽出できない。たとえば雑役工は、季節性が顕著であり、冬場の人数が大きく減少するだけでなく、また他産業の雑役工との区別も困難である。コンクリート工の人数は施工技術の革新や建造物の材質の変化と関連して興味深い。しかし、おそらくセンサスではコンクリートの製造と工事の従事者が一括されており、それらを仕分けることができない。実際、この事業においては一つの企業が資材製造と施工を兼業している場合が多い。逆に、ここで建設業に入れた総合請負業者はおそらく建設業以外の業者を若干含んでいるだろう。⑤の指物工についても、建設施工の従事者と工房で木工品の製造に従事する者を厳密に区別することは困難である。さらに、通年就業者は後述のように複数の仕事を持つ場合がある。そのため、冬場の「副業」——これには建設業以外の職業も含まれる——で捕捉されている可能性もある。

以上のようなセンサス史料の限界をふまえ、表を読み解いてみたい。まず、センサスが冬場に行なわれたこともあり、③に属する職種は就業者のなかで最も大きな部分を占めている。なかでも塗装工は不況時の八〇年代にも漸増し、九〇年代の増加も顕著である。しかしながら、③の職種でも冬場、需要が大幅に縮小し、就業者が大きく減少していたと考えるべきである。塗装工の場合をみてみよう。塗装工は屋根、床、壁面、天井、コーニス、

扉など屋内外の塗装、型紙を用いての模様の描写、壁紙の糊付け、窓ガラスの取付、看板書きなどを業務とする（図６－１）。冬になると、経営者と職人の雇用契約は終了し、経営者は来シーズンまで「組」を解散する。職人が帰郷せず、冬季も滞在を続ける場合、臨時の塗装工事や窓ガラス設置工事、本業以外の雪かき、薪割りなどの仕事に頼らざるをえず、困窮生活を覚悟しなくてはならない。コストロマー県チュフロマ郡の郷土史家カザーリノフは十月革命前について、冬の間残る者は「シーズン」時の六分の一に過ぎないと述べている。翌年の建設「シーズン」までの収入は、経営者側の食事、茶、寝床の負担で三五～四〇ルーブリである。これは建設「シーズン」時の収入と比べてかなり見劣りする。しかも被用者は、雇主が示した仕事を断ることはできないという(9)。本章でのこの後の議論と比較するならば、カザーリノフは就業者の季節的な縮小をかなり大規模に見積もっている。いずれにせよ、冬場でも屋内工事の需要のあったことや窓ガラス取付工事などを兼業していたことが、塗装工の通年就業にある程度結びついていたのであろう。

図6-1　塗装工

出典：*Кочаков Б. М.* (отв. ред.) Очерки истории Ленинграда. Т. 2. М.-Л., 1957. С. 193.

対照的に、建設業の主要職種が含まれている②は冬場の就業者数が少ない。これらの職種は季節的変動が非常に大きく、就業者数がかなり圧縮されていたと考えるべきである。労働者史研究者ボーネルはペテルブルクとモスクワの労働者組織にかんする浩瀚な著書のなかで、建設労働者の構成を建設労働の季節性を基準に二分している。すなわち、主として単純労働者から構成される季節労働者、そしておもに熟練労働者からなる通年の基幹労働者である。[10] たしかに熟練度と通年就業は大きく関係している。ただ、季節性が顕著な職種の場合、熟練度にかかわらず通年就業の機会が小さかったことにも留意すべきである。

なお、④は水道、ガス、電気の普及を背景に急増している。またおそらく、それらの職種は通年就業のチャンスが相対的に大きい。①も建設需要の拡大した九〇年代に急増している。それは、後述のような会社組織の登場と関連していたと思われる。⑤については緩やかな増加傾向が読みとれる。[11]

就業者の性別構成は、男性が圧倒的である。少なくともペテルブルクにおいては、女性は建設労働に従事していなかった。建設業はもっぱら男性の労働・生活領域だった。あらかじめ指摘しておくならば、建設業従事者として記録された女性の多くは経営者である。おそらく彼女たちは親族の男性から経営を相続したのであろう。この他、統計上は把握されていないが、労働者の「組」で炊事、洗濯、掃除を担当する女性たちが働いていた。

職種別・出身身分別構成については、一八六九年センサスでのみ調査が行なわれている。これによると、農民身分出身者の比率が七四％と優勢であり、これに職人・町人身分出身者が一五％と続いている。農村からの人口流入が加速するにつれて、農民身分出身者の割合も上昇していったと考えられる。ただし、農民身分出身者の中には都市に定着した者や都市生まれの者も含まれていた。農民身分出身者の比率上昇が単純に農村住民の従事の強まりを示しているわけではない。

六九年のセンサスはさらに農民身分出身者について、出身地（身分上の所属地）別構成を調査している。[12] この調査からは、以下のような結びつきを読みとることができる。

石工――ヴォログダ県、スモレンスク県

大工――コストロマー県、トヴェーリ県
左官――ヤロスラヴリ県
塗装工――コストロマー県、ヤロスラヴリ県
屋根葺き工――アルハンゲリスク県
暖炉設置工――ヤロスラヴリ県、コストロマー県
指物工――コストロマー県(13)

このように、職種と「出身県」の組み合わせは多様であるが、特定の傾向もある。とくに、コストロマー県やヤロスラヴリ県など、ペテルブルク県から離れた県が目立つ。これは行論で明らかにしたように、ペテルブルク建都の過程でこれらの県が労働力を提供したからである。なお、雑役などの単純労働者はおもにペテルブルク県やその隣県から供給されていたとみられている。

残念ながら、これ以降のセンサスでは同種の調査が行なわれていないので、この結びつきの時間的な変化を辿ることはできない。各職種における供給元の特化は技能養成や雇主側の意図にも支えられていたから、それは基本的に維持されていったと推測される。もっとも、一九世紀末のペテルブルクは南西方面からの人口流入の影響を強く受けるようになる。そのことがある程度作用した可能性はある。

つづいて問題となるのは、建設「シーズン」時の就業者数が、以上にみた冬場の就業者数と比較してどの程度、またどの職種で増加していたのかという点である。これについては定期的な調査は欠けている。一八八八、八九年夏の人口数調査史料から一八九〇年頃の流入者数のみが推計可能である。この人口数調査は、前回の八一年都

表 6-2　夏季流入就業者数（人）

調査日	1888 年 6 月 15 日		1889 年 7 月 15 日	
	男性	女性	男性	女性
夏季流入就業者	39,264	3,396	39,181	2,537
うち建設業	19,862	415	19,839	247
土工	1,904	164	1,815	39
大工	3,332	36	3,669	51
石工	3,794	34	4,023	42
左官	3,272	57	2,605	36
暖炉設置工	1,361	14	1,035	13
塗装工	1,976	19	1,876	32
指物工	163	1	210	1
屋根葺き工	245	8	174	0
アルテリ *	1,220	37	1,238	4
その他	2,595	45	3,194	29

注：* ここでは、複数の職種により構成された労働者の集団をさす。
出典：Статистический ежегодник С.-Петербурга. Г. 8 1888. СПб., 1889. С. 50-52, 61-62 より作成。

市センサスから年月がたち、新たに人口、建造物、住居の数を算定する必要から行なわれた。調査は避暑や軍務による夏場の人口流出や就労目的での農村住民の流入にも着目し、八八および八九年の夏と冬、そして九〇年夏の計五回に及んだ。調査結果のうち八八、八九年の夏季調査にもとづく流入者の人数とその職業・職種別構成が、『ペテルブルク市統計年報』に掲載されている。なお八九年の調査は、冷夏により人口流出の出足が鈍いことを考慮して、前年の調査よりも一月遅く行なわれている。(14)

表６－２はその結果を整理したものである。みられるように、夏季流入者およそ四万人のうち約半数が建設業関連の職種に就いている。流入者の把握という調査の性格上、その精度には問題があると考えざるを得ないが、ともかくその職種別構成を翌一八九〇年一二月のセンサスと比較してみよう。石工、左官、土工の夏季流入者数はそれらの冬季就業者数をはるかに上回っている。大工の夏季流入者は冬季就業者とほぼ同数である。塗装工の夏季流入者も冬季就業者の約半数に相当し、これらの職種においても季節的変動が大きい。逆に、指物工や屋根葺き工の夏季流入者は

少ない。指物工は工房や屋内で作業を行なうので、季節的な影響が小さい。屋根葺き工の事情を推断するための手がかりは限られている。屋根葺き工は冬の間、屋内でブリキ製桶、風見鶏、管、ストーブ、装飾品の製造に従事していたようである。(15)

以上、一八九〇年頃において冬季就業者のおよそ三分の二に相当する、約一万七〇〇〇人の夏季流入者が存在した。それ以降の状況を推計するための材料は少ない。同時代の社会政策家ノヴィッキーは、春の鉄道旅客者数の増加幅を手かがりに、九六年の夏季流入者数を二万五〇〇〇〜三万人と試算している。この人数は九〇年の夏季流入者数のおよそ一・五〜一・八倍に相当する。九六年の建設需要が九〇年水準の約一・五倍増となり、建設「シーズン」時の流入者も相応に増加したと仮定すると、このノヴィッキーの試算はほぼ妥当であろう。(16)同時代人ポゴージェフも各種統計にもとづいて労働者の職業別構成を析出しようとしているが、建設労働者についてはこのノヴィッキーの試算を採用している。(17)

ともあれ、一八九〇年センサスの冬季就業者およそ二万六〇〇〇人に、九〇年頃の夏季流入就業者およそ一万七〇〇〇人を加えた四万三〇〇〇人前後を、さしあたり建設「シーズン」時の就業者数とみなすことができる。ノヴィッキーの試算結果をもとに、九六年頃の建設「シーズン」時における就業者数を推計してみたい。まず、九六年の冬季就業者数を、同年の建設需要が九〇年と一九〇〇年のほぼ中間にあることから、九〇年と一九〇〇年の冬季就業者数の平均をもとに約三万三〇〇〇人と仮定可能である。これに夏季流入者二万五〇〇〇人〜三万人を加えた六万人前後が、建設「シーズン」時の就業者数として得られる。この就業者数は九〇年の建設「シーズン」就業者数四万三〇〇〇人のおよそ一・四倍に相当する。

ここで算出された一八九〇年建設「シーズン」時の就業者数は、人口（九五万四四〇〇人）の四・二％、男性人口（五一万二七一八人）の七・八％を占めている。この就業者数はおもに職人労働者を念頭に置いたものであり、雑役工などの単純労働者を十分把握していない。単純作業に大量の労働力を要したことを考慮するならば、建設業就業者数は実際にはもっと多かったはずである。いずれにせよ、推算された建設業従事者数は、前出の表5－3に示される金属・機械産業や繊維産業の工場労働者数を上回っている。たしかに、これらの産業では季節労働者の割合が全体の約一〇％と低い[18]。対照的に、建設業は季節的な就業者が大きな部分を占めている。年間平均では、明らかにこの二大産業の工場労働者数が建設業従事者数を超えている。しかし、建設業がペテルブルクの主要な産業の一つであったことは間違いない。

二　経営組織

つづいて、経営組織の形態や規模を精察してみよう。建設施工業の経営者は、その請負限度額や従業員数に応じて営業許可の取得や商人身分への登録を義務づけられていた[19]。その一方で、経営者に対して技能的な資格は問われなかった[20]。このような事情から多様な組織形態が存在したとはいえ、特定の傾向はあった。とりわけ一八九〇年代以降、従来の請負人（подрядчик）組織、ツェフ（цех）に加えて、新たに会社組織、アルテリ（артель）組織が目立つようになる。ここでいうツェフとはペテルブルク手工業局成員により組織された同業組合を、アルテリは労働者から組織され、政府などにより定款を承認された同業組合をさす[21]。

請負人組織は遅くとも一八二〇、三〇年代より、建設施工において最も主要な経営形態である。請負人組織は、施工の全体ないしは複数の工事を請け負う総合業者と、特定の工事を請け負う専門業者の二つに分類される。総合請負業者の具体例をあげると、一八九八年度市住所録でН・С・バートフ、А・И・クルグローフ、П・П・クドリャフツェフらが「あらゆる建設工事の請負」、「建築工事、内装、改修。アスファルト、コンクリート、モ

図 6-2　コストロマー県出身者の塗装業経営組織

椅子に座っている者たちのうち、中央右が請負人、その右隣が十人頭。

出典：*Смурова О. В.* Неземледельческий отход крестьян в столицы и его влияние на трансформацию культурной традиции в 1861—1914 гг. (на материалах Санкт-Петербурга и Москвы, Костромской, Тверской и Ярославской губерний). Кострома, 2003. С. 163.

ザイク、ガス・水道配管関連の工事。コンクリート製ゴミ溜めの改良工事」など幅広い業務内容を宣伝している。そこでは、総合請負人がアスファルト、コンクリート、ガス・水道配管などといった新しい工事を業務に入れていることも読みとれる[22]。

時代はやや前になるが、一八六〇年代に刊行された建設施工指南書は請負人組織の編成をつぎのように整理している。すなわち、経営者（請負人）は直属の代理人（поверенный）により補佐される。これに経理・事務担当の手代（приказчик）が続く。さらに十人頭（десятник）が現場で作業員の指揮・監督をする。そして十人頭の下に、作業員の「組」――これもアルテリとよばれる――が組織される、と[23]。このような請負人組織の編成は、小規模な請負人（рядчик）組織の場合、より単純なものとなり、経営者と十数名の被用者で構成されることになる（図6－2を参照）。

作業員には経験や技能にもとづき等級が付さ

図6-3　A・H・ソロヴィヨーフ

出典：А. Соловьев, 1914-1926. Кострома, 1957. С. 2.

れ、それに応じた賃金が与えられる。[24] たとえばコストロマー県ガーリチ郡出身の塗装工ソロヴィヨーフ（図6-3）によると、作業員は熟練工すなわち「熟練職人（мастер）」、一般の職人（подмастерье）、そして年少の見習工（ученик）の三ランクに分かれていた。作業員の大部分は職人として組織されていたようである。[25]

請負人は出身農村やペテルブルクの労働市場などで集団ないしは個人単位で作業員を雇用する。その際、雇主は被用者の国内旅券をまとめて保管、管理する。なおこの制度は、雇主が被用者を従属させる一つの手段となっていた。というのは、ティーホノフが指摘するように、国内旅券が手元にないので、被用者は自分の意思で帰郷したり、働き先を変更したりすることができないからである。また、たとえ雇主が罰金などの名目で賃金を差し引いたとしても、被用者は国内旅券が戻るまでそれを甘んじて受け入れざるをえない。[26]

つぎにツェフに移ろう。ロシアでは職人身分が都市身分の一つを構成していた。ツェフはこの職人身分出身者を正成員とし、これに農民などの他身分出身者を一時成員として期限付きで加えることで組織されていた。ロシアのツェフは営業独占の特権を持っていない。この事情から、ツェフは工場制大工業の成長とともに衰退する傾向にあった。[27] 建設業従事者においても、ペテルブルク手工業局（ツェフ）成員はその一部を占めていたにすぎない。ツェフ成員は指物工、壁紙貼付工、塗装工、屋根葺き工などで若干多い。一八九〇年の成員は、指物工を含む職業・職種部門が正成員六四五人、一時成員一二二六人、塗装工を含む職業・職種部門が正成員八六六人、一時成員一〇三九人であった[28]。ツェフの構成員は親方（мастер）、職人（подмастерье）、徒弟（ученик）の三ランクに分かれる。

一方、新たな動きとして会社組織の登場が注目される。建設技術史の研究成果によると、会社企業は「ロシア・コンクリートその他建設施工株式会社」（一八九〇年代末設立）のように、建設資材製造工場などが建設施工へ業務を拡張したケースが多い。一九世紀末のロシア経済では外資が大きな役割を果たしていたが、建設業でも外資あるいは海外企業との提携による会社創設がみられる。たとえば、株式会社「建設者」はスウェーデン企業「マイヤー」と提携し、鉄筋コンクリート構造を採用して産業施設を建設した。会社企業の業務内容はセメント、電気など新技術関連の工事を専門とするものから、総合請負や設計、さらには資材生産や住宅開発までを含めるものまでさまざまである。一九一三年のロシアでは国内資本の株式会社二二社、外国資本の株式会社八社が事業を展開していた。その他、建設会社四五七社が操業していた。このうち二二社がモスクワ、五六社がペテルブルク、一三社がイルクーツク、一四社がヘルシンキ、一〇社がエカテリノスラフ、四三社がその他を拠点としていた。このように、会社組織は両首都に集中しながらも全国的な広まりをみせつつあった[29]。労働組織については史料が乏しいが、たとえば「ロシア建設会社」（一八九八年設立）の定款には下請け業者との契約や直接雇用によって作業員を確保し、コスト節約に努める、とある[30]。

さらに、西欧における組合運動の影響下、アルテリが結成されるようになる。アルテリは通常、出身地、出身身分、職種を同じくする労働者によって組織される。その成員は平等に出資し、成員の中からスターロスタ（長 староста）を選出し、このスターロスタを中心に組織を運営する。アルテリは建設主から直接工事を請け負うか、請負業者から工事を下請けしていた。アルテリの定款や年度報告書からその活動状況をうかがうことができる。

表 6-3　工事請負業者

工事	ペテルブルク商業学校賃貸集合住宅	宮廷擲弾中隊宿舎
土工	請負人イリイーン	商人レスノーフ
石工	請負人ジーロフ	請負人ヴォロビヨフ
大工	請負人パーヴロフ	請負人アンフィロホフ
左官	請負人エキーモフ	請負人クルグローフ（石工、左官工事など総合請負）
塗装		請負人クルグローフ、オソーキン
屋根		ポホーフ
暖炉設置	直営	大尉ステパーノフ
指物	プラトーノフ工場（指物、家具。従業員 300 人）	プラトーノフ工場
床	ハラッシュ・レイヴァンド技術事務所	
コンクリート	コンクリート工事施工株式会社	親方カデューシキン
アスファルト		スィズラン・アスファルト工場株式会社代理プルィシェフ
コーニス	株式会社 A・Д・ブラゴダリョフ（建築用石材一般）	請負人ヴォールコフとドロフェエフ
レリーフ	ニコリスキー工房	
金具取付	ベイド・ゾンレイトの工芸金具工房 ミッテルベルガー商会	ナレホフとゲラン
水道、ガス	ロッジ・アルクシェフスキー工場	ローベック（水道、配管暖房工事） 「ノフィ」商会（排水工事、衛生設備）
エレベーター	サン・ガリー工場、モスクワ・グットマン工場	

出典：Новый доходный дом СПб. Коммерческого Училища // Зодчий. 1904. № 31. С. 354; № 32. С. 361-363; Дом Роты Дворцовых Гренадер // Зодчий. 1897. № 7. С. 56 より作成。*Гейслер М. Ф.* Строительный адрес-календарь и справочные цены на 1900 год. СПб., 1900 を参照し、業者の業務内容をカッコで補った。

たとえば一八九九年、コストロマー県出身の塗装工一三人が「ペテルブルク塗装工アルテリ」を結成している。スモレンスク県出身の左官二二人は「ペテルブルク第一左官アルテリ」を設立している。(31)

このように一九世紀末、従来の請負人組織にくわえて会社企業の活動が本格化している。それは、建設需要の拡大を背景に建設産業への国内外からの投資が活性化し、新技術が導入され、設計・施工における役割分担が再編されていたからである。(32)労働者によるアルテリ結成も、労働問題への労働者側からのアプローチとみなすことができる。

では、建設施工の各工事をど

のような経営組織が担当していたのだろうか。この点について、前章でとりあげた「商業学校賃貸集合住宅」の施工例を確認しておこう。工事担当業者の一覧を示した表6−3を業者の名称にもとづき分析した場合、工事内容と経営組織に一定の関係性が読みとれる。すなわち、石工工事や大工工事など従来の基幹的工事は請負人組織が担当している。水道工事、エレベーター工事、コンクリート工事など新技術関連の工事はそれぞれ「ロッジ・アルクシェフスキー工場」、「サン・ガリー工場」、「コンクリート工事施工株式会社」が行なっており、大規模な生産工場や会社企業がそれらを専門としていたことがうかがえる。自家発電・電気照明設備工事については明記されていないが、これも会社企業が請け負ったものと推測される。

「宮廷擲弾中隊宿舎」の施工例でも、同様の結びつきが存在する。石工工事、左官工事、塗装工事は請負人組織が受注し、下水道工事は「ノフィ」商会が、アスファルト工事は「スィズラン・アスファルト工場株式会社」が遂行している。各業者の組織実態についてはなお精査を要するが、以上は建物本体の工事は請負人組織が、新技術関連の工事はおもに生産工場や会社企業が請け負っていたという推測を許す。

ところで、ペテルブルク都市センサス職業調査は経営組織の規模やその雇用関係にかんする情報を与えている。この調査は初回から一貫して就業者を「経営者」、「管理者」、「労働者」、「個人業者」の四つに分類している。しかしながらセンサスごとに分類基準は異なっており、注意が必要である。まず、一八六九年センサスは「管理者」と「個人業者」に対して明確な定義を与えていない。このうち「管理者」は八一年センサス以降、「経営者を補佐する高い地位にある者」と定義づけられることになる。したがって請負人組織の場合、代理人や手代が「管理者」に入り、現場監督の十人頭は作業員とともに「労働者」に一括されたものとみられる。「個人業者」については、九〇年センサスまで「状況に応じて消費者ないしは雇用者のために働く、経営者と労働者の中間に位置する就業者」と定義は曖昧であった。一九〇〇年センサスで、「個人業者」は文字どおり個人業者を想定したもの

表 6-4　建設業就業者の雇用関係（人）

	1869 年					1881 年				
	経営者	管理者	労働者	個人業者	経営規模	経営者	管理者	労働者	個人業者	経営規模
1 建設業総合請負	177				0.0	90	6	68		0.8
2 石工、レンガ積み	25		509		20.4	19		952		50.1
左官・レリーフ製作	59		630	171	10.7	88		1,632	14	18.5
屋根葺き	88		581	44	6.6	140	1	973	6	7.0
暖炉設置	151		1,169	256	7.7	169		1,567	168	9.3
3 大工	139		2,573	696	18.5	176		3,655	727	20.8
塗装・窓ガラス取付	250		1,382	316	5.5	301	4	2,826	402	9.4
4 水道・ガス配管	38		323	42	8.5	92	50	899	23	10.3
電気工・電気配線						3		12	2	4.0
5 指物	796		5,994	968	7.5	1,238	7	8,309	1,466	6.7
室内装飾	183		1,105	205	6.0	197	2	1,487	348	7.6
6 土工										
その他						34	1	350	7	10.3
合　計	1,906		14,266	2,698	7.5	2,547	71	22,730	3,163	9.0

	1890 年					1900 年				
	経営者	管理者	労働者	個人業者	経営規模	経営者	管理者	労働者	個人業者	経営規模
1 建設業総合請負	115				0.0	148	113	712		5.6
2 石工、レンガ積み	15		421	107	28.1	20		1,129	43	56.5
左官・レリーフ製作	72	1	866	156	12.0	80	1	1,926	76	24.1
屋根葺き	142	4	808	46	5.7	164	41	1,562	26	9.8
暖炉設置	162		1,297	161	8.0	190	4	2,282	99	12.0
3 大工	162	4	3,058	444	18.9	149	1	5,984	293	40.2
塗装・窓ガラス取付	343	2	3,375	296	9.8	421	5	5,717	396	13.6
4 水道・ガス配管	128	24	1,163	66	9.3	152	26	1,727	21	11.5
電気工・電気配線	5	6	10		3.2	9	14	914	17	103.1
5 指物	1,123	9	8,689	503	7.7	928	22	11,237	558	12.1
室内装飾	253	2	1,746	137	6.9	242	3	2,711	134	11.2
6 土工						22	2	293		13.4
その他	8	2	57	4	7.4					
合　計	2,528	54	21,490	1,920	8.5	2,525	232	36,194	1,663	14.4

注：経営規模は経営者 1 人あたりの管理者および労働者の人数をさす。
出典：表 6-1 と同じ。

となる。(33)

雇用関係別構成の動向は表6－4のとおりである。すなわち、「経営者」の人数は一八六九年の一九〇六人から八一年の二五四七人へ増加し、それ以降はほぼ横ばいとなる。「管理者」は九〇年代の伸びが著しい。「労働者」は八〇年代に微減するものの、九〇年代に急増する。「個人業者」については八一年以降の逓減が読みとれる。実際には、アルテリのように経営者の存在しない組織や失業者の存在も考えられるが、一つの目安として「経営者」一人あたりの被用者数、つまり「管理者」と「労働者」の人数を算出してみよう。被用者数は六九年の七・三人から八一年の九・〇人に漸増し、九〇年に八・五人に落ち着いたのち、一九〇〇年の一四・四人に大幅に伸びている。このように経営規模の推移は建設需要の拡大や縮小とほぼ連動しているが、全体的に成長傾向にある。逆に言えば、不況により被用者の人数が調整される局面もあったのである。

「経営者」一人あたりの被用者数は職種により差がある。石工や左官は、冬季の調査であるにもかかわらず経営規模が大きい。石工工事は施工全体において大きな比重を占めていただけでなく、手作業が多くの労力を必要としていた。冬季工事需要の見込める大工も経営規模が大きい。電気関連は需要増を背景に九〇年代に経営規模をめざましく拡張していた。その他の職種は一九〇〇年においても十数人程度と小さい。「個人業者」は指物、大工、塗装、壁紙貼付など、比較的小規模な工事需要のある職種で多い。

経営規模の拡大とともに、「管理者」数も増加している。「管理者」数は九〇年代におよそ四倍増となっている。これは経営組織の複雑化を反映している。とくに総合請負業は、冬季に労働者の雇用を絞り込んでいることもあり「労働者」六・三人につき一人の「管理者」がいる。これについで、屋根葺き工、電気工、水道・ガス配管工で「労働者」数に対する「管理者」数の割合が高い。

規模（従業員数）にもとづく経営組織の階層化も進行したと思われる。それを直接的に示す統計史料は欠けているが、ソロヴィヨーフのルポルタージュがこの点に言及している。以下、やや長くなるが紹介しておこう。

ガーリチ郡出身の塗装業請負人組織は、経営規模にもとづきつぎの三つに分類される。第一は大請負人である。大請負人は数百人、ときには数千人の作業員を雇用する。この経営者は塗装工事の専門業者であるとともに、総合請負業者として下請け業者を従属させている。(34) ガーリチ郡出身者の中には、このような大請負人が一〇人程度いる。彼らの多くは身分を農民から移し、世襲名誉市民の称号を得ている。そして、ペテルブルクに数軒の家屋を所有し、裕福な生活を送り、さまざまな慈善団体に参加している。子どもには高等教育を与えている。(35)

第二は中請負人である。中請負人は平常時に五〇～六〇人、繁盛時には一〇〇人程度を雇用する。このような経営者はガーリチ郡出身者の中に数百人程度存在し、請負人の最大層を形成している。

第三は小請負人である。小請負人は五～一〇人程度を雇用し、もっぱら小規模な工事を請け負う。冬になると仕事が減り、事業を一時的に休止する。経営者自身も出身農村への帰郷を余儀なくされる。酒を飲まず、実務に優れていれば、五～一〇年で経営は軌道に乗る。つまり、腕のよい職人を雇用し、見習工を受け入れ、一年をつうじてペテルブルクに定着できるようになる。しかし、その大半の経営はつねに自転車操業状態にある。被用者への賃金支払いもしばしば滞っている。それゆえ、経営者と被用者の間に信頼関係が形成されておらず、被用者は経営者を狡猾な人間だと考えている。出身農村で小請負人は村人から尊敬されている。彼自身は村人に対して不遜な態度を取っている。しかし経営が傾くと、彼はその事実が村人に知れ渡らないように余所者を雇い、経営を立て直そうとする、と。(36)

このように、ソロヴィヨーフは各請負人組織の雇用者数について、需要の変動を考慮に入れて幅を持たせている。ソロヴィヨーフは中請負人を最大層とみなしているが、なぜそれが小請負人よりも多いのか、その事情に言及していない。ともかく、このルポルタージュからつぎを読み取ることができる。第一に、請負人組織は従業員数や請け負う工事の規模にもとづき大きく分化していた。第二に、経営規模に応じて請負人の社会的地位や生活様式が異なっていた。とくにペテルブルクに通年居住していることが、経営の規模やその信頼性の一つの目安となっていた。

以上、統計史料に即して一九世紀後半における建設業従事者数の推移、つづいて職種別構成や経営組織の変容について分析してきた。その結果として、九〇年代における大きな転換を導くことができる。すなわち、建設業従事者は大幅に増加する。とくにインフラ設備・新技術関連の職種で伸びが著しい。新しい経営組織として会社組織が登場する。経営組織の大規模化と複雑化も進行する。これらの事実から、建設産業における近代化への着実な歩みを結論づけることも一応可能である。しかしながら、平均的な経営組織は数十人程度と小規模であり、なおかつ依然として手工業的な請負人組織が主流である。くわえて、建設業従事者数が伸びたとはいえ、それは景気変動にともなって大きく増減している。当時のロシアでは諸産業に共通して雇用は不安定であったが、とくに建設業では需要の季節性も加わって、それが顕著に現れていたのである。

ところで、建設業従事者は少年期の見習修業で技能を習得し、その後、経営者に雇用されて就業を継続した。次節ではこの就業コースを詳述し、建設労働者の供給と技能養成の特徴を明らかにする。

三　技能養成と雇用――塗装工の場合

ソ連邦が崩壊するまでの近代ロシア史研究において、労働者史、労働運動史は「花形」のテーマであった。ロシア、欧米を問わず、当時の歴史家たちは工場労働者を革命運動の主要な担い手と位置づけ、その形成・状態・運動を探究していった。そのような研究の潮流にやや距離を置いて、ボーネルはペテルブルクとモスクワの広範な産業従事者を考察対象に、一九〇五〜一七年における労働組合の形成と運動展開を論じている。

ボーネルは労働者のうち非工場、すなわち手工業、建設業、輸送業、通信業、商業、サーヴィス業その他の従事者が全体の半数前後を占めていたことを重視する。二〇世紀初頭のペテルブルクにおいて、工場労働者は一六万二〇〇〇人、非工場労働者は一五万一〇〇〇人と推計される。モスクワでもそれぞれ一一万二〇〇〇人、一五万一〇〇〇人である。しかも、西ヨーロッパ諸国同様、ロシアにおいても労働者の組織化では工場労働者、非工場労働者がともに大きな力を発揮していた。ただし、両地域では労働組合の結成基盤が異なっていた。ボーネル曰く、西ヨーロッパ諸国の場合、その土台は工業化以前に形成された同業者組合や相互扶助団体であった。ロシアでも、たしかに労働組合結成の前史として手工業者の同業者組合や相互扶助団体、あるいは政府の支援を得たズバートフやガポンの組織があった。しかしそれ以上に重要なのは、諸産業の労働者の間で労働・生活経験が共有されていたことである。第一に、職業・職種の専門性や熟練にもとづいて職階が形成されていた。労働者は少年期の見習修業で技能を培う。就労年数が長期化し、熟練を得るにともない、彼らはこの職階を上昇していく。これに対応して彼らは識字能力を獲得し、都市的な生活様式を身につけていく。彼らと農村社会の関係も稀薄になり、家族との同居チャンスは大きくなる。第二に、労働者の職場はおもに男性により構成されていた。とくに手作業中心で熟練を要し、分業の少ない小規模な生産施設において、ないしは大規模な生産施設では作業セクションが小規模な職場において彼らは緊密なネットワークを形成し、組織化を高めた、とボーネルは総括する。(37)

建設労働者の組合組織も、ボーネルが重視するような労働者共通の労働・生活体験を結成の拠り所としていた。一九二〇年代、建設業労働組合は沿革や指導者のプロフィールをまとめた資料集を刊行している。その中で興味深いのは、組合の主要人物がコストロマー県北西部出身の塗装工によって占められていたことである。(38) 彼らはみな少年期の見習修業で技能を習得し、つづいて地元出身の請負人のもとで職人として雇用され、同郷人との集団労働・生活を経験していた。[39]そして、情報を共有して就労や生活を互いに支援し、農村的な伝統や習慣を維持し、農村社会への帰属意識をかなり保っていた。したがって、総論としてはボーネルの主張を支持できるとしても、農村社会との関係希薄化と労働運動への参加を即座に結びつけることはできない。

ともあれ、本節では建設労働者の組織化に直接かかわる問題には立ち入らず、その基盤として注目されている共同労働・生産経験、とくに技能養成と就職に焦点を当ててみたい。その際、職階や労働・生活実態だけでなく、家族との関係で、農村住民の職業選択や就業地での家族形成チャンスについても言及してみたい。事例として取り上げるのは、一八八〇年代後半～一九〇〇年代初頭における塗装工の技能獲得プロセスと就職、労働と生活である。

まず、建設業への従事は少年期の見習修業によって開始される。見習修業をしなければ、少年は必要最低限の技能を獲得できない。彼が将来、職人として雇用されるチャンスも大きく限られてしまう。見習修業は職人として一本立ちするための通過儀礼と言えるものであり、建設業への従事に特化している地域では一人前の男としてみなされるための条件でもあった。[40]

ジバンコフによれば、息子の職業・職種、見習修業の開始時期、修業先の決定に際して両親とくに父親の意見が影響力を持っていた。父親はたいてい地元で優勢な職業・職種を選択する。それゆえ、コストロマー県北西部では男性住民の大半が塗装工、大工、桶樽製造工などに就いていた。もっとも、父親は情勢に応じて、自分が有利と判断した職業を息子に示していた。息子の手先が器用であれば、父親は息子を指物工に、また読み書きや計算の能力があれば商業従事者や肉屋にしようとした。これらはいずれも収入が高いからである。中には父親が自分の技能に失望して、子どもを自分とは別の職へ向かわせることもあったという。ジバンコフによる四村世帯調査をみてみると、桶樽製造その他に従事していた父親が息子に塗装業を選択させたとみられるケースがいくつかある。水道の普及にともない、桶樽産業に翳りが見えはじめていたからである。[41]

しかしながら、職業・職種の選択において本人の意志がまったく考慮されなかったわけではないだろう。すでに述べたように、本人が見習修業に乗り気な場合がある。ヴラディーミル県からも、子どもの希望に配慮がなされるとの報告が寄せられている。[42]

ペテルブルクでの見習修業はペテルブルクの経営者——彼らは村在住の代理人をつうじて少年を集める——、地元出身の経営者や手工業者、あるいは塗装工として働いている父親や親類のもとで行なわれる。大工や鍛冶工など一部の職は地元在住の業者や職人から技能を習得することができた。修業は通常、一二～一五歳に開始される。なかには一一歳の者もいる。この場合、少年はときには学校教育を途中で切り上げて修業に出発することになる。ただ、親たちは職に就くためには読み書きが不可欠なことも認識していた。親たちは「民間教師」に三～五ルーブリを支払い、子どもにひと冬で読み書きを習得させせようとした。[43] 修業期間は、職業・職種により二年から五年と差がある。大工は二年間、塗装工は三年半から四年間、指物工は高い技能が要求されるので五年間である。[44] 彼らは一〇代の数年間を見習工として過ごすことになる。

父親や親類のもとで修業が行なわれるケースを除き、親と経営者の間で事前に口頭あるいは書面にて契約が結ばれる。書面の場合、契約書は郷役場に提出され、証明を受ける。バーズは、契約書が作成された事情として中央非黒土地方における人手不足に言及している。つまり、とりわけ一八七〇年代以降、雇主側が被用者によって契約を取り消されないように、また前渡し金を損失しないように口頭での契約を避け、書面での契約を求めるようになる。たいてい契約書には郷会の決議ないしは郷書記の承認印が付され、内容が確認されていたという。[45] たしかに、人手不足が契約書作成の一因になった可能性はある。そうであるならば、九〇年代に契約書の作成が増えたはずである。バルィコフは一九一一年、ガーリチ郡の郷役場で契約書の保管状況を調査し、契約書の大半が八〇年代半ば頃までに作成されていたことを突きとめている。そのような時代的な偏りをバルィコフはつぎのように説明している。すなわち第一に、見習修業が請負人のもとではなく父親のもとで行なわれるようになった。第二に、労働手帳が導入されている。そして第三に、請負人が都市に住むようになり、契約を現地で行なうようになった、と(46)。ただこの見解についても、はたして父親のもとでの修業がどの程度普及していたのか疑問が残る。また、そのような保管状況が、契約書が作成されなくなったことによるものなのか、契約書を郷役場で証明する必要性が小さくなったことによるものなのか、それとも郷役場の記録保管上の事情なのか原因は明らかではない。いずれにせよ、バルィコフの調査結果、さらに以下で紹介する契約書の内容を考慮するならば、契約書の作成はむしろ農奴解放前の雇用慣行に由来するものと推測される(47)。くわえて、契約はしばしば雇主と農婦、すなわち寡婦との間で結ばれていた。経営者は概して貧しい寡婦の子どもの見習いを敬遠していたから(48)、雇主側は自分にとって有利な条件で寡婦の息子を受け入れることができた。契約書の作成にはそのような関係を確認する意図があったのかもしれない。

では、契約書の例を紹介しておこう。①は、バルィコフがガーリチ郡ヴォスクレセンスカヤ郷で発見したもの、②は、ジバンコフが契約書の様式を紹介する目的で作成したものである。

①　契約書

一八六六年二月一二日、ヤズヴィッァ村の農民女性フェオドラ・イヴァノヴァは、ソツェヴィノ村の農民アントン・イヴァノフと以下の契約を交わした。

一、私フェオドラ・イヴァノヴァは息子イヴァン・ヴァシリエフを、塗装工および窓ガラス取付工の技能習得のために、向こう四年間アントン・イヴァノフに委ねる。

二、私アントン・イヴァノフは、四年間で見習工イヴァン・ヴァシリエフに塗装工と窓ガラス取付工の技能を完全に習得させる責務を負う。見習期間終了後、私アントン・イヴァノフは見習工ヴァシリエフに対し二〇銀ルーブリ、新品のなめし革製ハーフコート、革長靴を与えなくてはならない。

三、イヴァン・ヴァシリエフの見習期間中、彼の靴、下着、洗濯および一切の扶養を私アントン・イヴァノフが負担しなくてはならない。上着およびズボンは、母親フェオドラ・イヴァノヴァが用意するものとする。

四、見習期間中、見習工イヴァン・ヴァシリエフは私アントン・イヴァノフに従順でなくてはならず、言うことを聞かなくてはならない。なんらかの問題行動があった場合には、私は彼を罰することができる。

五、本契約は、双方により固く守られなくてはならず、破られてはならない。

②契約書

一八八八年三月一九日、以下に署名するわれわれ、コストロマー県ソリガーリチ郡コストロマー郷オグロブリノ村の農民イヴァン・イヴァノフ、同郷デャトゥロヴォ村の農民寡婦マリヤ・イヴァノヴァはつぎの契約に合意した。

私イヴァノヴァは、息子ピョートル・ピョートロフ一三歳をイヴァノフのもとに、塗装工の技能習得を目的に三年間、すなわち本年五月一五日より一八九一年五月一五日まで、給金二五ルーブリで預ける。イヴァノフは給金として、一年が経過したときに五ルーブリ、その一年後に一〇ルーブリ、そして修業期間終了後、少年が帰郷するときに残りの一〇ルーブリを支払わなくてはならない。ペテルブルクまでの往復旅費、住居費、食費、入浴費や洗濯費、上着、下着、靴は、往復に必要なものを除き雇主イヴァノフが負担する。少年が病気に罹ったときには最初の一か月間（病気以外の場合には二か月間）の治療費を雇工の負担とする。それ以降の治療費は修業期間終了後、雇主に対して返済するものとする。

私イヴァノヴァは、修業期間の終了前に自分の息子が雇主のもとを去ることを一切許可しない。また、契約が定めた期間より前に、親族が少年を雇主のもとから連れ出すことも認めない。私は息子に対して技能の習得に精励し、雇主の許可なしに外出せず、雇主の命令をすべて誠実、正確かつ迅速に遂行するよう義務づける。

私イヴァノフは、修業期間終了後、少年が退去する際、定められた給金の他に約一〇ルーブリ相当の長靴、シャツ、コート、つば付き平帽を与えなければならない。以上にかんして、双方は本契約を遵守しなくてはならず、破棄してはならない。少年の特徴について。契約者および証人の署名。(49)

契約書の要点を整理しておこう。第一に、親は息子を雇主に完全に委ねなくてはならない。雇主においては、定められた期間内に見習工に技能を習得させる義務がある。

第二に、雇主は見習工に対し、定められた時期に給金を支払わなくてはならない。見習工の給金は一八六〇年代の平均で年七ルーブリ、七〇年代で一一ルーブリ、八〇～九〇年代で一二ルーブリ五〇コペイカと上昇したが、これは第二章で明らかにした建設労働者の平均日賃とほぼ同じ動きをしている。(50) この給金は修業期間中、雇主が見習工の労働力を利用することへの対価である。つまり、雇主が見習工を働き手としてみなすことは、親側・雇主側の双方に了解されていた。これにくわえて修業終了後、雇主は見習工に上着や靴を用意しなくてはならない。上着や靴の提供は見習修業の終了と職人としての独り立ちを祝う慣行であったが、これも修業中の労働報酬として給金に準じた扱いになっている。

第三に、修業中、雇主には見習工の扶養義務がある。契約は雇主と親のそれぞれが用意しなくてはならない衣類についても明記している。二番目の契約書では傷病時の治療費用負担にかんする取り決めもある。実際に見習工がそのような事態に陥ることも少なくなかったのだろう[51]。

そして第四に、見習工は修業中、雇主に服従する義務がある。一番目の契約書は雇主による見習工への体罰を認めている。二番目の契約書にはそのような文言はない。それでも、見習工が過酷な扱いに耐え切れず、途中で雇主のもとを逃げ出したり、親が見習工の求めに応じて彼を連れ帰ったりすれば契約違反となる。修業を無事に勤め上げられない見習工は少なからず存在した。この条項はそれへの対応なのであろう。もっとも、それでは逆に雇主による見習工の搾取を事実上、容認してしまうことになる。ジバンコフもこの点について、「契約書は少年を濫用からかなりよく守っている。その一方で、それは少年を修業期間中しっかりと繋ぎ止めている。その間、雇主は見習工をできるだけこき使おうとする」、と見習工が不利な立場にあると判断している[52]。このように、見習契約は雇主の教育・扶養義務を定めるとともに、雇主が見習工の労働力を自分の裁量で利用することも承認していたのである。

さて早春になり、ペテルブルクの建設「シーズン」が近づくと、見習工は同郷人とともに船や列車を乗り継ぎ、ペテルブルクに向かう（図6-4）。少年たちはみな新しい生活を前に希望にあふれている。その様子を『コストロマー県通報』はつぎのように伝えている。

母親は見習修業に出発する少年に、どのようにふるまうべきか言い聞かせ、親類や同じ村の者には道中やペテルブルクで少年の面倒を見てくれるよう、かならず助けてくれるようにと頼み込む。少年たちは非常に生き生きとしており、明るい。彼らは首都に惹かれている。彼らは素晴らしい話をたくさん聞かされてきた

図6-4　コストロマー県ソリガーリチからペテルブルクへと船で出発する村外就業者たち（20世紀初頭）

出典：*Смурова О. В.* Неземледельческий отход... С. 64.

からだ。泣いている少年を見たことはない。それなのに、母親たちはときどきスカーフで涙をぬぐい、わが子を愛おしそうに見つめている。(53)

一八八〇年代頃の旅程は図6－5のとおりである。往路は、コストロマー川の春の解氷を待って七〇～一五〇人乗りの大型平底船が運航する。旅人たちはこの船で川を下り、コストロマー市に出る。(54)コストロマー市からは汽船でヴォルガ河をルィビンスクまで遡る。そこで鉄道に乗り換え、ペテルブルクを目指す。復路は水路を利用せず、陸路のみの移動となる。まず、ペテルブルクから鉄道でいったんモスクワまで行く。そこからヴォログダ＝ヤロスラヴリ鉄道に乗り換え、北西部の最寄駅プレチストエで下車する。ソリガーリチ郡出身者の場合、この駅から郡内各所までの距離は一〇〇～二〇〇露里である。一部の者、とくに冬に移動する者はルィビンスクまで直接馬で行き、そこから鉄道でペテルブルクに向かう。復路も同様である。これらの長距離移動の旅費は、往路で少なくとも一〇～一二ルーブリ、復路では鉄道にくわえて二、三頭立ての馬車も利用するので一五～一八ないしは二〇ルーブ

図6-5 村外就業者の移動ルート

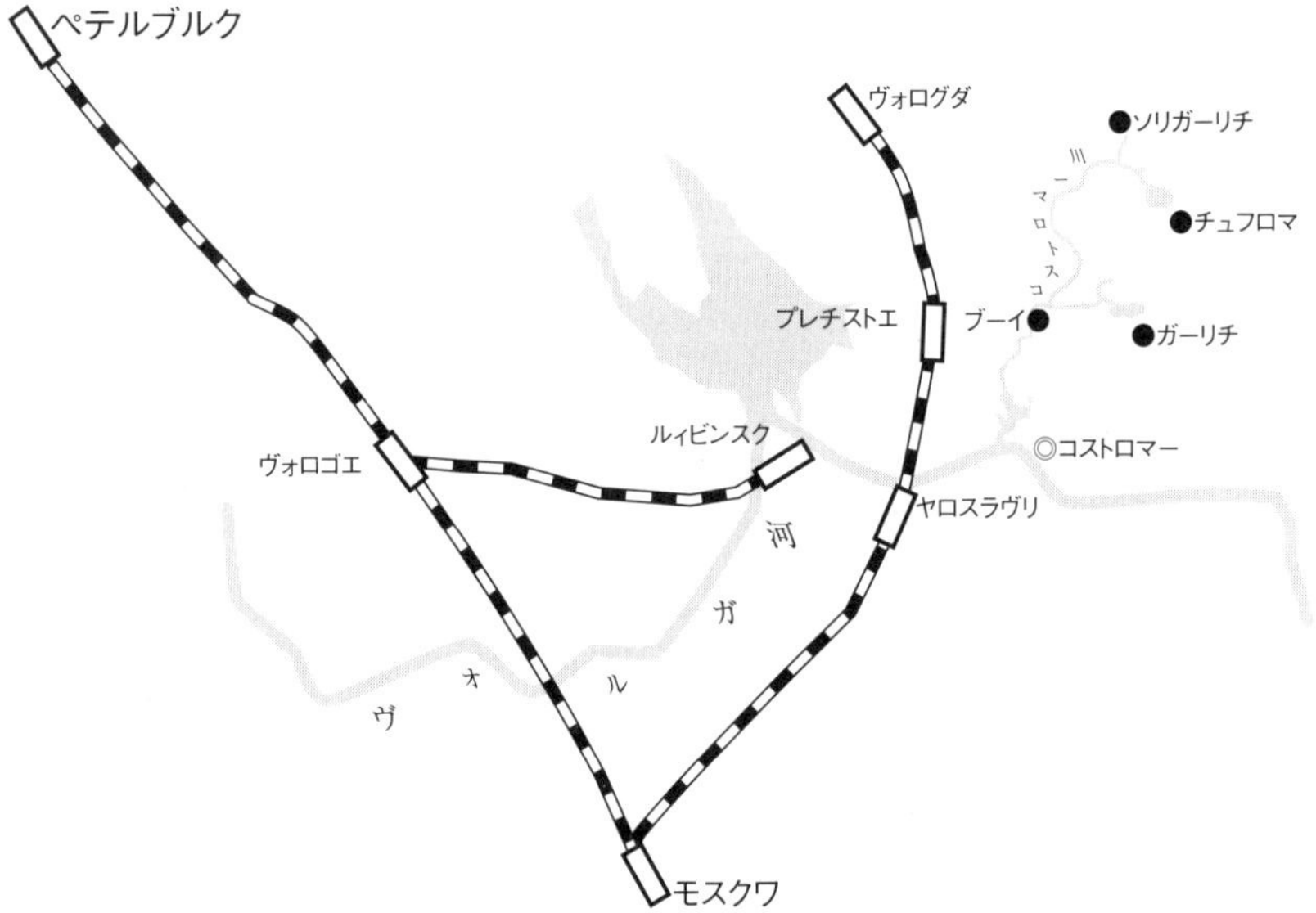

リにもなった。つまり、旅費だけで二五～三二ルーブリを要することになる。これは村外就業による粗収入の六分の一から三分の一に相当する(55)。これだけ高額な旅費を支出しても、ペテルブルクでの就労は有利とみなされていた。ちなみに、北西部の住民が鉄道のみでペテルブルクまで移動できるようになったのは、先述のように二〇世紀初頭に鉄道が開通してからである。

列車は同乗者たちで混雑し、不衛生であった。同時代の雑誌は車内の様子をつぎのように伝えている。なお以下、長さの単位一アルシンは約七一センチメートルである。

> 労働者は貨物用ないしは家畜運搬用の車両で移動する。車両には窓がなく、二分の一平方アルシンの穴が二つあるだけである。しばしば無塗装で、壁は修繕不可能なまでに汚れている。蒸し暑いので、巨大な扉は開け放され、一枚の板でふさがれている。それが原因で、座って眠っている者が車両から転落

することもある。満員のため座席のない労働者は汚れた床に座り、眠る。排泄は、女性がいるにもかかわらずドア越しに外に向かって行なう。冬でも暖房はなく、「不幸な生きた貨物」、とくに子どもたちは身を寄せ合っている。(56)

ペテルブルクの経営者は、作業員の「組」のために住居を確保していた。補章二で改めて触れるように、「組」を単位とする共同生活は都市下層の主要な居住形態の一つである。ここでは、経営者の妻ないしは女中、見習工が住人のために炊事、洗濯、掃除などの世話をしていた。(57) ソロヴィヨーフは見習工の労働と生活を詳述しているが、おそらくそれは彼自身の体験にもとづいている。以下、おもにこれに依拠して、見習工の労働と生活を再現してみよう。

見習工がペテルブルクへ無事に到着すると、寝場所として部屋の一隅や台所があてがわれる。修業の初年度、経営者は見習工に塗装の技能をほとんど教えない。それどころか、見習工にありとあらゆる雑用を命じる。見習工は台所で食事を準備し、サモワールでお湯を沸かし、水を運び、薪を割り、ジャガイモの皮を剥かなくてはならない。彼は朝五時に誰よりも早く起き、お茶用のお湯を用意し、パンを買いに走り、職人を起こさなくてはならない。寝坊したときには同居人たちの殴打や足蹴が待っている。見習工は道具・材料置場で顔料を砕いて粉にし、下準備を整え、使用後の刷毛や容器を洗浄し、掃除をする。材料の買い出しも見習工の担当である。ときには見習工も修繕作業中の現場に連れて行かれるが、そこではゴミの搬出、漆喰の準備など汚れる仕事を割り当てられる。見習工の皮膚には塗料が何層にも重なって付着し、鎧のように固まり、ひび割れしている。そのようなみすぼらしい姿で見習工は作業に従事しなくてはならない。見習工がその代わりに得るのは雇主や十人頭、職人からの罵詈雑言や殴打だけである。職人たちは憂さ晴らしから見習工をいじめ、見習工はこれにも耐えなくてはならない。また、彼らは見習工に飲酒を強要したので、見習工は酒にも慣れなくてはならない。周知のように、飲酒は男性労働者の紐帯を深めるうえで重要な役割を果たしていた。少年の社会化や職人社会への本格的な加入においても、飲酒は意味を持っていた。冬場に工事が少なくなると、雇主は見習工を十分に活用しようと、彼を小箱や厚紙製品、組み紐の工房、商店、パン屋、黒ビール販売店、指物工房、製本工房、旅籠、屋根の雪下ろしなどに働きに出す[58]。

二年目から、見習工は工事現場での手伝いをある程度任されるようになる。たとえば、それは軽石での床磨き、汚れた便所の漆喰塗り、材料の準備、壁紙への糊の塗布といった作業である。少しずつではあるが技能訓練も始まる。三年目、見習工は並の職人にとって簡単な作業をこなせるようになる。最終年度、見習工は通常の作業工程のすべてを修める。とはいうものの、見習工がみな順調に修業を続けたわけではない。ペテルブルク独特の湿った空気、厳しい労働、貧しい生活が原因で、見習工はしばしば病に伏し、負傷した。なかには雇主や職人によるいじめを苦にすべてを放棄して修業先を飛び出し、浮浪児となる者や自殺する者さえいたのである[59]。一九世紀末のモスクワ県ゼムストヴォ医師は、一〇代前半で農村から出てきて工場、店舗、手工業の見習いとなった者の中に強度の精神疾患者を多数発見している。バーズが述べるように、それは若い世代が精神的、感情的な緊張状態にあったことを示している[60]。契約書の中身にも、そのような見習修業の現実が反映していたのであろう（図6－6）。

見習工がなんとか修業をやり通すと、経営者は契約にもとづき見習工に給金や物品を渡す。とはいえ、見習工は修業期間の少なからぬ部分を雑用に追われていたのだから、この時点で独り立ちできるだけの技能を十分習得していたとは考えにくい。エコノマキスはソ連時代の研究にもとづき、工場に単純労働者として入ったとしても、熟練の旋盤工や組立工になるには長い年月がかかるわけではなく、一人前になるまでに約五年を要し、若い者は

図 6-6　ピョートル・ヴァシリエヴィチ・ジジコフ少年がペテルブルクからソリガーリチ郡へ送った手紙（1915 年）

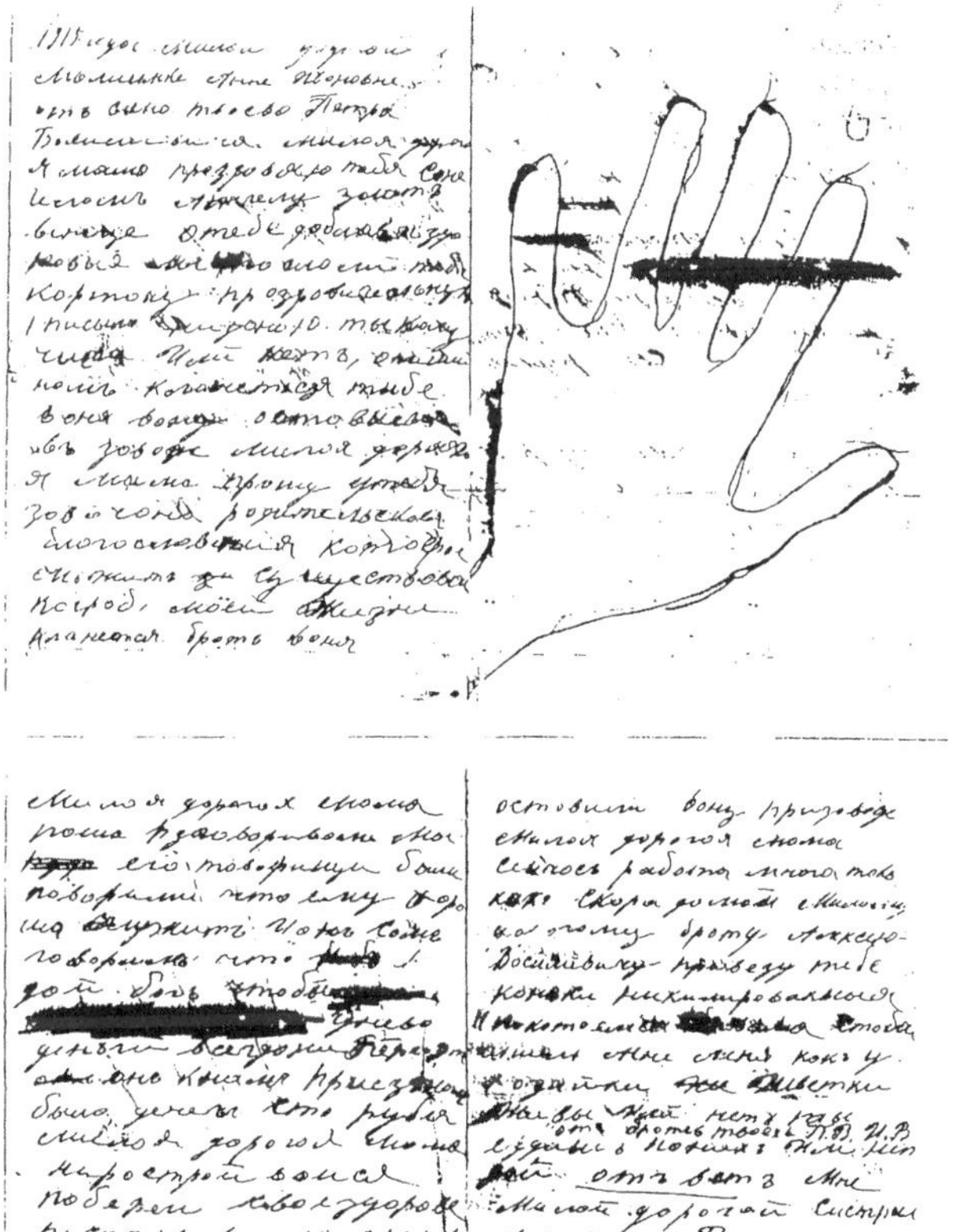

出典：*Смурова О. В.* Неземледельческий отход... С. 119.

もっと短いと主張している。[61] エコノマキスの言う「一人前」がどのような水準を念頭に置いているのか定かではない。いずれにせよ、彼は見習修業で最低限の技能を身につけ、引き続き最低ランクの職人として修業先の経営者や別の経営者のもとで働きながら実地経験を積んでいく。むしろ見習修業の持つ意味は、経営者や職人仲間にその努力が認められ、職人の労働・生活文化に触れ、彼らとの紐帯を深め、自らも職人としてのアイデンティティを獲得していったことにあるのではないだろうか。[62]

見習修業後の一〇代後半から五〇代前後の引退ないしは死亡までが、職人としての就業期間となる。彼はたいてい家族を地元に残し、出身農村とペテルブルクの間を往復して働き続ける。

ところで、職人の雇用契約にはさまざまな期間がある。それは日・週雇いと常雇いに大別される。日・週雇いは、郷里で雇用先を決定していない者、あるいは決定できない者が就業地で職を探すものである。したがって、日・週雇いで働くのは主として技能の低い若者、経営者の評判が芳しくない者、長期間にわたり就業を中断していた年配者である。彼らは、ほのかな期待を抱いてペテルブルクにやってくる。雇用の成否は景気の状況に大きく左右される。好況で人手が不足しているならば、彼らは建設業関連の労働市場で働き先を選ぶことができ、好条件で採用されることもある。[63] とはいえ、長期的にみると日・週雇い者の雇用は不安定で、職を求めて放浪する事態も少なくない。不況のときには、彼らは一層困難な状況に陥る。彼らの中には滞在地で生活費や旅費が尽き、国内旅券の有効期限も過ぎてしまい、逮捕され郷里に強制送還されてしまう者もいた。

そのような事情から熟練の職人、経験者、年配者は、収入が比較的安定している一建設「シーズン」単位の雇用、すなわち常雇いに就こうとした。彼らはペテルブルクの経営者との間であらかじめ雇用で合意し、前渡し金や旅費を送金してもらう。あるいは出発前か到着後に、地元出身の経営者と契約を結び、前渡し金や旅費を受け取る。ちなみに、この前渡し金はたいてい租税や負債の支払いに充てられる。[64] 雇用や収入の安定性において日・

週雇いよりも常雇いが有利なのは言うまでもない。もっとも、常雇いも前渡し金を受け取ったり前借りをしたりすることで、しばしば経営者に対して負債を抱え、不利な条件で働き続けなくてはならなかったのだが。

ソロヴィヨーフは塗装業職人の生活をつぎのように特徴づけている。まず、職人の日賃は一ルーブリ五〇コペイカから二ルーブリである。キリヤーノフは塗装工の日賃を一九〇一～〇五年平均で一ルーブリ四三コペイカと試算している。ソロヴィヨーフがあげた賃金はこれよりも若干高く、おそらく大戦前について言及しているのであろう。[65] 住居については「組」単位での共同生活ではなく、「薄暗く、居心地の悪い」部屋の一隅を月一ルーブリ八〇コペイカから二ルーブリで賃借りする、とソロヴィヨーフは記している。職人たちは普段、食事を〇・五フント（一フントは約四〇九・五グラム）のソーセージ一切れ（五コペイカ）と黒パン一フント、ないしはニシン（三コペイカ）とパンで済ませ、これに茶をつけていた。しばしば、彼らは古い粉を使ったパン一フントと茶だけの食事で済ませた。「慎ましく、我慢する」者は食事代を一日三〇コペイカに削り、その他に煙草や一日三杯のお茶に二〇コペイカを支出し、合計五〇コペイカに切り詰めていた。それでもこれは贅沢の部類に入り、手元に稼ぎはほとんど残らない。彼らは家計のために送金し、困窮時に備えるために普段からできるだけ貯金しなくてはならない。それでも、雇主から前借りをしたうえで有り金をすべて酒に費やすこともあった、ともソロヴィヨーフは回想している。[66] そのような労働者特有の飲酒文化があったとはいえ、就業者は住居費、そしてとくに節約の余地が大きい食費を切り詰め、貯めた金銭を郷里の家族へ仕送っていたのである（図6－7）。

第二章でも述べたように、限られていたとはいえ職人には才能、努力、運次第で経営組織内の職階を上昇するチャンスがあった。ソロヴィヨーフによれば、経営者は技能に優れ、経験や熱意があり、かつ幸運な者を「熟練職人」として扱い、高賃金を与えていた。この「熟練職人」には扉の塗装仕上げ、天井の塗装、部屋の隅や円花飾りの筆写、色の境界への細線引きなどの内装工事が任せられた。これらの作業は肉体的な負担が軽く、体が汚

図 6-7　居酒屋「ソリガーリチ」のあった建物

ペスキ付近のデクテァールナヤ通りと第四ロジェストヴェンナヤ通りの角に位置する。建設労働者の労働運動の拠点にもなった。
出典：Сборник материалов по истории Союза строителей 1906 6/V 1926. Л.,1926. С. 60.

れない一方、高度な技能が要求され、並の職人では十分に対応できないからである。たとえば、扉は木材の材質に合わせて塗装を施さなくてはならない。天井の塗装も適切な色合いを用いる技術が求められる。大規模な請負人組織に雇用された「熟練職人」は宮殿、博物館、劇場などの特殊な現場を担当し、芸術的才能を発揮して画家や芸術家の代え難い助手となった、とソロヴィヨーフは同郷人の高い技能を誇らしげに紹介している。雇主は「熟練職人」を、職人よりも短時間の日一一時間労働、すなわち朝六時から夕方六時まで（うち食事休憩一時間）で三ルーブリの高賃金をもって厚遇し、日常生活でも飲酒など多くの自由を認めていた。「熟練職人」の中には通年で仕事を確保し、郷里からペテルブルクに家族を呼び寄せた者もいたという。[67] 逆に言えば、そのような熟練や収入――上述のように小規模な経営者でさえ、これをクリアできていない——を獲得しない限り、就業者には家族との同居は難しかったのである。

さらに、経営者は近親者、あるいは酒を飲まず、仕事を熟知し、主人の利益に忠実な者を十人頭に任命した。十人頭は作業に応じて人員を配置し、材料を調達し、工事現場では請負人の代理として監督を務めた。経営規模により差はあるが、十人頭は数百人から十人程度の作業員を配下に置いていた。それゆえ十人頭は工場施設の職長のように、直属の上司として作業員に対して大きな権力を持っていた(68)。十人頭は印象の悪い職人を冷遇し、秋になり仕事が少なくなると真っ先に国内旅券を渡して解雇した。新しく採用された者は最初のなけなしの給料で十人頭を酒や料理でもてなし、機嫌をとらなくてはならない(69)。この他、職人に自ら施工業者となる道も開かれていたことについては、すでに述べたとおりである。

このように、息子の職業選択には親の意向が大きく反映していた。親は世帯の生計維持の観点から、息子をできる限り有利な職に就かせようとした。建設業従事者は見習修業で基本的な技能を身につけ、経営組織内の序列関係や共同労働・生活を体験した。彼らはこの見習修業とその後の就業継続で経験を培い、常雇いとなって職階を上昇し、同郷人集団との結びつきを強めていった。そのようなコースの先に「熟練職人」への上昇と就業地での家族居住への移行があった。ただ建設労働者の場合、このような居住チャンスは、通年労働の特徴的な工場労働者と比較してかなり限定されていたとみるべきである。

おわりに

以上、建設業従事者と経営組織の分析から、一九世紀後半から二〇世紀初頭における建設業の一産業部門、就業先としての成長を確認することができた。

まず、建設「シーズン」時の就業者数について冬季就業者数や夏季流入者数をもとにその推計を試み、一八九〇年代の需要拡大期に大幅な増加がみられたとの結果を得た。ただ、問題として残されたのは、需要増、施工物の石造化・大規模化・諸設備の普及に対応した、季節的就業者の総数と職種別構成、および就業者数のシーズン差の動向である。おそらく、需要拡大とともに季節的就業者の定着がゆるやかに進行していったのであろう。とはいえ、このことが季節的就業者の相対的な減少へとただちに結びついたとは考えにくい。需要増にともなう労働力の不足分は、大工などを中心とする冬季就業者の増加だけでなく、季節的就業者の増加なくしては充足できなかったからである。冬季の作業条件など、季節的就業者の定着を阻む事情も短期間では解消されない。

つぎに、経営組織について以下が明らかになった。一九世紀末には従来の請負人組織に加えて、新たに会社組織が登場した。建設需要の拡大や就業者数の増加にともない、経営の規模は拡大し、組織も複雑化していった。ここで重要なのは、建設業が性格の異なるさまざまな職種により構成され、それらの成長にも差があったということである。とりわけ成長がめざましかったのは、インフラ整備関連の職種、冬季でも需要のある職種である。くわえて、工事と経営組織には一定の結びつきがあった。すなわち、石工工事など建造物の本体工事は請負人組織によって担われ、水道配管工事などインフラ整備関連の工事は会社組織が受注していた。したがって、建設施工への新技術導入と新たな経営組織の台頭にはかなり相関関係があったといえる。

最後に、本章では建設業従事者の就業コースを詳しく検討してきた。その特徴はつぎの二点に要約することができる。第一に、息子の職業・職種の選択は、当然のこととして家族の生存戦略の一環として親主導で慎重に行なわれていた。すなわち、地元で優勢な職業・職種を原則としながらも、親は自分の知識や経験にもとづき、また息子の能力や将来性を評価したうえで、できるだけ有利な職業に就かせようとした。親が判断を誤れば、息子は生涯にわたり不利な職に就かなくてはならない。職を変えることも容易ではない。そしてそれは世帯の存続にも大きな影響を与えたからである。第二に、建設業従事者は一〇代から農村や家族から切り離されたとはいえ、農村社会の延長線上にある、もっぱら男性によって構成される同郷人集団の中で共同労働・生活を送った。建設業従事者は見習修業とその後の就業の継続により技能を習得しただけでなく、共同労働と生活そして飲酒などをつうじて経営組織や同郷人の一員として承認された。その先に常雇いという正規の道があり、さらには「熟練職人」や十人頭、あるいは請負人という上昇があった。建設業の場合、需要の季節性などの事情から就業地での家族形成チャンスは小さい。

ただし、従業者の構成や経営組織の変容がこのような就業コースとどのように関わっていたのかという問題について、ここで答えることはできない。請負人組織における職人の養成を「従来型」とするならば、新技術関連の工事を請け負う会社組織では異なった養成システムが構築されつつあったのではないだろうか。そこでは見習修業ではなく技術学校などで技能が養成されていた。彼らは就職後、単身で同郷人と共同労働・生活を送るのではなく、家族と同居し、労働と生活の圏を切り離していたと推測される。その実態の解明については、今後の課題としなければならない。

ところで、建設労働は事故リスクの高さでも知られている。事故による労働不能や死亡は従事者とその家族をただちに生活危機に追い込んだ。そこで補章一では、建設労働者の労働・生活と関連して、事故とその被害者の生活保障問題に立ち入っておきたい。

注

（1）*Копанев А. И.* Население Петербурга в первой половине XIX века. М.-Л., 1957. С. 28-29, 53-54, 70-85.

（2）*Громан В. В.*（сост.）Обзор строительной деятельности в России. СПб., 1912.

（3）*Панов А. А.*（сост.）Движение рабочих на заработки в 1911 году. Строительные и дорожные работы. СПб., 1911.

（4）『ロシアにおける資本主義の発達』（レーニン全集　第三巻）大月書店、一九五四年、五五三～五六三頁、*Рашин А. Г.* Формирование рабочего класса России. Историко-экономические очерки. М., 1958. С. 130-140; *Иванова Н. А.* Структура рабочего класса России, 1910—1914. М., 1987. С. 36, 41, 52; *Анфимов А. М., Корелин А. П.*（редакторы-составители）Россия 1913 год. Статистико-документальный справочник. СПб., 1995. С. 223.

（5）*Коновалов П. С.* Строительные рабочие в Сибири в период капитализма（1861—февраль 1917 гг.）. Диссертация на соискание ученой степени кандидата исторических наук. Томск, 1985.

（6）*Большаков В. В., Власюк А. И.*（ред. кол.）Очерки истории строительной техники России XIX—начала XX веков. М., 1964. С. 139-144; *Зворыкин Д. Н.* Развитие строительного производства в СССР. М., 1987. С. 97-103.

（7）*Семанов С. Н.* Состав и положение рабочих Петербурга по данным городских переписей // *Иванов Л. М.*（отв. ред.）Рабочий класс и рабочее движение в России（1861—1917）. М., 1966. С. 400.

（8）レリーフ製作とは、建物の浮き彫りや塑像の製作をさす。

（9）*Казаринов Л.* Отхожие промыслы Чухломского уезда // Труды Чухломского отделения Костромского научного общества по изучению местного края. Вып. 2. Кострома, 1926. С. 9.

（10）Victoria E. Bonnell, *Roots of Rebellion: Workers' Politics and Organizations in St. Petersburg and Moscow, 1900-1914,* Berkeley: University of California Press, 1983, p. 40.

（11）Беседы строителя // Строитель. № 5-6. 1899. С. 211-214.

（12）諸産業における職業・職種と農村住民の出身地との結びつきについて、以下を参照。*Бессонов Н. В. и др.* Многонациональный

Петербург: история, религии, народы. СПб., 2002. С. 37-38; *Лурье Л. Я., Тарантаев В. Г.* Крестьянские землячества в Петербурге // *Добкин А. И., Кобак А. В.* (сост.) Невский архив. Историко-краеведческий сборник. III. М.-СПб., 1997. С. 433.

（13）С.-Петербург по переписи 10 декабря 1869 г. Вып. 3. СПб., 1875. С. 94-97, 122-125.

（14）Статистический ежегодник С.-Петербурга. Г. 8 1888. СПб., 1889. С. 7; Г. 9 1889. СПб., 1890. С. 26.

（15）*Святловский В. В.* Жилищный вопрос с экономической точки зрения. Вып. 4. СПб., 1902. С. 13.

（16）*Новицкий Е.* К вопросу о несчастных случаях с рабочими при постройках в Петербурге // Промышленность и здоровье. 1902. Кн. 2. С. 38. この数値は「生活状況が悪い」建設労働者を約三万五〇〇〇人とする一八九三年頃の記述とほぼ一致する（Несколько слов о желательном улучшении положения наших рабочих // Неделя строителя. 1893. № 13. С. 55-56）。

（17）*Погожев А. В.* Учет численности и состава рабочих в России. СПб., 1906. С. 30.

（18）*Кочаков Б. М.*（отв. ред.）Очерки истории Ленинграда. Т. 2. М.-Л., 1957. С. 182-183; Санкт-Петербург по переписи 15 декабря 1890 года. Ч. 4. СПб., 1892. С. 9; 小島修一「帝政ロシアの農家労働力移動――明治日本との一比較」『甲南経済学論集』（甲南大学）三一－四、一九九一年、一七一頁。

（19）一八九二年版『ロシア帝国法大全』によれば、第一商人ギルド証明書所持者の請負額は制限なし、第二商人ギルド証明書所持者は同三万ルーブリ以下、第一級営業証明書所持者は同五〇〇〇ルーブリ以下、第二級営業証明書所持者は同二五〇〇ルーブリ以下、第三級営業証明書所持者は一二〇〇ルーブリ以下と定められていた。請負額三〇〇ルーブリ以下の場合、証明書は不要である。石工、土工、左官、屋根葺き工などの工事業者は、被用者が一六人以上の場合は第二商人ギルド証明書の所持を、それ以下の場合も人数に応じて営業証明書の取得を義務づけられていた（Свод законов Российской империи. Т. 5. Устав о прямых налогах. СПб., 1893. Ст. 260, 265-266; Т. 10. Закон гражданский. СПб., 1887. Ст. 1737-1740）。一八九八年の新営業税法施行以降、営業権の取得と商人身分取得が明確に区別されるようになる。和田春樹「近代ロシア社会の法的構造」（東京大学社会科学研究所編『基本的人権　三』東京大学出版会、一九六八年所収）、二七七～二七八頁を参照。

（20）Принципы строительной этики // Наше жилище. 1895. № 4. С. 3-6.

（21）アルテリの諸形態については以下を参照。Артель // Новый энциклопедический словарь. Изд. Брокгауз и Ефрон. Т. 3. СПб.,

[1911]. С. 749-767; 高田和夫「近代ロシアの労働者と農民」『法政研究』（九州大学）五七－一、一九九〇年、六六～六九頁。

（22）Весь Петербург. Адресная и справочная книга на 1898 г. СПб. С. 119. ペテルブルク企業家便覧にも、建設業者としてバダーエフ家、アナニー・ヴァシリエヴィチ・ヴァシーリエフ、グーリン家、ペトローフ家が記載されている（*Барышников М. Н.* Деловой мир Петербурга. Исторический справочник. СПб., 2000. С. 51-52, 97, 150-151, 352-353.

（23）*Сальмонович П. О.* Руководство к составлению смет и технической отчетности или собрание данных, определяющих стоимость построек. Вып. 1. СПб., 1860. С. 139-140.

（24）*Малеев Л.* «Общие условия» на отдачу работ с подряда // Инженерный журнал. 1899. № 2. Неофф., II. С. 273.

（25）*Соловьев А. Н.* Питерщики-галичане. Этнографический очерк // Труды Галичского отделения Костромского научного общества по изучению местного края. Вып. 3. Галич, 1923. А・Н・ソロヴィヨーフ（一八八八～一九三一年）は、皮革工場労働者の息子として生まれた。一二歳のときにペテルブルクで塗装工見習となり、終了後、塗装工として働いた。ソロヴィヨーフは革命運動に参加し、「塗装工」、「大工」などの詩を『プラウダ』に発表している。これらの詩はガーリチ郡出身の村外就業者の劣悪な労働・生活条件を題材にしている（*Белов Л., Зубова В., Касторский В.* Галич. Ярославль, 1983. С. 93-94）。ここで紹介されるルポルタージュはガーリチ郡出身の塗装工をテーマに書かれたものである。ソロヴィヨーフは階級闘争の観点から、請負人を旧体制下の搾取者として位置づけている。他方で彼は郷土研究者として、同郷人の就業コースや労働・生活を生き生きと描いている。ペテルブルク郷土史・文化史研究者のルリエとヒトローフも、ヤロスラヴリ県出身者の同郷人的結合を論じる際にソロヴィヨーフのルポルタージュを史料として利用している（*Лурье Л., Хитров А.* Крестьянские землячества в Российской столице: ярославские «питерщики» // *Добкин А. И., Кобак А. В.*（сост.）Невский архив. Историко-краеведческий сборник. II. М.-СПб., 1995. С. 350-354）。

ソロヴィヨーフが「熟練職人」を特別なグループと位置づけているのに対し、ジバンコフは見習修業を終えた一七～一九歳の者が職人（подмастерье）となり、二、三年後に мастер となり、結婚するとしている（*Жбанков Д. Н.* О городских отхожих заработках в Солигаличском уезде, Костромской губернии // Юридический вестник. Сентябрь. 1890. С. 139; *Жбанков Д. Н.* Бабья сторона. Статистико-этнографический очерк. Кострома, 1891. С. 43）。このように、職人労働者の職階が必ずしも制度化されていないこともあり、見解には相違がある。おそらくジバンコフの場合、мастер とは一定の経験を積み、独り立ちした職人を指すのであろう。

（26）*Тихонов Б. В.* Переселения в России во второй половине XIX в. по материалам переписи 1897 г. и паспортной статистики. М., 1897. С. 124.

（27）*Миронов Б. Н.* Социальная история России периода империи (XVIII—начало XX в.). Т. 1. Генезис личности, демократической семьи, гражданского общества и правового государства. СПб., 1999. С. 503-505. 道路舗装夫、土工、石工、石切工、大工、左官などの職種は、法令によりツェフへの登録が不要と定められていた（Свод законов Российской империи. Т. 11. Ч. 2. Устав о промышленности. СПб., 1893. Ст. 285）。ここでは立ち入らないが、二〇世紀初頭におけるツェフの状況については商工業省の調査報告書が詳しい（Ремесленники и ремесленное управление в России. Пг., 1916）。

（28）Отчет С.-Петербургской Ремесленной управы за 1890 г. СПб., 1892. С. 8-9.

（29）*Гейслер М. Ф.* Строительный адрес-календарь и справочные цены на 1900 год. СПб., 1900; Очерки истории строительной техники... С. 143-144; *Ушаков Ю. С., Славина Т. А.* (общ. ред.) История русской архитектуры. Издание 2-е, переработанное и дополненное. СПб., 1994. С. 532.

（30）*Святловский В. В.* Жилищный вопрос... Вып. 5. СПб., 1902. С. 27-29.

（31）Российская строительная рабочая артель // Строитель. 1900. № 21-22. С. 851-854; Артели в России // Зодчий. 1904. № 37. С. 415. 一八六〇年代におけるアルテリの組織状況について、以下を参照。Виды внутренней торговли и промышленности в Санктпетербурге. СПб., 1868. С. 109; *Смурова О. В.* Неземледельческий отход крестьян в столицы и его влияние на трансформацию культурной традиции в 1861—1914 гг. (на материалах Санкт-Петербурга и Москвы, Костромской, Тверской и Ярославской губерний). Кострома, 2003. С. 25-26.

（32）*Ушаков Ю. С., Славина Т. А.* История русской архитектуры... С. 532.

（33）*Семанов С. Н.* Состав и положение рабочих Петербурга... С. 395-398; *Бернштейн-Коган С.* Численность, состав и положение петербургских рабочих. СПб., 1910. С. 13-14; Санкт-Петербург по переписи 15 декабря 1890 года. Ч. 4. С. 23.

（34）カザーリノフもチュフロマ郡出身のある総合請負業者の経営についてつぎのように紹介している。業者は政府や建設技師から大規模な工事を請け負う。大工工事、寄せ木工事、屋根葺き工事、水道工事、指物工事、塗装工事について、彼は同郷出身者を使って処理する。そして石工工事、左官工事、暖炉設置工事のみ、他郷出身者を雇い入れて行なう。請け負った工事を小規模な業者に下請けさせることもある、と（*Казаринов Л.* Отхожие промыслы Чухломского уезда... С. 10）。

（35）ルリエとヒトローフも、ヤロスラヴリ県出身の請負業者についてそのような財産所有状況を明らかにしている。たとえば、左官業者А・И・コパーノフ、П・А・コパーノフは、セルギエフ通りとセルプホフ通りに賃貸集合住宅を、総合請負業者З・П・ジダーノフは賃貸集合住宅を二棟、金融業施設を一棟所有していた。また「ペテルブルク建設事故被害者援助協会」（後述）の書記В・Л・クジミーンは、ヴァシリエフ島に賃貸集合住宅を二棟所有していた（*Лурье Л., Хитров А.* Крестьянские землячества... С. 353-354）。大請負人の生活様式については *Засосов Д. А., Пызин В. И.* Из жизни Петербурга. 1890—1910-х годов. Записки очевидцев. Издание 2-е, дополненное. СПб., 1999. С. 79-81 も参照。請負人の子弟が土木技師高等専門学校に入学し、土木技師（建築家）へと社会的上昇を果たしていた実例は、上述の企業家一覧でも見いだせる（*Барышников М. Н.* Деловой мир Петербурга... С. 51-52, 150-151）。

（36）*Соловьев А. Н.* Питерщики-галичане... С. 12-15.

（37）Bonnell, *Roots of Rebellion*, pp. 439-455; Victoria E. Bonnell, "Urban Working Class Life in Early Twentieth-Century Russia: Some Problems and Patterns," *Russian History* 8, part. 3, 1981. このような問題関心から、ボーネルは労働者の労働・生活にかんする同時代文献を収集・翻訳している（*The Russian Worker: Life and Labor under the Tsarist Regime*, edited, with an Introduction and Annotations by Victoria E. Bonnell, Berkeley: University of California Press, 1983. とくに pp. 11, 14-17 を参照）。邦語文献として土屋好古「労働者の世界――一九世紀末～二〇世紀初頭のペテルブルクにおけるその考察」『ロシア史研究』四〇、一九八四年、一〇頁。

（38）Сборник материалов по истории Союза строителей 1906 6/V 1926. Л., 1926.

（39）*Лурье Л., Хитров А.* Крестьянские землячества... С. 354.

（40）しかしながら、条件的に不利とはいえ、見習修業を経ていない者に就職機会が完全に閉ざされていたわけではない。ガーリチ郡では仕立業の不況のため、仕立工から塗装工や窓ガラス取付工への転職がみられたからである（Урожай 1898 года в Костромской губернии. Результаты урожая и общий обзор года. Приложение 1. Кострома. С. 39）。

（41）*Жбанков Д. Н.* Бабья сторона... С. 41, 51, 103-110. 一九〇二年のコログリフ郡では、写真撮影、絵画、塑像製作など、新しい職業へ見習いを送る動きがみられた（Урожай 1902 года... Приложение 1. Кострома. С. 59）。

（42）*Фирсов Б. М., Киселева И. Г.*（автор-составители）Быт великорусских крестьян-землепашцев. Описание материалов этнографического бюро князя В. Н. Тенишева（на примере Владимирской губернии）. СПб., 1993. С. 185.

（43）*Жбанков Д. Н.* Бабья сторона... С. 95-98.

（44）*Жбанков Д. Н.* Бабья сторона... С. 41.

（45）Jeffrey Burds, *Peasant Dreams and Market Politics: Labor Migrations and the Russian Village, 1861-1905*, Pittsburgh, Pa.: University of Pittsburgh Press, 1998, p. 106.

（46）*Барыков С.* Ученичество в отхожем малярном промысле в Воскресенской волости Галичского уезда（По книгам договоров и сделок за 1866—95 г.）// Труды Костромского научного общества по изучению местного края. Вып. 1. Кострома, 1914. С. 117-126.

（47）一八三一年に、同様の契約が交わされている（*Копанев А. И.* Население Петербурга... С. 68-69）。

（48）*Жбанков Д. Н.* Бабья сторона... С. 33.

（49）*Барыков С.* Ученичество в отхожем... С. 118; *Жбанков Д. Н.* Бабья сторона... С. 111-112; *Жбанков Д. Н.* О городских отхожих заработках... С. 139. ジバンコフは契約書のヴァリエーションとして、（a）職業・職種により修業期間や見習工の年齢が異なる。（b）給金は一五～四〇ルーブルである。（c）給金が高額の場合、修業期間中、下着や靴を親が負担する。（d）（c）の場合、給金の一部は前渡しとなる。（e）治療費の負担を二か月間とするものがある。（f）見習工が退出する際の衣服や靴にかんする記述がさまざまである、を付記している。

（50）*Барыков С.* Ученичество в отхожем... С. 120.

（51）村外就業者はしばしば病気を患った。これについて、ジバンコフはつぎのような認識を示している。「ペテルブルクとその地下工房が、流入者を病気に罹らせ、多大な時間と金銭を奪い取る。滞在中、病院に数か月間入院していないピーテルシキは少ない。とくにそれは、ペテルブルクに到着して間もない者にとって不都合である。稼ぎはまだなく、彼は職を失い、退院後は帰郷するしかない。旅費、治療費、ときには強制送還の費用が農業収入から掠め取られる」（*Жбанков Д. Н.* Бабья сторона... С. 53）。

（52）*Жбанков Д. Н.* Бабья сторона... С. 111-112.

（53）Костромские губернские ведомости. 1889. С. 305.

（54）鉄道が開通するまで、ガーリチ郡の村外就業者はコストロマー山を越えるルートを進んでいた。ソロヴィヨーフは、この山が「泣き虫山」と呼ばれていたという逸話を紹介している（*Соловьев А. Н.* Питерщики-галичане... С. 4）。元気だった少年たちがこの山のあたりで、不安や疲労のために泣き出したからであろう。

（55）*Жбанков Д. Н.* Бабья сторона... С. 52. このような「渡り鳥」の移動が新聞でも報道されていた。たとえば一八九九年三月一五日から二四日にかけて、ソリガーリチ郡出身者を中心とする一〇〇〇人以上の建設業従事者がルィビンスクを通過していた（Северный край. 1899. № 109. С. 3; Энциклопедический словарь Брокгауза и Ефрона. Т. XXVIIa. СПб., 1899. С. 267）。

（56）*Жбанков Д. Н.* Санитарная условия отхода（Краткий очерк）. СПб., 1902. С. 9より引用。

（57）たとえば、*Покровская М. И.* Как живет петербургская беднота // Журнал для всех. 1900. № 4. С. 478-480.

（58）*Жбанков Д. Н.* Бабья сторона... С. 42-43も参照。郷土愛や技能の誇りからなのか、ソロヴィヨーフは地元出身の請負人が職人の育成に力を入れていたことも忘れずに指摘している。すなわちごくまれに、技能養成に熱心な雇主が冬の間、見習工を図画学校に通わせていたという（*Соловьев А. Н.* Питерщики-галичане... С. 6）。ここからは、技能養成に学校技術教育が採り入れられつつあったことも読みとれる。

（59）*Соловьев А. Н.* Питерщики-галичане... С. 4-7; *Барыков С.* Ученичество в отхожем... С. 122; *The Russian Worker*, p. 192.

（60）Burds, *Peasant Dreams*, p. 129.

（61）Evel G. Economakis, *From Peasant to Petersburger*, Basingstoke and New York: Macmillan, St. Martin's, 1998, pp. 105, 109.

（62）*The Russian Worker*, pp. 9-10を参照。

（63）ペテルブルクではニコリスキー広場で建設労働者の雇用が行なわれていた。二〇世紀初頭には市自治体が単純作業員向けの職業紹介所を開設している（*Пиотровский Б. Б.*（гл. ред.）Санкт-Петербург, Петроград, Ленинград: энциклопедический справочник. М., 1992. С. 432; *Засосов Д. А., Пызин В. И.* Из жизни Петербурга... С. 48-50, 144, 321）。

（64）*Жбанков Д. Н.* Бабья сторона... С. 43-45.

（65）*Кирьянов Ю. И.* Жизненный уровень рабочих России（конец XIX—начало XX в.）. М., 1979. С. 116-117.

（66）*Соловьев А. Н.* Питерщики-галичане... С. 7-8. 一九〇一年、コストロマー県出身の政治家Ａ・Ｈ・クロムジンが建設労働者の住環境に関する調査を行なっている。これによると、日賃は一ルーブリ三〇～五〇コペイカ、家賃は月一ルーブリ五〇コペイカ、食費は日二五～三〇コペイカ（茶を含む）だった。賃金、家賃、食費のいずれもソロヴィヨフの記述内容を下回っている（*Куломзин А. Н.* Дома с дешевыми квартирами для рабочих. СПб., 1902. С. 22）。

（67）*Соловьев А. Н.* Питерщики-галичане... С. 7, 10-11.

（68）たとえば *A Radical Worker in Tsarist Russia: the Autobiography of Semën Ivanovich Kanatchikov*, translated and edited by Reginald E. Zelnik, Stanford, Calif.: Sanford University Press, 1986 を参照。

（69）*Соловьев А. Н.* Питерщики-галичане... С. 11.

補章一　建設労働と事故被害者援助事業
――「ペテルブルク建設事故被害者援助協会」の活動をめぐって

はじめに

一九世紀後半における都市人口の急成長は下層民を確実に増大させた。そのような社会変動が従来の救貧行政に対して根本的な見直しを迫り、生活保障制度の整備を緊急課題へのぼらせるところとなる。それにもかかわらず、専制権力は制度改革に自ら着手せず、帝室による半官半民的団体への寄付という、伝統的でパターナルな慈善事業を継続していった。むしろ、産業発展の結果、社会的地位を高めた商人・企業家層が、インテリゲンツィアの協力を得ながら、市自治体や民間慈善団体などを舞台に貧困者の救済に取り組んでいく。この点において、国家主導で公的救貧制度の整備が進められていった西ヨーロッパ諸国とロシアは対照的である。

とはいえ、国家、自治体、民間を担い手とする近代ロシアの救貧・慈善事業は、その大きな需要を満たすには遠く及ばなかった。以下で詳述するように、都市の場合、住民のうち比較的定着している人びとの救済が優先され、流入者の多くはごくわずかな恩恵を受けることしかできなかった。そこで本章では流入者の生活保障という問題関心から、流入者が救済の機会を比較的得ていたと考えられる民間慈善事業の実例を取りあげてみたい。そして、民間慈善事業が流入者の救済や生活保障においてどのような成果をあげたのか、その要因は何だったのか、そしてどのような限界があったのか論じてみたい。

もっとも、ここで光を当てるペテルブルク建設業の事故被害者援助事業は、当時の慈善事業を論じるうえで適当な事例とは言えないかもしれない。この慈善事業は事実上、慈善団体の会員（建設施工業経営者）が相互に支え合うことで、労働者＝被用者に対する雇主の補償問題を解決しようとしていたからである。しかしながら、以下の理由からこの慈善事業の検証は近代ロシア救貧・慈善事業史研究において単なる事例研究以上の意義がある。第一に、公的救貧が大きく欠如し、貧困者一般に対して救済がいきわたらないなかで、この事例のように民間慈善団体が特定の職業や出身地、身分、民族、宗教などにもとづいて組織され、困窮者を救済していた。第二に、この救済事業は慈善事業の一大拠点である首都ペテルブルクで展開されていた。それゆえ、この事例の分析をとおして慈善団体の組織と活動の特徴をうかがうことができる。建設事故被害者の救済という事業内容も、大都市ペテルブルクの独自性と密接な関係にあった。そして第三に、社会政策が確立する以前の段階で、都市の救貧行政や民間慈善事業が下層の生活保障において一定の役割を果たしていたにもかかわらず、ソ連時代の歴史研究ではもっぱら労働政策史が進められ、救貧・慈善事業史の視角はほとんど取り入れられなかった。周知のように革命後、かつて慈善事業の中心的な担い手であった商人・企業家は搾取階級とみなされた。ソ連時代には民間の慈善事業やボランティア組織の存在意義も否定された。歴史研究でも、産業施設における労使関係や労働運動との関連で労働者の生活保障問題が議論されることになる。そのような研究方法においては、労働政策史と救貧・慈善事業史の接点も見いだされなかったのである(1)。

以下、まず次節では近年、活況を呈している救貧・慈善事業史研究の知見を紹介し、大都市における下層の救済状況を確認しておく。つづく第二節において建設労働の事故傾向を分析する。第三節では「ペテルブルク建設事故被害者援助協会」の事業を検討する。救貧行政と民間慈善事業の全般的動向を概観し、そのうえで特殊個別的な民間慈善団体の事例を研究することで、貧困者の生活保障のあり方について総合的に考えてみたい。

一　都市における救貧行政と民間慈善事業

先述のようにソ連時代、帝政期の救貧行政と慈善事業は研究者の関心対象とはならなかった。ソヴェト政権は、帝政時代に国家、地方自治体、民間によって構築されていた救済システムを破壊した。救貧・慈善事業の担い手であった富裕層も殲滅された。そして慈善事業史研究者カプースタが指摘するように、慈善事業は社会生活における個人の自由や宗教生活と密接に関わりながら実現していた。それらは社会主義政権のイデオロギーとまったく相容れないものだった。(2)

一方、欧米では一九八〇年代以降、救貧行政や民間慈善団体をテーマにした研究が相次いで出されている。都市史家ブラッドリーはモスクワをフィールドに「労役場（ワークハウス работные дома）」（後述）の歴史を描いている。(3) 一九世紀後半のロシア社会は一八世紀のヨーロッパ社会と同様、物乞いや浮浪者、犯罪者の増加に象徴されるような貧困層——「危険な階級」——の形成に脅威を抱いていたのだと、ブラッドリーは強調する。リンデンマイヤーは既発表の論考をもとに、一八世紀から十月革命までの救貧・慈善事業の通史『貧困は悪徳で非ず——帝政ロシアの慈善・社会・国家』を世に問うている。(4) ブラッドリーが単純にヨーロッパ社会との共通性を議論の前提にしているのとは対照的に、リンデンマイヤーはヨーロッパとは異質な心性がロシアの救貧と慈善の歴史に通底していたことに留意する。すなわち、正教信仰と結びついた「貧困に対する寛容」や「隣人への同情」

である。ロシア救貧・慈善事業史を読み解くうえで、このリンデンマイヤーの指摘は重要である。

ソ連邦崩壊後の一九九〇年代、ロシアでは計画経済から市場経済への移行にともない急激な社会変動がみられた。その過程で、従来のソ連型社会保障システムは機能不全に陥る。そうしたなか、貧困者救済問題への対応の一つとして民間慈善事業が復活する。こうした流れに棹さす形で、救貧・慈善事業史研究においても若いロシア人研究者が欧米の成果を摂取し、業績を発表するようになる。その代表であるウリヤーノヴァは、国立中央モスクワ市歴史文書館の所蔵史料をもとに、モスクワ商人による市自治体や身分団体への大規模な寄付行為を数量的に把握している。(5) さらに、ここでは触れないが、ロシア各地の救貧と慈善にかんする事例研究も多い。

以上の先行研究が首都ペテルブルクではなく、第二の都市モスクワをおもな考察対象としていることには十分な根拠がある。モスクワでは繊維産業の大企業家ら在地商人が、市自治体や商人身分団体をつうじて、あるいは企業、個人単位でパウパリズム（民衆の貧困）の問題に取り組んでいたからである。モスクワ商人の歴史に通暁していたブルィシキンは、つぎのように商人の心性を説明している。

自分たちの仕事に対する「企業家」の態度そのものが、現在の欧米におけるそれとは若干異なっていた。彼らは自分たちの仕事を単なる金儲け、あるいは収入源というよりも、任務の遂行、すなわち神や運命によって課されたある種の使命だと考えていた。富にかんしては、神がその利用を認め、それについての報告を求めているものといわれていた。そのことは、慈善事業にせよ、芸術品収集にせよ、神から定められた何らかの義務の遂行であると考えられていたものがまさしく商人の間で大いに発展した点に、いくらか表れている。(6)

モスクワの医療・教育・養護施設は、社会保護庁（Приказ общественного призрения）の管轄下にあった。この機関は、一七七五年にエカテリーナ二世により創設されたものである。市自治体は社会保護庁の運営費用を一部負担する形で同機関の事業に参加していた。そうしたなか一八七〇年に都市法が発布され、各都市の業務として物乞いの保護や物乞い行為の取り締まりが定められる。市自治体は彼らを監督し、健康な貧困者や無産者など労働能力のある者にしかるべき仕事を提供し、また高齢者や衰弱者などの労働不能者を親族へ引き渡して扶養されるようにし、親族が不在の場合は養老院や病院、ないしは身分団体や民間の協会が運営するその他の慈善施設（богоугодные заведения）に収容する義務を負うことになる。しかしウリヤーノヴァによれば、その具体的な方法は明記されず、市自治体に施設の設置や運営を義務づけてもいなかった[7]。したがって、この時点では救貧行政における市自治体の役割は小さかった。

その後、住民の増加とコレラの発生を契機に、市自治体は衛生・医療・救貧事業に本格的に着手する[8]。まず八〇年代後半から九〇年代前半にかけて、社会保護庁管下の施設が市自治体に移管される[9]。つづいて、「施しを求める者の選別と保護にかんする委員会（物乞いについての委員会）〔Комитет по разбору и призрению просящих милостыни（Комитет о нищих）〕」の施設、すなわち「労役場」や物乞い根絶のためのあらゆる機能が一八九三年、市自治体に移される[10]。この委員会は、ニコライ一世時代の一八三七年ペテルブルク、その翌年モスクワに「試験的に」導入された組織である。なおここで言及されている「労役場」とは、職業訓練や作業、宿泊所や食事の提供、子どもの保護、就職斡旋などをつうじて貧困者の自立を図る施設のことである。この施設はイギリスのワークハウスをモデルとしている。ワークハウスの思想は一九世紀前半にヨーロッパからロシアに導入され、一八八〇年代末から九〇年代初頭にかけて施設が広く普及した。一八九五年には「労役場」の開設と維持を支援・監督する目的で、「勤労支援所・労役場監督局（Попечительство о домах трудолюбия и работных домах）」〔一九〇六年に労働援助監督局（Попечительство о трудовой помощи）に改称〕が政府内に設置されている。[11]

ウリヤーノヴァの研究によれば、モスクワ商人は市自治体の指導者であっただけでなく資金的にも市の救貧行政に大いに貢献していた。市自治体と商人身分団体への彼らの寄付金額は一八八〇年代以降、着実に伸び、一九〇一～〇五年の五年間にそれぞれ一二八〇万ルーブリ、三七〇万ルーブリとピークを迎える。その後、金銭での寄付ではなく施設やその維持費の寄贈が増えたこともあり、減少に転じている。[12]

モスクワ市の救貧事業について、クーゾヴレヴァはその中核機関である地区貧困者監督局（участковые попечительства о бедных）に焦点を当てている。この研究によると、この機関は一八九四年、困窮者を組織的かつ計画的に救済する目的で市会のもとに設置されている。監督局は地区監督官と局員から構成される。地区監督官を務めたのは大学教授、社会活動家、モスクワの大企業家などであり、局員はボランティアである。この局員の中にも医師や法律家などの専門職出身者が少なくない。そして彼らが、貧困者の訪問や病人の世話、法律相談、就職斡旋、寄付金の募集など、実際の活動を担っていたのである。

監督局は市会からの予算割当てや民間からの寄付などにより維持されていた。その事業内容は養老院、託児所、子ども向け寄宿制・通所制養護施設、食堂、低家賃および無料の世帯向け寝台借り・隅借り住居、手工業訓練工房、学童用夜間養護施設、雇用機会の提供を目的とする縫製・靴下製造・製靴工房などの運営ときわめて多岐にわたる。さらに、監督局は困窮者に衣類・靴・薬を提供し、金銭を支給ないしは融資し、就職や病院を斡旋し、住居費の支払いを援助していた。貧民窟として知られるヒトローフ市場については、これを単独で一地区に定め、住民の生活条件を重点的に改善しようとした、とクーゾヴレヴァは紹介している。[13] ヒトローフ市場は季節的就業者のための職業紹介の場としても知られ、周辺に民間の簡易宿泊所（ночлежные дома）が集中していたからである。

このように、モスクワ市は組織や人員を充実させ、貧困問題に対して多種多様な取り組みを行なっていた。なお事業の中には家族や子ども、老齢者を対象としたものが少なくなく、ここに市自治体による家族政策の萌芽を認めることもできるだろう。ともあれ、モスクワ市地区貧困者監督局の救貧事業は政府内でも高く評価され、一八九九年三月三一日付内務省通達により他の都市にも推奨されている。(14)

ペテルブルクにおける救貧行政と慈善事業については、ペテルブルク史家パーヴロヴァの小論がある。彼女曰く、ペテルブルクは帝都であるだけでなく商工業や金融の中心地、多くの皇族の居所、国内大企業の本拠地や外国企業のロシア拠点であり、外国実業界の代表者が長期間滞在する場所でもあった。一八世紀から一九世紀前半にかけて、歴代皇帝は何よりもペテルブルクを念頭に物乞いの禁止と抑制、孤児・老齢者・労働不能者などの収容にかんする勅令を発し、「施しを求める者の選別と保護にかんする委員会」などの国家機関を設置してきた。一九世紀にはマリア皇后庁、帝室博愛協会、「勤労支援所・労役場監督局」、ロシア赤十字協会、水難救助協会（Общество спасения на водах）など、皇族その他の庇護を得た全ロシア的な機関や慈善協会の本部がペテルブルクに置かれていた。(15)さらにパーヴロヴァは、ペテルブルクでも一九世紀後半に市自治体や商人身分団体が救貧・慈善事業に積極的に着手し、民間慈善団体やその施設の数でもペテルブルクがモスクワを凌いでいたことに注意を促している。こうして、ペテルブルクが救貧・慈善事業の規模や質においてモスクワに劣っていたという従来の認識に、彼女は修正を求めているのである。

なおウリヤーノヴァによると、一九世紀から二〇世紀にかけての市自治体による救貧事業への歳出は、年数十万ルーブリ規模のモスクワ、ペテルブルク、リガ、オデッサが第一グループを形成していた。これについで、三万〜六万二六〇〇ルーブリのカザン、コロムナ、キエフ、セルプホフ、エカテリンブルク、アストラハンそしてニジニ・ノヴゴロドの七つの県都あるいは商工業都市を第二グループに位置づけることができる。(16)総じて、人口や予算の規模が大きい都市が上位を占めており、ペテルブルクはモスクワに大きく水をあけられていたわけではない。モスクワ市の影響からか、モスクワ県の地方都市（コロムナ、セルプホフ）が第二グループに入っている。

ところで、当時の貧困者救済において最も中心的な役割を果たしていたのが民間慈善事業である。民間慈善団体の活動は、国家そしてその強い影響下にある帝室博愛協会などの半官半民的慈善団体、市自治体、身分団体、宗教団体の救貧事業を補い、あるいはこれらを凌駕していた。リンデンマイヤーによれば、一九世紀後半における民間慈善事業の急成長にはつぎのような経緯があった。まず農奴解放の結果、かつての慈善事業の担い手であった貴族は没落していく。つぎに、教育システムの拡充がインテリゲンツィアを創出し、商工業の成長を背景に商人身分出身者や企業家が台頭する。都市では農村住民の流入により貧困層が形成される。さらに「大改革」人が登場する。彼らは社会奉仕や文化・生活水準向上への貢献を道徳的責務とみなしていた。貧困者の支援活動に積極的な女性や正教会とともに、彼らが慈善事業の新たな推進者となるのである。これらの社会的要請に応える形で、政府は公的救貧への補助的役割を期待して、民間慈善団体の設立基準を緩和する。民間慈善団体の創設ペースは八〇年代の反動期に一時的に足踏み状態となるものの、九〇年代には九一、九二年の大飢饉と貧困、とくに農村の窮乏化が社会的関心を集め、くわえて模範規約集が刊行され、団体の設立手続が簡略化された結果、加速する。一九〇一年のロシアには約三七〇〇の民間慈善団体があった。そのうち約一七〇〇団体が九〇年代に設立されたものであった、とリンデンマイヤーは整理する。[17] このように、民間慈善事業の活性化は、まさしく一九世紀のロシアにおける政治・経済の変動や社会の階層化によってもたらされていた。なお、そうした活動が都市に集中していたことにも注目すべきである。ここでは、一方では都市問題が急速に深刻化し、他方では都市の生活と文化を担う中間層が形成されていたからである。

では、市自治体の救貧事業や民間の慈善事業は、都市に流入し、困窮した人びとのどの部分に救いの手を差し伸べていたのだろうか。総じて、流入して間もない者であるほど、都市での仕事や住居の確保に困難が伴う。彼らは出身農村の同郷人と日常的に緊密な関係を保ち、必要なときには互いに助け合っていた。くわえて、季節的に都市と農村を往復している単身の「出稼ぎ者」はもちろんのこと、「離村家族」も農村との結びつきを完全に断ったわけではない。不況時に都市での生活が困難となれば、彼らには親族や農村共同体を頼って帰郷する選択肢も残されていた。実際、国家や市自治体の関係者はそのような認識を持ち続けていた。

ともあれ、流入者の増加は都市における貧困者救済問題を一層、切実なものにしていく。市自治体の救貧事業は、もとより需要をすべて満たすには程遠い状態だったから、[18]季節的就業者や流入して比較的間もない「移住者」を対象からほぼ除外していた。そもそも救済の問題以前に、農民身分出身者などで市外の身分団体に所属している者は、国内旅券や居住許可証を所持して滞在しなければならない。警察は有効な証明書を持たない「物乞い」や「浮浪者」を彼らの故郷へ送還していた。[19]たとえば簡易宿泊所の利用に際して宿泊者は国内旅券や居住証明書の提示を求められなかったとはいえ、真夜中に警官が簡易宿泊所を回り、順番に宿泊者を起こして証明書を確認することがあった。不携帯者は地区の警察署に連行された。[20]なお、「施しを求める者の選別と保護にかんする委員会」が市自治体に移管されたとき、モスクワ市は拘留者にかかわる負担費用を、住所登録地の行政機関ないしは特別の官庁に請求する権利を得ている。[21]

有効な証明書を持っていたとしても、半年間ないしは一年間程度、都市で職に就き、農村に帰郷するような者には、都市でなんらかの救済を受ける時間的余裕はない。市外の身分団体に所属している者が公的な救済を受けるためには、二年以上の滞在が条件となったからである。一八九四年に示された内務省の見解では、市自治体の養護施設が保護する対象は市内ないしは県内の出身者、またはそれ以外の出身者で二年以上、市に居住している貧困者に限定されるべきであるとされていた。[22]政府は、救済を目当てに困窮者が農村から流入する事態を危惧していたのである。モスクワ市はそのような制限が実情にそぐわないとの所見から、早くも九五年、地区貧困者監督局の会議において例外を認めている[23]。それでも、モスクワ市への定着度にもとづき救貧の優先度が決定され続けたのであれば、流入して間もない者がそれの恩恵にあずかる機会はやはり小さかったとみるべきであろう。

ブラッドリーによれば、一九〇九年の「労役場」入所者のうちモスクワ生まれの者は一割未満であった。入所した市外出身者のうち四分の三は二年以上の滞在歴を持っていた。つまり厳密ではないにせよ、入所者の大部分は二年以上のモスクワ滞在という条件をクリアしていた。これについてブラッドリーは、救済を最も必要としている新参者が最もそれを受けにくい立場にあり、「労役場」がめざした人格の再生、訓練そして自立支援も彼らには届かなかった、と的確な評価を与えている[24]。

なお、入所者の過半数はヒトローフ市場やその近隣に位置する簡易宿泊所、浮浪者用避難所の集中地区から来ていた。職業別構成では雑役工や職人、手工業者が多数を占めていた。ブラッドリーは雑役工のみならず、一定の熟練を備えていた職人や手工業者が入所した事情として、総じて彼らの雇用は不安定で賃金が低く、職業別の互助組織も未成熟だったことをあげている[25]。不安定な雇用についてはブラッドリーの述べるとおりである。ただ、工場施設が市の周辺部や郊外に立地していたことも、工場労働者の少ない一因として考えられるだろう。

つぎにリンデンマイヤーの研究成果によれば、民間慈善団体のうち（恒常的な）居住地にもとづいて救済対象者を制限していたものは、一九〇〇年頃のモスクワで四九・六％、ペテルブルクで三〇％、流入者の多い県都で二七％、郡都で四〇％、農村で七〇％であった。つまり、二大都市では少なくとも過半数の慈善協会が流入者に何らかの救済の機会を与えていた可能性がある。市自治体による事業の対象外となったとしても、流入者には民間慈善団体から援助を受けるチャンスが残されていたのである。

ここで問題となるのが援助の具体的な対象者である。リンデンマイヤーは、団体の約半数は貧困者全般を範囲とし、残る半数は学生、孤児、老齢者、失業者、労働不能者、障害者などを専門としていた。そして後者が増加する傾向にあった、と理解している(26)。後者においてはさまざまな困窮者が網羅されている。ただ、このうち誰が中心であったのか明確ではない。これを判断するための手がかりを、ペテルブルクの救貧・慈善事業を扱った史料・写真集『ペテルブルクにおける慈善と慈悲』が与えている。同書は、事業の大部分が子どもの保護と関連していたとして、まず孤児や浮浪児、不幸な境遇にある子どもの保健、養育と教育にかんする史料の紹介に多くの部分を割いている。つづいて、都市の人口増加とともに深刻化した貧困への対策として、無償ないしは安価な食堂、厳寒をしのぐ住居や宿泊施設、医療、教育、「労役場」、就職斡旋、禁酒運動、文化施設「民衆会館」などの諸事業を概観している。さらに、老齢者や障害者のための養護施設、飢饉被害者や戦争被災者の救済事業に言及している(27)。印象論的な感は否めないが、以上から当時の救貧・慈善事業が子ども、女性、高齢者、障害者ら社会的弱者の保護に重点を置いていたとさしあたり判断することができる(28)。成人男性にかんしては上述の「労役場」以外に、簡易宿泊所の整備(29)や食事、茶、生活必需品、小額の援助金の配給、就職斡旋など、おもに一時的・偶然的な支援が行なわれていたと推測される。それでも、一九〇九年においてモスクワの「労役場」では応募者のわずか三二％しか入所を認められていなかった(30)。対象を成人男性へと拡げた場合、多数にできるかぎり支援が行き渡るようにするには、事業主はその質を落とさざるを得なかったのである。

　貧困者全般の援護が至難ななか、特定の職業、出身地、性別、身分、民族、宗教・宗派などにもとづいて民間慈善団体が組織され、これらの社会集団に属する弱者を支援していた(31)。対象者を限定した団体が増加しつつあったのも、このような事情によりかなり説明可能であろう。これに関連して、リンデンマイヤーも民間慈善団体の機能として以下の諸点をあげている。第一に、民間慈善団体はそれを設立した社会集団における弱者の救済を実現していた。第二に、その社会集団が慈善団体の事業遂行を支持するだけでなく、民間慈善団体が社会集団に合法的な結集の場を与えていた、と。つまり民間慈善団体は、結社の自由が制限されていた一九世紀後半のロシア社会において、社会的出身をともにする者たちが結集し、社会活動を展開するための恰好の手段となっていた。

一例をあげてみよう。ヴォルガ河岸の地方都市ニジニ・ノヴゴロドでは、経済的繁栄において河川輸送業が大きな役割を果たしていた。ここでは「難破事故被害者救援協会」という名の団体が活動していた。この協会は「ロシア国内の海、湖、河川で事故にあったすべての者を救援する」目的で一八七一年に創設され、寄付をもとにニジニ・ノヴゴロドおよび沿岸八都市に救助センターを開設していた(32)。地元住民がその土地において切実な問題を解決するために参集し、慈善団体を創設したのである(33)。この活動をつうじて、河川輸送業の事故被害者が救済されたであろうし、地元住民の紐帯も深められていったであろう。

民間慈善団体には目的を共有する人びとが参加した。それゆえ、上述のように特定の社会集団を基礎に団体が創設される場合もあれば、さまざまな社会的出身者が参加して団体が結成される場合もあった。これについてリンデンマイヤーは、前者においては団体が既存の社会的分断を強化する役割を果たし、後者においては団体は新たな市民意識と社会的連帯の形成の拠り所となったと主張する(34)。このような特徴づけは明快ではあるが、おそらく現実には両者の関係は曖昧だったであろう。というのは、ある一つの条件にもとづいて参加者が結集したのだとしても、別の条件では多様性が存在する。そして、逆のことも言えるからである。

このように一九世紀後半には、市自治体や民間慈善団体を担い手とする救貧・慈善事業が本格化した。それらは都市に定着した者、子どもや女性、高齢者、障害者をおもに想定していた。これに対し、成人男性への援助は一時的・偶然的なものが中心となった。とくに就業目的の一時的滞在者は、就業地での救貧・慈善の対象とはならなかった。彼らの支援は、部分的には特定の社会集団、あるいは目的意識を共有した人びとが創設した慈善団体によって実現していたものと考えられる。そこで、そのような役割を果たした民間慈善事業の活動をより深く理解するために、建設事故被害者援助事業の事例に注目してみたい。その前に、次節では建設労働の事故傾向を確認しておこう。

二　建設労働の事故傾向

一般に建設労働の特徴として、高い事故リスクがある。建設労働は高所での作業や資材などの重量物の運搬作業を伴う。そのため、転落や落下物による打撲などの事故が多発する。さらに、一九世紀後半から二〇世紀初頭のロシアにかんし、建設事故の背景として以下の諸点を指摘することができる。

第一に、工事は温暖で日照時間の長い夏季に集中し、寒冷で日照時間の短い冬季に大幅に縮小していた。ペテルブルクの場合、夏季の作業は午前六時から一時休憩をはさんで午後八時まで続いた。急ぎの工事がある場合、作業時間は延長される。そのような長時間労働が肉体に疲労を蓄積させることになる(35)。

夏の晴天は屋外の作業条件を一層厳しくし、作業の危険性を高めたであろう。ソロヴィヨーフは、炎天下、請負人の監視のもとで塗装工が作業を行なう様子をつぎのように描写している。

（略）夏の暑い日に、日差しで焼けた屋根を塗装する作業は労働者にとってとくにきつかった。滑らないように裸足で作業をしなくてはならなかった。塗装工の流した大量の汗が塗料と混じり合う。主人［請負人］はといえば、煙突の陰かどこかから鷹のような鋭い目で見張っていて（請負人は日陰で涼んでいる）、居丈高な声が愉快そうにどなりつける。「さっさとやらんか、若いの。さっさとやれ。天気の良いうちにやるんだ。どうか、雨が降ってきませんように！」。「若いのはさっさとやって」めまいがし、気が遠くなり、裸足の足の裏がやけどでひどく痛み出す。まれに請負人は労働者に「五分間の前借り」を許可する。すなわち、煙草を吸わせ、二〇コペイカもするクヴァス［ライ麦で作る清涼飲料］を一桶用意し、のどの渇きを癒させ、疲労を回復させた(36)。

真夏以外の季節にも、事故を引き起こす要因があった。海軍省バルト工場管理部事務官チーコレフは民間保険会社を対象に建設事故にかんするアンケート調査を行なっている。そして、事故が「シーズン」終盤の晩秋、すなわち（旧暦の）一〇月（全件数のうち一六・五％）と九月（同一五・九％）に集中しているという結果を得ている。チコレフはこの結果を第二回全ロシア工場医師・工場代表者大会で報告している。そこでの議論は、事故多発の原因を労働者の「不注意」や、晩秋に労働者の肉体的・精神的疲労が頂点に達することに帰するものであった。たとえば、討論者の一人B・H・ボリーソフは工事現場での飲酒に言及している。「（略）北方のペテルブルクでは、これらの月に作業中、労働者にウォッカが提供されるためではないだろうか。この季節には霜がおりることもまれではない。気温が下がると工事完了を急ぎ、突貫工事となる。労働者の体を『暖め』、励ますために、請負人は『自ら』石工たちにウォッカを振る舞う。あまりにも気前がよく、作業中に『酔っぱらう』こともよくある。酔っぱらいが多いため『定刻前に』作業をやめることもある」、と(37)。チーコレフとその討論者は事故の原因をどちらかといえば作業員の個人的責任や「不可解な」労働慣行に求めているが、はたしてそれは的を射ていたのだろうか。むしろ建設「シーズン」終盤に作業員の疲労がピークとなるなか、工期に間に合わせるために突貫工事が行なわれていたことが事故の遠因となっていたのではないだろうか。

第二に、建設技術史の研究成果によれば、二〇世紀初頭のペテルブルクやモスクワでさえ、重量物の垂直・水平移動は依然として手作業を中心に行なわれていた。その際使用されたのは背負いはしごや担架（носилки）、荷馬車、起重機、滑車、ウィンチなどである。機械や動力機関は普及していなかった。建設用機械・動力機関は国内生産がきわめて少なく、海外製品は高価だったからである。[38]それらの導入の遅れは大量の安価な労働力の投入によって埋め合わされた。そしてこの安価な労働力の存在が、機械や動力機関の利用をコスト的に一層不利なものにしていた。

そして第三に、市自治体のうち出した事故防止策は実効性に乏しかった。ペテルブルクの工業化プロセスを研究したベイターは、建設コストを優先する投機的建設主や不動産所有者が市自治体に圧力をかけ、建築基準の規制強化や都市計画の実施を阻止していたと推測している。[39]くわえて、市自治体の建設行政は工事現場の事故防止対策にあまり関心を持っていなかった。たしかに市は一八八二年に建設条例を制定し、これにもとづき民間建造物の施工許可業務や着工後の現場監理を管轄している。そして同条例第一一項において、「建物にはしかるべき強度を持つように足場を組み、これを手すりで囲まなくてはならない」、と事故防止策の実施を義務づけている。しかし、二〇年後の一九〇二年に市参事会建設部は活動評価報告を刊行し、その中で条例違反が多発している現実を認めている。建設部の分析では、その原因は制度的欠陥や担当人員の不足にあった。市が工事現場の監理や指導を目的に各地区に市専属地区建築家を配置したにもかかわらず、彼らは「怠慢」だというのである。そのような状況を端的に示すものとして、第一一項についてつぎの例が紹介されている。

ヴァシリエフ島ボリショイ大通り八二番は、足場を囲む手すりの整備が不十分で、作業現場は危険である。各階を仕切る防護物も不十分で、やはり非常に危険である。上階では一部でしか板が敷かれていない。材料を練る穴が通路のすぐそばに掘られており、しかもそれは板で覆われていない。摘発された女家主［建設主］が言うには、自分一人が建築を管理し、地区建築家はお祝い事のときだけやってくるとのことである。[40]

現場では建設主や請負人、すなわち建設施工業経営者がコストを優先し、足場や手すりの設置をしばしば手抜きしていた。危険で困難が伴う外装工事の実態を労働者側から指摘したものとして、ソロヴィヨーフの回想を再度あげておこう。

〔炎天下の屋根での塗装作業と同様〕吊足場から、あるいは急ごしらえで打ちつけて吊り下げたはしごからファサードを塗装する作業も地獄のようだった。この作業も請負人にとっては儲けがよいけれども、労働者は建物の六階から転落し、事故死する危険にさらされた。実際、それはまれではなかった(41)。

さて、ロシアでは一八八〇年代に工場法や工場監督官制度が導入されている。それらの法規定にもとづき、工場施設で発生した事故についてはデータが収集・集計され、刊行されている。一方、建設業においては同種の調査はほぼ完全に欠如している。そこで、同時代の社会政策家ノヴィツキーは市警察の事故統計をもとに建設事故の発生件数を間接的に把握しようとしている。この統計によれば、一九〇〇年頃、高所からの転落を原因とする事故が年およそ三〇〇件発生していた。ノヴィツキーは、このうち少なからぬ部分が建設業に関係していたと推測している(42)。

さらに、「ペテルブルク建設事故被害者援助協会」（以下、「協会」と表記する）『報告』史料（一八八二／八三～一九〇九年度）が多くの情報を提供している(43)。この「協会」の活動プロセスについては、次節で詳しく検討する。『報告』は各年度の援助件数を記載しているが、一九〇九年度のみ事故被害者四一七人から援助申請があったことを公表している(44)。もちろん、この数字がそのまま事故被害者数や事故件数を示すわけではない。たとえば、軽傷者や援助事業の存在を知らない者が未申請の可能性がある。死亡者の身元が不明な場合についても同様のことがいえる。逆に、虚偽の申請や重複申請を含んでいる可能性もある。いずれにせよ、以上のデータをもとに、二〇世紀初頭において建設業関連の事故が年間三〇〇〜四〇〇件程度発生していたと考えることができる。

事故の傾向については、「協会」『報告』史料の情報が有益である。年度ごとに記載事項は若干異なっているが、この史料には事故被害者の氏名、出身身分と出身地、年齢、家族構成、職種、事故発生日時・場所、被害状況、収容医療施設、治療期間、援助額などが記載されている。これまでに上述のノヴィツキーが、また間接的にはペテルブルク労働者史研究者セマーノフが建設労働者の事故を論じる際に利用している。彼らはこの史料を数少ない判断材料として高く評価している。ただし史料の限界として、彼らは『報告』史料のデータが事故被害者全員をカヴァーせず、比較的重度の被害者に偏っていることも指摘している。(45)

表補1-1にみられるとおり、「協会」は一八八二年から一九〇六年までの二五年間に一六三三人、単年度あたりおよそ六五人の被害者に援助金を支給している。職種別では大工、石工、雑役工、左官、塗装工、屋根葺き工が上位を占めている。これらの職種は総じて就業者が多く、かつ高所での作業を伴う。雑役工も就業者数の多さや重量物の運搬作業という業務内容が関係している。

事故のおもな原因は高所からの転落や落下物による打撲である。死亡者の人数とその事故原因について、ノヴィツキーは一八九六／九七〜一九〇一年度の『報告』史料をサンプルに分析している。これによると、単年度あたりの死亡者数はおよそ二〇人であるが、その死亡者の約八割が高所からの転落や落下物による打撲を事故の原因としていた（表補1-2）。具体的には、足場板や差し掛けはしご、屋根などからの転落が六割、板木、丸太、荷馬車、資材運搬用台車、石材、レンガなどの落下による打撲が二割である。(46)なおノヴィツキーによれば、死亡者の約半数は一五〜三〇歳の若い世代で、三分の二が配偶者を有していた。夫の死後、妻と一五歳未満の子どもが二人程度残された。(47)主たる生計者の死亡あるいは労働不能により、家族がただちに困窮状態に陥ったことは想

表補 1-1　「ペテルブルク建設事故被害者援助協会」の活動　1882 ～ 1906 年

職種	受給者						援助金額（ルーブリ）				
	総　数		うち負傷者		うち死亡者		総　額			1 人あたり	
	人数	%	人数	%*	人数	%*	負傷	死亡	合計	負傷	死亡
大工	454	27.8	392	88.5	62	11.5	7,810.2	3,440.2	11,250.4	19.9	55.5
石工	294	18.0	241	78.0	53	22.0	5,091.9	2,817.4	7,909.2	21.1	53.2
雑役工	237	14.5	201	85.0	36	15.0	3,812.1	2,027.7	5,839.8	19.0	56.3
左官	211	12.9	170	80.5	41	19.5	3,682.3	2,040.8	5,723.1	21.7	49.8
塗装工	173	10.6	132	76.0	41	24.0	2,825.3	2,007.4	4,832.7	21.4	49.0
屋根葺き工	130	8.0	87	67.0	43	33.0	1,654.8	2,154.8	3,809.5	19.0	50.1
暖炉設置工	32	2.0	25	78.0	7	22.0	456.0	145.3	601.3	18.2	20.8
コンクリート工	27	1.7	25	93.0	2	7.0	482.0	140.0	622.0	19.3	70.0
組立工	17	1.0	14	82.0	3	18.0	362.0	175.0	537.0	25.9	58.3
指物工	15	0.9	13	87.0	2	13.0	306.3	165.0	471.3	23.6	82.5
レリーフ製作工	13	0.8	8	62.0	5	38.0	202.0	138.7	340.7	25.2	27.8
レンガ積み工	10	0.6	9	90.0	1	10.0	203.0	50.0	253.0	22.6	50.0
寄せ木工	6	0.4	4	67.0	2	33.0	53.0	80.0	133.0	13.2	40.0
十人頭（現場監督）	5	0.3	4	80.0	1	20.0	87.0	50.0	137.0	21.8	50.0
水道・ガス配管工	5	0.3	3	60.0	2	40.0	45.0	80.0	125.0	15.0	40.0
鍛冶工	4	0.2	2	50.0	2	50.0	25.0	105.0	130.0	12.5	52.5
合計／平均	1,633	100.0	1,330	76.5	303	23.5	27,097.9	15,617.3	42,715.1	20.0	50.4

注：被災者が複数年度にわたり援助を受けている場合、初年度のみが算入されている。2 年目以降の援助金を含めた総額は 64,020 ルーブリである。
　* 各職種の受給者における負傷者ないしは死亡者の割合。

出典：*Чиколев А. Н.* Статистика по несчастным случаям при строительных работах. Материалы к страхованию строительных рабочих от несчастных случаев // Зодчий. 1911. № 32. С. 339 より作成。

表補 1-2　「ペテルブルク建設事故被害者援助協会」『報告』史料にみる死亡者の事故原因（人）

	1896/97 年	1898 年	1899 年	1900 年	1901 年
高所からの落下	11	14	16	9	10
落下物による打撲	6	4	4	5	4
水への落下		3		1	1
火傷	1	1			1
その他、不明	1		1		2
合　計	19	22	21	15	18

注：1896/97 年度は 1896 年 4 月 3 日から 1897 年 4 月 2 日まで、1898 年度以降は 1 月 1 日から 12 月 31 日まで。複数年度にわたり援助を受けた者は初年度に含まれている。
出典：*Новицкий Е.* К вопросу о несчастных случаях с рабочими при постройках в Петербурге // Промышленность и здоровье. 1902. Кн. 2. С. 40 より作成。

像に難くない。

前章の推計作業で得た、一八九六年の建設業従事者数は約六万人である。この数値にもとづくならば、この年間二〇人という死亡者数は、一万人あたり三・三人という事故死亡者比率を示す。工場労働者の場合、時代は一九〇九年と後になるが、総数約一四万二〇〇〇人に対して死亡者数は年約三〇人である。したがって、事故死亡者比率は一万人あたり二・一人にとどまる。(48)

同時代の医学者ランドシェフスキーも、ペテルブルク市内の病院で一八八七～九六年の一〇年間に作成された死亡診断書を解析し、建設業従事者のきわだった事故死傾向を発見している。すなわち、屋根葺き工の死亡者のうち事故死の割合は七・六％（二三八人中、一八人）と全職業中、最高である。その他、大工――五・八％（一〇〇八人中、五八人）、塗装工――五・三％（九二七人中、四九人）が高い。ちなみに男性工場労働者は四・二％（一万九六六八人中、四六三人）である。(49) もちろん、建設労働者は季節的就業者が多く、事故死以外の死亡者は出身農村で死亡していたから、事故死の割合が過大評価されているだろう。ともかく以上から、建設労働の高い危険性が改めて確認される。

事故の生存者も重度の傷害を負った。ノヴィツキーは『報告』史料の負傷者構成を分析するにあたり、脳震盪や全身ないしは手足の麻痺を起した者、頭蓋骨、手足、肋骨を骨折した者を「重傷者」と位置づけている。表補1－3から読みとれるように、この「重傷者」の人数は年三〇人程度である。「重傷者」の平均入院日数は一八九九年度（二六人）で四二日、一九〇〇年度（二三人）で七〇日に及んでいる。これは、より軽傷な者——それぞれ二一日（二五人）、二〇日（二五人）——の倍ないしはそれ以上の長さである。[50]

表補 1-3　「ペテルブルク建設事故被害者援助協会」事業受給者の被害状況別構成（人）

	1896/97 年	1898 年	1899 年	1900 年	1901 年
総数	76	94	103	88	86
うち死亡者	19	23	21	15	18
うち重傷者	28	33	33	31	21

出典：*Новицкий Е.* К вопросу о несчастных случаях с рабочими при постройках в Петербурге // Промышленность и здо-ровье. 1902. Кн. 2. С. 37 より作成。

表補 1-4　19 世紀末ペテルブルクの主要医療施設

所属機関	施設数	ベッド数
市自治体	11	7,048
軍事官庁	9	3,242
マリア皇后庁	8	1,744
赤十字	6	430
刑務官庁	2	290
宮内庁	2	160
宗務院	3	66
その他	10	848
合　計	51	13,828

出典：Энциклопедический словарь Брокгауза и Ефрона. Т. XXVIIIa. СПб., 1900. С. 335 より作成。

被害者は市立オブーホフ病院、市立アレクサンドル雑役夫病院、マリア貧民病院、マグダラの聖マリア病院など、事故現場に近い市立・国立医療施設に収容されていた。[51] もっとも、これらの施設の治療水準については否定的な見解が多い。たしかに、ペテルブルク市は伝染病の流行を契機に、一八七〇年代より、医療事業に本格的に乗り出している。ペテルブルク、モスクワ、ワルシャワなど一六都市は労働者から年五〇コペイカから二ルーブリ（ペテルブルクは一ルーブリ）の病院税を徴収し、医療機関の無償利用を保証していた。[52] 表補1－4が示すように、市自治体は一一施設に七〇四八床を確保し、市内における医療の中核を担っていた。さらに市病院医療部長C・П・ボートキンが市会専属医師を新設し、住民の無償診察制度を整備していた。一九〇一年におけるヨーロッパ・ロシア五四七市の自治体歳出では医療・獣医業・衛生分野への支出が一二・一％と最高であるが、ペテルブルクはこの比率が一八九八年で二二・九％に達していた(53)。

しかしながら、労働者史家クルゼが指摘するように、市自治体の医療事業は人口増加のペースに対応できていなかった。市立病院の床数は二〇世紀初頭で住民一〇〇〇人あたりわずか八床である。医療の供給不足状態がその質的低下に結びついたことは明白である。住民は、満員のため市立病院での治療を拒否され、あるいはそこでの治療に満足できず、しばしば高額な医療費の負担を覚悟のうえで他の医療機関に向かうか、予診室などでの応急処置で満足せざるを得なかった。そのような事情もあり、一九〇八年の労働者家計調査では単身者は年八ルーブリ、家族は一三ルーブリの医療費を支出している(54)。労働者出身の作家A・チャプィギンは自伝の中で、事故で傷害を負い、その治療のために長年にわたり多大な苦労を強いられたことを書き綴っている(55)。

クチエフ、ニューバーガー、土屋好古らの実証研究によれば、軽・重工業工場施設や鉄道などにおいて、事故や老齢、ストライキなどの生活リスクに際しての雇主の補償はほぼ欠如していた(56)。建設業においても、事故被害者に対する雇主の補償は被害者とその家族にとってきわめて不十分なものであった。労働組合の定期刊行物『組合通報』(一九〇九年、第二五号)に掲載された主張は、雇主側を一方的に批判している感も否めないが、労働者側からみて雇主の態度が自己中心的であったことも事実なのであろう。以下、紹介しておこう。

安全対策を講じない請負人に刑事責任は問われない。事故の際、請負人は少額の罰金を支払うか、被害者に少額の補償をするだけで済んだ。それらは、木材でしかるべき設備を作るよりも安価で都合が良かった。

労働者の家族は多くの場合、農村に住んでいるために補償もなくとり残された。請負人を裁判にかけることもできなかった。ときには請負人が被害者の家族に施しを与えることもあるが、それがすべてだった(57)。

罰金や補償がどのような手続きを経て決定されたのか、ここでは言及されていない。いずれにせよそれは、労働者側からすれば事故の原因や責任を十分に考慮したものではない。ここで注目されるのが、雇主が解決の方法として被害者の家族に「施し」を与えていたことである。雇主からすれば、事故責任を明確にし、しかるべき補償を負うことは極力回避したい。とはいえ、労働力を確保し、被用者たちとの間でパターナルな関係を構築していく必要もある。そのため、あまり負担にならない範囲で「施し」を与えるのが好都合と雇主は判断したのである。そのような雇主の思惑の延長線上に、慈善団体を設立し、被害者を援助するという発想が生まれたのではないだろうか。

このように、建設業の成長期において労働環境の目立った改善はみられなかった。建設現場では事故が年数百件規模で発生し、その被害も深刻であった。被害者の家族は主たる生計者を失い、とり残されていた。雇主にとって事故の原因や責任の所在を明らかにし、被害者にしかるべき補償を行なうことは避けたいものの、何らかの形で被害者家族の生活を支援しなくてはならない。ゆえに、雇主は慈善団体を創設し、事故被害者を「援助」しようとしたのである。引き続き、この事故被害者援助事業の内容を検証してみたい。

三　建設施工業経営者の事故被害者援助事業

一八八二年、建設施工業経営者（請負人）らは「ペテルブルク建設事故被害者援助協会」を創設する。以下、この「協会」について参加者の構成、基金の創出方法、事業内容をみていこう。

リンデンマイヤーにしたがえば、慈善団体の創設者には社会問題への高い関心のみならず、規約の起草、参加者の募集、事務局の設置、活動の普及などを担うだけの組織能力や対外交渉力が要求される。[58]「協会」創設者はヤロスラヴリ県出身の請負人で、商業顧問でもあるクンデュイシェフ＝ヴォローディン、そして名誉市民ゴルデエフである。商業顧問とは八等文官に相当する称号で、連続一二年以上の第一商人ギルド成員をその取得条件とする。この経歴からヴォローディンは高い社会的地位と経済力を持つ人物であったと推測される。一八八一年にアレクサンドル二世が暗殺されたとき、彼は「皇帝の冥福を祈願する」ために、郷里ヤロスラヴリ県の自宅に二〇床を備えた労働者専用病院を開設する計画を立てる。その後、「諸般の事情から」彼は病院建設を断念し、そのかわりに「協会」を創立する。

ヴォローディンは「協会」第二回総会（一八八二年）でつぎのような演説を行なっている。われわれ雇主は労働者の勤労のおかげで生活しており、建設労働者の事故被害者救済に取り組む道徳的な責務がある。この問題にかんし、「上層は同情を寄せても」何ら対策を施していない、と。[59]ここでヴォローディンが「上層」として誰を念頭に置き、批判しているのか定かではない。おそらく、国家、貴族・官僚、地方自治体、また建設業関連の建築家や不動産所有者などの特権層や富裕層を指しているのだろう。いずれにせよ、被害者援助事業を担うのはわれわれ雇主しかいない、と彼は訴えたのである。

ヴォローディンは協会を創設するにあたり、その正式名称を「皇帝＝解放者アレクサンドル二世記念ペテルブルク建設事故被害者援助協会」とする許可を政府に申請している。ヴォローディン死後の一九〇七年、政府はようやくこれを承認するが、決定の遅れた事情は不明である。[60]民間慈善団体はしばしば団体名や施設名に「帝室の」という言葉や君主名を冠していた。ウリヤーノヴァによれば、それはこれらの名称が社会貢献事業に生命力を与えると創設者たちが考えていたからである。くわえて、それが帝室の庇護を約束し、官僚主義的な横暴から基金の自立性や組織の独立性を守ることを可能にしたからだという。[61]「協会」がアレクサンドル二世の名を冠したのも、ヴォローディンが亡き皇帝を崇拝していたからだけではないだろう。「協会」は戦略的に帝室の庇護を得て、社会的な地位を高め、事業を円滑に遂行しようとしたのである。

ちなみに、一九世紀の第四四半世紀には、高額寄付者あるいは施設建設費・維持費提供者の名前が施設名などに付されるようになる。この変化をウリヤーノヴァは、この頃、在地企業家エリートの中核が形成されたことと関連づけてつぎのように解釈している。すなわち第一に、彼らは地元の都市に強い愛着を抱き、都市生活の文明化こそが自分自身の社会的責務であるという認識を持っていた。第二に、彼らは寄贈した施設に自分たちの名前が付くことで、寄贈者の社会的地位が高まると考えていた。また、それが寄付行為を大いに促進していた。そして第三に、寄付は宗教行為でもあった。商人身分出身者は生前中の蓄財をいくぶんでも贖おうと、遺言のなかで寄付の意向を示していた。その際、彼らは記念に、施設の名称に自分自身や親族の名前を用いるよう要望した、と。[62]このようなウリヤーノヴァの見解は、モスクワ商人に対する観察から導き出されたものである。彼らに独特の心性の問題も含め、これがどの程度ロシアの都市住民に一般化できるのかという問題が残されている。ともあれ、この象徴上の変化は、一九世紀末ロシア社会の民主化や中間層の形成を反映するものと言えるだろう。

では、この「協会」にはどのような職業、社会層の出身者が参加していたのだろうか。「協会」の会員は「名誉」、「正」、「準」の三ランクから構成されていた。このうち正会員は年一〇ルーブリ、準会員は年五ルーブリの会費納入義務がある。一度に二〇〇ルーブリ以上の貢献をなした者は名誉会員に昇格し、以降、会費納入義務から解放される。創設初年度にあたる一八八二／八三年度『報告』史料では、この会員区分が明確にされていない。会員総数二一一人のうち名誉会員に相当する二〇〇ルーブリ以上の会費納入者は二一人、正会員一六三人、準会員

表補1-5　「ペテルブルク建設事故被害者援助協会」正・準会員の構成（1898年度）

職業など	人数	%
建設施工請負人	152	41.3
建設資材、機械製作	47	12.8
建築家、技師	43	11.7
家屋所有者	19	5.2
食品・酒類販売、居酒屋・レストラン経営	17	4.6
上記以外の商業	9	2.4
弁護士、会計士、市会事務官など	8	2.2
彫刻家など	7	1.9
荷馬車輸送	5	1.4
労働者アルテリ（組合）	1	0.3
冬宮の建築現場監督	1	0.3
篤志家	1	0.3
不明	58	15.8
合計	368	100.0

出典：Отчет С.-Петербургского общества пособия рабочим пострадавшим при постройках за 1899 г. СПб., 1900. С. 108-116; 1900 г. СПб., 1901; Весь Петербург. Адресная и справочная книга на 1899 г. СПб., 1899; *Гинзбург А. М., Кириков Б. М.* (общ. ред.) Архитекторы-строители Санкт-Петербурга середины XIX—начала XX века. Справочник. СПб., 1996 より作成。

二七人である。会員名簿と住所録史料などを突き合わせることで、会員の職業別構成をある程度確認できる。それらによると、会員の多くは請負人、すなわち建設施工業経営者であり、この他に建設資材業者、不動産所有者が含まれていた。少数ではあるが、建築家や救貧行政関係者も「協会」に参加していた。このことから、協会の創設にインテリゲンツィアの支援があったこともうかがえる。たとえば、建築家ハルラーモフ（一八三五～八九年）が名誉会員として参加している。彼は芸術アカデミー出身で、宮廷専属建築家の職に就くとともに、孤児院協議会名誉会員として孤児院や養老院の建築に携わっていた。(63)

一八九八年度『報告』の会員名簿は、例外的に正・準会員の氏名に加えて、一部の会員の職業も記載している。そのデータを集計した表補1－5によると、職業が判明している会員のうち約四割が請負人である。その他、建設資材業者、建築家、不動産所有者、さらに食品・酒類販売業者、居酒屋・レストラン経営者などが見いだされ、会員の職業は多様である。食品販売業、飲食業関係者は、日常的に労働者が商店や飲食店を利用していたために参加したのであろう。労働者のアルテリ組織も一会員として参加していた。もっとも、「協会」にはおもに建設施工業経営者＝雇主が参加していた。労働者＝被用者は会員として会費を納めるのではなく、建設現場、居酒屋、宿泊施設、教会その他での寄付や募金への参加をつうじて「協会」に協力していたようである。たとえば、一九〇〇年度『報告』に記載されている寄付の最低額はわずか四コペイカである[64]。

このように、一八八二／八三年度と九八年度のいずれにおいても、建設施工業経営者が会員の多数派をなしていた。彼らは「協会」の代表者や幹部を独占し続けた。その結果、「協会」は建設施工業経営者の職業団体的性格を強く帯びることになった。しかしながら、「協会」は彼らの他にも建設資材業者、建築家、不動産所有者、商工業者、労働者など、さまざまな社会層の出身者が結集する場となっていた。その意味からすれば、「協会」は建設事故に関心を持つ者からなる、身分的・職業的な従来の境界を越えた新たな社会集団を形成していたと言って良い。

ところで、リンデンマイヤーは民間慈善団体の歳入出について以下のとおり整理している。すなわち、民間慈善団体は民間から集めた会費や寄付などをおもな財源としていた。国家や市自治体からの補助は小さな部分を占めていた。財源が限られていたがゆえに、民間慈善団体は基金増加策として政府債への投資や不動産投資などを講じていた。事業内容についても社会経済の変動におうじてその質と量を調節していた、とリンデンマイヤーは活動の柔軟性を指摘している[65]。

そのような民間慈善団体の事業戦略が「協会」の活動実績からも読みとれる。「協会」も建設業の発展プロセスに影響を受けながら、長期的には会費、寄付、資産運用によって着実に基金を拡大させていったからである。以下、表補1－6にもとづき基金の推移を整理しておこう。創設初年度、「協会」は新規名誉会員二一人の会費納入などにより約七五〇〇ルーブリの収入を得た。しかし、次年度の新規名誉会員は急減し、これに建設不況が重なり、会費未納者は九一人（うち一人は死亡による）に及ぶ。その結果、収入も約一〇〇〇ルーブリと大幅に

表補 1-6 「ペテルブルク建設事故被害者援助協会」の事業収支（ルーブリ）

	1882/83 年度	1883/84 年度	1890/91 年度	1900 年度	1909 年度
協会代表者	С.Л. ヴォローディン	Д. ゴルデエフ	А.В. ヴァシリエフ	同左	Н.Л. レスノフ
職業	建設施工業	建設施工業	建設施工業	同左	建設施工業
会員数（人）	211	243	247	701	551
前年度繰り越し	—	6240.11	13442.79	25672.41	47230.77
当年度収入	7505.18	2058.59	3475.49	9918.88	16822.64
うち会費	7130.00	1488.00	1690.00	4050.00	3541.00
（会費納入会員数）（人）	211	152	173	367	295
会費以外の収入	375.18	570.59	1,785.49	5,868.88	13,281.64
合　計	7,505.18	8,298.70	16,918.28	35,591.29	64,053.41
当年度支出	1,265.07	1,637.90	1,857.78	21,544.42	15,901.05
うち被災者への援助	822.30	664.19	1282.00	3886.18	7609.91
（受給者数）（人）	53	40	51	166	298
（1人あたりの支給額）	15.52	16.60	25.14	23.41	25.54
援助以外の支出	442.77	973.71	575.78	17,658.24	8,291.14
次年度繰り越し	6,240.11	6,660.80	15,047.33	14,046.87	48,152.36

出典：Отчет С.-Петербургского общества пособия рабочим пострадавшим при постройках с 2 апреля 1882 г. по 2 апреля 1883 г. СПб., 1883. С. 2-21; с 2 апреля 1883 г. по 2 апреля 1884 г. СПб., 1884. С. 4-31; 1890/91 г. СПб., 1891. С. 4-8; 1900 г. СПб., 1901. С. 3, 6-10; 1909 г. СПб., 1910. С. 8, 10-17 より作成。

落ち込む。これ以降、会費収入の低迷が続く。そうしたなか、「協会」は建設現場などへの募金箱の設置、多額寄付者へのメダル・表彰状の授与、政府債への投資によって収入の増加を模索していく。たとえば一八八八／八九年度、「協会」は市会講堂で宗教道徳講演会を開催し、二三〇ルーブリの寄付金を得ている。これは、直接的な資金援助ではなくとも、民間慈善事業が地方自治体や聖職者の協力のもとで展開されていたことを示している。こうした努力の結果、「協会」は一八九〇／九一年度の収入において一八八三／八四年度収入の一・七倍増を達成する[66]。

さらに、建設業が好況を迎えた九〇年代から、「協会」の基金は飛躍的に増大する。一九〇〇年度の繰越金は約二万六〇〇〇ルーブリ、当年度の収入は約一万ルーブリに到達する。このうち、会費納入者三六七人からの収入は四〇〇〇ルーブリを超える。しかし、むしろ目立つのは全収入の六割を占めるそれ以外の収入である。一八九九～一九〇一年、「協会」は会員からの土地、資材、施工、資金の寄付を受けて、ペテルブルク地区大ラズノチンナヤ通り一九番に集合住宅を建築する（図補1－1）。竣工後、「協会」はこの建物に事務所を移転し、事務所賃借料を節約して経費を削減する。さらに、残りの部分を賃貸住居とし、家賃収入を得るようになる。住宅難が深刻化していたペテルブルクでは不動産投資が高い利益をもたらしていた。一九〇〇年代半ば、会費収入は不況の影響で微減するが、賃貸集合住宅の家賃収入は大幅増となる。一九〇九年度収入は約一万七〇〇〇ルーブリに及ぶ[67]。一九〇一年頃のロシアでは民間慈善団体のおよそ四分の三が基金一万ルーブリ以下、約九割が単年度収入一万ルーブリ以下だった[68]。基金や収入の規模からみても、「協会」はロシアでも有数の団体へと成長していたのである。

図補1-1　「ペテルブルク建設事故被害者援助協会」賃貸集合住宅

出典：*Ковалевский К. Ф.* (сост.) Очерк деятельности С.-Петербургского Общества пособия рабочим пострадавшим при постройках за время 25-летнего существования 1882—1906 гг. СПб., 1907.

　では、「協会」は事故被害者への援助をどの程度実現したのだろうか。表補1－6にみられるとおり、「協会」は初年度、五三人に対し総額八二二ルーブリを支給する。しかし、二年目は収入減を反映してそれぞれ四〇人、六六四ルーブリにとどまる[69]。創設初年度の水準を回復できたのは一八九〇／九一年度になってからである。以降、援助事業は成長の一途を辿り、一九〇〇年度の支給者は一六六人、支給額は約三九〇〇ルーブリ、一九〇九年度にはそれぞれ約三〇〇人、七六〇〇

図補 1-2　理事会室にて 1906 年度活動報告を監査する、理事会と監査委員会の合同会議

Соединенное засѣданіе Правленія и Ревизіонной Комиссіи въ залѣ собраній Правленія во время провѣрки годового отчета за 1906 г.

出典：図補１－１と同じ。

ルーブリへと伸びている。建設業の成長に見合う形で、「協会」は援助事業を拡大させたと言える。こうして、一八八二～一九〇六年の二五年間に、「協会」は一六三三人に六万四〇二〇ルーブリを支給する。(70) 一人あたりの支給額は約四〇ルーブリで、これは三二日分の賃金に相当する。(71)

「協会」は援助制度の利便性を向上させるべく、事業内容の改善にも取り組んでいる。これにかんして、「協会」『報告』は以下を紹介している。(72) 事故関係者から被害状況、家族構成と生活状況を調査し、公正に支給額を決定するように努めていること。重傷を負った労働不能者、事故により働き手を失った極貧家族、すなわち老齢の親、寡婦、年少の孤児を対象に、クリスマスおよび復活祭の費用名目で追加送金を開始したこと。被害者を正確に把握しすみやかに援助すべく、援助申請を審査する会議を年一四回に増やし、さらに緊急時に特例として協会代表者の裁量で一件につき最大二五ルーブリを支給できるようにしたこと。新聞などに掲載されたすべての事故を協会事務員が独自に検証

し、必要が確認できた場合、申請の有無にかかわらず治療先の医療機関で援助金を与えるようにしたこと、などである。こうした改善努力の表れとして、各年度の『報告』には受給者の被害状況と家族構成、財産状況などが詳細に記載されている。新聞の事故記事にもとづいて援助金が支給された場合は、『ペテルブルク特別市長通報』、『政府報知』などの出典が示されている。ここからは、マス・メディアによる報道との密接な関わりのなかで援助事業が進められていたこともうかがえる（図補1－2参照）。

これらの取り組みを発展させる形で、「協会」は一九〇七年、市内全一二行政地区に支部を設置している。さらに、一九〇九年には埋葬援助事業を拡張している。ラズイェズジャヤ通り二八番で大事故が発生し、死者が一〇人出たとき、「協会」は死亡者の埋葬費用を負担する。これを契機に、「協会」は市参事会に請願してプレオブラジェンスキー墓地に五〇〇区画を無償で譲り受け、この事業の基盤を確保するのである[73]。

このように「協会」の援助事業では、多様な社会的出身者が参加して基金を創出し、五年間にわたり約一六〇〇人に援助金を支給した。これについては一定の評価が可能であろう。しかしながら、援助事業は事故被害者の包括的な救済には及ばなかった。先にあげたように、一九〇九年度において申請四一七件のうち承認は二九八件にとどまっていた[74]。さらに、事業の問題点として以下が指摘できるだろう。

第一に、本来、会員が雇主として事故被害者の補償を個別に負担すべきところを、「協会」に「補償」を肩代わりさせていた。「協会」が援助金を支給することで、被害者側が雇主に対して補償を要求したり、訴訟を起こしたりするのを会員は回避しようとした。つまり、「協会」が援助していたのは事故被害者ではなく、会員自身だったということになる。そのような実態は『報告』の受給者情報からもうかがえる。一八八六年以降の『報告』では、事故原因を被害者個人の「不注意」と断定したうえで援助金を支給している事例が散見される。その一部を紹介しておこう。

土工、ヴォログダ県ヴォログダ郡ノヴレンスカヤ郷ヴェブラコヴォ村の農民ヴィクトル・オニシフォロヴィチ・スホレフは［一八八六年］七月一六日、作業中に自分の不注意で左足膝関節に軽傷を負い、自宅で二か月間治療を受けた。本協会名誉会員である世襲名誉市民A・H・トリャニチェフ［建設施工業者］の事務所より証明書が提出された。［一五ルーブリを支給[75]］。

大工、カルーガ県モサリスク郡イヴァニンスカヤ郷ハニノク村の農民クジマー・マトヴェエフ・シュカリコフ四一歳は［一八八六年］一〇月七日、ペテルブルク中央郵便局付属病院で作業中、不注意により足場板から落下し、右足を骨折した。シュカリコフは一〇月七日から一二月一四日までオブーホフ病院に入院し、治療を受けた。証明書第九二五二号。被害者には妻と三人の子どもがいる。［一五ルーブリを支給］（以上、傍点は筆者[76]）。

つぎの高額な援助例でも、会員が「協会」の援助金を被害者に対する補償の代わりとしていたものと考えられる。

本協会名誉会員マースロフ氏からの証明書を、アルハンゲリスク県ホルモゴルイ郡クシェフスカヤ郷クゼポリエ村の農民寡婦アレクサンドラ・テリーツィナが提出した。証明書によれば、テリーツィナの息子、屋根葺き工エゴール・テリーツィン一六歳は一八九四年一月、マースロフ氏のもと宮内庁施設で作業中、屋根から転落して死亡した。死後、テリーツィナ四五歳、死亡者の弟一四歳、姉一六歳が残された。テリーツィナとその家族は困窮から本協会参事会へ援助を申請した。［四回にわたり総額一〇〇ルーブリを支給[77]］。

第二に、雇主は被用者とその家族に対し日常的に家父長的な態度で接した。会員である雇主は「協会」の援助事業を、そのような「支配・従属」関係を強化するための手段として利用した。受給者や援助額の決定基準は明確ではなく、「協会」側の恣意が入る余地が大きい。クリスマスや復活祭の費用を名目とする家族への追加送金は、宗教的動機と相俟って、雇主が困窮家族を温情的に「気遣った」ものといえる。

コストロマー県北西部の郷役場には、一八六六年に雇主と被用者の間で結ばれた契約書が保管されていた。契約では大略、①仕事に対する心構え、②共同生活を送るうえでの規則、とくに飲酒の禁止、③日曜・祝日の労働、許可なき外出の禁止、罰金、④被用者が負担すべきものなどが定められていた(78)。この契約書の内容は、領主農民が半強制的な村外就業に従事していた時代において、被用者が雇主に負っていた服従義務を色濃く残している。農奴解放後、両者の関係は対等な契約関係へ徐々に向かっていく。それでも雇主は共同労働・生活において被用者たちの規律を強化する必然性を見いだし続けていた。

ソロヴィヨーフは被用者に対する雇主の態度や扱いについて、つぎのように記述している。雇主は自己の宗教的・道徳的信念にもとづき、被用者に祝日の礼拝や作業開始前の「長いお祈り」を強要する。食事の際、被用者が下品な言葉を使うのを止めさせようと罰金制度を導入する。さらに、雇主は被用者の家族や地元の農村共同体の生活安定に大きな関心を持ち、被用者が稼ぎを飲酒や遊興に浪費しないように策を巡らす。具体的には、雇主は被用者に家族宛ての手紙を書かせ、この手紙と一緒に賃金を被用者の家族に直接送る。何らかの事情で建設「シーズン」終了後もできるだけ長くペテルブルクに滞在することを考える者はこのような支払い方法に反発するが、雇主は彼を見込みのない者とみなす、とソロヴィヨーフは雇主の所為を批判する(79)。

ここからは、雇主が労働の場以外でも被用者と密接に関わりを持ち、その日常生活に徹底的に干渉していた様子がうかがえる。とくに雇主による賃金の直接送金は農奴制時代の慣行と連続性が大きい。というのは、かつて雇主は被用者の賃金を貢租として直接、領主に送っていたからである。バーズによれば、農奴解放後もこのような支払い方法は、農村共同体にとって租税の確実な納入において、また雇主にとって労働力が不足するなか、被用者をコントロールするうえでメリットがあった[80]。しかしながら、農村の家族や共同体の生存維持に配慮する立場から、雇主が被用者の労働と生活を監視し、それらに干渉していたことも確かである。建設施工業の経営者はしばしば村の有力者でもあった。雇主は就業地での飲酒や放蕩が家族の崩壊を引き起こし、ひいては上部機関に対する農村共同体の諸義務遂行にも支障を与えることを理解していた。ゆえに、経営者は酒を飲まず、忍耐強く、腕の良い者を厚遇した。経営者は郷里で彼らと親しく交流し、彼らの子どもの教父となり、結婚式を祝い、ときには自分の娘と結婚させた。老齢になり、近親者に信頼できる者がいなければ、経営者は彼らの中から後継者を選び、経営を譲ることもあった[81]。

ともあれ、「協会」の援助事業のあり方は、会員の多数を占める建設施工業者の雇主としての利益や被用者に対する態度と密接に結びついていた。そのような実態は「協会」の内外から、建設施工業者が「協会」の活動を悪用しているとの疑問や不満を生じさせることとなる。一八九九年、建築家サイドに立つ建設業専門雑誌『建設者』は、「協会」の事業についてつぎのような批判記事を掲載し、慈善事業としての援助活動には限界があると主張する。すなわち、「協会」が援助金の支給だけでなく、被害に遭って苦しんでいる労働者に、より本質的な援助のできることは明白だ。まず「協会」は、法律家や最高の技術者により構成される相談所を設置すべきである。この組織は事故を私的に検証し、責任の所在をはっきりとさせ、被害者の代理人を任命する。そしてこの代理人が民事訴訟の原告として法的手続きをとる。こうして、被害者は事故責任者から正当な補償を得ることができる。被害者はしばしば自分の分け前のためだけに事件を引き受けるような「ペテン師」や「居酒屋の弁護士」に仲介を依頼せずに済む。無論、会員の九割が請負人である「協会」がそれを実現すれば、自分自身の首を絞める危険はあるが、「弟」[82]に対しては公正かつ寛大であるべきだ、と。[83]

建築家など建設施工業者以外の会員は、「協会」の趣旨に賛同して会員となった。それだからこそ、彼らは援助事業の現実に幻滅し、このような不満を高めたのである。[84]

おわりに

「大改革」後のロシア都市では、市自治体や民間をおもな担い手とする救貧・慈善事業が大きく前進した。しかしそれは、着実に高まっていく貧困者救済の切迫度を緩和するには至らなかった。事業のおもな対象者は都市に定着した住民や子ども、女性、高齢者、障害者に置かれていた。援助の受けにくい立場にあった流入者、とくに成人男性は一部の民間慈善団体の事業対象となっていた。建設施工業経営者が中心となり創設した「ペテルブルク建設事故被害者援助協会」も、建設労働者とその家族が事故により生存危機に陥ったとき、救援の手を差し伸べた。「協会」は一八八二年以降、二五年間で約一六〇〇人の事故被害者に総額六万四〇〇〇ルーブリの援助金を支給した。[85]「協会」の援助事業が一定の成果を収めた要因として、つぎの二点をあげることができる。

① ペテルブルク建設業では建設需要の量的拡大と質的変容が急速に進行していた。それにもかかわらず、労働環境は従来のままだった。そのため、一八九〇～一九〇〇年代において建設事故が年数百件規模で発生していた。事故は高所からの落下や落下物による打撲を主因とし、その被害も深刻だった。事故被害者の救済は、大都市の抱える切実な生活保障問題になっていた。「協会」がまさにこの問題を取り上げていたことが、建設業関係者をはじめとするさまざまな人びとに問題意識を共有させ、「協会」の活動に賛同させた。

② 「協会」は基金の創出に精力的に取り組んだ。その方法は新規会員の獲得、多額寄付者へのメダル・表彰

状の授与、建設現場や教会での募金、宗教道徳公演会の開催、政府債の購入や不動産投資など多岐にわたる。とくに賃貸集合住宅の建設は収入を飛躍的に増大させ、援助事業の拡充に必要な財源をもたらすことになった。「協会」は援助の質的充実も図っている。すなわち、「協会」は被害者本人の状態のみならず、家族の構成や生活状況を調査し、支給額を決定している。祭日に農村の家族に追加送金を行なっている。この他、さまざまな取り組みによって制度の利便性向上を試みている。このように、「協会」は需要に柔軟に対応し、農村の家族を含む包括的な支援を模索していた。

その一方で、「協会」による援助事業の限界もまさしくこの二点と関係がある。さまざまな社会的出身者の参加する場となった「協会」には、組織内部の平等性や事業における公平性・透明性が要請されていた。それにもかかわらず、主導者たちの思惑が「協会」の事業内容に大きな影響を及ぼすことになった。たしかに「協会」はニーズに合わせて事業の改善を試みている。しかし、それは被用者への補償の回避手段や雇主による被用者のコントロール手段になってしまった。リンデンマイヤーが述べるように、一九世紀後半のロシア社会において民間慈善団体は貧困者救済を共通の目的に、社会的出身の違いを越えて人びとが結集する場となった。とはいえ、「協会」の活動実態は、むしろ出身や利害の異なる多種多様な参加者が結集することの困難さを浮き彫りにしている。

なお本章の考察からは、建設労働者が事故に遭う危険性が高く、さらに被害者とその家族の生活保障がほぼ欠如していた現実が明らかとなった。これらは、男性のライフコースや家族の問題を考えるうえでも重要である。村外就業者家族を論じる際にも、たとえば労働年齢における男性の死亡や労働不能、それらによる夫婦生活の終了や寡婦の出現といった事態を考慮に入れる必要がある。そこで第三部では農村における人口と家族に焦点を当ててみたい。

注

（1）先行研究によれば、一九世紀後半〜二〇世紀初頭におけるロシア労働政策史はつぎの三期に大きく区分される。

第一期（一八六〇〜七〇年代）――「大改革」のさなか、政府は鉱山業や鉄道業を皮切りに労働者の生活保障問題に取り組む。これらの産業は、急速な成長にともない事故が多発していただけでなく、制度導入に対する企業家の抵抗も欠如していたからである。ウラル地方の官営鉱山業では、一八六一年三月八日の勅令、八一年の共済組合にかんする規定により、相互扶助組合（共済組合）が創設される。この組合は雇主と被用者の参加により組織され、傷病・火災盗難・老齢・孤児・寡婦・永続勤務に際し一時金や年金を支給することになっていた。六六年には、工場施設を対象に労働者一〇〇人あたりベッド一床を備えた医療施設の設置が義務づけられる。しかし、その実施については、大企業を中心に病院や予診室が開設されるにとどまった。

第二期（一八八〇年代〜一九〇三年）――露土戦争やアレクサンドル二世暗殺事件を契機に、国内政治は反動期に入る。この頃、官僚やインテリゲンツィアへの自由主義思想の影響、労働者の増加、雇主の事故責任を求める訴訟の増加、労働運動の激化を背景に、労働者保護立法および社会保険制度が準備される。まず労働者保護立法については、八〇年代に工場法や工場監督官制度などが実現する。つぎに、自由主義的改革を求める立場から、ロシア産業振興協会やモスクワ証券取引委員会が、八一年以降、数度にわたり社会保険法草案を政府に提出する。この草案は工場施設、鉄道業、建設業の労働者を適用範囲とするものである。政府は、雇主責任法の実績をへて社会保険法が制定されたドイツに倣い、まず雇主責任法の制定に着手する。各企業は雇主、ないしは雇主と被用者の拠出により、基金や養老院・託児所を開設する。あるいは自前の制度を設けず、民間保険会社や相互保険会社への団体加入といった方法を取るようになる。しかしながら、雇主の過失責任を根拠に事故などの被害者が補償を得ることは難しかった。ときには被害者は高額な費用を覚悟のうえで訴訟を起こさなくてはならなかった。

第三期（一九〇三〜一九一二年）――一九〇三年労災補償法により、労災における雇主の補償責任が制定される。さらに政府、国会等の審議をへて、一九一二年に労災と疾病にかんする社会保険法が実現する（*Иванов Л. М.* К вопросу о страховании рабочих в России // Исследования по социально-политической истории России. Сборник статей. Л., 1971. С. 329-330, 338-347; *Иванов Л. М.* Закон 1903 г. о вознаграждении увечных рабочих и его практическое применение // Рабочее движение в России в период империализма. М., 1982; *Иванов Л. М.* Страховой закон 1912 года и его практическое применение // Отечественная история. 1995. № 5; *Крузе Э. Э.* Условия труда и быта рабочего класса России в 1900—1914 гг. Л., 1981. С. 51-54, 57; *Кочаков Б. М.* (отв. ред.) Очерки истории Лениирада. Т. 2. М.-Л., 1957. С. 206; *Дякин В. С.* (отв. ред.) Кризис самодержавия в России (1895—1917). Л., 1984. С. 70-92; 荒又重雄「資本主義ロシアにおける労働環境と社会保険」『経済学研究』(北海道大学) 一五－二、一九六五年、一一三頁)。

このように、第二期に民間工場・鉱山が企業レヴェルで労災・廃疾・老齢などの問題に対策を講じるようになる。ペテルブルク建設施工業経営者の事故被害者援助事業も、この第二期の流れの一つとして位置づけることができる。この事業は、ほぼ同時期に創設された「南ロシア鉱山労働者援助協会」の事業と共通点がある。それは鉱山業の成長や労働力不足を背景に地域の企業が中心となって事故被害者を救済するための基金を創出していることである。「南ロシア鉱山労働者援助協会」は、事故被害者とその家族に一時金および生涯年金を支給し、一八八四～一九〇三年の二五年間に、その受給者は約二〇六〇人、総額は六五万ルーブリに及んだ。フリードグットらの南部鉱山労働者史研究は、事業は事故被害者を十分に救済できなかったと結論づけている(*Иванов Л. М.* К вопросу о страховании... С. 345-347; *Крузе Э. Э.* Условия труда... С. 54; Theodore H. Friedgut, *Iuzovka and Revolution, Vol. 1, Life and Work in Russia's Donbass, 1869-1924,* Princeton, New Jersey: Princeton University Press, 1989, pp. 277-299; Susan P. McCaffray, *The Politics of Industrialization in Tsarist Russia: The Association of Southern Coal and Steel Producer, 1874-1914,* Dekalb, Illinois: Northern Illinois University Press, 1996, pp. 47-48, 110-111, 132-134, 140-141)。

(2) *Капуста В. И.* (сост.) История петербургской благотворительности. Библиографический указатель // *Добкин А. И., Кобак А. В.* (сост.) Невский архив. Историко-краеведческий сборник. I. М.-СПб., 1993. С. 429-431.

(3) Joseph Bradley, "The Moscow Workhouse and Urban Welfare Reform in Russia," *The Russian Review* 41, no. 4 (October 1982); Joseph Bradley, *Muzhik and Muscovite: Urbanization in Late Imperial Russia,* Berkeley: University of California Press, 1985, part 3.

(4) Adele Lindenmeyr, *Poverty is not a Vice: Charity, Society, and the State in Imperial Russia,* Princeton, New Jersey: Princeton University Press, 1996.

(5) *Ульянова Г. Н.* Благотворительность московских предпринимателей: 1860—1914 гг. М., 1999; *Ульянова Г. Н.* Благотворительность в

Российской Империи, XIX—начало XX века. М., 2005. わが国では高橋一彦による本格的な論文が発表されている（「福祉のロシア——帝政末期の「ブラーゴトヴォリーチェリノスチ」『研究年報』（神戸市外国語大学外国語学研究所）四四、二〇〇八年）。

（6）*Бурышкин П. А.* Москва купеческая: Мемуары. Вступ. ст., коммент. *Г. Н. Ульяновой, М. К. Шацилло.* М.,1991. С. 113. 初版は一九五四年。

（7）*Ульянова Г. Н.* Благотворительность московских предпринимателей... С. 135-136.

（8）モスクワ都市史研究者サーストンは、市自治体の活動の背景として以下をあげている。第一に、中央政府が都市問題の解決策をほとんど提示しなかったため、市会がこれに直面することになった。第二に、教養層の教育水準が向上した。彼らは貧困者の救済に関心を持つとともに、西欧に対するロシアの後進性を強く意識していた。そして第三に、一八九二年の大飢饉が市会に衝撃を与え、その活動を活発化させた、と。なおキエフとの比較において、（エスニック）ロシア人の比率が非常に高いモスクワでは、下層への「気遣い」が生じたが、民族構成がより多様なキエフでは、貧困問題がしばしば他民族の問題に帰された、とサーストンは説明している（Robert W. Thurston, *Liberal City, Conservative State: Moscow and Russia's Urban Crisis, 1906-1914,* New York: Oxford University Press 1987, pp. 181-182）。

（9）*Ульянова Г. Н.* Благотворительность московских предпринимателей... С. 138-140. ゼムストヴォが導入された諸県では、農村における社会保護庁の機能はゼムストヴォに引き継がれた。

（10）*Ульянова Г. Н.* Благотворительность московских предпринимателей... С. 147-149.

（11）*Занозина В. Н., Адаменко Е. А.*（авторы-составители）Благотворительность и милосердие: Историко-документальное издание. СПб., 2000. С. 132-133.

（12）*Ульянова Г. Н.* Благотворительность московских предпринимателей... С. 36, 161, 268-269.

（13）*Кузовлева О. В.* Город и милосердие（К истории городских участковых попечительств о бедных）// *Болдина Е. Г., Горинов М. М.*（сост.）Московский архив. Историко-краеведческий альманах. Вып. 2. М., 2000. С. 350-356.

（14）*Ульянова Г. Н.* Благотворительность московских предпринимателей... С. 150. その後、この機関はロシア各地のおよそ四〇都市で導入されている（Lindenmeyr, *Poverty is not a Vice,* p. 153）。

(15) *Павлова О. К.* К истории благотворительности и общественного призрения в Санкт-Петербурге // *Барышников М. Н.* (ред.) Предпринимательство и общественная жизнь Петербурга. Очерки истории. Сборник статей. СПб., 2002. С. 123-129.

(16) *Ульянова Г. Н.* Предприниматели и благотворительность в Нижнем Новгороде // *Брумфилд У., Ананьич Б., Петров Ю.* (ред.) Предпринимательство и городская культура в России, 1861—1914. М., 2002. С. 135.

(17) Lindenmeyr, *Poverty is not a Vice,* ch. 6, 9.

(18) たとえばモスクワについて、Bradley, *Muzhik and Muscovite,* ch. 6-7; Daniel R. Brower, *The Russian City between Tradition and Modernity, 1850-1900,* Berkeley: University of California Press, 1990, p. 138.

(19) Bradley, "The Moscow Workhouse," p. 443.

(20) *Бахтиаров А.* Пролетариат и уличные типы Петербурга. Бытовые очерки. СПб., 1895. С. 6.

(21) *Ульянова Г. Н.* Благотворительность московских предпринимателей... С. 148-149.

(22) *Ульянова Г. Н.* Благотворительность московских предпринимателей... С. 10; Lindenmeyr, *Poverty is not a Vice,* p. 150; Bradley, "The Moscow Workhouse," p. 443 を参照。

(23) Lindenmeyr, *Poverty is not a Vice,* p. 283.

(24) ただし、このような滞在期間にもとづいた制限がすべての施設で導入されていたわけではない。たとえば、聖職者イオアンがクロンシュタット島に開いた「労役場」は、滞在期間による利用制限を設けていない。この施設は、季節労働者用の冬季の避難所としても一定の機能を果たしていた（Lindenmeyr, *Poverty is not a Vice,* pp. 169-174, 182）。

(25) Bradley, "The Moscow Workhouse," pp. 432-434, 442-443.

(26) Lindenmeyr, *Poverty is not a Vice,* pp. 202, 218-223.

(27) *Занозина В. Н., Адаменко Е. А.* Благотворительность и милосердие...

(28) モスクワ市地区貧困者監督局の事業内容にかんする同様の指摘について、*Кузовлева О. В.* Город и милосердие... С. 352 を参照。

(29) *Бахтиаров А.* Пролетариат и уличные типы... С. 3-4.

(30) Bradley, "The Moscow Workhouse," p. 442.

（31）ペテルブルク郷土史家ルリエらの研究によれば、一九世紀末～二〇世紀初頭のペテルブルクを舞台に、ロシア各地の政治家、商工業者、インテリゲンツィアなどが参加して慈善団体を創設し、同郷出身の困窮者を支援していた。その活動実態の詳細については以下を参照。*Лурье Л., Хитров А.* Крестьянские землячества в Российской столице: ярославские «питерщики» // *Добкин А. И., Кобак А. В.*（сост.）Невский архив. Историко-краеведческий сборник. II. М.-СПб., 1995. С. 312-316; *Лурье Л. Я., Тарантаев В. Г.* Крестьяниские землячества в Петербурге // *Добкин А. И., Кобак А. В.*（сост.）Невский архив. Историко-краеведческий сборник. III. СПб., 1997. С. 414-417, 421-422, 428-433. クロムジンらも「コストロマー慈善協会」を結成し、コストロマー県出身の建設労働者向け低家賃住宅の建設を計画している。その活動については補章二を参照のこと。

（32）*Ульянова Г. Н.* Предприниматели и благотворительность... С. 123.

（33）Lindenmeyr, *Poverty is not a Vice,* p. 205 も参照。

（34）Lindenmeyr, *Poverty is not a Vice,* ch. 6, 9.

（35）*Лурье Л., Хитров А.* Крестьянские землячества... С. 353.

（36）*Соловьев А. Н.* Питерщики-галичане. Этнографический очерк // Труды Галичского отделения Костромского научного общества по изучению местного края. Вып. 3. Галич, 1923. С. 14.

（37）*Чиколев А. Н.* Статистика по несчастным случаям при строительных работах. Материалы к страхованию строительных рабочих от несчастных случаев // Зодчий. 1911. № 32. С. 343-344（なお著者名は *Чиколев Л. Н.* となっているが、Труды II Всеросс. съезда фабр.-зав. врачей и представ. фабр.-зав. промысли. Вып. 2. СПб., 1911 にも同報告が収録されている）; Труды II Всеросс. съезда фабр.-зав. врачей и представ. фабр.-зав. промысли. Вып. 4. СПб., 1911. С. 43; *Семанов С. Н.* Петербургские рабочие накануне первой русской революции. М.-Л., 1966. С. 136. チーコレフは、工場労働者の労働条件にかんする調査を行なったことでも知られている。バルト工場を扱ったものとして、*Блек А.* Условия труда рабочих на петербургских заводах по данным 1901 года（Балтийский и другие десять заводов）// Архив истории труда в России. 1921. Кн. 2 を参照。

（38）Очерки истории строительной техники России XIX—начала XX веков. М., 1964. С. 140-141; *Зворыкин Д. Н.* Развитие строительного производства в СССР. М., 1987. С. 100-101; *Громан В. В.*（сост.）Обзор строительной деятельности в России. СПб., 1912. С. 99.

（39）James H. Bater, *St. Petersburg: Industrialization and Change,* London: E. Arnold, 1976, p. 326.

（40）*Новицкий Е.* Предупреждение несчастных случаев при строительных работах в Германии и в России // Промышленность и здоровье. Кн. 5. 1903. С. 30-31; Записки по обозрению С.-Петербургского городского общественного управления и его деятельности. Ч. 3. Строительное дело. СПб., 1902. С. 1, 63-66. モスクワ市建設条例でも、足場や手すりの設置義務がペテルブルクよりもやや詳細に述べられていた程度であった（*Букуновский А. Н.*（сост.）Сборник обязательных постановлений. М., 1902. С. 88-89）。なお一九〇五年、ペテルブルク市参事会は、メシャンスカヤ通りの家屋建築現場での事故を契機に、建設主側の技術責任者および市側の地区専属建築家による監督強化策を打ち出している（Наша жизнь. 1905. № 29. С. 3）。それでも、状況は根本的に変っていない。

（41）*Соловьев А. Н.* Питерщики-галичане... С. 14.

（42）*Новицкий Е.* К вопросу о несчастных случаях с рабочими при постройках в Петербурге // Промышленность и здоровье. Кн. 2. 1902. С. 37; Энциклопедический словарь Брокгауза и Ефрона. Т. XXVIIIa. СПб., 1900. С. 337.

（43）協会の活動年度は、一八八二／八三年度から九六／九七年度までは四月三日から翌年四月二日まで、九七年度は四月三日から一二月三一日まで、九八年度以降は一月一日から一二月三一日までである。

（44）Отчет С.-Петербургского общества пособия рабочим пострадавшим при постройках за 1909 г. СПб., 1910. С. 4.

（45）*Новицкий Е.* К вопросу о несчастных случаях... ; *Новицкий Е.* Предупреждение несчастных случаев... ; *Семанов С. Н.* Петербургские рабочие... С. 135-136.

（46）*Новицкий Е.* К вопросу о несчастных случаях... С. 40.

（47）*Новицкий Е.* К вопросу о несчастных случаях... С. 37-40.

（48）工場労働者はペテルブルク県工場監督官報告にもとづく。工場施設の事故件数は七八六五件で、金属加工業に集中していた（Robert B. McKean, *St.Petersburg between the Revolutions: Workers and Revolutionaries, June 1907-February 1917,* New Heaven: Yale University Press, 1990, pp. 33-34）。

（49）*Ландшевский Н. А.* О смертности населения г. С.-Петербурга в зависимости от рода занятий. СПб., 1898. С. 49, 51, 65. ランドシェ

フスキーは石工や大工の「職業病」として、建設資材その他からの粉塵を原因とする呼吸器系の疾病を、塗装工のそれとして塗料による中毒などをあげている。なお、建設労働者全般で飲酒によるアルコール中毒が顕著であると述べている。

(50) *Новицкий Е.* К вопросу о несчастных случаях... С. 38.

(51) たとえば一九〇〇年について、Отчет С.-Петербургского общества... за 1900. СПб., 1901. С. 20-79.

(52) *Пажитнов К. А.* Положение рабочего класса в России. Издание второе, дополненное и исправленное. Т. 2. [СПб.], 1908. С. 200; *Семанов С. Н.* Петербургские рабочие... С. 139.

(53) *Нардова В. А.* Самодержавие и городские думы в России в конце XIX—начале XX века. СПб., 1994. С. 59; Bradley, *Muzhik and Moscovite*, p. 39; Энциклопедический словарь Брокгауза и Ефрона. Т. XXVIIIa. С. 339; *Вяткин М. П.* (отв. ред.) Очерки истории Ленинграда. Т. 1. М.-Л., 1955. С. 375-376, 627-628; *Кочаков Б. М.* (отв. ред.) Очерки истории Ленинграда. Т. 2. С. 838-840; *Авсенко В. Н.* История города С.-Петербурга в лицах и картинках. Исторический очерк. СПб., 1993. С. 194, 205-206. 市内主要病院の沿革については、*Пиотровский Б. Б.* (гл. ред.) Санкт-Петербург, Петроград, Ленинград: энциклопедический справочник. М., 1992. С. 93-94, 163, 441 を参照のこと。

(54) *Прокопович С. Н.* Бюджеты Петербургских рабочих. СПб., 1909. С. 20-21; *Крузе Э. Э.* Условия труда... С. 66-67.

(55) オロネッツ県出身のチャプィギンは、一八八三年、一二歳のときに屋敷番の父、貸部屋女中のおばを頼り、ペテルブルクに上京している。その後、指物工房の見習工となるが、高熱の膠を足にこぼして大やけどを負い、三日でやめることを余儀なくされる。おばの助言で、チャプィギンはすぐに市会専属医師のもとで無料の診察を受ける。医師は手術を勧めるが、手術費用が高額なため父親やおばは反対する。チャプィギンは手術を断念する。補償問題については言及されていないが、チャプィギンは見習修業に入った直後に事故に遭っており、おそらく彼の過失として処理され、雇主が補償するには至らなかったのであろう。

その後、チャプィギンは看板屋の見習工を経て職人となり、職場を転々とする。ブルガリアでは建築現場の監督を務める。この間、軍医科学校付属病院、エレーナ・パーヴロヴナ大公妃医科学校付属病院、マリア貧民病院などで診察を受け、手術を数度受けるが、症状は回復しない。最後にエレーナ・パーヴロヴナ大公妃医科学校附属病院においてそれまでの診断が誤診であると判明する。チャプィギンは一九〇三年、三二歳のときに、知人の尽力により手術を無料で受け、手術は成功し、ようやくやけどは完治する。このような経緯から、オブーホフ市立病院などではベッドが部屋からあふれ、廊下にまで置かれ、看護も十分にいきわたらないけれども、エレーナ・パーヴロヴナ大公妃医科学校附属病院は有料だが患者の数は多くなく、ベッドに空きがある場合のみ新しい患者を受け入れていた、とチャプィギンは高く評価している（*Чапыгин А.* Собр. соч. В 5-ти тт. Т. 2. Жизнь моя. Л., 1968. С. 294-531）。

(56) *Кутьев В. Ф.* Исковые дела рабочих и их семей за увечья и смерть как источник о положении пролетариата в 90-е годы XIX века // *Кучин В. А.*（отв. ред.）Исследования по источниковедению истории России дооктябрьского периода. Сборник статей. М., 1997; Joan Neuberger, "When the Word was the Deed: Workers vs. Employers before the Jusitice of the Peace," in Reginald E. Zelnik（ed.）, *Workers and Intelligentsia in the Late Imperial Russia; Realities, Pepresentations, Reflections,* Berkeley, CA: International and Area Studies, University of California at Berkeley, 1999; *Нюбергер Дж.* Власть слова: рабочие против хозяев в мировых судах // *Потолов С. И.*（отв. ред.）Рабочие и интеллигенция России в эпоху реформ и революций, 1861—февраль 1917. СПб., 1997; 土屋好古「労働者と訴訟闘争——一九〇五年のスト時賃金支払い請求を中心に」『ロシア史研究』六五、一九九九年。

(57) Сборник материалов по истории Союза строителей 1906 6/V 1926. Л., 1926. С. 52-53 より引用。*Тетеревников Н.* К вопросу о страховании рабочих // Строитель. 1901. № 1. С. 2を参照。

(58) Lindenmeyr, *Poverty is not a Vice,* p. 203.

(59) Неделя строителя. 1882. № 16. С.123.

(60) Неделя строителя. 1882. № 16. С.123; 1893. № 17; Отчет С.-Петербургского общества... за 1907 г. СПб., 1908. С. 3.

(61) *Ульянова Г. Н.* Предприниматели и благотворительность... С. 128.

(62) *Ульянова Г. Н.* Предприниматели и благотворительность... С. 65, 98, 131, 160, 163, 181, 208, 270-271.

(63) Неделя строителя. 1882. № 16. С. 123; *Гинзбург А. М., Кириков Б. М.*（общ. ред.）Архитекторы-строители Санкт-Петербурга середины XIX—начала XX века. Справочник. СПб., 1996. С. 314-315.

(64) Отчет С.-Петербургского общества... за 1900 г. С. 91-95.

(65) Lindenmeyr, *Poverty is not a Vice,* pp. 212-215.

（66）Отчет С.-Петербургского общества... с 2 апреля 1883 г. по 2 апреля 1884 г. СПб., 1884. С. 20-23; 1888/89 г. СПб., 1889. С. 3-4; 1890/91 г. СПб., 1891. С. 4-8.

（67）Отчет С.-Петербургского общества... за 1900 г. С. 13-15, 96-106; Неделя строителя. 1901. № 22. С. 147.

（68）Lindenmeyr, *Poverty is not a Vice,* pp. 212-213.

（69）Отчет С.-Петербургского общества... с 2 апреля 1882 г. по 3 апреля 1883 г. СПб., 1883. С. 20.

（70）*Чиколев А. Н.* Статистика по несчастным случаям... С. 339.

（71）キリヤーノフは、一八八一～一九〇五年のペテルブルク建設業主要七職種の平均日賃を一ルーブリ一四コペイカと試算している（*Кирьянов Ю. И.* Жизненный уровень рабочих России（конец XIX—начало XX в.）. М., 1979. С. 117）。ここでは、この試算結果にもとづいている。

（72）「協会」の二五年間の活動を概観した以下の刊行物を参照。*Ковалевский К. Ф.*（сост.）Очерк деятельности С.-Петербургского Общества пособия рабочим пострадавшим при постройках за время 25-летнего существования 1882—1906 гг. СПб., 1907. С. 21.

（73）Неделя строителя. 1894. № 20. С. 93; 1895. № 21. С. 113; Отчет С.-Петербургского общества... за 1888/89 г. С. 3-4; 1889/90 г. СПб., 1890. С. 3; 1890/91 г. С. 3; 1891/92 г. СПб., 1892. С. 4; 1893/94 г. СПб., 1894. С. 3; 1894/95 г. СПб., 1895. С. 4; 1903 г. СПб.,1904. С. 4; 1907 г. СПб., 1908. С.4-6; 1909 г. С. 4-5.

（74）Отчет С.-Петербургского общества... за 1909 г. С. 4.

（75）援助申請者は「協会」に医師ないしは「協会」会員作成の事故証明書を提出しなくてはならなかった。申請手続きや審査の際、「協会」側はどのように被害者側に接し、それを被害者側がどのように受け止めたのか。この問題は、「協会」に労働者が会員として参加しなかったことと関連して重要である。しかし、それにかんする情報は「協会」側の史料からは浮かび上がってこない。この問題については、今後の課題としたい。

（76）Отчет С.-Петербургского общества... с 2 апреля 1886 г. по 2 апреля 1887 г. СПб., 1887. С. 15, 19.

（77）Отчет С.-Петербургского общества... за 1894/95 г. С. 13.

（78）*Барыков С.* Ученичество в отхожем малярном промысле в Воскресенской волости Галичского уезда（По книгам договоров и сделок за 1866—95 г.）// Труды Костромского научного общества по изучению местного края. Вып. 1. Кострома, 1914. С. 125.

（79）*The Russian Worker: Life and Labor under the Tsarist Regime*, edited, with an Introduction and Annotations by Victoria E. Bonnell, Berkeley: University of California Press, 1983, pp. 20-23; Barbara Alpern Engel, *Between the Fields and the City: Women, Work, and Family in Russia, 1861-1914*, New York: Cambridge University Press, 1994, p. 150; *Соловьев А. Н.* Питерщики-галичане... С. 12-15; Jeffrey Burds, *Peasant Dreams and Market Politics: Labor Migrations and the Russian Village, 1861-1905*, Pittsburgh, Pa.: University of Pittsburgh Press, 1998, pp. 209-211. 工場施設においてもそれは同様であった。工場主は労働者宿舎の利用者に対してパターナルな態度を取り、外出を制限したり、教会に行くことを半ば強制したりしていた。

（80）Burds, *Peasant Dreams*, pp. 108-112.

（81）*Соловьев А. Н.* Питерщики-галичане... С. 14-15.

（82）労働者をこのように表現することで、農民身分出身者の多い請負人や労働者と、それよりも上位の身分出身者が多い自分たち建築家や土木技師とを区別している。

（83）Строитель. 1899. № 9-10. С. 375-378.

（84）ペテルブルクの建築家たちは「建設労働者生活改善委員会」を組織し、一九〇五年七月二八日、建設労働者を対象に生活の困窮にかんするアンケートを実施している。その際、被用者が雇主のいる前で回答しないように配慮している（Рассвет. 1905. № 132. С. 2）。

ヨーロッパ諸国においては一九世紀末までに、建設労働者の雇主責任法が制定されている。とくにドイツでは、労災・疾病・老齢・廃疾にかんする強制保険が導入されている。ロシア帝国内でも一八九五年、フィンランドで建設労働者を適用範囲に含めた労災補償法が実現する。しかし、一九〇三年にロシア本国に制定された法令は対象を工場施設、鉱山業、鉄道業に限定していた。手工業、建設業、商業、水運業などに範囲を広げた場合、多数の農村住民が従事者として含まれることになる。そのため法令の施行が困難となり、企業側の負担も増大する、と為政者側が考えたからである（*Новицкий Е.* К вопросу о несчастных случаях... С. 41-42; Зодчий. 1911. № 13. С. 145-146; Обзор деятельности государственной думы третьего созыва. 1907—1912 гг. Ч. 2. Законодательная деятельность. СПб., 1912. С. 357-366; 荒又重雄『ロシア労働政策史』恒星社厚生閣、一九七一年、二五七～

二七二頁)。

(85) 筆者は一九〇九年以降の活動を確認できていない。

第三部　村外就業と人口・家族

第七章　結婚儀礼と結婚の統計学的特徴

はじめに

周知のように、人口統計学者ヘイナルは、トリエステからレニングラード（ペテルブルク）に至る線で、ヨーロッパの結婚行動と世帯形成が対照的な二つの地帯に大きく区分されることを発見している。

この「ヘイナル・ライン」の西側では高い初婚年齢と高い生涯未婚率が特徴的であった。ここでは、村落共同体規制と結びついた世帯形成システムに人口の抑止機能が制度化されていた。つまり、社会的経済的な地位を得ることが結婚の条件とされ、生涯を独身で過ごす者も多かった[1]。広大なロシア帝国領のうち沿バルトやロシア西部の一部がこの「ヨーロッパ結婚パターン」地域に入る。それらにおいては中世よりドイツ法（＝レーエン法）の影響のもと、「世帯別土地所有」（世襲フーフェ制）にもとづく農業制度が発達していた。すなわち、農民保有地は世帯主の個人財産とされ、土地相続は厳格な一子相続制により行なわれる。子弟は、世帯主が引退ないしは死亡し、その遺産を相続したときに結婚できる。遺産相続に加わることができなかった兄弟は奉公人や農業労働者として働かなくてはならず、世帯を形成するまでに長い時間を要する。そのような相続慣行を反映して、沿バルト諸県はロシア中央部などと比較して結婚率が低く、初婚年齢や生涯未婚率が高く、出生率も低い。結果として、一八七〇～九四年の二四年間における沿バルト諸県の自然増加率は〇・九三％と、ヨーロッパ・ロシア五〇県の平均（年一・三六％）を下回る。(2) ただし、ここでは結婚、出生、世帯規模において階層差が大きい。市場向け大規模農場の所有者は土地を所有しない農業労働者よりも早婚で子どもが多く、世帯も大規模で複雑な構成である。(3)

一方、「ヘイナル・ライン」の東側にあるヨーロッパ・ロシアの大部分においては、低い初婚年齢と低い生涯未婚率が際立っていた。共同体的土地所有が普及していたからである。それはヨーロッパのような人口抑止機能を持っていなかった。すなわち、農村共同体は世帯構成に応じて分与地を割り当てていたので、土地を相続して生計の見通しがつくまで共同体成員は結婚を先延ばしにする必要はない。むしろ村人の結婚規範は早婚と皆婚を促進する。男女は結婚してはじめて一人前として扱われ、逆に適齢期になっても未婚の者は正常なライフコースからの逸脱者とみなされる。ゆえに既述のように、ここではヨーロッパや沿バルト諸県よりも結婚率が高く、初婚年齢や生涯未婚率が低い。出生率は高く、自然増加率も高くなる。なお、農村共同体は世帯構成にもとづいて土地を分与していたから、階層差は比較的小さく、階層による結婚や出生、世帯規模の違いもあまり生じない。(4)

ムーンはロシア農民にかんする概説書のなかで、ロシアにこのような「非ヨーロッパ結婚パターン」が普及した事情をつぎのように要約している。まず第一に、一八世紀までのロシアでは土地が豊富だったので、北西ヨーロッパのように結婚を制限し、出生力を押し下げ、人口を抑制する必要性はなかった。第二に、領主や（国有地や御料地、領主地の）管理機関、農村共同体、家長といった農村の権力者が、住民に早婚と皆婚、そしてこれらによる多子を促していた。農村共同体の立場からすれば、世帯が大規模であるほど国家や領主に対する諸義務を確実に遂行でき、ひいては各成員の負担軽減にも結びつく。農民世帯側からすれば、父方居住の原則のもとで若い男女の結婚は花婿の実家に花嫁と子どもを加える。世帯規模の拡大は労働力を強化し、農繁期における労働力の需要増にも対応可能となる。共同体からの分与地割当も増加するから、世帯の生産手段も増強される。大規模で複雑な構成の世帯は農業のみならず手工業などの生産活動にも労働力を配置でき、貨幣の収入の獲得にも有利である。死亡率が高く、平均寿命が短い状況のもと、成人した子ども（たち）の同居が親の生活保障となっていた、とムーンは説明している(5)。このように、国家や領主権力による農民管理や共同体の土地割替慣行にもとづく義務の分配と密接に関わりながら「非ヨーロッパ結婚パターン」が成立していた。そしてそれは、きびしい生活条件や権力側の搾取のもとで世帯が生き抜くための戦略とも合致していたのである。

本章では「非ヨーロッパ結婚パターン」地域、とくに中央非黒土地方について、結婚と村外就業の関係性を論じる。これにかんしてはすでにジョンソンがコストロマー県北西部の事例に即して、村外就業が早婚を促していたという結論を得ている。しかしながら以下でも紹介するように、エンゲルは同様に村外就業がさかんなヤロスラヴリ県で逆に高い平均初婚年齢を発見している。そして、両者の違いが男性による村外就業の特徴によって決定されていたと説明している(6)。このような先行研究の知見をふまえつつ、本章ではコストロマー県北西部の結婚にさまざまな角度から接近してみたい。第一節および第二節では、民俗学調査史料にもとづき結婚プロセスを再現し、男性による村外就業との密接な関わりの中で形成された結婚規範を析出する。第三、四節において、結婚統計史料を分析し、結婚の特徴を数量的に把握する。

一　結婚の意義と通婚圏

一般に、伝統社会の農民家族は生産、消費、扶養、福祉、教育、社会化などの機能を持っていた。家族がそれらの機能を維持し、次世代に継承するために、農村の若い男性は地元出身の娘と結婚しなくてはならない。配偶者と死別した場合、男女には再婚の必要が生じる。結婚は世帯や農村共同体の関心事として、それらの監督と管理のもとで行なわれる。

農奴制時代、領主は所有する農民の早婚を促していた。というのは、新しい夫婦の誕生は領主にとって諸義務遂行者の増加につながるからである。領主は結婚の期限を定め、これを果たさない独身者に対して罰金を科した。早婚は共同体や世帯の利益にも合致していたから、結婚を望む農民に相手を見つけ出すことが所領によっては領主の課題となった。領外の者への嫁入りは領主にとって財産の喪失を、農民男性にとっては結婚機会の縮小を意味する。そのため、領主はこれを禁止するか、許可した場合でも高額の許婚料（領外婚姻税）を徴収してコントロールした。なおブッシュネルは、実態としては領主が定めた結婚期限よりも前に、農民は自分の意思にもとづき結婚しており、したがって領主による結婚規定の影響は小さいとみている(7)。

北西部の領主もそのような早い結婚を領民に義務づけていた。カザーリノフによれば、チュフロマ郡の領主は、領民が独身のままでいてチャグロを形成しないよう厳格に監督していた。くわえて、領主はライフコースの諸段階ごとに義務を詳細に定めていた。これにかんし、ヴラディミルスキーが一八世紀末の状況を紹介している。すなわち、一五歳に達した男子は商業ないしは手工業の技能習得を目的にペテルブルクやモスクワその他の都市に送り出される。それに必要な費用は領主ではなく、この者の父親が負担する。修業中、この者は貢租を納める義務はない。修業終了後、帰郷し、結婚してからはチャグロを構成する。このチャグロは、手工業ないし商業の技能を習得した二〇代から四〇代の夫そしてその妻で一組となる。一チャグロの貢租は年四〇ルーブリである。四〇歳からは自分の家にとどまり、年に半チャグロ分（二〇ルーブリ）を支払う、と。[8]このように、農民男性は一五歳からの見習修業終了後、おそらく二〇歳までの結婚、村外就業と貢租負担、四〇歳での退職、農業経営への従事と貢租納入というライフコースを送ることになる。領主が村外就業からの引退を四〇歳と定めているのは、農業経営の維持に留意してのことであろう。もっとも、領民はそれ以降も半チャグロ分の貢租を納めなくてはならない。ここでは明記されていないが、四〇歳で引退するまでに自分の子どもが見習修業を終え、村外就業を引き継ぎ、結婚して新しいチャグロを組むべきなのだろう。このようなライフコースからは、貢租収入の獲得や農業経営の安定を図ろうとする領主の思惑が読みとれる。それは農民世帯の存続にも配慮したものであり、農民もこれを支持していたと考えられる。

農奴解放の結果、領主による結婚コントロールは消滅する。では、農村住民の結婚は誰によってコントロールされたのか。ウォロベックやエンゲルはロシア中央部農村住民の結婚について、結婚は家族と農村共同体の行事であり、若い男女の交際や結婚の手続きは家族や農村共同体の管理下にあったという認識を示している。ここで問題となるのが、結婚当事者の権利である。彼女らの所見によると、若い男女は配偶者の選択において農奴解放前よりも大きな自由を持つようになるが、最終決定権は両親のもとにあり、両親は世帯の利益を最優先にしていたという。[9]このような理解を出発点に、コストロマー県北西部の結婚慣行を検証してみよう。

一九世紀後半における農村住民の結婚は一連の儀礼を伴っていた。伊賀上菜穂の整理にしたがえば、それは①出会い、②結婚前（見合い、婚約、式の準備）、③結婚式前日（花嫁と娘たちの泣き歌、花嫁宅での宴会）、④結婚式当日（花嫁の泣き歌、花婿側の到着、教会結婚式、花婿宅の宴会、床入り）、⑤結婚式二日目（二人を起こす、皿または壺を割る、花嫁に床を掃かせる、花婿宅の宴会、花嫁宅への招待）、⑥マースレニツァ（花嫁の両親が新郎新婦を招待）の順で進められていた[10]。このうち本章のテーマとの関連で重要なのは、若い男女が知り合ってから双方の家の間で婚約が成立するまでのプロセスである。

前述のように、コストロマー県北西部の少年は一二～一四歳頃に故郷を離れ、見習修業を開始する。彼らは数年間の修業を終えると、引き続き職人として働く。ただし、就業を継続するには、農作業に慣れた地元出身の女性と結婚し、実家の働き手を補う必要がある。男性の不在中、農業、家事そして家計の切り盛り全般が彼女にかかっているからである。ゆえにこの地の結婚は、新たな労働力の獲得に力点が置かれるところとなる。「テーニシェフ民俗学事務局」の通信員マカーロフはインテリゲンツィアの結婚慣行と対比しながら、農民の結婚が感情的な結びつきを欠き、もっぱら経済的な動機から行なわれているとの所説を展開している。

若くて健康な農婦は、農村では重要な働き手である。農婦は薪を集め、木を伐り、肥料を施し、種を播き、畑を耕し、菜園を管理する。それゆえ、父親はみな息子が一九歳になるとできるだけ早く、つまり兵役に入る前に結婚させ、息子の嫁として女の働き手を世帯に加えようとする。当地の結婚は、多かれ少なかれ経済的・人身的な取引である。結婚は若い人手を目当てに行なわれており、粗野なうえ奇妙に感じられる。この結婚では、われわれには必須の申し込み、交際、そして事前の意思の確認さえ一切ない[11]。

村外就業者を送り出す家族にとって、結婚のもう一つの目的は妻子を利用して夫を世帯に結びつけることにある。スモレンスク県にかんするものであるが、「テーニシェフ民俗学事務局」通信員クズネツォーフが農民の考えを以下のように解釈している。ペテルブルクに行った者を結婚させないと、彼はよそ者と結婚してしまう。地元の者と結婚すれば、彼は父親や母親を気に留めないにせよ、村の妻子のことは思い出すだろう、と。[12] そのような親の思惑は、スモレンスク県よりも村外就業の季節性が顕著であったコストロマー県北西部では弱かったかもしれない。逆に、中央非黒土地方ほど村外就業が普及していない中央黒土地方では、それは一層明確なものとして表われていた。クリューコヴァによるタムボフ県の事例研究によれば、家長は家族員をなるべく遠くに働きに出さないようにしていた。それでも、家族員が村外で働くことになった場合、家長は出発前にこの者を結婚させ、正しい生活を送り、家族に送金し、手紙を書くことを誓わせていた。[13] つまり、家族員が家長権の及ばない空間にいるとき、家長は世帯に対する忠誠の証としてこの者に結婚を要求していた。このように、農村住民は村外就業と関連して、結婚を村外就業者の不在時に労働力を補うもの、また「よそ」で暮らす男性家族員が世帯の利益に背くのを未然に防ぐものとみなしていた。

ロシアの農村では、共同体年長者の協力と監視のもとで若者集団が交際の場として共同作業を組織したり、ダンスや「ポシデルキ（若者の集い）」を催したりしていた。それらにおいて若い男女は自分たちの仕事能力をアピールし、自分たちにふさわしい結婚相手と知り合った。[14] ウォロベックが述べるように、農村共同体はこのような方法で若者集団に共同体の価値観やモラルを維持させようとしたのである。[15] コストロマー県北西部農村の特徴として、このような交際の機会が晩秋以降に集中していたことがあげられる。この頃、屋外の農作業が終了するだけでなく、首都の建設業がオフ・シーズンに入り、若者が帰郷するからである。以下、ジバンコフの記述や「テーニシェフ民俗学事務局」通信員マカーロフらの報告に依拠して、その様子を再現してみよう。

北西部の農村ではたいてい一〇月下旬頃より「夜の集い（беседки）」や「夜会（сврзы）」が毎夜開かれていた。このうち「夜の集い」は、若い娘たちが各人の自宅を順番に会場にして、あるいは費用を出し合い、家屋を借りて行なうものである。娘たちは亜麻の紡ぎや裁縫などの手作業をしながら、歌や踊り、遊びに興じる。マカーロフは、村の娘たちにとって「夜の集い」がどれだけ魅力的であったのか説明している。すなわち、娘たちはたとえ貧しい者であっても、「夜の集い」で女友だちとひと冬を楽しく過ごし、花婿も見つけたいと思っている。冬の間、「貴族などが」娘を使用人としてたまたま雇用できたとしても、娘は地元の「夜の集い」に行かせてくれるよう毎晩、懇願するだろう。そしてそれを許してやらなければ彼女は泣きやまないだろう、とマカーロフは娘たちの気持ちを代弁する。(16)

「夜会」はより公式的な歌や踊りの会である。とくにクリスマス週間（一二月二五日～一月六日）の夜会は、大きな村にある裕福な者の家屋で催される。夜会には近隣の村から多くの娘が集合し、彼女たちの衣装も豪華である。(17)娘の衣装は生家の豊かさを示し、エレガントで高価なほど良いとされていたからである。(18)

「夜の集い」や「夜会」は村人にとって農閑期における娯楽や交流の場でもあった。マカーロフは「夜の集い」を農村のクラブと呼び、その様子をつぎのように描写している。会場にはその村と近隣の村落の若い男女のみならず、少年少女、既婚の男性や赤ん坊を抱いた女性が集まり、座っている。彼らは、若い男女が何をするのか、そしてどのように楽しむのか見守る。農奴解放前は領主も酒や菓子を持って訪れていた、と。(19)このように、「夜の集い」や「夜会」は村人全員に開かれていた。したがって、そこで行なわれた男女交際もプライヴァシーを欠いていたのである。

ところで、ロシアの農村では通婚圏の決定条件が地域により異なっていた。まず、ロシア北部やシベリアは人口希薄で、集落の規模も小さい。集落の居住者の多くは親族関係で結ばれていた。ロシア正教は四親等内の血族、四親等内の二族間姻族、一親等の三族間姻族、そして代父や代母との結婚を禁止していたから、ここでは近隣に適当な相手を見つけることが困難となった。適当な結婚相手を見つけるべく、通婚圏は自ずと拡がる。(20)戒律に背いてひそかに「近親婚」をする事態もあったと考えられる。

つぎに、中央非黒土地方における通婚圏を論じたものに、ジョモヴァの研究がある。検討対象となったモスクワ県セルプホフ郡ウグリューモヴァ村は、一九〇〇年に四三世帯を数えた。ここでは一八六一年から一九〇〇年までに三四七件の結婚が記録されている。結婚ペアの出身地別構成は、村内出身者同士が一〇・三％、半径五キロメートル以内は四四・五％、そして一〇キロメートル以内が七〇・六％である。[21] 以上から、この村の通婚圏は村内とその周辺の集落であったと結論づけることができる。

数量的に実証しているわけではないが、クリューコヴァは中央黒土地方のリャザン県とタムボフ県について、若い男が村内の娘と結婚していたと判断している。クリューコヴァは史料から結婚の強い地理的閉鎖性を読みとっている。たとえば、年頃の娘が村にいるのに若い男がよその娘と結婚すれば、彼やその両親には何らかの欠陥があるものとされる。逆のことは娘にも当てはまる。娘がよその男と結婚した場合、娘に何らかの瑕があるとみなされる。なおクリューコヴァによれば、一九世紀末の農村では商工業的な生産活動の有無により村落の間に経済格差が生じていた。そのため、経済力の差がある村落の住民の間では結婚は成立しなかったという。[22] 以上の研究結果から、中央非黒土地方と中央黒土地方のうちどちらの結婚が閉鎖的であったのか断定するのは簡単ではない。なるほど、中央黒土地方の通婚圏は村内に限定される傾向が強い。しかしながら、中央黒土地方の村落は中央非黒土地方の村落よりも規模が大きい。生産活動の多様化にともない、村落間に経済格差が生じ、それが通婚圏の範囲にも影響を与えていたのは中央非黒土地方でも同様である。

残念ながら、コストロマー県北西部の通婚圏にかんする統計データを筆者は持ち合わせていない。ただ、ここでもモスクワ県のように、農村住民の通婚圏は村内と近隣村落を中心としていたものと推測される。というのは、総じて娘たちは村から一五露里（約一六キロメートル）以内にある世帯に嫁いでいたとマカーロフが報告しているからである。その理由をマカーロフは娘の選好にもとづいて説明している。つまり、娘たちは自分たちの村や郷に慣れているので、実家の近くへ嫁に行きたがる。嫁ぎ先が近ければ、実家の両親に会いに行き易く、祭日に客として訪問することもできる。そのうえで、老齢のおばや嫁いだ姉や妹などが遠方に住んでおり、彼女たちが娘に結婚相手を世話したときには、嫁ぎ先が遠くても結婚する、とマカーロフは付記している。(23) 無論、結婚相手は娘の意向だけで決定されるわけではないから、この説明では不十分であろう。ともあれ、特段の理由がなければ、若い男女そしてその親も相手をまず村内やその近隣の住人から選んだであろう。農村共同体や村の若者集団も結婚相手をそれらの中で見つけることを支持していた。マカーロフの示した数値が正確だとすれば、結婚ペアの約七割が半径一〇キロメートル以内の出身者であったモスクワ県よりも北西部の通婚圏は若干広い。北西部の人口密度がモスクワ県よりも低く、集落の規模も小さいことを勘案すれば、これは妥当といえる。

もっとも、北西部には通婚圏を狭めると考えられる要因もある。農奴制下、領主農民の結婚は領内ないしは同じ領主に属する農民の間で行なわれていた。女性が領民以外の男性と結婚すれば、領主は農民という財産を喪失するからである。この場合、農民は領主に移動許可料を支払い、領主から結婚の承認を得なくてはならない。前述のように、北西部の所領は農民の人数を基準とした場合、小規模なものが多かったから、農民にとって結婚上の制約は大きくなる。とはいえ、大規模な所領に属していた者が領主農民の過半数を超えていたので、全体的にはあまり支障とはならなかったのではないだろうか。またアレクサンドロフやヴラーソヴァ、ムーンによれば、領主たちの間で、他領に属する村落の女性を花嫁として交換しあうことも組織されていた。(24) そのような対応が北西部でもなされていた可能性がある。

ただし、通婚圏の外にある村落の住人が結婚の対象から排除されていたわけではない。第一に、北西部の娘たちは「夜の集い」や「夜会」に自分たちの村の若い男だけでなく、「よそ者」も客として招待していた。これらの集まりには近隣からだけでなく数十キロ離れた村落からも若い男が参加していた。(25) 招待された側は、その後、自分の村にその村の若い男を招いていた。したがって、農村共同体や若者集団の間で相互的な訪問を認める取り決めがなされていたと考えられる。その一方、敵対する二つのグループが雪の夜に大乱闘を起こすこともあったという[26]。村の若い男たちは、自分たちの村の娘と「よそ」の村の者が親しくなるのを阻止し、「自分たちの娘」を守ろうとした。それがこのような対立の伏線になっていたのかもしれない。農村共同体や若者集団がどのような意図から若い男女の集いを遠方の者にも開放していたのか明らかではない。推測の域を出ないが、結婚の対象者が増えれば、近親婚を回避することができる。男女のいずれにとってもより条件の良い相手を見つけることができ、とりわけ若い娘は婚期を逃さずに済む。娘の家族が女性親族のツテを頼りに遠方で結婚相手を探したのも、良縁を求めたためではないだろうか。さらに、富裕層の通婚圏は空間的にも、また社会的にも自ずと拡がったであろう。男女双方の実家が経済状態や社会的地位において釣り合っていなくてはならないからである。ジバンコフによれば、裕福な村外就業者の息子は町人身分出身者や下級の聖職者、すなわち輔祭や堂役者の娘と結婚することがあった。経済的な成功者は、そのような「上位」身分出身者の娘が息子の相手としてふさわしいと考えた。それでもジバンコフ曰く、村外就業者がこの結婚により自分たちの生産活動や生活様式を変更しようとしたわけではない。彼らは農村の出身者で農作業や家事の経験のある娘を、結婚相手に選んでいたからである[27]。

中央非黒土地方の農村では、このような出身身分の異なる結婚ペアが形成されるようになっていた。コーイエをリーダーとする国際共同研究の成果によれば、一九世紀のヤロスラヴリ県では農村住民はおもに村内や近隣の者と結婚していたが、コストロマー、トヴェーリ、モスクワ、ペテルブルクの諸県出身者との結婚もみられた。出身身分についても、一九世紀末～二〇世紀初頭において農民身分出身者とそれ以外の身分出身者との結婚が全体の八～九％を占めていた。対照的にタムボフ県の場合、通婚圏が村内およびその近隣村落に限定されていたという。[28] 以上からすれば、中央黒土地方よりも中央非黒土地方において、結婚にともなう地理的・社会的移動が相対的に大きかったとまとめることができる。その詳細および背景については、なお調査が求められる。引き続き、結婚相手の選択プロセスに立ち入ってみよう。

二　結婚相手の選択と婚約

「夜の集い」をつうじて若い男女が知り合い、結婚相手を決定していくまでの慣行を、キーシは一九世紀末〜二〇世紀初頭のウクライナ農村をフィールドにジェンダーの視点から検証している。その叙述において、女性の受動性・従属・静止と男性の積極性・支配・移動が対置される。すなわち、女性が積極的に行動し、イニシアチヴを発揮するのは例外的である。娘の行動は社会的に統制され、規範からの逸脱は厳格な制裁を受ける。その一方で、農村共同体は若い男に比較的寛容である。彼は結婚相手の選択と媒酌、結婚において形式的なイニシアチヴを持っている。とはいえ、彼も両親の意向の下に置かれ、自分自身の運命を単独で決定できない。その意味においては、若い男女の間である種のジェンダー的対等関係が追及されていた、とキーシは結論づける。[29] つまり、結婚相手の選択に際し世帯の利益が優先されていたのであり、若い男性の積極性と若い娘の受動性という役回りは副次的意味を持つにすぎないというのである。

先述のように、その他の研究も、若い男女の意思が尊重される余地は小さいと解釈している。というのは、かりに彼らが親や年長の親族、教父母などから許可を得ずに、また祝福を受けずに結婚したとしても、その結婚はあまり意味をなさないからである。彼らは花婿の実家以外に行先がない。彼らが親と同居できたとしても、親は彼らに悪口に浴びせ、彼らはこれに耐えられない。正教会も親の承認を得ていない結婚を認めない。[30]

しかし、中世ロシアや一七世紀のシベリアでは若い男女が比較的自由に結婚相手を選択できた。[31] 一九世紀末のロシア中央部においても農村共同体の統制が緩み、若い世代が自分たちの意思にもとづき結婚活動を組織するようになり、彼ら自身が相手を選択しつつあった。たとえば、トヴェーリ県では親が結婚相手を決定するのは娘だけで、しかもそれは一般的ではなく、娘が親の許可を得ずに結婚したり、「駆け落ち」をしたりするようになっていたという。[32] 労働者史研究者スミスは、ヴラディーミル県にかんする「テーニシェフ民俗学事務局」アンケート調査史料にもとづき、親たちが依然として子どもの結婚に干渉し続けていたが、一九世紀末までに愛のための結婚という考えが定着していたと論じている。[33] クリューコヴァも中央黒土地方にかんして以下のような小さな変化に注目している。依然として、結婚に際しては親の同意が不可欠である。結婚相手は完全に親の意向にもとづいて決定される。親の許可を得ない結婚は非常にまれである。しかしながら、一九世紀末には少数ではあるが、親の意見に抵抗する若い男女も現れていた。そのような場合、たいてい親たちは憐れみから、そして先行きを危惧して子どもたちの結婚を祝福した、とクリューコヴァは述べている。[34]

以上からすれば、一九世紀末のロシア中央部、とくに中央非黒土地方では結婚相手の選択における親の決定権は揺らぎ始めていたと考えるべきである。本人たちが権利を持つのであれば、キーシが明らかにしたようなジェンダー関係も変容していくのであろう。というのは、従来のジェンダー関係は親による結婚相手の決定を前提に構築されていたからである。有名な民俗学者セミョーノヴァ＝テャン＝シャンスカヤは、リャザン県農村の観察をもとに、娘の側から好きな若者の家に出向くこともあると述べている。[35] ただ、このような女性の積極性は、変化というよりも対象フィールドの慣習として理解すべきものなのかもしれない。またエンゲルが議論するように、家父長制のもとで男性よりも女性が社会的制裁を受けやすい状態に変わりはなく、女性はリスクを考慮して性的に主張しなかった。[36] 現実としては、娘は自分自身の意思を慎重に表現していったのだろう。

では、当事者による結婚相手の選択はコストロマー県北西部においても出現していたのだろうか[37]。手元にある史料をみるかぎり、そのような動きはほとんど確認できない。というのは、娘が「夜の集い」を催し、若い男が彼女たちを訪問し、交際が始まる。しかし、若い男女が交際を深める間もなく、結婚相手の候補が親の主導で決定されてしまうからである。その状況についてマカーロフは、「若い男が娘に、あとで求婚しに行くと約束しても、実際には親が彼のために裕福な家の娘を探し出し、彼がこの娘の方に向かうことがある。それでも、彼は親に抗議しない。彼自身が結婚相手の利点を理解しているかのように、親に同意する」、と伝えている[38]。親は富裕層との姻戚関係を、世帯にとって経済的社会的に有利なもの、さらには村における地位を高めるものとみなしていた。農村共同体にとっても、成員の序列を維持するうえで出身階層の近い者同士の結婚が望ましかった。マカーロフもつぎのように補足している。「財産状況において不釣り合いな結婚は総じてまれである。裕福な家は貧しい家とは『付き合いがないので』親戚にはなりたくないと考えている。皆が地元のことわざにあるように、『自分に合った木を切る［似合いの結婚相手を選ぶ］』ようにしている」、と[39]。このように結婚当事者の利益は、彼らの結婚から家長や農村共同体が得る利益ほど重視されていなかったのである。

北西部にはそのような親主導の結婚がみられた特有の事情がある。男性は少年時代を村外で過ごし、そのうえ帰省中の限られた期間に生涯の伴侶を見つけなくてはならない。若い男女が長い時間をかけ、日常生活をとおして自分たちにふさわしい相手を見つける余裕はない。相手の性格や内面は結婚後、長い時間をかけて理解していくことになる[40]。マカーロフもガーリチ郡について、そのような事情を語っている。

花嫁選びにおいて、若い花婿は自分の本当の愛にはめったに従わない。だから、愛情そのものも深まらない。ピーテルシキは故郷に飛んで帰ってきて、ほんの少しだけ滞在する。あらゆる問題は親が取りしきる。

親は息子の結婚を思いつき、たいていできるだけ裕福な、良い家の中から数人の花嫁に狙いをつける。貧しい家の娘とは結婚させない。（略）とはいえ、愛らしく美しい娘は極貧、たとえば土地のない家の娘でも、若者やその親に大いに気に入られ、花婿が見つかる。（略）もちろん裕福な家へではないが、彼女は十分豊かなところへ嫁いでいる。(41)

若い男女の個人的な交際が限定的であるならば、結婚相手を選ぶ際の基準が本人と親の間で乖離する事態も少なくなる。望ましい花婿および花嫁の条件は、ヨーロッパ・ロシアの各地でほぼ一致していた。すなわち、花婿の条件としては責任感があり、勤勉であること、健康で体力があり、重労働ができること、酒を飲まないことなどである。また花嫁は従順で忍耐強く、勤勉であること、健康で体力があり、重労働ができること、子どもをたくさん産めること、純潔であること、容姿が美しいことなどを条件としていた。この他、実家の経済状況が考慮されていた。(42) 花婿の実家は花嫁に何よりも勤勉かつ健康で、新たな共同作業者として世帯の利益のために貢献することを求めていた。花嫁側も花婿に対して同様の条件を求めていた。そして、このような理想が世代を超えて共有されていたのである。

ただ、これらを前提としながらも、北西部農村にかんする史料ではそれぞれの実家の経済力や相手の外見にかんする言及が目立つ。たとえば、良い花婿とは裕福な家の出身で、なおかつ兄弟が少なく、将来、世帯分割により財産が減少する可能性の小さい者、美貌で背がすらりとしている者、ペテルブルクに働きに行き、衣服が多い者だという意見がある。(43) これは、とくに商工業的な生産活動が住民の生活水準を上昇させ、それと同時に住民の間で経済格差が生まれていたからであろう。若い男女もこのような価値観を表象をつうじて体得していた。娘たちは村外就業者の中から結婚相手を探していた。その事情をマカーロフはつぎのように説明している。

（略）もしも若い男のうち誰かが村にとどまるならば、娘たちはこの者を結婚相手とみなさない。彼はピーテルシキではないからである。ピーテルシキはきれいな身なりをしている。ジャケットを着て、オーバーシューズを履き、しゃれたオーバーを着ている。彼はなれなれしく、機敏で、ここの若者たちが言うように「いかして」いて、村で暮らす若い男とは比べものにはならない。ピーテルシキは流行を決定し、家にお金を送り、上等な土産を持ち帰る。要するに、当地で彼らは最上の人間とみなされている。彼らの間の流行は、娘たちの間で大きな位置を占めている。(44)

村外で働く若い男は郷里に都市風の文化を持ち込んでいた。彼らはこの都市の文化を武器に娘たちを従属させようとした。娘たちは彼らの価値観を受け容れていた。それは、娘たちが若者の服装や物腰から、村外就業者がもたらす経済的・文化的豊かさ、そしてこの豊かさを獲得するために「よそ」で働く彼らの健康や勤勉、「男らしさ」を読み取っていたからである。逆に、ジバンコフの観察によれば、村に残っている者は病気に罹っているか、いささか愚鈍な者で、首都で就労不能と親にみなされた者だった。娘たちが彼らを結婚の対象外とした事情はそこにあるのかもしれない、とジバンコフは解釈している。(45)

さらに、先に引用したマカーロフの報告において、貧しくとも容姿端麗であれば、若い男もその親もこの娘との結婚を望んだ、とある。先行研究によれば、一九世紀末の農村では女性的な美しさにかんする価値観が転換し、花嫁の筋力への関心は低くなり、容姿や振舞いの美しさが重視されるようになっていた。(46)生活水準の上昇が花嫁の容姿を基準に加える余裕をもたらしたのであろう。容姿は「夜会」などで相手を選ぶ際の条件となり、親たちが子どもの結婚相手を決めるときも加味されたと思われる。(47)

さてクリスマス週間が終わると、若い男の側は娘側へ結婚を申し込む。マカーロフにとって、農民たちの求婚慣行は「自尊心が欠け」、「軽率である」ように感じられた。というのは、男性側は花嫁の第一候補に求婚し、断られるとすぐさま第二候補、さらに第三候補のもとへと向かうからである。彼らは若者の好みに合う器量を備え、経済状態において自分たちと釣り合うと考える世帯の娘を見つけようとする。肝要なのは、双方が「自分に合う木を切った」と認識することである。結婚「シーズン」の最盛期はひと月と少し（一月六日～二月一五日）しかない。親は限られた時間に息子を結婚させようとなりふり構わず行動する。花嫁側が辞退しても花婿のプライドは傷つかない。花嫁も、自分が花婿側の第四候補であったとしても、侮辱されたとは思わない、と。このようにマカーロフは事態をやや冷やかに見ている。(48)

娘側が応じてからも、両者は自分たちに有利なように縁談をまとめようとする。ヨーロッパ・ロシアの他地域と同様、コストロマー県北西部でも、求婚に続き双方が相手の家屋や経済状況、結納金と嫁資、そして花婿や花嫁の資質を一、二週間かけて精査する。(49) このとき、北西部では村外就業と関連してある種の問題が生じていた。若い男が首都で就職し、その実態が把握できないので、娘側は情報が乏しい。またジバンコフ曰く、「夜会」には遠くの村の若者も集まるので、両者の住所が二〇～四〇キロメートル離れていて、それまでまったく交流のない場合もある。村人はたいてい帰郷の際の様子から村外就業者の稼ぎの多寡を推察していた。たとえば、この者は馬に乗って帰って来たのか、それとも馬を雇うだけの稼ぎがなく歩いて来たのか。稼ぎを家族に持ち帰ったのか、村の子どもたちにおみやげを配ったのか、などである。徒歩の者は村人の嘲笑の対象となる。当然、結婚にも影響する。そこで男性側はつぎのような策を講じて貧しさを隠そうとしていた。ペテルブルクから帰郷する若者は、故郷の村に入る直前にガーリチ市で親類と落ち合う。この親類はあらかじめ穀物をひそかに売却し、それで得た現金で彼の衣服や土産を買い揃え、馬を準備しておく。そして、若者は身なりを整え、土産を携え馬に乗って帰郷するのである。(50) このようなエピソードからも、農村住民にとって「豊かさ」の象徴がどれだけ大きな意味を持っていたのか理解できよう。

娘からすれば、求婚者が何者なのかまったく知らない場合がある。そのような状態で結婚に同意するか尋ねられると、娘はしばしば初対面のときの第一印象で、あるいは自分の親族の説得によりこれを承諾するしかない。そのような事情からか、祈禱と花嫁側の婚約式（пропой）のあとに娘が翻意することもある。[51] ロシアの他地域でも結婚の手順は同様であったから、娘による結婚拒否もやはり指摘されている。ただ、娘の結婚拒否が単なる結婚へのためらいからなのか、あるいは意中の相手との結婚を主張したものなのか定かではない。

ともあれここで問題なのは、はたして娘の意思が尊重されたのかということである。マカーロフは、結婚は親によって強制されず、若い男女双方の合意にもとづいて行なわれているとも述べている。しかし、婚約が成立し、結婚の条件が取り決められてから婚約を破棄する場合、補償問題が発生する。取りやめを申し入れた花嫁側を相手に、花婿側が郷裁判所に訴えを起こし、それまでに負担した費用を請求する事態もみられた。[52] したがって、娘の意思が尊重されるケースは多くはなかったであろう。補償問題に加えて、これまでの考察内容を勘案するならば、今回、破談になったからといって娘が自分の意思で相手を選択できるわけではないからである。

双方は婚約に合意するにあたり、嫁資や結納金を取り決める。ムーンやウォロベックが指摘するように、嫁資や結納金の内容や価値はまさしく世帯における花嫁の価値を表すものである。このうち嫁資は、花嫁の実家が花嫁に分与した財産と言えるものである。嫁資の所有権は結婚後も花嫁に帰する。[53] 結納金は花婿側から花嫁の実家に渡される。この結納金には、結婚にともなう花嫁側の労働力や再生産力の喪失を花婿側が補償する意味合いがある。また、花嫁側による嫁資や結婚費用の準備を支援する意図もある。それとともに、花婿側が花嫁側に衣服や結婚費用を提供することで、この新たな家族員に対し絶対的な権威を得ようとする思惑もある。農村住民は不足部分を借金してでも一〇〇～一五〇ルーブリをかき集め、豪華な披露宴、華美な衣装、嫁資の用意に充てていた。

嫁資や結納金の慣行には地域差もある。人口密度が低いロシア北部、世帯別土地所有が一般的なウクライナでは嫁資のみが取り決められていた。結婚にともない花嫁側から花婿側に娘が移ったとしても、土地所有に影響を与えないからである。これに対し、ロシアの中央部や南東部ではもっぱら結納金が決定されていた。嫁資と結納金の慣行が両方ある場合も、嫁資よりも結納金に重点が置かれていた。ここでは共同体的土地所有が採用されており、結婚が花婿側の世帯に新たな分与地をもたらしたからである。さらに農村小工業がさかんな地域では、手工業の技能を有する花嫁は高く評価されていた。ゆえに、花婿側は結納金を贈り、花嫁側の労働力喪失を保障したのである。花嫁が病弱だったり、処女喪失の噂があったりするならば、結婚相手としての花嫁の価値は下がる。この場合、花嫁はより高価な嫁資を持参しなくてはならず、花婿側はより少額の結納金を贈るだけで済む。[54]このように花婿側・花嫁側は、花嫁の移動にともなう双方の損得を評価し、それを嫁資や結納金で平等化していた。

嫁資と結納金を決定するにあたり、男性の村外就業も考慮すべき要素となる。もちろん村外就業がさかんな農村では、農村小工業地域のように花嫁の労働力が貨幣の収入に直結するわけではない。しかし、女性は男性の不在中、農作業と家事を担い、家計をやりくりしなくてはならない。花嫁の労働力は貴重である。花嫁の実家も村外就業により男手を欠いていたから、娘の結婚は農作業や家事労働の人手減少を意味する。したがって、花婿側が花嫁側に結納金を贈り、花嫁側の労働力喪失を補償する必要が生じる。[55]マカーロフはコストロマー県北西部について、嫁資、結納金のいずれの慣行も見られるものの、これらの慣行には村落や階層ごとに違いもみられると報告している。たとえばチュフロマ郡カリキンスカヤ郷では結納金が非常に高額であり、とくに裕福な家の娘が結婚するときには必ず結納金が取り決められていた。しかし、マカーロフが住むイリインスコエ村付近では結納金は取り決められていなかった。さらに、ガーリチ市周辺の村では花婿側が花嫁側に結納金を贈らないどころか、

表 7-1　コストロマー県における結婚の月別構成（1881 ～ 84 年）（%）

	1、2月	4、5月	6～8月	9～11月
南西部				
ネレフタ	64.1	5.7	5.3	24.9
コストロマー	78.3	5.7	3.9	12.1
キネシュマ	72.0	5.9	3.8	18.3
ユリエヴェツ	48.1	19.7	5.6	26.6
北西部				
ガーリチ	87.5	5.5	1.7	5.4
ブーイ	82.3	7.0	2.7	8.0
ソリガーリチ	88.3	5.2	2.4	4.1
チュフロマ	87.9	5.8	3.1	3.2
東部				
ヴェトルガ	45.6	7.1	5.3	42.0
ヴァルナヴィン	69.9	9.4	6.3	14.4
コログリフ	48.1	19.7	5.6	26.6
マカリエフ	65.4	13.1	6.6	14.9
合　計	68.2	9.7	5.0	17.1

出典：*Жбанков Д. Н.* Влияние отхожих заработков на движение народонаселения Костромской губернии, по данным 1866—83 годов // Материалы для статистики Костромской губернии. Вып. 7. Кострома, 1887. Таб. 2 より作成。

逆に花嫁側に嫁資を要求していた。というのは、花婿側が「市周辺の村の娘は甘やかされているので、「働きが足りない」分を金銭で受け取る必要がある」と考えていたからである(56)。このようにマカーロフが伝える各地の様子は三者三様である。大雑把に言うならば、カリキンスカヤ郷は大工の村外就業がさかんで、人手不足感があるため、結納金が高額となる。花婿側にとって魅力的な、裕福な世帯の娘との結婚も同様である。都市的な生活文化が及んでいるところでは娘の労働能力や処女性の信頼性が低いとされ、花婿側が嫁資を条件づける。もっとも嫁資など、マカーロフが触れていないその他の要因も考えられるので、単純な一般化には慎重であらねばならない。

なお、農事暦や教会暦との関係で婚儀の時期は限定されていた。婚儀は春から秋までの農繁期には行なわれない。さらに正教会は降誕斎期、大斎節、生神女就寝斎などに婚儀を禁じていた。ヨーロッパ・ロシアの農村では、婚儀の大半が一、二月のうちクリスマス週間以降、マースレニッツァの木曜日から四日間、大斎節後の春、そして晩秋の一〇、一一月に重なった(57)。上述のように、北西部の結婚「シーズン」は一〇、一一月ごろに始まり、年明けの一月に男性側が娘側に縁談を持ちかけていた。娘側がこれを承諾すると、婚約つづいて結婚式が執り行なわれることになる。そのため表7－1に示されるように、八〇年代初頭の北西部では婚姻数の八割が一月および二月に集中していた[58]。この傾向は、一九〇〇年代になってもほとんど変化していない。

結婚後、若い夫婦は夫の親元で新婚生活を開始する。そのわずか二か月後の三月（大斎期の第三週ないしは第四週）、夫は就業地へ出立しなくてはならない。夫と別れるのがつらいのか、あるいは以後、夫の実家で暮らすのが不安なのか、夫が出発する日、ガーリチ郡の若い妻たちは涙を流しながら夫を見送る。定期市の日にはそのような妻たちの姿が多数みられたという[59]。

このように、北西部農村住民の結婚はおもに経済的な関心にもとづいていた。親は息子をできるだけ早く結婚させ、嫁を家事や農作業にあたらせようとした。男性は一〇代の大部分を村外で過ごし、帰郷は晩秋から冬に限られていた。若い男女が日常生活をつうじて感情的な結びつきを深める機会は限られていた。それが結婚において親の主導性を強めたのである。そのような結婚行動を念頭に置きながら、つぎに結婚統計の分析を試みたい。

三　ヨーロッパ・ロシアの結婚

はじめに、統計史料や先行研究にもとづき、ヨーロッパ・ロシアについて結婚の特徴を確認しておこう。既述のとおり、ヨーロッパ・ロシアの大部分は「非ヨーロッパ結婚パターン」地域にある。それゆえ、結婚率（人口一〇〇〇人あたりの結婚件数）はヨーロッパ諸国よりも高い水準にある。ただ一九世紀後半以降、結婚率は緩やかな下降線を辿り続けている。すなわち結婚率は一八六七～七九年の九・七‰から一八八〇～八九年の九・二‰、一八九〇～九九年の九・〇‰を経て、一九〇〇～〇九年の八・五‰へ一・二ポイント低下する[60]。

第二の特徴は低い初婚年齢と低い生涯未婚率であるが、これにかんするデータを解析する前に史料について説明しておこう。平均初婚年齢の推計には人口動態調査史料を利用する。この調査は、中央および地方の統計委員会が正教会などの宗教・宗派機関の執り行なった婚儀（結婚）数を集計したものである。一八六七年度以降、ロシア内務省中央統計委員会は人口動態調査の結果を『ヨーロッパ・ロシアの人口動態』として刊行している。その項目は婚儀の件数、宗教・宗派別構成、月別構成、結婚時の婚姻状態（未婚と寡婦・寡夫。一部で離婚を含む）、結婚者の年齢別構成である。残念ながら、出身身分・階層（職業）、民族にかかわる項目は設けられていない。史料の性格上、教会で婚儀が執り行なわれなかった結婚は含まれていない。たとえば分離派やユダヤ人などの宗教・宗派、民族においてはデータの精度は下がる。また地域によっても捕捉にバラツキがある。とはいえ、ヨーロッパ・ロシアの全体的状況を理解する上でとくに支障はないと考えられる。

生涯未婚率の水準については全国センサス調査史料が手がかりを与える。先述のように一八九七年、帝政時代唯一の全国センサス調査が行なわれている。人口学の先行研究はこの調査を最も基本的な史料と位置づけている。この史料についても、データの精度を大きく歪めているわけではないけれども、いくつかの限界が指摘されている。すなわち、全国センサスは国家による管理統制の一手段である、と多くの人びとは疑念を抱いていた。対象者の中には、センサス調査を初めて体験する者や識字能力を持たない者が少なからず含まれていた。無職ないし住所不定の者は捕捉が困難である。税負担の追加を逃れようと、副収入の存在を意図的に隠蔽する者がいた、などである。(61)

まず、人口動態調査における婚姻者の年齢別構成から平均初婚年齢を間接的に把握してみたい。というのは、人口動態調査史料では初婚と再婚が区別されていないので、初婚年齢に限定したデータ処理ができないからである。結婚において初婚は圧倒的な部分を占めていた。ゆえに年齢別構成の最大値を初婚のピークとみなすことが可能である。図7－1にみられるように、男性の最大値は六〇、七〇年代まで二〇歳未満が三七％、二〇代前

図 7-1　婚姻者の年齢別構成

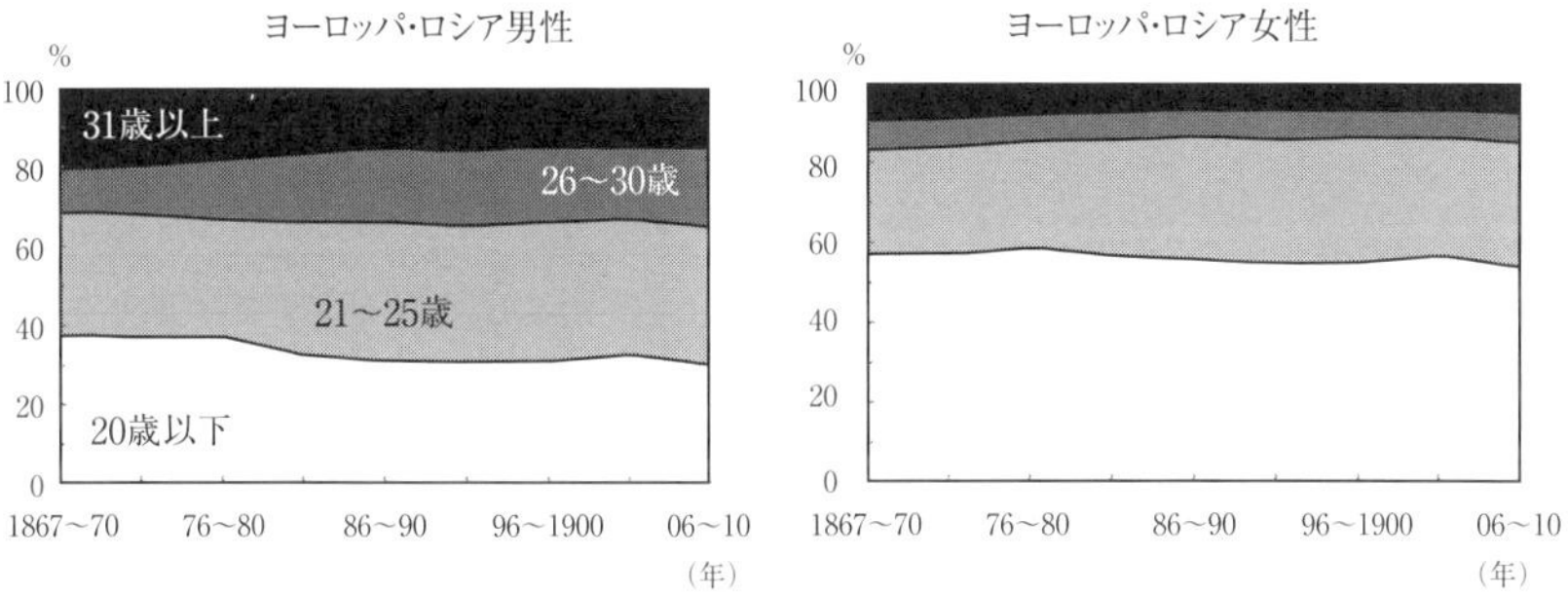

出典 : Движение населения в Европейской России за (1867—1910) год. СПб. より作成。

半が三〇%という構成だったが、八〇年代からは二〇代前半が二〇歳以下を上回る。女性は二〇歳以下が過半数を超えているが、二〇代前半の増加が目立つ。したがって農村人口の平均初婚年齢は依然として低いが、一九世紀後半以降、男女ともに上昇していると言って良い。

つぎに通常、生涯未婚率すなわち五〇歳時点の未婚率は、全国センサス調査史料の年齢別婚姻状態データのうち四六〜五〇歳および五一〜五五歳の未婚者比の平均から得られる。しかし、史料では一〇歳ごとの階梯となっているため、ここでは四一〜五〇歳および五一〜六〇歳の未婚者比の平均から近似値を求める。図7-2は年齢別婚姻状態を整理したものである。これをもとに計算したヨーロッパ・ロシア農村人口の生涯未婚率は、男性三・五%、女性五・〇%とかなり低い。

このように、「非ヨーロッパ結婚パターン」地域の高い結婚率、低い初婚年齢、低い生涯未婚率が析出される。その要因として、やはり農奴制下、国家・領主・農村共同体・家長が農民に早婚や皆婚を促していたことがあげられる。農奴解放は領主権力を除去し、このような結婚圧力を下げることになる。とはいえ国家や農村共同体は、農民による諸義務遂行の観点から早婚や皆婚を支持していた。世帯においても、早婚と皆婚、そして多子は生存戦略の一環をなしていた。

しかしながら、一九世紀後半には結婚率の下降、初婚年齢と生涯未婚

図7-2　年齢別婚姻状態（1897年）

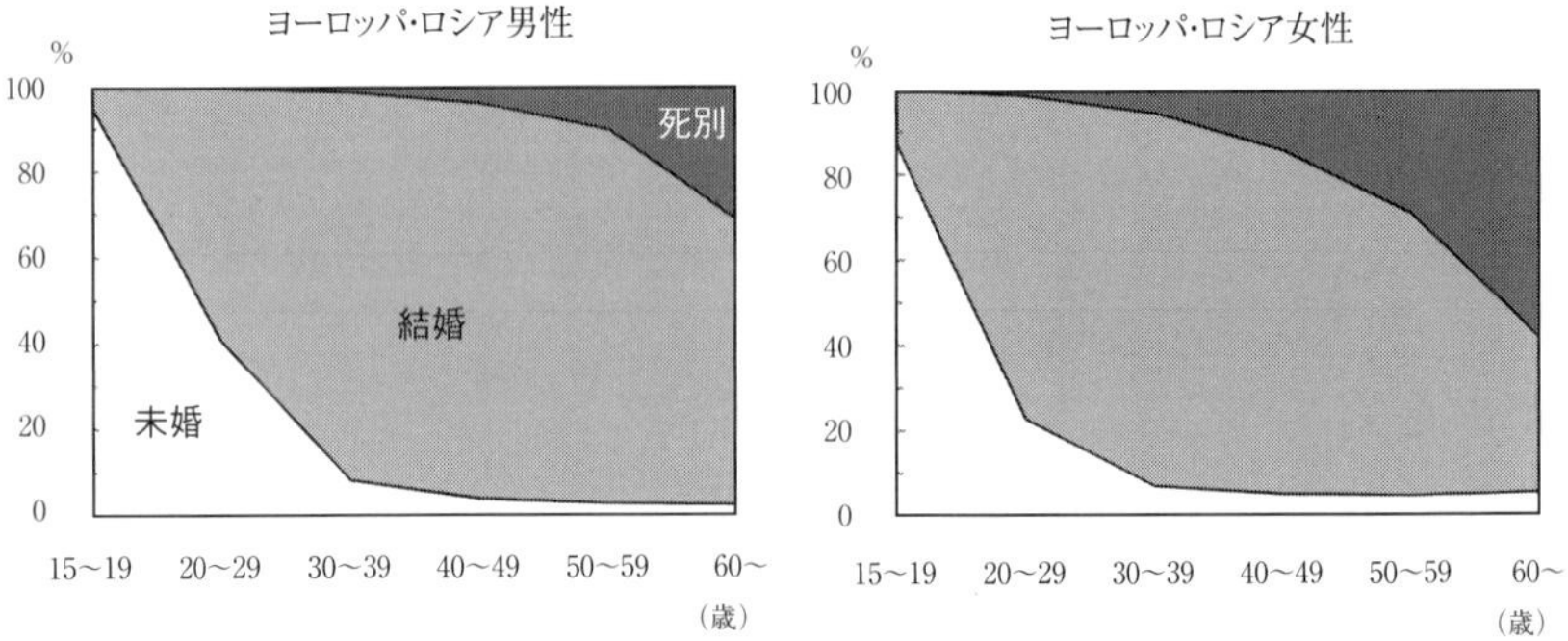

注：不明者を除いた。
出典：*Тройницкий Н. А.* (ред.) Общий свод по империи результатов разработки данных первой всеобщей переписи населения, произведенной 28 января 1897 года. СПб., 1905. Т. I. С. 80-81 より作成。

率の上昇が進行する。その理由としてまず考えられるのが一八七四年の一般徴兵制度導入である。この新制度は兵役を対象年齢男性の二〇～三〇％に拡大し、その代わりに期間を従来の二〇～二五年間から（二一歳からの）六年間、さらに三年間へと短縮した[62]。制度導入後、若い男は兵役の対象から外れるか、あるいは兵役終了後に結婚するようになる。この男性の行動に合わせて女性の結婚も遅くなる。図7－1に示される年齢構成において、二〇歳以下の比率が減少したこともこれによって説明可能である。またクリューコヴァによれば、中央黒土地方では二一歳、すなわち兵役の開始年齢以降、農村共同体より二ドゥシャーの分与地が割り当てられていた。徴兵を免れた者は結婚する。兵役に就いた者は除隊後、結婚した。なお結婚ペアの年齢差は一～三歳で、男性が年上の場合が多いという[63]。つまり、男性は兵役に就くかどうか判明するまで結婚を先延ばしする。そして対象から外れるのが確定後、分与地を受け取り、結婚するという行動をとっていた。夫婦の年齢差は小さかったから、女性の初婚年齢も上昇することになる。

この他、人口学者ノヴォセリスキーは露土戦争（一八七七～七八年）、日露戦争（一九〇四～〇五年）が短期的に結婚率を押し下げたと主張している。[64] たしかに、そうした一連の対外戦争、くわえて豊・不作、好・不況が結婚を一時的に延期させ、結婚率や初婚年齢に影響を与えた可能性もある。他方では、長期的には農村住民の生活水準が向上している。次章でみるように死亡率も低下している。これらが結婚に際しての経済的な障害を取り除いたこと、また早く結婚し子どもを産み、働き手を加えるという動機を弱め、望ましい相手を余裕を持って探すようにさせたことも考えられる。いずれにせよ、農村住民の結婚は伝統的な習俗によってパターン化されていた。世帯の生計も依然として不安定であり、働き手をできるだけ多く必要としている状況に変わりはない。乳幼児死亡率も引き続き高い水準にある。社会変動が結婚行動に反映したのだとしても、その程度については判然としない。

ところで、ヨーロッパ・ロシアの「非ヨーロッパ結婚パターン」については地域差が指摘されている。図7－3は、コールらが一八九七年全国センサス調査史料をもとに県別のSMAM（静態平均初婚年齢）を割り出したものである。この図からみて取れるように、平均初婚年齢はヨーロッパ・ロシアの北西から南東へ移動するにつれて低くなる。[65]

ウォロベックは黒土地帯を念頭に置いて、生計手段の確保や資本の蓄積が結婚の前提とされておらず、それが初婚年齢を低くしていたという見通しを立てている。早婚の促進要因としてあげられているのは、均分相続による財産の獲得、妻帯者への共同体からの土地割当、結婚にともなう家族の複合化、そして労働力の増強による家内工業への従事と収入の補足である。[66] これに対してオランダのカレンチャーとパーピングは、一九世紀後半の黒土地帯では個人的な人生戦略や家族の生存戦略にもとづく社会的経済的合理性よりも、社会文化的な早婚の「伝統」が初婚年齢を規定していたと主張する。すなわち、一七世紀の黒土地帯においては人口が希薄で、肥沃な土地が豊富にあり、若い年齢での結婚が有利であった。領主もこの結婚パターンを支持していた。一八世紀に人口は急増する。一九世紀までに人口は「過剰状態」となり、多くの人々はかろうじて生存を維持できる水準にある。

図7-3　ヨーロッパ・ロシア農村人口のSMAM（静態平均年齢）

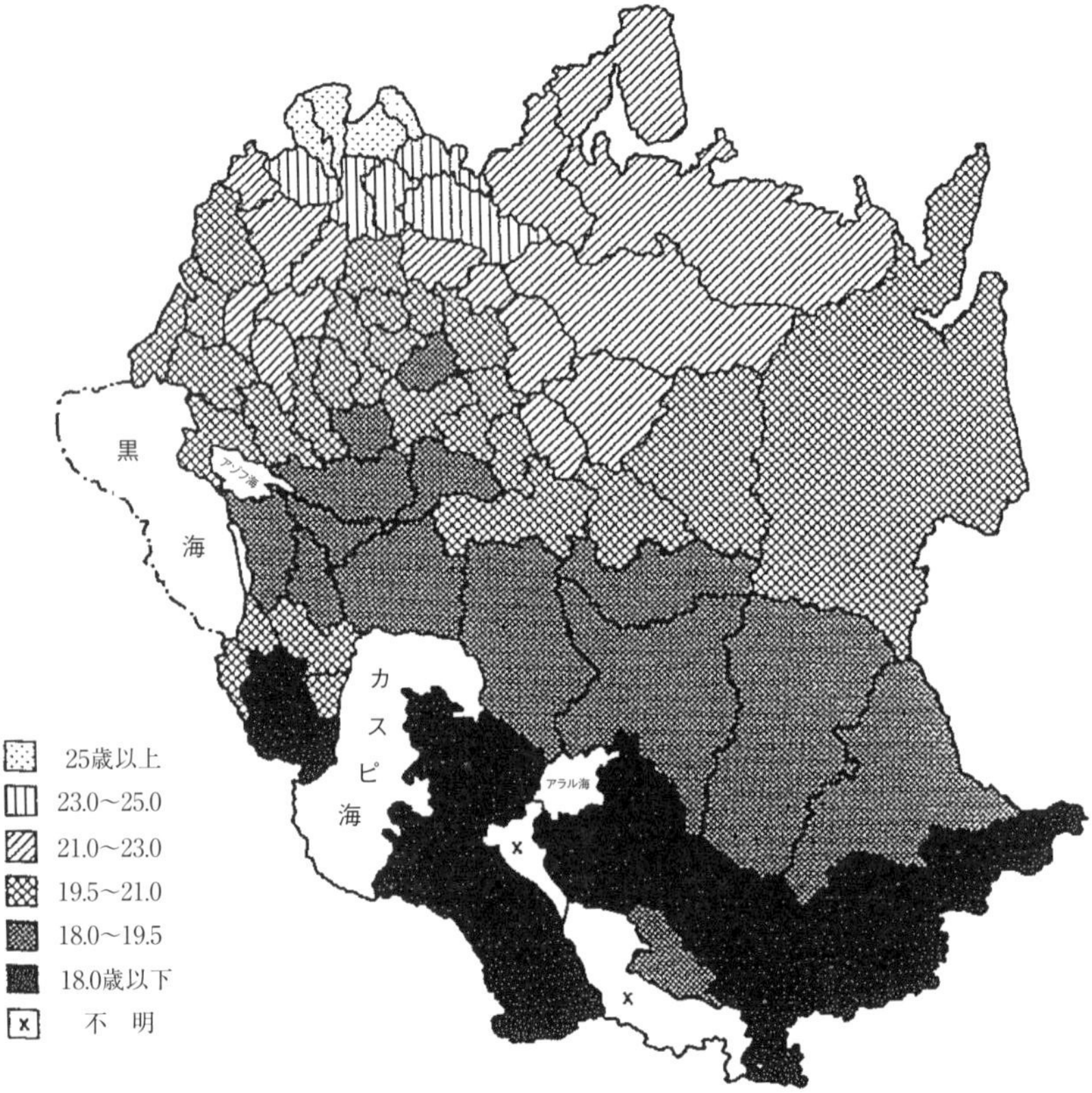

出典：Ansley J. Coale, Barbara A. Anderson, Erna Härm, *Human Fertility in Russia since the Nineteenth Century,* Princeton, New Jersey: Princeton University Press, 1979, p. 152より作成。

それでも伝統的な結婚システムは変容せず、共同体による土地分与がこれを強化していた、と[67]。たしかに長期的な視点からみれば、一九世紀の黒土地帯とくに中央黒土地方では、植民の過程で生成した生殖行動はもはや社会経済の実情に即していなかった。一九世紀後半とは両者の乖離が露呈した時代なのである。

一方、非黒土地帯は気候が冷涼で土地も肥沃ではない。ここでは、農民世帯が農業と商工業的な生産活動の両方に立脚していた。農業に大きく依存していた黒土地帯の世帯と比べて、非黒土地帯の世帯においては、労働力確保の切実性は小さくなる。早婚と皆婚、多子を促す力も弱くなる。非黒土地帯の相対的に高い初婚年齢については、ウォロベックやエンゲルの議論がある。ウォロベックは商工業的な生産活動に注目する。すなわち、未婚の若い男性は世帯のために村外から稼ぎを送らなくてはならない。彼は結婚費用や結婚後、近い将来予定される独立のために資金を準備しなくてはならない。それゆえ、彼は結婚を遅らせる。農村小工業がさかんな地域では世帯の働き手を確保しようとして、若い娘の結婚も先延ばしになった、とウォロベックは説明する。(68)

エンゲルもまた農業以外の生産活動を規定要因とみなす。世帯を構えられるだけの収入のあることが若い男性の結婚条件となっていた、と彼女は言う。(69) このような考え方から、エンゲルはヤロスラヴリ県農村住民の間でみられた高い初婚年齢を理解しようとする。つまり、一八八〇～一九〇〇年における同県の場合、結婚全体に占める二〇歳以下の比率は、男性が二割弱、女性が四割弱とヨーロッパ・ロシアの水準からすればかなり低い。ここでは男性村外就業者の約三割が商業、同約三割が手工業に従事していた。彼らの間には相対的に都市的な（そしてミドルクラスの）結婚パターンが普及していた。彼らは結婚後の独立世帯形成を考慮して、独立が可能となるだけの資金が貯まるまで結婚を待った。対照的に、やはり村外就業がさかんなコストロマー県北西部の場合、結婚パターンは相対的に農村的である。男性の結婚は早く、息子は結婚後、父親のもとに少なくとも数年間はとどまる。トヴェーリ県の男性も結婚が早く、彼らは結婚してから世帯の独立資金を貯める、と。(70) このように、ヤロスラヴリ県の住民は結婚と財産形成を関連づける。コストロマー県やトヴェーリ県の住民は結婚してから独立のための財産を親元で形成するのだとエンゲルは整理する。

論者はいずれも、結婚と独立世帯形成のための経済的な準備が結婚を遅らせていたと主張している。ただ、それぞれの内容には少しズレがある。ウォロベックがどちらかと言えば結婚や独立に際する経済的な障害を問題にしているのに対し、エンゲルはヤロスラヴリ県について「ヨーロッパ結婚パターン」地域でみられるような結婚規制を論じている。ウォロベックの主張はもっぱら社会的経済的要因から初婚年齢を説明しようとするものであるが、その妥当性には若干疑問がある。というのは、このような原則のみで初婚年齢が決定されるのであれば、結婚年齢に階層差が生じるはずである。しかし、ロシア農村住民の階層分化が小さいとはいえ、これを明確に示す史料は管見の限り見当たらない。つぎに、たしかにエンゲル説のように、農村住民が都市の商工業者となることで、あるいは都市空間が膨張し、近郊の農村が都市との関係性を深めることで、都市の結婚規範やその結婚年齢——都市住民の平均初婚年齢は農村住民のそれよりも高い——が波及した可能性はある。しかしながら、ミッテラウアーらは一八世紀後半についてすでにこのようなヤロスラヴリ県特有の結婚パターンを確認している。したがって、前述のカレンチャーとパーピングの視点をとり入れる必要があり、その起源はそれ以前の時代にさかのぼると考えるべきである。また、ヤロスラヴリ県の農村住民がどの程度、意図的に都市の結婚規範を採用し、結婚規制を行なっていたのかもはっきりしない。エンゲルは言及していないが、送り出す農村側の経済活動も問題となる。コストロマー県北西部のように、兼業に配慮して早婚が促されるケースもあるからである。

いずれにせよ、ヨーロッパ・ロシアの北西、つまり「ヨーロッパ結婚パターン」地域に近いほど初婚年齢が高いことは明らかである。ヨーロッパ・ロシアにおいてヨーロッパとは異質の土地制度が普及していたとしても、そこではヨーロッパとの何らかの連続性を持って結婚パターンが形成されていたと考えられる。くわえて、非黒土地帯についても前述のカレンチャーとパーピングの主張、すなわち結婚は社会文化的に規定され、社会経済の現実とは必ずしも一致しないという見方を採用すべきであろう。

四　コストロマー県北西部農村の結婚

以上のような結婚の特徴をふまえて、コストロマー県北西部農村住民の結婚をみていこう。ここではおもに人口動態調査史料と全国センサス調査史料に依拠する。この他、全国センサス調査以前の人口数調査史料も参考にする。ただ、その調査項目は人口数や性別構成などに限定され、データの信頼性も全国センサス調査よりも低い。

表 7-2　北西部の結婚率（‰）

	ブーイ郡	ガーリチ郡	ソリガーリチ郡	チュフロマ郡
1875 年	8.5	8.9	9.6	9.8
1880 年	9.2	9.0	8.9	9.4
1887 年	8.1	8.6	9.3	10.2
1900 年	8.8	9.7	8.9	9.7
1910 年	9.1	9.0	8.8	10.0

注：都市を含む。
出典：*Владимирский Н. Н.* Отход крестьянства Костром-ской губернии на заработки. Кострома, 1927. С. 85; Движение населения в Европейской России за (1874, 1875, 1876, 1879, 1880, 1881, 1886, 1887, 1888, 1899, 1900, 1901, 1909, 1910) год. СПб. より作成。

全国センサス調査以降については、全国規模の悉皆的な人口調査は行なわれなかった。中央統計委員会は全国センサス調査と人口動態調査のデータをもとに人口数の推計値を報告しているが、社会増加が十分考慮されていないだけでなく、出生・死亡数データの信頼性も低い。そのため、推計値は実際の人口数よりも過大となっている。このような史料状況はとくにリージョナル・レヴェルでの人口数の算出を困難にする。人口数データの誤差は、人口動態にかんする基本的指標の信頼性にも影響を与える[71]。

これらを了解したうえで、一九世紀後半について結婚率を試算してみよう。表7-2のように、北西部の各郡の結婚率は八～一〇‰と全体的に高めである。とくにチュフロマ郡が九‰台後半から一〇‰台前半と高い。それ以外の郡に大きな差はみられない。北西部の結婚率は高い状態でほぼ安定している。エンゲルが作成したコストロマー県の結婚率にかんする表でも、北西部（ソリガーリチ郡とチュフロマ郡）の水準はこれとほぼ同じである。北西部と全県の結婚率も近い[72]。

つぎに、全国センサス調査史料にもとづき、年齢別婚姻状態を分析する。その結果を整理した図7－4によれば、北西部農村住民は男性の一〇代後半と二〇代、女性の一〇代後半の既婚者比率がコストロマー県のそれらよりも数パーセント高い。しかし大差はない。またここから、女性の初婚年齢は非黒土地帯の平均よりも低いが、黒土地帯の平均よりも高いことがうかがえる。ただ、全国センサス調査史料では二〇代が一括して集計されていることもあり、残念ながら結婚年齢を詳細に検討することはできない。動態も明らかではない。

そこで、人口動態調査史料をもとに結婚者の年齢別構成を読み解いてみよう。図7－5にみられるように、一八七〇年代の北西部はコストロマー県よりも男女ともに二〇歳未満の比率が高く、早婚が顕著である。それ以降については差は読みとれない。二〇歳未満の割合は減少傾向にあり、その分二〇代前半が増加している。一九〇〇年代には男性は二〇歳未満が三割、二〇代前半が四割台、女性は二〇歳未満が五割前後、二〇前半が四割前後の構成となっている。チュフロマ郡は期間をつうじて男女で二〇歳未満が最大層である。ここでも二〇歳未満の比率は確実に減少している。

このように、北西部では低い初婚年齢が特徴的である。それは行論において明らかにされた、世帯の論理にもとづいた早婚の優勢を反映している。同時に、一〇代男女の結婚減少による初婚年齢の上昇も確認できる。領主権力の消滅そして一般徴兵制度の導入がこの年齢での結婚を減らす直接的な原因になったものと考えられる。若い男女の間で結婚を先延ばしし、男性が兵役に就くかどうか見きわめる行動が生まれたのである。北西部ではピーテルシキが帰郷し、徴兵が行なわれてから、一一月一日より若い男女が知り合う夜会などが開催された[73]。これには召集された者を結婚相手から除外する意図もあろう。とはいうものの、入営者が増加すれば、娘は兵士を結婚の対象とせざるをえない。兵役期間も短いので、兵士の妻となるデメリットも減じられている。これまで兵士

図 7-4　年齢別婚姻状態（1897 年）

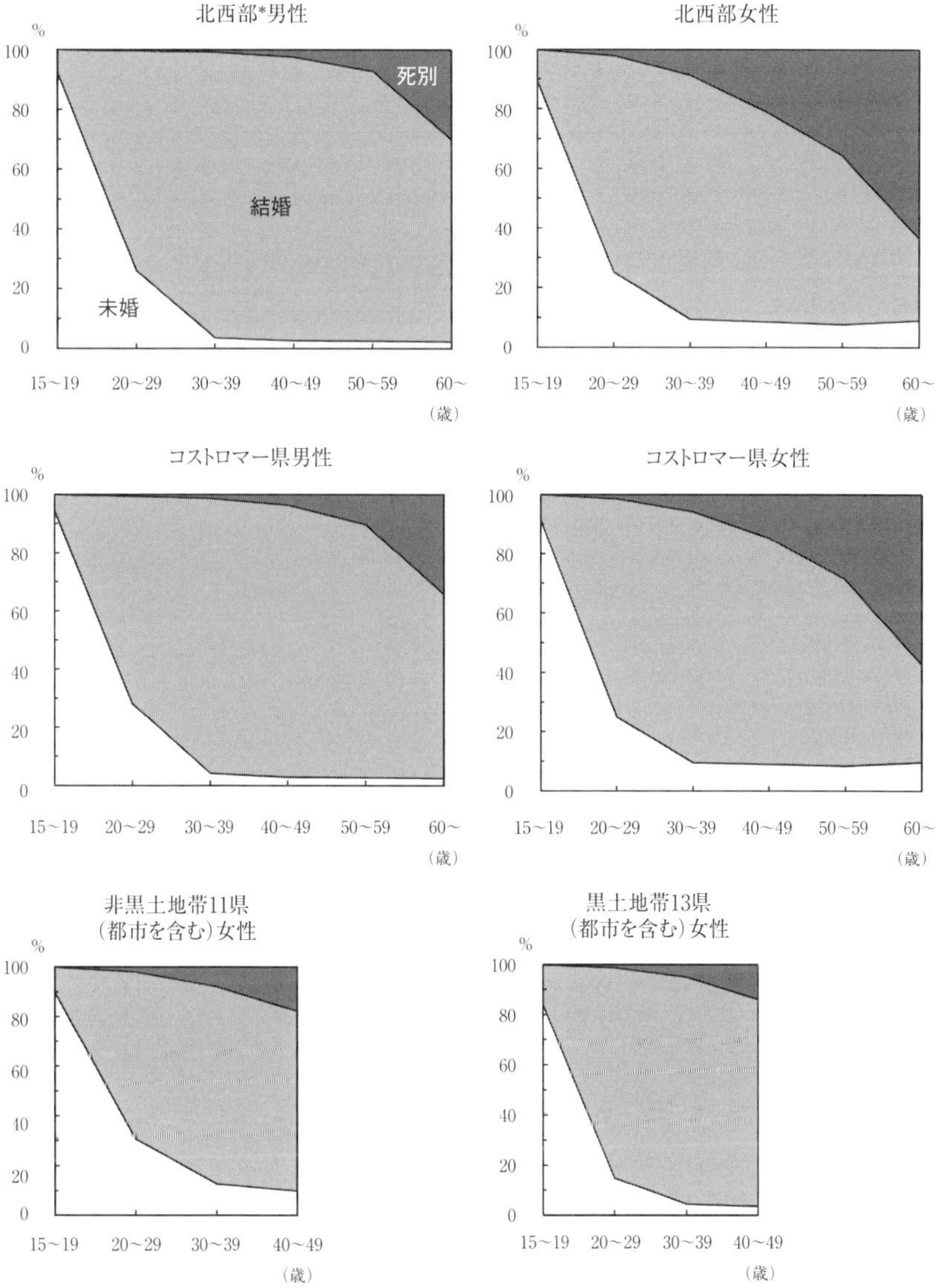

注：＊ブーイ郡を除く。

出典：*Тройницкий Н. А.* (ред.) Первая всеобщая перепись населения Российской империи, 1897 года. Т. 18. Костромская губерния. СПб., 1903. С. 32, 35, 40; *Вишневский А. Г.* Ранние этапы становления нового типа рождаемости в России // *Вишневский А. Г.* (ред.) Брачность, рождаемость, смертность в России и в СССР. Сборник статей. М., 1977. С. 117-119 より作成。

図 7-5　婚姻者の年齢別構成

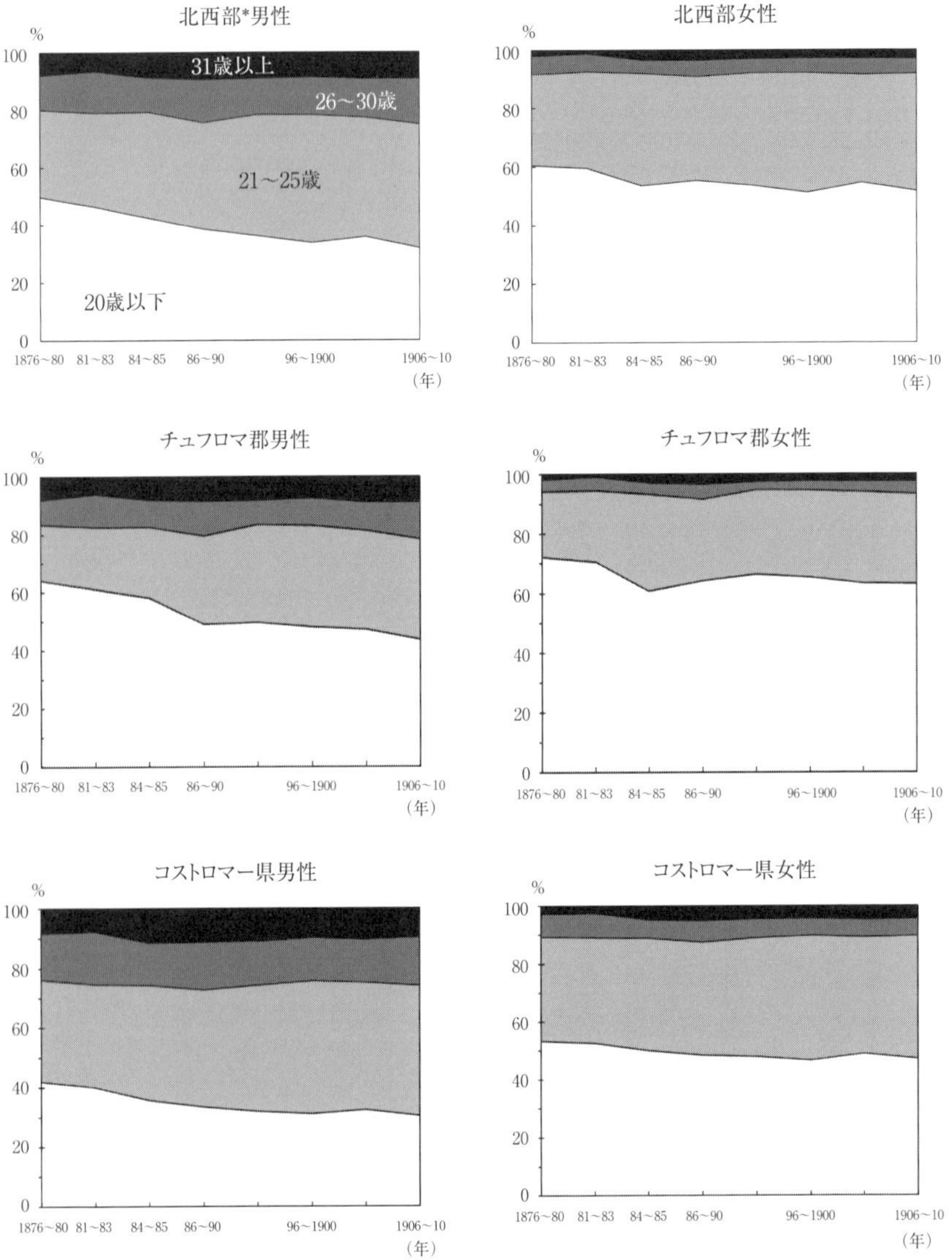

注：1876 年から 83 年までについては、26 ～ 35 歳が一括されている。このため、26 ～ 30 歳に入れた。また 1881 ～ 83 年と 84 ～ 85 年を分割して示した。＊ブーイ郡を除く。

出典：Движение населения в Европейской России за (1876—1910) год. СПб. より作成。

は良い結婚相手とみなされなかったが、一般徴兵制度が導入され、期間が短縮されてから、娘は喜んで兵士の妻になる、とマカーロフは報告している。[74] 結婚後、夫が兵役に就き、数年間不在となることをある程度覚悟の上で結婚した娘もいたのだろう。

生活水準の改善も、労働力の調達などといった結婚の切迫度を弱くする。もっとも上述のように、事情は単純ではない。

その他、労働力としての娘の役割を考慮する見解がある。ゲンキンによれば、農奴解放前の北西部では親は紡ぎや織布などの手仕事の人手として娘に期待し、娘の結婚を先延ばしにしていた。[75] 男性労働力の不足から、世帯が女性の働き手に大きく依存していたことは確かである。とはいえ、少なくとも農奴解放後について、この事情が女性の初婚年齢にどのように作用したのか判断は難しい。貧しい家の娘が嫁資の準備や家計のために雇用されていたとしても、結婚の申し込みがあれば親はすぐに結婚させ、そうでない場合は例外的である、とマカーロフは述べている。[76] つまり、親はたいてい娘をとどめる経済的メリットよりも結婚を優先していた。さらに、衣類の自家調製は既製服の購入へ転換している。農業労働力についても雇用が可能である。嫁資の形成も、本人の労働よりも生家の経済力が大きな意味を持つようになっていた。

なおゴーリコヴァはウラル鉱山労働者家族の事例をもとに、初婚年齢の規定要因として花婿側の世帯構成をあげている。たとえば、母親が寡婦かつ老齢で、その息子に女兄弟がいなければ、息子は結婚を急ぎ、女性の働き手を確保しようとする。逆に、世帯に女兄弟や妻帯した兄弟がいれば、息子は結婚を急がないという。[77] 次章以降でみるように、コストロマー県北西部はウラル同様、成人男性の早死傾向が顕著である。世帯規模も小さく単純である。それゆえ、父親の死亡や小規模な世帯が男子の結婚を早めた可能性はある。

引き続き年齢別婚姻状態をもとに、女性についてライフコースの諸段階、すなわち生涯未婚、死別、離婚の特徴を検討してみたい。まず問題となるのが、若い男性の村外就業とその高い事故リスクは結婚適齢者の男女バランスを歪め、未婚女性の結婚難を引き起こしていたのかということである。(78) これを判断する目安として、先にあげた図7-4をもとに女性人口の生涯未婚率を試算してみよう。みられるように、男性の生涯未婚率が二・六%ときわめて低いのに対し、女性は八・一%と男性の三倍以上である。これは、図7-2から算出したヨーロッパ・ロシア平均と比較しても倍近い。このことから、たしかに北西部の女性は北西部の男性や全国の女性よりも結婚チャンスが小さい。ただ、北西部女性の生涯未婚率はコストロマー県女性（九・〇%）や非黒土地帯（都市含む）女性（九・九%）のそれを下回っている。北西部の場合、未婚女性の離村規模は小さく、それが実際の生涯未婚率を大きく上げていたとは考えにくい。女性の結婚チャンスが著しく小さいとは言えないだろう。

たしかに、若い男性の村外就業は結婚適齢期の性別人口構成を若干歪ませる。しかし、北西部出身の男性はたいてい地元の娘と結婚していた。婚期が過ぎた未婚女性も、寡夫との結婚チャンスが残っていた。ジバンコフによれば、「夜会」には一五歳から二一歳の娘が集まっていた。二三歳以上の娘は結婚をあきらめ、これに参加しなくなるという。それでも、この年齢以上の娘も、条件が悪いとはいえ結婚の機会を完全に失っていなかった。マカーロフは結婚事情についてつぎのように説明している。すなわち、二八歳でも結婚には間に合う。三〇代の者は寡夫と結婚する。それ以下の年齢で「若づくりのできる女性」は年齢をごまかして年下の男性と結婚する。夫が妻よりも年上のカップルはむしろ稀で、たいていは同い年か妻が三歳ないしはそれ以上年上である、と。(79)

ところで、この結婚チャンスにかかわる問題として性規範がある。ロシア農民の性規範はつぎのように要約される。一九世紀末までのロシア中央部では花嫁の処女性が重視されていた。ただし、婚約したペアの性交には寛容である。辺境においては花嫁が処女であるべきだという規範は緩くなる。たとえばシベリアには結婚前に女性の出産能力を確認する慣行があった。ヴォログダ県などロシア北部の一部では、平均初婚年齢が比較的高いことも影響して、息子がいる未婚の母にも結婚のチャンスがある。婚外子を産んだ女性は非難されず、からかわれるだけである。夫の不在中、妻が婚外関係を持っても村人は関心を持たない[80]。

一八～一九世紀のウラルについてはゴーリコヴァの研究がある。ここでは過酷な鉱山労働が成人男性の高死亡率を引き起こし、性比のバランスを崩していた。その結果、寡婦が増加し、成人男性を欠く「不完全な家族」が形成されることになる。工場主は人口減や男性労働力の減少を危惧して、婚外関係に寛容な態度を取り、また寡婦の生活条件を改善したりすることで出生を促そうとする。これらによって婚外子が増加し、高い出生率が維持される。工場側や住民は婚外子の妊娠ではなく、むしろ嬰児殺しを非難する。工場側は孤児の保護も行なう。こうして婚外子の出産は結婚の妨げとはならなかったが、寡婦もあえて再婚を選択しようとしなかった、とゴーリコヴァは論じる[81]。このように、人口密度や平均初婚年齢に社会的経済的要因が加わって、セクシュアリティの地域差が形成されていたのである。

なお、ロシア中央部の性規範についてやや詳しく説明しておくと、婚前に性的関係を持った男性は相手の女性と結婚しなくてはならない。女性は村人から侮辱され、しかるべく結婚する機会を失う。農村住民の性道徳はダブル・スタンダードにもとづいており、女性のセクシュアリティは男性のそれよりも厳格にコントロールされていたからである。とくに中央黒土地方の農村共同体は未婚女性の純潔を管理しようとした。娘は処女かどうか検査され、処女でないと判明した場合、処罰される。娘の純潔喪失について事実無根の噂を流した者も罰を受ける。中央非黒土地方の工場地域では花嫁の不貞にやや寛容である[82]。要するに、中央部では娘の純潔を基本としながらも、農業地帯と工業地帯とではその程度に差がみられたのである。

コストロマー県北西部について、花嫁の純潔が重んじられていたとマカーロフは報告している。彼曰く、「汚された」娘はなかなか結婚相手が見つからない。相手がようやく見つかったとしても、その男は貧乏か、花嫁側からの多額の持参金と引き換えにこの不名誉な結婚を承諾するような者である。(83) 村外就業者、すなわち男性は働き先で都市の文化に触れ、その地の女性と関係を持つこともあった。だが、農村の性規範が揺らいでいたわけではない。男性は結婚し、家族の一員となる女性に対しては純潔を求めていた。さらに、北西部は地理的に奥地にあるので、女性が工場労働など、家の外での労働に従事し、誘惑にさらされる機会も少なかった。

しかしながら、北西部でも婚外関係がみられた。「テーニシェフ民俗学事務局」のある通信員はブーイ郡から、娘の道徳的堕落とその結末としての中絶や嬰児殺しの発生を報告している。(84) 農村インテリゲンツィアは「堕落」の波が都市から迫って来るのを感じ、それに危機感を募らせていた。マカーロフは、都市の周辺にある集落の出身者や都市で就労経験のある者が花嫁として低く評価されていたと述べている。

ガーリチ市といえども、近隣の都市の風習はもはや農村とはまったく別物である。都市近郊の村落でも同様である。誘惑に満ち、ありとあらゆるドンファンがたくさんいる都市が農村を堕落させている。都市で奉公したことのある、あるいは奉公している娘はよい花嫁とはみなされず、花嫁にもらう者はまれである。極貧の親たちだけが娘を奉公に行かせている。

ペテルブルクやモスクワに行って好き勝手なことをしている娘はもちろんいるが、そうした娘はもはや村には戻ってこない。(85)

村外で職に就く娘は貧困層を中心としていたから、彼女たちは実家の経済状態のみならず、純潔においても望ましい結婚相手ではなかったということになる。娘が村を出て働き、家計を助けようとしたり、自分自身の力で嫁資を整えようとしたりすれば、純潔の点でかえって評判を落としてしまう。つまり、娘は難しい選択を迫られていた。[86] 逆に農村共同体の立場からすれば、「逸脱者」を結婚市場から半ば排除し、村の娘たちの純潔性を維持することで、村の結婚規範ひいては社会秩序が保たれるのである。

　初婚年齢が低く、かつ処女性が重んじられる社会においては、婚外子率は概して低くなる。人口動態調査史料にもとづくと、一九世紀後半のヨーロッパ・ロシア農村では婚外子が出生子全体の二％程度にとどまっていた。婚外子率は中央非黒土地方の諸県、そして慣行上、婚前の接触に寛容なプスコフ県やペルミ県では四％程度と高い。対照的に中央黒土地方の諸県では一％に満たない。このように、初婚年齢が高く、都市＝農村間の男女の移動性が大きい地域ほど、婚外子率が高くなる。[87] コストロマー県内では南西部が三％前後とやや高く、北西部は二％台である（表7－3）。もちろん、婚外子が完全に登録されていたわけではない。少なからぬ婚外子が申告されていないか、あるいは嫡出子として申告されていた。婚外子はたいてい農村共同体から排除され、分与地を受け取ることもできないからである。[88] 実際の婚外子率がこれよりも高いことは明らかである。北西部の場合、低い初婚年齢、低い生涯未婚率、厳格な性規範と低い婚外子率には整合性がある。それでも、初婚年齢は上昇を続けている。後述の高い寡婦比率や夫の不在は婚外子出生の可能性を高める。ジバンコフは、夫の不在が婚外関係を頻発させてい

表7-3　コストロマー県における婚外子（1881～83年）

郡	人　数	全出生数に対する割合（％）
南西部		
ネレフタ	652	3.04
コストロマー	475	2.71
キネシュマ	646	3.80
ユリエヴェツ	507	3.01
北西部		
ガーリチ	274	2.18
ブーイ	196	2.00
ソリガーリチ	197	2.88
チュフロマ	152	2.47
東部		
ヴェトルガ	321	1.91
ヴァルナヴィン	317	2.39
コログリフ	267	1.80
マカリエフ	488	2.73
合　計	4,492	2.63

出典：*Жбанков Д. Н.* Влияние отхожих заработков на движение народонаселения Костромской губернии, по данным 1866—83 годов // Материалы для статистики Костромской губернии. Вып. 7. Кострома, 1887. Таб. 8 より作成。

ると述べている。彼曰く、統計上、婚外子の人数が少ないのは、夫のいる女性の子どもがすべて嫡出子として登録されているからである。登録が厳正なカルツォフスカヤ郷のある教区では婚外子が出生数全体の八・〇％を占めている、とジバンコフは根拠を示す[89]。

死別に移ろう。北西部女性の年齢別結婚状態をみるならば、他地域と比較して四〇代女性の高い寡婦比率（二〇・九％）が目立つ。これは次章で述べるように、成人男性の高い死亡率が寡婦の割合を高めていたからである。寡婦の一部は再婚したから、死別経験者はこれよりも多いはずである。ロシアの農村では寡夫や寡婦の再婚は世帯維持の観点から必要とされ、非難の対象とはならない。とくに妻が幼い子どもを残して先立った場合、夫は家事や育児の担い手を確保するためにできるだけ早く再婚する。寡夫は遅くとも妻の死後、半年以内に再婚する。中には、四〇日間の祈禱が済むのを待たずに再婚する者もいた[90]。

ただ、寡婦は未婚者よりも結婚相手として有利ではないので、寡婦の再婚機会は大きくない。ソ連の人口学者トーリツの試算によれば、寡婦一〇〇人あたりの再婚者数は一五～二五歳の年齢層で四八人なのに対し、二六～三五歳は一一人と大きく落ち込み、三六～四五歳では四人となる。このように、年齢の上昇とそれにともなう子ども数の増加により、再婚のチャンスは閉ざされていく[91]。

マカーロフは寡婦の再婚事情についてつぎのとおり報告している。子どもがいないか幼児が一人だけの若い寡婦は、機会があればすぐに再婚する。夫の両親も引き止めないし、引き止めることもできない。しかし、数人の子どもを持つ寡婦にとって、再婚は至難となる。裕福な寡婦を除いて、たいてい彼女たちは再婚しないという[92]。つまり、子どもの数から考えると、二〇代ぐらいの若い寡婦であれば再婚のチャンスがあったということになる。寡婦とその子どもに対する農村共同体や夫の実家の扱いについては第四章で述べたとおりである。寡婦には困窮生活が待ち構えていたので、彼女たちはできる限り再婚しようとしたのである。

表7－4は、結婚時の婚姻状態別構成を示したものである。表からみてとれるように、期間をつうじてコストロマー全県では初婚同士のペアが八〇％台を推移している。これは表補2－2にあげたヨーロッパ・ロシアのそれよりも高い。北西部はコストロマー県をやや上回る水準である。北西部の場合、成人男性の高い死亡率が寡婦を増やすだけでなく、再婚相手も少なくする。その分、寡婦の結婚チャンスは小さくなる。さらにジバンコフによると、村外就業者が寡夫になったとしても、亡き妻との間に子どもがいなければ、しばしば再婚せずに死ぬか老齢になるまで都市に滞在していたという(93)。寡婦の結婚比率は全県においては七〇年代の七・七％から一九〇六～一〇年の四・七％へ、北西部においてはそれぞれ六・六％から三・〇％へと減少していく。この現象は、何よりも人口増にともなう初婚ペアの増加によって引き起こされていた。

表7-4　結婚時の婚姻状態別構成（％）

男性	未婚		寡夫	
女性	未婚	寡婦	未婚	寡婦
北西部*				
1876～80年	85.0	2.2	8.5	4.3
1881～85	87.1	1.6	7.6	3.6
1886～90	87.3	1.8	7.0	4.0
1891～95	88.3	1.1	7.7	2.9
96～1900	88.6	0.8	8.0	2.6
1901～05	88.5	1.2	7.8	2.5
1906～10	88.8	1.0	8.2	2.0
コストロマー県				
1876～80年	82.7	3.0	9.6	4.7
1881～85	83.6	2.5	9.5	4.4
1886～90	84.8	2.4	8.1	4.7
1891～95	84.7	2.0	9.7	3.6
96～1900	86.3	1.6	8.9	3.3
1901～05	85.6	1.6	9.3	3.5
1906～10	87.3	1.5	8.1	3.2

注：ヨーロッパ・ロシアについては表補2-2を参照。*ブーイ郡を除く。
出典：Движение населения в Европейской России за (1876—1910) год. СПб. より作成。

最後に離婚について触れておこう。離婚はきわめてまれであった。ロシア正教会は、夫妻が「死ぬまで」連れ添う運命にあると考え、離婚を重い罪とみなしていた。正教会は夫妻いずれかの失踪、逃亡、流刑、夫の妻に対する虐待などの特別な事情がある場合のみ、教会裁判所の判断と宗務院の承認にもとづき離婚を許可していた。とはいえ先行研究が指摘するように、離婚は世紀転換期に新しい特徴を帯び始めていた。離婚件数が増加しただけでなく、離婚の理由も夫婦間の感情的な問題が中心となっていく。離婚のおもな理由がそれまでの「夫の行方不明」や「夫に対する財産権喪失の判決」から、「婚外関係による夫婦の貞節の侵害」へと変化するのである(94)。

しかし、農村住民など民衆の間では、何らかの事情により「離婚」を余儀なくされた夫婦が、正式な離婚ではなく別居を選択していた。中央黒土地方における農村住民の別居について、クリューコヴァは「テーニシェフ民俗学事務局」アンケート調査の回答を整理し、その状況を解明している。これによると、別居は慣習法にもとづき農村共同体の管理下で行なわれる。共同体は夫婦に一度に限り別居の権利を認める。別れた男女は別の相手との間で教会での婚儀を執り行なうことはできない。別居の原因は以下の六つである。すなわち、①家族生活における夫婦の不和や見解の相違、②夫婦いずれかの分離派への改宗、③男性による夫婦の責務不履行、④女性の不妊、⑤女性による経営上の責務不履行、⑥夫による頻繁な不在や長期間の不在である。以上、教会・国家法にもとづく離婚とは異なり、慣習法にもとづく別居では婚外関係がその主因とならない、とクリューコヴァは総括する(95)。

教会法にもとづく離婚は手続きが煩雑で、時間や費用がかかる。農村共同体の裁定のもとでの別居であれば、再婚はできないとはいえ、実質的な「離婚」状態を得ることができる。また、農村住民にとって重要なのは、共同生活の実質的な破綻状態や生計維持の不可能な状態を解消し、男女それぞれを再出発させることであった。ゆえに、農村共同体は成員の家族関係に介入したのである。妻が家出したり、あるいは夫が妻を捨てたりする事態が発生したときも、農村共同体は世帯の安定という関心から妻の連れ戻しや夫に対する国内旅券の発行停止などの措置を取っていた(96)。

コストロマー県北西部における離婚、別居それぞれの発生件数状況についてはデータが欠けている。ただ、農村住民の中で別居がみられたことは確かである。マカーロフは、「夫婦の不仲が郷裁判所にまで持ち込まれる場合がある。とくにそれは妻が夫との同居を希望しないときに発生する。郷裁判所は夫婦に説諭するが、それ以上のことはしない。彼らを無理に一緒に住まわせることはできない」、と述べている。[97]男性の多くが長期間、村外に滞在している北西部において、逆に夫が妻を捨ててしまい、婚姻関係が事実上消滅してしまうようなケースも少なくなかったと思われる。この問題については第九章で改めて言及してみたい。

おわりに

以上、本章ではコストロマー県北西部を事例に村外就業と結婚の関連性を論じてきた。検討結果を以下の三点にまとめることができる。

第一に、ロシア中央部では親の主導で子どもの結婚の時期と相手が決定されていた。それと同時に、とくに商工業的な生産活動の普及地域においては、本人が交際相手との結婚を親に求めるようになっていた。しかし、コストロマー県北西部には世帯の利益を考慮した、できるだけ早い結婚と親による結婚相手の選定が根づいていた。男性の不在が労働力の不足感を高め、女性労働力の獲得が生計の維持において本質的な意味を持っていたからである。

結婚慣行のあり方も結婚における親の主導を特徴づけていた。男女の交際期間は晩秋から冬までに限られ、しかもそれは農村共同体の管理下に置かれている。若い男女が日常生活の中で交際を深め、結婚相手を自己決定する機会は失われている。親は息子とは別に、労働力としての貢献や実家の経済力などを基準に花嫁候補を選考する。花嫁の移動にともなう花嫁側の生産力や再生産力の喪失は、嫁資や結納金によって補償される。こうして親は子どもの結婚をつうじて、世帯の存続を確実にし、村社会において有利な地位を獲得しようとしたのである。

もっとも、手元にある史料からは明らかにされなかったが、若い男女もそのような慣行を受け容れつつ、結婚相手の選択にあたり自分たちの意思を慎重に示し、親がそれを採用するように画策したのではないだろうか。たとえば彼らは、自分自身が気に入り、なおかつ親たちが認めるような相手を探すように努力したはずである。したがって、そのような若い男女の行動については議論の余地が残されている。

第二に、「非ヨーロッパ結婚パターン」地域における結婚の特徴として、低い初婚年齢と低い生涯未婚率がある。この傾向は、概して工業地帯よりも農業地帯において顕著である。しかしコストロマー県北西部では、上述の結婚慣行を裏付ける形で初婚年齢が低い。この事実は、農村住民による商工業的な生産活動が必ずしも高い初婚年齢と結びつかないことを示している。一九世紀後半から二〇世紀初頭をつうじて、初婚年齢は上昇を続けている。農奴解放にともない領主からの早婚や皆婚の圧力が消滅したこと。一般徴兵制度の導入により一〇代の結婚が減少したこと。そして農民の生活水準向上が多子の必要性を相対的に小さくしたこと。これらがさしあたり要因として考えられる。

そして第三に、女性のライフコースについて以下が明らかとなった。北西部の女性は中央非黒土地方におけるその他の地域の女性と比較して、生涯未婚の可能性が極端に高いというわけではない。早婚や処女性を重視する性規範が保たれ、婚外子の出生は少ない。他方、男性の村外就業との関係において、結婚後、四〇代になるまでに夫と死別する確率は高い。さらに、この成人男性の高い死亡率が寡婦の再婚チャンスをも狭めていた。第四章でみた女性農業労働者の存在は、まさしくそのような実態を背景としていたのである。

以上のような結婚のあり方について理解を深めるためにも、人口構成や出生、死亡が問題となる。次章では引き続きこれらに目を向けてみたい。

注

（1）J・ヘイナル「ヨーロッパ型結婚形態の起源」木下太志訳、同「前工業化期における二つの世帯形成システム」浜野潔訳（速水融編『歴史人口学と家族史』藤原書店、二〇〇三年所収）、若尾祐司『近代ドイツの結婚と家族』名古屋大学出版会、一九九六年、一五五～一五六頁、ミヒャエル・ミッテラウアー『歴史人類学の家族研究――ヨーロッパ比較家族史の課題と方法』若尾祐司ほか訳、新曜社、一九九四年、一九七～一九八、三五七～三六五頁、肥前栄一『ドイツとロシア――比較社会経済史の一領域』［新装版］未来社、一九九七年、二六～二七、三三、八七～八八頁を参照。

（2）コールらは一八九七年全国センサス調査史料にもとづき、農村女性のSMAM（静態平均初婚年齢）と五〇歳時点の既婚者比率を算出している。SMAMは旧ソ連邦構成共和国のうちバルト三国で二五歳前後と高く、ロシア共和国においては二〇・四歳と低い。さらに、バルト三国の既婚者比率が八八・五～九三・〇%にとどまるのに対し、ロシア共和国のそれは九五・八%と高い。なお中央アジアや南方の諸国ではロシア共和国よりも早婚と高い既婚者比率が際立っている（Ansley J. Coale, Barbara A. Anderson, Erna Härm, *Human Fertility in Russia since the Nineteenth Century*, Princeton, New Jersey: Princeton University Press, 1979, p. 136）。

（3）佐藤芳行『帝政ロシアの農業問題――土地不足・村落共同体・農村工業』未来社、二〇〇〇年、一二～一六、二四～二五頁を参照。

（4）Christine D. Worobec, *Peasant Russia: Family and Community in the Post-Emancipation Period*, Princeton, New Jersey: Princeton University Press, 1991, pp. 119, 124-128; David Moon, *The Russian Peasantry, 1600-1930: The World the Peasant Made* London and New York: Longman, 1999, p. 185; 肥前栄一『比較史のなかのドイツ農村社会――『ドイツとロシア』再考』未来社、二〇〇八年、三七頁。近年の歴史人口学の成果によれば、「ヘイナル・ライン」は必ずしも明確な区画線をなしていたわけではない。ウクライナ、ロシア西部、ロシア北西部、さらにフィンランドにわたって広大な移行地帯が存在したのである。たとえばスミルノーヴァは、一九～二〇世紀初頭カレリア地方・オロネッツ県の教区簿冊史料をもとに、正教徒（ロシア人とカレリア人）の人口動態を分析している。そして、一九世紀をつうじて平均初婚年齢が高く、結婚ペアの年齢差が小さく、生涯未婚率も比較的高いことを明らかにしている。これらを根拠に、スミルノーヴァはこの県における「ヨーロッパ結婚パターン」の優勢を主張している（*Смирнова С. С.* Демографические процессы в Олонецкой губернии в XIX—начале XX вв. Опыт конпьютерного анализа метрических книг. Автореферат диссертации кандидата исторических наук. СПб., 2002. С. 19）。

（5）Moon, *The Russian Peasantry,* pp. 167-169.

（6）Robert Eugene Johnson, “Family Relations and the Rural-Urban Nexus: Patterns in the Hinterland of Moscow, 1889-1900,” in David L. Ransel（ed.）, *The Family in Imperial Russia: New Lines of Historical Reserch,* Urbana, Ill.: University of Illinois Press, 1978, pp. 268-269; Barbara Alpern Engel, *Between the Fields and the City: Women, Work, and Family in Russia, 1861-1914,* New York: Cambridge University Press, 1994, pp. 38-40.

（7）John Bushnell, “Did Serf Owners Control Serf Marriage? Orlov Serfs and Their Neighbors, 1773-1861,” *Slavic Review* 52, no. 3（Fall 1993）, pp. 419-445; *Александров В. А., Власова И. В.* Семейный уклад и домашний быт крестьянства（середина XVIII в.—1860-е гг.）// *Носова Г. А.*（отв. ред.）Русские. Историко-этнографические очерки. М., 1997. С. 105; 鈴木健夫『帝政ロシアの共同体と農民』早稲田大学出版部、一九九〇年、三〇～三一頁、土肥恒之『「死せる魂」の社会史――近世ロシア農民の世界』日本エディタースクール出版部、一九八九年、四二～四四頁。

（8）*Владимирский Н. Н.* Отход крестьянства Костромской губернии на заработки. Кострома, 1927. С. 62.

（9）Worobec, *Peasant Russia*, p. 174; Barbara Alpern Engel, *Women in Russia, 1700-2000*, New York: Cambridge University Press, 2004, p. 89.

（10）伊賀上菜穂「結婚儀礼に現れる帝政末期ロシア農民の親族関係――記述資料分析の試み」『スラヴ研究』四九、二〇〇二年、一八六～一八八頁。

（11）РЭМ. Ф. 7. Оп. 1. Д. 588. Л. 5.

（12）Rose L. Glickman, ““Unusual Circumstances” in the Peasant Village,” *Russian History / Histoire Russe* 23, nos. 1-4（1996）, pp. 221-222.

（13）*Крюкова С. С.* Русская крестьянская семья во второй половине XIX в. М., 1994. С. 63-64, 104.

（14）Moon, *The Russian Peasantry,* pp.185-186. ヨーロッパ・ロシア農村の春と秋における男女交際儀礼については、Worobec, *Peasant*

Russia, pp.128-129 を参照。.

(15) Christine D. Worobec, “Masculinity in Late-Imperial Russian Peasant Society,” in Barbara Evans Clements, Rebecca Friedman and Dan Healey (eds.), *Russian Masculinities in History and Culture*, Basingstoke and New York: Palgrave, 2002, p. 82.

(16) РЭМ. Ф. 7. Оп. 1. Д. 621. Л.8 об.

(17) *Жбанков Д. Н.* Бабья сторона. Статистико-этнографический очерк. Кострома, 1891. С. 75-76; РЭМ Ф 7. Оп. 1. Д. 587. Л. 1-23 об.

(18) たとえば、Engel, *Between the Fields and the City*, p. 117.

(19) РЭМ. Ф. 7. Оп. 1. Д. 587. Л. 7-8; Д. 621. Л. 2-4.

(20) 高橋一彦「ロシア家族法の原像――一九世紀前半の法的家族」『研究年報』(神戸市外国語大学外国語学研究所) 三九、二〇〇二年、一三頁、*Крюкова С. С.* Русская крестьянская семья... С. 110; Moon, *The Russian Peasantry*, pp. 186-187.

(21) *Жомова В. К.* Материалы по изучению круга брачных связей в русском населении // Вопросы антропологии. 1965. Вып. 21. С. 112. この研究に依拠したものとして以下を参照。佐藤芳行『帝政ロシアの農業問題』八八～八九頁。

(22) *Крюкова С. С.* Русская крестьянская семья... С. 105-107. タムボフ県農村住民の通婚圏について、同様の分析結果がある (Vladimir Dyatchkov, Valery Kanitschev, Yuri Mizis, Vera Orlova, Lev Protasov, Stanislav Protasov, “Cohort Analysis of Malye Pupki’s Population: Some Preliminary Results,” in Pim Kooij (ed.), *Where the Twain Meet. Dutch and Russian Regional Demographic Development in a Comparative Perspective, 1800-1917*, Groningen; Wageningen, 1998, p. 148)。

(23) РЭМ. Ф. 7. Оп. 1. Д. 588. Л. 12.

(24) *Александров В. А., Власова И. В.* Семейный уклад и домашний быт крестьянства (середина XVIII в.—1860-е гг.)... С. 105-106; Moon, *The Russian Peasantry*, p. 187.

(25) *Жбанков Д. Н.* Бабья сторона... С. 79-80. そのような遠方の村落出身者との結婚が少なくない、とジバンコフは言う。

(26) РЭМ. Ф. 7. Оп. 1. Д. 621. Л. 5, 8.

(27) *Жбанков Д. Н.* Бабья сторона... С. 64.

(28) Svetlana Golubeva, “Age and Patterns of Marriage of Russian Fermers in the Upper Volga Region,” in Pim Kooij (ed.), Where the Twain

Meet, p. 173; Marina Akolzina, Vladimir Dyatchkov, Valery Kanitschev, Roman Kontchakov, Yuri Mizis and Ella Morozova, “A Comparison of Cohort Analysis and Other Methods of Demographic Microanalysis used in Studying the Tambov Region, 1800-1917,” in Pim Kooij and Richard Paping（eds.）, *Where the Twain Meet Again. New Results of the Dutch-Russian Project on Reginal Development 1780-1917,* Groningen; Wageningen, 2004, pp. 70-71.

(29) *Кись О. Р.* Гендерные особенности брачного выбора в украинском селе конца XIX—начала XX веков // *Чикалова И. Р.*（гл. ред.）Женщины в истории: возможность быть увиденными: сб. науч. ст. Вып. 2. Минск, 2002. С. 89-110.

(30) РЭМ. Ф. 7. Оп. 1. Д. 588. Л. 9; Worobec, *Peasant Russia,* pp. 120-121, 136-137; Engel, *Between the Fields and the City,* pp. 18-19; Moon, The Russian Peasantry, pp.168-169.

(31) Moon, *The Russian Peasantry,* pp. 185-186.

(32) Evel G. Economakis, *From Peasant to Petersburger,* Basingstoke and New York: Macmillan, St. Martin’s, 1998, pp. 85-86. 親が若い二人の意思を尊重するようになったという指摘は以下でもなされている。*Семенов В. П.*（ред.）Россия: полное географическое описание нашего отечества, настольная и дорожная книга для русских людей. СПб., 1899. С. 108; *Фирсов Б. М., Киселева И. Г.*（автор-составители）Быт великорусских крестьян-землепашцев. Описание материалов этнографического бюро князя В. Н. Тенишева（на примере Владимирской губернии）. СПб., 1993. С. 185; 広岡直子「共同体農民のロマンスと家族の形成——一八八〇年代～一九二〇年代」（奥田央編著『二〇世紀ロシア農民史』社会評論社、二〇〇六年所収）、二九二頁。

(33) S. A. Smith, “Masculinity in Transition: Peasant Migrants to Late-Imperial St Petersburg,” in Barbara Evans Clements, Rebecca Friedman and Dan Healey（eds.）, *Russian Masculinities,* p. 105. もっとも、スミスが出典とするこのヴラディーミル県の調査では、当事者の同意のない結婚もまれではないとの報告もみられる（*Фирсов Б. М., Киселева И. Г.*（автор-составители）Быт великорусских крестьян-землепашцев... СПб., 1993. С. 245）。

(34) *Крюкова С. С.* Русская крестьянская семья... С. 110-112; *Крупянская В. Ю., Полищук Н. С.* Культура и быт рабочих горнозаводского Урала（конец XIX—начало XX в.）. М., 1971. С. 75.

(35) Olga Semyonova Tian-Shanskaia, *Village Life in Late Tsarist Russia,* edited by David L. Ransel, Translated by David L. Ransel with

Michael Levine, Bloomington and Indianapolis: Indiana University Press, 1993, p. 56.

（36）Barbara Alpern Engel, “Peasant Morality and Pre-Marital Relations in Late 19th Century Russia, *Journal of Social History* 23, no. 4 (Summer 1990).

（37）農奴解放前夜、クルジヴォブロツキーは、結婚相手の選択においては両親の意向が大きく、若い男女双方の合意は不要であると述べている（*Крживоблоцкий Я.*（сост.）Материалы для географии и статистики России, собранные офицерами генерального штаба. Костромская губерния. СПб., 1861. С. 501）。

（38）РЭМ. Ф. 7. Оп. 1. Д. 588. Л. 8-11.

（39）РЭМ. Ф. 7. Оп. 1. Д. 588. Л. 8-11.

（40）*Жбанков Д. Н.* Бабья сторона... С. 80 も参照。

（41）РЭМ. Ф. 7. Оп. 1. Д. 588. Л. 6.

（42）Worobec, *Peasant Russia,* pp. 120, 133-136; Engel, *Between the Fields and the City,* p.18; *Крюкова С. С.* Русская крестьянская семья... С.105-106; Moon, *The Russian Peasantry,* p.186; *Голикова С. В.* Семья горнозаводского населения Урала XVIII—XIX веков: демографические процессы и традиции. Екатеринбург, 2001. С. 30 などを参照。

（43）РЭМ. Ф. 7. Оп. 1. Д. 588. Л. 7-8.

（44）РЭМ. Ф. 7. Оп. 1. Д. 587. Л. 5-6. Д. 588. Л. 8; Д. 617. Л.5 об.-6 も参照。

（45）*Жбанков Д. Н.* Бабья сторона... С. 33.

（46）Jane McDermid and Anna Hillyar, *Women and Work in Russia, 1880-1930: A Study in Continuity through Change,* London and New York: Longman, 1998, pp. 58-59.

（47）РЭМ. Ф. 7. Оп. 1. Д. 621. Л. 8 об. を参照。

（48）РЭМ. Ф. 7. Оп. 1. Д. 588. Л. 14 об.; Д. 621. Л. 8 об.

（49）ヨーロッパ・ロシアについて、たとえば Worobec, *Peasant Russia,* pp.155-156 を参照。

（50）*Жбанков Д. Н.* Бабья сторона... С. 75, 80-81; Материалы для статистики Костромской губернии. Вып. 6. Кострома, 1884. С. 144;

Костромские губернские ведомости. 1892. № 36. С. 288.

（51）РЭМ. Ф. 7. Оп. 1. Д. 588. Л. 15.

（52）РЭМ. Ф. 7. Оп. 1. Д. 588. Л. 11, 15; *Покровский Ф. И.* О семейном положении крестьянской женщины одной из местностей Костромской губернии по данным волостного суда // Живая старина. 1896. Вып. 3/4. С. 460. 慣習法について Worobec, *Peasant Russia,* p. 156 にも同様の指摘がある。

（53）ガーリチ郡のマカーロフも、「妻の嫁資は世帯の共有財産と考えられている。もちろん夫は妻の同意なしにそれを扱うことはできない。妻も夫の同意なしに自分の嫁資を使い果たす権利はない。隣のクルノヴスカヤ郷では、諸般の事情から妻は夫の親族とうまくやっていけず、自分の親元に帰った。舅と姑は彼女の嫁資を渡さなかった。しかし、郷裁判所は嫁資をしかるべきところに返すよう命じた」、と述べている（РЭМ. Ф. 7. Оп. 1. Д. 588. Л. 14）。

マクダーミドやヒリヤーによれば、一九世紀末には嫁資の内容に変化がみられた。かつて花嫁は自分が製作したものを夫方の家族に贈り、自分の労働能力を証明していた。しかし、今や嫁資は都市で販売している既成品の類で構成されるようになる。つまり嫁資は、花嫁の賃労働における能力を示すようになった、と（McDermid and Hillyar, *Women and Work in Russia,* pp. 58-59）。そのような嫁資の内容が花嫁の実家における現金収入の多さを示しているという解釈も可能だろう。

（54）Moon, *The Russian Peasantry,* pp. 188-189; Worobec, *Peasant Russia,* pp. 63, 157.

（55）ピーゴロフも結納金慣行の普及に注目する。*Пигоров В.*（сост.）Очерки промышленности Костромской губернии // Материалы для статистики Костромской губернии. Вып. 3. Кострома, 1875. С. 102-103.

（56）РЭМ. Ф. 7. Оп. 1. Д. 588. Л. 10. マカーロフは金銭と書いてあるから、嫁資ではなく持参金や補償金の類かもしれない。

（57）Worobec, *Peasant Russia,* pp. 151-152.

（58）Материалы для статистики... Вып. 6. С. 144; *Жбанков Д. Н.* Влияние отхожих заработков на движение народонаселения Костромской губернии, по данным 1866— 83 годов // Материалы для статистики Костромской губернии. Вып. 7. Кострома, 1887. Приложение. Таб. 2.

（59）РЭМ. Ф. 7. Оп. 1. Д. 589. Л. 19-20.

(60) *Новосельский С. А.* Демография и статистика: избранные произведения. М., 1978. С.122.

(61) Timur Valetov,"Households in the Russian Empire: Extended or Nuclear Families?" in Sergey Afontsev, Gijs Kessler, Andrei Markevich, Victoria Tyazhel'nikova, Timur Valetov, *Urban Households in Russia and the Soviet Union, 1900-2000: Size, Structure and Composition*, International Institute of Social History (IISH research papers 44), Amsterdam, 2005, p. 5; Ralph Clem (ed.), *Research Guide to the Russian and Soviet Censuses*, Ithaca: Cornell University Press, 1986, pp. 51, 115; *Тихонов Б. В.* Переселения в России во второй половине XIX в. по материалам переписи 1897 г. и паспортной статистики. М., 1897. С. 15; 山口秋義「ロシア帝国第一回人口センサス（一八九七年）について」『経済志林』（法政大学）、七六－四、二〇〇九年、三五～四七頁。山口秋義は、一八九七年全国センサス調査が行なわれた背景として、一八六一年の農奴解放、七四年の一般徴兵制度導入や八七年の人頭税廃止により人口把握の必要性が増したこと、さらに国外での人口統計をめぐる議論が国際水準にもとづいた全国センサスの実施を促したことをあげている（「第一回ロシア帝国人口センサス法について」『九州国際大学経営経済論集』一四－二・三、二〇〇八年、八九～一〇九頁）。

(62) *Миронов Б. Н.* Традиционное демографическое поведение крестьян в XIX—начале XX в. // *Вишневский А. Г.* (ред.) Брачность, рождаемость, смертность в России и в СССР. Сборник статей. М., 1977. С. 92; Worobec, *Peasant Russia*, p. 127. 兵役は一八七四～一九一四年に三～五年の間で変動したが、三年の期間が長かった。

(63) *Крюкова С. С.* Русская крестьянская семья... С. 109. カップルの年齢差が小さいことについては以下も参照のこと。Dyatchkov, Kanitschev, Mizis, Orlova, Protasov, Protasov, "Cohort Analysis," p. 147.

(64) *Новосельский С. А.* Война и естественное движение населения // *Новосельский С. А.* Вопросы демографической и санитарной статистики（Избранные произведения）. М., 1958. С. 185-186. ノヴォセリスキーは戦後の「リバウンド」についても触れている。

(65) ヴィシネフスキーも一八六七～七〇年の人口動態調査史料をもとに、結婚女性（再婚者を含む）にかんし二〇歳以下の割合を分析している。この割合は沿バルト諸県で三〇％以下と最も低く、そこから南東方面に移動するにつれて上昇し、ロシア南西部では七〇％を超えていた（*Вишневский А. Г.* Ранние этапы становления нового типа рождаемости в России // *Вишневский А. Г.* (ред.) Брачность, рождаемость, смертность... С. 110-113）。この結果も、平均初婚年齢がヨーロッパ・ロシアの北西で高く、南東では低いことを強くうかがわせている。

（66）Worobec, *Peasant Russia,* p. 126.

（67）Geurt Collenteur, Richard Paping, “Age at First Marriage in Eighteenth and Nineteenth-Century Russia and the Netherlands: Traditon or Economic and Social Circumstances?” in Kooij and Paping（eds.）, *Where the Twain Meet Again,* pp. 149, 156, 160, 166-167. ムーンは人口増に対応した農業生産の増加が、新たな方法の採用による生産集約化によってではなく、粗放的に、つまり耕地の拡大によって図られたとの農業発展認識を示している。そして、少なくとも一八世紀末まで人口に比して土地の豊富な状態が続き、高い出生力が促されたけれども、それ以降はそれがより周縁的な地域に限定されたと理解する（David Moon, “Peasant and Agriculture,” in Dominic Lieven（ed.）, *The Cambridge History of Russia, Vol. II, Imperial Russia, 1689-1917,* Cambridge: Cambridge University Press, 2006, p. 374）。

（68）Worobec, *Peasant Russia,* pp. 125-127.

（69）Engel, *Between the Fields and the City,* p. 11.

（70）Engel, *Between the Fields and the City,* pp. 39-40.

（71）以下、結婚率（表7－2）および出生率、死亡率（表8－9、12）を算出するにあたり、人口数についてはヴラディミルスキーが作成した表（表7－2補）を利用する。このデータは一九〇〇年代の人口数をあまり過大評価していないものと考えられる。都市人口を含むが、それは各郡の人口数においてごく小さな部分を占めている。ただし全県のデータについてヴラディミルスキーはロシア革命後の行政区域にもとづいて算出しており、参照できない。そのため、不十分ではあるが、北西部のガーリチ、ソリガーリチ、チュフロマの三郡とブーイ郡を比較する。ブーイ郡の産業構造は、地場産業が発達しているという点で南西部に近い。第七～九章において、全県の人口数データが利用可能な指標については、上述の三郡と全県を比較する。

（72）Engel, *Between the Fields and the City,* p. 39.

（73）*Жбанков Д. Н.* Бабья сторона... С. 75.

（74）РЭМ. Ф. 7. Оп. 1. Д. 588. Л. 8.

（75）*Генкин Л. Б.* Помещичьи крестьяне Ярославской и Костромской губернии перед реформой и во время реформы 1861 года（К вопросу о разложении феодально-крепостнической системы и генезисе капитализма в России）. Т. 1. Ярославль, 1947. С. 154.

表 7-2 補　北西部の人口数（人）

	1867 年	1875 年	1880 年	1887 年	1900 年	1910 年
ブーイ						
男性	27,837	28,229	28,509	28,901	29,629	30,189
女性	32,306	33,664	34,634	35,992	38,514	40,454
合計	60,143	61,893	63,143	64,893	68,143	70,643
ガーリチ						
男性	40,249	40,949	41,449	42,149	43,449	44,449
女性	48,421	50,794	52,489	54,862	59,269	62,659
合計	88,670	91,743	93,938	97,011	102,718	107,108
ソリガーリチ						
男性	22,063	22,833	23,383	24,153	25,583	26,683
女性	26,345	28,004	29,189	30,848	33,929	36,299
合計	48,408	50,837	52,572	55,001	59,512	62,982
チュフロマ						
男性	19,976	20,018	20,048	20,090	20,168	20,228
女性	26,073	26,983	27,633	28,543	30,233	31,533
合計	46,049	47,001	47,681	48,633	50,401	51,761

出典：*Владимирский Н. Н.* Отход крестьянства Костромской губернии на заработки. Кострома, 1927. С. 85 より作成。

（76）РЭМ. Ф. 7. Оп. 1. Д. 588. Л. 8.

（77）*Голикова С. В.* Семья горнозаводского населения Урала... С. 20.

（78）ジバンコフがこれに言及している（*Жбанков Д. Н.* Бабья сторона... С. 72）。

（79）*Жбанков Д. Н.* Бабья сторона... С. 77; РЭМ. Ф. 7. Оп. 1. Д. 588. Л. 8.

（80）David L. Ransel, *Mothers of Misery: Child Abandonment in Russia,* Princeton, New Jersey: Princeton University Press, 1988, p. 174; Worobec, *Peasant Russia,* p. 142; Moon, *The Russian Peasantry,* pp. 185-186.

（81）*Голикова С. В.* Семья горнозаводского населения Урала... С. 41-42, 48, 64, 81, 189-190.

（82）Worobec, *Peasant Russia,* pp. 139-142; Engel, *Between the Fields and the City,* pp. 8-9, 118-119; *Крюкова С. С.* Русская крестьянская семья... С. 106-107. 初夜における純潔の証明について、Worobec, *Peasant Russia,* pp. 171-172 などを参照。セミョーノヴァ＝テャン＝シャンスカヤはリャザン県について、若い男女の婚前関係はありふれていると伝えている。彼女は婚外関係が多くなった原因を、農業労働者として雇用されるなど、村外へ移動する機会が増加したことに見いだしている（Semyonova Tian-Shanskaia, *Village Life,* pp. 52, 56, 59-60）。

（83）РЭМ. Ф. 7. Оп. 1. Д. 588. Л. 2.

（84）РЭМ. Ф. 7. Оп. 1. Д. 558. Л. 3.

（85）РЭМ. Ф. 7. Оп. 1. Д. 588. Л. 2-3; Engel, *Between the Fields and the City,* p. 41.

（86）工場労働や村外就業が娘の純潔に悪影響を与えているとの見解は、以下でも示されている。*Семенов В. П.*（ред.）

Россия... С. 110; Engel, *Between the Fields and the City,* p. 83.

(87) Coale, Anderson, Härm, *Human Fertility in Russia,* pp. 252-253; Worobec, *Peasant Russia,* pp. 143-145. カレンチャーとパーピングは婚外子の高い比率と婚前の性交渉との強い相関関係を指摘する（Collenteur and Paping, “Age at First Marriage,” p. 158）。

(88) Engel, *Between the Fields and the City,* p. 17.

(89) *Жбанков Д. Н.* Влияние отхожих заработков... по данным 1866— 83 годов... С. 113.

(90) *Тольц М. С.* Брачность населения России в конце XIX—начале XX в. // *Вишневский А. Г.*（ред.）Брачность, рождаемость, смертность... С. 145-149; 広岡直子「リャザーニ県における出生率の推移とその歴史的諸原因」（ソビエト史研究会編『ロシア農村の革命』木鐸社、一九九三年所収）九七、一〇〇〜一〇一頁 ; *Крюкова С. С.* Русская крестьянская семья... С. 113.

(91) *Тольц М. С.* Брачность населения России... С. 148.

(92) РЭМ. Ф. 7. Оп. 1. Д. 589. Л. 21.

(93) *Жбанков Д. Н.* Влияние отхожих заработков на движение населения. СПб., 1895. С. 12.

(94) *Тольц М. С.* Брачность населения России... С. 144-145; *Араловец Н. А.* Городская семья в конце XIX—начале XX века // *Поляков Ю. А., Жиромская В. Б.*（отв. ред.）Население России в XX веке: исторические очерки. Т. 1: 1900—1939. М., 2000. С. 40; *Миронов Б. Н.* Социальная история России периода империи（XVIII—начало XX в.）. Т. 1. Генезис личности, демократической семьи, гражданского общества и правового государства. СПб., 1999. С. 175-176; 高橋一彦「ロシア婚姻法の展開——帝政末期のその変容」『研究年報』（神戸市外国語大学外国語学研究所）四〇、二〇〇三年、四三頁。Engel, *Between the Fields and the City,* p.26 でも、離婚が困難であることについて言及がある。

(95) *Крюкова С. С.* Русская крестьянская семья... С. 103, 113-114; *Семенов В. П.*（ред.）Россия... С. 114.

(96) Engel, *Between the Fields and the City,* p. 26; Worobec, *Peasant Russia,* pp. 197-198; *Крюкова С. С.* Русская крестьянская семья... С. 113 を参照。夫婦の合意にもとづく別居は郷裁判所の帳簿に記録された。これには別居の日付とその条件が記載されていた（*Милоголова И. Н.* Семья и семейный быт русской пореформенной деревни, 1861—1900 годы（на материалах центральных губерний）. Диссертация на соискание ученой степени кандидата исторических наук. М., 1988. С. 118）。

（97）РЭМ. Ф. 7. Оп. 1. Д. 589. Л. 22. 郷裁判所は事情により妻側からの別居の要求を認めた。この妻が村を離れて働くためには、夫の同意を得て、国内旅券を取得する必要がある。別居後の労働力喪失を金銭で補償するという条件で、妻は郷裁判所にて夫と合意し、旅券発行の承認を取り付けていた（Beatrice Farnsworth, "The Litigious Daughter-in-Law: Family Relations in Rural Russia in the Second Half of the Nineteenth Century," *Slavic Review* 45, no.1（Spring 1986）, pp. 62-64）。夫婦が農村共同体に許可を求めずに別居する場合もあった。

第八章　人口構成および出生・死亡の統計学的特徴

はじめに

一九世紀後半のヨーロッパ・ロシア人口は急激な増加に特徴づけられる。人口学者ヴォダルスキーの推計によれば、一六七八／一七一九〜一八五七年に年〇・七四〜〇・八二％水準であった人口増加率は、一八五七〜九七年に年一・二四〜一・二一％となる[1]。

しかし、ロシア帝国の中ではヨーロッパ・ロシアの人口増加率が最も低い（表8-1）。ヨーロッパ・ロシアからの人口流出が人口増加率を下げていたからである。その構造は全国センサス調査史料から間接的に確認できる。同調査では現存人口の出身地別構成にかんする項目が設けられており、地元以外の出身者の人数から人口移動の規模と方向が把握可能である。表から読みとれるように、ヨーロッパ・ロシアからの流出者は約一四〇万人にのぼる。その大多数はシベリアや中央アジアを行先としていた。シベリアにおける人口増加は、その半分程度がヨーロッパ・ロシアからの人口流入によるものである。ヨーロッパ・ロシアから中央アジアへの人口移動は、シベリアよりもかなり規模が小さい。中央アジアの場合、人口増加の大部分が自然増加と関係している。なお、行論で明らかにしたように、この人口流出はヨーロッパ・ロシアにおける二大人口移動パターンのうちの一つである。すなわち、人口稠密で穀物生産が停滞していた中央黒土地方などから辺境の農業地帯や北カフカースを目指すものである。[2] ちなみに、もう一つは非黒土地帯の農村から工業的・都市的な就労機会を求めて、両首都やその他の都市、産業拠点へと向かうものである。こちらは非黒土地帯内でほぼ完結している。

ロシア帝国の全体的傾向をふまえたうえで、表８－２にもとづきヨーロッパ・ロシア各地の人口増加を整理しておこう。ヴォダルスキーは人口増加、人口移動、そしてこれらのデータより推算される「自然増加」を基準にヨーロッパ・ロシアを以下の五地域に区分している。なお、この人口移動には全国センサスの調査日に一時的に出身地を離れていた者が含まれている。したがって、これは移住の規模を示すものではない。

①ペテルブルク県およびモスクワ県――人口増加率が高い。人口流入の規模も大きい。これは中央非黒土地方、ロシア北部、北東部などから両首都への大規模な人口流入がみられたからである。「自然増加」は非常に小さい。②中央非黒土地方、北部、北東部、沿バルト（ペテルブルク県およびモスクワ県を除く）――人口増加率が低い。このグループでは人口流出が特徴的である。その行先は両首都およびその他の都市、産業拠点である。「自然増加」も小さい。③中央黒土地方――人口増加率が低い。この地域からは辺境の農業地帯や北カフカースへ人口が流出している。「自然増加」は大きい。④黒土地帯の辺境、北カフカース――人口増加率が非常に高い。人口流入の規模は大きく、「自然増加」も大きい。⑤リトアニア、白ロシア、ウクライナ右岸――人口増加率が高い。人口流出がみられる。「自然増加」は大きい。

以上からさしあたり中央非黒土地方の特徴として、両首都およびその他の都市・産業拠点への人口流出、小規模な自然増加、そしてそれらの帰結としての相対的に低水準の人口増加率を指摘することができる。では、この

表 8-1　19 世紀後半におけるロシア帝国の人口（単位：千人）

	人口数（1867 年）	人口数（1897 年）	増加数	増加率（%）	1897 年センサス					
					他地域からの流入者 *	他地域への流出者 **	差	うちヨーロッパ・ロシアへの流入者	うちヨーロッパ・ロシアからの流出者	差
ヨーロッパ・ロシア	65,100	98,000	32,900	50	100	1,506	-1,406	—	—	—
シベリア	3,300	5,700	2,400	73	1,359	75	1,284	30	1,111	-1,081
中央アジア	2,600	7,700	5,100	195	425	61	364	21	330	-309
カフカース	3,200	5,500	2,300	72	100	91	9	49	65	-16
合計	74,200	116,900	42,700	58	—	—	—	100	1,506	-1,406

注：* 他地域での出生者。 ** 他地域に居住するこの地域の出身者。
出典：*Водарский Я. Е.* Население России за 400 лет (XVI—начало XX вв.). М., 1973. С.131 より作成。

表 8-2　19 世紀後半ヨーロッパ・ロシアの人口（千人）

	人口数（1867 年）	人口数（1897 年）	増加数	増加率（%）	1897 年センサス		
					県人口のうち他県出身者	県出身者のうち他県に居住する者	移動人口のバランス
ペテルブルク県	1,161	2,112	951	82	931	122	809
モスクワ県	1,679	2,431	752	69	679	177	502
中央非黒土地方	10,007	12,474	2,467	25	590	1,604	-1,014
中央黒土地方	21,192	27,985	6,793	32	1,008	3,963	-2,955
黒土地帯辺境、北カフカース	11,345	22,131	10,786	96	3,271	1,298	1,973
北部	1,553	2,052	499	32	61	143	-82
北東部	4,521	6,025	1,504	33	197	482	-285
沿バルト	1,911	2,386	475	25	240	338	-98
リトアニア、白ロシア	5,946	10,063	4,117	70	582	849	-267
ウクライナ右岸	5,734	9,567	3,833	67	548	615	-67
合計	65,049	97,226	32,177	49	—	—	—

出典：*Водарский Я. Е.* Население России... С.132 より作成。

ような中央非黒土地方の人口学的特徴は農村住民の経済活動とどのように結びついていたのだろうか。この問題と関連して、ここでは村外就業にかんするこれまでの議論を前提に、コストロマー県北西部の人口構成と出生・死亡に焦点を当てていく。以下の第一節では北西部の人口構成にかんして人口数、性別および年齢別構成を確認する。第二節では統計史料をもとに出生と死亡の特徴を析出する。それらの作業をつうじて、村外就業の展開と人口の変容プロセスにどのような関係があったのか考えてみたい。

一　人口構成

まず、比較的データの信頼性が高い全国センサス調査史料に依拠して、一八九〇年代末における人口の静態を摑んでおこう。全国センサス調査史料では現存人口数のほか、「一時不在者」、「一時滞在者」、そしてこれらをもとに算定された「常住人口」数が報告されている。もっともティーホノフによれば、定義の厳密さを欠いていたために、どの調査地で誰をどのカテゴリーに入れるのかについては現場の調査員の判断に委ねられていたという。(3) ゆえに、ここでの分析の目的も大まかな傾向の捕捉に限定される。現存人口については出身地別・身分別構成、さらに他県出身者はその県別構成が調査されている。それらは人口移動の規模や方向を探る手がかりを与えている。

表8－3にみられるとおり、コストロマー県農村人口は農奴解放後の約三〇年間で男性が二二%、女性が三一%、全体で二七%増加している。人口増加の性別アンバランスにより、男性一〇〇人あたりの女性数は一八六四年の一一六人から九七年の一二四人に上昇している。ただ、ホックは一八六四年の人口数データが過小評価されている可能性を指摘している。また、全国センサス調査のデータは一二月の現存人口なので、とくに男性人口が

表8-3　人口数と性別構成（人、%）

	1864年	1897年	増加率
ガーリチ郡			
男性	38,726	43,262	11.7
女性	46,582	58,110	24.7
男女比*	120.3	134.3	
ソリガーリチ郡			
男性	23,013	25,397	10.4
女性	27,110	33,727	24.4
男女比	117.8	132.8	
チュフロマ郡			
男性	18,204	20,160	10.7
女性	23,825	30,045	26.1
男女比	130.9	149.0	
コストロマー県			
男性	471,290	576,851	22.4
女性	545,401	715,799	31.2
男女比	115.7	124.1	
非黒土地帯			
人口（千人）	9,165.6	11,372.0	24.1
男女比	107.8	118.6	
黒土地帯			
人口（千人）	18,792.5	25,187.5	34.0
男女比	101.9	106.1	

注：都市を除く。*男性100人あたりの女性数。
出典：Статистический временник Российской империи. 1. СПб., 1866. С. 17; Первая всеобщая перепись населения Российской империи 1897 г. Т. 18. Костромская губерния. СПб., 1903. С. 4-5 より作成。

過小評価されている。したがって、ここであげた人口増加率や性比も圧縮される。とりわけそれが当てはまるのはコストロマー県東部である。ここでは冬季の林業や輸送業がさかんなため、多数の男性が不在であった。夏季の村外就業が中心である北西部の場合、後述するように逆に「一時滞在者」数が「一時不在者」数を上回る。つまり、理論上は男性人口が過大評価されていることになる。そうであるにせよ、北西部の人口成長は全県の人口成長よりも鈍い。人口増加率は女性が男性を一三～一五ポイントほど上回り、結果として性別の人口構成も一層大きく女性側に傾いている。男性一〇〇人あたりの女性数は一八六四年の一三三人から九七年の一四九人へと拡大している。冬季不在者の把握漏れなどを考慮しても、低い人口増加率と高い女性比というここでの分析結果を大きく修正するものではない。

　年齢別人口構成は全国センサスでのみ調査されている。表8－4はそれを要約したものである。年齢別構成については男性労働人口が村外に滞在し、不在であることを念頭に置かなくてはならない。とくに冬季村外就業者の多い東部や南西部では、一〇～四〇代の男性人口が過小評価されている。さらに、二〇代の男性については兵

表 8-4　コストロマー県農村の年齢別人口構成（1897 年）（%）

年齢	南西部		東部		北西部		合計	
	男性	女性	男性	女性	男性	女性	男性	女性
～ 1	3.9	3.2	4.3	3.6	4.1	3.1	4.1	3.3
1 ～ 9	25.2	21.8	27.6	23.8	28.0	21.4	26.7	22.5
10 ～ 19	19.5	18.6	20.9	20.2	19.1	19.2	19.9	19.3
20 ～ 29	12.9	15.1	12.4	14.9	12.4	14.5	12.6	14.9
30 ～ 39	12.3	13.0	11.4	12.3	11.1	11.9	11.7	12.5
40 ～ 49	10.3	10.7	9.2	9.9	9.4	10.2	9.7	10.3
50 ～ 59	7.4	7.8	6.8	7.1	7.4	8.4	7.2	7.7
60 ～ 69	5.4	5.9	4.6	5.0	5.2	6.3	5.0	5.7
70 ～ 79	2.5	2.9	2.1	2.4	2.4	3.6	2.3	2.9
80 ～ 89	0.6	0.7	0.6	0.6	0.7	1.1	0.6	0.8
90 ～ 99	0.1	0.1	0.1	0.1	0.1	0.2	0.1	0.1
100 ～ 109	0.0	0.0	0.0	0.0	0.0	0.0	0.0	0.0
110 ～	0.0	0.0	0.0	0.0	0.0	0.0	0.0	0.0
不明	0.1	0.0	0.0	0.0	0.0	0.0	0.0	0.0
合計	100.0	100.0	100.0	100.0	100.0	100.0	100.0	100.0
人口数	239,839	294,111	218,296	261,640	118,716	160,048	576,851	715,799

出典：Первая всеобщая перепись населения Российской империи, 1897 г. Т. XVIII. Костромская губерния. СПб., 1903. С. 10-11 より作成。

役従事者の不在もある。この表から、さしあたり以下の諸点が指摘できるだろう。第一に、全般的な特徴として一〇代以下の割合が人口全体の四割から五割と高い。男性労働人口が過小評価されていることを考慮しても、この傾向に変わりはない。これは多産多死型の人口モデルを示唆している。第二に、表からは一〇歳以下の年齢階梯において性別バランスの均衡状態が読み取れるが、それ以上では男女比が女性側に大きく傾いている。不在の影響を勘案すれば、男性の比率はこれよりも高いことは間違いない。ただし、実際の比率を割り出すことは史料上の制約から容易ではない。五〇代以上の年齢階梯でも男女比が女性側に傾いている。とくに北西部では女性人口が男性人口の一・五倍を超えている。これは、男性の死亡率が相対的に高く、平均寿命が短いことをうかがわせる。

つぎに、表8－5は現存人口、「一時不在者」、「一時滞在者」、「常住人口」の関係をまとめたものである。コストロマー県農村の現存人口は男性約五七万

表 8-5　コストロマー県の農村人口（1897 年）

	南西部		東部		北西部		合計	
	男性	女性	男性	女性	男性	女性	男性	女性
(A)「常住人口」(D + B − C)	252,978	297,360	237,437	263,754	118,331	161,539	608,746	722,653
(B) 一時不在者	22,212	9,739	30,814	9,112	10,954	6,350	63,980	25,201
(C) 一時滞在者	9,073	6,490	11,673	6,998	11,339	4,859	32,085	18,347
(D) 現存人口	239,839	294,111	218,296	261,640	118,716	160,048	576,851	715,799
「常住人口」を100とした場合の比率								
(A)「常住人口」	100	100	100	100	100	100	100	100
(B) 一時不在者	9	3	13	3	9	4	11	3
(C) 一時滞在者	4	2	5	3	10	3	5	3
(D) 現存人口	95	99	92	99	100	99	95	99

出典：Первая всеобщая перепись населения Российской империи, 1897 г. T. XVIII. Костромская губерния. СПб., 1903. С. 4-5 より作成。

人、女性約七二万人である。くわえて、「一時滞在者」を上回る「一時不在者」がカウントされている。これらの数値にもとづき算出された「常住人口」は、男性約六一万人、女性約七三万人となる。「一時不在者」数と「一時滞在者」数の比較から、人口の流出入の構造を読み取ることができる。全県、南西部、東部の男性人口は、「一時不在者」が「一時滞在者」を大きく超えている。繰り返しになるが、冬場、南西部と東部の男性住民が農閑期の村外就業に従事していたからである。一方、北西部では「一時滞在者」が「一時不在者」をやや上回っている。北西部の男性住民は建設業のオフ・シーズンに帰郷していた。さらに後述のように、住所登録地を北西部から移した者のうち一部が冬の間滞在していたためである。

なお、女性の「一時不在者」と「一時滞在者」は全県・各地ともに男性よりも少なく、移動の規模も小さい。

表 8-6　コストロマー県農村人口の出身地別構成（1897 年）（%）

	南西部		東部		北西部		合計	
	男性	女性	男性	女性	男性	女性	男性	女性
人口数	239,839	294,111	218,296	261,640	118,716	160,048	576,851	715,799
うち郡（調査地）	93.6	93.4	95.3	95.2	94.4	92.1	94.4	93.8
県内他郡	4.6	4.3	2.3	2.0	3.8	6.2	3.6	3.9
他県	1.9	2.4	2.3	2.7	1.8	1.7	2.0	2.4
外国	0.0	0.0	0.0	0.0	0.0	0.0	0.0	0.0
合　計	100.0	100.0	100.0	100.0	100.0	100.0	100.0	100.0

出典：Первая всеобщая перепись населения Российской империи, 1897 г. Т. XVIII. Костромская губерния. СПб., 1903. С. 42-45 より作成。

やや目立つのは南西部で、これは近隣に工場施設などの女性の就労先があったからである。労働・生活の圏からの移動は、女性自身のみならず家族の名誉をも汚すリスクがあった。前章でも述べたように、村人たちは村から離れた女性をしばしば純潔喪失者とみなしていた。カーリチ郡の通信員レショートキンも、「妻や寡婦、娘はよそに働きに行きたがらない。よそに行く必要が生じたときには、たいてい近隣で雇用される」という情報を寄せている[4]。その他、ティーホノフが指摘するように、結婚にともなう隣県・郡への移動も考えられる[5]。いずれにせよ、移動を経験した女性は人口全体の中では少数派である。

現存人口の出身地別構成から、より長期的な人口移動の傾向が推測可能である。これを示す表８－６によると、全県および南西部、東部の他郡・県出身者数は表８－５の「一時滞在者」数を上回る。現存人口に「一時滞在者」以外にも他郡・県出身者が含まれていることから、これらは人口流入地域であると言って良い。逆に北西部は、男性の他郡・県出身者数が「一時滞在者」数を下回っている。つまり、「一時滞在者」の中に郡（調査地）出身者が含まれていることになる。おそらく、出身地から住所登録地を移した者が調査日に一時滞在者として扱われたのであろう。結論として、全県および南西部、東部については人口流入を、北西部については人口流出を導くことができる。なお身分別構成は、郡（調査地）出身者の約九六％

が農民身分出身者である。他郡・他県出身者も農民身分出身が圧倒的である。

この問題と関連して、ジバンコフがソリガーリチ郡農村住民を対象に、村団の脱退と所属身分の移動、住所登録地の移動にかんする独自の調査を行なっている。この調査によれば、ソリガーリチ郡では一八六一〜一八八三年の二二年間で一二七世帯が村団を脱退し、身分を移動していた。しかし、一三〇世帯のうち四二世帯（三二・三%）は家族が引き続き村内に住んでいた。村内に土地を所有する者も一三〇世帯中五五世帯（四二・三%）にのぼった。ジバンコフが述べるには、農民身分から町人・職人身分、商人身分への移動には以下のようなメリットがあった。すなわち、①建設施工業において請負可能な工事の規模が大きくなる。受注のためのコネも作りやすい。②国内旅券を取得する際の手間や費用を省くことができる。③コストロマー県ではなくペテルブルクの業者である方が信用を得やすい。④村団や郷役場の役職への選出を回避できる。⑤農民の間で行なわれている体刑に処せられずに済む、と。とはいえジバンコフの解釈によると、彼らは必ずしも空間的な移動を意図していたわけではない。首都での経営は不安定で、リスクが高い。農村に居を構え、農業を維持することには生活保障上のメリットがある。それゆえ、裕福な請負人は出身農村に石造二階建ての屋敷を建て、自分自身にとって農業が必要ではないにもかかわらず、農業に従事する親族のために土地を購入し、働き手を雇用しているのだ、とジバンコフは説明する。[6] これは、経済的成功者の志向がもっぱら都市にあったわけではないことを示している。彼らは身分的な義務から解放された後も、村に立派な屋敷を建築して村人に経済的な成功を示威し、農業に従事し続けながら農村の拠点を維持していた。さらに、女性の活動空間は生涯にわたり居住地の周辺に限定されていた。人生の大半を農村で暮らしてきた農婦、なかでも年配の者は遠方の都市での生活に難色を示した。[7] ともあれ、北西部では村団を脱退し、ペテルブルクの町人身分や商人身分に移動してからも、生活の拠点を出身農村に残す者がいた。彼らは建設「シーズン」中は首都で働き、冬場は親族の暮らす北西部に戻ったのだろう。そのような実態が、「一

表 8-7　他県出身者の出身地 (1897 年)（人）

	南西部		東部		北西部		合計	
	男性	女性	男性	女性	男性	女性	男性	女性
人数	4,486	6,977	5,086	7,139	2,094	2,738	11,666	16,854
ヴャトカ県	18	14	2,897	4,233	47	12	2,962	4,529
ヴラディーミル県	1,916	3,242	321	264	56	34	2,293	3,540
ニジニ・ノヴゴロド県	389	316	688	1,431	67	38	1,145	1,785
ヴォログダ県	112	106	248	326	714	742	1,074	1,174
ヤロスラヴリ県	735	1,906	43	53	188	409	966	2,368
ペテルブルク県	131	166	109	144	527	790	773	1,100
モスクワ県	274	292	81	68	125	175	476	534
トヴェーリ県	99	107	35	37	29	40	163	184
リャザン県	101	84	28	18	9	16	138	118
カザン県	31	38	77	55	12	10	120	103
アルハンゲリ県	3	16	88	32	9	17	100	65
ノヴゴロゴ県	26	44	42	50	21	66	89	160
その他	651	646	429	428	290	389	1,367	1,194

出典：Первая всеобщая перепись населения Российской империи, 1897 г. Т. XVIII. Костромская губерния. СПб., 1903. С. 46-49 より作成。

時滞在者」数に反映されているのである。

最後に、現存人口の他県出身者についてその県別内訳が記載されている。これにもとづき作成した表8－7によれば、隣県出身者がその上位に入っている。すなわち、南西部では隣県のヴラディーミル県、ヤロスラヴリ県が多い。これは南西部が繊維産業従事者を受け入れていたからである。東部はウラルのヴャトカ県、そして南東のニジニ・ノヴゴロド県の出身者が中心である。これも、東部の林業や輸送業との関連で人の移動が生じていたためである。北西部はヴォログダ県そして遠方のペテルブルク県の出身者が目立つ。第四章で述べたように、北西部ではヴォログダ県出身者が農作業や家事などの働き手として雇用されていた。興味深いのはペテルブルク県出身者の存在である。おそらく彼らは、北西部出身者である彼らの親がペテルブルク滞在中に生まれたのだろう。彼らは建設業のオフ・シーズンに親族の郷里に一時的に滞在していたか、出生後、北西部が主たる生活拠点となったのであろう。

以上、コストロマー県の人口は低い増加率と性別バランスの歪みが特徴的である。とくに北西部においてはそれらが顕著である。これを裏づける形で、男性の年齢別構成は、平均寿命が短いことをうかがわせている。さらに、人口流入に特徴づけられる南西部や東部とは対照的に、北西部からは人口が流出していた。史料からは、ヴォログダ県やペテルブルクとの結びつきが読みとれる。残念ながら、センサス史料からは建設「シーズン」すなわち春から秋までの人口移動にかんするデータを得ることはできない。夏季には男性の「一時不在者」が大幅に増加し、それと入れ替わる形でヴォログダ県出身者を中心とする「一時滞在者」も膨らんだものと推測される。

ところで冒頭で述べたように、一九世紀後半のヨーロッパ・ロシアは人口の大幅増を経験した。その主因は、出生率と死亡率それぞれの下降開始に時間的なズレが生じていたことにある。これを念頭に、出生と死亡を検討しよう。

二　出生と死亡

（1）　出生

序論でも触れたように、ヨーロッパ・ロシアでは一九世紀末まで高い出生率が続き、その後それは緩やかに下降していく。出生率の規定要因について考える際、出生力が問題となる。一九六三年から八〇年代にかけてプリンストン大学人口学研究所のコールらのグループが、近現代ヨーロッパの出生力水準をテーマとする大規模な国際比較研究を組織している。コールらは研究に着手するにあたり、出生力、婚姻出生力、有配偶率にかんする独自の指標を開発している。これは、フッター派有配偶女子の出生力を自然出生力の概念に近いものとして基準に採用するものである。[8] なおソ連邦の領土については、一八九七年の全国センサス調査以降が分析対象となってい

表 8-8　ヨーロッパ・ロシア５０県農村人口の出生力指標（1897 年）

県	*If*	*Ig*	*Im*	県	*If*	*Ig*	*Im*
クールラント	0.297	0.542	0.522	シンビルスク	0.568	0.759	0.740
リーフラント	0.305	0.605	0.474	ヴラディーミル	0.574	0.791	0.714
エストラント	0.328	0.615	0.507	モスクワ	0.574	0.800	0.688
コヴノ	0.398	0.760	0.502	ヴャトカ	0.579	0.807	0.689
ヴィリノ	0.444	0.739	0.581	ウファー	0.581	0.776	0.741
ヤロスラヴリ	0.448	0.750	0.581	カルーガ	0.584	0.752	0.756
ヴィテプスク	0.459	0.760	0.581	タムボフ	0.586	0.743	0.783
ノヴゴロド	0.459	0.815	0.594	リャザン	0.591	0.742	0.792
アルハンゲリスク	0.475	0.718	0.636	ニジニ・ノヴゴロド	0.593	0.771	0.752
サンクト・ペテルブルク	0.492	0.766	0.606	アストラハン	0.600	0.705	0.828
ヴォログダ	0.500	0.785	0.618	クールスク	0.605	0.797	0.755
グロドノ	0.501	0.739	0.665	スモレンスク	0.609	0.819	0.731
ポドリスク	0.503	0.683	0.723	オリョール	0.613	0.811	0.751
プスコフ	0.510	0.807	0.601	ペンザ	0.619	0.793	0.775
ミンスク	0.515	0.757	0.663	ペルミ	0.621	0.807	0.734
オロネッツ	0.524	0.806	0.641	ドン	0.627	0.753	0.823
ヴォルィニ	0.528	0.711	0.730	エカテリノスラフ	0.637	0.792	0.794
ベッサラビア	0.529	0.683	0.763	サラトフ	0.641	0.779	0.808
コストロマー	0.534	0.781	0.667	ヘルソン	0.647	0.837	0.757
モギリョフ	0.534	0.799	0.656	サマーラ	0.652	0.820	0.788
カザン	0.545	0.762	0.704	オレンブルク	0.655	0.806	0.801
チェルニゴフ	0.550	0.768	0.703	ハリコフ	0.661	0.824	0.792
トヴェーリ	0.557	0.807	0.680	トゥーラ	0.662	0.799	0.773
キエフ	0.564	0.773	0.710	タヴリダ	0.664	0.840	0.779
ポルタヴァ	0.565	0.776	0.712	ヴォロネジ	0.665	0.813	0.814
				ヨーロッパ・ロシア	0.567	0.773	0.718

出典： Ansley J. Coale, Barbara A. Anderson, Erna Härm, *Human Fertility in Russia since the Nineteenth Century,* Princeton, New Jersey: Princeton University Press, 1979, pp. 20-21 より作成。

る。

コールらは一八九七年におけるヨーロッパ・ロシア農村人口の出生力水準を表８－８のように要約している。みられるとおり、総合出生力指標（*If*）は〇・五六七と高い。この結果は同時代の東欧諸国とともに高い部類に入る。総合出生力指標はロシア南東部では高く、逆に沿バルトやロシア西部で低い(9)。

コールらにしたがえば、総合出生力は第一に有配偶率、すなわち女性人口における有配偶者の割合により、第二に婚姻出生力、つまり婚姻関係にある夫妻の「人口学的」行動により決定される(10)。ヨーロッパ・ロシア農村人口の有配偶率指標（*Im*）は〇・七一八と非常に高い。周知のように、「非ヨーロッパ結婚パターン」地域では初婚年齢と生涯未婚率が低い。さらに農村住民の夫婦関係は、一部の例外を除いて一方の配偶者が死亡するまで続く。寡婦も、年齢が若ければたいてい再婚する。離婚はまれである。一八九七年における一五〜四九歳既婚女性の平均結婚年数は二五・八年間である。つまり、二〇歳で結婚した女性の結婚生活は四六歳ごろまで続き、女性の出産可能期間がほぼカヴァーされる。[11]このように、有配偶率は初婚年齢や生涯未婚率によって大きく規定されていたから、やはりロシア南東部で高く、沿バルトで低くなっている。[12]

つぎに、婚姻出生力指標（Ig）は有配偶女子からの嫡出子の出生力を示している。ヨーロッパ・ロシア農村人口は婚姻出生力指標も〇・七七三と高い。コールらによれば、一八九七年の段階で農村住民の婚姻出生力が低下を開始していたのは五〇県中五、六県で、下降中であったのは沿バルトの三県だけである。第一次世界大戦までに婚姻出生力は一五〜二〇県において一〇％以上低下する。それはロシア西部の諸県を中心とし、住民の民族的出身は沿バルトの諸民族、ウクライナ人、ポーランド人、ユダヤ人、ドイツ人からなっていた。また、ここでは低い乳幼児死亡率が特徴的であったという。[13]したがって、これらを除くヨーロッパ・ロシアの大部分においては婚姻出生力の高い状態が続いていた。その背景には、多子を肯定的に評価する社会文化がある。ミローノフも指摘するように、農村住民は多子を世帯の労働力を増加させ、老齢者の扶養を保障するものとみなしていた。領主（農奴制時代の）、農村共同体、正教会も多子を支持していた。とはいえ、多産や多子を抑制する要因もあった。これと関連して、ヴィシネフスキーはロシア正教が斎戒期の性交渉を制限していたこと、農繁期に性交渉が減少したこと、多産が母体に過大な負担をもたらすこと、子どもの扶養が経済的な負担となることを列挙している。なお、一九世紀後半のヨーロッパ・ロシア農村においては意識的な産児制限や家族計画は本格化していない。しただし、農村住民の間では民間医療や経験にもとづく避妊や人工中絶などの産児制限、出生後の「間引き」が知られていた[14]。それらが出生率にどの程度の影響を与えたのか推計するのは難しい[15]。いずれにせよ、高水準の出生率という認識に変わりはない[16]。

さらに、ミローノフやヴィシネフスキーはジバンコフの事例研究に依拠し、農村住民の村外就業が婚姻出生力を抑えていたと主張している[17]。ジバンコフはコストロマー県ソリガーリチ郡で農婦の平均完結出生児数を調査し、夫による村外就業の有無により平均完結出生児数に大きな差があったことを発見している。すなわち、村在住男性の妻の平均完結出生児数が九・二人であるのに対し、村外で就業する男性の妻のそれは五・二人にとどまる。出生児数ゼロの農婦も、前者の三・三％と後者の一〇・九％に開きがある。ジバンコフはその要因として以下をあげている。①村外就業者の妻は農作業や家事労働などの負担が大きい。農婦はしばしば肉体的に疲弊し、生理が不順になっている。②性交渉が夫の帰省中の冬に限定され、偏っている。③、②の結果、妊娠期間は農繁期と重なる。妊娠中の過度の労働負担が流産や早産、さらには出産後の病気を引き起こしている。④夫も村外での過大な労働により精力が減退している。夫は就業地で婚外関係を結び、性病を患っている。⑤農婦の出産機会が少ないので、子どもの授乳期間が延長される。このことが妊娠を抑制している、と[18]。

以上のようなジバンコフの見解のうち最も説得力があるのは⑤である。人口学の成果によれば、授乳は産後の受胎準備の開始を遅らせ、それによって出産間隔をかなり拡げる。この授乳実践と並んで、健康要因、栄養状況、労働、移動による夫婦の一時的な別居やその他の要因も婚姻出生力を左右する[19]。したがって、⑤の他に①、②、③も要因として妥当である。たとえば①や③と関連して、「テーニシェフ民俗学事務局」アンケート調査に参加したレショートキンが「農民女性は畑や採草地、森で子どもを産むことが非常に多い。彼女は産まれた子どもを抱えて帰宅し、風呂場で体を洗う。時間の都合がつき、家族が許してくれるのであれば、そこで二、三日横になる」、とコストロマー県北西部のきびしい出産条件に触れている[20]。このような見解からすれば、むしろ流産などの多発が出生数を減らしていた可能性がある。反面、④については、それが婚姻出生力の低下にどの程度結びついていたのか疑問もある。

なお論点の一つとして、男性の村外就業に大きく決定づけられていた生殖行動について、北西部の住民が産児制限の観点から肯定的に受け止めていたのかという問題がある。残念ながら、現在の研究段階において筆者はそれを判断するための材料を持ち合わせていない。

いずれにせよ、村外就業の有無だけでヨーロッパ・ロシアにおける婚姻出生力の地域差が説明できるわけではない。村外就業は、婚姻出生力を低下させる一つの要因にすぎない。商工業的な生産活動と出生力の関係も一様ではなく、コストロマー県北西部の事例はあくまでも一典型として理解すべきである。婚姻出生力指標は沿バルトやロシア西部の他、ロシア南東部のアストラハン県やドン軍管区、中央黒土地方のリャザン県やタムボフ県でも低い。逆に、西部のスモレンスク県、北西部のノヴゴロド県、中央非黒土地方のトヴェーリ県で高い。このように、婚姻出生力指標から総合出生力指標や有配偶率指標ほど明確な地理的分布が読み取れるわけではない。コールらも、一八九七年における農村住民の婚姻出生力は社会経済や乳幼児死亡率との相関が弱いとの結論に達している。[21]もちろん、データの信頼性の低さもこの結果に少なからず影響を与えているだろう。たとえばヴィシネフスキーらのグループが、アストラハン県についてそれを指摘している。[22]データの精緻化そして地域差の要因にかんする十分な説明が要請されている。

ともかく、各地の総合出生力指標は有配偶率指標と高い相関関係を示している。したがって、さしあたり総合出生力の地域差は有配偶率の地域差に起因していたと考えて良い。[23]

以上をふまえ、コストロマー県北西部人口の出生率および出生力水準を検討してみたい。最初に、人口数データおよび人口動態調査史料の出生数データを利用して出生率を計算する。つづいてコールらの研究結果に対照さ

表 8-9　北西部の出生率（‰）

	ブーイ郡	ガーリチ郡	ソリガーリチ郡	チュフロマ郡
1875 年	51.6	46.3	47.7	46.3
1880	51.8	45.2	43.7	43.7
1887	52.0	46.7	47.5	45.1
1900	51.1	47.8	45.9	45.9
1910	52.8	47.9	46.9	49.1

注：都市を含む。
出典：*Владимирский Н. Н.* Отход крестьянства Костромской губернии на заработки. Кострома, 1927. С. 85; Движение населения в Европейской России за (1874, 1875, 1876, 1879, 1880, 1881, 1886, 1887, 1888, 1899, 1900, 1901, 1909, 1910) год. СПб. より作成。

せる形で一八九七年時点の出生力水準を算出してみたい。ただし、とくにリージョナル・レヴェルで出生を論じる場合、史料の信頼性が結果の精度を大きく左右することは否めない。人口数データの信頼性があまり高くないことについてはすでに述べた。出生数データについても疑問がある。出生数で女子が男子を大きく下回っている点である。とくに女子にかんしては親が洗礼を怠ったか、ないしは教会側が登録をきちんと行なわなかったために少なからぬ報告漏れがあり、誤差が生じたのだろう。[24]男子を好む一方で、意図的に女子の世話が手抜きされ、登録においても洗礼前に死亡した女子の扱いが軽んじられていた可能性もある。ゆえに、ここでの分析は試算の域にとどまる。

計算結果をまとめた表8-9によれば、ガーリチ、ソリガーリチ、チュフロマ三郡の出生率は四〇‰台後半を推移している。村外就業の発展においてはこれらの郡よりも目立たないブーイ郡は五〇‰とやや高い。総じて出生率は一九〇〇年から上昇傾向にある。出生数の捕捉が改善したことも一因として考えられるが、この期間の人口数は過大評価されているから、出生率が上向いていた可能性も否定できない。なおエンゲルは、一八九〇年代から一九〇〇年代前半までのソリガーリチ郡とチュフロマ郡にかんし出生率が四五～四七‰から四二‰へ、全県のそれは五二‰から四八‰へと下降したという見通しを示している。これは、おそらくエンゲルが依拠した人口数データがやや過大なためであろう。ここでは北西部の出生率が、図序-1から読みとれるヨーロッパ・ロシアの出生率やエンゲルの示したコストロマー県の出生率よりも低めであることを確認しておこう(25)。

つづいて、表8－10は北西部人口の出生力を割り出したものである。総合出生力指標(*If*)をみるならば、ガーリチ、ソリガーリチ、チュフロマの各郡は〇・四五から〇・四六と、非黒土地帯（都市を含む）やコストロマー県の数値を下回る。先に掲げた表8－8を参照するならば、北西部の水準は沿バルト諸県を超えるものの、「非ヨーロッパ結婚パターン」地域の中では最低レヴェルにある。中央非黒土地方の中では、やはり農村住民の村外就業に特色があるヤロスラヴリ県とほぼ同じである。

表 8-10　北西部人口の出生力指標（1896-97 年）

	If	*Ig*	*Im*
北西部 *	0.45	0.68	0.66
ガーリチ郡	0.45	0.71	0.64
ソリガーリチ郡	0.46	0.69	0.66
チュフロマ郡	0.45	0.65	0.69
コストロマー県	0.52	0.76	0.67
非黒土地帯 **	0.49	0.74	0.63
黒土地帯 **	0.59	0.79	0.74

注：* ブーイ郡を除く。** 都市を含む。
出典：Движение населения в Европейской России за (1896, 1897) год. СПб.; Первая всеобщая перепись населения Российской империи, 1897 г. Т. XVIII. Костромская губерния. СПб., 1903. С. 32, 35, 40; *Вишневский А. Г.* Ранние этапы становления нового типа рождаемости в России // *Вишневский А. Г.* (ред.) Брачность, рождаемость, смертность в России и в СССР. Сборник статей. М., 1977. С. 131 より作成。

では、北西部の小さい総合出生力は有配偶率、婚姻出生力のどちらに起因するのだろうか。まず、ガーリチ、ソリガーリチ、チュフロマ各郡の有配偶率指標（*Im*）は〇・六四から〇・六九である。この数値はヨーロッパ・ロシア農村よりは低いが、コストロマー県とほぼ同水準である。つまり、北西部の有配偶率が極端に低いというわけではない。北西部女性人口は早婚で、生涯の未婚も少ない。たしかに北西部では寡婦の割合は高いが、小さいながらも寡婦に再婚チャンスが残されている。目にみえる形でそれが有配偶率に影響を与えているわけではない。なお、ヤロスラヴリ県の有配偶率はコストロマー県北西部のそれよりもかなり低い。前章で述べたように、これはヤロスラヴリ県農村人口の平均初婚年齢や生涯未婚率が高いためである。

つぎに、ガーリチ、ソリガーリチ、チュフロマ各郡の婚姻出生力指標（Ig）は〇・六五から〇・七一である。これはコストロマー県の水準を大幅に下回る。婚姻出生力指標の低さにおいて北西部は沿バルト諸県の〇・六〇前後につぐ位置にある。ジバンコフが明らかにしたように、北西部の場合、男性住民の長期不在が婚姻出生力を弱めていた。それが、出生力の意識的な抑制が始まっていた沿バルト諸県に近い出生力水準を作り出していたのだろう[26]。ちなみに、ヤロスラヴリ県農村の婚姻出生力指標は北西部よりも高い。北西部の小さい総合出生力は、おもに小さい婚姻出生力が作用していたと結論づけることができる。

このように北西部農村では婚姻出生力が弱く、それが総合出生力を小さくしていた。出生数が過小評価されていることを考慮すれば、実際の総合出生力、婚姻出生力は若干上昇する。それでも、ここで明らかにされた出生の構造を大きく修正するものではない。このような出生力のあり方はヤロスラヴリ県とは対照的である。コストロマー県北西部とヤロスラヴリ県はともに総合出生力が小さい。しかし、前者は婚姻出生力、後者は有配偶率がそのおもな規定要因となっている。北西部の場合、村外就業が早婚と皆婚を促す一方、男性の長期不在が婚姻出生力を縮小させていた。ヤロスラヴリ県は、「非ヨーロッパ結婚パターン」地域の中でも晩婚と高い生涯未婚率が顕著である。両県の有配偶率と婚姻出生力、そしてそれらの規定要因については不明な点も多く、引き続き包括的な作業が求められている。

(2) 死亡

ミローノフは、一九世紀末に農村住民の生活水準が落ちたとの理解を前提に独自の人口論を展開している。それによると、住民の栄養状態が悪化するにもかかわらず、死亡率は下向く。その要因としてミローノフは、識字率の上昇が象徴するような文化水準の向上、医療の無償提供の普及、新たな衛生習慣や衛生への理解とそれによる伝染病の減少に注目する。[27]

これに対しホックは、「生活水準上昇」説を支持する立場から以下の議論を展開している。たしかに一九世紀末、土地償却金の滞納が発生している。しかし、それは生活水準低落の根拠とはならない。滞納額は賦課額全体の五%程度にすぎず、旧領主農民は償却を概して順調に履行していた。一人あたりの穀物生産量は増加し、搬出されずに村内で消費される穀物の量も伸びている。栄養不良が原因の伝染病発生とそれによる死亡は減少し、死亡率は低下している。ただロシアの場合、死亡率全体を大きく決定づける乳児死亡率、すなわち一歳未満の子どもの死亡率は高水準のままである。乳児死亡率はとくに大ロシア人で非常に高い。大ロシア人の子どもは授乳期間が短く、早期に母乳から固形食へ移行していた。そのため、下痢などが引き起こされ、死亡の原因となっていたからである。医療や衛生の問題は解消されず、それらは生活水準の改善や死亡率下降の理由にはならない。このようにホックは主張する。[28]

ムーンも、食糧供給の改良が生活水準を上向きにし、死亡率を下げたと判断し、衛生や医療、インフラ整備の役割についてはあまり評価していない。滞納金の増加についても、彼はその原因を諸義務の遂行よりも生活必需品への支出を優先する心性の中に見いだし、それは農村住民の貧困化を意味するものではないとする。死亡率が落ちついた一因として、一九世紀後半に凶作と飢饉、疫病、戦争などの「人口危機」が後退したことにムーンは注意を促している。[29]

以上、ここでの主要な論点は農村住民の生活水準が上昇したのかどうか、また死亡率の低下要因が生活水準や栄養状態の向上にあるのか、それとも医療の普及や衛生水準の改良にあるのかということである。第三章でも述べたように、総じて農村住民の生活水準と栄養状態が好転し、「農業危機」は局地的であったとする見方には説得力がある。ゼムストヴォらの医療・衛生事業が特定の地域において、あるいは特定の病気の撲滅に向けて何らかの効果があったとしても、それがヨーロッパ・ロシア全体の死亡率に作用するほどであったとは考えにくい。したがって、ミローノフの主張には同意しがたい。なお、ミローノフはホックの批判に対して、医療や衛生の前進が生活水準や栄養状態の改善よりも死亡率の引き下げに大きく貢献したということであり、生活水準や栄養状態の改善自体を否定しているのではないと反論している[30]。

ただ、ホックの主張にも疑問が残る。第一に、斎藤修によれば、死亡率低下の要因にかんするトマス・マキューンらの生活水準上昇説は現在、イギリス本国ではあまり支持されていない。近年の研究はむしろ公衆衛生分野における制度的介入の役割に注目している[31]。第二に、ホックは高い乳児死亡率に注目しているが、これと関連して人口史の研究成果によれば、乳児死亡率の下降に先行して幼児、すなわち一～四歳の子どもの死亡率が下がり始めていた。したがって、乳児・幼児それぞれの死亡率の動向とその要因を詳細に検証する作業が課題となる。

いずれにせよエーマーが指摘するように、一八世紀のヨーロッパにおいては前工業社会の伝統の中にある高い死亡率が長期的な低下局面へと入る[32]。ロシアでもヨーロッパに遅れて、一九世紀後半～二〇世紀初頭にこのプロセスが始動する。ただロシアの場合、この局面においても大飢饉や疫病が発生し、一八九一年のように死亡率が一時的に上昇する期間もあったのである。

さて先述のように、一九世紀後半、ヨーロッパ・ロシア農村人口の死亡率は漸減している。それでも、二〇世紀初頭においても死亡率は高い水準にある。死亡率の地域差も大きい。それは沿バルトで低く、ロシア南東部で高い[33]。

そこで、ヨーロッパ・ロシアについて死亡率水準の基本的な指標である死亡確率（q）を確認しておこう。これは年齢階層別の死亡率を示すものである。ノヴォセリスキーは一八九七年全国センサス調査史料と人口動態調査史料にもとづき死亡確率を算出し、その国際比較を行なっている。彼によれば、ヨーロッパ・ロシアは一〇歳

表 8-11　年齢別死亡確率（1896-97 年）（‰）

	北西部*		コストロマー県		ヨーロッパ・ロシア	
年齢	男性	女性	男性	女性	男性	女性
～ 0	273	229	358	319	294	258
1 ～ 4	131	114	159	147	204	198
5 ～ 9	27	30	40	37	64	63
10 ～ 14	14	16	19	19	27	28
15 ～ 19	31	19	26	23	28	29
20 ～ 29	73	58	83	73	72	76
30 ～ 39	101	63	96	85	90	95
40 ～ 49	131	99	141	104	135	123
50 ～ 59	241	161	229	181	218	206
60 ～ 69	426	360	408	370	387	391
70 ～ 79	666	594	667	613	610	608

注：* ブーイ郡を除く。
出典：Первая всеобщая перепись населения Российской империи, 1897 г. Т. XVIII. Костромская губерния. СПб., 1903. С. 12-13, 18-19, 26-27; Движение населения в Европейской России за (1896, 1897) год. СПб.; 広岡直子「リャザーニ県における出生率の推移とその歴史的諸原因」（ソビエト史研究会編『ロシア農村の革命』木鐸社、1993 年所収）102 頁より作成。

以下の死亡確率がきわめて高く、一〇代および二〇～五〇代も高いのに対し、六〇代では大差がなく、八〇歳以上ではかなり低い。他国と比較した場合、女性の死亡率は高めである。以上からノヴォセリスキーは、総じてロシアの死亡率は衛生・文化・経済において後進的な「農業国」の典型であるとまとめている（表8-11）[34]。

ヨーロッパ・ロシア農村人口の多死状況は子ども、とくに乳幼児の死亡によって大きく決定づけられていた。一九世紀末においても、満一歳までに出生児の二五～三〇％、五歳までにその四割以上が死亡していたのである。子どもの死亡は下痢や赤痢などの消火器系の病気やインフルエンザ、麻疹、天然痘、梅毒、チフスなどの伝染病を原因としていた。先行研究は、（エスニック）ロシア人の乳幼児死亡率がタタール人などの乳幼児死亡率を上回っていたことに注目している。その主因とされるのが、ロシア人の間で普及していた独特の育児習慣である。すなわち、農村住民の性交は秋にピークを迎え、したがって出産は翌年の七、八月に集中する。そのことが乳幼児の生存チャンスを小さくする。とくに夏の農繁期には、農婦は出産直前まで農作業に従事しなくてはならない。出産後も農婦は農作業や家事労働での多忙から老人や子どもに子守を頼む。世話ができないときには、パンを噛み砕き、それを布の切れ端で包んだものをおしゃぶり（соска）として乳児に与える。乳児の食事はかなり早い時期に母乳から固形食に切り替えられる。とくに気温の上昇する夏場、この不衛生なおしゃぶりや固形食を介して乳児の体内に雑菌が入り込む。そのため、乳児は下痢や伝染病を発症しやすい。冬場も、狭隘な家屋内での長期にわたる多人数の共同生活が伝染病の感染を拡げる。医者による改善の試み、たとえばおしゃぶりの使用や村の産婆の利用をやめさせるキャンペーンも、それらに利点を見いだしていた農村女性の抵抗に直面した。親は子どもの死を運命ととらえ、それに対して諦観の念を抱いたのである(35)。

この乳幼児の死亡にかんし、ノヴォセリスキーは五歳以下の子どもの死亡率が一八九八〜一九〇二年まで高い水準を推移し、それから減少に転じたという見方を示している。下降のテンポは一歳未満においては緩やかで、一歳以上で早い。一歳以上の死亡率が急減した理由を、ノヴォセリスキーは伝染病すなわち天然痘、麻疹、猩紅熱、ジフテリア、百日咳、チフスなどの減少に見いだしている(36)。

近年、ロシア各地で古文書館所蔵の教区簿冊史料を検証する作業が進められている。それらもこの「伝統的死亡パターン」を確認している。一九世紀後半カレリア地方の正教徒（ロシア人とカレリア人）にかんするスミルノーヴァの研究によれば、死亡者に占める若年者の比率は顕著に高かった。ここでは高い乳幼児死亡率が平均寿命を短くしていた。この乳幼児の死亡と関連して、死亡の月別構成も乳幼児の死亡が集中する夏の比率が高い。死亡原因は伝染病や感冒性疾患など外生的なものの比重が大きい、とスミルノーヴァは指摘する(37)。サガイダーチヌィは西シベリアの村落をフィールドとして選択している。彼は教区簿冊史料と一八九七年全国センサス調査個票史料をもとに、前工業時代に特有の多産多死を析出している。死亡率は乳幼児の死亡のみならず、外生的疾病などを原因とする成人の死亡によっても押し上げられていた。しかし、一九世紀の中葉から末にかけて成人の死因としての外生的疾病は後退する。この事実からサガイダーチヌィは近代的な人口モデルの萌芽を見いだしている(38)。これらの研究はロシアの辺境にかんするものであるが、死亡率の漸減がみられた一九世紀末においても、乳幼児死亡率が依然として高止まり状態にあったことを一致して伝えている。さらにサガイダーチヌィは、人口転換と関連して乳幼児ではなく成人の死亡に注目している。

このように、ヨーロッパ・ロシアの死亡率は一九世紀後半以降、持続的に低下している。とはいうものの、各年齢層がそれにどのように貢献したのか、またその要因が何であるのかについては不明点も多い。今後、ヨーロッパ・ロシア各地について各年齢層の死亡率とその事情を解き明かす必要がある。

以上を念頭に、つづいてコストロマー県北西部農村の死亡率を検討する。その前に、死亡にかんする史料を扱うにあたり、考慮しなくてはならない問題がある。それは、人口動態調査史料が労働年齢男性の死亡数を十分に把握していないことである。補章一で述べたように、建設業従事者は事故や病気で死亡するケースが多い。実際、北西部の聖職者は毎年、男性が村外で死亡していると報告している。たとえばある聖職者によれば、一八八〇年代のガーリチ郡イグナトフ教区（男性三〇二人、女性三七〇人）では年二、三人、多いときには七人がよそで死亡し、人口は減る傾向にあった。別の聖職者もソリガーリチ郡の住民数二〇〇〇人の教区から、年七～一〇人が「よそ」で死亡していると伝えている(39)。ジバンコフもソリガーリチ郡カルツォフスカヤ郷の郷役場で調査し、一八八三～八四年の二年間に一二人がよそで死亡したことを確認している。この一二人の年齢別内訳は、一〇、二〇代が二人、三〇代が四人、四〇代が六人である。このように、死亡者は一〇～四〇代に分布していた。もっとも、郷役場が関知している死亡者は全体の半数以下だとジバンコフは判断している(40)。ジバンコフは各教区から寄せられた情報をもとに、七〇〇人につき年二人が死亡すると見積もったとしても、八〇年代初頭のガーリチ、ソリガーリチ、チュフロマの三郡において年六〇〇人が村外で死亡していると推計され、死亡率も三‰上昇するとの結論に達している。(41) 聖職者の報告は印象的なものである。さらに彼らは教区民による村外就業の「過熱」に危機感を抱いていたから、死亡者あるいは消息不明者の人数が水増しされていたことも十分考えられる。いずれにせよ、人口動態調査史料において一〇代から四〇代の男性死亡数は明らかに過小評価されている。

先述のように、「ピーテルシキ」の多くは、「老いぼれて」働けなくなる五、六〇歳まで村外での就業を続けた。しかしながら、無事に引退するまでに彼らは過酷な労働や劣悪な生活条件が原因でしばしば病気に罹り、あるいは負傷し、最悪の場合死亡した。インテリゲンツィアも、村外就業の帰結としての男性の健康状態悪化について多くの情報を提供している。もっとも、彼らの情報はしばしば村外就業者に対する偏見も含んでいた。たとえば、マカーロフは男性の「身体的欠陥」についてつぎのように説明している。

当地では背の低い若い男性が目立つ。一八〜二〇歳で発育不全の者や小人が見かけられる。（略）これが退化であることは一目瞭然である。ペテルブルク、そしてその湿った地下での生活、貧しい食事、アルコールによる全身の衰弱、首都から持ち込まれた梅毒への数世代にわたる感染、そしてその遺伝、以上すべてが若い成長中の世代に影響したのである。もちろん娘のピグミーもたくさんいるけれども、それほどではない。彼女たちはいつも村に住み、一二歳からペテルブルクに行かされないからである。(42)

では、死亡率の検討に入ろう。表8-12は北西部各郡の死亡率を試算したものである。みられるように、一八七〇、八〇年代におけるガーリチ郡、ソリガーリチ郡、チュフロマ郡の死亡率は三五〜三九‰である。ブーイ郡は四〇‰台とこれよりも高い。ただ、前者においては村外での死亡が十分に算入されていないから、実際の

表 8-12　北西部の死亡率（‰）

	ブーイ郡	ガーリチ郡	ソリガーリチ郡	チュフロマ郡
1875 年	43.7	35.8	36.4	37.8
1880	43.3	35.0	38.8	36.5
1887	39.0	34.1	29.7	31.8
1900	38.7	32.7	36.3	36.5
1910	41.0	36.2	32.4	35.3

注：都市を含む。
出典：表 8－9 と同じ。

死亡率はこれよりも高い。三郡の場合、死亡率は一九一〇年までに三二～三六‰へと微減している。しかし、死亡率が低落傾向にあるとしても、人口数の過大な見積もりや村外での成人男性の死亡を加味すれば、実際の死亡率はこれよりも高いとみるべきである。なおラーシンは、ヨーロッパ・ロシア人口の死亡率が一八六一～六五年の三六・五‰から一九一一～一三年の二七・一‰へ、コストロマー県人口の死亡率がそれぞれ三七・八‰から二九・五‰に改善したと推計している。北西部人口の死亡率はこれらよりもやや高めに推移していることになる。このラーシンの数値も死亡率を過小評価している可能性が高い。

つぎに、先にあげた表8－11からは、一八九七年頃における北西部人口の年齢階層別死亡率について以下の特徴を指摘できる。第一に、一五歳以上の男性において死亡率が高い。この死亡率水準はヨーロッパ・ロシアやコストロマー県の死亡率とほぼ同等かそれらを上回っている。村外での死亡者を入れると、実際の死亡率は表の数値を超える。

第二の特徴は、低い女性死亡率である。北西部の死亡率はヨーロッパ・ロシアやコストロマー県のそれよりも抑えられている。北西部の男性死亡率との比較では、ほぼすべての年齢で女性の死亡率が下回っている。既述のように、とくに女性の乳幼児において死亡数データの漏れがある。実際の死亡率はこれよりも高い。とはいえ、他地域と比較してデータの精度が際立って低いとは考えにくく、女性死亡率が相対的に低水準にあるのは確かである。その要因としてまずあげられるのは、村外就業がもたらした物質的な豊かさである。とくに農奴解放後、農村住民の生活水準は向上している。ジバンコフは、北西部の農婦は健康や衛生に気をつけており、それらが良好な状態にあるとの所見を述べている。「女性は寒い時期にしばしばズボン下を履いている。それは森林地域［コストロマー県東部］では見かけないものである。彼女たちは普段、わらじではなくブーツを履いている。そのため、リューマチはまれである。冬、男も女も有名なペテルブルク風の赤いジャケットを着て風邪を予防している（略）。子どもは体を清潔にしている。子どもたちの間で疥癬やその他の皮膚病はめったにない」[43]。全世帯に風呂があり、頻繁に体を洗う。その際、石鹸を十分に使っている、と[44]。さらに北西部農村女性の場合、既述のように妊娠や出産の回数が少なく、それらによる死亡のリスクも小さい。育児の負担も小さい。

しかし、逆に死亡率を高める要因もある。一つは男性の不在が農村で暮らす女性に過大な負担をかけていたことである。ジバンコフがこれに触れていることは先のとおりであるが、彼は「生気にあふれ、健康な二〇歳の娘はたいてい結婚後、急速に老け、五年たつと四〇歳ぐらいの容姿になった」、と身体の変化にも言及している。そのため、ソリガーリチ郡では婦人病が非常に多く、子宮脱や膣脱が女性の病気の約二割を占めているという[45]。しかしながら、一般に農村家族においては女性労働が必須であり、北西部の女性が他地域の女性よりも極端に大きな負担を強いられ、それが過労死を引き起こしていたとは考えにくい。ましてや女性に、村外で働く男性よりも死の危険性があったわけでもない。

もう一つの問題は、村外就業者が帰郷した際、しばしば伝染病をもち込んでいたことである。『コストロマー県通報』は、家族もそれに感染していると報じている。観察者からすれば、村外就業者とは自身が害されているだけでなく、村に伝染病を持ち込み、村人にそれを拡散する存在であり、警戒すべき対象であった。都市での労働と生活、都市の女性との婚外関係が村外就業者の健康状態に悪影響を及ぼし、ときには彼らを介して農村で伝染病が流行したのも事実であろう。ただ、同紙の記事は、「家の者も長年の経験からある程度の予防策を知っており、感染者は少ない。そのような事情から女祈禱師（лекарки）に敬意が払われている。この者は硫酸塩や強い酒で治療する」と続けている。[46]効果について疑問はあるが、家族は感染のリスクを心得ており、予防策や感染した場合の治療を講じていたのである。

そして第三に、乳幼児つまり五歳未満の死亡率が低い。前述のように、子どもの出生と死亡の捕捉は明らかに不十分である。また、その度合いも地域により異なると考えられる。とくに女子については未登録が著しい。そこで、ここでは相対的に信頼の足るものとして男子を中心に分析する。ヨーロッパ・ロシア農村人口の死亡率は一歳未満では二五〇～三〇〇‰、一～四歳でも二〇〇‰前後ときわめて高い。[47]コストロマー県農村人口の死亡率は一歳未満でヨーロッパ・ロシアを大きく超え、その分一～四歳は落ち着いている。五歳未満でみた場合はほぼ同水準である。これに対して、北西部三郡は一歳未満でヨーロッパ・ロシアをやや下回る程度であるが、一～四歳では七〇‰の差が生じている。つまり、一～四歳における死亡率の縮小が全体の死亡率を抑えていたのである。無論、長期的にみた場合、伝染病の流行などによってこの年齢階梯の死亡率が大幅に上昇した局面もあったであろう。とはいえここでの分析結果は、死亡率全体の改善に一～四歳の死亡率低減が貢献していたという仮説を立てることを許す。

では、北西部人口の乳幼児死亡率が低い原因とは何か。まず、とくに乳児について考えられるのは低水準の出生率である。出産機会が少なければ、次子の出産までに三～五年の間隔が開く。これによって母親の育児負担が軽減し、産まれた子どもの養育にも目を向けることができるようになる。[48]授乳機会が増えれば、乳児死亡率も改善する。母親の良好な栄養・衛生条件、識字能力も重要である。[49]この衛生条件と関連して、北西部の出産は収穫後の九、一〇月に集中していた。いうまでもなく、これは夫婦の性交が夫の帰省中に集中していたからである。

たしかに、前述のように妊娠期間は農繁期に重なる。とはいえ、出産が秋になれば、育児に割く時間も増える。さらに、暖かい時期に不衛生なおしゃぶりを使用する事態も少なくなる。

つぎに、乳幼児死亡率の低下要因として生活水準の好転があげられる。これによって栄養不良を原因とする伝染病の発生が抑えられるからである。くわえて、天然痘の予防接種が一定の効果を収めた可能性がある。周知のように、一九世紀のヨーロッパにおいて天然痘予防ワクチンがとくに一～四歳の子どもの死亡率低下に効力があった。[50] ロシアのウラルについてもゴーリコヴァが一～四歳の子どもの死亡率を下げた要因としてこれに注目している。[51] ただ、ヨーロッパ・ロシアの農村に天然痘の予防接種が普及し、一～四歳の死亡率を目にみえる形で下げたとは考えにくい。他の伝染病の脅威も残されている。コストロマー県北西部で他地域に大きく水を開けて予防接種が進んでいた可能性も小さい。コストロマー県にかんし、ピーゴロフが六〇年代後半の段階で天然痘の予防接種はあまり行なわれておらず、天然痘が原因で死亡する子どもは非常に多いと伝えている。さらに、これよりも少ないものの、麻疹が原因の死亡も増えており、その他、猩紅熱や百日咳も発生していると報告している。[52] 推測の域を出ないが、一九世紀末でも、コストロマー県そしてその北西部においてこのような状態は容易に解消されなかったと思われる。

このように、とくに一八八〇年代以降、コストロマー県北西部人口の死亡率はごく緩やかな下降線を辿っている。一八九七年におけるヨーロッパ・ロシア、コストロマー県、同県北西部の死亡確率を比較するならば、北西部は成人男性の高い死亡率と女性や子どもの低い死亡率が特徴的である。村外就業は成人男性の死亡リスクを高めていた。対照的に、とくに一～四歳児の生存チャンスは高く、それが死亡率を小幅に改善させていたものと推測される。北西部農村人口の死亡率は成人男性住民の村外就業、そしてそれによって枠組みが作られた生殖行動やそれによってもたらされた生活水準の向上に影響を受けていたのである。

おわりに

以上、コストロマー県北西部の人口構成、出生および死亡を論じてきた。最後に、ヨーロッパ・ロシアとの比較から北西部の人口学的特徴を要約しておこう。第一に、北西部の人口増加率は低い水準にある。その規定要因のうち社会増加はマイナスである。就業をつうじたペテルブルクなどとの結びつきは人の移動を活発化させ、人口を流出させていた。

第二に、自然増加を決定する出生と死亡について、北西部はヨーロッパ・ロシアと比較して出生率がやや低く、死亡率はやや高い。北西部では早婚・皆婚の結婚パターンが有配偶率を高め、その一方で婚姻出生力は弱く、総合出生力も小さい。このような有配偶率と婚姻出生力の関係は、やはり商工業的生産活動がさかんなヤロスラヴリ県とは異質である。その事情を明らかにするためにも、両者の結婚パターンと婚姻出生力の比較研究が引き続き課題となるだろう。

北西部人口の死亡率はヨーロッパ・ロシア人口のそれをやや上回る。しかし、性別や年齢により死亡率は異なる。成人男性の死亡率がヨーロッパ・ロシアのそれよりも高いのに対し、女性と五歳未満の子どもの死亡率は低い。建設労働に従事する男性には死亡リスクがある。しかし、子どもや女性はこの村外就業のもたらした物質的な豊かさを享受していた。これに就業のリズムにもとづくこの地特有の生殖行動が加わり、総合的には死亡リスクが減じられていた。この性別による死亡率の差が、人口構成における性別バランスの崩れも引き起こしていた。

このように、北西部では人口流出と低水準の自然増加、そしてこれらによる緩やかな人口増加という、中央非黒土地方の人口学的特徴がきわだった形で現れていた。北西部の「少産多死」は、農奴制時代以来の村外就業との密接な関わりのもとで形成されていた。すなわち、早婚・皆婚パターンが維持されたにもかかわらず出生率が落ち込んでいたのは、成人男性の長期不在が婚姻出生力を減じていたからであり、意図的な人口抑制を行なっていたからではない。また、村外就業の帰結としての男性の高い死亡率も、伝統社会における死亡パターンの特徴を帯びている。とはいえ、出生力が引き下げられ、良好な生活水準のもとで乳幼児とくに一～四歳の子ども、女性の死亡率が抑えられたことが死亡率全体の改善にも貢献したのだろう。そしてこの死亡率の低下に人口動態の新しい傾向が見いだされるのであり、程度の差こそあれ、本格的な人口転換の前段階として死亡率の下降中であったヨーロッパ・ロシアと共通の動向がここでも確認できる。

　結婚と出生、死亡の考察をつうじて商工業的な生産活動と人口が密接な関係にあることが明らかになった。次章では、家族へと議論を展開してみたい。

注

（1）*Водарский Я. Е.* Население России за 400 лет（XVI—начало XX вв.）. М., 1973. С. 132; David Moon, *The Russian Peasantry, 1600-1930: The World the Peasant Made*, London and New York: Longman, 1999, p. 32.

（2）Barbara A. Anderson, *Internal Migration during Modernization in Late Nineteenth-Century Russia*, Princeton, New Jersey: Princeton University Press, 1980; 青木恭子「帝政末期ロシアのシベリア移住政策（一八八一～一九〇四）」『富山大学人文学部紀要』四一、二〇〇四年。

（3）*Тихонов Б. В.* Переселения в России во второй половине XIX в. по материалам переписи 1897 г. и паспортной статистики. М., 1978. С. 31, 111.

（4）РМЭ. Ф. 7. Оп. 1. Д. 599. Л. 12.

（5）*Тихонов Б. В.* Переселения в России... С. 34.

（6）*Жбанков Д. Н.* Бабья сторона. Статистико-этнографический очерк. Кострома, 1891. С. 56-62. ジバンコフは農奴解放前に身分を移動した三家族を含めて計算している。なおジバンコフは体刑廃止論者なので、とくに⑤に言及しているのであろう。関連文献として以下も参照のこと。Свод заключений（44）губернских совещаний по вопросам, относящимся к пересмотру законодательства о крестьянах. Т. II. СПб., 1897. С. 135; Evel G. Economakis, *From Peasant to Petersburger,* Basingstoke and New York: Macmillan, St. Martin's, 1998, pp. 36-37; *Смурова О. В.* Неземледельческий отход крестьян в столицы и его влияние на трансформацию культурной традиции в 1861—1914 гг.（на материалах Санкт-Петербурга и Москвы, Костромской, Тверской и Ярославской губерний）. Кострома, 2003. С. 79-80.

（7）*Жбанков Д. Н.* Бабья сторона... С. 62-63.

（8）総合出生力指標（*If*）は、標準の高出生力スケジュール（フッター派有配偶女子）にしたがって産む場合の出生子数に対する、対象女子人口の総出生子数の比率である。N：総出生子数、Sx：年齢階梯別女子人口、Fx：標準人口（フッター派）の年齢別特殊出生率として、つぎのとおり表される。

$If = N / \sum Sx \cdot Fx$

婚姻出生力指標（*Ig*）は、有配偶女子数と嫡出出生数のみを利用するものである。N^{m}：総嫡出出生子数、Sx^{m}：年齢階梯別の有配偶女子人口として、つぎのように求められる。

$Ig = N^{m} / \sum Sx^{m} \cdot Fx$

有配偶率指標（*Im*）は、再生産年齢にある有配偶女子の割合がどの程度かを示し、つぎのとおり定義される。

$Im = \sum Sx^{m} \cdot Fx / \sum Sx \cdot Fx$

この指標を用いて出生力水準を算出した作業として、以下を参照。Ansley J. Coale, Barbara A. Anderson, Erna Härm, *Human Fertility in Russia since the Nineteenth Century,* Princeton, New Jersey: Princeton University Press, 1979; H. Chojnacka, "Nuptiality Patterns in an Agrarian Society," *Population Studies* 30, no. 2（July 1976）.

（9）Coale, *Human Fertility in Russia,* p. 10.

(10) Coale, *Human Fertility in Russia,* pp. 9-14.

(11) Moon, *The Russian Peasantry,* p. 24.

(12) Coale, *Human Fertility in Russia,* pp. 148-155, 177.

(13) Coale, *Human Fertility in Russia,* pp. 47, 113-117.

(14) *Миронов Б. Н.* Традиционное демографическое поведение крестьян в XIX—начале XX в. // *Вишневский А. Г.* (ред.) Брачность, рождаемость, смертность в России и в СССР. Сборник статей. М., 1977. С. 94, 97-100; *Вишневский А. Г.* Ранние этапы становления нового типа рождаемости в России // *Вишневский А. Г.* (ред.) Брачность, рождаемость, смертность... С. 12[illegible]-130; *Федоров В. А.* Мать и дитя в русской деревне (конец XIX—начало XX в.) // Вестник Московского университета. Серия 8. История. № 4. 1994. С. 15-17; *Фирсов Б. М., Киселева И. Г.* (автор-составители) Быт великорусских крестьян-землепашцев. Описание материалов этнографического бюро князя В. Н. Тенишева (на примере Владимирской губернии). СПб., 1993. С. 264; Olga Semyonova Tian-Shanskaia, *Village Life in Late Tsarist Russia,* edited by David L. Ransel, Translated by David L. Ransel with Michael Levine, Bloomington and Indianapolis: Indiana University Press, 1993, pp. 6-7, 9, 57, 98; David L. Ransel, "Problems in Measuring Illegitimacy in Prerevolutionary Russia," *Journal of Social History* 16, no. 2 (Winter 1982), p. 114; Moon, *The Russian Peasantry,* p. 24; 広岡直子「リャザーニ県における出生率の推移とその歴史的諸原因——一九世紀末から一九二〇年代のロシア農村女性の生活と心理」(ソビエト史研究会編『ロシア農村の革命——幻想と現実』木鐸社、一九九三年所収)、九六、一〇八～一〇九頁。

(15) アコーリズィナらのグループはタムボフ県について、つぎのような議論を展開している。すなわち、農村女性の出生力は生物学的極限に近い。しかし、約四割に相当する妊娠が流産や中絶で終わる。出生子のうち五～一五%が死産、ないしは虚弱による死亡となり、洗礼を受けない。以上からアコーリズィナらは、出生率は統計上の数値よりもかなり高いという結論を下している(Marina Akolzina, Vladimir Dyatchkov, Valery Kanitschev, Roman Kontchakov, Yuri Mizis and Ella Morozova, "A Comparison of Cohort Analysis and Other Methods of Demographic Microanalysis used in Studying the Tambov Region, 1800-1917," in Pim Kooij and Richard Paping (eds.), *Where the Twain Meet Again. New Results of the Dutch-Russian Project on Reginal Development 1780-1917,* Groningen; Wageningen, 2004, pp. 50-51, 55)。

（16）たとえば、Irina Shustrova and Elena Sinitsyna, "Demographic Behavior in the Yaroslavl Loamy Area. The Result of Cohort Analysis for Two Typical Rural Parishes," in Kooij and Paping（eds.）, *Where the Twain Meet Again,* p.18を参照。

（17）*Вишневский А. Г.* Ранние этапы становления... С. 122-123.

（18）*Жбанков Д. Н.* Влияние отхожих заработков на движение населения. СПб., 1895. С. 18-19; *Жбанков Д. Н.* Влияние отхожих заработков на движение народонаселения Костромской губернии, по данным 1866—83 годов // Материалы для статистики Костромской губернии. Вып. 7. Кострома, 1887. С. 117. ウォロベックもロシアの農民は平均七〜八回妊娠するが、村外就業がさかんな中央部農村の住民では五・一〜五・七四回であると述べている（Christine D. Worobec, *Peasant Russia: Family and Community in the Post-Emancipation Period,* Princeton, New Jersey: Princeton University Press, 1991, pp. 206-207）。夫の村外就業が妻の出産を遅らせ、子どもの年齢間隔を拡げていたことについて、ミヒャエル・ミッテラウアー『歴史人類学の家族研究――ヨーロッパ比較家族史の課題と方法』若尾祐司ほか訳、新曜社、一九九四年、一八五〜一八六頁を参照。

（19）ヨーゼフ・エーマー『近代ドイツ人口史――人口学研究の傾向と基本問題』若尾祐司・魚住明代訳、昭和堂、二〇〇八年、一三七〜一三八頁。

（20）РЭМ. Ф. 7. Оп. 1. Д. 596. Л. 1. *Федоров В. А.* Мать и дитя... С. 7より引用。

（21）Coale, *Human Fertility in Russia,* p. 54, 64.

（22）*Марченко О. В.* Индексы рождаемости по 50 губерниям Европейской России в конце XIX в. // *Вишневский А. Г.*（ред.）Брачность, рождаемость, смертность... С. 137.

（23）Coale, *Human Fertility in Russia,* p. 197も参照。

（24）この点にかんして農奴制時代の事情に言及したものとしてMoon, The Russian Peasantry, p. 24を参照。ミズィスらによれば、聖職者による登録は農民の口頭での申告にもとづき行なわれ、聖職者自身の能力に大きく依存していた（Yuri Mizis and Vera Orlova, "Source for Cohort Analysis. The Case of Malye Pupki, Tambov Region," in Pim Kooij（ed.）, *Where the Twain Meet. Dutch and Russian Regional Demographic Development in a Comparative Perspective, 1800-1917,* Groningen; Wageningen, 1998, pp. 125, 128）。

（25）Barbara Alpern Engel, *Between the Fields and the City: Women, Work, and Family in Russia, 1861-1914,* New York: Cambridge University

Press, 1994, p. 47.

（26）ミローノフは、都市での売春婦との接触から村外就業者が意図的な出産抑制を体得していたと主張する（*Миронов Б. Н.* Социальная история России периода империи（XVIII—начало XX в.）. Т. 1. Генезис личности, демократической семьи, гражданского общества и правового государства. СПб., 1999. С. 186-187）。しかし、あまり説得的ではない。

（27）*Миронов Б. Н.* Социальная история... С. 191-193.

（28）Steven L. Hoch, "On Good Numbers and Bad: Malthus, Population Trends and Peasant Standard of Living in Late Imperial Russia," *Slavic Review* 53, no. 1（Spring 1994）, pp. 42-52, 67-70, 74; Steven L. Hoch, "B. N. Mironov and His "Demograpic Processes and Problem's";" *Slavic Rieview* 60, no. 3（Autumn 2001）, p. 589.

（29）Moon, *The Russian Peasantry,* pp. 32-34 and ch. 8; David Moon, "Peasant and Agriculture," in Dominic Lieven（ed.）, *The Cambridge History of Russia, Vol. II, Imperial Russia, 1689-1917,* Cambridge: Cambridge University Press, 2006, p. 391. 梶川伸一は滞納額の上昇を、農村の貧困化だけでなく農村への権力支配の衰退をも物語るものと理解している（「最近のロシア農民史研究について——農村共同体を中心に」『史林』七三－四、一九九〇年、一三九頁）。

（30）Boris N. Mironov, "Response to Steven L. Hoch's "B. N. Mironov and His "Demograpic Processes and Problem's";" *Slavic Rieview* 60, no. 3（Autumn 2001）, p. 598. なお近年、ミローノフらにより身体測定学的人口学の成果が発表され、新しい知見がもたらされている。しかし、研究方法が異なることもあり、現在の筆者の研究段階ではその妥当性を検証することはできない。

（31）斎藤修「戦前日本における乳児死亡問題と愛育村事業」『社会経済史学』七三－六、二〇〇八年、三七頁、「歴史人口学の展開」（速水融編訳『歴史人口学と家族』藤原書店、二〇〇三年所収）、六五～六六頁。

（32）エーマー『近代ドイツ人口史』四七～四八頁。

（33）*Рашин А. Г.* Население России за 100 лет（1811—1913 гг.）. Статистические очерки. М., 1956. С. 184-185.

（34）*Новосельский С. А.* Смертность и продолжительность жизни России. Пг., 1916. С. 179.

（35）Moon, *The Russian Peasantry,* pp. 25-26; Barbara Alpern Engel, *Women in Russia, 1700-2000,* New York: Cambridge University Press, 2004, p. 91; Ransel, *Mothers of Misery,* pp. 267-271; *Федоров В. А.* Мать и дитя в русской деревне... С. 20; David L. Ransel, *Village*

Mothers: Three Generations of Change in Russia and Tataria, Bloomington and Indianapolis: Indiana University Press, 2000, ch. 1; Steven L. Hoch, "Famine, Disease, and Mortality Patterns in the Parish of Borshevka, Russia, 1830-1912," *Population Studies* 52, no. 3（Nov. 1998）; 村地稔三『ロシア革命と保育の公共性――どの子どもにも無料の公的保育を』九州大学出版会、二〇〇七年、三二一～三三三頁。その他、住居が狭隘であること、就寝中に赤子を押しつぶしてしまうこと、虚弱な子どもや女子の育児を放棄することなどがあげられている。助産婦については、Samuel C. Ramer, "Childbirth and Culture: Midwifery in the Nineteenth Century Russian Countryside," in David L. Ransel（ed.）, *The Family in Imperial Russia: New Lines of Historical Reserch,* Urbana, Ill.: University of Illionis Press, 1978, pp. 218-235 を参照。

（36）*Новосельский С. А.* К вопросу о снижении смертности и рождаемости // *Новосельский С. А.* Вопросы демографической и санитарной статистики（Избранные произведения）. М., 1958. С. 71-72.

（37）*Смирнова С. С.* Демографические процессы в Олонецкой губернии в XIX—начале XX вв. Опыт конпьютерного анализа метрических книг. Автореферат диссертации кандидата исторических наук. СПб., 2002. С. 20.

（38）*Сагайдачный А. Н.* Демографические процессы в деревне Западной Сибири во второй половине XIX—начале XX века. Новосибирск, 2000. С. 96-98.

（39）*Новицкий Е.* К вопросу о несчастных случаях с рабочими при постройках в Петербурге // Промышленность и здоровье. Кн. 2. 1902. С. 37, 40-41; Статистический ежегодник С.-Петербурга. Г. 16/17 1896/1897. СПб., 1899. С. 50-51; Материалы для статистики Костромской губернии. Вып. 6. Кострома, 1884. С. 145.

（40）*Жбанков Д. Н.* Влияние отхожих заработков... по данным 1866—83 годов... С. 80.

（41）*Жбанков Д. Н.* Влияние отхожих заработков... по данным 1866—83 годов... С. 79-80; Костромские губернские ведомости. 1892. № 11. С. 88.

（42）РЭМ. Ф. 7. Оп. 1. Д. 587. Л. 18.

（43）*Жбанков Д. Н.* Влияние отхожих заработков... по данным 1866—83 годов... С. 39.

（44）*Жбанков Д. Н.* Бабья сторона... С. 68.

（45）*Жбанков Д. Н.* Бабья сторона... С. 88; *Жбанков Д. Н.* Влияние отхожих заработков на движение населения... С. 18-19.

（46）Костромские губернские ведомости. 1881. № 40. С. 193; 1887. № 47. С. 340; 1888. № 7. С. 48.

（47）Moon, *The Russian Peasantry*, p. 25.

（48）*Жбанков Д. Н.* Влияние отхожих заработков на движение населения... С. 28-29 を参照。

（49）Engel, *Between the Fields and the City*, pp. 48-51. *Миронов Б. Н.* Социальная история... С. 181 も参照のこと。

（50）フランシーヌ・ヴァン・デ・ワラ「人口転換と乳児死亡率」黒須里美訳（速水融編訳『歴史人口学と家族』藤原書店、二〇〇三年所収）一五二頁、エーマー『近代ドイツ人口史』一三三頁。

（51）*Голикова С. В.* Семья горнозаводского населения Урала XVII—XIX веков: демографические процессы и традиции. Екатеринбург, 2001. С. 103.

（52）*Пигоров В.* Движение населения Костромской губернии в период 1866—1870 годов // Материалы для статистики Костромской губернии. Вып. 3. Кострома, 1875. С. 261.

第九章　村外就業者家族の世帯構成と家族関係

はじめに

ロシアの農民家族は家父長制、すなわち年長者に対する年少者、男性に対する女性の服従義務を特徴とする。たいてい年長の男性が家長となり、生涯にわたりその地位に就く。家長は世帯の入用を考慮しながら、家族員の労働力を用いて農業やその他の生産活動を行ない、収入を消費活動に充てる。ムーンは、農奴解放後の農村社会において農村統治の転換、商工業的な生産活動の展開、消費活動の活性化を背景に、家族関係が変容し、家父長制が揺らいでいったと述べている。つまり、農奴制下の農村では国家、領主（領主農民の場合）、農村共同体、家長が権力の基盤を形成していた。家長はこの体制の一部を構成し、そのもとで家族員を従属させていた。しかし農奴解放後、農村統治における共同体の権限が強化される。共同体は生産活動の拡大と多様化を支持する。市場経済の浸透は家族員の間で生産と消費の矛盾を大きくする。さらに、個人主義化が世代間・性別間の緊張を高めていく。かくして、家長の権威は弱体化する、とムーンは整理する。(1)　要するに、生産活動と消費活動の再編がそれらに従事する家族員の間に利害対立を引き起こし、それらの活動を指揮する立場にある家長の権威にも家族員は挑戦するようになるというのである。

このような家父長制的な家族関係の弱体化プロセスにかんし、エンゲルは男性の村外就業かさかんな農村（コストロマー県北西部）、女性が工場労働に従事していた農村（同南西部）それぞれの女性を対比することで理解を深めている。前者においては、男性の不在がいくつかの点で女性の負担を一層過重にする。妻が義理の親のもとに残る場合、両者の間に緊張関係が生まれる。夫婦が親の世帯から独立した場合も、慣習にもとづき女性の役割とされる仕事にくわえ、男性が担うべきとされる仕事が妻の肩にかかる。たとえば、耕作など筋力を要する仕事が女性の領域となる。しかし、親元から独立した夫婦の場合、妻は農業を担うことで夫の役割を補い、生計へ本質的に貢献する。夫婦は相互依存の状態にあり、パートナー関係を形成する。妻は自分自身の意思で行動する機会を農業地帯の女性よりも多く得るようになる。妻に対する夫の暴力は少なくなり、村人も暴力を振るう夫を非難する。

つぎに、コストロマー県南西部の農村女性は地元の工場に就職していた。ここでは、男性家族員が女性家族員に対するコントロールを維持し続けるだけでなく、女性労働の恩恵を受けることができた。とはいえ、妻の現金収入は妻に対する夫の権威を弱くする。工場労働に女性や若い男性が従事する場合も、家族内での彼らの地位は上昇し、彼らの独立志向も高くなる。そしてそれは、親の支配から彼らが逃れることを可能にする。つまり、工場労働は家族の生存戦略の一部分をなしていたが、家族員の文化的地平を拡げ、権威的な家族関係を揺るがせていた、とエンゲルは整理する(2)。

以上、エンゲルは一方では家父長的な権威を持つ男性が賃労働への従事によって除去され、女性が家計の管理に参加することで、他方では若者や女性が世帯に現金収入をもたらし、生産活動に貢献することで家父長制が後退すると主張する。だからといって、年長男性の権威は容易には弱まらなかったのではないだろうか。エンゲル自身、「農民家族が新たな経済条件に適応するにつれて、家父長制も修正される。ただし、損なわれることはない」、と付言している。また別のところでは、男性が「外」で生活していた反面、女性がもっぱら農村で生活していたことは、彼女たちを「保守的」にしていたのではないかと述べている。女性たちは自分たちが熟知し、安心で、相対的に自分たちのコントロール下にある農村に根づいて、そこから離れようとはしなかった。エンゲルは、移動において見いだされるそのような女性の「保守性」が、従来の家父長制秩序を支持する力になりえたとも考えている。(3)ウォロベックも村外就業者家族における女性の地位上昇にかんし、妻は夫の賃金に依存し続けたのであり、また短期間ではあれ、夫が帰郷したときにはその権威に従っていた、と慎重な見方を示している。(4)つまり、夫が不在の間、現金収入をもたらす夫に従属しなくてはならない。夫が帰れば妻の自由は失われてしまう、とウォロベックは言うのである。

とまれ、世帯構成と家族関係を扱う際に、その背景となる生産・消費活動のあり方は欠くことのできない論点である。本章では以上のような議論をふまえ、村外就業者家族の世帯構成と家族関係の変容プロセスを主題とする。一九世紀のロシアにおいて、大規模で複雑な構成の世帯は農村社会における家父長制秩序の基盤をなしていた。そこで第一節では先行研究にもとづき農奴制時代の農民世帯を、つづく第二節では農奴解放後の農民世帯の構成を検討し、規模縮小と単純化のプロセスを跡づける。第三節ではコストロマー県北西部農村を事例に、世帯構成の変化とその要因、家族関係をみていく。

一　一八〜一九世紀前半の農民家族

周知のように、ロシアの農民世帯は血縁メンバーのみの居住と、大規模で複雑な構成を基本的な特徴としていた。農村住民の初婚年齢と生涯未婚率は低く、結婚後、息子夫婦は夫の実家に居住する。ゆえに、世帯はしばしば二組以上の夫婦を含むことになる。家長の死後ないしは家長の生前に世帯は夫婦単位で分割され、新たな世帯が誕生する。

大規模で複雑な構成の世帯が形成された理由を、従来の研究は何よりも世帯の生産・消費活動の中に見いだしている。この問題についても、ムーンが先行研究をもとに概括を試みている。すなわち第一に、ロシアでは三圃制などの粗放的な農耕システムが採用され、耕作は人力と畜力を利用して行なわれた。ここではヨーロッパの奉公人制度のような、世帯外から必要に応じて労働力を調達するシステムは欠けていた。大規模で高度に複雑な世帯が多くの血縁メンバーを保有することで労働力を確保し、農繁期の作業の処理を可能にしていた。第二に、ロシアでは多産多死の人口学的パターンが一般的であった。世帯の生計維持も不安定だった。このような条件のもとでは大規模世帯の方が不作、戦争、疫病などの生活リスクへの耐久力がある。くわえて、大規模世帯は複数の夫婦の労働力で生産活動を行なうので、担税能力、徴兵義務遂行能力、そして子どもの保護・教育能力、老齢者の扶養能力に優れている。各夫婦は世帯の生産活動に労働力を提供し、老齢者を扶養する。それと同時に、彼らは自分たちの老後を保障するのに十分な人数の子どもを育てることができる、とムーンは説明する(5)。大規模で複雑な構成の世帯はもっぱら家族員で労働力を増強し、生産活動を行ない、それによって生計を維持し扶養家族員の生活を保障しようとしたのである。

そのような農民世帯の生存戦略はロシアの版図拡大と植民、農奴制支配という歴史の中で形作られていった。アレクサンドロフとヴラーソヴァ、ゴールスカヤは国家、領主、修道院などの支配に対応させて、農民が大規模で複雑な世帯を指向していくプロセスを論じている。それによると、一七世紀とくにその後半以降、ロシア中央部から南東方面への植民活動が活発化する。このとき、国家や領主は世帯税を導入するなど、農民への税の徴収を強化する。この負担増に余儀なくされて、あるいはこれに自主的に備えようとして、農民は世帯規模を拡大して労働資源を集中し、生存を確実なものにしようとする。具体的には、家長存命中の世帯分割を自制し、世帯の規模と労働力を増強することで、国家や領主の要求を遂行するとともに、子どもや老人を扶養しようとする。ピョートル大帝時代には対外戦争を理由に農民に対する徴発が強化され、この傾向が顕著となる。国家、領主、農村共同体、家長は世帯分割、とりわけ家長存命中の分割を制限し、生産力や諸義務遂行能力、老齢者の扶養能力を維持しようとした、と。(6)

さらに、アレクサンドロフらは世帯規模・構成の地域差について、おもに社会的経済的要因に注目して説明を試みている。まず、ロシア南部の領主は農民に賦役義務を課し、領主農場での作業に従事させていた。したがって、この地方では農業の労働力需要が大きく、「未分割家族」世帯すなわち複数の夫婦を中心とし、しばしば傍系家族を含む複雑な構成の世帯が形成されることになる。ロシア中央部でも賦役を課された領主農民がいた。しかし、彼らの世帯は南部の農民世帯ほど複雑とはならない。さらに、農村住民が、貢租を義務づけられ商工業的な生産活動に従事していた地方では「小家族」、すなわち一組の夫婦からなる世帯がみられる。ロシア北部では一八世紀においても「小家族」世帯が優勢である。この地では国有地農民の比率が高く、彼らは商工業に従事していたので、商品経済が比較的浸透していたからである。修道院農民や領主農民の世帯は、「未分割」世帯が特徴的である。シベリア入植民の世帯は「小家族」が多い。彼らは土地の開墾に必要な労働力を集約させて、「未分

割」世帯を造る。なお、分離派の間ではアルカイックな大家族がみられる。このようにとアレクサンドロフらは整理する。(7)

なお、序章で述べたように、アレクサンドロフらは世帯を「小家族」世帯と「未分割」世帯の二つに大きく分類する方法を採用している。これをラスレットの分類方法と比較した場合、「小家族」世帯は単純家族世帯と拡大家族世帯に、「未分割」世帯は多核家族世帯に近い。したがって、アレクサンドロノらはロシア中央部（とくに中央非黒土地方）や北部において、ラスレットが言うところの単純家族世帯が優勢であると主張しているわけではない。ともかく、アレクサンドロフらは一七世紀後半を転換点として、（エスニック）ロシア人の植民活動や農奴制支配の強化を背景に農民世帯が大規模化や複雑化に向かったと理解している。これは総論としては支持されるものである。ただし、細部の検証作業はなお途上にある。たとえば、生産活動だけで各地・各社会層の世帯構成が説明可能なのか、社会文化的な要因も世帯構成に作用していないのか、といった点である。

ところで中央黒土地方について、序章でも紹介したようにツァプやホックの歴史人口学が領主農民の大規模で複雑な世帯構成を析出している。しかし、中央非黒土地方の世帯にかんする研究は見解の一致をみていない。そこで、この問題にかんする研究状況を紹介しておこう。

まず、ボハックがガガーリン家所領（トヴェーリ県マヌイロフスコエ）の納税人口調査史料を読み解いている。農民は農業の他、手工業、商業、村外就業に従事し、領主に貢租を納めていた。一九世紀前半におけるマヌイロフスコエ領民の平均世帯規模は八～九人である。これは、一八五九年におけるトヴェーリ県の平均世帯規模（七・三人）よりも若干大きい。世帯構成は多核家族世帯が約六～八割で、単純家族世帯や拡大家族世帯は小さい比率を占めている。独居者の世帯や核（夫婦）のない世帯はきわめてまれである。(8) このように、ボハックは中央非黒土地方の農民世帯について中央黒土地方のそれと同様、多核家族世帯の優勢を発見している。

これと対立する形で、中央非黒土地方の世帯は中央黒土地方の世帯よりも小規模で単純な構成であるとの主張がある。メルトンはプロト工業化研究の立場から、分離派の居住するコストロマー県バキ村の世帯一覧史料を精査している。村人は共同体分与地や焼畑での耕作にくわえて、林業や小規模な商工業に従事していた。領主は農民に貢租を義務づけており、賦役を課された者よりも労働と生活の自由度が高い。一九世紀初頭の平均世帯規模は五人程度と比較的小さく、単純家族世帯の比率が高い[9]。ミッテラウアーとカガンは、比較史の視点からヤロスラヴリ県領主農民の世帯構成を納税人口調査史料にもとづき検証している。そして、一七六二～六三年の平均世帯規模が五・二人と小さいことを確認している。ただし、その世帯構成の多核性にも注目し、ヨーロッパの農民世帯とは異質であると指摘している[10]。

近年の作業にも結果の相違がある。フィンランドの歴史人口学者ポッラは、ロシアとフィンランドの国境地帯にかんする国際共同研究に参加し、東カレリアのヴオッキニエミ教区を調査している。したがって、ポッラのフィールドは正確には非黒土地帯のロシア北西部に属している。この教区の居住者は正教徒のロシア人である。彼らは国有地農民の出身で共同体的土地所有を採用していた。ポッラによれば、一八二三年、政府は世帯の担税能力を確保する観点から、国有地農民に対して県知事の許可を得ていない世帯分割を禁止した。世帯分割は、新たに形成される世帯が一五～六〇歳の男性を少なくとも三人含むことを目安に許可されることになった。もっとも、世帯が成人男性を多く含むほど兵役も割り当てられやすくなるので、農民は徴兵を回避すべく世帯を分割しようとした。教徒簿冊や教区簿冊の分析によれば、一八四〇年代におけるヴオッキニエミ教区民の平均世帯規模は六・九人で、構成的には多核家族世帯が多い。このように、ヴオッキニエミ教区の世帯規模と構成はどちらかと言えばボハックの研究結果に近い。ポッラはその理由を、結婚パターンと世帯分割のタイミングの中に見いだしている。すなわち教区民の平均初婚年齢は、男性が二二・九歳、女性は二〇・四歳と若く、生涯未婚率も低い。世帯分割も総じて家長の死後に行なわれていたというのである。(11) 以上、ポッラは国家による「人口・世帯管理策」のもと、農村住民が早婚・皆婚や家長死後の世帯分割によって大規模で複雑な世帯を組織しようとしていたと解釈する。ただ、このような世帯構成と生産活動の関連性についてポッラはほとんど考慮していない。

つづいて、イギリスの歴史人口学者デニソンが世帯一覧史料や納税人口調査史料を利用して、ヤロスラヴリ県のシェレメーチェフ家所領（ヴォシチャジュニコヴォ）民の世帯構成を復元している。領民は手工業に従事するか、農業労働者として雇用され、あるいは都市の商業者のもとに奉公していた。村人の働き先として分与地の耕作は小さな部分を占めていた。分析の結果は以下のとおりである。第一に、一八世紀末～一九世紀前半の平均世帯規模は四・五～五・二人と小さい。世帯の約半数は単純家族世帯である。寡婦の独居世帯も多い。第二に、平均初婚年齢が高い。性別人口構成は女性の比率が高く、それを反映して、男性の生涯未婚率はきわめて低く、女性のそれは高い。結婚ペアの年齢差も大きい。このように、ヴォシチャジュニコヴォの世帯は「ヨーロッパ結婚パターン」に近い結婚行動と小規模で単純な世帯構成を特徴としていた。

そこでデニソンは、世帯構成の地域的多様性を決定する要因として、農奴制下の各所領でみられた「人口・世帯管理策」に着目している。これは、ヨーロッパの「人口抑制策」とは異なり、早婚・皆婚と大規模で複雑な構成の世帯の形成を促すものである。すなわち、①女性領民と領民以外の男性との結婚を制限する。希望者は領主の許可を得なくてはならず、さらに許可と引き換えに多額の「移動税」を領主から課される。②一定年齢以上の未婚男女、寡婦・寡夫に対し、毎年「独身税」を課す。③一七～六五歳の男性の働き手が世帯に少なくとも二人含まれるように配慮する。無許可で世帯を分割した者、働き手の人数の基準を満たさない世帯の者には罰金を科す。そのうえで、④各世帯に兵役を割り当て、その遂行を義務づける、などである。ボハックは中央非黒土地方のガガーリン家マヌイロフスコエ領について、中央黒土地方の同家ミシノ領やペトロフスコエ領のような大規模で複雑な構成の世帯を発見している。それは、ガガーリン家が各地の領民に対し共通の「人口・世帯管理策」を施したことが原因ではないだろうか、とデニソンは推察する[12]。デニソンは「人口・世帯管理策」という重要な問題を提起している。もっとも、デニソン自身の観察フィールドについては世帯形成の要因を十分に説明していない。中央非黒土地方の自然環境、生産活動と世帯構成との関係についても言及していない。また、ガガーリン家が中央非黒土地方と中央黒土地方それぞれの所領に対し異なった「人口・世帯管理策」を導入していた可能性について想定していない。

以上、中央非黒土地方の世帯にかんする歴史人口学の成果を紹介してきた。ここでは、今後の検討課題として以下の二点を指摘し、まとめに代えたい。

第一に、各地における結婚行動と世帯構成の規定要因として、農村住民の生産活動と国家・領主権力の「人口・世帯管理策」の二つが注目されている。それぞれの作用、そして両者の関係について引き続き理解を深めなくてはならない。とくに、国家や領主の政策レヴェルにおいて生産活動と人口・世帯がどのように結びついていたのか検討する必要がある。

第二に、国家、領主、農村共同体、世帯は寡婦や子ども、老齢者の扶養にどのように配慮していたのだろうか。ボハックやポッラの事例では独居世帯や夫婦を欠く世帯がきわめて少ない。それが世帯全体に占める多核家族世帯の比率を押し上げていた。対照的に、デニソンのサンプルでは独居世帯や夫婦を欠く世帯が多くみられる。この問題について、たとえばシベリアの農村共同体は、家長の死により男手が世帯にいなくなった場合、残された妻子を夫の兄弟か寡婦の兄弟が引き取るように要請していた。孤児についても、共同体が養育者を探し出していたという[13]。関連して、世帯構成を明らかにするための史料がはたして実態を示しているのか、たとえば独居や世帯分割の事実が記録に正確に反映されているのか、他の史料との照合作業などによって確認し、史料批判の精度を高めていく必要がある。というのは、世帯分割は国家や領主により制限されていたから、無許可の分割は把握されにくい状態にある。さらに納税人口調査史料については、複数の世帯が一括して記載され、実際の世帯構成に対応していないとの指摘もあるからである[14]。

二　一九世紀後半〜二〇世紀初頭の農民家族

一九世紀後半、中央非黒土・黒土地方を問わず、農民世帯の規模は縮小し、構成も単純化していく。一八九七年全国センサス調査史料によれば、ヨーロッパ・ロシア農村住民の平均世帯規模は五・八人である。これは、アレクサンドロフらが推計した一七世紀初頭の平均世帯規模とほぼ同じ水準である。地域別では、中央非黒土地方が五・五人、中央黒土地方が六・三人である。依然として中央黒土地方の世帯規模が中央非黒土地方の世帯規模を上回るが、両者の差は縮まりつつある[15]。

この世帯規模の縮小と構成の単純化に関連して、ポッラは一八六〇年代から一九一〇年代までのヴォッキニエミ教区における世帯構成の変容プロセスをつぎのように描いている。一八六六年、アルハンゲリスク県の国有地農民が解放される。これ以降、フィンランドへの行商に従事する男性住民が多くなる。さらに、一般徴兵制度が導入される。これらにともない男性の平均初婚年齢は上昇し、女性の平均初婚年齢もやや遅くなる。生涯未婚率も高くなる。家長生存中の世帯分割が主流となり、従来、多核家族世帯を中心としていた世帯は小規模で単純な構成のものが優勢になっていく、と[16]。要するに、国家による「人口・世帯管理策」の消滅、村外就業の伸長、一般徴兵制度の開始により、早婚と皆婚は後退する。世帯分割のタイミングも早くなり、世帯の小規模化と単純化が進行するとポッラは解釈する。

では、この世帯規模の縮小は結婚パターンの転換、すなわち晩婚化と生涯未婚の拡大、それとも家族サイクルの変容、すなわち世帯分割のタイミングの早まりのいずれに原因を求めることができるのだろうか。この問題について、ムーンは家族サイクルの変容を重視している。彼によれば、低い初婚年齢と低い生涯未婚率、そしてその帰結としての高出生率という構造は大きく変化していない。その反面、世帯分割の件数は大幅に増加している。そのタイミングも家長の死後から家長の生存中へと早くなっている。家長の死後に世帯が分割される場合、世帯が大規模で複雑な構成のものへ成長するだけの時間的余裕がある。分割後、新たに形成される世帯もある程度複雑性を維持する。一方、生存中に世帯が分割される場合、分割される世帯そして分割後に形成される世帯のいずれもそれらより小規模で単純なものとなる。世帯構成は、チャヤーノフが提示した世帯モデルのように、家族員のライフコースに応じて変化するようになる。世帯構成の地域差も、この分割のタイミングによって決定づけられる。たとえば、一七世紀半ばから一九世紀前半までの中央黒土地方や南部では、世帯は大規模で複雑な構成を特徴としていた。これは、家長死後の世帯分割により生成されたものである。つぎに、中央非黒土地方、北部、シベリアの世帯は相対的に小規模で単純である。これらの地方では家長の生前と死後の両方で世帯が分割されていたからである。農奴解放後もこの地域差は残るが、全般的に分割のタイミングは早くなる、と以上のようにムーンは整理する。[17] もちろん、世帯規模の縮小に結婚パターンがまったく貢献していないわけではない。晩婚化や生涯未婚が進行した分、世帯構成の成熟スピードも緩やかになる。しかしながら、世帯の分割と複合性の後退、そしてその地域差にかんしてムーンは明快に説明していると言えよう。

そこで以下では、一九世紀後半における世帯分割に焦点を当て、分割のタイプ、分割をめぐる国家の態度、分割の原因について論じていくことにしよう。世帯分割は、①「総分割（общий раздел）」——父親の死後ないしは生前に兄弟全員で一度にすべての共有財産、すなわち家屋およびその付属地、施設その他、そして共同体分与地の利用権（共同体的土地所有の普及地域の場合）を分配するもの、②「一部分割（выдел, отдел）」――父親が既婚の息子や婿の独立のために共有財産の一部を分与するもの、③「脱退（отход, уход）」――息子が父親との同居を希望せず、父親の意に反して、無断で、しばしばまったく分与を受けずに世帯を脱退するものに大別される[18]。先行研究によれば、農奴解放後の約二〇年間で、ヨーロッパ・ロシア四四県において二二一万件程度の世帯分割が行なわれた。これは二、三世帯につき一世帯の割合で世帯が分割されたことを意味する。世帯分割は農奴解放直後というよりは、七〇、八〇年代に増加する傾向にあった。分割のタイミングは依然として家長の死後が主流である。とはいえ、家長生存中の分割が目立つようになる。郷裁判所判例史料によれば、一八七〇年代のヤロスラヴリ県では生存中の分割が全体の三分の一を占めていた。黒土地帯ではこの動きは緩慢であったが、一九世紀末のタムボフ、ヴォロネジ両県では生存中の分割が全体の一二～一六％を構成し、それはさらに勢いを増しつつあった。同時代の研究者リチコフも一八八三～八四年のサラトフ県について同様の観察結果を得ている[19]。

国家は世帯分割に対しどのような態度を取ったのだろうか。農奴解放が世帯分割の大幅増につながったことは明らかである。一八六一年の農奴解放令は世帯分割の可否を村会の決定に委ねている。この結果、それまでの国家や領主権力、農村共同体、家長による農民世帯へのコントロールは弱くなる。しかし八〇年代、国家は積極的な農民統治政策へと方針を転換する。国家は、強力な権力を持つ家長のもとで家族員が共同利益のために結束する労働家族（рабочая семья）を道徳的・経済的理想とみなした。そして、この理想に最大限接近することが国益にとって望ましいと考えた。この観点から、国家は世帯分割の急増に農民世帯の零細化・窮乏化の主因を見いだし、分割の制限により世帯の担税能力を維持しようとする[20]。政府は八六年に世帯分割規制法を発布し、村団に対して連帯責任制にもとづく世帯分割の監視、審議、認可を義務づける。

しかしながら、実際には農村住民は法の定めた手続きを経ずに世帯分割を続けた。農村共同体もそれへの干渉を最小限にとどめた。農民文化史研究者フライアソンは、農村共同体が世帯分割にかんして公権力の利益と農村住民の利益との間で中立的な立場を取っていたと評している。すなわち、村団（共同体）は国家の行政機関として社会的経済的安定を守るべきであったが、分割に介入せず、またそれをめったに阻止しなかった。とはいえ、世帯分割は慣習にもとづいて執り行なわれ、共同体も財産の分割を監督していた。共同体は分割に立ち会い、新たに成立するすべての世帯が最低限の生活手段を得るように配慮した。そして当事者を平等な分割へと導き、世帯の破綻による共同体の負担増を未然に防ごうとした。それゆえ、「一部分割」や分与無しの分割で家族内に争いが生じた場合、共同体は自身の経済的関心から分与の無い分割を承認しなかった。そして、双方の世帯が経営の維持と諸義務の遂行に必要な最低限の手段を得るようにしたのだ、と。[21]

ところで、世帯分割の原因については諸説がある。まず上述のように、商工業的な生産活動の拡張にともなう家族員の個人主義化や家父長制の揺らぎに注目した見解がある。これについて具体的に紹介しておこう。多核家族世帯の家長は、若い男性が結婚したのち、彼に村外での賃労働を命じる。彼は妻子を親元に残して村を出発し、世帯に稼ぎをもたらす。村外就業は彼を世帯の秩序から一時的に解放し、独立心を芽生えさせる。夫の不在中、夫の実家での嫁の地位は低く、彼女は姑や義兄の妻にも従わなくてはならない。彼女は薪運びや掃除、家畜の世話などの多くの重労働を担当する。義理の娘にとって子ども、とくに男子の出産、老いた親の扶養だけが嫁ぎ先への忠誠の証となる。義父が義理の娘に性的な関係を強要することさえある（スノハチェストヴォ）。妻が夫や夫の家族のもとから実家に逃げ帰った場合、郷裁判所は彼女やその実父を、夫やその親への不服従、そして娘をかくまった罪で処罰する。かくて若い夫妻は、自分たちの稼ぎが他の夫婦よりも多いにもかかわらず消費にそれが反映されないこと、収入が家長すなわち父親や年長の兄などによって管理されることに不満を持つようになる。妻は世帯全体の利益に貢献しながら、自分の夫や子どもに対する責務を果たさなくてはならない。そのようなジレンマの中で彼女は孤立感や抑圧感を高め、ときには夫に世帯分割を促す。夫も、妻と親が対立した際、しばしば妻の側につく。そして彼女にひそかに送金し、将来のためにトランクに貯めさせる、など[22]。

なお、この見解においては世帯分割の原因がしばしば女性にあるとされてきた。しかし、それをそのまま受け容れることはできない。エンゲルによれば、不和を起こす、あるいは不満を抱く妻は、世帯の経済的な利益にダメージを与えかねない存在とみなされた。ゆえに、世帯が大規模なものへ成熟する前に分割されるとき、農民はたいてい分割の原因を、女たちの不和や若い妻が義理の親から逃れようとしていることに帰したという[23]。家長にせよ、独立する息子にせよ、家父長制を維持するためには分割の原因を他者に転嫁するのが好都合である。「女たちの不和」が一因であるのは確かだが、農村社会において女性が従属的な地位に置かれていたことを考慮するならば、彼女たちは必要以上に世帯分割の責任を負わされていたとみるべきである。

ともあれ、世帯分割が家父長制の弱体化や生産・消費活動における家長の役割後退に帰因するケースもないとは言えないものの、以上の解釈はあまりにも単純すぎる。家長は権威を保ちつつ、時宜の分割を承認している。くわえて、たいてい世帯分割は、妻帯した兄弟たち同士が同居しない、息子のうち一人が親元に残るという原則のもとで実行されていた。息子の「個人主義」もこの枠内で表現されていた[24]。そのためシャーニンやフライアソンのように、家族サイクルの成熟時における分割は自然な事態として村人に認識されていたと主張する論者もいる[25]。

その他、狭隘な住空間も一因として指摘されている。農奴制時代、農民は国家や領主により世帯分割を制限され、狭い家屋での共同生活に忍耐を強いられていたからである。一般徴兵制度の導入に言及する研究者もいる。新制度は兵士を増員しただけでなく、兵役期間も短縮した。退役した彼らは帰郷後、父親や年長の兄弟のもとにとどまらず、世帯の分割を要求したという[26]。

以上の見解はそれぞれそれなりに説得力がある。世帯分割はそれらのいずれかによるものではなく、複合的な要因のもとで発生していたと考えるべきである。むしろここで検討すべきなのは、これらの見解で言い尽くされていない側面である。それは、第三章で述べたような生活水準の向上である。つまり、独立生計や快適な住環境を実現するだけの経済的なゆとりが創出されていたことである。若い夫婦は夫の実家にとどまることによって受けることのできる経済的メリットを上回る経済力を得た。また、独立は夫婦に精神的なゆとりをもたらした。親も息子夫婦に同居を強いることなく扶養を確実にした。逆に、生活が窮乏すれば小規模な世帯を構えるだけの余裕はなくなる。クリューコヴァによれば一九世紀後半、世帯分割が増加し、親は息子たちと別居したうえで扶養を受けることを希望するようになる。それは子どもによる扶養や共同体の支援が老齢者の生活を保障していたからである。しかし、一八九七～九八年におけるリャザン県の飢饉発生地域では、親族の同居と世帯規模拡大の動きがみられたという(27)。ゴーリコヴァもウラル鉱山労働者家族について、一九世紀後半以降、産業発展を背景に世帯が分割される一方、両親との同居が増えたことも明らかにしている。というのは、農奴制時代の工場主による被用者の保護が消滅した結果、高齢者向けの扶助も廃止されてしまう。それへの対応として、子どもたちは労働能力を失った親と同居し、扶養したのである(28)。これらの事実は、農奴解放後の世帯が縮小に向かっていたとはいえ、経済情勢や親族の扶養などの事情によっては逆のプロセスもみられたことを示している。たとえば不景気になると、結婚やその後の世帯分割も資金的に難しくなり、一時的に延期されたと考えられる。

ロシア中央部の農民世帯についてはなお議論が続いている。とまれ、一九世紀後半の中央黒土・非黒土の両地方において、世帯の分割と小規模化・単純化が進行していたことは明らかである。本節では世帯分割の原因についても紹介した。これらをふまえ、コストロマー県北西部の事例を検討してみたい。

三　コストロマー県北西部の世帯

本節では一九世紀後半のコストロマー県北西部住民について、世帯構成、世帯分割と相続慣行、家族関係の順に論じる。

まず、一八六七年の人口数調査史料と一八九七年全国センサス調査史料を手がかりに、世帯数と平均世帯規模の推移を確認しておきたい。表9－1に示されるように、北西部のガーリチ、ソリガーリチ、チュフロマ三郡の

表 9-1　世帯数

	1867 年	1897 年	増加率(%)
コストロマー県	170,653	253,246	48.4
北西部			
ガーリチ郡	14,399	19,871	38.0
ソリガーリチ郡	7,798	11,663	49.6
チュフロマ郡	7,746	10,679	37.9

出典：*Пигоров В.* (ред.) Материалы для статистики Костромской губернии. Вып. 3. Кострома, 1875. Приложение. С. 174; Первая всеобщая перепись населения Российской империи, 1897 г. Т. XVIII. Костромская губерния. СПб., 1903. С. 6-9 より作成。

表 9-2　平均世帯規模（人）

	1861 年*	1867 年	1883 年	1897 年
非黒土地帯				
コストロマー県		6.3	4.8	5.0
北西部		6.1	5.0	4.9
ガーリチ郡		6.2	4.8	5.1
ソリガーリチ郡		6.2	5.4	5.0
チュフロマ郡		5.9	4.8	4.6
ヤロスラヴリ県	6.0			4.9
カルーガ県	8.2			5.8
黒土地帯				
リャザン県	8.4			6.3
オリョール県	9.0			6.4

注：*1861 年頃。
出典：*Милоголова И. Н.* Семья и семейный быт русской пореформенной деревни, 1861—1900 годы (на материалах центральных губерний). Диссертация на соискание ученой степени кандидата исторических наук. М., 1988. С. 300; Первая всеобщая перепись населения Российской империи, 1897 г. Т. XVIII. Костромская губерния. СПб., 1903. С. 6-9; Worobec, Christine D., *Peasant Russia: Family and Community in the Post-Emancipation Period,* Princeton, New Jersey: Princeton University Press, 1991, p. 104 より作成。

表 9-3　世帯の規模別分布（%）

世帯規模（人）	北西部 *	コストロマー県
1	7.8	5.6
2	11.7	10.4
3	13.6	12.7
4	15.7	15.3
5	15.5	16.0
6 ～ 10	33.9	37.6
11 ～	1.8	2.4

注：* ブーイ郡を除く。
出典：Первая всеобщая перепись населения Российской империи, 1897 г. Т. XVIII. Костромская губерния. СПб., 1903. С. 6-8 より作成。

世帯数は一八六七年の二万九九四三世帯から一八九七年の四万二二一三世帯へ一・四倍増している。三〇年間で二世帯につき一世帯弱が分割を行なったことになる。この比率はコストロマー県よりもやや小さい。つぎに表9－2から読み取れるように、この間、北西部の平均世帯規模は六・一人から四・九人に減少している(29)。これはコストロマー県とほぼ同水準である。コストロマー県および同県北西部の動向は中央非黒土地方のヤロスラヴリ県のそれに近い。この縮小プロセスは一八八〇年代初頭まで急速に進行し、その後はやや緩やかである。コストロマー県でも農奴解放後、これまで制限されていた世帯分割が増加し、八〇年代までに一段落したからである。

世帯の規模別分布については、全国センサス調査史料から一九世紀末の状況のみが把握可能である。表9－3はこれにもとづいて作成したものである。北西部では五人以下の世帯が全体の六四・三%を占めており、全県の比率よりもやや高い。このように、北西部では一九世紀末までに比較的小規模な世帯が典型となっている。

世帯構成にかんする情報はきわめて限られている。ここでは、ジバンコフによる四村六二世帯の調査から構成上の特徴を析出してみたい。なお、このサンプルでは住民の性別構成についてアンバランスが顕著である。男性一〇〇人あたりの女性数は、Ц村において八一・八人と男性が多い。しかし、残るГ村は一六一・九人、К村は一三七・三人、A村は一三〇・三人と女性が大きな部分を占めている。中央非黒土地方、とくに男性の村外就業がさかんな地域の場合、女性比が顕著に高くなる傾向がある。この四村調査でもそれが読みとれる。

表9－4は、四村の世帯構成をラスレットの分類方法にもとづき整理したものである。みられるように、平均

表9-4　世帯構成

	コストロマー県ソリガーリチ郡			モスクワ県		ヴォロネジ県
	4村	うち3村 (Ц, Г, К村)	うちA村	ドラキノ村	スパス・コルコディノ村	
年		1880年代半ば		1886	1886	1887—96
世帯数	62	50	12	194	64	230
平均世帯規模(人)	5.0	4.7	6.3	6.7	8.7	8.3
世代（%）						
1	11.3	12.0	8.3	—	—	6.5
2	51.6	54.0	33.3	—	—	42.2
3	35.5	34.0	50.0	—	—	46.1
4	1.6	0.0	8.3	—	—	5.2
世帯構成（%）						
独居者	6.5	6.0	8.3	1.5	9.4	0.0
家族以外	0.0	0.0	0.0	2.1	3.1	0.4
単純家族	46.8	52.0	25.0	29.9	15.6	32.6
拡大家族	21.0	20.0	33.3	24.2	9.4	10.4
多核家族	25.8	22.0	33.3	42.3	62.5	57.0

出典：*Жбанков Д. Н.* Бабья сторона. Статистико-этнографический очерк. Кострома, 1891. С. 102-112; H. Kolle, "The Russian Post-Emancipation Household: Two Villages in the Moscow Area," MA thesis, Bergen, 1995, Table 6.3, 6.5; Christine D. Worobec, *Peasant Russia: Family and Community in the Post-Emancipation Period,* Princeton, New Jersey: Princeton University Press, 1991, p.105-111 より作成。

世帯規模は五・〇人である。これは、表9－2で示された一八八三年における北西部の平均世帯規模とほぼ同じである。世代別構成では二世代がほぼ半数を占めている。これに対応して、単純家族世帯の比率が四六・八％と最も高く、つづいて拡大家族世帯が二一・〇％、多核家族世帯が二五・八％である。なお、北西部の世帯は中央非黒土地方のモスクワ県や中央黒土地方のヴォロネジ県の世帯よりも規模が小さく、その構成も単純である。

先述のように、ジバンコフは村外就業がさかんな三村とそうではないA村を対比させる形で四村のサンプルを作成している。両者の間に構成上の違いはあったのだろうか。三村の場合、平均世帯規模は四・七人で、単純家族世帯が過半数を占めている。対照的に、A村の平均世帯規模は六・三人とこれを上回り、世帯構成も拡大家族世帯と多核家族世帯を合わせた比率が約七割に達している。以上の結果から、村外就業の普及と世帯の小規模化・単純化に相関関係があると言えなくもない。しかし、この事例はサンプル数が少なく、またジバンコフの選択が分析結果に影響を与えている可能性も十分考えられる。したがって、慎重に扱う必要がある。さしあたりここでは、四村のサンプルと一八八〇年代における北西部の平均世帯規模がいずれも五人程度であることから、北西部の世帯が小規模で、その世帯構成も単純な型が優勢であったと推測するにとどまる。

そのうえで、四村世帯調査からつぎの特徴が読みとれる。第一に、寡婦を含む世帯が多い。これは、成人男性の死亡にかんするこれまでの分析結果を裏づけるものである。三世代からなる世帯では、二二世帯のうち一五世帯において家族員のなかに寡婦がいる。これと関連して、拡大家族世帯の構成は寡婦（母親）、息子夫妻、その子どもが主流である。老人や寡婦の扶養は、まず拡大家族世帯においてなされていたのである。二世代の世帯でも三二世帯のうち七世帯が寡婦を家族員としている。寡婦の独居者、ないしは寡婦そして結婚適齢期を過ぎた未婚女性で構成される世帯も少なくない。このような世帯は、分与地を持たないのであれば、農業労働者としての賃金収入、あるいは世帯分割の際にとりきめられた親族からの食糧などの提供、共同体からの援助などを生計の手段としていたのであろう。この世帯には後継者がいないので、将来、養子などの措置を取らない限り消滅が予想される。(30)

第二に、同一世代に二組の核（夫婦）を持つ家族、すなわちジョイント・ファミリー（兄弟家族世帯）は四世帯にすぎない。この四世帯は少なくともいずれかの夫婦の子ども（たち）が幼い。子どもが一〇歳以上のケースは存在しない。したがって、子どもの成長後、夫婦のうちの一組が独立するものと推測される。

そして第三に、結婚後の父方居住が一般的であることと関連して、夫妻のみから構成される世帯は例外的である。したがって、子どもなしの夫婦の独立世帯形成はまれである。(31)

以上をもとに、一八八〇年代頃における北西部農村住民の家族サイクルをつぎのように推定することができる。

まず二〇代前半の男女が結婚し、若い夫妻は夫の実家で生活を始め、子どもが産まれる。世帯は三世代となる。子どもがある程度成長し、家族員による育児の手助けが必要でなくなり、夫が不在でも妻が農作業と家事を両立できるようになったときに、夫婦は独立が可能となる。もっとも、北西部では世帯外からの働き手の雇用も期待できる。ウォロベックはメルトンの研究をもとに、世帯分割の理想的なタイミングとして、父親の死後、妻帯した息子たちに労働可能年齢の息子がいること、新たに誕生する世帯が存続可能なだけの動産や不動産を所有していることをあげている[32]。しかし、子どもの年齢から判断するならば、北西部の農村住民はこの独立タイミングよりも早く行動を起こしたようである。ポッラはヴラーソヴァの研究をふまえ、一九世紀末のロシア中央部や北部の農村では、若い夫婦は結婚後、夫の親とたいてい三～五年間同居するが、妻帯した息子のうち一人（とその妻子）は親元にとどまり続け、のちに家長となり、他の息子たちは生計上必要な間、親元にとどまろうとしたとの見通しを示している[33]。北西部についてもこのポッラの見解が妥当であろう。妻帯した息子たちのうち一組が親元に残り、その他は独立する。分割の結果、寡婦すなわち母親――たいてい父親はすでに死亡している――を含む三世代の世帯と二世代の世帯が生成される。前者もやがて寡婦の死亡により二世代となる。その後、各世帯は存続するが、夫（家長）が早死すれば、寡婦と子どもからなる世帯となり、生計の維持は困難となる。夫婦関係の持続期間が総じて短く、また夫の不在期間も長いので、子どもの数は少ない。この調査では一夫婦あたりの子どもの人数は二・三人である。

さて、「テーニシェフ民俗学事務局」の通信員は北西部から世帯分割の手順、財産分与の方法、原因などにかんして詳細な情報を寄せている。以下、ミロゴロヴァやフライアソンらの先行研究を参考にしつつ、世帯分割の実情をみてみよう。

世帯分割は村長や隣人の立ち会いのもと、当事者、すなわち分割後に形成される二つ（ないしはそれ以上）の世帯の間で協議される。通常、分割の事実やその合意内容を証明する書類は作成されない。当事者間で合意に達しなければ、村会さらには郷裁判所が判断を下し、郷役場において分割証書が作成される。息子が独立するときには父親——父親が死亡の場合は母親——がイコンを持ち、彼を祝福する。兄弟の間で世帯を分割するときには、円形のパンを分けあう儀式が行なわれる。(34)

父親（家長）死後の「総分割」では、すべての共有財産を息子たちの間で平等に分配する。父親が存命であるならば、父親は共有財産の一部を手元に残すか、ないしは全財産を息子たちに分与する。前者の場合、息子たちに老いた親の扶養義務はない。後者の場合は息子の一人に扶養義務が生じる。財産の分与においても、この息子の持分に親の扶養負担分が加算される。(35)

独立する息子たちの持分は、各人のこれまでの貢献や人格によって決定される。たとえば兄弟間での分割においては、兄は弟よりも世帯のために長く働いてきたという理由で、より多くの財産が分与される。両者の貢献が同等とみなされる場合は、均等に分配される。村外で就業しているにもかかわらず、世帯にしかるべき送金をしていない者は財産分与の際に不利となる。(36)

分割に際しては、新たに形成される二つの世帯が生計を維持できるかどうかも考慮される。未婚の娘は兄弟より少ないものの、財産の一部を分与されることがある。家長の未亡人は動産について夫と同等の権利を持つ。ただし分与を受けた場合、息子は母親の扶養義務を負わない。嫁資など女性の個人財産は分割の対象とはならない。ミロゴロヴァは、ロシア中央部においては一般的に家屋を末子が相続したと述べている。(37) しかし通信員コーロソフは、たいてい長男が家屋を相続したと報告している。(38) ただ、その事情について彼は言及していない。ともかく、家屋の資産価値は他の建造物よりも高くなるので、家屋の相続者は他の兄弟に金銭などを支払い、分配の平等を図る。その他の建造物は兄弟間でなるべく平等に分配する。納屋、乾燥場、風呂など通常、世帯に一棟しかない非住居用の建物は、分割後もしばらくは共同利用となる。共同体分与地は分割後の各世帯の成人男性数に、動産は各世帯の家族員数に応じて分配される。債務も財産の持分に応じて配分される。[39]
「一部分割」は、息子が父親に対して要求する。息子の持分を決定するのは父親である。たいてい父親が共有財産の大部分を手元に残すので、息子の受け取る財産は「総分割」よりも少なくなる。「脱退」の場合、無断で世帯を去る息子に対し、父親は共同体分与地以外のものを与える必要はない。息子は個人的な所有物のみを持ち出すことができる、と。[40]

このように、北西部農村住民の世帯分割は、持分のある者たちの間での平等な分配を原則としていた。そのうえで、世帯へのこれまでの貢献や両親の生活保障、分割後の各世帯の生計維持などが考慮されていた。同様の実態が先行研究でも指摘されている。ミロゴロヴァは、農業地帯の相続慣行では独立する息子たちの持分は平等とされ、商工業的な生産活動がさかんな地域では世帯に対する各人のこれまでの貢献や資質にもとづいて持分が決定されていたと整理している。[41]ウォロベックも財産相続が親や女兄弟の扶養、女兄弟の結婚費用負担と密接に結びついており、村会や郷裁判所もこれを相続者の義務とみなしていたと説明している。[42]
「テーニシェフ民俗学事務局」の通信員は、「善良、品行方正で、大規模な世帯の成員で、もちろんすでに成人であるならば、共有財産からの完全な分け前をともなう総分割を主張できる」、「総分割はありふれている。結婚した兄弟二人の共住世帯は非常に少ない」、と報告している。[43]右で検討した四村のサンプルでも、息子夫婦の結婚期間と子どもの成長が分割のタイミングを決定づけていた。世帯がジョイント・ファミリーの段階にあるとき、分割の主張は当然の権利とみなされていたのである。
「一部分割」や「脱退」の場合、独立する息子の持分は家長の裁量次第となり、息子側にとって不利である。それにもかかわらず、一九世紀後半のロシア中央部では息子が「一部分割」や「脱退」をますます要求するようになっていた。[44] 息子は村外就業などへの従事により、実家からの財産分与に期待しなくても世帯を構えることができたからである。そのような息子の行動は、場合によっては家長との対立を生み、家長の権威を動揺させたであろう。北西部においても世帯分割の件数増加にともない、「一部分割」の割合が高くなっていったと考えられる。残念ながら、世帯分割の形態別構成を明らかにするデータは手元にない。ただし、『コストロマー県通報』の通信員は農業停滞の原因として世帯分割の増加に言及した際に、「一部分割」が目立つようになったことにも触れている。[45]

前節で述べたように、世帯分割の件数が増加した背景には、国家やかつての領主権力による農民統制の緩み、市場化にともなう個人主義化と家族員の軋轢、家族サイクル成熟時の世帯分割に対する村人の支持、生活水準の向上などがあった。北西部農村住民の世帯分割も、これらに起因していたことは間違いない。[46] くわえて、村外就業との関係で注目されるのが、成人男性の高い死亡リスクである。家長（父親）の死は世帯分割の障害を除去する。さらにウォロベックが指摘するように、親が死亡すれば息子たちは親の扶養義務を考慮せずに世帯を分割できるからである。[47]

ところで、世帯分割の原因をより深く理解するためにも、大規模で複雑な構成の世帯における家族関係が問題となる。つづいて、北西部農村住民の家族関係にかかわる「テーニシェフ民俗学事務局」アンケート調査史料を読み解いてみよう。

レショートキンは、世帯における家長の強い権力を象徴するものとして食事の様子を描写している。イコンが置かれている「赤い隅」のそばに設けられた第一の席に家長は座る。家族員は家長の命令にもとづき、年齢順に定められた自分の席に着く。主婦は料理を土鍋から注ぎ、食卓へ運ぶ。パンを切るのはいつも家長である。また、家長が必要に応じて料理に塩を振りかける。料理を出すタイミングや追加、変更も家長が指示する。すべての料理はまず家長に出される。食事中、会話はほとんどない。ただ、あまり食べていない者がいれば、家長はこの者に小言する。そして、自分の気に入らない事柄についても口に出す、とレショートキンは家長の中心的な役割を強調している。(48)

家長が家族員を村外へ働きに出すときも、この者は家長のコントロール下にある。村外就業者は滞在先でまじめに働き、きちんと送金し、家計の維持に貢献する義務を負う。ジバンコフは著書の付録として、親が息子に宛てた手紙を載せている。この中で親は息子に対し、善良な生活を送り、無駄遣いをせず、カードで遊ばず、タバコを吸わないように求めている。(49)責務を果たさない者には、家長は国内旅券の発行に同意せず、村外に滞在できないようにした。(50)ソリガーリチ郡の通信員コーロソフも、家長による同種の措置について触れている。家長により送り出された息子が滞在先で不道徳な生活を始め、送金をしないのであれば、家長は息子に帰郷を命令する。家長が息子の強制送還を当局に要請することもある。財産分与の際もこの者の取り分は他の兄弟よりも少なくなり、しばしば共有財産の相続権を失う、とコーロソフは説明する。(51)

家族員に対する家長の支配権は家長の責務、すなわち世帯の生計維持と表裏一体の関係にある。責務を果たさない者はその権威を失墜する。「花婿ないしは花嫁の父親がペテルブルクで正道を踏み外し、自分の世帯を忘れ、送金をやめ、世帯を完全に破たんさせてしまうことがある。このような父親に花婿や花嫁は結婚の許可を求めないし、祝福を期待しない。親族や親切な人びとの助けを借りて、母親がすべての手続きを行なう」とマカーロフは言う。(52)

農村共同体もこのような労働規範を強く支持していた。村人がこれを遵守することで、共同体は上部機関に対する義務を遂行でき、また秩序を保てるからである。世帯を取り仕切らない者や諸義務を遂行しない者を共同体は説得し、ときには制裁していた。(53)北西部でも、家族に稼ぎを送らないピーテルシキを隣人や親類は「悪人」扱いし軽蔑していた。滞在先で国内旅券の有効期限が切れ、不法滞在の罪で現地の警察に身柄を確保された者は出身農村に強制送還される。彼には村中の者からの嘲笑と郷役場の前での鞭打ち刑が待っていた[54]。

家長が地元に留まり、その息子が村外で働いている場合、息子の妻は義父の支配下に置かれる。夫の不在中、妻は夫の実家で孤立して暮らさなくてはならない。そのような若い夫婦の生活に、通信員の記述をもとに立ち入ってみよう。コーロソフによれば、息子からの送金だけでなく、手紙や小包の郵送も家長に宛てられる。家長が不在であれば、それらは母親宛てとされる。家長は、息子とその妻の直接のやりとりを禁止する。というのは、息子の妻が手紙の中で夫に苦情を述べたり、総じて不都合なことを書いたりしないか、家長は心配したからである。家長が息子に宛てた手紙の中で、息子の妻が何か書くことは許される。ただしこの場合、家長が内容を検閲する。このような規則からの逸脱は家長への不当な仕打ちや侮辱とみなされる。それは息子の不在中、息子と家族との間で不快な対立を引き起こす。さらに、家長が財産を分与せずに息子を独立させる根拠にもなる。若い夫が妻に贈り物を送り、家長がそれを余計なものと判断したならば、家長はそれが短靴であろうとスカーフであろうと遠慮せずに取り上げる。以上から、コーロソフは家長の家族観をつぎのように特徴づける。すなわち、家族は一体でなくてはならず、父親は家長として世帯の財産管理者でなくてはならない。息子が自分の妻を気にかけることは、彼女を堕落させるだけでなく、舅や夫に彼女が服従するという原則を弱めるのだ、と[55]。

たしかに、コーロソフが提供した情報は林業がさかんな地区の世帯にかんするものである。しかしながら、コーロソフが述べるところの「家族の一体性」は、村外就業がさかんな村落でも家長によって支持されていた。レショートキンも、首都で暮らす男性の稼ぎは経営管理者のもとに置かれていると報告している[56]。それゆえ、村外就業者はしばしば第三者をつうじて、家長に秘密で妻に金銭や手紙を送っていた。マカーロフによれば、「村に残された新妻にとって唯一の慰みは、親には内緒で夫から速達やささやかな贈り物、ときには一～五ルーブリの送金を受け取ることである。この送金は『財産（собина 妻の個人財産の意）』と呼ばれ、女房たちは大いに喜んでいた」[57]。家長も息子と一緒に村外で就業している世帯では、母親と息子の妻だけが地元に残される。この場合、家長の権力は相対的には「空白」状態となったから、若い夫婦自身の通信もある程度は認められていたかもしれない。

夫の親元で暮らす妻子の立場は、村外で働く若い夫がどれだけまっとうに暮らしているのか、彼が稼ぎをきちんと送っているのか次第である[58]。エンゲルがジバンコフの作業に依拠して説明するように、自分の息子が送金せず、その妻を捨てた場合、親はその原因を妻の側に見いだそうとする。そして嫁に過大な労働負担を強いて、世帯から完全に追い出すこともある[59]。マカーロフもつぎのように報告している。夫が郷里の家族を忘れ、ペテルブルクで「第二の家族」を持ったり、酒で身を持ち崩したりして数年間、家族にまったく送金しなければ、家計は大きく傾いてしまう。夫婦関係は完全に崩壊する。妻子が舅のもとで暮らしているならば、妻はたいてい実家に帰るか、幼児を抱えながら農業労働者として雇われて生活しなくてはならない、とマカーロフは妻子の窮地に言及する[60]。先述のように、妻子には村外就業者を世帯に結びつける役目が期待されていた。これを果たせない妻子はその責任をすべて負わされたのである。

このように、北西部の農村生活にかんする史料からは、多核家族世帯における若い夫婦の従属的地位が読みとれる。親の世帯からの独立は、別居後も親の扶養などの責務が残っているにせよ、少なくとも親との共同生活から解放される点で若い夫婦にメリットがある。しかし独立すれば、妻は農作業や家事、育児などで親のサポートを得にくくなる。たとえ義理の親に服従していたとしても、同居していれば、親が嫁のためにそれらを助ける場面もあったと考えられるからである。そこで最後に、親から独立した世帯を念頭に夫婦関係について論じてみたい。

ロシア農民の夫婦関係は夫に対する妻の無条件の服従を原則としていた。それを前提に、夫は家族の扶養に責任を負い、妻は夫の指示にもとづいて農作業や家事、育児の責務を果たさなくてはならない。とくに北西部の農村においては、夫婦は長期間にわたり別居生活を送りながら、生計を維持すべく各人の責務を全うし、互いに支え合っていかなくてはならない。マカーロフも「村にきちんと送金する夫とその妻の関係はきわめて良好である。妻はそのような夫を誇りにし、夫が帰郷したときにはできるだけ気にかけ、敬意を表している」、と書いている。[61] 妻は村から出て稼ぎ、家計を支えている夫を尊敬し、信頼した。だからこそ、妻は農作業と家事・育児の「二重負担」にも耐えたのである。逆に、夫妻がおのおの責務を果たさない、あるいは果たせなくなったときには、夫婦関係は経済的にも精神的にも崩壊する。マカーロフもつぎのように指摘する。夫婦いずれかの「怠慢」は世帯をただちに存続の危機に追い込む。夫と妻がしかるべく務めを果たし、家の外ではなく内で生活するならば、彼らの間にはすばらしい関係が培われる。けれども夫が酒飲みであったり、妻がいい加減に家計をやりくりすれば、世帯は貧しくなり、家族の関係も悪化する、と。[62]

農村共同体の立場からすれば、成員一人一人の責務履行が不可欠である。送金せず、租税支払いが滞っている村外就業者本人のみならず、その妻子にも共同体は厳しく接していた。村外就業者が義務を果たさず、その妻もまた分与地を利用せず、それに課される税を納めないというのであれば、共同体は分与地の没収を講じることもあった。妻は精根尽きるまで働き、家計を一人で立て直さなくてはならず、さらに隣人からの抑圧にも耐えなくてはならない。[63] 要するに、妻は寡婦同然の立場に置かれたのである。

夫婦の間で経済的・感情的結びつきが失われると、ときには妻も精神的な拠り所を婚外関係に求めた。マカーロフもこれに言及している。夫に愛想がついた若妻の中には、働き手として雇われた先で知り合った男と関係を持つ者がいる。それは、夫側からの復讐を恐れてひそかに結ばれる。発覚した場合、夫は妻を半殺しにすることがある、と。[64] エンゲルによれば、妻の不貞に夫や農村共同体はつぎのように対応していた。すなわち、夫は自分の罪を悟っているがゆえに、場合によっては妻の不貞を許す。村人も情状によっては罪を許す。とはいえ、「ダブル・スタンダード」が存在する。村外就業がさかんな農村においても、夫や共同体は女性の逸脱行為に対して厳格な態度を取る。女性自身もたいていの者は村外で就業する夫に誠実である、とエンゲルは結論づけている。[65]夫以外の者に身を委ねざるを得ない深い事情が妻側にあったとしても、妻には夫との結婚関係を守る姿勢が要求されていた。妻の不貞は夫や家族の名誉を汚し、共同体の秩序を揺るがす。それゆえ、農村共同体は夫の体面を守り、家族の崩壊を回避し、社会秩序を維持する立場から、婚外関係を持った妻に夫が私刑を行なうことを黙認したのである。

ともあれ、親と若い夫婦の同居は家族サイクルの一段階でみられたにすぎない。一九世紀末までに世帯は五人程度の規模となり、単純家族世帯が優勢となっていた。夫婦は結婚して三年から五年程度、親と同居し、その後独立し、夫婦と子どもで家族を構成していた。親元にとどまった夫婦も、寡婦になった母親と同居するパターンが多かった。そうであるならば、長期的な家族生活において重要なのは、夫方の親との関係よりも夫婦関係なのだろう。村外就業者家族は夫婦の別居、夫の村外就業と妻の農業・家事という分担を基本線とする。夫婦いずれかの責務不履行が世帯の生計破綻や感情関係の崩壊に直結する。ゆえに、夫に対する妻の従属を原則としながらも、各人の責務遂行と相互的な尊重や信頼が夫婦に求められていたのである。

おわりに

以上、一八〜一九世紀前半の農民世帯は大規模で複雑な構成を特色としていた。国家・領土・農村共同体・家長は担税・徴兵義務遂行の観点からそのような構成の世帯を望ましいものと考えていた。農民自身も世帯を大規模にし、労働力を強化することで諸義務の遂行、子どもや老齢者の扶養を実現しようとしていた。農奴解放の結果、従来の国家や領主による「人口・世帯管理策」は終焉を迎える。早婚と皆婚に特徴づけられる結婚パターンは後退する。さらに、世帯分割が急激な増加をみせる。かくて、一九世紀後半の農民世帯は一転して小規模化、単純化のコースを辿っていく。

コストロマー県北西部の農民世帯においても一九世紀後半に平均規模が縮小する。その構成も一八八〇年代までに夫婦と二、三人の子どもからなる単純家族世帯が最も多くなる。これに夫婦と子ども、夫の母親という構成の拡大家族世帯が続く。これは家長（父親）死後の世帯分割の結果、実家から独立した息子の世帯と、親から家長を引き継ぎ、母親を扶養する息子夫婦の世帯が生まれたことを反映している。

世帯分割は家長死後の「総分割」を主流としながらも、家長の生存中に行なわれる「一部分割」が伸長していた。家長の死を待たずとも、また財産分与に期待せずとも、村外就業からの収入で独立生計を営むことが息子にとって可能になったからである。さらに、独立は若い夫婦を親元での従属的地位から解放する。

しかしながら、以上を理由に家父長制の緩みを直接的に導いたとしても、理解は不十分なものにとどまるだろう。たしかに、世帯分割とくに「一部分割」増加の背景には親子間の経済的・精神的緊張の高まりがあった。しかし、独立世帯形成のための十分な準備が整うまでの間、親と一時的に同居することには、若い夫婦にとって役割分担の柔軟性や育児支援、リスク回避などのメリットもある。結婚して数年後の独立が広く認められていたことにも留意する必要がある。「一部分割」においても、財産の分与や親の生活保障の条件面で家長と息子の双方が納得のうえ合意していた可能性が小さくない。

さらに、世帯分割の主流は「総分割」であり続けた。ジョイント・ファミリーなど家族サイクルの成熟段階での「総分割」は当然なものとみなされていた。「総分割」は持分の平等性の他、財産形成におけるこれまでの貢献、親などの生活保障、分割後の世帯の生計などが周到に検討されたうえで実行されていた。この点に農村住民が「総分割」を最も自然であり、望ましい形態と考えていた理由がある。成人男性の高い死亡率は分割のタイミングを早めたはずである。また、家長の死は分割の際、財産をめぐる世代間の対立をあまり表面化させない。しかるに村外就業の意義は、息子夫婦の経済的・精神的な自立志向を高め、家長中心の労働・生活規範に異議を唱えさせたことだけでなく、その高い死亡リスクが、世帯分割の障害となる家長（父親）を除去したこと、老いた親を扶養する負担を減らしたこと、独立後の生計維持と親の扶養などを経済的に可能にしたことにもあったのではないだろうか。

「テーニシェフ民俗学事務局」の通信員レショートキンは、「最近では農民自身も世帯分割が経済的に不利と考え、少しずつこれを避けるようになっている。世帯分割がもたらす［農業の停滞などの］あらゆる不都合を農民は十分に理解している。しかしながら、分割は続けられている」、と皮肉を込めて報告している。[66] けれども農村住民は、急増が懸念されている「一部分割」も含め、往往にして自分たちの論理にもとづいた世帯の継承戦略として分割を続けていた。一八八六年法発布後も世帯が分割されていたことについて、同時代人も「世帯分割の原因は気まぐれではなく、よりよい生活条件を作り出そうとする人間の自然な希求である」（九〇年代末の『ヴラディーミル県通報』記事）ことを認識していた。別の論者も「世帯分割はいくつかのケースにおいて、分割された世帯に好ましくなく、世帯を破綻させる。しかし、総じて世帯分割が農民の生活水準を低下させているとは言えない」との見解を持っていた。[67]

独立した夫婦の世帯においては多核家族世帯よりも一層明確に、夫婦それぞれの責務遂行が必須となるとともに、夫婦の情緒関係が基礎となる。そこでの妻の労働貢献がパートナー的な夫婦関係を発展させた、というエンゲルの主張に根拠がないわけではない。しかしながら、夫婦関係が夫に対する妻の従属を基本としていたことに変わりはない。くわえて、夫婦それぞれの労働のうち、現金収入をもたらす夫の労働が過大評価される傾向のあることに留意すべきである。つまり、現金収入が世帯の経済状況を良好にしたのであれば、主たる生計者である夫の評価は高まる。夫に対する妻の従属度も高まる。逆に生活に困窮すれば、家族員の生活を保障できない夫の権威は失墜する。ただ、たとえ努力して家計を支えようとする妻との間に「パートナー関係」が実現したとしても、それはあまり意味をなさない。

以上、三章にわたり農村における人口と家族の変容について論じてきた。ところで一九世紀末の都市でも、都市化プロセスや農村住民の流入と定着にともない、結婚や家族形成は転換期を迎えていた。補章二ではこの問題にアプローチしてみたい。

注

（1）David Moon, *The Russian Peasantry, 1600-1930: The World the Peasant Made*, London and New York: Longman, 1999, p. 156.

（2）Barbara Alpern Engel, *Between the Fields and the City: Women, Work, and Family in Russia, 1861-1914*, New York: Cambridge University Press, 1994, pp. 50-52, 115-125; Barbara Alpern Engel, *Women in Russia, 1700-2000*, New York: Cambridge University Press, 2004, p. 93.

（3）Engel, *Between the Fields and the City*, pp. 62-63, 125. Rose L. Glickman, *Russian Factory Women: Workplace and Society, 1880-1914*, Berkeley and Los Angeles: University of California Press, 1984, pp. 50-51, 56 も参照のこと。

（4）Christine D. Worobec, "Victems or Actors? Russian Peasant Women and Patriarchy," in Esther Kingston-Mann and Timothy Mixter（eds.）, *Peasant Economy, Culture, and Politics of European Russia, 1800-1921*, Princeton, New Jersey: Princeton University Press, 1990, p. 187. ミローノフも慎重な態度をとっている（Boris N. Mironov, "Peasant Popular Culture and the Origins of Soviet Authoritarianism," in Stephen P. Frank and Mark D. Steinberg（eds.）, *Cultures in Flux: Lower-Class Values, Practices, and Resistance in Late Imperial Russia*, Princeton,

New Jersey: Princeton University Press, 1994, p. 58)。

（5）Moon, *The Russian Peasantry*, pp. 173-174; Christine D. Worobec, *Peasant Russia: Family and Community in the Post-Emancipation Period*, Princeton, New Jersey: Princeton University Press, 1991, p. 10; ミヒャエル・ミッテラウアー『歴史人類学の家族研究——ヨーロッパ比較家族史の課題と方法』若尾祐司ほか訳、新曜社、一九九四年、一八三〜一八四頁。ウィルバーも一九世紀末の中央黒土地方（ヴォロネジ県）にかんするシチェルビーナの家計調査を分析し、世帯構成の「弱体化」が世帯の衰退・消滅の主因となったと結論づけている（Elvira M. Wilbur, "Peasant Poverty in Theory and Practice: A View from Russia's "Impoverished Center" at the End of the Nineteenth Century," in Kingston-Mann and Mixter（eds.）, *Peasant Economy*, p. 123)。

（6）*Александров В. А., Власова И. В., Полищук Н. С.*（отв. ред.）Русские. М., 1997. Гл. 12; *Александров В. А., Власова И. В.* Семейный уклад и домашний быт крестьянства（XVII—середина XVIII вв.）// *Носова Г. А.*（отв. ред.）Русские. Историко-этнографические очерки. М., 1997. С. 85-100; *Александров В. А., Власова И. В.* Семейный уклад и домашний быт крестьянства（середина XVIII в.—1860-е гг.）// *Носова Г. А.*（отв. ред.）Русские... С.101-113; *Власова И. В.*（отв. ред.）Русские: народная культура（история и современность）. Т. 3. Семейный быт. М., 2000; *Горская Н. А.* Историческая демография России эпохи феодализма. М., 1994. С. 124-127. 一八世紀における世帯分割の制限についてはMoon, *The Russian Peasantry*, pp. 174-175, 158-159を参照。さらにムーンは、一七世紀末から一八世紀初頭にかけての農奴制の強化、農民に対する諸義務の負担、制限や要求の高まりに応じて、農民が三圃制、共同体的土地所有と割替、そして大規模で複雑な構成の世帯を一体的に導入し、発展させていったという興味深い議論を展開している（David Moon, "Peasant and Agriculture," in Dominic Lieven（ed.）, *The Cambridge History of Russia, Vol. II, Imperial Russia, 1689-1917*, Cambridge: Cambridge University Press, 2006, pp. 378-379)。

（7）*Александров В. А., Власова И. В.* Семейный уклад и домашний быт крестьянства（XVII—середина XVIII вв.）... С. 96.

（8）Rodney Dean Bohac, "Family, Property, and Socioeconomic Mobility: Russian Peasants on Manuilovskoe Estate, 1810-1861," Ph. D. diss., University of Illinois at Urbana-Champaign, 1982, ch. 5.

（9）Edger Melton, "Household Economies and Communal Conflicts on a Russian Serf Estate, 1800-1817," *Journal of Social History* 26(3)（Spring 1993）, pp. 568-569.

（10）ミッテラウアー『歴史人類学の家族研究』一六七～一七〇頁。

（11）Matti Polla, "Characteristics of the Family System in a Nineteenth-Century Northern-Russian Peasant Community," *Continuity and Change* 19, no. 2, 2004, pp. 215-239.

（12）Tracy K. Dennison, "Serfdom and Household Structure in Central Russia: Voshchazhnikovo, 1816-1858," *Continuity and Change* 18, no. 3, 2003, pp. 395-429; Tracy K. Dennison, "Household Structure and Family Economy on a Russian Serf Estate: Voshchzhnikovo 1816-1858," in Tapio Hämynen, Jukka Partanen and Yury Shikalov（eds.）, *Family Life on the Northwestern Margins of Imperial Russia,* Joensuu: Joensuu University Press, 2004, pp. 67-92. なお、ガガーリン家ミシノ領はツァプ、同ペトロフスコエ領はホックの研究フィールドである。

（13）阪本秀昭『帝政末期シベリアの農村共同体――農村自治、労働、祝祭』ミネルヴァ書房、一九九八年、一三三頁。

（14）*Крупянская В. Ю., Полищук Н. С.* Культура и быт рабочих горнозаводского Урала（конец XIX—начало XX в.）. М., 1971. С. 42-45, 89-90; *Крюкова С. С.* Русская крестьянская семья во второй половине XIX в. М., 1994. С. 22-23. デニソンは、自身の研究フィールドにおいて納税人口調査史料から小規模な世帯を確認しているので、史料は実際の世帯構成を反映しているものと判断している。

（15）Moon, *The Russian Peasantry,* pp. 163-164. 一九世紀末の世帯規模について、ウォロベックや青柳和身が全国センサス調査史料やゼムストヴォ統計史料集成にもとづき、県別の概要を示した表を作成している。Worobec, *Peasant Russia,* pp. 104-107; 青柳和身『ロシア農業発達史研究』御茶ノ水書房、一九九四年、八一頁を参照。

（16）Matti Polla, "Characteristics of the Family System," pp. 223-226.

（17）Moon, *The Russian Peasantry,* p. 170.

（18）*Милоголова И. Н.* Семейные разделы в русской пореформенной деревни（на материалах центральных губерний）// Вестник Московского университета. Сер. 8. История. 1987. № 6. С. 42; Cathy A. Frierson, "Peasant Family Division and the Commune," in R. Bartlett（ed.）, *Land Commune and the Peasant Community in Russia: Communal Forms in Imperial and Early Soviet Society,* Basingstoke: Macmillan in association with the School of Slavonic and East European Studies University of London, 1990, p. 305. 息子がいない場合の

相続慣行については、Worobec, *Peasant Russia*, pp. 57-62 を参照。

（19）*Милоголова И. Н.* Семейные разделы... С. 42; 松井憲明「改革後ロシアの農民家族分割――その政策と論争」（椎名重明編著『土地公有の史的研究』御茶ノ水書房、一九七八年所収）一二三～一二四頁、Worobec, *Peasant Russia*, pp. 88-89; Moon, *The Russian Peasantry*, p. 172. クリューコヴァは中央黒土地方を念頭に、分割の当事者を基準に世帯分割の類型化を試みている。これによると、一八六〇～七〇年代には妻帯した兄弟、オジと甥の間で分割が行なわれていたが、それ以降は両親と息子夫婦との間で分割が行なわれるようになった（*Крюкова* С. С. Русская крестьянская семья... С. 57-59）。この変化は、世帯分割の中心が家長死後の「総分割」から生存中の「一部分割」へと移行しつつあったことを浮き彫りにしている。

（20）Frierson, "Peasant Family Division," pp. 310-311; 松井憲明「改革後ロシアの農民家族分割」一三一頁。インテリゲンツィアも世帯分割の急増、そしてその帰結としての世帯の規模縮小と単純化の中に、生活水準の低下と家父長制の弱体化をみていた（*Крюкова* С. С. Русская крестьянская семья... С. 37）。

（21）Frierson, "Peasant Family Division," pp. 304, 312, 318; *Крюкова* С. С. Русская крестьянская семья... С. 147. コストロマー県については、Свод заключений（44）губернских совещаний по вопросам, относящимся к пересмотру законодательства о крестьянах. Т. II. СПб., 1897. С. 211 を参照。

（22）Frierson, "Razdel: The Peasant Family Divided," The Russian Review 46, no.1 (Jan. 1987), pp. 47-49; Worobec, *Peasant Russia*, pp. 189, 191, 205; Worobec, "Victems or Actors?" p. 20; Engel *Between the Fields and the City*, p. 55; *Милоголова И. Н.* Семья и семейный быт русской пореформенной деревни, 1861—1900 годы（на материалах центральных губерний）. Диссертация на соискание ученой степени кандидата исторических наук. М., 1988. С. 156-159. 黒土地帯の兄弟家族世帯において兵役を務めなくてはならないのは弟であり、オジと甥からなる世帯ではそれは甥であった（*Крюкова* С. С. Русская крестьянская семья... С. 53-55）。

（23）Engel, *Women in Russia*, p. 90.

（24）世帯分割が家長の生存中に行なわれるときには、一人の息子がたいてい生家にとどまり、家計を管理し、親の面倒を死ぬまでみた（Frierson, "Pazdel," p. 38）。

（25）Teodor Shanin, *The Awkward Class. Political Sociology of Peasantry in a Developing Society: Russia 1910-1925*, Oxford at the Clarendon Press, 1972, pp. 86-87; Frierson, "Pazdel," p. 42. ただ、フライアソンの "Peasant Family Division" 論文はむしろ家族員の対立を強調している。

（26）Worobec, *Peasant Russia*, pp. 90-92.

（27）*Крюкова С. С.* Русская крестьянская семья... С. 59, 156-158. 広岡直子も、とくに村外就業がさかんな地域では結婚後、父親の生存中に息子夫婦が独立し、親に生活資金を支援するケースが増えていると述べている（「共同体農民のロマンスと家族の形成――一八八〇年代～一九二〇年代」（奥田央編著『二〇世紀ロシア農民史』社会評論社、二〇〇六年所収）二九六頁）。

（28）*Голикова С. В.* Семья горнозаводского населения Урала XVIII—XIX веков: демографические процессы и традиции. Екатеринбург, 2001. С. 183, 188.

（29）一八五〇年代の世帯規模は南西部のネレフタ郡――四人、ユリエヴェツ郡――六人が小さく、その他の郡は七、八人であった（*Крживоблоцкий Я.*（сост.）Материалы для географии и статистики России, собранные офицерами генерального штаба. Костромская губерния. СПб., 1861. С. 577）。

（30）「夫婦の間に子どもがいないとき、当地の慣習にもとづき、『神のため』また自分の老後に援助を受けるために孤児を養子にした」（РЭМ. Ф. 7. Оп. 1. Д. 589. Л. 22）。

（31）ウォロベックもジバンコフの世帯調査を分析している。ただし、このサンプルが作成された経緯を考慮していない（Worobec, *Peasant Russia*, pp. 113-114）。

（32）Worobec, *Peasant Russia*, p. 82.; Edger Melton, "Proto-Industrialization, Serf Agriculture and Agrarian Social Structure: Two Estates in Nineteenth-Century Russia," *Past and Present* 115（May 1987）, p. 99.

（33）Matti Polla, "The Family Systems amang Eastern Karellians and Ethnic Russians in the 19th Century," in Hämynen, Partanen and Shikalov (eds.), Family Life on the Northwestern Margins, pp. 223-224; *Власова И. В.* Семья // *Чистов К. В.*（ред.）Этнография восточных славян. Очерки традиционной культуры. М., 1987. С. 366. ミロゴロヴァによれば、工業がさかんな地域では兄弟のうちの一人が農村に住み、耕作に従事し、別の者がよそに定住し、商工業に従事していたという。このタイプの分割も同様の慣行を示すものと

いえる（*Милоголова И. Н.* Семья и семейный быт... С. 165）。

（34）РЭМ. Ф. 7. Оп. 1. Д. 597. Л. 13, 20-21; Д. 581. Л. 5 об. -6; *Милоголова И. Н.* Семья и семейный быт... С. 156-159. 分割の際の儀礼については、Frierson, “Pazdel,” pp. 39-40を参照。

（35）РЭМ. Ф. 7. Оп. 1. Д. 581. Л. 8 и об.; Д. 579. Л. 3; *Покровский Ф. И.* Семейные разделы в Чухломском уезде // Живая старина. 1903. Вып. 1/2. С. 9.

（36）РЭМ. Ф. 7. Оп. 1. Д. 597. Л. 14-15. 兄弟の間で分割が行なわれる場合、均等に分与されるか、あるいは兄弟それぞれの年齢、独立後の生計、独立後に形成される世帯の労働力と家族構成を加味して分与された（*Покровский Ф. И.* Семейные разделы... С. 10, 44）。

（37）*Милоголова И. Н.* Семейные разделы... С. 44-45.

（38）РЭМ. Ф. 7. Оп. 1. Д. 581. Л. 7 об.

（39）РЭМ. Ф. 7. Оп. 1. Д. 581. Л. 8 и об., 11; Д. 597. Л. 19-20.

（40）РЭМ. Ф. 7. Оп. 1. Д. 579. Л. 1 и об.; Д. 581. Л.12 и об.; Д. 597. Л. 19, 23; *Милоголова И. Н.* Семья и семейный быт... С. 168. 平等性についてはFrierson, “Pazdel,” pp. 40-41を参照。

（41）*Милоголова И. Н.* Семья и семейный быт... С. 162; *Милоголова И. Н.* Семейные разделы... С. 42-43. Worobec, *Peasant Russia,* p.55も中央部農村についてこの慣行を指摘している。クリューコヴァは中央黒土地方の相続慣行についてつぎのような原則を見いだしている。すなわち、父親の葬儀費用を負担し、故人が負っていた税などの義務を遂行し、寡婦となった母親や未婚の女兄弟を引き取った者は世帯分割の際、より大きな部分を得る。共有財産の形成における貢献度も考慮される。家族との関係を断った者や以前、「一部分割」を受けた者は相続の対象とはならない。信頼の置ける、勤勉かつ酒を飲まない者が、財産の良い部分を得る、と（*Крюкова С. С.* Русская крестьянская семья... С. 168）。

（42）Worobec, *Peasant Russia,* pp. 48-56.

（43）РЭМ. Ф. 7. Оп. 1. Д. 581. Л. 6 и об.; Д. 597. Л. 21.

（44）*Милоголова И. Н.* Семейные разделы... С. 45-46.

（45）Костромские губернские ведомости. 1898. № 43. С. 2.

（46）「テーニシェフ民俗学事務局」アンケート調査は、分割の直接的な原因として、「独立心」、「農婦の不和」、「年長者の干渉」、「妻子が大人数の兄弟への不満」、「放蕩や飲酒が原因で働かない者への不満」などを列挙している。РЭМ. Ф. 7. Оп. 1. Д. 597. Л.13-14; Д. 581. Л.6 об.-7.

（47）Worobec, *Peasant Russia,* p. 82.

（48）РЭМ. Ф. 7. Оп. 1. Д. 599. Л. 41-42. ウォロベックも食卓の場における同様の関係について言及している（Worobec, *Peasant Russia,* p. 187）。シュストローヴァはヤロスラヴリ、コストロマー両県住民の習慣から夫への妻の従属を読みとっている（*Шустрова И. Ю.* Очерки по истории русской семьи Верхневолжского региона в XIX—начале XX века. Ярославль, 1998. С. 50）。

（49）*Жбанков Д. Н.* Бабья сторона. Статистико-этнографический очерк. Кострома, 1891. С. 116.

（50）Christine D. Worobec, “Masculinity in Late-Imperial Russian Peasant Society,” in Barbara Evans Clements, Rebecca Friedman and Dan Healey（eds.）, *Russian Masculinities in History and Culture,* Basingstoke and New York: Palgrave, 2002, p. 85; *Милоголова И. Н.* Семья и семейный быт... С. 92. 地域によっては、逆に農業に従事している息子を服従させようと、家長が息子に村外就業を強制することもあった。

（51）РЭМ. Ф. 7. Оп. 1. Д. 612. Л. 5-5 об. 父親からの送金の求めに応じないばかりか、帰郷時に父親に世帯分割を要求したという理由で、父親が息子への国内旅券発行に同意しなかった事例がある（РГИА. Ф. 1291. Оп. 54. 1900 г. Д. 124）。

（52）РЭМ. Ф. 7. Оп. 1. Д. 588. Л. 9. 父親が息子を抑圧したり、経営に怠慢であったりするならば、郷裁判所は家族関係に介入する。郷裁判所は世帯分割を許可し、財産の一部を息子に分与するよう父親に義務づけることができた（*Милоголова И. Н.* Семья и семейный быт... С. 164）。両親による祝福の重要性については以下も参照。伊賀上菜穂「結婚儀礼に現れる帝政末期ロシア農民の親族関係――記述資料分析の試み」『スラヴ研究』四九、二〇〇二年、一九七頁。

（53）Worobec, *Peasant Russia,* p. 45; *Милоголова И. Н.* Семья и семейный быт... С. 117-118, 120-121, 124-125. 村に住む家族を扶養していれば、村外就業者の評判は高くなり、名声があがった（Jeffrey Burds, *Peasant Dreams and Market Politics: Labor Migrations and the Russian Village, 1861-1905,* Pittsburgh, Pa.: University of Pittsburgh Press, 1998, pp. 188, 190）。

(54) РМЭ. Ф. 7. Оп. 1. Д. 612. Л. 5-5 об.; Д. 599. Л.11; *Жбанков Д. Н.* Бабья сторона... С. 55; Burds, *Peasant Dreams*, pp. 75-76. 強制送還された者は三年間、パスポートの交付を禁止された。

(55) РЭМ. Ф. 7. Оп. 1. Д. 612. Л.5 об.-6 об. ガーリチ郡におけるスノハチェストヴォの事例として以下を参照。*Смурова О. В.* Неземледельческий отход крестьян в столицы и его влияние на трансформацию культурной традиции в 1861—1914 гг. (на материалах Санкт-Петербурга и Москвы, Костромской, Тверской и Ярославской губерний). Кострома, 2003. С. 105.

(56) РЭМ. Ф. 7. Оп. 1. Д. 599. Л. 12.

(57) РЭМ. Ф. 7. Оп. 1. Д. 589. Л. 20.

(58) РЭМ. Ф. 7. Оп. 1. Д. 612. Л. 5 об.

(59) Engel, *Between the Fields and the City*, pp. 59-60; *Жбанков Д. Н.* Бабья сторона... С. 91-92.

(60) РЭМ. Ф. 7. Оп. 1. Д. 589. Л. 22; Д. 599. Л. 13. 就業先での婚外関係について、*Смурова О. В.* Неземледельческий отход... С. 111-112 を参照。

(61) РЭМ. Ф. 7. Оп. 1. Д. 589. Л. 22. ヴラディーミル県にかんする同様の見解として、*Фирсов Б. М., Киселева И. Г.* (автор-составители) Быт великорусских крестьян-землепашцев. Описание материалов этнографического бюро князя В. Н. Тенишева (на примере Владимирской губернии). СПб., 1993. С. 261-262 を参照。

(62) РЭМ. Ф. 7. Оп. 1. Д. 589. Л. 21.

(63) РЭМ. Ф. 7. Оп. 1. Д. 599. Л. 13.

(64) РЭМ. Ф. 7. Оп. 1. Д. 589. Л. 22. ジバンコフはソリガーリチ郡にて、一〇年間以上続いている同棲を一〇組以上発見している(*Жбанков Д. Н.* Влияние отхожих заработков на движение народонаселения Костромской губернии, по данным 1866—83 годов // Материалы для статистики Костромской губернии. Вып. 7. Кострома, 1887. С. 113-114)。「テーニシェフ民俗学事務局」通信員はスモレンスク県から、村外で就業する男性、そして村で生活する女性のいずれでも婚外関係がまれではないと報告している (Rose L. Glickman, ""Unusual Circumstances" in the Peasant Village," *Russian History / Histoire Russe* 23, nos. 1-4 (1996), p. 222.

(65) Engel, *Between the Fields and the City*, pp. 55-57. Worobec, *Peasant Russia*, pp. 203-204 も参照のこと。

(66) РЭМ. Ф. 7. Оп. 1. Д. 597. Л. 14.

(67) *Милоголова И. Н.* Семья и семейный быт... С. 152, 170.

補章二　大都市における結婚行動の転換と家族形成
――ペテルブルクを中心に――

はじめに

近代ロシア人口・家族史研究は、これまでヨーロッパ・ロシアやシベリアの農村住民を主要な考察対象に選択してきた。そして、ロシアの人口と家族の基本的特徴を明らかにしてきた。しかしながら、ロシア帝国各地の住民について、身分・階層的、宗教・宗派的、民族的多様性を考慮したうえで人口と家族の全体的見取り図を描くには、いまだ多くの課題が残されている。

都市の人口と家族もそのような課題の一つである。この領域にかかわるソ連時代の代表的研究として、社会史家コパネフやセミョーノヴァによる一八～一九世紀前半のペテルブルク住民にかんする著作、ミローノフの人口史研究、一八世紀シベリア都市家族にかんする民族学者ミネンコの論文、封建時代の都市家族を扱った民族学者ラビノーヴィチの著書、クルピャンスカヤとポリシュークによるウラル鉱山労働者史研究、そしてブーディナとシメリョーヴァによる民族学的アプローチからのロシア中央部中・小都市のフィールド・ワークがある。(1)たしかに、それらは都市の人口と家族について多くの知見をもたらしている。しかし、身分制システム、宗教・宗派、都市人口の身分別・階層別構造を論じた社会史研究が全般的に低調であったこともあり、それらを基盤として展開されるべき人口・家族史研究も本格化しなかった。総じて研究は少なく、扱った時代、地域、身分・階層、民族にも偏りがみられた。

ソ連邦崩壊後のロシアでは、欧米の研究方法や成果を参照した新しい研究が発表されるようになった。すなわち、シベリアの都市をフィールドとするゴンチャローフの家族史研究、帝政末期とソ連時代初期の都市家族を比較したアラロヴェッツの単著が刊行されている。(2) この他、序論でも触れたように、ミローノフはその重厚長大な社会史研究の中で人口と家族にそれぞれ一章を充て、ゴンチャローフは家族史の論文集を取りまとめている。アラロヴェッツも二〇世紀人口史にかんする概説シリーズの第一巻（一九〇〇～三〇年代）において、二〇世紀初頭の都市家族を担当している。(3)

欧米では八〇年代半ば以降、都市の人口や家族にかんする著書が相次いで出版されている。グリックマンの女性労働者史研究は女性の労働、結婚、家族生活の実態を詳述している。ランセルは帝政期の捨子のあり方や捨子の養育制度を追跡している。エンゲルの女性史研究は、農村女性の都市への流入と都市での労働・生活、家族形成と性別分業などを論じている。(4) エンジェルシュタインは売春、性病、「低俗小説」などを素材に性規範をめぐる言説を分析し、ワーグナーは婚姻法や家族法の改正をめぐって展開された議論を検証している。(5) これらはいずれも、農奴解放後のロシアが急激な社会経済的・文化的変動を経験していたこと、そしてそれが旧来の性・結婚・家族にかかわる規範を揺るがせ、それらの内容を変質させていたことを明らかにしている。

さて本章は、一九世紀後半から第一次世界大戦前までの都市における結婚行動と家族形成をテーマとする。このテーマにかんし、近代ドイツ家族史を専門とする若尾祐司は世紀転換期の大都市ベルリンとウィーンの結婚行動を検証し、高い初婚年齢と高い独身率（生涯未婚率）に特徴づけられる伝統的なヨーロッパ結婚パターンが低い初婚年齢と家族の形成へと大きく変化していくプロセスを解明している。すなわち、両都市では早婚化と結婚年齢の多様化を伴いながら個人本意の結婚が普及する。二〇代で結婚して正規の結婚生活を営むことが、ライフスタイルの理想像として定着する。高い独身率と関連した高水準の婚外子率も、婚外子の父母による準正化や婚外子の減少により低下する。さらに、職人の独身規制が崩れるなど、性的に成熟した男女にとって、結婚障害が基本的に除去される。その結果、ウィーンの周辺部では二〇代の結婚と借家住まいによる家族形成が大都市圏のライフスタイルとしても確実に定着する。それは同時に、伝統的な多産型から、少人数の子どもによって画される近代的な家族サイクルへの大衆的転換期をも意味していた、と(6)。

なお、プロテスタントのベルリンには強制民事婚が導入されていた。これとは対照的に、カトリックのウィーンでは伝統的な教会婚のもとで混宗婚の制限が根強く残っていた(7)。このことは、ロシアにおける都市の結婚を考える際にも参考になる。ロシア正教会はやはり混宗婚を大きく制限していたからである。

ところで、上述のエンゲルの研究は都市住民の結婚行動について細部にわたる考察を行なっている。彼女によれば、農村から都市へ流入した未婚女性にとって、都市で結婚し家族を形作る機会は小さい。男性の多くは既婚者で、妻子を農村に残し、単身で就業していた。未婚男性も家族を扶養するだけの経済力がなく、結婚の意欲を持っていない。さらに、都市の男性は結婚に対してしばしば否定的な態度を取っていた。彼らの中には、教養の低い農村出身女性を軽蔑する者もいた。一八九七年のペテルブルクとモスクワで、二〇〜二九歳の女性工場労働者のうち既婚者はそれぞれ四四・二％、六〇％にとどまっていた。都市人口の結婚率も全般的に低い。

ただし、一部の労働者地区では例外的に結婚率の上昇がみられた。この地区の女性労働者は、その多くが結婚後も定収があり、出産後も補助的な収入で家計に貢献していたからである。エンゲルは結婚率上昇の理由を、女性流入者の主要な職業である女中奉公と工場労働を結婚と家族形成の点から比較することで説明している。すなわち、この二つは農民身分出身者が就く職業である。いずれも賃金が低く、生活できるかどうかは雇用の確保や本人の健康状態次第である。都市での結婚機会も小さい。とくに女性奉公人は雇主の住居に単身で住み込んでいたので、結婚相手と知り合う機会が大きく制限されていた。結婚できたとしても、住み込みの女中奉公と家族生活の両立は困難である。女性奉公人の平均年齢は三三～三九歳とけっして若くはなく、それにもかかわらず彼女たちの多くは独身で、しばしば婚外子を出産していた。結婚した場合も、彼女たちは夫と別居して生活していた。

女性工場労働者も結婚後、必ずしも家族向けの部屋を確保できたわけではない。住環境の悪さから、男女は労働者寮などでべつべつに生活していた。しかし女性工場労働者は女性奉公人よりも、祝祭などで若い男性と知り合う機会が多い。彼女たちは結婚後も工場での就業やその他の仕事を継続できる。もっとも、一八九七年時点で、男性労働者のうち家族単位で居住し、その世帯主の地位にある者の比率はモスクワで三・七%、ペテルブルクでも五・二%にすぎない。相対的に高収入のペテルブルク金属工でも一六%以下で、家族で居住する労働者はやはりマージナルな存在である。婚外子が多くみられたことは労働者でも同様である、とエンゲルは付言する[8]。

このように、エンゲルの議論の中では工場労働者地区にて、中欧の大都市でみられたような結婚行動の転換が始動しつつあったことが示唆されている[9]。そこで本章では、エンゲルの作業において結婚統計があまり利用されていないことも考慮して、結婚統計の分析から結婚行動の変遷にかんする問題にアプローチしてみたい[10]。なお、ロシア帝国の広大な領土は、その大部分が低い初婚年齢と低い生涯未婚率に特徴づけられる「非ヨーロッパ結婚パターン」地域にあった。沿バルトやロシア西部の一部は、高い初婚年齢と高い生涯未婚率に規定される「ヨーロッパ結婚パターン」地域に入っていた。そこで、結婚パターンの異なる各地の都市において結婚行動がどのように変容していったのか、併せて論じてみたい。

以下では最初に一八六〇～一九一〇年代までの結婚統計を分析する。そのうえで統計データから浮かび上がる結婚行動の変化が居住実態にどのように表われていたのか、ペテルブルクの住居調査史料を読み解きながら考えてみたい。

一　結婚行動

本節では、おもに一八九七年全国センサス調査史料と人口動態調査史料にもとづき、都市人口の(1)結婚率、(2)婚姻状態、(3)結婚年齢、(4)異なる身分・階層出身者、宗教・宗派出身者、民族出身者の結婚について検討する。

あらかじめ史料の内容と問題点について触れておく必要がある。前述のように、全国センサス調査史料からは性別・年齢別・出身身分別の婚姻状態にかんするデータが入手可能である。また人口動態調査史料は、各県の統計委員会が宗教・宗派機関をつうじてデータを収集し、集計したものである。[11] 人口動態調査では、教会での婚儀と登録を経ていない結婚は、当局が独自の調査を行なっていない限り把握されていない。データの精度は宗教・宗派により差がある。たとえば、リガ市の統計局は分離派の人口動態にかんするデータを警察機関への登録情報に依拠して収集していた。しかし、この届け出自体が不完全なため、統計局自身が精度の低さを認めている。[12] 広大なロシアでは地方行政機関の住民掌握能力にも差があったであろう。このように、史料の信頼性を低くする要因は少なからずある。本節ではそれらの問題点に留意しながら、分析を試みてみたい。

(1)　結婚率

第七章で述べたように、一九世紀後半、ヨーロッパ・ロシア人口の結婚率は緩やかな下降線を辿っている。都市人口の結婚率については二〇世紀初頭にかんするアラロヴェツの試算がある。これによると、結婚率は一九〇六年――九・三‰、一〇年――七・六‰である。ミローノフは、一九〇九～一三年の六・七‰というノヴォセリスキーの推計結果を引用している。[13] 以上から二〇世紀初頭の結婚率はヨーロッパ・ロシア人口の結婚率（一九〇〇～〇九年の八・五‰）とほぼ同じか、これよりもやや低いものと推測される。ただ、断片的なデータからはこれ以上の分析は難しい。

モスクワおよびペテルブルクの結婚率はこれよりも低水準であり、かつその推移も単純に右肩下がりというわけではない。人口学者ガヴリーロヴァの試算によれば、モスクワの結婚率は一八六七～八〇年において四・四‰ときわめて低い。その後は一八八一～九〇年――四・八‰、一八九一～一九〇〇年――五・四‰、一九〇一～一〇年――五・七‰、一九一一～一三年――五・九‰と上昇を続ける。つぎにペテルブルクの場合、一八七〇年――六・二‰、一八九〇年――六・四‰、一八九五～九九年――六・二‰、一九〇〇～〇四年――五・八‰、一九〇五～〇九年――六・三‰、一九一〇～一四年――六・二‰、と四〇年間にわたって六‰台前半でほぼ安定している。[14] このように、両首都における結婚率の傾向は異なっている。また、その事情も明らかではない。結婚件数や人口数にかんするデータの信頼性が高くないことも、少なからず作用しているのであろう。とくにモスクワの動向には結婚件数の捕捉が徐々に改善していったことが影響している。ともあれ、ここからはつぎの二点が読みとれる。第一に、両首都の結婚率は低い。これは大都市下層女性の結婚チャンスが小さいというエンゲルの主張を裏づけている。第二に、とはいえ結婚率は下降していない。一九世紀後半から一九一〇年代にかけて、両首都の人口が急激に膨張するなか、結婚率は安定ないしは上昇していたのである。なお、ペテルブルクの結婚率は一九〇〇～〇四年に一時的に落ち込んでいる。これについては不況や日露戦争、第一次ロシア革命の影響が考えられる。

このように、ペテルブルクの結婚率は低く、上昇したわけではない。しかし、手工業から工場制大工業への移行、さらに後者の重工業化は産業従事者の典型を小規模な工房の職人から大規模な製造施設の労働者へ交代させ、性別的にも男性から両性へ拡大させる。[15] 就業地での結婚と家族形成を志向し、これを実現できる経済力を持ち合わせた社会層も着実に成長する。エンゲルの研究によれば、二〇世紀初頭の労働者地区、なかでもヴァシリエフ島第二区の結婚率は一九〇二年の七・一‰から〇五年の一一・一‰へ、同第三区のそれは六・八二‰から九・三‰へ急上昇する。結婚率はその後、落ち着くものの、以前の水準には戻らなかった。その事情についてエンゲルは一九〇五年革命の混乱のさなか、男性が故郷の農村のためにではなく、ペテルブルクで過ごす自分自身の人生のために結婚相手を選ぼうとした、と説明している。[16] 男性労働者の間でこのような心境の劇的な変化が果たしてあったのか、またそのような動きがあったとしても、それが労働者地区全体に波及する規模のものであったのか疑問が残る。いずれにせよ、労働者地区の結婚率が高いことは事実である。筆者の手元にある統計史料でも市周辺部は結婚率が高く、住民の性別構成が均衡状態にあり、出生率も高い（表補2－1）。したがって、彼らが都市での家族生活へ向かったと判断して良い。

エコノマキスも、労働者地区ヴィボルクにある三教会の婚儀簿から結婚件数の推移を試算し、結婚率の大幅上昇という結論に達している。算出された一九〇八年の結婚率は一〇・八‰と高い。くわえて、一九〇〇年から一〇年までの十年間にペテルブルクが急激な人口流入を経験しているにもかかわらず、市出身者の割合は三一・五％から三二％へ微増している。とくに市出身者のうち一〇歳以下の者の比率は、一六・一％から一八・四％へ高まっている。この数値は労働者地区（ヴィボルク第二分区）で二〇・七％に達する。農民身分出身者に占める市出身者の割合も、男性が一四・九％から一九・一％、女性も二五・七％から二六・九％に伸びている。以上を根拠に、エコノマキスは結婚と家族形成の前進を主張している。[17]

表補2-1　ペテルブルクの地区別人口動態

	結婚数	人口数	結婚率(‰)	出生率(‰)	男性比(%)
中心部上層	2,192	375,471	5.84	15.2	51.0
中心部下層	2,445	440,119	5.56	23.2	52.6
周辺部	6,374	954,675	6.68	28.1	52.7
オフタ(郊外)	270	48,724	5.53	28.9	58.9
郊外	1,890	307,733	6.14	33.5	52.8
合計	13,302	2,126,720	6.25	26.2	52.6
スパス地区第3分区(中心部下層)	283	50,687	5.57	28.3	59.1
ナルヴァ地区第4分区(周辺部)	302	36,262	8.31	38.7	54.0
ヴィボルク地区第2分区(周辺部)	560	66,587	8.41	36.7	53.8
シュリッセリブルク(郊外)	430	68,482	6.27	38.9	50.5

注：人口数――1910、15年の平均、結婚数――1913、14年の平均、出生数――1913、14年の平均より算出。中心部上層――アドミラルテイストヴォ、ヴァシリエフ第1、カザン、リテイ、モスクワ第1・2、スパス第1・2。中心部下層――コロムナ、モスクワ第3・4、ロジェストヴォ、スパス第3・4。
周辺部――アレクサンドル・ネフスキー、ヴァシリエフ第2・3、ヴィボルク、ナルヴァ、ペテルブルク。
出典：Статистический справочник по Петрограду. Петроград, [1919]. Таб.1. С. 28-29 より作成。

(2) 婚姻状態

図補2―1は、全国センサス調査を史料に年齢別婚姻状態を整理したものである。みられるように、都市人口の生涯未婚率は男性八・九%、女性九・六%と、先に図7―2にあげたヨーロッパ・ロシア人口(それぞれ三・五%、五・〇%)よりも高く、皆婚志向は相対的に弱い[18]。さらに帝政末の四大都市、すなわちペテルブルク、モスクワ、リガ、キエフの生涯未婚率は、男性が一〇・二一~一四・二%、女性は一二・六~二〇・六%と高い水準にある。女性の生涯未婚者のうち少なからぬ部分は農村からの流入者である。

婚姻者の比率は、年齢が高くなるにつれて増加し、リガを除いて男性は四〇代、女性は三〇代でピークに達する。それ以上の年齢層でこの比率は減り、死別者が増える。四〇歳女性の死別者比率を三〇~三九歳と四〇~四九歳の死別者比率の平均をもとに求めた場合、都市と農村の間に大きな差が読み取れる。すなわち、ヨーロッパ・ロシア九・八%に対し、都市は一五・七%とこれを六ポイント近く上回る。大都市における四〇歳女性の死別者比率もモスクワ二三・八%、キエフ一九・六%、ペテルブルク一八・七%と高い。寡婦の一部が再婚したことを考慮す

図補 2-1　都市人口の年齢別婚姻状態（1897 年）

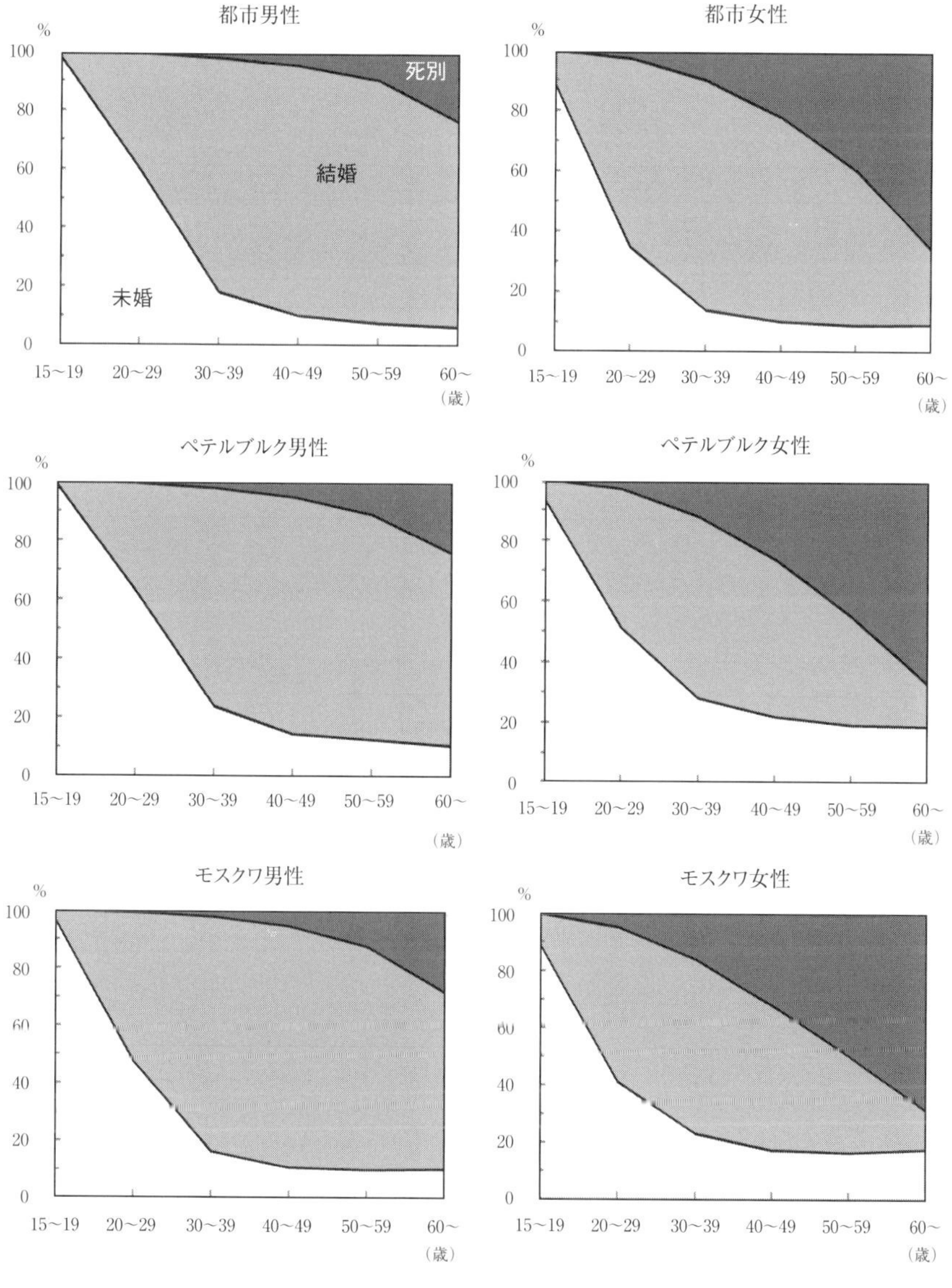

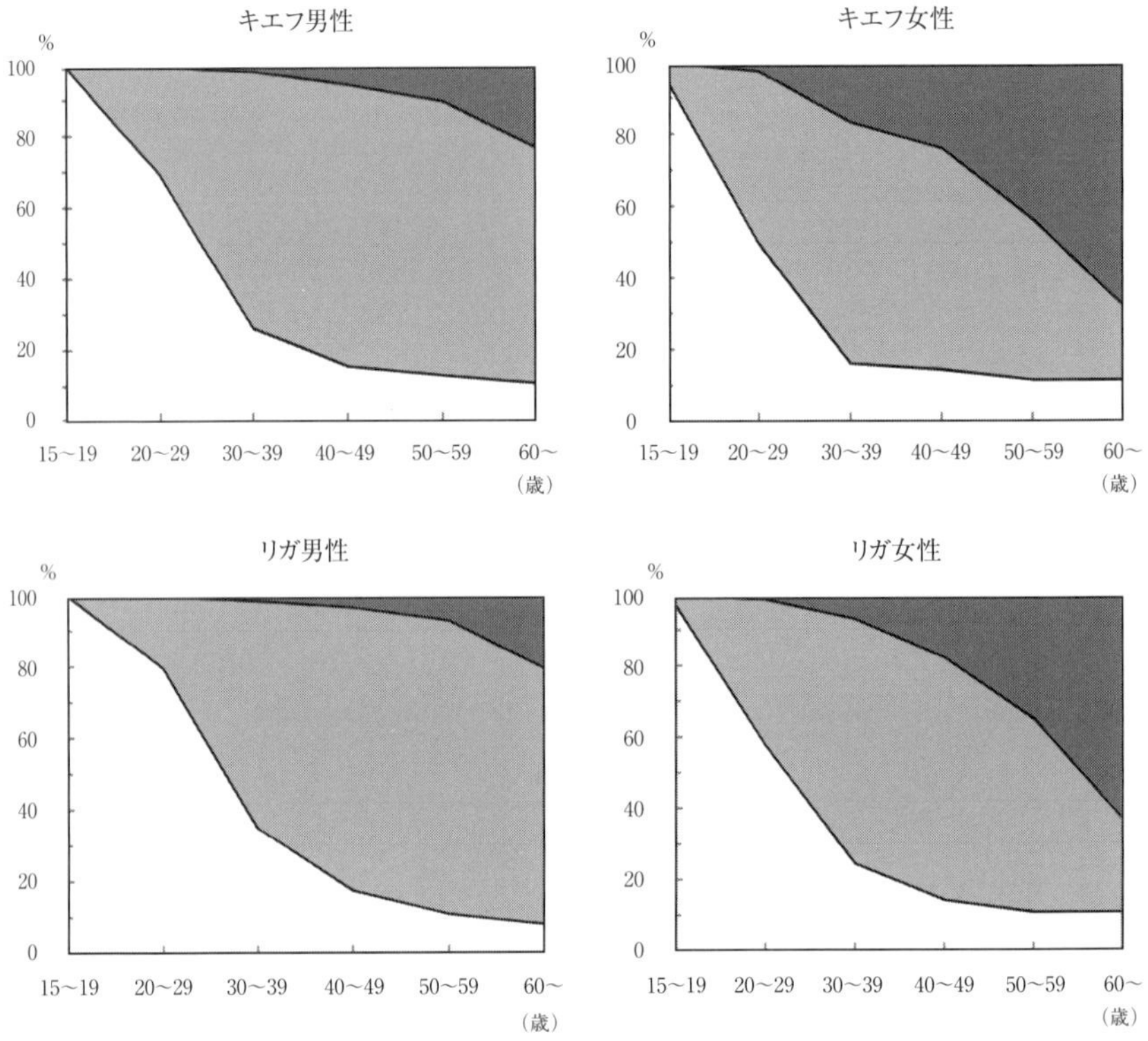

注：不明者を除いた。
出典：*Тройницкий Н. А.* (ред.) Общий свод по империи результатов разработки данных первой всеобщей переписи населения,произведенной 28 января 1897 года. СПб., 1905. Т. I. С. 78-79; Первая всеобщая перепись населения Российской империи, 1897 года. Т. 16. Киевская губерния. СПб., 1904. С. 29; Т. 21. Лифляндская губерния. СПб., 1905. С. 28; Т. 24. Город Москва. Тетрадь 2 и последняя. СПб., 1901. С. 12; Т. 37. Город С.-Петербург. Тетрадь 2 и последняя. СПб., 1903. С. 12 より作成。

るならば、死別経験者はさらに多くなる。[19]寡婦が農村から流入したこと、都市では結婚ペアの年齢差が大きいこと、寡婦の再婚は寡夫ほど容易ではないことが、この高い死別者比率の事情としてあげられる。なお、リガの死別者比率は一一・四%とかなり下回る。リガでは農村から流入する寡婦が少なかったのであろう。また後述のように初婚年齢が比較的高いため、四〇代でも婚姻関係が持続していたからであろう。

離婚件数はきわめて少ないものの、時代が下るにつれて増える傾向にある。この図における離婚者の比率は非常に低い。ただ農村よりも都市の離婚率水準は高い。四大都市の中ではキエフやリガの三〇、四〇代女性の離婚者比が〇・七〜〇・九%と、少ないながらも目立つ。キエフの場合、おそらくそれは住民の出身身分別構成において貴族・官僚の比率がやや高いことと関係している（第五章参照）。センサスの出身身分別婚姻状態調査では貴族・官僚や商人の間で未婚者、死別者、離婚者が多いからである。[20]これらの身分出身者の結婚は、後述のように晩婚やペアの大きな年齢差を特色としていた。彼らの結婚においてはしばしば愛情よりも社会的経済的利害が優先されていた。また、離婚に際しての経済的障害を解決できるだけの経済力を彼らは持っていた。なお、民衆の間ではたいてい正式な離婚ではなく、別居が選択されていた。つぎにリガの場合、離婚に比較的寛容なプロテスタントの教徒が多い。

人口動態調査史料からは、都市で結婚したペアの婚姻状態別構成について変容プロセスを追跡することができる。表補2-2はこれを集計したものである。未婚者同士のカップルが優勢であり、その傾向が一層顕著となっていくことが一目瞭然である。未婚者同士の結婚の比率は一九〇一〜〇五年のヨーロッパ・ロシア——八三・七%、「主要都市」——八二・六%、四大都市——八三〜八七%台といずれも高い。[21]寡婦・寡夫のかかわる結婚も絶対数では増加していた。しかし、ヨーロッパ・ロシアでは人口増加によって、都市では若い男女を中心とする農村からの流入によって、未婚者同士の結婚がそれ以上の大幅な伸びをみせていた。興味深いのは、総じて一九〇六〜

表補 2-2　結婚時の婚姻状態別構成（%）

	ヨーロッパ・ロシア				「主要都市」			
男性	未婚		寡夫		未婚		寡夫	
女性	未婚	寡婦	未婚	寡婦	未婚	寡婦	未婚	寡婦
1867 ～ 70 年	76.3	4.5	10.2	9.0	72.6	8.6	11.4	7.4
1871 ～ 75	77.4	4.2	9.7	8.7	73.1	8.6	11.4	6.9
1876 ～ 80	79.0	3.6	9.3	8.0	73.9	7.6	10.6	8.0
1881 ～ 85	80.1	3.3	9.1	7.5	77.9	6.6	9.5	5.9
1886 ～ 90	82.0	2.9	8.0	7.1	79.7	6.1	8.0	6.3
1891 ～ 95	80.7	2.9	9.3	7.1	79.5	5.7	9.1	5.6
96 ～ 1900	83.4	2.5	8.2	5.9	82.1	5.2	7.7	5.0
1901 ～ 05	83.7	2.3	8.2	5.8	82.6	5.0	7.5	4.9
1906 ～ 10	82.9	2.8	8.1	6.1	81.6	5.4	7.7	5.3
	ペテルブルク				モスクワ			
1867 ～ 70 年	75.6	9.6	11.0	3.8	74.5	9.4	11.3	4.8
1871 ～ 75	75.7	9.4	11.0	3.8	74.0	8.9	12.1	5.1
1876 ～ 80	76.3	9.2	10.4	4.1	75.9	7.7	11.7	4.8
1881 ～ 85	79.1	7.9	9.3	3.7	79.1	6.4	10.5	4.0
1886 ～ 90	80.7	7.1	7.9	4.4	80.2	6.7	8.0	5.2
1891 ～ 95	82.0	6.5	8.3	3.1	81.5	6.4	8.5	3.6
96 ～ 1900	83.9	6.3	7.2	2.6	82.5	6.3	7.6	3.6
1901 ～ 05	85.4	5.7	6.5	2.3	83.4	6.1	7.2	3.4
1906 ～ 10	84.9	6.1	6.2	2.7	83.1	6.1	7.1	3.7
	キエフ				リガ			
1867 ～ 70 年	73.4	10.0	9.9	6.7	74.9	9.7	11.8	3.6
1871 ～ 75	69.8	10.5	10.6	9.1	77.3	9.0	10.6	3.1
1876 ～ 80	75.3	9.9	9.0	5.8	80.2	7.9	8.9	3.0
1881 ～ 85	78.7	7.4	8.3	5.6	79.6	7.0	10.5	3.0
1886 ～ 90	80.9	6.2	7.4	5.5	81.9	5.5	7.2	5.4
1891 ～ 95	82.6	6.4	7.2	3.8	83.7	5.2	8.5	2.6
96 ～ 1900	84.2	5.5	6.4	3.8	86.5	4.3	7.2	2.0
1901 ～ 05	85.2	4.5	6.8	3.4	87.9	4.0	6.1	1.9
1906 ～ 10	83.9	3.9	7.5	4.7	87.6	4.1	6.5	1.8

注：ヨーロッパ・ロシアを除き、1882 年のデータが欠けている。キエフの 1878、79 年のデータは不明。

出典 : Движение населения в Европейской России за (1867—1910) год. СПб. より作成。

一〇年に未婚者同士の結婚の比率が飽和点に達し、微減していることである。それがはたして再婚の拡大局面への転換を示しているのか、それとも日露戦争などを背景とする一時的な再婚の増加にすぎないのか、手元にある史料では判断できない。

(3)　結婚年齢

手始めに、一八九七年全国センサス調査史料をもとにSMAM（静態平均初婚年齢）を試算してみたい。なお、人口移動が大きい地域にかんしては、SMAMの数値に若干の誤差が生じる。したがって、ここでは大まかな水準の把握を目的とする。算出された値はヨーロッパ・ロシアで男性二四・二歳、女性二一・四歳である。都市はこれよりも高く、それぞれ二六・七歳、二二・七歳である。四大都市の数値には大きな差がある。最も高いのは、リガの男性三〇・四歳、女性二六・六歳である。これにキエフのそれぞれ二七・九歳、二四・四歳、ペテルブルクの二六・九歳、二四・五歳が続く。モスクワは二四・七歳、二三・〇歳とヨーロッパ・ロシアの平均値に近い。

各都市の住民の初婚年齢を規定していたのは、第一に、後背地における農村住民の結婚行動である。年齢の最も高いリガは「ヨーロッパ結婚パターン」地域にある。人口流入は一九世紀末時点でリーフラント県内のラトヴィア人を中心としていた。これに対して、中央非黒土地方のモスクワへは周辺諸県の農村住民が流入していた。その中には黒土地帯の出身者も含まれており、彼らは早婚・皆婚傾向が顕著であった。キエフの場合、貴族身分出身のポーランド人と町人身分出身のユダヤ人が多く、彼らが初婚年齢を上昇させていたと推測される。

第二に、貴族・官僚、商人、町人などの身分に属する都市住民の結婚慣行である。ロシアの身分制システムや都市の社会的経済的条件のもとで、彼らは農村住民とは性質の違う結婚慣行を定着させていた。行論で明らかにしたように、農村においては早婚に大きな意義が与えられていた。一方、都市においてはとくに男性自身による物質的基盤の獲得が結婚の条件とみなされていた。男性は結婚するまでに職に就き、技能を習得し、昇進し、貯金あるいは資本を蓄え、遺産相続の権利を得なくてはならない。男女の性別分業も明確である。男性は家長として家族を扶養し、女性は夫婦の生活、家事、育児を担うべきであるとされていた(22)。

貴族・官僚、商人身分出身者、そして町人身分出身者のうち富裕層の結婚は、男性の高い初婚年齢とペアの大きな年齢差を特徴としていた。男性は三〇歳以降に、しばしば一七、八歳年下の若い娘と結婚していた。町人身分出身者のうち手工業者、労働者、農業従事者などの貧困層や農民身分出身者はこれよりも結婚が早い。その結婚相手は身分や階層の近い三、四歳年下の娘である(23)。

都市住民の結婚儀礼も農村住民の伝統的儀礼とは異質である。さらに、都市住民の中でも各身分・階層に固有の特徴がある。ロシア中央部中・小都市住民の結婚儀礼にかんして、ソ連の民族学者ジルノーヴァがまとまった情報を与えている。彼女によると、若い男女が将来の結婚相手と知り合う場所は出身身分や階層により多様である。結婚儀礼についても、貴族・官僚、商人身分出身者、そして町人身分出身者のうち富裕層の場合、以下のような特徴がある。すなわち、①呪術的要素が弱い。②職業仲人が大きな役割を果たしている。③結婚契約書の作成が普及している。④儀式用の食物や宴の手順が農民身分出身者における結婚のそれらとは異なる。⑤民族舞踊に代わりダンスが、フォークロアに代わり都市の歌が採用されている。一方、労働者、小商工業者、郊外農業従事者など下層民の間では、基本的に農村住民に近い儀礼が維持されていたという(24)。

農村出身者が都市へ流入し、住民に占める彼らの比率が上昇するにつれて、都市住民の結婚行動は彼らの結婚行動によって規定されるようになる。このような見方から、ミローノフは都市人口、とくに後述するような男性の初婚年齢低下を説明している(25)。たしかに、帝政末においてもなお出身身分や階層にもとづく結婚行動の相違が存在した。一九一〇年ペテルブルク都市センサスの年齢別婚姻状態調査によれば、農民身分出身者は男女ともに結婚が早い。貴族身分や商人身分の出身者は女性の早婚と男性の晩婚が対照をなしている。さらに、ペテルブルク市外の出身者は市出身者よりも結婚が早い。市外出身者の間でも識字力のない者はある者よりも早婚である。[26]しかしながら、結婚年齢とりわけ平均初婚年齢の動向は以下でもみるように複雑であり、人口流入にともなう住民構成の変容だけでは十分に説明できない。そのためには就業機会、賃金、住環境、出身地の規範や生活文化、家族に関わる都市の社会文化のあり方、そして流入者へのその影響について時系列レヴェルで検証する必要がある。しかし、その作業は本研究の課題を超える。

ともあれ、ここでは人口動態調査史料に依拠して婚姻者の年齢別構成を追跡することで、平均初婚年齢の推移を間接的に読み取ってみたい。ミローノフのほか人口学者クルマンやアラロヴェツも人口動態調査史料を分析し、大都市における平均結婚年齢の下降を指摘している。[27]ただし、この史料では初婚と再婚が区別されていないので、彼らの研究は初婚年齢の動向に焦点を絞っていない。そこで、第七章において農村人口について試みたように、年齢別構成の最大値を初婚のピークと仮定して、その動向を精察してみたい。

図補2－2は、婚姻者の年齢別構成を示したものである。まず、すでに示した図7－1によりヨーロッパ・ロシアについて確認しておくならば、一八六七～八〇年における最大値は男女ともに二〇歳以下である。これはロシア農村人口の早婚傾向を改めて浮き彫りにしている。八一年以降、男性の最大値は一般徴兵制度導入などの影響から二〇代前半へと移る。女性の最大値は一貫して二〇歳以下であるが、その比率は緩やかに減少し、二〇代前半の比率が増加する。以上をふまえて図補2－2をみると、「主要都市」の最大値は一八六七～八五年の段階で男性が二〇代前半（二九～三一％）と、ヨーロッパ・ロシアよりも高い。さらに八六～九〇年からは二〇代後半が二〇代前半をわずかに上回るようになる。女性の最大値は九一～九五年まで二〇歳以下（三五～四三％）であるが、九六～一九〇〇年に二〇代前半へと移動する。ただしこの晩婚化は男性において〇六～一〇年に転換し、最大値は二〇代前半に戻る。以上から「主要都市」の場合、九〇年代まで都市的な結婚規範など、初婚年齢を遅らせる力が強く作用していたが、一九〇〇年代以降は人口流入の加速にともない農村出身者の結婚行動が存在感を増し、初婚年齢は揺り戻されていったと解釈することができる。

四大都市に移ろう。ペテルブルクの最大値は全期間をつうじて男性が二〇代後半、女性は二〇代前半である。したがって、ペテルブルクではこの年齢での結婚が定着していたと考えられる。ただし、各年齢層の比率は微妙に変化している。具体的には、男性の三〇代以上の比率が減っている。対応して男性の二〇代前後半への集中がみられる。女性の二〇代前半も伸びている。ペテルブルクにおいても、人口流入と初婚ペアの増加を背景に、より若い年齢での結婚が中心になりつつあった。

つぎに、モスクワにおける最大値の動向は「主要都市」とほぼ同様である。つまり、一八六七～八五年の男性――二〇代前半、女性――二〇歳以下から、それぞれ二〇代後半、二〇代前半へ移動している。ただ、「主要都市」のような揺り戻し現象はみられず、男性の最大は二〇代後半が定着する。女性の場合、時代が下るにつれて二〇歳以下の比率が縮小し、二〇代前半の結婚が一層主流となる。要するに、モスクワでは人口の膨張と晩婚化が平行して進んでいたのである。

キエフの最大値は、男性の一八七〇年代以降が二〇代後半、女性の八〇年代後半以降が二〇代前半である。男性の場合、晩婚化のテンポはモスクワよりも早い(28)。最後にリガの最大値は、ペテルブルク同様、全期間をつうじて男性が二〇代後半、女性が二〇代前半である。ペテルブルクよりも小幅ではあるが、ここでも男性――二〇代前後半、女性――二〇代前半の結婚が前進している。

以上、最大値の動向からは全般的に一八六〇年代から八〇年代までの「晩婚化」局面、九〇年代から一九〇〇年代前半までの「安定」局面、一九〇〇年代後半の「早婚化」局面が析出される。とくにこの推移を反映してい

図補 2-2　婚姻者の年齢別構成

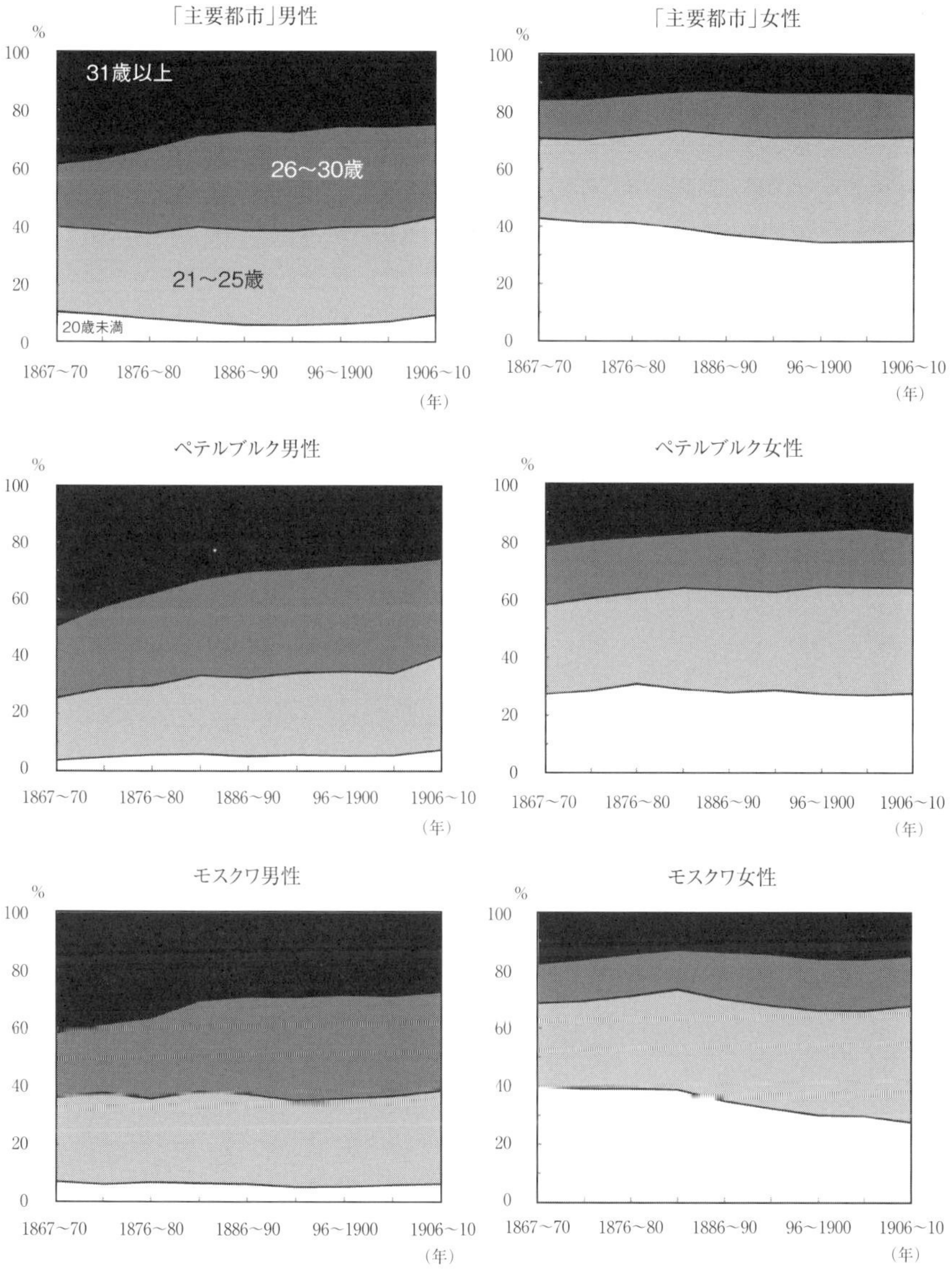

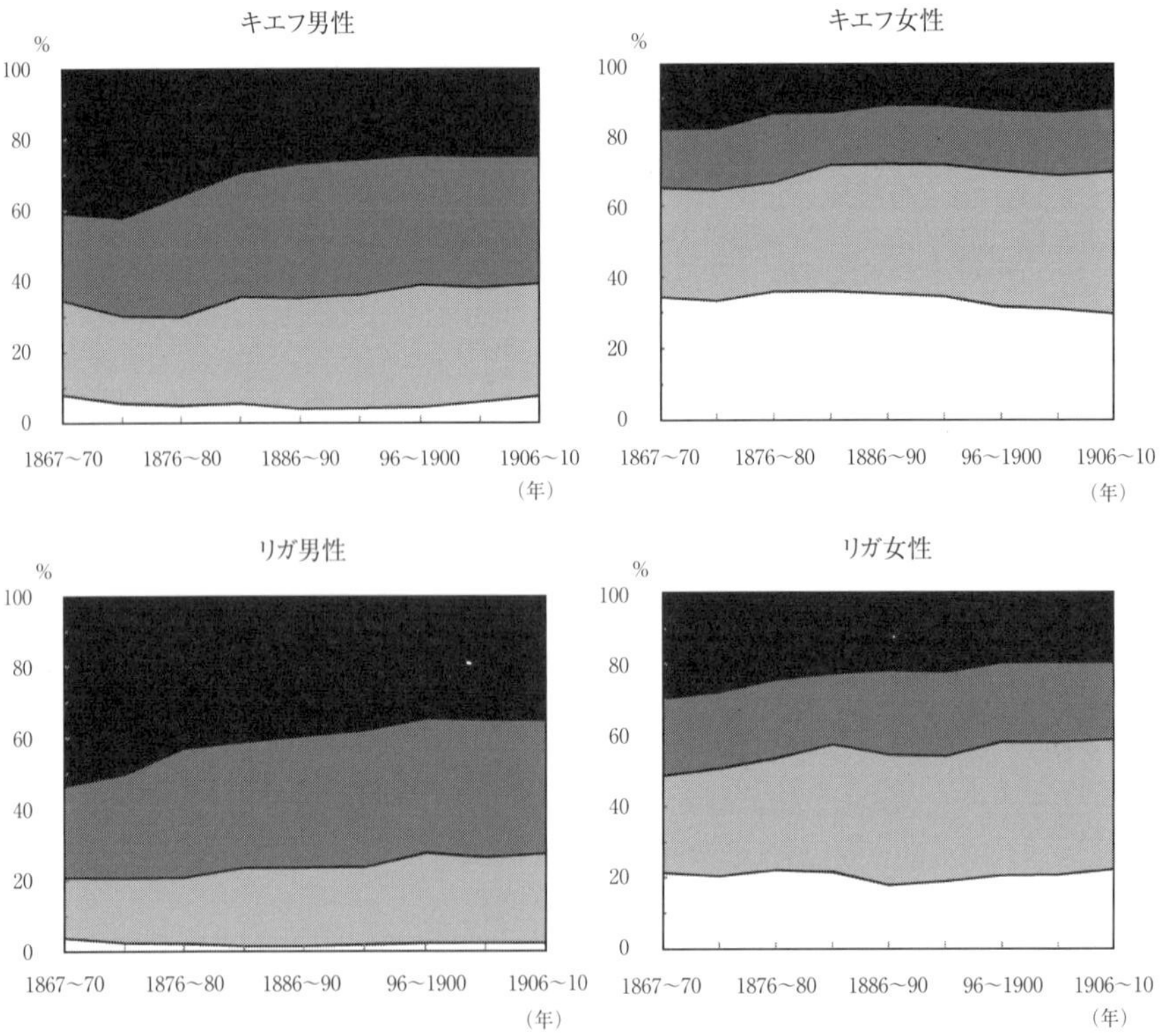

出典：Движение населения в Европейской России за (1867—1910) год. СПб. より作成。

るのが二五歳以下の比率である。都市や性別によって差はあるが、この比率は減少をへて一九〇六～一〇年に増加に転じている。それは、流入者およびその子ども世代の志向が、農村で結婚していた前世代の単身就業者のものから変化したことを示唆している。彼らは、出身農村の結婚行動をある程度保ちつつ、都市での結婚へ踏み出したのである。

（4）異なる身分・階層出身者、宗教・宗派出身者、民族出身者の結婚

ミッテラウアーや若尾祐司によれば、ヨーロッパの結婚は農村における共同体単位の地理的・地域的閉鎖性と都市における職業にもとづく社会的閉鎖性が対照をなしていた(29)。身分制が存続したロシアの都市では、職業以上に、出身身分にもとづく社会的閉鎖性が大きな意味を持っていたと考えられる。もっとも、結婚と職業との関係を明らかにする統計史料そのものが、管見の限りきわめて少ない。

身分制のもとでは、出身身分の異なる者が結婚した場合、妻は夫の出身身分に属することになる。したがって、女性にとって下位身分出身者との結婚は、所属身分が有する特権や社会的ステイタスの喪失、新たな義務負担を意味する。人口動態調査史料は婚姻者の出身身分別構成を記載していない。婚儀簿史料を分析の組上にのせた、結婚ペアの出身身分別構成にかんする研究が待たれるところである。ここでは都市における身分的な混合婚にかんする先行研究の成果を紹介するにとどまる。経済成長にともない、新しい社会層が出現し、社会は階層にもとづいて再編されていく。商人身分出身者、くわえて町人・農民身分出身者の富裕層は貴族エリートの文化や生活様式を採用し、社会的ステイタスを高めようとする。ジルノーヴァによれば、帝室や貴族の結婚儀礼が都市の富裕層によって模倣されていた。さらに彼女は、出身身分の異なるペアが次第に増えていたことに言及している。たとえば農奴解放後、貴族は没落の危機に陥り、経済的支援を求めようとする。他方で商人や裕福な町人は、結婚をつうじて名声を得ようとする。両者の間で思惑が一致し、息子や娘の結婚が執り行なわれることになる。都市と農村の社会的経済的な境界が明確ではない中小都市郊外では、町人身分出身者の貧困層と農民身分出身者の結婚がみられた。これらの結婚においては、経済的利害から家長が結婚相手の選択を主導していた、とジルノーヴァは述べている(30)。このように、依然として混合婚は一般的ではないものの、婚姻関係の身分的障害は崩れつつあった。いずれも家長の意向が大きいとはいえ、日常的な交流の機会がある分、貴族と商人の結婚よりも

町人と農民の結婚の方が、若い男女自身が交際相手を選択し、感情的な結びつきを育んでいったように思われる。

つぎに、都市における農民身分出身者同士の結婚にかんしては、出身地にもとづく閉鎖性が問題となる。エコノマキスはペテルブルク労働者地区の婚儀簿を点検し、「出身地」の異なる農民身分出身者が結婚していたことを発見している。この婚儀簿には婚姻者の年齢、出身身分、出身地が記載されている。職業にかんする情報は含まれていない。このうち出身地の身分上の所属地を意味し、必ずしも本人の出身地を示すものではない。調査によると、農民身分出身者の出身地はプスコフ県とトヴェーリ県が上位を占めていた。一九世紀後半において両県がペテルブルクの工場施設に多くの労働者を送り出していたからである。そこでエコノマキスは、結婚ペアのうちいずれかがこの二県を出身地とする者に絞り込んで、二人とも同じ郷を出身地とするペアの比率を割り出している。その比率は全体の二割以下にとどまっていた。このことからエコノマキスは、都市における労働者コミュニティの形成とそれに対応する同郷人的結合の弱体化を導いている。[31] たしかに、出身地による閉鎖性が弱まったと解釈することもできるだろう。しかしながら、この事実については別の理解も可能であろう。流入先での結婚において同郷出身者同士の結婚が一定部分を占めていたことはむしろ注目すべきである。[32] またエコノマキスは、県を単位として見た場合、出身県の同じ男女が多いと補足している。これを加味するならば、都市では依然として日常生活上の「同郷人」的結びつきをつうじて親ないしは本人がパートナーを探し、結婚していたのである。

ところで、ロシア帝国の婚姻法は正教徒およびカトリック教徒に対し非キリスト教徒との結婚を禁じていた。プロテスタント教徒はムスリムやユダヤ教徒との婚姻を許可されていた。[33] このように混宗婚が制限され、そしてしばしば改宗をへて婚儀が行なわれていたことを反映してなのか、人口動態調査史料は男女それぞれの宗教・宗派別構成を示すだけで、混宗婚にかんする情報を提供していない。さらに、集計単位も県レヴェルにとどまり、都市のデータを算出していない。民族別構成にかんするデータも記載していない。

このような史料上の制約もあって、これまでの研究は、混宗婚が少数派であったという粗略な叙述にとどまっている。(34)さしあたり断片的な情報をもとに、住民の宗教的・文化的差異から、また国家や正教会の意図により、宗教・宗派的、民族的な混合婚は一般的ではなかったとみなすことができる。(35)

大都市における混宗婚の実態を明らかにするものとして、現段階で著者は一八八一〜八五年のリガにかんする史料のみを確認している。この史料は、ロシア帝国によるロシア化政策が本格化する前にドイツ語で作成されている。その内容もドイツ語圏の統計史料に近い。結婚についてはその月別構成、婚姻状態別構成、婚姻状態別・職業別構成、職業別・年齢別構成、宗教・宗派別構成、年齢別構成、ペアの年齢関係が記載されている。さらに、混宗婚についてはペアの宗教・宗派別組み合わせ、そしてこれと職業別構成をクロスさせたものが調査されている。(36)一方、婚姻者の出身身分や民族にかんする情報は含まれていない。以下では紙幅の都合もあり、結婚ペアの宗教・宗派別構成にかんする調査結果のみを紹介しておきたい。

リガでは、プロテスタント教徒のドイツ人とラトヴィア人が住民の多数派を構成していた。それゆえ表補2－3から読み取れるように、プロテスタント教徒同士の結婚が六五・一％に達していた。信教を同じくするペアの比率は、プロテスタント以外の宗教・宗派も合わせるならば、全体の八七・三％と圧倒的である。信徒の少ない宗教・宗派において、信教の異なる花婿と花嫁の結婚は無視できない部分を占める。正教徒やカトリック教徒では男性の約四割、女性の三割前後が、プロテスタント教徒を配偶者としている。これは何よりも、リガの住民構成においてプロテスタント教徒が優勢であったためである。分離派やユダヤ教徒の場合、混宗婚はごくわずかである。(37)

このように混宗婚は結婚全体の一割程度である。プロテスタント教会はプロテスタント教徒と他の宗教・宗派

表補 2-3　婚姻者の宗教・宗派別構成（リガ、1881 ～ 1885 年）（%）

女　性	男性 プロテスタント	正教	カトリック	分離派	ユダヤ教	合計
プロテスタント	65.1	4.1	3.0	0.1	0.1	72.3
正教	2.8	6.5	0.6	0.1	0.0	10.0
カトリック	1.2	0.6	5.4	0.0	0.0	7.2
分離派	0.1	0.1	0.0	1.1	0.0	1.3
ユダヤ教	0.0	0.0	0.0	0.0	9.2	9.2
合計	69.2	11.2	9.0	1.3	9.3	100（6,925 件）

出典：Fr. von Jung-Stilling, *Material zur Statistik der Geburten, Sterbefäll und Ehen der Stadt Riga in den Jahren 1881-1885,* Riga, 1887, S. 218-221, 224 より作成。

教徒との結婚に比較的寛容であった。それが混宗婚の余地をある程度拡げていたのであろう。推測の域を出ないが、正教徒が圧倒的なロシア内地の都市においては、正教会が混宗婚を制限していたであろう。第一次大戦前の大都市に普遍的な都市生活スタイルが登場していくにつれて、宗教・宗派、民族にもとづく住民の差異や閉鎖性は徐々に解消へと向かう。それにともない、混宗婚は拡大していったのだろうか。この問題について、ここで答えを出すことはできない。

本節の考察結果をまとめておこう。第一に、大都市では人口流入と結婚率の安定ないしは上昇が同時にみられた。第二に、都市人口は生涯未婚率が高く、寡婦の比率も高めである。結婚の大部分は初婚同士で、人口流入を背景にその比率は漸増する。第三に、出身身分や階層により結婚規範そして初婚年齢に異同がある。初婚年齢は上昇から安定をへて、一九〇六年頃、下降へと移る。そして第四に、身分的な混合婚や混宗婚は依然として例外的である。ただし、それらの伸長も考えられる。以上は全体として、都市における結婚が貴族や商人など従来の都市住民を中心とするものから、農村からの流入者を主体とするものへと多様化し、転換していったことを表している。

ところで行論で明らかにしたように、二〇世紀初頭の労働者地区では結婚率が著しい上昇をみせていた。これは、労働者が単身居住から家族居住へ移行しつつあったことを示唆している。もっとも、都市での結婚が拡大したとしても、それが即、家族単位の居住を意味するわけではない。結婚後も夫婦が別居したり、産まれた子どもを農村在住の親族に預けたりする行動がなおも一般的であった[38]。これを念頭に、つぎにペテルブルク下層民の居住構成・住居形態を検証してみよう。

二　都市下層の居住者構成と住居の形態

先述のように、ペテルブルクでは一八六九年以降、ほぼ一〇年ごとに都市センサス調査が実施されている。このうち八一、九〇、一九〇〇、一〇年の調査史料には、職業・職種別の扶養家族員数、扶養家族員の性別と一六歳未満の内数が記載されている。このデータは居住者構成を推測するための手がかりを与える。しかしながら、問題点もいくつかある。第一に、扶養家族とみなされたのは「自立していない配偶者や子ども」であるが、都市下層の間では事実婚はまれではない。事実婚カップルの扱いについてはおそらく現場の判断に委ねられ、必ずしも家族として扱われたわけではなかったであろう。第二に、扶養家族員の定義が明確ではない。とくに下層においては家族員全員の労働貢献が必須であるから、就業し、経済的に自立しているとみなされ、扶養家族員としてカウントされなかった者の存在が考えられる。とくに女性就業者の割合が高い繊維産業などで統計上の扶養家族員数は少ない。おそらく女性就業者が自立生計者とみなされたためであろう。この場合、史料をもとに世帯の構成を推定することは難しい[39]。以上の諸点をふまえ、ここではあくまでも一つの目安として扶養家族員数の変動を読み解いてみたい。

労働運動史家ヘイムソンとブリアンは一八九〇年、一九〇〇年、一〇年の都市センサス調査史料をもとに、主要産業の従事者にかんし生計者に対する扶養家族員の割合を算出している。ただ、一八九〇年は労働者、

表補 2-4　ペテルブルク主要産業における労働者、被用者と扶養家族員の比率（%）

産　業	対労働者比		対被用者比	
	1890 年	1900 年	1900 年	1910 年
非鉄金属	50	44	62	98
金属	67	77	85	118
機械、工作機械	88	63	73	150
化学	44	57	74	78
油脂	25	37	57	86
革・ゴム	34	40	51	76
製紙	—	41	54	73
繊維	30	29	35	70
製材	41	47	63	75
食品	22	21	28	45
製菓、靴製造	20	46	51	50
建設	29	41	55	72
印刷、石版印刷	62	68	77	101
エネルギー生産	—	87	90	136
その他	67	46	38	60
合計	41	44	55	71

出典：Leopold Haimson (avec la collaboration d'Eric Brian), "Changements démographiques et grèves ouvrière à Saint-Pétersbourg, 1905-1914," *Annales, Économies, Sociétés, Civilisations,* Juillet-août 1985, nº 4, p. 797 より作成。

一九一〇年は全被用者が調査対象となっているため、ヘイムソンらは両方のデータが記載されている一九〇〇年の調査を媒介に比較を試みている。表補２－４はその結果である。みられるように、一九〇〇年の時点では大部分の産業で労働者、被用者ともに扶養家族員数は生計者数を下回っている。したがって（未婚者および既婚者の）単身居住が優勢である。一九一〇年においては扶養家族員数が伸び、印刷業、金属・機械産業などを中心に扶養家族員数が生計者数を上回っている。労働者のみの場合、この比率は下がるが、それでもこのプロセスが進行していたことは明白である。需要の季節性や低賃金から多くの産業では単身居住はいまだ主流である。しかし、九〇年代につぐ規模の経済成長を背景に、家族居住が普及しつつあった。とくに、金属・機械産業、印刷業労働者の一部は就業地での家族居住が可能となるだけの収入が見込めるようになる。女性労働者比の高い繊維産業などの扶養家族員数は少ないが、家族員の同居は前進していたものと考えられる。ヘイムソンらも以上の分析結果から、熟練と教養を備えた若い労働者が就業地で結婚するようになったと結論づけている。(40)

調査は冬に行なわれたから、建設業の分析結果は労働者や被用者のうち冬場も仕事を確保し、通年で滞在していた者を念頭に置いている。それにもかかわらず、扶養家族員数は比較的少ない。したがって、家族居住もあまり浸透していない。建設業は景気や季節性にもとづいた需要変動が大きい。就業者の賃金も不安定である。一度は家族居住に移行しても、不況などの理由で妻子を農村へ帰郷させ、単身居住へ戻るという事態もまれではなかったであろう。

ここで、ヘイムソンらの作業を参考に、都市センサス調査史料をもとに建設業各職種の労働者について扶養家族員数を試算してみよう。一九一〇年の調査は職種レヴェルのデータを収録していないので、ここでの分析は一九〇〇年までにとどまる。ヘイムソンらの分析結果によれば一九〇〇年代の動向が焦点となるのだが、残念ながらこれを検証することはできない。なお上述のように、調査には冬場の状況が反映されている。夏は単身就業者が大幅に増加し、労働者一人あたりの扶養家族員数もかなり減少する。

表補2-5　建設業における労働者と扶養家族員の比率（%）

	1881 年	1890 年	1900 年
1 建設業総合請負	26	—	54
2 石工、レンガ積み	37	45	47
左官・レリーフ製作	30	37	52
屋根葺き	14	16	25
暖炉設置	20	35	45
3 大工	20	30	40
塗装	27	29	42
窓ガラス取付	10	72	79
4 水道・ガス配管	36	43	62
電気工・電気配線	17	70	96
5 指物	20	39	56
室内装飾	20	37	41
6 土工	—	—	15
その他	36	61	—
建設労働者	23	35	48

出典：С.-Петербург по переписи 15 декабря 1881 г. Т. 1. Ч. 2. СПб., 1884. С. 304-308; 1890 г. Ч. 1. Вып. 2. СПб., 1892. С. 38-41; 1900 г. Население. Вып. 2. СПб., 1903. С. 54-69 より作成。

表補2－5は、建設労働者一人あたりの扶養家族員数を示したものである。これによると、一八八一年の扶養家族員数は〇・二三人にとどまる。一九〇〇年にその値は〇・四八人へ倍増する。それでも、労働者二人につき扶養家族員一人の水準である。ちなみに、一九〇〇年における一六歳以上の女性扶養家族員数は〇・二一人（労働者七人に対して一人）である。この扶養家族員を配偶者と仮定するならば、自立者としてカウントされた配偶者がこれに含まれていないとはいえ、夫婦の同居はごく一部でみられたと言って良い。このように、家族居住への漸進的移行が推測できるものの、一九〇〇年においても単身居住が圧倒的である。

職種別では、インフラ整備関連で労働者一人あたりの扶養家族員数が多い。一九〇〇年におけるその人数は、電線・電鈴設備工が〇・九六人、水道・ガス配管工が〇・六二人である。これらの職種はいずれも冬季需要が見込まれ賃金も相対的に高い。その他、窓ガラス取付工の〇・七九人が目立つ。建設業の主要職種は総じてこれらを下回る。おそらくそれは、冬季需要の大幅縮小、集団労働、低い賃金水準を原因とする。

さらに、家族居住は職業・職種のみならず職業ランクや賃金にも条件づけられている。既述のように、建設業を含む諸産業において少年期の見習修業で技能を獲得し、就業年数の経過とともに職業ランクや賃金が上昇するシステムが確立していた。このコースを進んでいくにつれて、就業者が単身居住から家族居住へ移動するチャンスも拡大する[41]。ソロヴィヨーフのルポルタージュから読み取れるように、職人から「熟練職人」へ昇進し、高賃金を得る者は、通年で仕事を確保し、出身農村から家族を呼び寄せ、「村との結びつきを絶つ」ことができた[42]。雇用と収入の安定、そして熟練工としてのステイタスの獲得が、就業地における家族居住を選択可能にしたのである。

このように、とりわけ地元産業の成長局面にあった一九〇〇年代に、ペテルブルク労働者の間に家族居住が徐々に定着する。この動きは、労働者地区における結婚率の上昇や市全体について確認した初婚の若年化と対応している。このプロセスには職業・職種によりスピード差もある。先を進んでいたのは、通年就業や高賃金に特徴づけられる金属・機械産業、印刷産業である。建設業の場合、一部の職種を除き、雇用の安定や家族での生活を可能にする賃金は実現していない。家族居住への動きは非常に緩慢である。

そのような居住者構成の変容を理解するためにも、都市下層の住居形態をみておく必要がある。ロシアの場合、市自治体の主導による労働者家族向け低廉住宅の提供は、第一次大戦前にようやくその動きが発進する。低家賃住宅の建設に最も積極的であったモスクワ市でさえも、それまでに紆余曲折があった。すなわち一八六〇年代、警察機関が人口流入にともなう治安悪化を懸念して、市自治体に簡易宿泊所の建設を提案する。しかし、自治体内部からは予算不足を懸念する意見や、むしろ浮浪者の市外追放に力を入れるべきで、市自治体の関与するところではないとの意見が出され、実現をみなかった。のちの七九年、市は公衆衛生、とくに伝染病予防の観点から最初の簡易宿泊所を開設することになる。補章一で紹介した地区貧困者監督局もまた、住居の整備にまで活動を拡げている。ただし、単身者向け住居は労働不能者を対象とし、養老院にほぼ近く、家族向け住居はおもに母子家庭を想定していた。さらに、従来の衛生取り締まりではなく住宅建設こそが貧困者の住環境を改善させ、ひいては市財政にとって伝染病対策費の削減につながるという認識を市は持つに至る。こうして第一次世界大戦前夜、市自治体は貧困者向け低家賃住宅の建設を計画する。構想の中で居住者としておもに想定されていたのは家族である。西ヨーロッパの先例に倣い、ロシアの社会活動家も健全な家族生活を民衆の道徳化における基本線と考えていた。市はこれまでの単身者向けの一時避難所的な簡易宿泊所から家族向け住宅へ建設事業をシフトし、将来的には一部屋を数家族が共同利用するような状況を解消し、西ヨーロッパ諸国のような家族単位での居住を実現しようとしたのである(43)。

モスクワに遅れをとったものの、ペテルブルクでもほぼ同様の観点から計画が構想され始めていた。一九〇五年、市衛生委員会は労働者向け低家賃住宅の建設を市会に請願することを決定している。同委員会の見解によれば、住宅建設は貧困者や労働者の間で伝染病や肺病、アルコール中毒を減少させるだけでなく、市立病院の運営費用を削減し、さらにより裕福な住民の健康状態にも利益をもたらすものであった(44)。

ペテルブルクなどの主要都市では市自治体ではなく、私人の手により賃貸集合住宅が建設されていた。なおロシアでも住宅建設協同組合が創設されている。ただ、それらは慈善事業として母子家庭へ住居を提供するか、事実上、資力のある中間層を相手にしていた(45)。その他、第五章で触れたように、ペテルブルクの代表的企業が労働者寮や労働者住宅コロニーの建設を計画し、推進している。それらは住宅供給としてはごく小さな部分を占めるにすぎない(46)。

労働者などの下層は、たいてい自分たち自身で民間の賃貸集合住宅に住居を確保していた(47)。その居住地は、市中心部のセンナヤ市場およびその付辺、そしてこの中心部をとりまく諸地区や市外に大別される。すでに一八六九年の段階で、市中心部のスパス地区では一平方キロメートルあたりの人口が七万人を超えていた(48)。とくに、センナヤ市場のあるスパス地区第三分区は市内有数の人口過密地であった。ここは、手工業者、小商業者、雑役工などの労働と生活の場であった。「ヴャーゼムスキー公爵の家」などいくつかの家屋は貧民窟と化しており、市当局はその衛生状態や住環境の改善を重要課題に位置づけていた。

他方では、とりわけ一九世紀中葉以降、ヴィボルク、ペテルブルク、ヴァシリエフ、アレクサンドル・ネフスキー、ナルヴァなどの市周辺部の地区そして市外に大規模な生産施設が配置されていく。労働者も通勤や昼食のための一時帰宅を考慮して、できるだけ勤務先の近くに居住しようとした。馬車鉄道や路面電車の整備も進んでいたが、それらは中心部以外ではあまり発達しておらず、費用面でも労働者が通勤目的で利用するのは現実的でなかった。住居の賃貸料金も、周辺部は中心部ほど高額ではない。もっとも、供給不足が深刻なのは周辺部でも変わらない。しかもここでは木造が多く、インフラの普及も遅れていた。したがって、ここでも一人あたりの居住スペースは小さく、衛生状態や住環境は悪い。

このように、ごく大雑把に言うと市中心部の居住者は小商工業者、市周辺部の居住者は工場労働者に特徴づけ

図補2-3　建設業就業者の居住分布

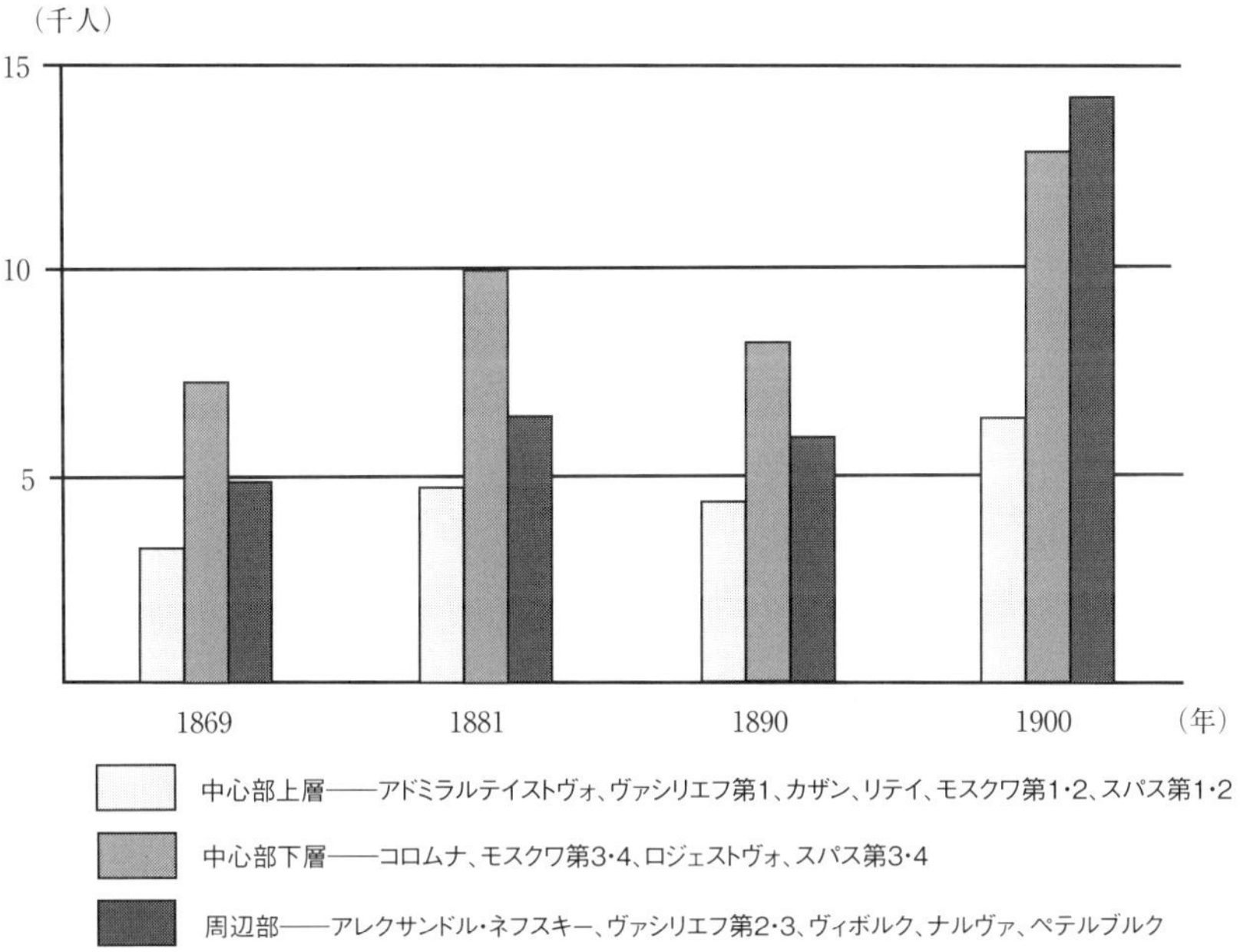

出典：С.-Петербург по переписи 1869 года. Вып. 3. СПб., 1875. С. 13; 1881 г. Т. 1. Ч. 2. СПб., 1884. С. 2-301; 1890 г. Ч. 1. Вып. 2. СПб., 1892. С. 38-41; 1900 г. Население. Вып. 2. СПб., 1903. С. 10-11より作成。

られていた。市域の拡大や人口増はこのような居住分布を流動化させる。小商工業者の居住地は周辺部へと拡がっていく。建設業従事者について一八六九、八一、九〇、一九〇〇年の都市センサス職業別居住分布調査から、そのような居住地の拡散プロセスが読みとれる。[49] この調査では建設業とゴミ回収などの清掃業が一括されて数値が出されている。しかしながら、この建設業・清掃業従事者カテゴリーの大部分は建設業従事者により構成されているので、これを建設業従事者としてみなすことも許されるであろう。図補2－3にみられるように、建設業・清掃業従事者は一八九〇年までスパス地区第三分区をはじめとする市中心部の下層居住地に集中していた。しかし、一九〇〇年の調査では、市周辺部の諸地区がこれを逆転している。

同時代人の記述もこの変化を裏付けている。一八七〇年代初め、民俗学者マクシーモフは塗装工を題材にした小品を発表している。その中でマクシーモフは、塗装工はヤムスカヤやセンナヤ市場の近くに住み、ネヴァ川対岸のヴィボルク地区、中心部の東にあるロジェストヴォ地区のペスキには住まないとしている。(50)つぎにソロヴィヨーフのルポルタージュによると、二〇世紀初頭、塗装工は「カノネリア」、すなわちセンナヤ市場のやや西にあるカノネルスカヤ通りとそれを横切る通りや小路だけでなく、ペスキやネヴァ川対岸のペテルブルク地区にも「群れていた(51)」。一九〇一年八月のペテルブルク市警察の調査でも、コストロマー県出身の建設労働者の居住地はモスクワ地区（四六四六人）が最多で、以下コロムナ（三四〇八人）、アレクサンドル・ネフスキー（三三一七人）、スパス（二八三四人）、ロジェストヴォ（二四四三人）、ナルヴァ（二三三三人）、ペテルブルク（二〇二六人）、ヴァシリエフ（一七二四人）、リテイ（一〇八四人）の順であった。モスクワやコロムナといった市中心部の地区は依然として優勢である。同時に、アレクサンドル・ネフスキーやロジェストヴォなどの周辺部地区が上位に入っている。(52)周辺部の諸地区では生産施設の新規立地が活発化し、顕著な人口増がみられた。当然、ここでは工場や住宅の建設需要が拡大する。二〇世紀初頭、新築工事は周辺部に集中していた。周辺部への居住は通勤などで利点があったはずである。

さて、下層民の住居形態については、労働者史研究サイドからのキリヤーノフの包括的な作業がある。彼は住居・衛生調査史料、家計調査史料などを駆使し、ペテルブルクやモスクワの全般的動向として、工場施設や工房での寝泊まりから民間賃貸住宅などへの移行を見いだしている。(53)そのうえで、居住者の構成や住居形態の多様性を指摘する。すなわち、居住者の構成は単身者の「組（アルテリ）」、単身者個人、家族などに分類される。なお、ここでいう「組」とは共同労働・生活を送る集団をさす。住居も板寝床、ベッド、部屋の隅、部屋、アパートー区画とバラエティに富んでいた。キリヤーノフは、居住者の構成が「組」から家族へと変化するのに対応して、住居も板寝床からアパート一区画へと空間的に拡大し、質も向上したと理解している。[54] 要するに、単身者は「組」のメンバーと共同生活を送るか、個人的にベッドや部屋の隅を借りて暮らしていた。家族においては部屋の隅や部屋一室の賃借りが主流となる。民衆がその経済力の範囲で、家族生活にできるだけ適した住空間を確保しようとしていた実態が浮き彫りとなる。

同時代の調査として最も充実したものに、プロコポーヴィチによる一九〇六年のペテルブルク労働組合家計調査がある。この調査からはつぎの二点が析出されている。第一に、収入が高くなるにつれて、家族単位の居住が一般的となる。すなわち、年収四〇〇ルーブリ以下で「既婚者」——ここで言う結婚とは就労地における妻との同居を指すのであろう——は少ない。年収四〇〇～六〇〇ルーブリの階層では大多数が結婚し、年収六〇〇ルーブリ以上の階層は子どもを養育可能である。第二に、収入規模と住居形態の相関関係は大きい。すなわち単身者の場合、年収一〇〇～五〇〇ルーブリの階層は主として部屋の「隅」を借り、五〇〇～八〇〇ルーブリは一部屋、八〇〇ルーブリ以上はアパート一区画に住む。家族の場合、六〇〇～七〇〇ルーブリが一つの目安となる。それ以下の階層はベッドや「隅」、半部屋に暮らすが、四〇〇ルーブリ以上の者はたいてい一部屋を占める。六〇〇～七〇〇ルーブリ以上の者はアパート一区画に落ち着くという。[55]

ここでは、年収四〇〇ルーブリが一部屋を賃借して家族単位で居住できるラインとされている。これは、一九一〇年におけるペテルブルク県工場労働者の平均収入三五五ルーブリを上回る。[56] この事実は、単身者さらに家族においてさえ「隅」借りが支配的であったことを意味している。実際、単身者の七割、家族の四三％が「隅」で暮らしていた。総じて既婚者はたいてい出身農村に家族を残し、単身で居住していた。既婚男性のうち都市で家族と暮らす者の比率は一八・八％と低い。[57]

このような知見にもとづき、以下では住居形態のうち主要な位置を占めていた①「組」型居住、②ベッド借りおよび部屋の「隅」借りに焦点を当て、その実態に立ち入ってみたい。史料として、国家や市自治体が行なった住居・衛生調査を利用する。国家や市自治体の医療従事者は、下層民の間でみられた伝染病の流行、子どもや成人の高い死亡率、飲酒、風紀の乱れ、犯罪や傷害事件の発生、子どもの養育や家族生活における障害、婚外子の出生を住民全体に悪影響を及ぼす重大問題と認識していた。そして、その主因が下層民の劣悪な住環境にあると考えていた。そのような問題関心から彼らは調査に着手し、現状を確認しようとしたのである。(58)

①「組」型居住

一八九七年の医療警察調査は、市の中心から南西にあるナルヴァ地区で二六八の「組」型居住を把握している。調査報告書によれば、その入居方法はつぎの二つに大別される。一つは、利用者たちが板寝床代として一人あたり月一ルーブリを出し合い、共同で住居を賃借りするものである。もう一つは、雇主が住居を確保し、被用者の宿舎とするものである。前者の入居者は主として大工、指物工の他、石工、塗装工、左官、後者の入居者は浚渫作業員、荷役人夫、屋根葺き工、塗装工、左官、石工、道路舗装工、暖炉設置工、ガス灯点灯夫であるという。(59)どのような事情から職業・職種と入居方法の結びつきが生まれていたのか、この報告書は説明していない。ともあれ、ここから「組」型居住の利用者は建設労働者を中心としていたことがわかる。

ちなみに、建設労働者出身の労働運動家も「組」での生活を回想している。ガーリチ郡出身のH・ネクラーソフは一八八一年に生まれ、一一歳のときに塗装工見習いとしてペテルブルクに上京し、それ以来、働き続けている。彼の居所は縦六アルシン（一アルシンは約七一センチメートル）、横五アルシンの部屋で、そこには床一面に上下二段の板寝床が据え付けられ、数十人がひどい汚れの中で寝食を共にしていた。衣服は洗濯が不十分であるうえ、半乾きだった。下着をまったく替えないこともあった。靴はすり切れていた。食事は女中が用意し、昼食と夕食はスープと粥が中心で、ときどき肉が出されていたという[60]。

医療警察調査は、さらに各タイプについて、設備、衛生状態、住人の食事を紹介している。利用者が家賃を分担する「組」型居住には簡素な板寝床だけがある。平日、住人は建設現場の仮設住宅や建築中の建物で寝泊まりし、祝日や仕事の無い日のみここを利用する[61]。そのためか、一人あたりの板寝床の面積は十分で、衛生的にも「非常に満足のいく」状態にある。住人の多くは寝具を何も持っていない。対照的に、被用者の宿舎としての「組」型居住は衛生上、適切な状態にはない。雇主ができるだけ節約しようと、狭い空間に多数の被用者を押し込めているからである。窓が開放されているにもかかわらず、部屋は蒸し暑い。部屋干しをした衣類からは悪臭が立ちこめている。床は汚れている。とくに板寝床の下にはゴミの山がある。住人の寝具は藁入りの袋だけだが、それすら持っていない者もいる。その他の寝具は上着で代用している、と報告書は不衛生な状態を強調する[62]。

このように、報告書は「組」型居住の衛生条件が入居方法により大きく異なっていることを指摘している。しかし、報告書はその事情について必ずしも十分な説明を与えていない。まず考えられるのが、宿舎の提供をつうじた雇主の搾取である。女医であり女性運動家としても知られるポクロフスカヤも労働者地区にかんする住居調査の中で一人あたりの床面積を算出し、そのような結論に達している。しかし、コストロマー県出身の政治家クロムジンは建設労働者の住居調査から、一人あたりの床面積はむしろ雇主提供の宿舎の方が広いと反論している[63]。いずれにせよ、雇主が住居の提供を悪用していたと単純に見なすことはできない。

もう一つは、使用頻度の違いである。建設業の場合、作業現場は工事ごとに移動する。現場が居所から離れていれば、往復に多くの時間をとられてしまう。建設「シーズン」は短く、かつ集中的に作業が行なわれるため[64]、通勤に費やす時間も貴重になる。そうであるならば、現場ごとに近くに住居を確保するか、あるいはあえて住居を確保しないという方法も選択肢として浮上するが、特定の居所を持つことには利点もある。これと関連して、市衛生委員会医師ルーベリが後述の調査の中でつぎのような事情を伝えている。

流入労働者の多くはペテルブルクに到着し、どこかの住居に住所登録を済ませると、仕事が見つかるまでのほんの数日間をそこで過ごす。仕事が見つかると、昼間だけでなく夜もしばしば市外にある仕事場ですごす。自分の居所に寝に帰れるのは祝日か仕事の無い日だけで、それが月に一、二度しかないこともある。住人の数を教えてくれる貸主自身がしばしば間違ってしまうのも、驚くにはあたらない。仕事のある日、部屋には誰もいないが、祝日には市外で働く者たちが皆、寝に帰り、部屋は混み合い、床で眠らざるを得ない者までいる。ほとんどいつも市外や郊外の建築現場や土木工事現場で寝泊まりする労働者が、休みの日しか帰れないのに安くもない家賃――貸主はつねに部屋に寝泊まりする者と比べて、彼らの家賃を安くなどしていない――を払って、自分たちの隅を確保している事情が興味深かった。彼らからいろいろ話を聞いて、以下が判明した。病気の際に支障なく病院に入院できるように、また同郷人が容易に自分を探し出せるように、そして郷里からの手紙が決まった宛先に届くようにするために、どこか決まった住所が必要というわけだ。[65]

つまり、定まった居所が就業者に生活の拠点だけでなく、都市の生活サーヴィスを受ける権利を与え、郷里との連絡や同郷人的結合を可能にしていたのである。

そして、居所での炊事の有無がある。報告書は食事についても両者の違いを指摘している。利用者が家賃を分担する「組」型居住の住人は、各自、居酒屋や小間物屋、ソーセージ屋で食事を済ませる。雇主提供の宿舎では、やはり入居者が各自で居酒屋などを利用するか、雇主から食事の提供を受ける。この場合、雇主が賃金から食費を差し引くか、被用者が食費として月七～八ルーブリを支払う。食事は一二時の昼食と作業終了後の夜食としてスープ、カーシャ（粥）か炒めたジャガイモ、肉の煮込みないしは塩漬け肉が出される。朝食と夕食は茶とパンである。斎戒期の食事はこれよりも慎ましくなり、これでは十分に働くことができない、と被用者は不平をこぼしていたという。(66) 被用者側からすれば、食費に見合った食事が用意されないので、雇主がこの機会を利用して利益を得ていたと考えたのだろう。

このように、「組」型居住は労働圏と生活圏の一体性を特徴としていた。とりわけ雇工提供の宿舎では雇用関係から解放される時間はない。住空間は男性の単身者によりほぼ占有され、家族単位の居住は成立しにくい。それでも報告書は、利用者が家賃を分担する住居において家族単位の居住を発見している。「労働者にまじって、「労働者の」家族員の同居もまれではない。この場合、「部屋の」『隅』を借りている住人のように、自分のベッドをカーテンで仕切り、必ず寝具を備え付けている」、と。(67)「組」型居住での家族生活において家族とそれ以外の単身者を区切るものは薄い一枚の布にすぎない。しかしながら、家族はこの布で最低限のプライヴァシーを確保し、寝具を用意して生活を快適にし、夫婦や親子の親密性を高めようとしたのである。

②　ベッド借り、部屋の「隅」借り

ベッド借りや部屋の「隅」借りは下層民において最も主要な住居形態である。その典型的な賃貸方法は、アパート一区画の賃借人が空間をベッドや部屋の隅ごとに細分し、又貸しするというものである。賃借人自身あるいは女中は入居者のために料理、掃除、洗濯、買い物などを有料で引き受けた。したがって、とくに女性の間でこの又貸し業に従事する者が多かった。(68)

一八九八年、ルーベリは季節労働者などの流入者にかんする住居調査を行なっている。流入労働者の居所を健

全にするための方策を適切に取り、伝染病が発生した際には病人をただちに隔離する必要性を市は認識していたからである。調査はアパート五〇〇区画に七二〇〇人の「流入者」を確認している。対象となったアパートは市中心部の下層地区、すなわちスパス地区第三分区（二三九区画――住民数三三〇〇人）、モスクワ地区第四分区（同一六二区画――一三〇〇人）に集中していた。これに、市周辺部のペテルブルク、ナルヴァ、アレクサンドル・ネフスキーなどの地区が続く。したがって、この調査にはおもに、市中心部におけるベッド借りや部屋の「隅」借りの実態が反映されている。「組」型居住や部屋、アパート区画を単位とする居住についてはあまり報告されていない(69)。

ルーベリはスパス地区における「隅」の賃料を一平方アルシンあたり月額〇・四六八ルーブリと算出し、部屋やアパート一区画を借りるよりも割高であると主張している(70)。これにもとづくと、ベッドの広さに相当する縦二メートル、横一メートル四方の賃貸料は月一ルーブリ九一コペイカとなる。ベッドを二人で共有する場合、一人あたりの家賃はこの半額となる。住人は家族への仕送りや食費などの支出を余儀なくされていた。ゆえに、数日間分の収入を支出して寝泊まり用に最低限の空間を確保したのであろう。民衆がベッド借りや「隅」借りを選択していたのは、何よりもその家賃が入居者の支払い能力と釣り合っていたからである。

興味深いのは、ルーベリが「隅」の住環境を描写するにあたり、住人を季節居住の単身者と通年居住の（男性）単身者、女性、家族に大別していることである。そして、彼は前者よりも後者の住空間や衛生状態が良好であると結論づけている(71)。以下、やや長くなるが紹介しておこう。

（略）そのようなベッド、正確にいうと、そのようなベッドの置かれている床の一部は一般に「隅」と呼ばれている。「隅」に家族全員ないしは娘が寝る場合、ベッドはロープに吊るされた更紗のカーテン（帷）

で仕切られる。この仕切られた隅に四人家族、ときには五人家族が暮らしている。夫婦がベッドに、乳飲み子が天井から吊るされたゆりかごに、二人目、さらに三人目の子どもが夫婦の足元に眠る。このカーテンの内側には衣服や下着といった、家族の持ち物一切があちこちに吊るされ、置かれている。家族で住む者や通年居住者、つまりペテルブルクで夏も冬も過ごす者の寝具はほとんどの場合、多少なりとも満足できるものである。彼らのところではカヴァーをかけた枕も、毛布も、マットレスも、シーツも目にすることができる。夏の間だけ首都に来る住人の中には寝具を一切持たない者がかなりいる。寝具にこだわらない季節的住人は板の上でじかに眠るか、あるいは非常に汚れた衣服を下に敷いている。これは作業のときに一日中着たもので、すさまじく汚れているものもある。季節的住人の住居では、寝場所がたくさん設けられた板寝床をよく見かける。この板寝床は塗装を施しておらず、またたいてい鉋をかけていない板で無雑作に作られている。多くの場合、板寝床に寝場所の区切りはなく、みな雑魚寝している。（略）人が多いため、どうしても避けられない不潔や蒸し暑さも、大部分の隅借り住居にお決まりの特徴である。とくに、季節労働者の住居ではそうである。隙間だらけの床は厚いごみの層で覆われている。破れて手垢がつき、煤で黒くなり、ナンキンムシをつぶしてシミだらけになった壁紙。煤が厚くたまり、黒ずんだ天井。ほこりまみれの汚れた窓――こうした惨状がどこの隅借り住居でも見いだせるであろう。どの隙間にも無数のナンキンムシやゴキブリその他の害虫がいる。そして、この恐ろしいごみだめの中に、このおびただしい害虫の中に、とりわけ行商を営む住人がいれば、クヴァスの水差、魚の入った盥、果物などの食料を入れた木箱をよくみかける。こういった食料を、下層のみならず中層の者たちまでがペテルブルクの路上で喜んで買い求めている。

以上が隅借り住居の外観の主要な特徴である。ただし、断っておかなければならないか、どこでも同じようにひどく不潔でだらしないというわけではない。家族居住者が大部分を占める住居では、多少なりとも整理整頓や清潔さを保つ努力がみられる。「季節的住人」の住居ではこのひどい汚れが不快感を隠せないほどである（略）[72]。

ルーベリの記述からは、限られた空間に五人家族がひしめき、身を寄り添ってなんとか生活していた様子が読みとれる。それでも彼は、通年居住の単身者や家族が相対的に清潔であることを強調する。つぎに、季節居住の単身者について、ルーベリは「組」型居住の者と同様の扱いをしている。すなわち季節居住者の不潔な生活実態を詳述し、それが彼らの販売する食料品をつうじて全住民の脅威になっていると警告する。最後に、家族の住環境について清潔感や快適さを改めて強調する。たしかに、家族の生活実態は困窮や不安定さを連想させる。それでも、ルーベリは家族居住の普及に医療・衛生・道徳問題解決の活路を求めていた。なお、市自治体が住宅建設などを積極的に推進し、家族の生活を支援すべきであると彼は主張している[73]。

このように、産業発展と人口の急増にともない住宅問題は深刻化した。しかし、行政側から目にみえる形で対応はなされず、住宅供給はほぼ民間主導で行なわれた。そのような状況が慢性的な住宅不足と賃借料金の高騰を引き起こし、「組」やベッド、「部屋の隅」を下層民の主要な住居形態にしていた。そしてそのような手狭な住居において、家族生活が営まれていたのである。史料からは、家族ができる限りプライヴァシーや快適さを手に入れようとしていたことが読みとれる。インテリゲンツィアは実地調査においてそのような家族に注目し、その支援に医療・衛生・道徳問題解決の糸口を見いだしていた。しかし、行政側が住宅建設を本格的に構想しつつあったとき、帝政ロシアは第一次世界大戦とロシア革命を迎えたのである。

おわりに

農奴解放後のロシアでは、都市への人口流入はおもに農民身分出身の若い男性を中心としていた。彼らは出身農村で結婚し、家族を残して都市で就業していた。したがって、彼らは都市における結婚や家族形成とはあまり接点を持たない。結婚行動を決定していたのは、貴族、官僚、商人、町人そして定着している農民である。彼らの結婚慣行は、家族生活に必要な経済的基盤の獲得を結婚の前提条件としていた。そのため都市部では低い結婚率、高い生涯未婚率、高い初婚年齢が特徴的であった。

一八九〇年代以降の産業発展は都市の結婚を変容させていった。すなわち、農村からの人口流入は女性へと拡大し、これに都市定着者の再生産が加わる。「男性過剰」の性別構成は均衡状態へと近づいていく。人口膨張のもとで、結婚率は堅調に推移する。とくに労働者地区では高い結婚率がみられるようになる。初婚年齢は晩婚化と安定を経て、一九〇六〜一〇年に早婚化局面に転じる。流入者は徐々に都市での結婚と家族形成を志向するようになる。もっとも、結婚行動においてそれまでの比重を失いつつあった住民、すなわち貴族・官僚、商人、町人、あるいは農民身分出身者のうち定着度の高い部分の間でも、結婚行動に変化がなかったとは考えにくい。流入者の出身農村でも早婚は後退しつつあった。いずれにせよ、一九世紀末〜二〇世紀初頭の都市では経済の急成長にともないダイナミックな階層化が進行していた。出身身分別構成の分析から結婚行動を解き明かしても、限界は大きい。

なお、旧套墨守の結婚制度のもとで事実婚が都市住民の間に広まっていた[74]。現実の家族形成は史料において確認された数値よりも先を進んでいたと考えるべきである。初婚ペアの比率上昇にともない死別者や離婚者の再婚は、統計上、縮小している。しかし、絶対数では着実に増加していたのであり、その意味において結婚の多様化も進行していたのである。

大都市における結婚行動の変容プロセスは、各地の結婚パターン、産業発展、人口流入プロセスと関係して複雑である。大戦前に人口一五〇万人以上を数えたペテルブルクとモスクワのうち、金属・機械産業に特色のあるペテルブルクでは、九〇年代末からの重工業化が労働者地区を出現させ、この地区での結婚率上昇をもたらした。初婚年齢は一貫して男性が二〇代後半、女性は二〇代前半である。しかし、一九〇六～一〇年にはそれよりも若い年齢層の初婚が広まりつつある。モスクワでは黒土地帯を含む周辺諸県の出身者が繊維産業に就職した。ここでは、結婚率の上昇とペテルブルクを追う形での晩婚化が認められる。キエフでは製糖業、リガでは国際商業や金属・機械産業が九〇年代以降成長し、流入による人口増を経験する。いずれの都市でも結婚率は伸びている[75]。ただし、キエフの初婚年齢がモスクワのように上昇したのに対し、「ヨーロッパ結婚パターン」地域にあるリガは期間をつうじて高い初婚年齢を維持している。なお、リガにおいても若い年齢層の漸増傾向が認められる。

本章での分析はペテルブルクに限られたが、住居・衛生調査史料をとおして都市下層の住環境が明らかになった。国家や市自治体の住宅建設事業は第一次大戦直前まで始動せず、住宅供給は民間の活動次第となった。とくに下層民の居住地区においては住宅供給が人口増に対応できず、インフラの整備も遅れていた。下層民の居住は単身者を主としていた。首都での家族居住には年収四〇〇～六〇〇ルーブリが条件となるが、この水準をクリアした者は少数派であった。単身者の住居は板寝床やベッド、部屋の「隅」といった最低限の空間である。家族の住居も「隅」や部屋など、単身者より若干広いにすぎない。都市における結婚と家族形成は「家族向けの」住環境が整備されないなか、狭隘かつ劣悪な住環境のもとで進行していたのである。

大戦前のロシア都市では、雇用の拡大が就業地での結婚と家族形成チャンス増大につながった。しかし、賃金はこれらを可能にするぎりぎりの水準であり、かつ不安定であった。生活保障システムの整備が切迫度を高めていたにもかかわらず、国家や市自治体がその構築に取り組むには至らなかった。大戦とこれに続く革命の勃発はたちまち都市生活を危機的状態に陥らせ、農村への人口の逆流現象を引き起こす。このこともまた、都市における結婚と家族形成の脆弱性を証明しているのである。

注

（1）*Копанев А. И.* Население Петербурга в первой половине XIX века. М., 1957; *Семенова Л. Н.* Очерки истории быта и культурной жизни России（первая половина XVIII в.）. Л., 1982; *Миронов Б. Н.* Русский город в 1740—1860-е годы: демографическое, социальное и экономическое развитие. Л., 1990; *Миненко Н. А.* Городская семья в западной Сибири на рубеже XVII—XVIII вв. // *Вилков О. Н.*（отв. ред.）История городов Сибири досоветского периода（XVII—начало XX в.）. Новосибирск, 1977; *Рабинович М. Г.* Очерки этнографии русского феодального города: горожане, их общественный и домашний быт. М., 1978; *Крупянская В. Ю., Полищук Н. С.* Культура и быт рабочих горнозаводского Урала, конец XIX—начало XX в. М., 1971; *Будина С. Р., Шмелева М. Н.* Город и народные традиции русских: по материалам Центрального района РСФСР. М., 1989. 以上の研究成果は、ロシア民族学の概説書に反映されている。*Чистов К. В.*（отв. ред.）Этнография восточных славян: очерки традиционной культуры. М., 1987; *Жданко Т. А.*（отв. ред.）Семейный быт народов СССР. М., 1990; *Александров В. А., Власова И. В., Полищук Н. С.*（отв. ред.）Русские. М., 1997 を参照。

（2）*Гончаров Ю. М.* Городская семья Сибири второй половины XIX—начала XX в. Барнаул, 2002; *Араловец Н. А.* Городская семья в России 1897—1926 гг.: историко-демографический аспект. М., 2003.

（3）*Миронов Б. Н.* Социальная история России периода империи（XVIII—начало XX в.）: генезис личности, демократической семьи, гражданского общества и правового государства. Т. 1. СПб., 1999; *Гончаров Ю. М.* Социальное развитие семьи в России в XVIII—начале XX в. // *Гончаров Ю. М.*（отв. ред.）Семья в ракурсе социального знания. Сборник научных статей. Барнаул, 2001; *Араловец*

Н. А. Городская семья в конце XIX—начале XX века // *Поляков Ю. А., Жиромская В. Б.*（отв. ред.）Население России в XX веке: исторические очерки. Т. 1: 1900—1939. М., 2000.

（4）Rose L. Glickman, *Russian Factory Women: Workplace and Society, 1880-1914*, Berkeley and Los Angeles: University of California Press, 1984; David L. Ransel, *Mothers of Misery: Child Abandonment in Russia*, Princeton, New Jersey: Princeton University Press, 1988; Barbara Alpern Engel, *Between the Fields and the City: Women, Work, and Family in Russia, 1861-1914*, New York: Cambridge University Press, 1994.

（5）Laura Engelstein, *The Keys to Happiness: Sex and the Search for Modernity in Fin-de-Siècle Russia*, Ithaca and London: Cornell University Press, 1992; William G. Wagner, *Marriage, Property, and Law in Late Imperial Russia*, Oxford: Clarendon Press, 1994.

（6）若尾祐司「中欧圏の都市化と家族形成――ウィーンとその周辺部を中心に」（若尾祐司編『近代ヨーロッパの探究２　家族』ミネルヴァ書房、一九九八年所収）二五六～二五七頁。

（7）若尾祐司「中欧圏の都市化と家族形成」二五七頁。

（8）Engel, *Between the Fields and the City*, ch. 5, 7. 家事奉公人と工場労働者の生活についてはGlickman, *Russian Factory Women*, ch. 3, 4; Jane McDermid and Anna Hillyar, *Women and Work in Russia, 1880-1930: A Study in Continuity through Change*, London and New York: Longman, 1998, pp. 88-93も参照。

（9）一九七〇年代に労働者史研究者コーエンカーは、当時、ソ連と欧米の研究者の間で繰り広げられていた労働者と農村の関係をめぐる論争をふまえ、都市労働者家族についてつぎのように主張している。すなわち、労働者の大部分は農村からの流入者により構成されていた。都市における家族形成チャンスは一部のエリート労働者に限定されていた。それでも、労働者家族が次第に出現し、この家族から世襲労働者が輩出された、と。これは、女性史サイドからのエンゲルの見解と総じて一致する（Diane Koenker, “Urban Families, Working-Class Youth Groups, and the 1917 Revolution in Moscow,” in David L. Ransel（ed.）, *The Family in Imperial Russia: New Lines of Historical Research*, Urbana, Ill.: University of Illinois Press, 1978, pp. 282-285）。

（10）歴史人口学の先行研究では、一九世紀後半から二〇世紀初頭までの都市における結婚率の長期的な低下が確認されている。しかし、大戦前夜の好況下、結婚率が上昇したことについてはあまり触れられていない。結婚年齢についても、長期的な晩婚化傾向が指摘される一方、大戦前夜におけるその反転に言及した研究は少ない。本章では、このうちとくに結婚年齢の変化に注目して、結婚行動の変容プロセス解明を試みてみたい。

(11) ノヴォセリスキーが、ペテルブルク市統計局による人口動態調査の手順について紹介している。*Новосельский С. А.* Демография и статистика: избранные произведения. М., 1978. С. 98を参照。

(12) Fr. von Jung-Stilling, *Material zur Statistik der Geburten, Sterbefäll und Ehen der Stadt Riga in den Jahren 1881-1885*, Riga, 1887, S. vi-vii.

(13) *Араловец Н. А.* Городская семья в России... С. 67; *Миронов Б. Н.* Социальная история России... С. 159.

(14) *Гаврилова И. Н.* Демографическая история Москвы. М., 1997. С. 47; *Новосельский С. А.* Вопросы демографической и санитарной статистики: избранные произведения. М., 1958. С. 185; *Новосельский С. А.* Демография и статистика... С. 101-103, 122; Engel, *Between the Fields and the City*, p. 139. ペテルブルクにおける一八七〇、九〇年の結婚率は、筆者がラーシンの研究（*Рашин А. Г.* Население России за 100 лет（1811—1913 гг.）. Статистические очерки. М., 1956. С. 112）と人口動態調査史料をもとに試算したものである。同様の方法で筆者が試算したところによれば、キエフの結婚率は一八七〇年の六・九‰から一九一〇年の八・〇‰へ、リガでもそれぞれ八・五‰から九・九‰へ上昇する（ペテルブルクとキエフについては一八七〇年の人口数が不明なため、前者については一八六九年、後者については一八七四年の人口数を用いた。したがってここで算出した結婚率は大まかな水準を示すにすぎない）。大戦前夜のキエフとリガでは結婚率が高水準にあったと考えられる。残念ながら、現在の筆者の研究段階ではその事情に立ち入ることはできない。

(15) ロシアでは、とりわけ一九〇五年以降、工場での就労が急速に拡大する。一九一四年には全産業労働者のうち工場労働者が三一％を占めていた。並行して、工場労働者の女性化が漸進する。ペテルブルク県（ペテルブルク市を含む）における工場監督官管下の産業施設では、成人女性比が一九〇一年の二一・九％から一〇年の二六・八％に達した（*The Russian Worker: Life and Labor under the Tsarist Regime*, edited, with an Introduction and Annotations by Victoria E. Bonnell, Berkeley: University of California Press, 1983, p. 18; [*Биншток В. И., Югенбург С.* (ред.)] Статистический сборник по Петрограду и Петроградской губернии. Пг., 1922. С. 47)。

（16）Engel, *Between the Fields and the City*, pp. 129, 206-207.

（17）Evel G. Economakis, *From Peasant to Petersburger,* Basingstoke and New York: Macmillan, St. Martin's, 1998, pp. 111, 128-130. これは、当時のベルリンの一〇‰台とほぼ同水準である（若尾祐司「中欧圏の都市化と家族形成」二三四、二四二頁）。

（18）生涯未婚率の算出方法については第七章を参照。

（19）*Тольц М. С.* Брачность населения России в конце XIX—начале XX в. // *Вишневский А. Г.*（ред.）Брачность, рождаемость, смертность в России и в СССР. Сборник статей. М., 1977. С. 144.

（20）*Тройницкий Н. А.*（ред.）Общий свод по империи результатов разработки данных первой всеобщей переписи населения, произведенной 28 января 1897 года. Т. I. СПб., 1905. С. 216-227.

（21）人口動態調査史料は、おもな都市の合計を算出している。以下ではこの「主要都市」にカギカッコを付して表記する。なお調査は、婚姻状態別構成において婚姻者を未婚と死別に区別し、離婚カテゴリーを設けていない。離婚の数はきわめて少ないため、離婚者が死別者と一括されていたのであろう。未婚、死別、離婚の三区分を採用しているリガの地方統計調査史料集と人口動態調査史料を照合するならば、後者の死別者数は前者における死別者数と離婚者数の和とほぼ一致する。

（22）*Жирнова Г. В.* Брак и свадьба русских горожан в прошлом и настоящем: по материалам городов средней полосы РСФСР. М., 1980. С. 24-26; *Миронов Б. Н.* Социальная история России... С. 233; *Гончаров Ю. М.* Социальное развитие семьи... С. 31-32.

（23）*Бондарчик В. К., Григорьева Р. А., Пилипенко М. Ф.*（отв. ред.）Белорусы. М., 1998. С. 326; *Гончаров Ю. М.* Социальное развитие семьи... С. 32.

（24）*Жирнова Г. В.* Брак и свадьба русских горожан... Гл. 1; *Чистов К. В.*（отв. ред.）Этнография восточных славян... С. 409; *Александров В. А., Власова И. В., Полищук Н. С.*（отв. ред.）Русские... С. 494-495.

（25）*Миронов Б. Н.* Социальная история России...С. 169.

（26）Петроград по переписи населения 15 декабря 1910 года. Население. Ч. 1. Петроград, [б. г.]. Таб. 10.

（27）*Курман М. В.* Воспроизводство населения дореволюционного крупного города（на примере Харькова）// *Вишневский А. Г.*（ред.）Брачность, рождаемость, смертность... С. 237-238; *Араловец Н. А.* Городская семья в конце XIX—начале XX века... С. 38.

（28）キエフの一九〇八、一〇年のデータは男女いずれも二〇歳以下の結婚が急増している。しかし、他の年との整合性を考慮すると、この数値の信頼性には疑問がある。ここでは一九〇八、一〇年を除いて図を作成した。

（29）若尾祐司「通婚と地域——中欧の結婚行動とゲマインデ」（木村靖二、上田信編『地域の世界史10　人と人との地域史』山川出版社、一九九七年所収）五六～五七頁。

（30）*Жирнова Г. В.* Брак и свадьба русских горожан... С. 22-24; *Александров В. А., Власова И. В., Полищук Н. С.* (отв. ред.) Русские. С. 424-495; *Араловец Н. А.* Городская семья в России... С. 64. 同時代の観察者も、貴族身分出身者と商人身分出身者の結婚ペアはまれではないとの印象を記している。貴族身分の出であっても、もはや高位の官職に就いているわけではなく、専門職に就いている者もいる。また、裕福というわけでもない、とその理由を説明している（*Засосов Д. А., Пызин В. И.* Из жизни Петербурга. 1890—1910-х годов. Записки очевидцев. Издание 2-е, дополненное. СПб., 1999. С. 68, 79, 82-88）。ゴンチャローフによれば、一八七三～七四年のシベリア都市（トボリスクとチュメニ）では出身身分の同じペアは結婚全体の四二・五％にとどまり、身分にもとづく社会的エンドガミーは強くなかった（*Гончаров Ю. М.* Городская семья Сибири... С. 51-52）。ここでは、都市住民の高い空間的・社会的流動性が結婚行動に反映していたのである。

（31）Economakis, *From Peasant to Petersburger,* pp. 120-134. 都市における農村出身者の文化的体験は、たとえば高田和夫『近代ロシア農民文化史研究——人の移動と文化の変容』岩波書店、二〇〇七年、一八七～一八九頁に要約されている。

（32）エンゲルはヴィボルク地区の住所登録帳を史料に住人の出身地別構成を分析し、強固な同郷人的結合を確認している。さらにエンゲルによれば、都市へ流入した家族においては親が娘の結婚をアレンジしていた。都市でも家族的紐帯、そしてそれよりも弱いものの同郷人的結合が男性同様、女性を都市生活へ円滑に適応させていたからである（Engel, *Between the Fields and the City,* pp. 79-80, 130）。

（33）*Гончаров Ю. М.* Городская семья Сибири... С. 51-52; 高橋一彦「ロシア家族法の原像——一九世紀前半の法的家族」『研究年報』（神戸市外国語大学外国語学研究所）三九、二〇〇二年、一二一頁などを参照。

（34）アラロヴェツは都市住民の間では出身民族の異なる結婚ペアは少なかったと判断している（*Араловец Н. А.* Городская семья в России... С. 59-60）。アレクサンドロフとヴラーソヴァによれば、シベリアのような民族混在地域では民族的出自の異なるペアが形成されていた（*Александров В. А., Власова И. В.* Семейный уклад и домашний быт крестьянства（середина XVIII в.—1860-е гг.）// *Носова Г. А.*（отв. ред.）Русские. Историко-этнографические очерки. М., 1997. С. 106. 同様の見解として、*Крупянская В. Ю.* Культура и быт рабочих... С. 59-62, 97 を参照。「混民族婚」の後退も指摘されている。一九世紀末モスクワのドイツ人社会は、ロシア・ナショナリズムが高揚するにつれて孤立していく。プロテスタント教会では一八六〇年代に三割台だったドイツ人と他民族出身者の結婚が、二〇世紀初頭に一割未満となった（*Деннингхаус Виктор* Немцы в общественной жизни Москвы: симбиоз и конфликт (1494—1941). М., 2004. С. 78-81）。

（35）たとえば、ロシア北部のフィン人はエンドガミーを保っていた。オロネッツ県の農村女性、とくに若い娘は、家事奉公人や日雇いとして働くために都市へ向かった。男性は地元で手工業、農業、林業に従事していた。このような職業の違いが都市と農村におけるフィン人の性別比率を決定づけていた。一八九七年の都市人口における男性比が四二・〇%なのに対し、農村のそれは五四・三%である。この比率は、とくに二〇～二四歳で都市――二九・六%、農村――六一・三%と極端な構成になっていた。二〇歳以上の未婚者比は、都市の男性が一一・五%、女性が一四・〇%と女性が男性をやや上回る。農村の男性は二七・八%、女性は九・五%と逆に男性が女性の三倍近い。このような男女のアンバランスはフィン人と他民族出身者との結婚機会を大きくしたと考えられるが、実際には女性が帰郷後に結婚したためか、それはまれであった。他民族出身者との結婚は、言語が近いカレリア人との間で行なわれた。ロシア人などの正教徒と結婚する場合、正教会側の要望からフィン人が改宗することになった（*Клементьев Е. И., Шлыгина Н. В.*（отв. ред.）Прибалтийско-финские народы России. М., 2003. С. 536-537）。民族問題が深刻なロシア西部では、専制権力がロシア人官僚とポーランド人貴族の親族関係を統制した。官職に就く者は結婚に際して上官の許可を得ることになっていたが、地方行政機関は中央から派遣されたロシア人官僚と地元ポーランド人貴族の結婚を、正教信仰に脅威を与えるとの理由から承諾しなかった（*Бондарчик В. К., Григорьева Р. А., Пилипенко М. Ф.*（отв. ред.）Белорусы... С. 326）。

（36）von Jung-Stilling, *Material zur Statistik*, S. 205-241.

（37）ただし前述のように、分離派については結婚そのものがリガの統計当局によって十分に捕捉されていなかった。

（38）二〇世紀初頭の両首都において統計上、婚外出生率が大幅に改善している。これについては、議論がある。ランセルが述べるように、婚外子数の減少は捕捉上の問題であり、実際に婚外出生率が下降したことを意味しないであろう（David L. Ransel,

"Problems in Measuring Illegitimacy in Prerevolutionary Russia," *Journal of Social History* 16, no. 2（Winter 1982）. 高橋一彦「近代ロシアの婚外出生」『研究年報』（神戸市外国語大学外国語学研究所）四一、二〇〇四年、一〇一〜一一三頁も参照)。単身居住から家族居住への移行が緩やかに進んだとしても、婚外子問題の解消へとただちに結びついたわけではない。

(39) 一八九七年全国センサス調査をもとに同様の分析を行なったものとして、土屋好古「労働者の世界——一九世紀末〜二〇世紀初頭のペテルブルクにおけるその考察」『ロシア史研究』四〇、一九八四年、五〜六頁、小島修一「帝政ロシアの農家労働力移動——明治日本との一比較」『甲南経済学論集』（甲南大学）三二－四、一九九一年、一七五頁を参照。これらの作業は、家族と同居する労働者の割合が、平均賃金の高い印刷、金属、化学の各産業で全体の三割から四割弱であることを見いだしている。

(40) Leopold Haimson（avec la collaboration d'Eric Brian), "Changements démographiques et grèves ouvrière à Saint-Pétersbourg, 1905-1914," *Annales, Économies, Sociétés, Civilisations*, Juillet-août 1985, nº 4, p. 797-798.

(41) 熟練と居住形態の関係性を示すものとして、革命家カナトチコフの回想録を参照（*A Radical Worker in Tsarist Russia: the Autobiography of Semën Ivanovich Kanatchikov,* translated and edited by Reginald E. Zelnik, Stanford, Calif.: Stanford University Press, 1986)。

(42) *Соловьев А. Н.* Питерщики-галичане. Этнографический очерк // Труды Галичского отделения Костромского научного общества по изучению местного края. Вып. 3. Галич, 1923. С. 7, 10.

(43) Joseph Bradley, *Muzhik and Muscovite: Urbanization in Late Imperial Russia,* Berkeley: University of California Press, 1985, pp. 271-272, 281-291, 333; Robert W. Thurston, *Liberal City, Conservative State: Moscow and Russia's Urban Crisis, 1906-1914,* New York: Oxford University Press, 1987, pp. 138-141; *С-н К.* Москва. Постройка городом домов для коечно-каморочных жильцов // Городское дело. 1912. № 2. С. 127; *Кишкин Н. М.* Жилищный вопрос в Москве и ближайшая задача в разрешении его городской думой (доклад, прочтанный в Моск. отд. Имп. Техн. Общества) // Городское дело. 1913. № 6. С. 352-357; 阪上孝『近代的統治の誕生』岩波書店、一九九九年、二七九頁。

(44) К вопросу об оздоровлении гор. С.-Петербурга «Угловые квартиры» в связи с устройством и улучшением жилищ для нуждающегося и рабочего населения // Отчет С.-Петербургской городской санитарной комиссии за 1905 год. СПб., 1906. С. 113-114.

（45）*Пажитнов К.* Строительные товарищества в борьбе с жилищной нуждой // Городское дело. 1912. № 5. С. 296-299.

（46）インテリゲンツィアも建設労働者向け住宅の整備を問題提起している。たとえば一八九三年、「ペテルブルク建築家協会」の例会報告が、建設労働者の住環境改善を議題としている（Несколько слов о желательном улучшении положения наших рабочих // Неделя строителя. 1893. № 13. С. 55-56）。クロムジンらの「コストロマー慈善協会」は、同郷出身の労働者のために低家賃住宅付民衆会館の建設を構想している。彼の見解では、大都市における住宅不足の解消、労働者の死亡率改善、肉体的・精神的退廃の防止、家族の保護、社会不満の緩和は即座には達成できないが、労働者向け住宅の健全化は可能であった（*Куломзин А. Н.* Дома с дешевыми квартирами для рабочих. СПб., 1902. С. 5）。

（47）James H. Bater, *St. Petersburg: Industrialization and Change,* London: E. Arnold, 1976, pp. 282-283. モスクワおよびその周辺の工場施設では、一般に雇主が被用者の宿舎を提供していた。

（48）*Bater, St. Petersburg,* p. 167.

（49）ペテルブルク建都の過程で、ネヴァ川対岸のオフタ地区に建築職人の住区が形成されている（*Бессонов Н. В. и др.* Многонациональный Петербург: история, религии, народы. СПб., 2002. С. 69）。そのような歴史的経緯もあり、一八六〇年代において指物工房はヴィボルク地区、オフタ、スパス地区に立地していた。

（50）*Максимов С. В.* Лесная глушь. Картины народного быта. Ч. 1. СПб., 1871. С. 134-135. 手工業者の工房はスパス地区のサドーヴァヤ通り周辺に集中していた。一八六四年の人口数調査では、ヤロスラヴリ、トヴェーリ、コストロマーの三県の農民身分出身者が、その住民の八五％に及んでいた（*Юхнева Н. В.* Этнический состав и этносоциальная структура населения Петербурга, вторая половина XIX—нач. XX в. Л., 1984. С. 123; Виды внутренней торговли и промышленности в Санктпетербурге. СПб., 1868. С. 2-3, 73-74, 85-87）。ただ、塗装工アルテリが主としてペスキとその周辺を拠点にしているとの記述もある（Петербургские артели маляров // Ведомости С.-Петербургской городской полиции. 1872. № 224）。

（51）*Соловьев А. Н.* Питерщики-галичане... С. 8.

（52）*Куломзин А. Н.* Дома с дешевыми квартирами... С. 18.

（53）コパネフによれば、一九世紀前半において、工場労働者は雇主が用意した宿舎に住んでいた（*Копанев А. И.* Население

Петербурга... С. 123)。

（54）*Кирьянов Ю. И.* Жизненный уровень рабочих России（конец XIX—начало XX в.）. М., 1979. С. 238-239; 土屋好古「労働者の世界」八頁。モスクワについては Bradley, *Muzhik and Muscovite*, pp. 208-215 が参考になる。

（55）*Прокопович С. Н.* Бюджеты Петербургских рабочих. СПб., 1909. С. 6, 10-11.

（56）С.-Петербург и его жизнь. СПб., 1914. С. 50. モスクワ県は二四三ルーブリ、ロシアは二四三ルーブリ九一コペイカである。

（57）С.-Петербург и его жизнь... С. 185, 190.

（58）たとえば、医師による以下の調査を参照のこと。*Рубель А. Н.* Жилища бедного населения г. С.-Петербурга // Вестник общественной гигиены, судебной и практической медицины. 1899. Апрель. С. 442-444; *Покровская М. И.* По подвалам, чердакам и угловым квартирам Петербурга. СПб., 1903. С. 31-32. ポクロフスカヤは下層女性の労働と生活の観察を起点として、女性労働の保護と家族の形成、健康な子どもの出産、快適な家族生活を目標に女性運動を展開していく（Glickman, *Russian Factory Women*, p. 251）。

（59）*Ермеев А.*（ред.）Город С.-Петербург с точки зрения медицинской полиции. СПб., 1897. С. 463; *Рубель А. Н.* Жилища бедного населения... С. 425 も参照。

（60）Сборник материалов по истории Союза строителей 1906 6/V 1926. Л., 1926. С. 30-31, 139; *Кульё Л., Хитров А.* Крестьянские землячества в российской столице: ярославские «питерщики» // *Добкин А. И., Кобак А. В.*（сост.）Невский архив. Историко-краеведческий сборник. II. М.-СПб., 1995. С. 352-353; Костромские губернские ведомости. 1887. № 47. С. 340.

（61）このような生活パターンについては Несколько слов о желательном... С. 55-56 でも紹介されている。仮設バラック住居の使用は、たとえば市郊外のペテルブルク工業大学建築工事（施工一八九九～一九〇二年）でみられる（РГИА. Ф. 25. Оп. 1. Д. 5832. Л. 50）。

（62）*Ермеев А.*（ред.）Город С.-Петербург... С. 463-464. 雇主が用意した宿舎の一例をあげておくと、一八九〇年代初め、石工工事請負人ボリーソフの労働者一〇三名はヴァシリエフスキー島の建物の地階で共同生活を送っていた（Улучшение жилищ рабочих // Неделя строителя. 1896. № 23. С. 101）。

（63）*Покровская М. И.* По подвалам, чердакам... С. 23; *Куломзин А. Н.* Дома с дешевыми квартирами... С. 20-21.

（64）*Ермеев А.*（ред.）Город С.-Петербург... С. 463-464; Несколько слов о желательном... С. 55-56.

（65）*Рубель А. Н.* Жилища бедного населения... С. 429-430.

（66）*Ермеев А.*（ред.）Город С.-Петербург... С. 463-464.

（67）*Ермеев А.*（ред.）Город С.-Петербург... С. 463-464.

（68）*Покровская М. И.* По подвалам, чердакам... С. 36-37.

（69）*Рубель А. Н.* Жилища бедного населения... С. 424.

（70）*Рубель А. Н.* Жилища бедного населения... С. 434.

（71）同様の記述方法を採ったものとして以下を参照。*Ермеев А.*（ред.）Город С.-Петербург... С. 460, 485; *Самецкой К. И.* Санитарный очерк пригородов С.-Петербурга, Шлиссельбургского и Петергофского участков и пригородных сел в 1894 г. // Вестник общественной гигиены, судебной и практической медицины. 1895. Июль-Сентябрь. Отдел. II. С. 239-242; *Покровская М. И.* О жилищах петербургских рабочих // Вестник общественной гигиены, судебной и практической медицины. 1898. Март. С. 205-208; *Покровская М. И.* По подвалам, чердакам... С. 17-18, 22.

（72）*Рубель А. Н.* Жилища бедного населения... С. 426-427.

（73）*Рубель А. Н.* Жилища бедного населения... С. 442-445.

（74）Engel, *Between the Fields and the City,* pp. 159-165; Economakis, *From Peasant to Petersburger,* pp. 185-186; *Александров В. А., Власова И. В., Полищук Н. С.* Русские... С. 460.

（75）注（14）を参照。

終章　近代ロシア村外就業者家族の特質とその歴史的位相

近代ロシアにおいて村外就業者家族は民衆の主要な家族形態であった。この村外就業者家族の形成と変容は、近代ロシアの社会変動と密接に関わっていた。本研究は、男性住民がペテルブルク建設業に従事するコストロマー県北西部農村を事例に、一九世紀後半～二〇世紀初頭の中央非黒土地方における村外就業者家族の労働と家族を考察してきた。ここではその結果をまとめることで、近代ロシア村外就業者家族の特徴を整理してみたい。もちろん、その知見は一事例を通して得られたものにすぎない。その妥当性の検証は、今後の作業に委ねられる。

近代、すなわち農奴解放後の村外就業者家族は農奴制下の村外就業者家族を基層としている。両者は連続性が大きいけれども、変化も認められる。そこで一八～一九世紀前半の村外就業者家族と一九世紀後半～二〇世紀初頭の村外就業者家族との比較を試みながら、世帯の生産活動、人口、家族の三点について述べてみたい。

第一に、一八～一九世紀前半そして一九世紀後半～二〇世紀初頭も、村外就業者の世帯は農業と商工業的な生産活動の兼業を基本とする。農奴制下、中央非黒土地方の領主は農民に貢租を課していた。農民世帯の家長は家族員を農業や村外就業に配置し、穀物生産をできるだけ自給自足の状態に近づけると同時に、村外就業をつうじて現金を獲得し、貢租の支払いなどに充てた。農奴解放後は、国家が農村共同体を介して農民世帯に税や償却金の支払い義務を課すようになる。さらに、市場化が貨幣の収入の必要性を高めることになる。

世帯の兼業はコストロマー県北西部の地理的・社会経済的条件によっても規定されていた。まず穀物流通にかんして、北西部はヴォルガ沿岸の市場から空間的に離れている。そのため、世帯は穀物自給の不足分を購入するのではなく、村外就業からの現金収入で働き手を雇用して農業を継続し、穀物の自給度を高めようとした。他方で村外就業にかんしては、ペテルブルク建設業への就業と技能養成のシステムが確立していた。とくに一九世紀後半のペテルブルクでは金属・機械産業を基軸とする工場制大工業が発展するとともに、人口も膨張し、建設業が成長することになる。建設需要の拡大は北西部農村住民に雇用を提供する。北西部農村出身者の請負人組織が村人のライフコースに見習修業を組み込ませ、修業終了後の就職先を確保し、さらには社会的上昇の機会を与える。

それらを背景に、農業と村外就業のバランス、そしてそれぞれの内容が見直される。農奴解放後、ペテルブルク建設業の成長や現金収入獲得の選好、そして豊かで快適な生活の希求から、男性の村外就業は一層強化される。国内旅券の発行数は一八八〇年代までにピークに達し、以後、高い水準での安定状態が続く。農業においては雇用労働力を利用した自給という志向は大きく変わっていない。しかしここでも、男性労働力の村外就業へのシフトにともない、女性による亜麻栽培の縮小など、経営の合理化がみられる。さらに一九〇〇年代に鉄道が整備されると、鉄道を使って穀物が北西部にダイレクトに搬入されるようになる。これによって、穀物購入という選択肢が世帯にとってかなり現実的なものとなる。

労働力配置と性別分業のあり方はこのような生産活動におけるバランスの移動を浮き彫りにしている。従来の多核家族世帯のもとでは世帯は男性成員を農業と村外就業に配置し、兼業してきたが、単純家族世帯においては性別にもとづいた配置が中心となる。これにより男性が村外就業、女性が農業と家事という分担が明確化される。

それにともない、村外就業は主たる生計維持者である男性が務めるべきものとして、農作業は成人女性や子ども、老人、そして雇用労働力によって担われるものとして位置づけられる。男性は生涯にわたり同郷人集団の中で労働と生活を送り、同郷人との紐帯を維持するとはいえ、農村や家族の労働や生活文化からかなり切り離されることになる。

農作業のために雇用されたのは、かつての村外就業者や結婚前の娘、婚期を過ぎた未婚女性、寡婦、兵士の妻、隣県からの流入者など、農村においていわばマージナルな存在の者たちである。村外就業者と結婚した女性は、夫の早死を経験する可能性が小さくない。寡婦の再婚チャンスも限られている。このように、結婚し、夫が村外で職に就き、妻が家庭をとりしきることで世帯の生計を成り立たせるという「正規」のコースからはずれた男女の出現は、村外就業の普及と少なからず関係がある。そして他方では、村外就業により農村にもたらされた現金が農業労働の雇用を創出し、彼らの生活を支えていたのである。

第二に、結婚・出生・死亡にかんする本研究の考察は、農奴解放後にほぼ限定された。北西部農村では、男性が少年期から村外で働いていたので、若い男女が村やその近隣で日常生活をつうじて知り合い、感情的な結びつきを深め、結婚する機会は小さい。くわえて、親側は世帯の論理にもとづき、子どもを社会的経済的に相応の相手と早く結婚させることで労働力を確保し、村内やその近隣集落の世帯との間で親族関係を構築しようとした。以上の事情から、結婚相手の選択や結婚にかかわる一連の儀礼が親の主導で行なわれていた。

このような結婚慣行から、北西部農村は低い初婚年齢と低い生涯未婚率が特徴的である。一九世紀後半から二〇世紀初頭にかけて早婚は後退していくが、依然としてこの結婚パターンは維持されていた。したがって、北西部農村人口の有配偶率は高い。くわえて北西部特有の現象といえるのが、男性の長期不在が婚姻出生力を大きく下げていたことである。これに授乳機会の多さなどの要因が加わり、一九世紀後半をつうじて出生率は相対的に低い。

これに対して死亡率はやや高い状態が続く。その原因としてまずあげられるのが、成人男性の高い死亡率である。生涯にわたる村外での過酷な建設労働と首都の生活条件が事故や病気などを引き起こし、死亡リスクを高めていたからである。その一方で乳幼児や女性の死亡率は低く、それが死亡率の水準をある程度抑えていたと言うことができる。低い出生率や生活水準の向上が子どもの生存チャンスを高めただけでなく、過大な農作業や家事の負担を強いられたとはいえ、女性の健康状態を総じて良好に保っていたからである。

第三に、農奴制下の農民世帯は大規模で複雑な構成を特色としていた。家長は家族員に対して大きな権力を持ち、世帯の生産活動を管理し、家族員をそれに配置していた。農奴解放後のロシア中央部では世帯分割が急増し、単純家族世帯が優勢となる。とはいえ、それがただちに家長の権威の弱体化を意味するわけではない。もちろん、村外就業の拡大と収入の多様化、家族員の個人主義化が世代間の対立を引き起こしていたことも事実である。しかし世帯分割は、むしろ農奴制時代における制限が事実上解除されたこと、村外就業が独立後の若い夫婦世帯の生計維持や親の扶養を可能にしたこと、村外での労働と生活が家長（父親）の死を早め、家長という分割の障害を除去したことで促進されていた。世帯分割は農村住民の周到な継承戦略に立脚していた。すなわち、農村住民は息子夫婦の育児負担が軽くなったときを見図らって分割に着手していた。さらに、財産分与に際し、持分のある息子たちの間の平等性のほか、これまでの貢献、親や女兄弟などの扶養、新たに形成される世帯の生計などを総合的に考慮して、各世帯の財産を決定していた。

こうして形成された単純家族世帯において、若い夫婦は親への従属からかなり解放されることになる。しかしそれと同時に、若い夫婦は親の労働サポートを失う。世帯の労働は夫婦を中心に担われるようになる。とりわけ村外就業者家族の場合、夫に対する妻の従属を前提としたうえで、空間的に離れて暮らす夫婦各自の責務遂行と相互的な信頼関係の構築が一層不可欠となるのである。

以上を総括するならば、コストロマー県北西部の村外就業者家族は、大枠としては従来の生産活動や結婚・生殖行動、家族関係を維持していった。世帯は農業と村外就業の兼業によって穀物と貨幣の収入の両方をバランスよく得て、それらを消費活動に充てることで生活の安定と充実を図り、さらには社会的上昇を目指した。とくに世帯は、いずれかの生産活動に大きく依存したり、生活拠点を就業地に移したりすることにともなう経済的、社会文化的リスクを回避しようとした。それと同時に、村外就業者家族が社会変動に応じて生産活動への労働力配置やその内容を変更し、結婚年齢を遅らせ、世帯を分割して核家族での生活を選択していったことも確認できる。

このような新しい家族のあり方は、農村住民自身が合理性を追求した結果と言える。しかしながら家族経済と市場経済のさらなる統合は、彼らが想定している――あるいは想定外の――不安定要素もはらんでいた。農奴制下の多核家族世帯は若い夫婦の家長に対する従属を原則に成立していた。そのような家族員の序列には、農業と村外就業に人員を配置し、労働不能者・女性・子ども・老人の生活保障を実現し、生存危機への耐久力を高めるうえでそれなりの利点もあった。しかし、単純家族世帯においては少なくとも子どもが成長し、一定の労働役割を担い始める段階に家族サイクルが到達するまでの間、夫婦のうちいずれかの死亡や労働不能、あるいは送金の滞りや労働忌避が世帯をただちに存続の危機に追い込む。もちろん多核家族世帯においても世帯への家族員の労働貢献は絶対である。とはいえ単純家族世帯では、夫妻それぞれの責務遂行や夫婦の信頼関係が世帯の存続と一層緊密に結びつくことになる。

実際、北西部出身の男性が従事していた建設労働は、事故リスクが非常に高い。被害者とその家族の生活保障も準備されていない。就業の継続が家族に物質的な豊かさをもたらすこともあれば、逆に雇主に搾取されることもある。一八八〇年代や一九〇〇年代の不況時には建設需要が縮小し、失業の可能性も高くなった。さらに、第一次ロシア革命、第一次世界大戦そして十月革命は農村住民の村外就業にも影響を与えずにはおかなかった。そのような生存リスクが十分想定できたにもかかわらず、なぜ農村住民は村外就業と単純家族世帯での居住を選択した――あるいは選択できた――のだろうか。おそらくそれは、村外就業者家族においてまさしく女性が農業を守っていたからである。農業によって世帯の生計基盤を確保していたことが、男性の村外就業を可能にし、また農業に致命的な打撃を与えない限りで世帯規模を縮小する余地を与えたのである。

ただし、このような村外就業者家族の成立構造についても転換が準備されていた。農業労働は既婚・独身の村内外の女性や村にとどまる男性たちによって担われていた。この労働は成人男性の村外就業といわば互いに支え合う関係になっていた。ゆえに、成人男性の村外就業が不安定になると、農業労働者の雇用は縮小を余儀なくされる。くわえて、域外からの食糧の移入が拡大したり、村外からの安価な労働力の流入が加速したりすれば、農業労働者の雇用は村在住者のセーフティ・ネットの役割を果たし得なくなる。未婚女性や寡婦が働き先を確保し、村内にとどまることは困難になる。何らかの事情で村外就業を断念した男性も、村内で生計手段を見いだせなくなる。逆にそれは村外就業者家族の生活保障を脆弱にする。そして、性別分業にもとづく農工の兼業に対してもバランスの見直しや一家離村などの根本的な再構築を迫る。

では、以上のような特徴を有する近代の村外就業者家族を、ロシア社会史・家族史の中にどのように位置づけるべきなのであろうか。重要なのは、農村住民の村外就業と村外就業者家族がロシア帝国による統治の所産であり、またロシア工業化の基礎でもあったことである。すなわち社会的経済的には、専制が身分制を撤廃し、農村共同体を解体し、国家と家族との関係性を高め、そのうえで農村住民を農村から完全に分離させることなく、黒土地帯から非黒土地帯への穀物供給に支えられる形で、中央非黒土地方の農村住民が村外就業者として労働力を供給する。他方で、村外就業者家族の家族関係においては家父長制が採用される。そのような村外就業者家族の秩序は帝国と農村住民の一体性を保つ。たしかに、農奴解放後の村外就業者家族は男性の村外就業と女性の農業・家事の役割分業により区画づけられ、世帯に対する女性の貢献が際立つことになる。それでも、男性優位は揺らいでいない。

もちろん、このような国家と村外就業者家族の関係にまったく矛盾や対立が存在しないわけではない。国家や地方行政機関そしてインテリゲンツィアは、村外就業を農業の衰退、世帯分割の急増と窮乏化、家父長制秩序の崩壊やモラルの退廃、教育事業の低迷、伝染病流行などの原因とみなしていた。しかし、それらへの対応として村外就業の抑制策、あるいは農村での産業振興や「農工分離」策が積極的に打ち出されたわけではない。これらの問題に関心を持ったゼムストヴォやインテリゲンツィアには、既存の農村共同体や家族のあり方に影響力を持つように具体策を強力に推進するだけの権限や財政的基盤は与えられなかった。なお、ストルィピン改革は農村共同体の解体と世帯別土地所有の普及を意図していた。この改革は国家による家族の直接管理に繋がるものではあったが、大戦前の短期間においてごく一部が実現したにすぎない。

むしろ専制権力からすれば、都市や産業拠点において急速に形成され、とくに工場施設への労働力の提供者として存在感を持ちつつあった労働者層への対応が焦眉の問題であった。議論を家族に限定しても、その事情は明らかである。すなわち、生活保障システムの整備が立ち遅れていたなか、労働者家族は農業を相対的に欠いているがゆえに、村外就業者家族よりも生活リスクへの耐久力が弱い。そのため、労働者は就業地において不満を表面化し易く、生活保障システムの構築を体制側に要求する。つぎに、家父長制にもとづく家族関係という点では、初期工業化段階において労働者層にいまだ農村的な価値観が色濃く残っている。しかしながら、都市での家族形成はこの価値観を希薄化させ、専制の家父長制的な秩序に対しても距離を置かせるからである。

ともあれ、二〇世紀初頭における社会の混乱、そしてその帰結としての帝政の崩壊は村外就業者家族の危機をも意味していた。というのは、村外就業者が収入を喪失し、その世帯が経済的に不安定な状態に陥るからである。くわえて、家長は生計維持や家族員に対する生活保障といった責務を遂行できなくなる。それが専制の権威失墜と相俟って、村外就業者家族の家父長制的秩序を動揺させ、専制と村外就業者家族の相互補完的な関係を弱体化させていくからである。

ソヴィエト政権初期の社会変革はそれまでの労働と家族のあり方を大きく転換させることになる。一九二〇年代末、ソヴィエト権力は第一次五ヶ年計画と農業集団化を開始し、工業、農業それぞれの従事者を明確に区画づけていく。国家は帝政崩壊後、一度は緩めた農村住民の空間的・社会的移動のコントロールを再度強化する。村外就業者は雇用先に移住し、通年労働者になるか、あるいは村外で働くことを断念し、農業集団組織に所属するかいずれかの選択を迫られることになる（中央非黒土地方の農村住民の多くは前者を選択した）(1)。並行して、ソヴィエト政権は土地政策などをつうじて農民家族を直接把握しようとする。

しかしソ連家族史・女性史の研究成果は、ソ連時代の農村住民家族と近代ロシアの村外就業者家族との間に多くの共通点を見いだしている。まず人口について言うならば、たしかに「人口転換」が二〇世紀に急速に進行している。しかしながら、ソ連家族史を専門とする松井憲明によれば、この変容プロセスは、戦争による人的被害や工業化にともなう地理的・社会的移動に引き起こされた、性別バランスの崩れや女性の就業拡大政策に大きく規定されていた(2)。つまり、男性人口が大幅に減少し、くわえて男性と女性の労働と生活の圏が空間的に区画づけられたことが「少産少死」の要因となったのである。

つぎに家族について、第一に農業集団化以降も、農村住民の生産・消費活動は家族に立脚していた。屋敷付属地からの収穫物が生産の重要部分を占め、さらにそこでの作業はおもに女性労働によって担われていた。第二に、戦争による動員やテロルによる死亡、国家の組織した村外就業、そして教育が農村人口の流出を引き起こしていた。農村人口の性別バランスは女性側へ大きく傾くことになる。それを背景に、男性＝村外、女性＝村内・家内という分業が形作られる。そのうえで第三に、村内および家内において男性年長者優位の秩序が維持される。集団農場で女性は基本的に単純労働の担い手として位置づけられる。女性が管理職や熟練を要する職、機械化された職に就くことがあっても、それは戦争中の一時的なものにすぎない。家庭においてはソヴィエト政権の母性政策や出産奨励策のもとで、女性は農業労働と家事・育児の二重負担を強いられる。教育機会を得た若い女性は農村で希望に見合った働き場を探し出せず、都市へ流出する。(3) 以上を考慮するならば、帝政時代とソ連時代において、国家と家族の関係や家族の労働と生活には連続性が大きい。近代ロシアの村外就業者家族とは、ソ連時代の農村住民家族の先駆けとして位置づけられるものなのである。(4)

ソ連邦の崩壊とロシアの誕生は、個人あるいは家族が自主性にもとづき生存戦略を立てる余地を確実に大きくした。それにともない、各人の「自由意思」による村外就業とこれを生計の柱にした家族も「復活」を果たしている。現在のロシア、およびその周辺地域では人の移動が活発化している。ロシアの主要都市や産業拠点を行き先とする移動をみても、流入者の出身地はロシア国内にとどまらない。(5) その民族別、宗教・宗派別出身も多様化している。とくに建設業をはじめとする、単純労働者を利用する諸産業では経済の成長にともない雇用需要が拡大している。そうしたなか、ロシア国内の辺境や旧ソ連邦構成国などからの非ロシア人が、安価な労働力の提供者として不可欠となっている。その反面、移民問題、すなわち彼らの雇用・労働・生活・人権問題などが深刻化している。(6) 近代ロシアの村外就業者家族にかんする知見は、そのような現在の労働と家族を読み解くうえでも多くの手がかりを与えているのではないだろうか。

注

（1）一九三〇年代の農業集団化にともなう村外就業や農村小工業の「消滅」については、奥田央『ソヴェト経済政策史――市場と営業』東京大学出版会、一九七九年、N・ワース『ロシア農民生活誌――一九一七～一九三九年』荒田洋訳、平凡社、一九八五年、三四九～三五〇頁、佐藤芳行『帝政ロシアの農業問題――土地不足・村落共同体・農村工業』未来社、二〇〇〇年、三七三～三七四頁などを参照。

（2）松井憲明「ソ連時代の農民家族――変化と伝統」『ロシア史研究』七四、二〇〇四年、二一、二三頁。ヴェルビツカヤは、一方では女性の家族労働への参加が拡大し、他方では屋敷付属地は子どもの数にかかわらず一定で、多くの労働者を必要とせず、さらにコルホーズの低い賃金は多子を促進しないため、出生率が低下したと解釈している。いずれにせよ、多子のメリットが小さくなったことは明らかである（*Вербицкая О. М.* Сельская семья в России (1939—1959 гг.): Анализ репродуктивной функции // *Гончаров Ю. М.*（отв. ред.）Семья в ракурсе социального знания : Сборник научных статей. Барнаул, 2001. С. 177)。

（3）Roberta T. Manning, "Women in the Soviet Countryside on the Eve of World War II, 1935-1940," in Beatrice Farnsworth, Lynne Viola（eds.）, *Russian Peasant Women,* New York: Oxford University Press, 1992; Norton D. Dodge, and Murray Feshbach, "The Role of Women in Soviet Agriculture," in Farnsworth and Viola（eds.）, *Russian Peasant Women;* Susan Bridger, "Soviet Rural Women: Employment and Family Life," in Farnsworth and Viola（eds.）, *Russian Peasant Women;* Barbara Alpern Engel, *Women in Russia, 1700-2000,* New York: Cambridge University Press, 2004, pp.166-249; 松井憲明「ソ連時代の農民家族」二一～二七頁、光吉淑江「第二次世界大戦直後の西ウクライナにおける女性――ソ連型母性主義と『子だくさんの母』を中心に」『ロシア・東欧研究』三四、二〇〇五年。ソ連時代の村外就業にかんしては、Stephen P. Dunn, Ethel Dunn, *The Peasant of Central Russia,* Prospect Heights, Illinois: Waveland Press, 1967, 1988 reissued with changes, pp. 81-85 を参照。なお、ソ連時代の女性を扱ったものとして、カローラ・ハンソン、カリン・リーデン『モスクワの女たち』大津典子訳、阿吽社、一九八八年が興味深い。

（4）ゴーリコヴァはウラルにかんして、男性の高い死亡率、人口構成における女性の高い比率、非婚傾向、離婚・未婚による母子家庭の形成といった諸点から、帝政期と現在における人口学的状況の共通性を指摘している（*Голикова С. В.* Семья горнозаводского населения Урала XVIII—XIX веков: демографические процессы и традиции. Екатеринбург, 2001. С. 189-190)。

（5）最新研究として、中村逸郎『虚栄の帝国ロシア――闇に消える「黒い」外国人たち』岩波書店、二〇〇七年、堀江典夫編著『現代中央アジア・ロシア移民論』ミネルヴァ書房、二〇一〇年をあげておく。

（6）これを伝える報道として、たとえば「ロシア――建設現場で働く出稼ぎ労働者が深刻な人権侵害に直面」（モスクワ、二〇〇九年二月一〇日）（http://www.hrw.org/ja/news/2009/02/10-0）を参照。

あとがき

本書は、筆者の大学学部生・大学院生時代から現在に至るまでの研究活動の成果である。研究の出発点となった学部の卒業研究では、ソ連時代初期の出稼ぎ労働をテーマとした。その後、対象時代を帝政末期に移すとともに、研究課題を人の移動や労働から家族や人口へと発展させた。大学院博士課程在籍中の一九九四年から九六年にかけてロシアに留学し、ロシア民族学博物館手稿部所蔵の「テーニシェフ民俗学事務局」史料をはじめとする関連文献を調査・収集することができた。本書ではそれらの史料を手がかりに、労働と人口・家族の関係性をできるだけ立体的・微視的に観察することによって、近代ロシアの村外就業者家族がロシア帝国の統治システムや産業発展との密接な結びつきのもとで形成され、変容していった過程を追跡してみた。本書がロシアの家族を多面的に論じたものとして、ロシア史の専門家のみならず、家族の国際比較研究に興味のある読者一般にとっても理解の一助となれば幸いである。筆者自身も引き続き、新しい歴史像の構築を目指してロシア帝国の家族史研究に取り組んでいく所存である。

本書は既発表の論文をもとにしているが、今回、一冊にまとめるにあたり大幅に加筆・修正を施した。ちなみに初出は以下のとおりである。

序　章　「文献解題　ロシアの家族史研究」（若尾祐司編著『近代ヨーロッパの探究2　家族』ミネルヴァ書房、一九九八年所収）、「近年のロシア家族史研究をめぐって」『ロシア史研究』七四、二〇〇四年。

第五章　「帝政末期ロシアにおける都市成長と結婚行動の変容——結婚統計の分析を中心に」『東北アジア研究』

一一、二〇〇七年、第二節。「近代ロシアにおける都市化と建設業――ペテルブルクを中心に」『社会経済史学』六四―五、一九九九年、第一、三節。
第六章「近代ロシアにおける都市化と建設業」第二節。「近代ロシアにおける出稼ぎと人口・家族――コストロマー県北西部の場合」（『近代ヨーロッパの探究2　家族』所収）、第二節。
補章一「帝政末期ロシアにおける都市への人口流入と民間慈善協会」『東北アジア研究』一〇、二〇〇六年。
補章二「帝政末期ロシアにおける都市成長と結婚行動の変容」第三節。「近代ロシアにおける建設労働者――ペテルブルクを中心に」『ロシア史研究』六四、一九九九年、第二節。

第一～四、七～九章は新稿となるが、部分的には「近代ロシアにおける出稼ぎと人口・家族」で発表済みのものを含んでいる。

不十分ながらも本書を著すことができたのは、ひとえに若尾祐司先生（名古屋大学名誉教授）のご指導の賜物である。若尾先生はご専門外のロシア史に興味を持つ筆者を快く受け容れ、粘り強くご教示下さり、またときにはじっと見守って下さった。先生は早い時期からロシア留学を勧められ、留学から帰国後は、編者を務められる『近代ヨーロッパの探究2　家族』への分担執筆を委ねて下さった。その後、筆者は研究機会を求めて国内外の研究機関を転々とすることになったが、その間も近代ドイツ家族史にかんする先生のご著書から間接的に多くの示唆を得た。先生は大学改革の先頭に立ち、ご多忙を極めておられたにもかかわらず、研究面のみならず生活面でも筆者のことをいつも気にかけて下さった。本書についても執筆を強く勧め、草稿にも目を通して下さった。予定よりも大幅に遅れてしまったが、なんとかここまで辿り着いたことで、先生からこれまでに賜った学恩に少しでも報いることができたのではないかと考えている。

ロシア留学中も指導者に恵まれた。モスクワでは農奴制期農民史の権威として知られるモスクワ大学歴史学部の故B・A・フョードロフ（Федоров）教授から研究計画や史料調査についてアドバイスをいただいた。ペテルブルクでは帝政ロシア社会経済史をご専門とされるT・M・キターニナ（Китанина）ロシア科学アカデミー・レニングラード支部・歴史学研究所主任研究員（現サンクト・ペテルブルク大学歴史学部教授）が指導教官を引き受けて下さった。キターニナ先生からは筆者の研究課題にかんして好意あるご教示をいただいただけでなく、知り合いの研究者や図書館員を紹介されるなど市内の図書館、古文書館での史料調査についてもご配慮を賜った。二〇〇三年、筆者が再度ペテルブルクに長期滞在したときも、励ましのお言葉をいただいた。体制転換期のロシアにおいて研究・教育機関のあり方や研究者をとりまく環境が急激に変化していくなか、フョードロフ先生やキターニナ先生は時代を冷静に見つめ、ご自身の研究スタイルを貫きながら新しいものにも目を向け、熱心に後進の育成にあたっておられた。日本社会が停滞の只中にある今、そのような両先生のお姿が改めて思い起こされる。

本研究の内容については、研究会、学会で報告し、また論文として発表する機会を得た。その都度、多くの方々から有益なご意見やご助言を頂戴することができた。若尾先生や和田光弘先生をはじめとする名古屋大学文学部西洋史研究室の諸先生、先輩・後輩、「名古屋近代西洋史研究会」の参加者、そして松井憲明先生、佐藤芳行先生、松里公孝先生、橋本伸也先生、広岡直子先生、青木恭子先生その他のロシア史研究会の会員諸氏に厚くお礼申し上げたい。

名城大学理工学部において講義「社会科学基礎」を担当するにあたり、中村栄造先生からご高配を賜った。受講生の皆さんからも興味深い意見や感想をいただき、それを本書の内容に生かすことができた。その他、ここにお名前を記さなかったが、多くの方々や国内外の研究・教育機関、図書館、古文書館などのご支援にあずかっている。

本書は、日本学術振興会科学研究費補助金・特別研究員奨励費（平成一〇～一一年度）、日露青年交流センター・小渕フェローシップ（平成一四年度）、東北開発記念財団・海外派遣援助（平成一八年度）、東北大学東北アジア研究センター・「東北アジア地域」に関する共同研究（平成二一年度）の成果である。なお本書の刊行にあたり、日本学術振興会科学研究費補助金・研究成果公開促進費（平成二三年度）の交付を受けることができた。感謝の意を記しておきたい。

昭和堂編集部の村井美恵子氏には大変お世話になった。執筆作業がなかなか進まない筆者を同氏は激励されるとともに、執筆が終わるのを我慢強く待って下さった。校正段階でも原稿を丹念にチェックし、問題点を指摘していただいた。村井氏のご助力がなければ、本書を仕上げることはできなかったであろう。衷心より感謝申し上げたい。

最後に、本書を四年前に急逝した父・勘蔵に捧げたい。父は長年にわたり板金工として働き、家族を守り続けた。本書では建設労働者の労働・生活史がサブ・テーマに位置づけられている。その際、子ども時代から父の働く姿を間近で見たり、現場で作業を手伝ったりしたことが筆者にとって貴重な体験となっている。ロシア文化史の研究者として、妻・（小野寺）歌子は本書の執筆に全面的に協力してくれた。なかなか先の見えない、ともすれば重苦しくなりがちな研究生活を、娘・紗良が明るい豊かなものにしてくれた。そのような家族の支えのもとに、本書を世に送り出すことができて嬉しく思っている。

二〇一二年一月

畠山　禎

人名索引

ア　行

青木恭子　18, 38, 40, 42, 419
青柳和身　18, 38, 120, 150, 152, 458
アコーリズィナ（Akolzina, Marina）421
アノーヒナ（Анохина, Л. А.）4
アラロヴェツ（Араловец, Н. А.）199, 201, 466, 470, 479
アルグデャエヴァ（Аргудяева, Ю. В.）6
アレクサンドル一世（Александр I）45, 46, 209
アレクサンドル二世（Александр II）3, 46, 310, 311, 323
アレクサンドロフ（Александров, В. А.）5, 6, 30, 346, 430, 431, 435, 509
アントーノヴァ（Антонова, И. А.）9, 33
アンナ（Анна Ивановна）209
アンリ（Henri, Louis）4, 10
イヴァノフ（Иванов, Л. М.）31, 265-267
イオアン（Иоанн Кронштадтский）326
伊賀上菜穂　341, 380, 462
ヴァイオラ（Viola, Lynne）17
ウィートクロフト（Wheatcroft, Stephen G.）131, 144, 145
ヴィシネフスキー（Вишневский, А. Г.）4, 385, 402-404
ヴィッテ（Витте, С. Ю.）54
ウィルバー（Wilbur, Elvira M.）138, 457
ヴェルビツカヤ（Вербицкая, О. М.）524
ヴォダルスキー（Водарский, Я. Е.）390, 391
ウォロベック（Worobec, Christine D.）17, 18, 21, 24, 52, 53, 93, 94, 157, 164, 180, 341, 343, 354, 361, 363, 364, 422, 428, 445, 447, 448, 458, 460, 462
ヴラーソヴァ（Власова, И. В.）5, 6, 346, 430, 445, 509
ヴラディミルスキー（Владимирский, Н. Н.）76, 79, 89, 128, 130, 340, 386
ウリヤーノヴァ（Ульянова, Г. Н.）291-294, 310, 311
エーマー（Ehmer, Josef）409, 422, 423, 425
エカテリーナ二世（Екатерина II）45, 198, 209, 292
エコノマキス（Economakis, Evel G.）58, 205, 206, 235, 272, 274, 471, 484
エリザヴェータ（Елизавета Петровна）209
エンゲル（Engel, Barbara Alpern）14, 16-18, 21, 24, 25, 28, 47, 53, 64, 137, 156, 157, 162-164, 173, 179, 180, 207, 208, 339, 341, 349, 363-365, 405, 406, 427, 428, 439, 451, 453, 455, 466-468, 470, 471, 506, 509
エンジェルシュタイン（Engelstein, Laura）17, 466

カ　行

ガーシェンクロン（Gerschenkron, Alexander）131
カーハーン（Kahan, Arcadius）215
ガヴリーロヴァ（Гаврилова, И. Н.）470
カガン（Kagan, Alexander）16, 36, 432
カザーリノフ（Казаринов, Л.）79, 81, 82, 95, 123, 181, 182, 247, 283, 340
梶川伸一　423
カプースタ（Капуста, В. И.）290
ガポン（Гапон, Г. А.）262
カレンチャー（Collenteur, Geurt）361, 364
キーシ（Кись, О. Р.）13, 14, 348, 349
キッタールィ（Киттары, М. Я.）105
キリヤーノフ（Кирьянов, Ю. И.）96, 275, 331, 494, 495
クーゾヴレヴァ（Кузовлева, О. В.）293
クチエフ（Кутьев, В. Ф.）308
クラーヴェツ（Кравец, О. М.）6
クリクン（Крикун, Н.）12
クリスチャン（Christian, David）124, 133, 148, 152-154, 188, 193
グリックマン（Glickman, Rose L.）16, 17, 466
グリヤーノヴァ（Гурьянова, В. В.）13
クリューコヴァ（Крюкова, С. С.）6, 21, 23, 24, 101, 170, 343, 345, 349, 360, 376, 440, 459, 461

クルジヴォブロツキー（Кrживоблоцкий, Я.）104, 123, 383
クルゼ（Крузе, Э. Э.）308
クルピャンスカヤ（Крупянская, В. Ю.）4, 6, 31, 465
クルマン（Курман, М. В.）479
グレゴリー（Gregory, Paul R.）131
クレメンツ（Clements, Barbara Evans）17
グロムイコ（Громыко, М. М.）5, 6
クロムジン（Куломзин, А. Н.）287, 327, 497, 512
クンデュイシェフ＝ヴォローディン（Кундышев-Володин, С. Л.）310
ゲンキン（Генкин, Л. Б.）81, 85, 165, 369
コヴァリチェンコ（Ковальченко, И. Д.）15, 148
コーイエ（Kooij, Pim）11, 347
コーエンカー（Koenker, Diane）506
ゴーリコヴァ（Голикова, С. В.）11, 21, 369, 371, 417, 440, 524
コール（Coale, Ansley J.）4, 329, 361, 379, 400-402, 404, 413, 491
ゴールスカヤ（Горская, Н. А.）9, 430
コーロソフ（Колосов, Н.）27, 107, 135, 136, 139, 140, 158, 159, 175, 176, 191, 446, 449, 450
小島修一 18, 19, 36, 37, 67, 131, 152, 234, 281, 511
コノヴァーロフ（Коновалов, П. С.）243
コパネフ（Копанев, А. И.）241, 242, 465, 512
小山静子 51, 63
ゴルラーノフ（Горланов, Л. Р.）108, 118
コンスタンティノフ（Константинов, Б. П.）94, 95, 108
ゴンチャローフ（Гончаров, Ю. М.）7, 19, 466, 509

サ 行

サーストン（Thurston, Robert W.）325
斎藤修 100, 423
サガイダーチヌィ（Сагайдачный, А. Н.）411, 412
阪本秀昭 18, 38, 63, 193, 458
佐竹利文 18, 30, 38
佐藤芳行 18, 37, 55, 63, 65, 66, 83, 85, 105, 106, 113, 148, 150, 151, 168, 190, 379, 381, 524
塩川伸明 39, 62, 206, 235
ジジコフ（Жижиков, П. В.）57, 92, 187, 273
シチェルバートフ（Щербатов, М. М.）104
シチェルビーナ（Щербина, Ф. А.）457
ジバンコフ（Жбанков, Д. Н.）27, 29, 41, 42, 87, 91, 94-96, 106, 159-162, 164, 168, 172, 173, 176, 177, 182, 190, 192, 263, 265, 268, 282, 285, 343, 347, 352, 353, 370, 373-375, 381, 387, 398, 403, 407, 412, 415, 420, 442-444, 449, 451, 460, 463
シャヴァーリナ（Шабалина, Л. П.）7
シャーニン（Shanin, Teodor）16, 439
シュストローヴァ（Шустрова, И. Ю.）6, 462
シメリョーヴァ（Шмелева, М. Н.）4, 465
ジョモヴァ（Жомова, В. К.）345
ジョンソン（Johnson, Robert Eugene）14, 339
ジルノーヴァ（Жирнова, Г. В.）478, 483
スィーティン（Сытин, И. Д.）108
ズヴォルィキン（Зворыкин, Д. Н.）243
スヴャトロフスキー（Святловский, В. В.）223, 240
鈴木健夫 18, 38, 50, 62, 63, 65, 66, 105, 113, 148, 188, 189, 234, 380
スタイツ（Stites, Richard）16, 34
スタインバーグ（Steinberg, Mark D.）47
ズバートフ（Зубатов, С. В.）262
スホルーコヴァ（Сухорукова, Анна）223
スミス（Smith, S. A.）17, 349, 382
スミス（Smith, R. E. F.）124, 133, 148, 152-154, 188, 193
スミルノーヴァ（Смирнова, С. С.）379, 380, 411
スムーロヴァ（Смурова, О. В.）187
セマーノフ（Семанов, С. Н.）244, 304
セミョーノヴァ（Семенова, Л. Н.）465
セミョーノヴァ＝テャン＝シャンスカヤ（Semyonova Tian-Shanskaia, Olga）349, 387
セミョーノフ（Семенов, В. П.）46
ソロヴィヨーフ（Соловьев, А. Н.）152, 160, 254, 260, 271, 275, 276, 282, 280, 300, 303, 319, 490, 494

タ 行

高木正道 18
高田和夫 18, 31, 38, 39, 41, 62, 64-66, 75, 89, 101-103, 107, 109, 153, 234, 282, 509
高橋一彦 19, 39, 66, 325, 381, 388, 509, 511
ダン（Dunn, Stephen P.）14, 343, 478
チーコレフ（Чиколев, А. Н.）301, 327
崔在東 18, 27, 38, 41, 65, 149, 151

ナ　行

ハ　行

マ　行

ヤ　行

ラ　行

ワ　行

事項索引

ア　行

カ　行

サ　行

タ　行

ナ 行

ハ 行

●著者紹介

畠山　禎（はたけやま・ただし）

1969年　秋田県に生まれる。

1999年　名古屋大学大学院文学研究科博士後期課程満期退学。博士（歴史学）。

現　在　名城大学理工学部非常勤講師。

著　書『近代ヨーロッパの探究2　家族』（共著）ミネルヴァ書房、1998年。
『実業世界の教育社会史』（共著）昭和堂、2004年。
『歴史の場——史跡・記念碑・記憶』（共著）ミネルヴァ書房、2010年。

訳　書『ロシア史料にみる18～19世紀の日露関係　全5集』（共編訳）東北大学東北アジア研究センター、2003～2010年。

近代ロシア家族史研究

2012年2月28日　初版第1刷発行

著　者　畠　山　　禎
発行者　齊　藤　万　壽　子

〒606-8224　京都市左京区北白川京大農学部前
発行所　株式会社　昭　和　堂
振替口座　01060-5-9347
TEL（075）706-8818 / FAX（075）706-8878

印刷　亜細亜印刷

ISBN 978-4-8122-1216-5